DEUTSCHLAND UND DAS PROTEKTORAT BÖHMEN UND MÄHREN

Aus den Akten des Auswärtigen Amtes 1939–1945

Veröffentlichungen
des
Collegium Carolinum

Band 127

Herausgegeben vom
Vorstand des Collegium Carolinum
Forschungsstelle für die böhmischen Länder

Deutschland und das Protektorat Böhmen und Mähren

Aus den Akten des Auswärtigen Amtes
1939–1945

Herausgegeben von
Gerald Mund

Vandenhoeck & Ruprecht

Věnováno pražským přátelům.

Bibliografische Information der Deutschen Nationalbibliothek

Die Deutsche Nationalbibliothek verzeichnet diese Publikation in der Deutschen Nationalbibliografie; detaillierte bibliografische Daten sind im Internet über <http://dnb.ddb.de> abrufbar.

Bibliographic information published by the Deutsche Nationalbibliothek

The Deutsche Nationalbibliothek lists this publication in the Deutsche Nationalbibliografie; detailed bibliographic data available online: <http://dnb.ddb.de>.

ISBN 978-3-525-37305-7

© 2014 Collegium Carolinum, 81669 München
(www.collegium-carolinum.de)

Verlag: Vandenhoeck & Ruprecht GmbH & Co. KG, Göttingen/
Vandenhoeck & Ruprecht LLC, Bristol, CT, U.S.A.
(www.v-r.de)

Für Form und Inhalt trägt der Herausgeber die Verantwortung.

Redaktion: Collegium Carolinum München

Satz: Helena Zimmermann, München

Layout des Einbands: SchwabScantechnik, Göttingen (www.schwabscantechnik.de)

Druck und Einband: Kessler Druck + Medien GmbH & Co. KG, Bobingen
(www.kessler-druck.de)

Gedruckt auf säurefreiem, alterungsbeständigem und chlorfrei gebleichtem Papier.

INHALTSVERZEICHNIS

VORWORT

Anfang des Jahrtausends entwickelte sich bei Recherchen im Politischen Archiv des Auswärtigen Amtes in Berlin die Idee zu dieser Quellenedition. Auf dem langen Weg zur Publikation gab es viele Unterstützer, Förderer und Helfer. Ihnen allen gebührt mein tiefempfundener Dank. Es ist mir deshalb ein Anliegen, ihn diesen wichtigen Personen hier auszusprechen.

Prof. Dr. Frank-Lothar Kroll, Lehrstuhl für Europäische Geschichte des 19. und 20. Jahrhunderts der Technischen Universität Chemnitz, und Prof. Dr. Jürgen Elvert, Professur für Geschichte des 19. und 20. Jahrhunderts unter besonderer Berücksichtigung der Europäischen Integration der Universität zu Köln, haben schon zu Beginn des Projektes dessen Potenzial für die Erforschung der deutsch-tschechischen Beziehungen erkannt und mich mit Tipps und Hintergrundinformationen versehen sowie meine Anträge mit Gutachten unterstützt.

Prof. Dr. Dr. Dr. h.c. mult. Manfred A. Dauses, em. Professor für Öffentliches Recht mit Schwerpunkt Europarecht an der Friedrich-Alexander-Universität Erlangen-Nürnberg, gab mir in sehr vielen Gesprächen Einblick in das Europarecht. Seine Kommentare waren mir sehr wertvoll, denn sie legten die europapolitischen und -rechtlichen Veränderungen der vergangenen gut siebzig Jahre dar. Meine Freundin PhDr. Milena Horalková von der Karls-Universität zu Prag unterstützte mich bei der tschechischen Korrespondenz, den Übersetzungen und öffnete mir die Türen des Národní archiv in Prag. Mein amerikanischer Kollege Leo Joseph half mir in Prag bei der Durchsicht der britisch-amerikanischen Dokumente.

Hintergrundinformationen zur aktuellen deutschen Diplomatenausbildung gab mir Prof. Dr. Joachim Lippott von der Akademie Auswärtiger Dienst. Darüber hinaus gewährten er und seine Frau Sabine Overkämping mir Unterkunft bei meinen Forschungsaufenthalten in Berlin. Von Karin Birk und Dr. Manfred Schäfers erhielt ich an vielen Abenden in Berlin wirtschaftspolitische Informationen, die die Grundlage einiger Fußnoten bilden. Alle vier brachten mir als Zugezogene die Hauptstadt nahe.

Im Mittelpunkt der Quellenforschung stand das Politische Archiv des Auswärtigen Amtes in Berlin, wo man mir mit Rat und Tat half, den umfangreichen Aktenbestand zu sichten. Mit großem Engagement taten dies Günter Scheidemann, Alexander Redlich, Michael Risse, Martin Wilhelm Hanselmann, Stefanie Fröhling und Mareike Fossenberger. Als Bearbeiter des „Biographischen Handbuchs des deutschen Auswärtigen Dienstes 1871–1945" half mir Dr. Martin Kröger bei der Zusammenstellung der Lebensläufe der

Vertreter des Auswärtigen Amtes beim Reichsprotektor (VAA) und stellte mir die meisten Abbildungen für dieses Werk zur Verfügung. Das Foto des VVAs Prof. Dr. Werner Gerlach, dessen Nutzung von der Institutsleitung freundlicherweise gestattet wurde, suchte mir Thomas Schürch von der Fotoabteilung des Instituts für Pathologie des Universitätsspitals Basel heraus.

Im Národní archiv in Prag lagert der politische Nachlass des VAAs Kurt Ziemke. Den Zugang zum Archiv gestattete mir die Archivdirektorin Frau PhDr. Eva Drašarová. Über die Unterlagen informierte mich der zuständige Archivar Herr David Hubený.

Das Bundesarchiv in Berlin ermöglichte mir die Einsichtnahme in die Akten von Präsidialkanzlei und Reichskanzlei.

Vom Collegium Carolinum, Forschungsstelle für die böhmischen Länder, e.V. in München erhielt ich großen Zuspruch für diese Quellenedition sowie ein Reisestipendium. Dr. Martin Zückert setzte sich dafür ein, dass diese wissenschaftliche Arbeit als Band 127 der „Veröffentlichungen des Collegium Carolinum" publiziert wurde. Sie kann damit die Edition der „Deutschen Gesandtschaftsberichte aus Prag 1918–1938" ergänzen.

Im Zuge der Bohemisten-Treffen des Collegium Carolinum in München war es mir stets möglich gewesen, über den Fortgang der Arbeit zu berichten und Anregungen einzuholen. Ein Austausch mit Dr. Karel Hruza von der Österreichischen Akademie der Wissenschaften in Wien im Nachgang der Treffen war mir immer sehr willkommen. Im Herder-Institut für historische Ostmitteleuropaforschung in Marburg recherchierte Dr. Robert Luft Stadtpläne aus der Okkupationszeit Prags, die der Zuordnung von politischen Sachverhalten dienten.

Als Koordinator der Publikationsreihen des Collegium Carolinum übernahm PD Dr. Volker Zimmermann bei der Herausgabe dieser Quellenedition die Federführung, während Dr. René Küpper die redaktionelle Betreuung oblag. Mit größter Sorgfalt und Sachkenntnis hat sich Herr Küpper um die Endfassung verdient gemacht. Er hat damit großen Anteil am Gelingen dieses Werkes.

In den rund sieben Jahren der Entstehung war meine Frau Brigitta Henkel meine größte Hilfe. Sie übernahm es, sich meine Ideen, Gedanken und Interpretationen anzuhören, zu diskutieren und nicht selten zu ergänzen. Mit juristischer Gründlichkeit prägte sie so das Ergebnis.

Nürnberg, im Oktober 2013   Gerald Mund

EINLEITUNG

Die deutsche Okkupation der so genannten Rest-Tschechei und die Errichtung des Protektorats Böhmen und Mähren durch das Deutsche Reich, aber auch die Vertreibung der Sudetendeutschen nach dem Zweiten Weltkrieg, verursachten viel Unrecht und Leid. Entsprechend kühl war nach 1949 das politische Klima zwischen der Bundesrepublik Deutschland und der Tschechoslowakei. Die Bundesregierung wollte lange nicht auf die territorialen Zugeständnisse aus dem Münchener Abkommen vom 29. September 1938[1] verzichten, während die tschechoslowakische Regierung die Vertreibung als probates politisches Mittel betrachtete, um ihren Anspruch auf die sudetendeutschen Gebiete durchzusetzen.

Erst am 11. Dezember 1973 unterzeichneten Bundeskanzler Willy Brandt und Außenminister Walter Scheel sowie Ministerpräsident Lubomír Štrougal und Außenminister Bohuslav Chňoupek in Prag einen Vertrag über die gegenseitigen Beziehungen zwischen der Bundesrepublik Deutschland und der Tschechoslowakischen Sozialistischen Republik.[2] Gegenstand des Vertrages war die Nichtigkeit des Münchener Abkommens von 1938 (Artikel I), aber gleichzeitig auch der Ausschluss materieller Ansprüche an die Bundesrepublik (Artikel II, Absatz 3). Des Weiteren wurden ein gegenseitiger Gewaltverzicht gemäß UN-Charta (Artikel III), die Unverletzlichkeit der gemeinsamen Grenze (Artikel IV, Absatz 1) unter Verzicht auf alle Gebietsansprüche (Artikel IV, Absatz 2) sowie eine Zusammenarbeit (Artikel V) vereinbart.[3] Dieser Prager Vertrag war ein großer Schritt zur Normalisierung des politischen Miteinanders, denn es folgte die Aufnahme diplomatischer Beziehungen zwischen beiden Staaten, die völkerrechtlich seit dem 15. März 1939 unterbrochen waren.

Wie bei allen Ostverträgen der Regierung Brandt, gab es auch bei diesem letzten, dem Prager Vertrag, erhebliche politische Differenzen in Deutschland. So stimmte der Bundestag mit seiner SPD/FDP-Mehrheit der Ratifizierung zu, während der von CDU/CSU dominierte Bundesrat diese jedoch am 8. März 1974 ablehnte. Grund für die Ablehnung war die Vertragsausgestaltung, die nach konservativer Ansicht angeblich das Unrecht am tschechischen Volk thematisiere, nicht aber das Unrecht der sudetendeutschen Vertreibung. Auch wurde darin ein unzureichender Schutz vor Reparations-

---

[1]   Siehe Reichsgesetzblatt (RGBl.) 1938 II, 853–855.
[2]   Zu den Hintergründen siehe u. a. *Bahr,* Egon: Zu meiner Zeit. München 1996, 222.
[3]   Siehe Bundesgesetzblatt 1974 II, 989–992.

forderungen der ČSSR (Československá socialistická republika, Tschechoslowakische Sozialistische Republik) gesehen.[4] Nach erneuter Billigung durch den Bundestag am 20. Juni 1974 verteidigte Hans Dietrich Genscher als neuer Außenminister dieses wichtige Element der Brandtschen Ostpolitik gegen alle Anfeindungen einen Tag später im Bundesrat, indem er ausführte:

> Der Vertrag konnte das historische Verhältnis zwischen Deutschen und Tschechen nicht insgesamt nachzeichnen. Er musste sich, was die Geschichte betrifft, vielmehr darauf beschränken, den Streitpunkt aus ihrer unseligen Vergangenheit aus dem Weg zu räumen, der dem Beginn einer zukunftsorientierten Zusammenarbeit seit Jahrzehnten entgegenstand.
>
> Zu ihm, dem Münchener Abkommen, enthält der Vertrag eine ausgewogene Formulierung, die den Interessen beider Seiten gerecht wird und dieses Abkommen für die Zukunft in ihren bilateralen Beziehungen außer Streit stellt.
>
> Der Vertrag legitimiert nicht die Vertreibung der Sudetendeutschen aus ihrer Heimat, und er beeinträchtigt ihre Stellung in keiner Weise. Vielmehr wahrt er ihre Rechte und berechtigten Interessen in vollem Umfang.[5]

Trotzdem lehnte der Bundesrat auch dieses Mal die Ratifizierung des Prager Vertrages ab und rief den Vermittlungsausschuss an. In namentlicher Abstimmung stimmte der Bundestag am 10. Juli 1974 für den Vertrag, der nunmehr in Kraft trat.

Erster Deutscher Botschafter in Prag war bereits am 25. April 1974 Gerhard Ritzel geworden. Er führte die diplomatische Vertretung fort, die mit der Einberufung des letzten Gesandten des Deutschen Reiches in Prag, Ernst Eisenlohr, in das Auswärtige Amt seit der Sudetenkrise im September 1938 unterbrochen gewesen war. Mit der Abberufung des Gesandten übernahm Andor Hencke als Geschäftsträger die Gesandtschaft. Er erlebte diese Prager Zeit als die dramatischste Phase seiner diplomatischen Laufbahn. Dabei kam ihm keine Mitgestaltungsmöglichkeit zu, sondern er sah sich selbst nur als „Augenzeuge einer Tragödie".[6]

Diese „Tragödie" hatte in der September-Krise und dem Münchener Abkommen 1938 ihren Ausgang genommen und sich bis Anfang März 1939 verschärft, denn auf Hitlers Veranlassung trat die deutsche Minderheit mit immer neuen Forderungen an die Prager Regierung heran. Gleichzeitig startete die deutsche Presse heftige Angriffe auf Staatspräsident Emil Hácha, der am 10. März 1939 die slowakische Regierung Jozef Tiso mit der Begründung absetzte, diese betreibe die Auflösung der Tschechoslowakei. Hácha schickte Truppen zur Verteidigung des Landes nach Bratislava, während Hitler die deutsche Wehrmacht zum Einmarsch in die Tschechoslowakei mobilisierte.

---

4   Eine detaillierte Darstellung der damaligen Argumente findet sich bei *Hacke*, Christian: Die Ost- und Deutschlandpolitik der CDU/CSU. Wege und Irrwege der Opposition seit 1969. Köln 1975, 101–105.
5   *Genscher*, Hans-Dietrich: Erinnerungen. Berlin 1995, 247.
6   *Hencke*, Andor: Augenzeuge einer Tragödie. Diplomatenjahre in Prag 1936–1939. München 1977, 14.

Er benötigte lediglich noch den Vorwand für einen Angriff, der sich dann bald bot.

Während Hitler sich mit Tiso am 13. März 1939 abends in Berlin traf, versuchte die tschechoslowakische Regierung fast gleichzeitig eine Unterredung mit Hitler zu initiieren.[7] Am Abend des 13. März 1939 gegen 19.30 Uhr erreichte den deutschen Geschäftsträger Andor Hencke die Bitte des tschechoslowakischen Außenministers František Chvalkovský, dass er um 21 Uhr zu einem Gespräch zu Staatspräsident Hácha auf die Prager Burg, den Hradschin (Hradčany), kommen möge. Auf telefonische Anweisung des Kabinettschefs von Reichsaußenminister Ribbentrop, Erich Kordt, wurde ihm dieses jedoch untersagt. In einem Telegramm noch vom gleichen Abend präzisierte Ribbentrop, dass Hencke unter keinen Umständen mit dem Staatspräsidenten in Kontakt treten dürfe.[8] Hencke fand diese Direktive befremdlich und kam ihr nur widerwillig nach; er sagte die Unterredung mit Hácha ab.[9] Knapp 80 Minuten später bat ihn Chvalkovský telefonisch, die Reichsregierung möge Hácha eine Zusammenkunft mit Hitler in Berlin ermöglichen. Hencke leitete diese Anfrage telegrafisch sofort nach Berlin weiter.[10] Handschriftlich reichte der tschechische Außenminister seinen Wunsch am nächsten Tage nach.[11]

Mit einem Sonderzug kamen Hácha und Chvalkovský am 14. März 1939 gegen 21 Uhr nach Berlin, wo sie zwar mit allen militärischen Ehren empfangen wurden, sich jedoch bis 1 Uhr früh gedulden mussten, bis Hitler und Ribbentrop Zeit für sie erübrigten.[12] Von deutscher Seite wurde ihnen dabei rasch eröffnet, dass es keine Alternative zu einem deutschen Einmarsch gebe, der bereits in wenigen Stunden beginnen solle. Unter dem Druck dieser Situation stimmten die beiden tschechischen Vertreter der „Erklärung der Deutschen und der Tschechoslowakischen Regierung"[13] zu.[14]

---

7   Eine detaillierte historische Darstellung findet sich bei *Brandes*, Detlef: Die Tschechen unter deutschem Protektorat. Band 1: Besatzungspolitik, Kollaboration und Widerstand im Protektorat Böhmen und Mähren (1939–1942). München, Wien 1969, 15–17.

8   Diese Direktive erreichte Hencke jedoch erst am nächsten Tag gegen 3 Uhr früh; vgl. Telegramm Ribbentrops an Deutsche Gesandschaft in Prag vom 13.3.1939. In: Akten zur deutschen auswärtigen Politik (ADAP). Serie D, Band IV, 215.

9   Vgl. Telegramm Henckes an Auswärtiges Amt vom 13.3.1939. In: ADAP. Serie D, Band IV, 216 f. sowie *Hencke*: Augenzeuge, 288 f.

10   Vgl. Telegramm Henckes an Auswärtiges Amt vom 13.3.1939. In: ADAP. Serie D, Band IV, 217.

11   Vgl. Telegramm Henckes an Auswärtiges Amt vom 14.3.1939. In: ADAP. Serie D, Band IV, 222 f.

12   Anwesend waren darüber hinaus Hermann Göring, Wilhelm Keitel, Ernst von Weizsäcker, Otto Meißner, Otto Dietrich sowie Walter Hewel.

13   Vgl. Erklärung der deutschen und der tschechoslowakischen Regierung vom 15.3.1939. In: ADAP. Serie D, Band IV, 235 f.

14   Siehe undatierte Aufzeichnung des Legationsrats Hewel (Persönlicher Stab RAM). In: ADAP. Serie D, Band IV, 229–234 sowie *Schmidt*, Paul: Statist auf diplomatischer Büh-

In den frühen Morgenstunden des 15. März 1939 vernahm Hencke aus dem Radio die Nachricht, dass deutsche Truppen die Grenze überschritten hätten.[15] Vom Auswärtigen Amt war er über den Einmarsch nicht informiert worden; stattdessen erhielt er gegen 9 Uhr die Anweisung, dafür Sorge zu tragen, dass in den tschechischen Behörden keine Akten vernichtet und die eintreffenden kommandierenden Generale angemessen empfangen würden.[16]

Andor Hencke war als Geschäftsträger der Deutschen Gesandtschaft in Prag in die Okkupation nicht involviert; er kannte vor Unterzeichnung der „Erklärung der Deutschen und der tschechoslowakischen Regierung" weder deren Gegenstand noch deren Inhalt. Von Ribbentrop, der am 15. März 1939 mit Hitler im Auto nach Prag gekommen war, erhielt Hencke in einer kurzen Unterredung am nächsten Tag nur wenige erklärende Informationen. Er bekam aber die Anweisung, dass er die außenpolitische Beratung des Oberbefehlshabers der deutschen Truppen in Böhmen und Mähren, General Johannes Blaskowitz, übernehmen solle. Der aus dem Auswärtigen Amt nach Prag entsandte Karl Ritter sollte sich dahingegen als wirtschaftspolitischer Sonderbotschafter um die Gleichschaltung der tschechischen Wirtschaft kümmern und die Auflösung des tschechoslowakischen Außenministeriums überwachen, bei der ihn Hencke unterstützen sollte. Darüber hinaus bekam Hencke den Auftrag, die Deutsche Gesandtschaft in eine Dienststelle des Auswärtigen Amtes umzuwandeln und über alle wichtigeren Vorgänge im Protektorat laufend zu berichten. In den nächsten Wochen wurden Akten, Unterlagen sowie die Kasse der Deutschen Gesandtschaft an die Zentrale abgegeben und das Personal weitgehend versetzt. Am Ende verblieben von den höheren Beamten nur Hencke, Oskar Freiherr von Mitis sowie der neu zugeordnete Hellmuth von Schweinitz in Prag.[17]

Vier Tage nach der Okkupation ernannte Hitler am 19. März 1939 den ehemaligen Außenminister Konstantin Freiherr von Neurath offiziell zum Reichsprotektor in Böhmen und Mähren.[18] Bei anschließend stattfindenden Gesprächen zwischen Neurath und Ribbentrop über die Zukunft der Deutschen Gesandtschaft in Prag konnte sich der Außenminister nicht mit dem Vorschlag durchsetzen, diese in eine Dienststelle des Bevollmächtigten beim Reichsprotektor umzuwandeln. Neurath lehnte dieses Ansinnen kategorisch mit dem Hinweis ab, es gebe für das Auswärtige Amt in Prag keine so genannten Vollmachten mehr. Demzufolge stimmte er lediglich einem Vertreter des Auswärtigen Amtes beim Reichsprotektor (VAA) zu, dem nur die

---

ne 1923–1945. Erlebnisse des Chefdolmetschers im Auswärtigen Amt mit den Staatsmännern Europas. Bonn 1949, 427–432.

[15] Tatsächlich waren bereits am Abend des 14.3.1939 deutsche Truppen nach Mährisch-Ostrau vorgerückt; vgl. undatierte Aufzeichnung des Legationssekretärs von Wallfeld (Pol. Abt.). In: ADAP. Serie D, Band IV, 228.

[16] Siehe *Hencke*: Augenzeuge, 300 f.

[17] Vgl. *Hencke*: Augenzeuge, 316.

[18] Siehe Dokument Nr. 67.

Wahrnehmung der Interessen der außenpolitischen Zentrale zukomme.[19] Schließlich oblägen seit dem 16. März 1939 die auswärtigen Angelegenheiten dem Deutschen Reich.[20] Berufliche Konkurrenz und persönliche Antipathie prägten dieses Zusammentreffen und die spätere Zusammenarbeit zwischen Neurath und Ribbentrop.[21]

Dem Reichsprotektor[22] unterstanden nunmehr als externe Berater für militärische und außenpolitische Fragen der Wehrmachtsbevollmächtigte[23] und der Vertreter des Auswärtigen Amtes[24]. Untergeordnet waren dem Reichsprotektor der Staatssekretär[25] und der Unterstaatssekretär[26]. Diesen politischen Vertretern folgten die Befehlshaber der Sicherheitspolizei und der Ordnungspolizei mit ihren Apparaten sowie die Zentralverwaltung und vier Fachabteilungen.

---

19 Im Laufe der kommenden Jahre wurden noch VAAs im Stab des Reichskommissars für die niederländischen Gebiete in Den Haag, im Stab des Reichskommissars für die besetzten norwegischen Gebiete in Oslo sowie beim Generalgouvernement in Krakau etabliert. Des Weiteren gab es noch eine Dienststelle des Auswärtigen Amtes in Brüssel.

20 Artikel 6 der Proklamation vom 16.3.1939 bestimmte entsprechend: „Die auswärtigen Angelegenheiten des Protektorats, insbesondere den Schutz seiner Staatsangehörigen im Ausland nimmt das Reich wahr, und das Reich wird die auswärtigen Angelegenheiten so führen, wie es den gemeinsamen Interessen entspricht." Vgl. Dokument Nr. 1.

21 Vgl. *Hencke: Augenzeuge*, 317 f.

22 Als Reichsprotektor bzw. Stellvertretender Reichsprotektor residierten im Czernin-Palais: Konstantin Freiherr von Neurath (März 1939 bis September 1941), Reinhard Heydrich (September 1941 bis Juni 1942), Kurt Daluege (Juni 1942 bis August 1943) und Wilhelm Frick (August 1943 bis April 1945).

23 Wehrmachtsbevollmächtigte waren: Erich Friderici (März 1939 bis Oktober 1941), Rudolf Toussaint (November 1941 bis August 1943), Ferdinand Schaal (September 1943 bis Juli 1944) sowie wiederum Rudolf Toussaint Juli 1944 bis Mai 1945).

24 Als Vertreter des Auswärtigen Amtes beim Reichsprotektor dienten: Andor Hencke (April bis September 1939), Kurt Ziemke (September 1939 bis Februar 1941), Martin von Janson (Februar bis September 1941), Werner Gerlach (Januar 1942 bis April 1943) sowie Erich von Luckwald (Juni 1943 bis Februar 1945). Nur als Geschäftsträger der Vertretung des Auswärtigen Amtes beim Reichsprotektor fungierte Georg Gerstberger (September 1941 bis Januar 1942 und April bis Juni 1943). Ihre Residenz war in der Thungasse 16 und 18.

25 Diese Funktion wurde allein von Karl Hermann Frank (März 1939 bis Mai 1945) ausgeübt, ab August 1943 als im Rang den Reichsministern gleichgestellter Deutscher Staatsminister für Böhmen und Mähren.

26 Unterstaatssekretär war Curt Ludwig Ehrenreich von Burgsdorff (März 1939 bis März 1942). Durch Reinhard Heydrichs Verwaltungsreform entfiel diese Position ab März 1942.

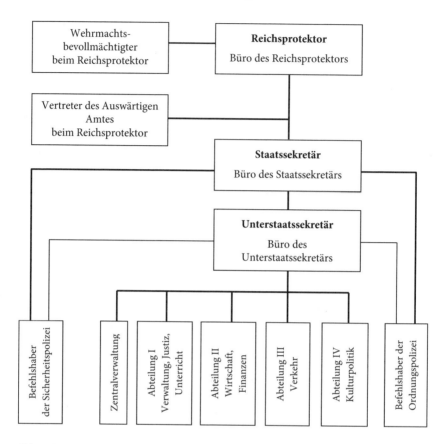

Abb. 1: Organigramm der Behörde des Reichsprotektors vom 1. Oktober 1940[27]

Mehrfach begab sich Hencke Ende März und Anfang April 1939 nach Berlin, wo die Aufgaben der Prager Dienststelle des Auswärtigen Amtes – ab Mitte April einigte man sich dort auf die Bezeichnung Vertretung des Auswärtigen Amtes beim Reichsprotektor in Böhmen und Mähren mit einem ebensolchen Vertreter – erörtert und festgelegt wurden. Dazu zählte die ständige Unterrichtung der Wehrmacht, die nur für wenige Wochen Inhaber der vollziehenden Gewalt war, und später des Reichsprotektors über wichtige außenpolitische Vorgänge, wofür der VAA von der Zentrale das entsprechende Informationsmaterial erhielt. Des Weiteren oblag der Vertretung die Bearbeitung aller Angelegenheiten, welche die im Ausland befindlichen Staatsangehörigen des Protektorats betrafen. Ebenso bestand eine Zuständigkeit für die

---

27 Bundesarchiv (BArch), Bestand Reichskanzlei, R 43 II/1329a.

im Protektorat lebenden Ausländer sowie für die Konsularbehörden. Für Ribbentrop hatte jedoch die Sichtung der Akten des tschechoslowakischen Außenministeriums durch die Deutsche Archiv-Kommission Priorität.[28] Er glaubte, durch die Unterlagen eine antideutsche Haltung der Tschechoslowakei beweisen zu können, womit er die Okkupation völkerrechtlich rechtfertigen wollte. Dementsprechend sollte der VAA die Arbeit der Kommission beschleunigen. Wie sich später allerdings herausstellte, gab es keine Anti-Deutschland-Politik mit Geheimverträgen der Tschechoslowakischen Republik. Die bereits von Ribbentrop am 16. März 1939 formulierte Aufgabe der laufenden Berichterstattung an die Zentrale wurde nicht explizit festgelegt, doch galt sie auch noch nach Einrichtung der Vertretung des Auswärtigen Amtes beim Reichsprotektor.

In Fortführung seiner Funktion als Geschäftsträger der Deutschen Gesandtschaft versah Andor Hencke[29] (14. Juli 1895 – 31. Januar 1984) als erster VAA seinen Dienst in Prag. Er hatte nach dem Abitur 1914 viele Jahre im preußischen bzw. deutschen Militärdienst verbracht, bevor er im Oktober 1922 in den deutschen diplomatischen Dienst eintrat und Stationen an den Auslandsmissionen in Kaunas, Kiew und Moskau absolvierte. Etwas früher als die meisten Diplomaten wurde er im November 1935 Mitglied der Nationalsozialistischen Deutschen Arbeiterpartei (NSDAP).[30] Aus der Ostabteilung des Auswärtigen Amtes versetzte man ihn im September 1936 an die Deutsche Gesandtschaft in

Abb. 2: Andor Hencke

Prag, wo Hencke nach der Abberufung des Gesandten im September 1938 die Funktion des Geschäftsträgers übernahm. Nach der Okkupation wurde die Gesandtschaft aufgelöst und er baute ab dem 17. März 1939 eine Dienststelle des Auswärtigen Amtes auf. Rund einen Monat später wurde Hencke zum Vertreter des Auswärtigen Amtes ernannt. Diese Aufgabe erfüllte er bis zum 16. September 1939, nur unterbrochen von der Teilnahme an den deutsch-

---

28 Vgl. *Hencke:* Augenzeuge, 316 f.
29 Die hier reproduzierten Fotos von Hencke, Janson und Luckwald stammen aus deren Personalakten im Politischen Archiv des Auswärtigen Amtes (PA/AA), dasjenige Gerlachs aus dem Institut für Pathologie des Universitätsspitals Basel, Schweiz, und das von Ziemke vom Tschechischen Pressebüro (Česká tisková kancelář; © ČTK-Photo 2013). Ein Foto Gerstbergers war nicht zu finden.
30 Im Auswärtigen Amt betreute Ernst Wilhelm Bohle als Leiter der Auslandsorganisation der NSDAP im Range eines Staatssekretärs alle Diplomaten und Deutschen, die sich im Ausland aufhielten. Er versuchte in dieser Eigenschaft kontinuierlich, die Diplomaten zum Eintritt in die NSDAP zu bewegen. Im Jahre 1936 erhöhte er den Druck erheblich. Viele Diplomaten beugten sich kritiklos, weshalb ab diesem Jahr die Parteieintritte im Auswärtigen Amt signifikant zunahmen.

sowjetischen Verhandlungen in Moskau im August und September 1939, aus denen der Nichtangriffspakt hervorging.[31] Im Gegensatz zu seinen Nachfolgern, die ausschweifende Berichte über die innere Lage im Protektorat verfassten, übermittelte Hencke in seiner Zeit als VAA nur kurze und sehr wenige Telegramm-Informationen über eingeleitete Maßnahmen, beispielsweise zum Umgang mit den Widerstand leistenden tschechischen Diplomaten,[32] zur Absage einer Einladung der Prager Nationaloper nach London[33] und zur Aufhebung der Exterritorialität der Diplomaten in Prag.[34] Strikt hielt sich Hencke an die ihm vom Reichsaußenminister Ribbentrop übertragenden Aufgaben, was zu einer guten Zusammenarbeit mit Reichsprotektor Neurath führte.

Abb. 3: Kurt Ziemke

Ganz anders gestaltete sich für Neurath die Zusammenarbeit mit Henckes Nachfolger Kurt Ziemke (2. Januar 1888 – 18. Juli 1965). Er war ein ausgeprägter Karrierediplomat und Nationalsozialist, der nach dem Studium der Jurisprudenz und eines einjährigen Militärdienstes im Oktober 1910 in den deutschen diplomatischen Dienst einberufen worden war. Bis Mai 1937 folgten Auslandseinsätze in Jerusalem, Damaskus, Konstantinopel, Posen, Mährisch Ostrau, Beirut und Kabul. Wegen Schwierigkeiten mit der NSDAP-Ortsgruppe in Kabul wurde Ziemke aus Afghanistan abberufen und bis August 1939 für über zwei Jahre in den einstweiligen Ruhestand versetzt. Vom 28. September 1939 bis zum Februar 1941 war er trotz seiner beschränkten Mitteleuropaerfahrung VAA in Prag. Wegen seiner eigenwilligen und respektlosen Art sowie der ständigen Einmischungen in die Belange des Reichsprotektors kam es schnell zu einem Zerwürfnis zwischen Ziemke und Neurath.[35] Dagegen pflegte Ziemke eine besonders innige politische Verbindung zu Neuraths Widersacher, Staatssekretär Frank. Von ihm und den deutschen Sicherheits-

---

[31] Biographisches Handbuch des Auswärtigen Dienstes. 1871–1945. Bd. 2. Hg. v. *Auswärtigen Amt.* Paderborn u. a. 2005, 263–265 sowie *Mund,* Gerald: Ostasien im Spiegel der deutschen Diplomatie. Die privatdienstliche Korrespondenz des Diplomaten Herbert v. Dirksen von 1933 bis 1938. Stuttgart 2006, 173 f.

[32] Siehe Dokument Nr. 91.

[33] Siehe Dokument Nr. 95.

[34] Siehe Dokument Nr. 140.

[35] In seinem Bericht vom 8.7.1940 referierte Ziemke über die Ansichten von „aktiven Führern des Deutschtums", die beispielsweise die politische Schwäche Neuraths kritisierten und für eine Zerschlagung des Protektorats plädierten; vgl. Dokument Nr. 266. Neurath dürfte dieser Bericht durch seine hervorragenden Kontakte zum Auswärtigen Amt vorgelegen haben.

behörden erhielt der VAA viele Informationen, die im Auswärtigen Amt als besonders wertvoll angesehen wurden.[36] Er geriet deswegen jedoch auch in die Kritik.[37] Nachdem sich Neurath wiederholt über Ziemke bei Staatssekretär Weizsäcker beschwert hatte, was sich aber fast ausschließlich auf das persönliche Gebaren beschränkte, betrieb dieser fortan die Ablösung des VAAs bei Außenminister Ribbentrop.[38] Mit seiner Entlassung siedelte Ziemke nach Agram (Zagreb) über, um die privatwirtschaftliche Vertretung verschiedener Einzelorganisationen des Zentralverbandes der Industrie des Protekorates, darunter der Kontinentalen Eisenhandels-Gesellschaft, deren Anteile mehrheitlich von der Witkowitzer Berg- und Eisenhüttengewerkschaft gehalten wurden, in Südosteuropa wahrzunehmen.[39] In seiner häufigen, umfangreichen und detaillierten Berichterstattung beschäftigte sich Ziemke hauptsächlich mit der innenpolitischen Lage im Protektorat. Er informierte die Zentrale über Regierungskrisen und -umbildungen,[40] politische Gruppierungen und die Einheitspartei Národní souručenství (Nationale Gemeinschaft),[41] die tschechische Presse,[42] aber auch über die allgemeine Stimmungslage und das deutsch-tschechische Verhältnis.[43] Manchmal jedoch ging er über den ursprünglichen Auftrag Ribbentrops an die Vertretung weit hinaus.[44] Der Grund dafür lag wahrscheinlich in dem geringen diplomatischen Spielraum, der sich Ziemke als VAA bot.

Ein kurzes diplomatisches Intermezzo als VAA in Prag gab Martin von Janson (5. Juni 1887 – 29. Januar 1945). Er hatte nach dem Abitur von 1906 bis 1910 Jura in Bonn und Königsberg studiert, unterbrochen von einem ein-

---

36 In einer Notiz vom 4.12.1940 für Staatssekretär Weizsäcker gab der Leiter der Politischen Abteilung des Auswärtigen Amtes, Ernst Woermann, seine Zufriedenheit über diese guten Informationen „zur allgemeinen Lage im Protektorat" Ausdruck; PA/AA, Personalabteilung, Personalakten 17181.

37 Siehe Dokument Nr. 324, Nr. 326 und Nr. 327.

38 Siehe Dokument Nr. 330.

39 PA/AA, Personalabteilung, Personalakten 17177, 17181, 17182, 17184 und 17185.

40 Siehe Dokument Nr. 209, Nr. 210, Nr. 212, Nr. 213, Nr. 215, Nr. 216 und Nr. 349.

41 Siehe Dokument Nr. 221, Nr. 234, Nr. 237, Nr. 241, Nr. 250, Nr. 251, Nr. 257, Nr. 284, Nr. 287, Nr. 292, Nr. 298, Nr. 300 und Nr. 334.

42 Siehe Dokument Nr. 243, Nr. 262, Nr. 307, Nr. 325 und Nr. 328.

43 Siehe Dokument Nr. 231, Nr. 232, Nr. 235, Nr. 238, Nr. 246, Nr. 247, Nr. 248, Nr. 253, Nr. 259, Nr. 263, Nr. 277, Nr. 278, Nr. 316 und Nr. 357.

44 In einer von Ziemke am 10.12.1940 dem Auswärtigen Amt vorgelegten, selbstverfassten Aufgabenbeschreibung findet sich unter Punkt 7 „Informierung des Auswärtigen Amts" eine wahrscheinlich von ihm selbst eingefügte weitreichende Informationsverpflichtung, darunter die Berichterstattung über „Maßnahmen des Amtes des Reichsprotektors, die Zukunft des Protektorats, die innere Lage und Stimmung, das Verhalten der Protektoratsregierung, das Parteiwesen, illegale Bewegungen und illegale Auslandsbeziehungen, staatspolizeiliche Maßnahmen mit Rückwirkung auf das Ausland, panslawische und kommunistische Bewegung, die Haltung des Hochadels und der katholischen Kirche, tschechische Kulturpolitik, das Deutschtum und die deutsche Sprache, die Judenfrage, Abwehr der Feindpropaganda"; Dokument Nr. 333.

Abb. 4: Martin von Janson

jährigen Militärdienst ab Oktober 1907. Im Anschluss arbeitete er in der preußischen Justizverwaltung. Knapp vier Jahre später wechselte Janson in den diplomatischen Dienst und fand Verwendung an der Botschaft in St. Petersburg. Mit Kriegsausbruch im August 1914 meldete er sich zum Militärdienst. Ab Dezember 1917 war er der Kommission für Gefangenenaustausch und Wirtschaftsfragen in St. Petersburg, ab April 1918 der diplomatischen Vertretung in Moskau zugeteilt. Nach einer sechzehnmonatigen Arbeit beim Reichskommissar für West- und Ostpreußen und die noch besetzten russischen Gebiete in Königsberg schied Janson im Juni 1920 vorerst aus dem diplomatischen Dienst aus und wurde erst im September 1924 wieder in diesen einberufen. Seine Auslandsmissionen der nächsten Jahre führten ihn nach Belgrad, Prag und Danzig. Erst relativ spät wurde er im August 1937 Mitglied der NSDAP. Am 25. Januar 1941 folgte aus einer untergeordneten Stellung in der Zentrale in Berlin seine Ernennung zum VAA, doch Janson bekleidete diese Position nur vom 15. Februar bis 8. September 1941.[45] Trotz seiner eigentlich guten Mitteleuropaerfahrung mit Prag-Kenntnissen verfasste er nur wenige Berichte. Ihm fehlten dazu häufig die grundlegenden Hintergrundmaterialien, da seine Kontakte zu den Sicherheitsbehörden des Protektorates bei weitem nicht so gut wie die von Ziemke waren. So berichtete er über die Regierungskrisen und -umbildungen,[46] die Vlajka-Bewegung[47] sowie die Behandlung von Juden und die Umsetzung der antijüdischen Gesetzgebung im Protektorat.[48]

Zwei kurze Perioden fungierte Georg Gerstberger (19. Februar 1888 – 16. Dezember 1943) nicht als VAA, sondern als Geschäftsträger der Vertretung des Auswärtigen Amtes beim Reichsprotektor in Prag. Gerstberger hatte nach der Matura von Oktober 1909 bis Januar 1920 den österreichischen Militärdienst absolviert. Anschließend arbeitete er bis September 1938 als österreichischer Zivilstaatsbeamter im diplomatischen Dienst. Als einen der wenigen österreichischen Spitzenbeamten übernahm ihn das Auswärtige Amt nach dem Anschluss in den deutschen diplomatischen Dienst. Wegen seiner profunden Kenntnisse der Tschechoslowakei versetzte ihn die Zentrale nach Prag, wo er lange in der Vertretung des Auswärtigen Amtes arbeitete und

---

45 PA/AA, Personalabteilung, Personalakten 6742 sowie Biographisches Handbuch des Auswärtigen Dienstes. Bd. 2, 427 f.
46 Siehe Dokument Nr. 370 und Nr. 371.
47 Siehe Dokument Nr. 372.
48 Siehe Dokument Nr. 368, Nr. 375, Nr. 383 und Nr. 386.

sogar von September 1941 bis Januar 1942 sowie von April bis Juni 1943 Geschäftsträger der Vertretung des Auswärtigen Amtes beim Reichsprotektor war. Kurze Zeit nach Gerlachs Einberufung in das Auswärtige Amt am 22. Oktober 1943 starb er am 16. Dezember 1943 durch Krankheit in Prag.[49] Gerstberger beschränkte sich lediglich auf die Übermittlung von Zeitungsausschnitten zu den Themen Amtsführung des Stellvertretenden Reichsprotektors Reinhard Heydrich, Verhängung des zivilen Ausnahmezustandes, „Schleichhandel" sowie Verurteilung von Straftätern und Vollstreckung von Todesurteilen, darunter die Verfahren gegen den Primator der Stadt Prag Otakar Klapka und den Ministerpräsidenten Alois Eliáš. Diese Vorgänge wurden fast ausschließlich gemeinsam in seinen „Berichten" behandelt, ohne einer Bewertung unterzogen zu werden.[50] Einige Ausnahmen bildeten sieben längere Berichte zur Lage im Protektorat.[51]

Kein Berufsdiplomat, sondern Arzt war Werner Gerlach (4. September 1891 – 31. August 1963), der als überzeugter Nationalsozialist nach Prag kam, um die Position als VAA auszufüllen. Nach dem Abitur hatte er von 1910 bis 1914 und 1916/17 Medizin in Tübingen und München studiert. Anschließend war er an diversen Kliniken und Krankenhäusern im deutschsprachigen Raum beschäftigt. In dieser Zeit legte er seine Promotion und seine Habilitation ab. Im Juli 1933 wurde Gerlach Mitglied der NSDAP, im April 1937 Mitglied der Schutzstaffel (SS), wo er im Persönlichen Stab des Reichsführers SS diente. Nach dem Eintritt in den diplomatischen Dienst im April 1939 über-

Abb. 5: Werner Gerlach

nahm er das Konsulat in Reykjavík. Infolge der britischen Besetzung Islands im Mai 1940 wurde Gerlach sechzehn Monate interniert. Zurück in Deutschland übernahm er ab Oktober 1941 Sonderaufgaben für das Auswärtige Amt, zu denen im Januar 1942 die Ernennung zum VAA gehörte. Ein gutes Jahr blieb er in dieser Stellung, bis er im April 1943 in die Kulturabteilung der Deutschen Botschaft in Paris versetzt wurde.[52] Gerlachs Ernennung zum VAA war nicht unumstritten, wie der Leiter der Personal- und Verwaltungsabteilung, Hans Schroeder, feststellte. Sie erfolgte nicht auf fachlicher Basis, sondern auf ausdrücklichen Wunsch Himmlers, dem sich Ribbentrop nicht

---

49 PA/AA, Personalabteilung, Personalakten 4380.
50 Siehe Dokument Nr. 396, Nr. 397, Nr. 399, Nr. 400, Nr. 401, Nr. 403, Nr. 405, Nr. 408 und Nr. 412.
51 Siehe Dokument Nr. 398, Nr. 402, Nr. 407, Nr. 410, Nr. 411, Nr. 413 und Nr. 414.
52 PA/AA, Personalabteilung, Personalakten 4359 sowie Biographisches Handbuch des Auswärtigen Dienstes. Band 2, 29 f.

entgegen zu stellen wagte. Schroeder selbst war von der Eignung Gerlachs
nicht überzeugt, da dieser kein Berufsdiplomat mit entsprechenden Kennt-
nissen und Fähigkeiten war.[53] Entsprechend gering fiel daher die quantitative
und qualitative Unterrichtung des Auswärtigen Amtes über die politische
Lage im Protektorat,[54] die Regierungskrisen und -umbildungen[55] sowie die
Behandlung von Juden[56] aus. Selbst der Tod Heydrichs wurde lediglich in
zwei kurzen Telegrammen nach Berlin gemeldet.[57]

Abb. 6: Erich von Luckwald

Mehr Soldat als Berufsdiplomat war der letzte
VAA in Prag. Erich von Luckwald (19. Februar
1884 – 11. Februar 1969) hatte nach dem
Abitur 1902 vier Jahre Militärdienst abgeleistet,
bevor er 1906 das Studium der Jurisprudenz in
Berlin aufnahm und sein Referendariat absolvierte. 1910 trat er in den deutschen diplomatischen Dienst ein und fand nacheinander bei
den deutschen Auslandsmissionen in Antwerpen, Bukarest, Sofia und St. Petersburg Verwendung. Mit Beginn des Ersten Weltkrieges
meldete er sich freiwillig zum Militär und wurde 1915 VAA im Großen Hauptquartier. Kurz
übernahm er im Jahre 1916 auch die Gesandt-
schaft in Luxemburg. Nach Kriegsende wechselte er in die Wirtschaft, u. a.
war er bei zwei Berliner Banken angestellt. Im Januar 1926 kehrte in den diplomatischen Dienst zurück und diente in Lodz, Tirana und Danzig. Dem Nationalsozialismus politisch nahe stehend, trat er im Januar 1932 der NSDAP,
im Januar 1939 der SS bei. Ein Jahr vor Beginn des Zweiten Weltkrieges kehrte er in die Zentrale nach Berlin zurück und war dort mit nur kleineren Aufgaben betraut. Im Mai 1940 meldete er sich erneut zum Militärdienst und
wurde für ein knappes Jahr VAA beim Armeeoberkommando 7. Nach weiterer Verwendung im Auswärtigen Amt wurde Luckwald am 22. Mai 1943 zum
VAA beim Reichsprotektor in Böhmen und Mähren ernannt, wo er am
29. Juni 1943 sein Amt antrat. Bis Februar 1945 füllte er dieses Amt aus, dann
flüchtete er aus Prag.[58] Gründe für die Ernennung Luckwalds zum VAA waren sicherlich seine Erfahrungen als Vertreter des Auswärtigen Amtes sowie
seine langjährige Verwendung im mittel- und osteuropäischen Raum. Darüber hinaus gab es aber auch noch einen speziellen Grund für die Auswahl,
wie der Leiter der Personal- und Verwaltungsabteilung, Hans Schroeder, in

---

[53] PA/AA, Personalabteilung, Personalakten 4361.
[54] Siehe Dokument Nr. 416.
[55] Siehe Dokument Nr. 415.
[56] Siehe Dokument Nr. 417.
[57] Siehe Dokument Nr. 420 und Nr. 423.
[58] Vgl. Biographisches Handbuch des Auswärtigen Dienstes. Band 3, 129–131.

seiner Begründung vom Mai 1943 anführte: „Als SS-Sturmbannführer im Stab des SS-Hauptamtes verfügt er [Luckwald] über gute Beziehungen zur Reichsführung SS. Eine ersprießliche Zusammenarbeit mit den Dienststellen des Reichsprotektorats erscheint daher gewährleistet."[59] Tatsächlich war er über sein nationalsozialistisches Engagement hinaus ein erfahrener Berufsdiplomat mit Mitteleuropaerfahrung, auch wenn er bislang nicht in Prag eingesetzt gewesen war. Von Luckwald existieren leider keine nennenswerten Berichte zur politischen Lage im Protektorat, was wohl auf die großen Verluste durch Brandschäden im Auswärtigen Amt zurückzuführen ist.[60]

Nach dem Ende des Zweiten Weltkrieges befasste sich eine internationale Expertengruppe mit der Herausgabe der Akten zur deutschen auswärtigen Politik (ADAP), die sich auf Material des Auswärtigen Amtes stützt. Da aber seit März 1939 die Tschechoslowakei völkerrechtlich nicht mehr existierte, wurden anschließend nur noch sehr wenige diplomatische Dokumente in dieses für die Wissenschaft so wichtige Standardwerk eingearbeitet.[61]

Deutsche Wissenschaftler begannen in der jüngsten Zeit zum Thema Tschechoslowakei von 1933 bis 1938 umfangreiches Material aus dem Politischen Archiv des Auswärtigen Amtes für eine mehrbändige Quellensammlung zusammenzutragen, die bis heute noch nicht abgeschlossen ist. Das Material dieser Edition schließt allerdings nicht das Protektorat Böhmen und Mähren ein, sondern behandelt lediglich die Zeit davor.[62]

Beide oben genannten Werke sind für die Wissenschaft bedeutend, doch wurde bislang nicht der Versuch unternommen, die Dokumente deutscher Diplomaten in der Zeit des Protektorats auszuwerten und in einer Quellenedition zusammenzustellen.

In den Quellensammlungen, die auch die Zeit der Okkupation zum Inhalt haben, werden die vorhandenen diplomatischen Dokumente des Auswärti-

---

59 PA/AA, Personalabteilung, Personalakten 9222.
60 Zu dieser Problematik siehe unten.
61 Akten zur deutschen auswärtigen Politik 1918–1945. Serie D (1937–1941) und Serie E (1941–1945). Baden-Baden, Göttingen, 1950–1979.
62 Deutsche Gesandtschaftsberichte aus Prag. Innenpolitik und Minderheitenprobleme in der Ersten Tschechoslowakischen Republik. Teil I: Von der Staatsgründung bis zum ersten Kabinett Beneš (1918–1921). Berichte des Generalkonsuls von Gebsattel, des Konsuls König und des Gesandten Professor Saenger. Ausgewählt, eingeleitet und kommentiert von Manfred Alexander. 2. Aufl. München 2003; Teil II: Vom Kabinett Beneš bis zur ersten übernationalen Regierung unter Švehla (1921–1926). Berichte des Gesandten Dr. Walter Koch. Ausgewählt, eingeleitet und kommentiert von Manfred *Alexander.* München, 2004; Teil III: Von der Regierung unter Švehla bis zum Vorabend der nationalsozialistischen Machtergreifung in Deutschland (1926–1932). Ausgewählt, eingeleitet und kommentiert von Manfred *Alexander.* München 2009; Teil IV: Vom Vorabend der Machtergreifung in Deutschland bis zum Rücktritt von Präsident Masaryk (1933–1935). Ausgewählt, eingeleitet und kommentiert von Heidrun und Stephan *Dolezel.* München 1991; Teil V: 1935–1938. Ausgewählt, eingeleitet und kommentiert von Heidrun und Stephan *Dolezel* (in Vorbereitung).

gen Amtes nur unzureichend berücksichtigt. Fast alle angeführten Editionen beschränken sich auf Dokumente vom März 1939. Leider haben diese Werke auch eine große zeitliche und/oder geografische Spannbreite, die eine umfassende Berücksichtigung des Protektorats Böhmen und Mähren im Zeitraum 1939 bis 1945 nicht erlaubt.[63]

Auch die tschechische Forschung hat sich für diesen Zeitraum bislang nicht der Dokumente des Auswärtigen Amtes in Berlin (früher Bonn) bedient. Die Editionen zum Thema stützen sich allein auf Forschungen im Národní archiv (Nationalarchiv) in Prag, im Archiv des Innenministeriums der Tschechischen Republik in Prag, im Bundesarchiv in Koblenz und Berlin, im ehemaligen Zentralen Staatsarchiv in Potsdam (seit 1990 Bundesarchiv) sowie in weiteren tschechischen Archiven. Leider liegen von den Editionen nur sehr wenige in deutscher Übersetzung vor.[64]

Diese Quellenedition kann ebenfalls kein vollständiges Bild über die Ereignisse im Protektorat Böhmen und Mähren vermitteln. In den Akten des Politischen Archivs des Auswärtigen Amtes bestehen dazu leider aus unterschiedlichen Gründen zu große Fehlbestände. Grund dafür ist unter anderem ein abnehmender Schriftverkehr durch fehlende Diplomaten, Bombeneinschläge mit Bränden im Auswärtigen Amt sowie Anweisungen zur Vernichtung wichtiger Akten. Der Versuch, diese Bestandslücken mit Dokumenten

---

63 Dazu zählen: *Alexander,* Manfred: Quellen zu den deutsch-tschechischen Beziehungen 1848 bis heute. Darmstadt 2005; *Hohlfeld,* Johannes (Hg.): Die Zeit der nationalsozialistischen Diktatur 1933–1945. Deutschland im Zweiten Weltkrieg 1939–1945. Berlin u. a. 1951; *Kießling,* Friedrich (Hg.): Quellen zur deutschen Außenpolitik 1933–1939. Darmstadt 2000; *Schumann,* Wolfgang/*Nestler,* Ludwig (Hg.): Die Okkupationspolitik des deutschen Faschismus (1938–1945). Die faschistische Okkupationspolitik in Österreich und der Tschechoslowakei. 1938–1945. Dokumentenauswahl und Einleitung von Helma *Kaden.* Unter Mitarbeit von Ludwig *Nestler* und Wolfgang *Schumann.* Berlin [Ost], Köln 1988; *Thurich,* Eckart: Schwierige Nachbarschaften. Deutsche und Polen – Deutsche und Tschechen im 20. Jahrhundert. Eine Darstellung in Dokumenten. Stuttgart u. a. 1990.

64 Es gehören dazu: *Král,* Václav (Hg.): Die Deutschen in der Tschechoslowakei 1933–1947. Dokumentensammlung. Prag 1964; *Král,* Václav/*Fremund,* Karel (Hg.): Die Vergangenheit warnt. Dokumente über die Germanisierungs- und Austilgungspolitik der Naziokkupanten in der Tschechoslowakei. Prag 1960; *Kárný,* Miroslav/*Milotová,* Jaroslava (Hg.): Od Neuratha k Heydrichovi. Na rozhraní okupační politiky hitlerovského Německa v „Protektorátu Čechy a Morava" [Von Neurath zu Heydrich. An der Schnittstelle der Okkupationspolitik Hitlerdeutschlands im „Protektorat Böhmen und Mähren"]. In: Sborník archivních prací 39 (1989), 281–394; *Kárný,* Miroslav/*Milotová,* Jaroslava/*Kárná,* Margita (Hg.): Deutsche Politik im „Protektorat Böhmen und Mähren" unter Reinhard Heydrich 1941–1942. Eine Dokumentation. Berlin 1997; *Kárný,* Miroslav/*Milotová,* Jaroslava/*Moravcová,* Dagmar (Hg.): Anatomie okupační politiky hitlerovského Německa v „Protektorátu Čechy a Morava". Dokumenty z období říšského protektora Konstantina von Neuratha [Die Anatomie der Okkupationspolitik Hitlerdeutschlands im „Protektorat Böhmen und Mähren". Dokumente aus der Ära des Reichsprotektors Konstantin von Neurath]. Prag 1987.

aus der Reichskanzlei, der Dienststelle Ribbentrop oder anderer Reichsbehörden zu schließen, zeigte nur wenig Erfolg. Ebenso fanden Dokumente der Vertretung des Auswärtigen Amtes sowie Materialien aus dem persönlichen Besitz des VAAs Kurt Ziemke, die im Nationalarchiv in Prag lagern,[65] nur periphere Verwendung.

Insgesamt finden sich in dieser Quellenedition diverse Themen zur Außen- und Innenpolitik des Protektorates. Dazu gehören insbesondere:

- Die Reaktionen der ausländischen Regierungen auf die Okkupation;
- die Beobachtung und Übernahme der tschechoslowakischen diplomatischen Vertretungen durch die deutschen Auslandsmissionen;
- die Ausbürgerung tschechoslowakischer Diplomaten;
- die Ausspähung der Arbeit von Tschechen im Exil durch die deutschen Auslandsmissionen;
- die Aufteilung des tschechoslowakischen Eigentums mit Übernahme der wichtigen Dokumente sowie der Auslandsmissionen mit Inventar durch das AA;
- die völkerrechtliche Umwandlung der Tschechoslowakei in das Protektorat Böhmen und Mähren;
- die wirtschaftspolitische Eingliederung des Protektorats in das Deutsche Reich (Aufhebung der Zollgrenze und Abschaffung der Kronen-Währung);
- die Zukunft des Protektorats nach dem Krieg;
- die politischen Gruppierungen und die Regierungsumbildungen im Protektorat;
- die Repressionen gegen die tschechische Bevölkerung, die Emigration und der politische Widerstand im Protektorat;
- die Judenverfolgung;
- die Anklage, Verurteilung und Hinrichtung von Ministerpräsident Alois Eliáš und Primator Otakar Klapka.

Darüber hinaus wurden nicht nur politische Dokumente ausgewählt, sondern auch solche, die über die Arbeit und Methoden des Auswärtigen Amtes Kenntnis geben. Dahingegen konnten spezielle wirtschaftspolitische Sachverhalte nicht eingefügt werden, da diese den Rahmen der Quellenedition überschritten hätten; ebenso wurden detaillierte persönliche Unterlagen nicht herangezogen.

Alle verwendeten Archivmaterialien zum Thema wurden unabhängig von ihrer Herkunft in eine chronologische Abfolge gebracht. Zur Orientierung

---

65 Ziemke war nach Beendigung seiner Tätigkeit als privatwirtschaftlicher Vertreter der Kontinentalen Eisenhandels-Gesellschaft, der auch verschiedene Protektoratsindustrieunternehmen angehörten, in Südosteuropa nach Prag zurückgekehrt. Bei seiner Flucht in den Westen im April/Mai 1945 musste er seine privatdienstliche Korrespondenz und die Abschriften seiner politischen Berichte in Prag zurücklassen.

dient die Dokumentenübersicht, die auch eine kurze Zusammenfassung des Inhalts enthält.

Jedem Dokument geht ein dreizeiliger Kopfvermerk voraus. Eine fortlaufende Ordnungszahl sowie Absender und Adressat mit Übertragungsform finden sich in der ersten und dritten Zeile, während in der zweiten die Fundstelle vermerkt ist.[66] Es wird bei den Dokumenten unterschieden zwischen Proklamation,[67] Erlass,[68] Dienstanweisung,[69] Weisung,[70] Telefonat, Telegramm bzw. Rundtelegramm, Fernschreiben, Schreiben bzw. Mitteilung, Bericht, Aufzeichnung, Notiz, Vermerk sowie Note bzw. Aide mémoire.[71] Diese Materialien unterlagen nach dem Inhalt verschiedenen Klassifizierungen („Streng geheim", „Geheim" bzw. „Geheime Reichssache"[72] sowie „Nur für

---

[66] Gibt es mehrere Fundstellen, ist die zweite Zeile erweitert.

[67] Unter einer Proklamation ist ein öffentlicher Aufruf, eine ebensolche Bekanntmachung oder eine öffentliche Erklärung zu verstehen.

[68] Ein Erlass ist eine Anordnung der Exekutive an andere staatliche Stellen oder an die Bevölkerung eines Landes.

[69] Allgemein wird unter einer Anweisung eine verbindliche mündliche oder schriftliche Äußerung der übergeordneten Dienststelle verstanden, wie sich jemand konkret verhalten oder ein Vorgang ablaufen soll. Im Militär ist das Äquivalent zur Dienstanweisung der Befehl.

[70] Die Weisung ist eine verbindliche, befehlsähnliche Aufforderung.

[71] Die diplomatische Note ist eine Form des Briefwechsels zwischen den diplomatischen Vertretungen im Empfangsstaat und dem Außenministerium des Empfangsstaates.

[72] Die Vorschrift für Verschlusssachen mit der Klassifizierung „Geheim" sah vor:
„1. Dies ist ein Staatsgeheimnis im Sinne des § 88 RStGB [Reichsstrafgesetzbuch] in der Fassung des Gesetzes vom 24. April 1934 (RGBl. 1934 I, 341 ff.).
2. Weitergabe innerhalb der Behörde nur von Hand zu Hand. Empfänger haftet für sichere Aufbewahrung, Verstoß hiergegen zieht schwere Strafe nach sich.
3. Vervielfältigung jeder Art sowie Herstellung von Auszügen verboten.
4. Weiterbeförderung, soweit ausdrücklich angeordnet, in doppeltem festem Umschlag, äußerer gesiegelt, mit Kurier oder Vertrauensperson.
5. Einschlägige Schriftberichte an das Auswärtige Amt sind in doppeltem festem Umschlag, äußerer versiegelt, nur mit Kurier oder Vertrauensperson zu befördern. Der äußere Umschlag hat die Anschrift: ‚An das Auswärtige Amt, z. Hd. des Leiters des Hauptbüros, Herrn Hofrat Schimpke oder Vertreter im Amt', der innere Umschlag die Anschrift des Unterzeichners des den Bericht veranlassenden Erlasses oder, falls dieser der Staatssekretär, der Unterstaatssekretär bzw. der Ministerialdirektor oder der Ministerialdirigent sind, des Referatsleiters zu erhalten und demzufolge zu lauten: ‚An das Auswärtige Amt, zu Händen von [...] oder Vertreter.' Ist eine Beförderungsmöglichkeit mit Kurier oder Vertrauensperson nicht gegeben, so ist das Geheime Chiffrierverfahren anzuwenden. Auf die beiden Briefumschläge der Schriftberichte ist Datum und Nummer derselben ohne Hinweis auf den geheimen Inhalt zu vermerken. Im Berichtsverzeichnis sind in den dafür vorgesehenen Spalten Datum und Nummer der Berichte ebenfalls ohne Hinweis auf den geheimen Inhalt und in der Spalte ‚Inhaltsangabe' der auf dem Innenumschlag angegebene Empfänger im Auswärtigen Amt anzugeben.

den Dienstgebrauch") und wurden entsprechend bei der Übermittlung durch Telefon oder Telegraf offen, also unverschlüsselt, oder im geheimen Chiffrierverfahren gesendet sowie in der Schriftform durch Kurier transportiert.

Kursiv stehen die Buchstaben und Wörter, die der Absender handschriftlich in den maschinengeschriebenen Text eingefügt hat. Anmerkungen des Adressaten zum Text sind kursiv in Fußnoten gefasst, soweit diese aufgelöst werden konnten. Originale Unterschriften sind kursiv, eingedruckte in Abschriften normal gesetzt. Hervorhebungen im Original sind jeweils unterstrichen. In eckigen Klammern stehen Ergänzungen.

Erklärungswürdig erscheinende Sachverhalte im Schriftwechsel sind in Fußnoten erläutert worden; vorkommende Personen sind mit Angabe zur beruflichen Tätigkeit und zur Fundstelle in der Korrespondenz unter Angabe der Dokumentennummer im Personenregister aufgeführt.

Die in den Schriftstücken angesprochenen politischen Sachverhalte, Personen, Dienstvorgänge im Auswärtigen Amt, Abkürzungen und so weiter sind in den Fußnoten eingehend erklärt respektive aufgelöst. Dabei beschränken sich die Erklärungen auf die Erstnennung, die sich somit häufig im vorderen Teil der Quellenedition befinden.

In den vorliegenden Dokumenten finden sich etliche Verweise auf Berichte, Schreiben, Telegramme, Presseartikel, Statistiken, Grafiken und so weiter. Nicht immer sind diese noch existent; fehlende Nachweise sind also als Fehlbestände zu verstehen.

Veränderungen an der „alten" Rechtschreibung der privatdienstlichen Korrespondenz wurden nicht vorgenommen.[73] Es wurden lediglich Fehler in Orthografie und Grammatik sowie falsch geschriebene Namen und Orte korrigiert, worauf allerdings nicht explizit hingewiesen wird. Tschechische Entsprechungen der verwendeten deutschen Ortsnamen finden sich unter Angabe der Dokumentennummer im Ortsregister.

6. Tritt unabweisbare Gefahr ein, daß das Schreiben in die Hände Unberufener fallen könnte, z. B. im Kriege und bei Unruhen, hat rechtzeitige Vernichtung, möglichst durch Feuer, zu erfolgen."

[73] Grundlage dafür ist die 12. Auflage des Rechtschreibdudens von 1941.

DOKUMENTENVERZEICHNIS

1

PA/AA, Büro des Staatssekretärs, R 29772

Proklamation des Führers und Reichskanzlers Hitler[1]

[16. März 1939][2]

Im Namen des Führers und Reichskanzlers wird hiermit der Erlaß vom 16. März 1939 über das Protektorat Böhmen und Mähren proklamiert.

Ein Jahrtausend lang gehörten zum Lebensraum des deutschen Volkes die böhmisch-mährischen Länder. Gewalt und Unverstand haben sie aus ihrer alten historischen Umgebung willkürlich gerissen und schließlich durch ihre Einfügung in das künstliche Gebilde der Tschecho-Slowakei[3] den Herd einer ständigen Unruhe geschaffen. Von Jahr zu Jahr vergrößerte sich die Gefahr, daß aus diesem Raum heraus, wie schon einmal in der Vergangenheit, eine neue ungeheuerliche Bedrohung des europäischen Friedens kommen würde. Denn dem tschecho-slowakischen Staate und seinen Machthabern war es nicht gelungen, das Zusammenleben der in ihm willkürlich vereinten Völkergruppen vernünftig zu organisieren und damit das Interesse aller Beteiligten an der Aufrechterhaltung ihres gemeinsamen Staates zu erwecken und zu erhalten. Er hat dadurch aber seine innere Lebensunfähigkeit erwiesen und ist deshalb nunmehr auch der tatsächlichen Auflösung verfallen. Das Deutsche Reich aber kann in diesen für seine eigene Ruhe und Sicherheit sowohl als auch für das allgemeine Wohlergehen und den allgemeinen Frieden so entscheidend wichtigen Gebieten keine andauernden Störungen dulden. Früher oder später mußte es als die durch die Geschichte und geographische Lage am stärksten interessierte und in Mitleidenschaft gezogene Macht die schwersten Folgen zu tragen haben. Es entspricht daher dem Gebot der Selbsterhaltung, wenn das Deutsche Reich entschlossen ist, zur Wiederherstellung der Grundlagen einer vernünftigen mitteleuropäischen Ordnung entscheidend einzugreifen und die sich daraus ergebenen Anordnungen zu treffen. Denn es hat in seiner tausendjährigen geschichtlichen Vergangenheit bereits bewiesen, daß es dank sowohl der Größe als auch der Eigenschaften des deutschen Volkes allein berufen ist, diese Aufgabe zu lösen. Erfüllt von dem ernsten Wunsch, den wahren Interessen der in diesem Lebensraum wohnenden Völker zu dienen, das nationale Eigenleben des deutschen und tschechischen Volkes sicherzustellen, dem Frieden und der sozialen Wohlfahrt aller zu nützen, ordne ich daher namens des Deutschen Reiches als Grundlage für das zukünftige Zusammenleben der Bewohner dieser Gebiete das Folgende an:

---

1   Veröffentlicht in RGBl. 1939 I, 485-488.
2   Hitler unterzeichnete diese Proklamation am 16.3.1939 in Prag.
3   Obgleich seit dem 15.12.1938 eine Anweisung des stellvertretenden Leiters der Personal- und Verwaltungsabteilung des Auswärtigen Amtes, Carl Dienstmann, die Benutzung von tschecho-slowakisch und Tschecho-Slowakei in Getrenntschreibung im Behördenschriftverkehr vorsah, benutzten einige Diplomaten trotzdem noch die „normale" Schreibweise.

ART. 1

Die von den deutschen Truppen im März 1939 besetzten Landesteile der ehemaligen tschecho-slowakischen Republik gehören von jetzt ab zum Gebiet des Großdeutschen Reiches und treten als Protektorat Böhmen und Mähren unter dessen Schutz. Soweit die Verteidigung des Reiches es erfordert, trifft der Führer und Reichskanzler für einzelne Teile dieser Gebiete eine hiervon abweichende Regelung.

ART. 2

Die volksdeutschen Bewohner des Protektorats werden deutsche Staatsange-hörige und nach den Vorschriften des Reichsbürgergesetzes vom 15. September 1935 Reichsbürger. Für sie gelten daher auch die Bestimmungen zum Schutze des deutschen Blutes und der deutschen Ehre. Sie unterstehen deut-scher Gerichtsbarkeit. Die übrigen Bewohner von Böhmen und Mähren wer-den Staatsangehörige des Protektorats Böhmen und Mähren.

ART. 3

Das Protektorat Böhmen und Mähren ist autonom und verwaltet sich selbst. Es übt seine ihm im Rahmen des Protektorats zustehenden Hoheitsrechte im Einklang mit den politischen, militärischen und wirtschaftlichen Belangen des Reiches aus. Diese Hoheitsrechte werden durch eigene Organe und eige-ne Behörden mit eigenen Beamten wahrgenommen.

ART. 4

Das Oberhaupt der autonomen Verwaltung des Protektorats Böhmen und Mähren genießt den Schutz und die Ehrenrechte eines Staatsoberhauptes. Das Oberhaupt des Protektorats bedarf für die Ausübung seines Amtes des Vertrauens des Führers und Reichskanzlers.

ART. 5

Als Wahrer der Reichsinteressen ernennt der Führer und Reichskanzler einen Reichsprotektor in Böhmen und Mähren. Sein Amtssitz ist Prag. Der Reichs-protektor hat als Vertreter des Führers und Reichskanzlers und als Beauftrag-ter der Reichsregierung die Aufgabe, für die Beachtung der politischen Richt-linien des Führers und Reichskanzlers zu sorgen. Die Mitglieder der Regie-rung des Protektorats werden vom Reichsprotektor bestätigt. Die Bestätigung kann zurückgenommen werden. Der Reichsprotektor ist befugt, sich über alle Maßnahmen der Regierung des Protektorats unterrichten zu lassen und ihr Ratschläge zu erteilen. Er kann gegen Maßnahmen, die das Reich zu schädi-gen geeignet sind, Einspruch einlegen und wenn Gefahr im Verzuge, die im gemeinsamen Interesse notwendigen Anordnungen treffen. Verkündigungen und Gesetze sowie Vollzug von Verwaltungsmaßnahmen und rechtskräftigen gerichtlichen Urteilen sind auszusetzen, wenn der Reichsprotektor Einspruch einlegt.

ART. 6

Die auswärtigen Angelegenheiten des Protektorats, insbesondere den Schutz seiner Staatsangehörigen im Ausland nimmt das Reich wahr, und das Reich wird die auswärtigen Angelegenheiten so führen, wie es den gemeinsamen Interessen entspricht. Das Protektorat erhält einen Vertreter bei der Reichsregierung mit der Amtsbezeichnung Gesandter.

ART. 7

Das Reich gewährt dem Protektorat den militärischen Schutz. In Ausübung dieses Schutzes unterhält das Reich im Protektorat Garnisonen und militärische Anlagen. Für die Aufrechterhaltung der inneren Sicherheit und Ordnung kann das Protektorat eigene Verbände aufstellen. Organisationen und deren Bewaffnung bestimmt die Reichsregierung.

ART. 8

Das Reich führt die unmittelbare Aufsicht über das Verkehrswesen sowie das Post- und Fernmeldewesen.

ART. 9

Das Protektorat gehört zum Zollgebiet des Deutschen Reiches und untersteht seiner Zollhoheit.

ART. 10

Gesetzliches Zahlungsmittel ist neben der Reichsmark bis auf weiteres die Krone. Das Verhältnis beider Währungen zueinander bestimmt die Reichsregierung.

ART. 11

Das Reich kann Rechtsvorschriften mit Gültigkeit für das Protektorat erlassen; soweit das gemeinsame Interesse es erfordert und soweit ein gemeinsames Bedürfnis besteht, kann das Reich Verwaltungszweige in eigene Verwaltung übernehmen und die dafür erforderlichen reichseigenen Behörden einrichten. Die Reichsregierung kann die zur Aufrechterhaltung der Sicherheit und Ordnung erforderlichen Maßnahmen treffen.

ART. 12

Das derzeit in Böhmen und Mähren geltende Recht bleibt in Kraft, soweit es nicht dem Sinne der Übernahme des Schutzes durch das Deutsche Reich widerspricht.

ART. 13

Der Reichsminister des Innern erläßt im Einvernehmen mit den beteiligten Reichsministern die zur Durchführung und Ergänzung dieses Erlasses erforderlichen Rechts- und Verwaltungsvorschriften.

2

PA/AA, Büro des Staatssekretärs, R 29772

Aufzeichnung des Staatssekretärs Weizsäcker

Berlin, den 16. März 1939

Der Herr Staatssekretär hat um 13 Uhr 12 der Deutschen Gesandtschaft in Prag folgende telefonische Weisung gegeben:

Für Ministerialdirektor Gaus oder Leg.-Rat Dr. Kordt.

Ich möchte anregen, daß der Außenminister Chvalkovský den bisherigen tschechischen Missionen im Auslande die Weisung erteilt:

1) ihr Abtreten von der Funktion als tschechische Vertretung bei der Regierung zu notifizieren, wo sie bisher beglaubigt war.

2) die reibungslose Übergabe der bisherigen tschechischen Mission in die Hände des am Ort befindlichen deutschen diplomatischen Vertreters sicherzustellen.[4]

WEIZSÄCKER

3

PA/AA, Büro des Staatssekretärs, R 29772

Rundtelegramm des Staatssekretärs Weizsäcker

Berlin, den 16. März 1939
Pers. H 2275

Bitte dortiger Regierung umgehend Note folgenden Inhalts zu übermitteln:

„Im Auftrage der deutschen Regierung habe ich die Ehre, dem pp den nachstehenden Erlaß über das Protektorat Böhmen und Mähren vom 16. März 1939 zu notifizieren:

(An dieser Stelle ist der volle Wortlaut des Erlasses, wie er durch DNB oder Transozean verbreitet ist, einzurücken. Sollte der Wortlaut dort nicht vorliegen, wird um Drahtbericht gebeten.)[5]

---

4   Im Telegramm Nr. 123, das am 16.3.1939 um 20.45 Uhr in Prag aufgegeben wurde, berichteten Ritter und Hencke folgendes: Die tschechischen Missionen im Ausland sind heute von Chvalkovský telegrafisch angewiesen worden, sich deutschen Missionen zu unterstellen, Weisungen auszuführen, insbesondere alle Akten zur Verfügung zu stellen. Tschechische Missionen geben gleiche Weisung an tschechische Konsulate weiter. Telegramm Ritters und Henckes an das Auswärtige Amt vom 16.3.1939. PA/AA, Büro des Staatssekretärs, R 29772. Im Telegramm Nr. 125 vom 18.3.1939 unterrichtete das Auswärtige Amt die Botschaft in Paris, dass diese Weisung, soweit bekannt, von allen tschechischen Missionen außer denen in Washington, London und Paris ausgeführt worden sei und dass die Prager Regierung ersucht werden würde, auch diese Missionen zur Ausführung der Weisung zu veranlassen. Telegramm Weizsäckers an die deutsche Botschaft in Paris vom 18.3.1939. PA/AA, Büro des Staatssekretärs, R 29772.

5   Siehe Dokument Nr. 1.

Gemäß Artikel 6 dieses Erlasses nimmt das Reich die auswärtigen Angelegenheiten des Protektorates, insbesondere den Schutz seiner Staatsangehörigen im Auslande wahr. Die bisherigen diplomatischen Vertreter der Tschechoslowakei im Ausland sind zu Amtshandlungen nicht mehr berufen."

Zusatz für Paris:
  Bitte dortiger Regierung gleichzeitig mitzuteilen, daß das Reich und seine Auslandsvertretungen die Führung der auswärtigen Angelegenheiten des Protektorats auch insoweit übernehmen, als nach bisherigen französisch-tschecho-slowakischen Vereinbarungen die Bearbeitung solcher Angelegenheiten den Auslandsvertretern der Französischen Republik übertragen war.

Zusatz für London:
  Bitte dortiger Regierung gleichzeitig mitzuteilen, daß Notifizierung an südafrikanische Regierung unmittelbar erfolgt.

WEIZSÄCKER

4

PA/AA, Büro des Staatssekretärs, R 29771
PA/AA, Büro des Staatssekretärs, R 29772
PA/AA, Politische Abteilung IV, R 103628

Rundtelegramm des Leiters der Politischen Abteilung Woermann[6]

Berlin, den 16. März 1939   Pol. IV 1728/39

Sofort!

Nur zur Information!
Hiesiger Britischer Botschafter[7] übersandte im Auftrage seiner Regierung am 15. März Schreiben in Form Privatbriefs an Reichsaußenminister,[8] in dem ausgeführt wird, britische Regierung wünsche sich nicht mehr als nötig in eine Angelegenheit einzumischen, von der andere Regierungen unmittelbar stärker berührt würden als sie selbst. Doch sei sie, wie deutsche Regierung sicherlich verstehen würde, sehr besorgt, ob alle Anstrengungen zur Wiederherstellung Vertrauens und Herbeiführung einer Entspannung, auf die im Hinblick Beginns von Wirtschaftsverhandlungen britische Regierung ebenso wie vermutlich deutsche Regierung Wert lege, Erfolg haben würden. Unter diesem Gesichtspunkt würde britische Regierung jede Aktion in Mitteleuropa

---

6   Diese Informationen gingen an die Deutschen Botschaften in London, Paris, Rom, Warschau, Moskau, Ankara, Tokio, Washington, Buenos Aires, Rio de Janeiro und Santiago sowie an die Deutschen Gesandtschaften in Den Haag, Budapest, Bukarest, Belgrad, Stockholm und Kopenhagen.
7   Sir Nevile Henderson.
8   Siehe Schreiben Hendersons an Ribbentrop vom 15.3.1939. In: ADAP. Serie D, Band IV, 239.

beklagen, die einen Rückschlag des wachsenden allgemeinen Vertrauens, von der jede Besserung der Wirtschaftslage abhinge, verursachen würde.

WOERMANN

5

PA/AA, Büro des Staatssekretärs, R 29772

Telegramm des Staatssekretärs Weizsäcker
an den wirtschaftspolitischen Sonderbotschafter Ritter

Berlin, den [16.] März 1939

Für Botschafter Ritter:
Wie mir mitgeteilt wird, befindet sich Staatssekretär Körner zur Zeit in Prag, um Abtransport größerer Anzahl Kisten aus ehemaligem tschecho-slowakischen Außenministerium, enthaltend Chiffre-Material, nach Berlin zu veranlassen. Auswertung dieses Materials in Verbindung mit Auswärtigem Amt ist mir hier zugesagt worden. Ich habe mich mit dem Abtransport einverstanden erklärt.[9]

WEIZSÄCKER

6

PA/AA, Büro des Staatssekretärs, R 29829

Aufzeichnung des Staatssekretärs Weizsäcker

St.S. Nr. 224   Berlin, den 16. März 1939

Der Ungarische Gesandte[10] erschien heute mittag feierlich bei mir, um folgende drei Erklärungen im Namen seiner Regierung abzugeben:
1) Sofern es uns erwünscht sei, daß die territorialen Neuerwerbungen des Reiches im tschechischen Raume international anerkannt werden, so hoffe die ungarische Regierung, dieses rechtzeitig zu erfahren, da sie die erste sein möchte, welche diese Anerkennung ausspricht.
2) Die ungarische Regierung sage der deutschen Regierung ihre wärmsten Glückwünsche dazu, daß die nötig gewordene Neuordnung im tschechischen Gebiet ohne Blutvergießen erfolgt sei.

---

[9] Zusatz: Herrn MD Prüfer, Herrn VLR Selchow z.g.K. Bitte dieser mir von F.A. [Abwicklungsstelle] gemachten Zusage entsprechend sich mit letzterem in Verbindung zu halten und zu melden, falls Kisten etwaiges Aktenmaterial enthalten sollten, das zur unmittelbaren Bearbeitung in das Auswärtige Amt zu übernehmen wäre.
[10] Döme Szótaj.

3) Der bisherige Ungarische Gesandte in Prag[11] sei abberufen worden. Er habe den Auftrag, wegen der weiteren Dispositionen (Einrichtung eines Konsulats etc.) in Budapest Meldung zu erstatten.

WEIZSÄCKER

7

PA/AA, Büro des Staatssekretärs, R 29829

Aufzeichnung des Staatssekretärs Weizsäcker

St.S. Nr. 226 Berlin, den 16. März 1939

Ich habe den Ungarischen Gesandten in großen Zügen über unsere heutige Antwort nach Bukarest auf das Bukarester Telegramm No. 79 vom 15. d.Mts. unterrichtet.

Außerdem habe ich Herrn Sztójay mitgeteilt, daß ein Wunsch des tschechischen Militärs, in der Karpatho-Ukraine nach Westen frei abziehen zu dürfen, von uns befürwortend nach Budapest weitergegeben werde unter der Voraussetzung, daß die ungarischen militärischen Dispositionen dieses zuließen.[12]

WEIZSÄCKER

8

PA/AA, Büro des Staatssekretärs, R 29772

Aufzeichnung des Staatssekretärs Weizsäcker

St.S. No. 227 Berlin, den 16. März 1939

Meine Mitteilung an das Propagandaministerium betreffend die Veröffentlichung des Telegrammwechsels Tiso-Führer kam zu spät.[13] Sie war bereits

---

11 Baron Imré von Wettstein.
12 Nach dem Ersten Weltkrieg war die Karpatho-Ukraine durch den Vertrag von Trianon der Tschechoslowakei zugeschlagen worden, obgleich dieses Gebiet seit dem 10. Jahrhundert Teil des Königreichs Ungarn war. Durch den Ersten Wiener Schiedsspruch war jedoch 1938 ein Teil des Gebietes wieder Ungarn zuerkannt worden. Parallel zur Errichtung des Protektorates Böhmen und Mähren besetzte Ungarn im März 1939 den Rest des beanspruchten Gebietes.
13 Dieser am 16.3.1939 vom Deutschen Nachrichtenbüro (DNB) veröffentlichte Telegrammwechsel lautet: „In starkem Vertrauen auf Sie, den Führer und Reichskanzler des Großdeutschen Reiches, unterstellt sich der slowakische Staat Ihrem Schutz. Der slowakische Staat bittet Sie, diesen Schutz zu übernehmen. Tiso." „Ich bestätige den Empfang Ihres gestrigen Telegramms und übernehme hiermit den Schutz des slowakischen Staates. Adolf Hitler." Telegramm Tisos, Antwort des Führers: Ich übernehme den Schutz. In: DNB v. 16.3.1939.

überholt durch eine Weisung aus dem Führerzug an das Deutsche Nachrichten-Büro.[14]

1.) Herrn Siegfried mit der Bitte, dem Adjutanten[15] des Feldmarschalls im Anschluß an mein heutiges Telefongespräch mit Feldmarschall Göring entsprechend telefonisch zu unterrichten.

2.) Abdruck an Herrn. Ges. Aschmann.

3.) z.d. Akten.

[WEIZSÄCKER]

9

PA/AA, Büro des Staatssekretärs, R 29772
PA/AA, Büro des Staatssekretärs, R 29859

Aufzeichnung des Staatssekretärs Weizsäcker

Berlin, den 16. März 1939

Der Herr Staatssekretär hat um 13 Uhr 12 der Deutschen Gesandtschaft in Prag folgende telefonische Weisung gegeben:
Für Ministerialdirektor Gaus oder Leg.Rat Dr. Kordt.
Ich möchte anregen, daß der Außenminister Chvalkovský den bisherigen tschechischen Missionen im Auslande folgende Weisung erteilt:

1.) Ihr Abtreten von der Funktion als tschechische Vertretung bei der Regierung zu notifizieren, wo sie bisher beglaubigt war.

2.) Die reibungslose Übergabe der bisherigen tschechischen Missionen in die Hände des am Ort befindlichen deutschen diplomatischen Vertreters sicherzustellen.

WEIZSÄCKER

10

PA/AA, Politische Abteilung IV (Tschechoslowakei), R 103629

Notiz von Stechow

Pol. IV *1857*

Herr von Hinüber von der Fox Tönenden Wochenschau rief heute morgen an und teilte mit, daß der Prager Kino-Operateur der Wochenschau, Herr Kopriva, mehrere Filmstreifen über den Einzug der ersten deutschen Truppen in

---

14 Mit dem im Juli 1937 aufgestellten Führerzug „Amerika" (ab Februar 1943 „Brandenburg I") bereiste Hitler das Deutsche Reich und das Ausland. Nur ihm allein stand dieser Zug, dessen Zusammensetzung nur in Ausnahmefällen oder auf besondere Anweisung verändert werden durfte, zur Verfügung. Während des Zweiten Weltkrieges nutzten die Reichsregierung und das Militär 25 Sonderzüge mit bis zu 300 Waggons; Außenminister Ribbentrop reiste ab 1941 im Sonderzug „Westfalen".

15 Karl-Heinrich Bodenschatz.

Prag hergestellt habe.[16] Das Propagandaministerium sei an der sofortigen Übersendung der Filme interessiert. Kopriva werde daher die Filme auf der Deutschen Gesandtschaft in Prag abgeben, mit der Bitte, sie mit dem nächsten Kurier nach Berlin zu senden. Herr von Hinüber bat, die Gesandtschaft in Prag bei Gelegenheit des nächsten Telefongespräches anzuweisen, der Bitte des Herrn Kopriva zu entsprechen.[17]

Berlin, den 16. März 1939
STECHOW

11

PA/AA, Büro des Staatssekretärs, R 29772
PA/AA, Politische Abteilung IV, R 103680

Aufzeichnung des Referatsmitarbeiters D der Personalabteilung Schubert

Der Weisung des Herrn Staatssekretärs entsprechend habe ich mit Herrn LR v. Etzdorf, Abt. Pers., heute nachmittag um 15.30 Uhr den bisherigen Tschecho-Slowakischen Gesandten Herrn Mastný unangemeldet in seiner Wohnung, Großadmiral-Prinz-Heinrich-Str. 11, aufgesucht und ihm erklärt:

Nach der heute mittag erfolgten Proklamation des Führers und Reichskanzlers sei die Führung der außenpolitischen Angelegenheiten der bisher von seiner Gesandtschaft betreuten Länder auf das Reich übergegangen.[18] Als Vertreter des abwesenden Chefs des Protokolls[19] sei ich daher beauftragt, ihn zu bitten, die Archive seiner Gesandtschaft dem Ausw. Amt bezw. dem mit der Übernahme betrauten LR v. Etzdorf zu übergeben.

Gesandter Mastný erklärte sich dazu sofort bereit und begab sich, da er amtliche Sachen in seiner Wohnung nicht habe, mit uns in die Kanzlei der Tschecho-Slowakischen Gesandtschaft, Rauchstr. 27, wo LR v. Etzdorf das Weitere, zunächst Versiegelung der Aktenschränke und Abschluß der Gesandtschaftsräume veranlaßt.

Gesandter Mastný glaubte verpflichtet zu sein, seiner bisherigen Regierung von der erfolgten Übergabe der Archive Mitteilung zu machen. Ich habe das seinem Ermessen anheimgestellt.

Berlin, den 16. März 1939
SCHUBERT

---

16 Von 1930 bis 1940 produzierte die Fox Tönende Wochenschau politische, gesellschaftliche und kulturelle Übersichten, die mit einer ungefähren Länge von 10 bis 15 Minuten vor dem Hauptfilm in den Kinos liefen.
17 Handschriftlicher Zusatz: *Die Filme gehen in Prag mit Kurier um 17 h ab. Herr Stermann u. H. v. Hinüber wurden verständigt.*
18 Siehe Dokument Nr. 1.
19 Alexander Freiherr von Dörnberg zu Hausen.

12

PA/AA, Handelspolitische Abteilung, R 106270

Aufzeichnung des Leiters der Handelspolitischen Abteilung Wiehl

Berlin, den 16. März 1939

Betr.: Rückwirkung der Besetzung der Tschechei auf Wirtschaftsbesprechungen mit England und Frankreich.

Die englische Regierung hat den Besuch der Minister Stanley und Hudson in Berlin als „unter den gegenwärtigen Umständen inopportun" am 15. März abgesagt. Die Besprechungen zwischen deutschen und englischen Industrievertretern in Düsseldorf werden fortgesetzt bis zum 16. März abends, zu welchem Zeitpunkt sie nach dem in Aussicht genommenen Programm ohnedies beendet werden sollten. Die englischen Industrievertreter kehren darauf von Düsseldorf nach England zurück, ohne vorher nach Berlin zu kommen, da das für Minister Stanley geplante Bankett in Berlin nicht stattfindet. Die Industriebesprechungen sind befriedigend verlaufen, Abschlüsse waren noch nicht zu erwarten. Die Besprechungen der einzelnen Industriegruppen sollen zu noch zu bestimmenden Daten fortgesetzt werden. Die Vertreter der beiden Spitzenverbände werden sich im Juni wieder treffen, wozu die Engländer nach London eingeladen haben.[20]

Der französische Verhandlungsführer Alphand ist heute vormittag überraschend nach Paris zurückgekehrt. Die fünf Mitglieder seiner Delegation befinden sich noch hier und warten auf Instruktion, haben aber den heutigen Verhandlungstermin abgesagt. Alphand hatte beabsichtigt, bis etwa Mitte nächster Woche hier zu bleiben, um die Besprechungen über ein Reiseabkommen und über die verschiedenen Pläne zur Intensivierung der deutsch-französischen wirtschaftlichen Zusammenarbeit fortzusetzen. Alphand ließ mir durch den hiesigen französischen Handelsattaché seine Entschuldigung aussprechen, daß er plötzlich auf Weisung des Handelsministers Gentin ohne die Möglichkeit einer *Verabschiedung* hätte abreisen müssen, wobei der Handelsattaché keine Gründe für die Abreise angab. Er meinte, da die Delegation hier geblieben sei, würde vielleicht auch Alphand zur Fortsetzung der Verhandlungen wieder hierher kommen.[21]

WIEHL

---

[20] Noch am Abend des 16.3.1939 kam es zum Abschluss des „Düsseldorfer Abkommens" zwischen führenden Industrieverbänden Großbritanniens und Deutschlands. Gemäß dem Inhalt dieser Vereinbarung sollten Kartelle und ihre spezifischen Industrieverbindungen bei der Aufteilung der Weltmärkte kooperieren und dabei von ihren Regierungen unterstützt werden.

[21] Die französische Delegation verließ Berlin am Abend des 17.3.1939. In einer offiziellen Erklärung ließ die französische Regierung verlautbaren, dass der Grund für den Abbruch der Verhandlungen in der Annexion der Tschechoslowakei liege.

13

PA/AA, Politische Abteilung IV, R 103629

Bericht des Deutschen Gesandten in Kabul Pilger an das Auswärtige Amt

Nr. 477   Kabul, den 16. März 1939
                                                                                    Pol. IV 2255

Inhalt: Aufnahme der Proklamation des Führers und der Ereignisse in der
Tschechei in Afghanistan.

Die Proklamation des Führers sowie die sonstigen vom deutschen Rundfunk
am 15.3. um 6 Uhr vormittags durchgegebenen Mitteilungen sind hier sowohl um 9.30 vorm. (Zeitunterschied zu Berlin) als auch bei den späteren
Übermittlungen ausgezeichnet zu hören gewesen. Sie haben in der deutschen
Kolonie große Begeisterung hervorgerufen. Die afghanischen Kreise haben
sich schon in den Mittagsstunden sehr interessiert gezeigt. Ihnen konnte der
Wortlaut der Proklamation usw. zugänglich gemacht werden.

Interessant war, die Einstellung der übrigen Nationen zu beobachten. Am
Abend des 15.3. fand anläßlich des Geburtstages des Schahs von Iran ein
Empfang auf der Iranischen Botschaft statt,[22] zu dem die afghanischen Minister, das diplomatische Korps und Mitglieder der fremden Kolonien geladen
waren. Als einziger zeigte sich der Britische Gesandte Sir Kerr Fraser-Tytler
stark beeindruckt, was in einem etwas frostigen Benehmen zum Ausdruck
kam. Er hatte wahrscheinlich vor seinem Kommen die Reden Chamberlains
und von Halifax im Rundfunk gehört und sich deren Kommentar zu den Ereignissen zu eigen gemacht.[23] Dies hatte auch etwas auf den einen oder anderen Herrn seines Stabes abgefärbt, während im übrigen die anderen Engländer sich wie immer gaben und offen und unvoreingenommen mit mir
sprachen. Verschiedenen, die mich naiv fragten, ob das nun zu einem Krieg
führen werde, konnte ich die Sachlage erklären. Die Franzosen schnitten die
Frage gar nicht an, ebensowenig die Russen, die im Gegenteil sich sehr liebenswürdig zeigten. Ein anwesender Tscheche, ein Angestellter der hiesigen
Vertretung der Škoda-Werke, zeigte sich völlig unbeteiligt und schüttelte mir
besonders kräftig die Hand. Die Ägypter und Iraner schienen sich zu freuen.

Diejenigen afghanischen Stellen, die sich mit Škoda sehr angefreundet hatten und uns stets mit Hinweis auf Škoda zu imponieren versuchten, wie der
Handelsminister und andere, waren besorgt, wie sich die Dinge diesbezüglich
entwickeln würden. Es ist zu bedenken, daß Škoda zahlreiche Lieferaufträge
von afghanischer Seite hat und daß vor allem die von Škoda beeinflußte

---

[22] Es handelte sich um Schah Reza Khans 61. Geburtstag.
[23] Im Unterhaus hatte sich Chamberlain am 15.3.1939 sehr maßvoll zu Hitlers Vorgehen
        in der Tschechoslowakei geäußert und seine Untätigkeit damit gerechtfertigt, „dass der
        Staat, dessen Grenzen wir zu garantieren beabsichtigten, von innen her zerbrach". *Beno-
        ist-Méchin,* Jaques: Geschichte der deutschen Militärmacht 1918-1946. Bd. 7. Preu-
        ßisch-Oldendorf 1971, 82.

tschechisch-afghanische Baugesellschaft eine wichtige Rolle in den afghanischen Wirtschaftsbeziehungen gespielt hat.[24] Wenn ich über die Frage, wie diese afghanisch-tschechischen Beziehungen in Zukunft zu betrachten sind, eine Weisung erhalten könnte, so wäre ich darüber sehr dankbar.

PILGER

14

PA/AA, Handelspolitische Abteilung, R 111569
BArch, Reichskanzlei, R 43 II/1326a

Rundschreiben des Beauftragten für den Vierjahresplan Göring[25]

St.M.Dev.2560   Berlin, den 16. März 1939
                                                          W III *2034*

Die Besonderheiten, die sich bei der Eingliederung des Reichsprotektorats von Böhmen und Mähren in den deutschen Wirtschaftsraum ergeben werden, erfordern mehr noch als es bei der Eingliederung der Ostmark[26] und des Sudetenlandes nötig gewesen ist, eine einheitliche Lenkung. Ich behalte mir deshalb in allen grundsätzlichen wirtschaftlichen Fragen die Entscheidung vor und bitte, mir sobald wie möglich mitzuteilen, welche Pläne bei Ihnen im einzelnen bestehen. Insbesondere bitte ich, sie bei der Einführung deutscher wirtschafts- oder arbeitsrechtlicher Vorschriften jeweils vorher vorzulegen.

Im einzelnen weise ich zunächst auf folgendes hin:

1. Die tschechoslowakische Industrie ist bekanntlich sehr ausfuhrorientiert. Auf die Erhaltung dieser Ausfuhr muß aus den bekannten Devisengründen ausschlaggebender Wert gelegt werden. Ich bitte den Herrn Reichswirtschaftsminister[27], alle geeignet erscheinenden Maßnahmen zu ergreifen, um dieses Ziel zu erreichen. Insbesondere müssen zunächst alle laufenden Verträge von den Werken Böhmens und Mährens fristgemäß erfüllt werden, damit der Devisenerlös für die gesamtdeutsche Wirtschaft gesichert wird.

2. Der Ausverkauf Böhmens und Mährens durch reichsdeutsche Aufkäufer ist einstweilen durch den Inhaber der vollziehenden Gewalt verhindert worden. Um die Rohstoffvorräte Böhmens und Mährens ordnungsgemäß einsetzen zu können, ist es nötig, auch für die Zukunft Vorkehrungen zu

---

24 Afghanistan hatte bei Škoda zahlreiche Panzer vom Typ LT (Light Tank)-35 für seine Armee geordert, doch wurde die Auslieferung durch die deutsche Okkupation verhindert.

25 Dieses Schreiben war gerichtet an alle Reichsminister, den Reichsprotektor Neurath, die Geschäftsgruppen des Vierjahresplans, die Generalbevollmächtigten, den Reichskommissar für die Wiedervereinigung Österreichs mit dem Dritten Reich, Bürckel, und den Chef der Zivilverwaltung in Böhmen, Konrad Henlein.

26 Das Gebiet des vormaligen Staates Österreich nach dem Anschluss an das Deutsche Reich.

27 Walther Funk.

treffen, um einen solchen Ausverkauf zu vermeiden, der praktisch zu einer Umgehung der deutschen Verarbeitungsvorschriften führen kann. Ich bitte auch hier den Herrn Reichswirtschaftsminister, entsprechende Maßnahmen vorzusehen.

3. Der Besitzwechsel bei großen wirtschaftlichen Werten, insbesondere bei Grundbesitz, Gewerbebetrieben, Aktienmehrheiten, Beteiligungen usw., muß in einer den Belagen der deutschen Wirtschaft entsprechenden Weise geordnet werden. Deshalb behalte ich mir einstweilen die Zustimmung bei allen größeren Objekten (ab ½ Million) vor. Ich bitte den Herrn Reichswirtschaftsminister, dafür zu sorgen, daß die entsprechenden Anzeigepflichten und Genehmigungsvorbehalte eingeführt werden, damit eine laufende Kontrolle über die Besitzumschichtungen möglich wird.

4. Wilde Arisierungsmaßnahmen sind zu verhindern; Zeit, Maß und Tempo etwaiger Entjudungsmaßnahmen werde ich bestimmen.

5. Soweit Leistungen von Landeseinwohnern gefordert werden oder an diese Löhne bezahlt werden müssen, bitte ich auf Grund der Erfahrungen im Sudetenland alle öffentlichen Bedarfsträger dringend, äußerste Disziplin zu wahren. Es muß grundsätzlich von dem ortsüblichen Lohn und Preis ausgegangen und jeder Vergleich mit reichsdeutschen Verhältnissen ausgeschlossen werden. Übersteigerungen auf diesem Gebiete können zu schweren Rückschlägen führen.

6. Grundsätzlich ist dafür zu sorgen, daß das Wirtschaftsleben ungestört weiter läuft. Von der Einsetzung von Treuhändern oder Kommissaren für Einzelunternehmen ist abzusehen. Wenn eine derartige Maßnahme in Ausnahmefällen unvermeidbar erscheint, ist die Zustimmung des zuständigen Fachministers einzuholen.

GÖRING

15

PA/AA, Handelspolitische Abteilung, R 106270

Telegramm des stellvertretenden Leiters der Wirtschaftspolitischen Abteilung Clodius an die Deutsche Gesandtschaft in Prag

Berlin, den 16. März 1939   W. III *2006*

Direktor Goeschel Škoda-Werke Prag (Adamstal)[28] beabsichtigt Reise nach Sofia. Knorr-Bremse AG befürchtet ernste Störungsversuche bei ihren Verhandlungen über Einführung deutscher Bremse bei Bulgarischen Staatsbahnen.[29] Falls möglich verhindert *zunächst* Ausreise ohne Angabe von Gründen

---

28 Die Adamstal-Werke nördlich von Brünn waren 1929 von Škoda übernommen worden. Dort stellte man u. a. Motoren, Pumpen, Lokomotiven und Geschütze her.

29 Die Knorr-Bremse AG hatte sich seit ihrer Gründung im Jahre 1907 durch die Entwicklung und Einführung von Druckluftbremsen in europäischen Schienenfahrzeugen her-

bis weitere Klärung wirtschaftlicher Stellung Tschechei im Rahmen deutscher Wirtschaft erfolgt.

CLODIUS

16

PA/AA, Büro des Staatssekretärs, R 29772

Telegramm des wirtschaftspolitischen Sonderbotschafters Ritter und des Vertreters des Auswärtigen Amtes beim Reichsprotektor Hencke an das Auswärtige Amt

Prag, den 16. März 1939   20 Uhr 45
Ankunft: 16.   „   „   22 Uhr 40

Nr. 123 vom 16/3.

Die tschechischen Missionen im Ausland sind heute von Chvalkovský telegraphisch angewiesen worden, sich deutschen Missionen zu unterstellen, Weisungen auszuführen, insbesondere alle Akten zur Verfügung zu stellen.

Tschechische Missionen geben gleiche Weisung an Tschechische Konsulate weiter.

RITTER, HENCKE

17

PA/AA, Büro des Staatssekretärs, R 29772

Telegramm des wirtschaftspolitischen Sonderbotschafters Ritter und des Vertreters des Auswärtigen Amtes beim Reichsprotektor Hencke an das Auswärtige Amt

Prag, den 16. März 1939   20 Uhr 45
Ankunft: 16.   „   „   22 Uhr 40

Nr. 124 vom 16/3.   Auf Drahterlaß 79 – Pol. I 631 g – und 81 – Pol. I ... g –[30]

Auftrag ausgeführt. Chiffriermaterial und politisches Archiv vorläufig sichergestellt. Sonderbeauftragter Generalfeldmarschall Göring hat sich bei mir noch nicht gemeldet, Dienstmann noch nicht eingetroffen.

RITTER, HENCKE

---

vorgetan. In Gestalt der „Hik-Bremse" hatte die Firma ein besonders innovatives Produkt entwickelt. Damit stand die Knorr-Bremse AG in Konkurrenz zu Škoda um Aufträge der Bulgarischen Staatsbahnen.

[30] Siehe Dokument Nr. 5.

18

PA/AA, Politische Abteilung IV, R 103629

Bericht des Persönlichen Referenten des Deutschen Botschafters in London Selzam an das Auswärtige Amt

A 1121 London, den 17. März 1939
Pol. IV *1873*

Inhalt: Unterhauserklärung betr. Protest wegen des deutschen Einmarsches in die Tschecho-Slowakei.

In der Unterhaussitzung vom 16. März ds. Js. teilte der Premierminister auf eine Anfrage des Abgeordneten Archibald Sinclair mit, daß die britische Regierung einen Protest wegen des Einmarsches deutscher Truppen in das tschecho-slowakische Gebiet nicht erhoben habe. Als dann Sinclair die Frage stellte, ob die Absicht bestehe, einen solchen Protest bei der deutschen Regierung einzulegen, wich der Premierminister der Beantwortung dieser zusätzlichen Frage mit dem Bemerken aus, daß diese ihm vorher vorgelegt werden müsse.

Wortlaut von Fragen und Antworten findet sich in der amtlichen Parlamentsdrucksache Band 345, Nr. 66, Spalte 615.

Im Auftrag
VON SELZAM

19

PA/AA, Büro des Staatssekretärs, R 29772
PA/AA, Büro des Staatssekretärs, R 29829

Aufzeichnung des Staatssekretärs Weizsäcker

St.S. No. 231 Berlin, den 17. März 1939

Nach der englischen Presse (u.a. diplomatischer Korrespondent der „Times" vom 16.3.)[31] hätten der Britische und der Französische Botschafter[32] am letzten Dienstag nachmittag im Auswärtigen Amt die Versicherung erhalten, daß Deutschland keinesfalls zu irgendwelchen drastischen Schritten übergehen werde. Diese Versicherung sei abgegeben worden zu einem Zeitpunkt, wo deutsche Truppen die tschechische Grenze bereits überschritten gehabt hätten.

---

[31] In dem Artikel wird der deutschen Regierung Wortbruch und Verrat am Münchener Abkommen vorgeworfen, wobei umfangreich Chamberlains Ausführungen zum Frieden in der Tschechoslowakei aus dem September 1938 und Hitlers Reden aus dem September und Anfang Oktober 1938 in Saarbrücken zitiert werden; vgl. Hitler's broken promises. In: The Times v. 16.3.1939.

[32] Nevile Henderson und Robert Coulondre.

Der Tatsachenverhalt ist der, daß der Französische Botschafter an dem betreffenden Tage hier überhaupt nicht vorgesprochen hat, sondern erst am Mittwoch. Der Britische Botschafter war mittags um 12 Uhr bei mir, d. h. 5 Stunden, ehe die ersten Truppen über die tschechische Grenze gingen. Dem Britischen Botschafter ist außerdem nur gesagt worden, wir wollten versuchen, unsere Ansprüche auf eine anständige (decent) Weise durchzusetzen, wobei ich auf eine Andeutung Hendersons habe einfließen lassen, daß ja auch ein Truppeneinmarsch in anständiger Weise vor sich gehen könne.[33]

WEIZSÄCKER

20

PA/AA, Büro des Staatssekretärs, R 29773
PA/AA, Büro des Staatssekretärs, R 29829
PA/AA, Politische Abteilung IV, R 103629

Aufzeichnung des Staatssekretärs Weizsäcker

St.S. Nr. 234   Berlin, den 17. März 1939
                                                            Pol. IV 1900

Der Englische Botschafter machte mir heute seinen Abschiedsbesuch, ehe er morgen zur Berichterstattung nach London fahre.[34] Er gab mir die in London sich entwickelnde Stimmung wegen der jetzigen Lösung der tschechoslowakischen Frage wieder und suchte bei mir nach Argumenten, welche er Chamberlain zur Verwertung gegenüber seiner innerpolitischen Opposition an die Hand geben könnte.

Ich habe Henderson unter Zurückgreifen auf die Entwicklung in den letzten 6 Monaten klarzumachen versucht, wie wir auf dem besten Wege gewesen seien, mit der Prager Regierung zu einem Arrangement zu kommen, das den beiderseitigen Bedürfnissen genügt hätte. Die dazu gehörende Voraussetzung, nämlich das Verschwinden des Beneš-Geistes habe aber – je länger, je mehr – gefehlt. Im Gegenteil sei offenbar von auswärts, anscheinend namentlich von Amerika her ermutigt, die Hoffnung der Tschechen auf einen europäischen Krieg und auf ein Wiedererstehen ihres Landes in größerer Form

---

33 Am Dienstag, dem 14.3.1939, war Henderson bei Weizsäcker gewesen, um die Lage in der Tschechoslowakei zu erörtern. Der Staatssekretär versicherte dem Botschafter hierbei, die „legitimen [deutschen] Ansprüche auf eine anständige Weise durchzusetzen". Ein Truppeneinmarsch war nicht Gegenstand des Gesprächs. Einen Tag später war der Französische Botschafter Coulondre am Mittag bei Weizsäcker, über dessen Besuch der Staatssekretär ausführte: „Der Botschafter kam dann wieder auf den vorzeitigen Einmarsch in Mähren. Ich redete hierüber hinweg." Aufzeichnungen Weizsäckers vom 14.3, und 15.3.1939. In: ADAP. Serie D, Band IV, 221 bzw. 238 f.
34 Offiziell wurde Henderson auf unbestimmte Zeit aus Berlin zurückberufen, doch kehrte er bereits wenige Tage später nach Berlin zurück. Gleiches geschah ebenso mit seinem französischen Kollegen Coulondre.

gewachsen. Dieses habe schließlich einen Zustand geschaffen, bei dem der äußere Anlaß, nämlich die Absetzung Tisos[35] von Prag aus genügt habe, um den Stein ins Rollen zu bringen. Teils der tschechischen Bevölkerung selbst, teils aber ihren übel beratenen Freunden im Auslande sei die jetzige Entwicklung zuzuschreiben.

Wünsche, die Henderson wegen gewisser Persönlichkeiten vorbrachte, welche sich in die Britische Gesandtschaft in Prag geflüchtet haben, werden an anderer Stelle behandelt.

Über seine Rückkehr nach Berlin wußte Henderson noch nichts auszusagen.

WEIZSÄCKER

21

PA/AA, Büro des Staatssekretärs, R 29772

Rundtelegramm des Leiters der Politischen Abteilung Woermann[36]

Berlin, den 17. März 1939

Englische Presse behauptet Britischer und Französischer Botschafter hätten Dienstag nachmittag im Auswärtigen Amt Versicherung erhalten, Deutschland werde keinesfalls zu drastischen Schritten übergehen. Diese Versicherung sei abgegeben zu Zeitpunkt, wo deutsche Truppen bereits tschechische Grenze überschritten hätten.

Tatsache ist, daß Französischer Botschafter nicht Dienstag, sondern Mittwoch vorsprach und daß ihm keinerlei derartige Erklärung gegeben wurde. Henderson war Dienstag mittag bei Staatssekretär fünf Stunden vor Überschreitung tschechischer Grenze durch deutsche Truppen. Botschafter ist nur gesagt worden, wir versuchten Ansprüche auf anständige (decent) Weise durchzusetzen, wobei Staatssekretär auf eine Andeutung Hendersons einfließen ließ, auch ein Truppeneinmarsch könne ja auf anständige Weise vor sich gehen.

WOERMANN

---

[35] Nach der Besetzung der autonomen Slowakei am 9.3.1939 durch tschechisches Militär wurde Tiso als Ministerpräsident von der Prager Zentralregierung abgesetzt.

[36] Dieses war gerichtet an die Deutschen Botschaften in London, Paris und Rom.

22

PA/AA, Büro des Staatssekretärs, R 29772

Telegramm des Deutschen Botschafters in London Dirksen
an das Auswärtige Amt

London, den 17. März 1939   18.53 Uhr
Ankunft: " 17.   "   "   21.15   "

<u>Citissime!</u>

Nr. 73 vom 17.3.   Auf Drahterlaß Nr. 69 vom 15. März – Pers. H 2268 – und
Nr. 75 vom 16. März – Pers. H 2268 –

Der hiesige tschechische Geschäftsträger[37] hat trotz Aufforderung durch die
Botschaft und telegraphischer Weisung Chvalkovskýs bisher Übergabe der
ihm unterstellten Behörde abgelehnt. Er begründet seine Weigerung damit,
daß er seit September-Krise in Zeiten fehlender Verständigung mit Prag an
Weisungen des Tschechischen Gesandten in Paris[38] gebunden sei, der bisher
ebenso wie Washington Übergabe abgelehnt habe. Auch nach Eingang telegraphischer Weisung Chvalkovskýs änderte er seinen Standpunkt nicht, da
diese Weisung nach seiner Angabe nicht die nötigen Kennzeichen trage, die
eine so wichtige Mitteilung gemäß den bestehenden Dienstvorschriften haben muß. Erbitte Drahtanweisung.

DIRKSEN

23

PA/AA, Büro des Staatssekretärs, R 29829

Aufzeichnung des Staatssekretärs Weizsäcker

Berlin, den 17. März 1939

Telefonat an Reichsaußenminister:
Der Britische Botschafter teilte mir soeben durch das Telefon mit, er sei zur
Berichterstattung nach London berufen.

Weitere Mitteilungen, sofern Henderson solche bei seinem mir eben angekündigten Besuch zu machen hat, werde ich nachreichen.

WEIZSÄCKER

---

37 Jan Masaryk.
38 Štefan Osuský.

24

PA/AA, Büro des Staatssekretärs, R 29772

Telegramm des Staatssekretärs Weizsäcker
an die Deutsche Botschaft in Warschau

Nr. *60*   Berlin, den 17. März 1939

Auf Telegramm Nr. 36 vom 16.

Zur Regelung der Sprache.

Eine Regelung über die Bedeutung der für den Schutz der Slowakei gegebenen Zusage konnte in der Kürze der verflossenen Stunden seit Telegrammwechsel zwischen Führer und Tiso nicht stattfinden. Es scheint, als ob der Status der Slowakei gegenüber der Tschechei abgestuft sein wird. Schon der Wortlaut des Telegrammwechsels deutet darauf hin, daß so weitgehende Maßnahmen wie in der Tschechei nicht beabsichtigt sind. Weitere Weisung folgt.

WEIZSÄCKER

25

PA/AA, Büro des Staatssekretärs, R 29772

Rundtelegramm des Staatssekretärs Weizsäcker[39]

Berlin, den 17. März 1939

Pers. H 6038

1.) Tschecho-slowakische Konsularbehörden haben aufgehört zu bestehen und können konsularische Befugnisse nicht mehr ausüben.

2.) Die tschecho-slowakischen Hoheitszeichen sind von ihren Amtsgebäuden zu entfernen. Die konsularischen Befugnisse sind auf die örtlich zuständigen konsularischen Vertretungen des Reiches übergegangen.

3.) Die Archive und Depositen der Tschecho-Slowakischen Konsulate sind beschleunigt in geeigneter Weise sicherzustellen, Siegel, Stempel und dergl. einzuziehen, gegebenenfalls können in bisherigen Amtsstellen Zweigstellen der Reichsvertretungen eingerichtet werden.

4.) Konsularische Vertretungen Reichs können sich bei dringender Notwendigkeit der Mitarbeit einzelner vertrauenswürdiger Angehöriger der bisherigen Tschecho-Slowakischen Konsularvertretungen unter wirksamer Überwachung vorübergehend bedienen.

5.) Derartige Mitarbeiter sind durch Handschlag zu verpflichten.

6.) Über Paßbehandlung ergeht besondere Weisung.

---

[39] Dieses Telegramm ging an alle diplomatischen Vertretungen.

7.) Künftige Gebühreneinnahmen fallen zur Reichskasse. Besondere Gebührenzusammenstellung. Personal- und Sachausgaben bisheriger diplomatischer und konsularischer Vertretungen gehen weiter zu Lasten Prags im bisherigen Abrechnungsverfahren. In dringenden Fällen Vorschüsse aus Zahlstelle zulässig, die im H- und V-Buch abzuwickeln und unmittelbar durch Prag zu erstatten sind.

Bitte von dort aus alle unterstellten Reichskonsulate und durch deren Vermittlung oder direkt auch bisherige Tschecho-Slowakische Konsularvertretungen, einschließlich Wahlkonsulate[40], zu verständigen.

Drahtbericht über Stärke Tschecho-Slowakischer Konsulate und schriftliche Beurteilung der Angehörigen der bisherigen Vertretungen erbeten.

WEIZSÄCKER

26

PA/AA, Politische Abteilung IV, R 103754

Telegramm des Leiters der Politischen Abteilung Woermann an den wirtschaftspolitischen Sonderbotschafter Ritter

Nr. 93   Berlin, den 17. März 1939
                                                                                Pol. IV *1782*

Für Botschafter Ritter.

Britische Botschaft hat hier in halboffizieller Form mitgeteilt, daß sich in der Britischen Gesandtschaft Prag die englischen Journalisten Panter, Douglas Reed, Gedye, Mrs. Gedye, Mrs. Lepper, Mr. und Mrs. Smollett befänden und daß ferner die nichtenglischen Staatsangehörigen Jaksch, Rehwald, Krejči, Taub, Frau Taub und Sohn, Barasetti, Katz in der Britischen Gesandtschaft Zuflucht genommen hätten. Newton behandele diese als seine Gäste. Britische Botschaft hat gebeten, daß die Engländer die Erlaubnis erhalten, nach dem Vereinigten Königreich zurückzukehren und daß sie freies Geleit erhielten, damit sie nicht verhaftet würden. Für die Nichtengländer hat sie gebeten, daß diesen die Ausreise ohne Belästigung gestattet werde.

Staatssekretär hat Britischem Botschafter nahegelegt, daß sich Newton, der nicht mehr offiziell als Englischer Gesandter auftreten könne, in dieser Angelegenheit privatim an Sie wendet. Staatssekretär hat hinzugefügt, daß freies Geleit für den Abzug nach seiner Auffassung nur für die englischen Staatsangehörigen, nicht aber für die anderen Personen in Frage komme, zumal da es Asylrecht jedenfalls in mitteleuropäischen Ländern nicht gebe.[41] Anheimstel-

---

40 Honorarkonsulate.
41 Erst mit der Genfer Flüchtlingskonvention vom 28.7.1951 wurde die Rechtsstellung von Flüchtlingen im Völkerrecht definiert. Vgl. Genfer Flüchtlingskonvention. URL: http://www.asyl.net/uploads/media/gfk.prn.pdf (am 7.9.2013).

le Regelung in diesem Sinne mit Newton und nötigenfalls mit Oberbefehlshaber[42] oder zuständigen Stellen der Zivilverwaltung.
Drahtbericht.

WOERMANN

27

PA/AA, Politische Abteilung IV, R 103754

Aufzeichnung des Leiters der Politischen Abteilung Woermann

Berlin, den 17. März 1939
Pol. IV *1803*

Der Englische Botschaftsrat übergab mir im Anschluß an das gestern über-
gebene Aide-Mémoire den beiliegenden Privatbrief in der Frage der Ausreise
bestimmter Personen aus der Tschechei, denen englische oder kanadische
Visen erteilt worden sind oder erteilt werden sollen. Nach dem Brief sind einige dieser Personen bereits festgenommen. Die Englische Botschaft bittet
um ihre Freilassung.[43]

WOERMANN

[Anlage: Schreiben des Englischen Botschaftsrates in Berlin Ogilvie-Forbes]

Berlin, 17th March 1939

My dear Herr Unterstaatssekretär,
With reference to our conversation yesterday evening at which I left with you an
Aide Mémoire on the subject of the departure from Czechoslovakia of persons who
either had received or were about to receive a visa for the United Kingdom, we now
hear that a certain number on the British lists have been arrested. It is however not
possible to obtain details.

We should be most grateful if this matter could be taken up with the competent
authorities with a view to authorising the release and the unmolested departure
from Czechoslovakia of any such persons who may have been arrested.

Yours sincerely
GEORGE OGILVIE-FORBES

---

[42] General Johannes Blaskowitz.
[43] Handschriftlicher Zusatz: *Der erwähnte Vorgang (Pol. IV 1782) ist telegs. an Ritter mitgeteilt worden. Bitte um Beifügung. Al*[tenburg] *18/3.*

28

PA/AA, Politische Abteilung IV, R 103754

Aufzeichnung des Leiters der Politischen Abteilung Woermann

Berlin, den 17. März 1939

Pol. IV *1804*

Der Englische Botschaftsrat übergab mir heute die beiden hier beiliegenden Privatbriefe. Darin wird mitgeteilt, daß eine Reihe englischer Staatsangehöriger (durchweg Journalisten) sowie eine Reihe nichtenglischer Staatsangehöriger sich in der englischen Botschaft in Prag aufhalten. Es wird um freien Abzug für diese Personen gebeten. Mündlich sagte mir Sir George Ogilvie-Forbes, der Gesandte Newton sähe diese Personen als seine Gäste an.

WOERMANN

[Anlage 1: Schreiben des Englischen Botschaftsrates in Berlin Ogilvie-Forbes]

Berlin, 17th March 1939

My dear Herr Unterstaatssekretär,

Our Minister in Prague informs us that the following British subjects are at present in the Legation:

Mr. Panter, correspondent of the „Daily Telegraph"

Mr. Douglas Reed, correspondent of the „News Chronicle"

Mr. Gedye, correspondent of the „New York Times"

Mrs. Gedye

Mrs. Lepper, secretary to Mr. Gedye

Mr. and Mrs. Smollett of the „Exchange Telegraph Co."

It is requested that facilities be granted as soon as possible to these persons to return to the United Kingdom with a safe conduct rendering them immune from arrest.

Yours sincerely

GEORGE OGILVIE-FORBES

[Anlage 2: Schreiben des Englischen Botschaftsrates in Berlin Ogilvie-Forbes]

Berlin, 17th March 1939

My dear Herr Unterstaatssekretär,

We are informed that the following non-British subjects have taken refuge in the British Legation in Prague:

Messrs. Jaksch, Rehwald, Krejči, Taub, Mrs. Taub and son, Mr. Barasetti and Mr. Katz.

The Ambassador would much appreciate if steps could be taken to accord facilities for the departure from Czechoslovakia without molestation of the above mentioned persons.

Yours sincerely

GEORGE OGILVIE-FORBES

29

PA/AA, Büro des Staatssekretärs, R 29772

Aufzeichnung des Referatsmitarbeiters Völkerbund, Militärfragen, Rüstungsfragen, Luftverteidigungsangelegenheiten, Landesverteidigung in der Politischen Abteilung Heyden-Rynsch

Pol. I M 1001 g
Berlin, den 17. März 1939

OKW teilt folgendes über Zusammenstöße beim Heeresgruppenkommando III[44] mit:

Es sind insgesamt nur 3 kleine Zwischenfälle gemeldet worden:

1.) Am 14. abends bei Friedeck-Mistek erhielt die Spitze Feuer. Daraufhin wurde das Feuer aus Mg. und Pak.[45] eröffnet. Daraufhin hat sich sofort das tschechische Infanterieregiment 8[46] mit sämtlichen Offizieren ergeben. Verluste sind auf keiner Seite eingetreten.

2.) In Schlesisch-Ostrau[47] verweigerte am 14. eine Kaserne die Übergabe. Nachdem eine schwere Haubitze in Stellung gebracht worden war, aber nicht gefeuert hatte, ergab sich die Besatzung.

3.) Am 16. hat eine Feldwache der SS eine kleine Schießerei belangloser Art mit Kommunisten gehabt.

V.D. HEYDEN-RYNSCH

30

PA/AA, Büro des Staatssekretärs, R 29772

Telegramm des Deutschen Botschafters in Paris Welczeck an das Auswärtige Amt

Paris, den 17. März 1939
Ankunft: 17. März 1939   19.25 Uhr

Nr. 149 vom 17. März 1939

Heftigkeit des Tones gegen Deutschland hält an. Gallus in „L'Intransigeant" schreibt, daß französische und englische Patrioten und alte Frontkämpfer bei ihren Bemühungen um Beseitigung alter Haßgefühle und Streitigkeiten irregeführt worden seien. Hitlers Sieg werde nur vorübergehend sein. Jetziges Vorgehen entziehe ihm sein moralisches Ansehen. Nicht zum ersten Mal wer-

---

[44] Das in Dresden beheimatete Heeresgruppenkommando 3 stand unter dem Befehl von General Johannes Blaskowitz.

[45] Maschinengewehr, Panzerabwehrkanone.

[46] Hierbei handelte sich um das in Frýdek-Místek stationierte 8. Slezský (Schlesische) Infanterieregiment.

[47] Schlesisch-Ostrau (Slezská Ostrava) war 1924 mit mehreren anderen Orten in die Stadt Mährisch-Ostrau (Moravská Ostrava) eingemeindet worden.

de ein Reich zusammenstürzen, das nur an materielle Kraft glaube. Deutschland gehe zu weit. Niemand sei stärker als die übrige gesamte Welt, die allen äußeren Anzeichen zum Trotz sich gemeinsam gegen Deutschland auflehne. Rumänien fühle sich wegen deutscher Absichten auf Petroleum am meisten bedroht. Eine Zusammenkunft König Carols, Prinzregent Pauls und des Obersts Beck in Bukarest soll in Aussicht stehen. Litvinov gedenke sich nach London und Paris zu begeben, ebenso wie Oberst Beck. Deutschfeindliche Kundgebungen in Warschau mehren sich.

„Paris Soir" schreibt, daß Hitler offenbar altes Habsburger Reich wieder errichten wolle. Ungarn werde sich seiner Beute in Karpatho-Ukraine nicht lange erfreuen können, da es selbst über kurz oder lang Opfer Deutschlands werde.

Sauerwein meldet „Paris Soir" aus Wien, daß von Neurath zum Reichsprotektor in Prag ausersehen sei. Das Heilige Römische Reich beginne wiederzuerstehen, aber im Gegensatz zu früher unter der harten Herrschaft der nationalsozialistischen Diktatur. Die Wiener hätten das noch nicht begriffen, sondern glaubten, daß Wien wieder neue Bedeutung und Glanz gewinnen werde.

Nach „Paris Soir" werde Bonnet heute nachmittag in Kammer ausführen, daß Frankreich und Großbritannien durch Plötzlichkeit der Ereignisse überrascht worden seien. Die in München vorgesehenen Grenzgarantien hätten nicht spielen können, weil Prag solche nur unter Beteiligung Deutschlands angenommen, aber Berlin trotz wiederholter Demarchen sich niemals zu fester Verpflichtung herbeigelassen habe. Daladier werde sagen, daß Annektierung Tschecho-Slowakei nicht von Ereignissen letzter zehn Jahre losgelöst werden könne, woran im gewissen Sinne alle aufeinanderfolgenden französischen Regierungen mit Schuld trügen. Die zu fordernden Maßnahmen müßten einerseits die militärischen Sicherheitsvorkehrungen Frankreichs stärken, andererseits das Land im Zustand ständiger wirtschaftlicher und industrieller Mobilisierung versetzen.

Angesichts europäischen Dramas würden Parteien der Abgeordnetenkammer vor Londoner Reise Lebruns, die englisch-französisches Bündnis feierlich besiegeln solle, kaum geneigt sein, der Regierung unüberwindliche Schwierigkeiten zu bereiten.[48]

WELCZECK

---

[48] Frankreichs Staatspräsident Lebrun und Außenminister Bonnet weilten vom 22. bis 24.3.1939 zu einem Staatsbesuch in London, in dessen Folge am 31.3.1939 die britisch-französische Garantieerklärung abgegeben wurde.

31

PA/AA, Büro des Staatssekretärs, R 29772

Telegramm des Geschäftsträgers der Deutschen Botschaft in Washington Thomsen an das Auswärtige Amt

Washington, den 17. März 1939   20.28 Uhr
Ankunft: » 18.   »   »   5.15 »

<u>Cito!</u>

Nr. 87 vom 17.3.   Auf Telegramm vom 17. Nr. 80 – Pers. H 6038 –[49]

1.) Ich habe Welles vorgeschriebene Note übergeben, mit der amerikanischen Regierung Errichtung Protektorat notifiziert wird, und dazu die angeordneten mündlichen Ausführungen gemacht. Welles entgegennahm diese ohne Kommentar.

2.) Er benutzte jedoch Gelegenheit, um mir mit dem Ersuchen um Weiterleitung an meine Regierung mitzuteilen, daß amerikanische Regierung nach eingehender Prüfung beschlossen habe, auf Grund des Artikels 303 des Zolltarifgesetzes innerhalb kürzester Zeit countervailing duties auf die deutsche Einfuhr zu legen. Amerikanische Regierung verfüge über Beweise, daß deutscher Export in weitem Maße subsidiert werde, und fühle sich daher berechtigt, diese Maßnahme zu verhängen. Auf meine diesbezügliche Frage gab Welles an, daß countervailing duties innerhalb der nächsten achtundvierzig Stunden verhängt würden.[50] Rückwirkungen Ereignisse letzter Tage haben danach zu Beseitigung Widerstands des State Departments gegenüber von Schatzamt geplanter Maßnahme (vergl. Telegramm Nr. 75 vom 13. d.Mts.) geführt.

THOMSEN

32

PA/AA, Büro des Staatssekretärs, R 29772

Telegramm des Deutschen Botschafters in London Dirksen an das Auswärtige Amt

London, den 17. März 1939   21 Uhr 17
Ankunft: 18.   »   »   0 » 20

Nr. 74 vom 17/3.   Auf Tel. 71 vom 16. März – Pers. H 2275 –[51]

Habe soeben Unterstaatssekretär Cadogan vorgeschriebene Mitteilung gemacht. Er erwiderte mir hierauf, daß die englische Regierung voraussichtlich

---

[49] Siehe Dokument Nr. 25.
[50] Der Tariff Act von 1930 erlaubte durch Artikel 303 die Verhängung von Ausgleichszöllen für subventionierte Produkte, die in die USA importiert wurden.
[51] Siehe Dokument Nr. 3.

die Übernahme der Funktionen der bisherigen Tschechischen Gesandtschaft durch die Deutsche Botschaft nicht anerkennen werde. Ich hinwies ihn darauf, daß ein gültiges Abkommen zwischen dem Führer und dem tschechischen Staatspräsidenten vorläge, dessen Freiwilligkeit überdies durch Präsidenten Hácha in heutiger Rundfunkansprache bestätigt worden sei.[52]

Cadogan stellte endgültige Stellungnahme nach Eingang schriftlicher Note in Aussicht.

DIRKSEN

33

PA/AA, Büro des Staatssekretärs, R 29772

**Telegramm des Deutschen Botschafters in Rom Mackensen
an Reichsaußenminister Ribbentrop**

Rom, den 17. März 1939   23.30 Uhr
Ankunft: 18.   „   „   2.20 „

<u>Cito!</u>
Ganz geheim!

Nr. 100 vom 17.3.

Für Herrn Reichsminister.

Graf Ciano bat mich heute abend zu sich, um mir mit der Bitte um unverzügliche Meldung an Reichsminister, aber auch an den Führer und Reichskanzler, im Auftrage des Duce folgendes mitzuteilen:

Was unser Vorgehen bei Liquidation der Tschecho-Slowakei anlange, so wolle er noch einmal bestätigen, daß man hier, wie das ja auch hiesige Presse zeigt, vorbehaltlos mitgehe, auch wenn, wie er erstmalig einfließen ließ, man hier von unseren letzten Absichten nichts gewußt habe. Regelung sei natürlich und logisch und finde auch sein persönliches volles Einverständnis. Selbstverständlich habe sie tiefe Erregung öffentlicher Meinung in der ganzen Welt zur Folge, von der auch hiesige öffentliche Meinung nicht unberührt sei, wenn das an sich auch bedeutungslos, da hier nur der Wille des Duce maßgebend. Der Duce fühlt sich aber verpflichtet, auf gewisse Gerüchte aufmerksam zu machen, die auch in der Presse zu finden, und die ihm zwar nicht beunruhigen, es ihm aber gerade im Hinblick auf das festgegründete Freundschaftsverhältnis zu uns – die Achse bilde ja Fundament der ganzen italienischen Außenpolitik – zur Pflicht machten, gerade um der unter Freunden gebotenem restlosen Offenheit willen eine klare Feststellung zu treffen, auch wenn er die Gerüchte nicht für begründet halte.

Mit einer ihm sonst nicht eigenen Breite und Gewundenheit erläuterte Ciano seine lange Einleitung dahin, es hieße – und solche Gerüchte kämen auch

---

52 In dieser Rundfunkansprache hatte Hácha ausgeführt, dass er das Schicksal des tschechischen Volkes und Landes vertrauensvoll in die Hände des Führers des Deutschen Reiches lege.

aus Zagreb –, Maček wolle unter dem Eindruck der jüngsten Ereignisse den Spuren Háchas und Tisos folgen und eine kroatische Autonomie unter deutschem Protektorat auslösen.[53] Sicher sei, daß die Auflösung der Tschechei der Autonomiebewegung in Kroatien stärksten Auftrieb gegeben habe. Bei dieser Sachlage liege dem Duce daran, keinen Zweifel darüber aufkommen zu lassen, daß, so weitgehend das Desinteressement Italiens am Schicksal der Tschechei gewesen sei und bleibe, so völlig anders die Einstellung gegenüber der kroatischen Frage sei, die vitale Interessen des Landes berührten. Italien selbst habe vor dem Ausgleich mit Jugoslawien die kroatische Autonomiebewegung unterstützt, das sei vorüber. Heute dagegen liege sein Interesse in einem starken Jugoslawien. Die kroatische Frage berühre die Adria und damit das Mittelmeer, das der Duce ebenso als italienisches Meer betrachte, wie er in der Ostsee ein rein deutsches Meer sehe, in dieser Beurteilung im übrigen einig mit dem Führer und Reichskanzler, der sich in diesem Sinne klar ausgesprochen habe. An dieser Einstellung habe sich nichts geändert. Italien müsse also auf eine Aktion, die dieser Auffassung nicht Rechnung trage, entsprechend reagieren. Es läge dem Duce fern, die umlaufenden Gerüchte als begründet zu unterstellen. Er halte es aber für richtig und zwar gerade im Hinblick auf die enge Freundschaft mit dem Führer und Reichskanzler, keinen Zweifel darüber zu lassen, daß die kroatische Frage für ihn noli me tangere sei.

Ciano bezog sich gegenüber meiner präzisen Frage nach seiner Quelle und ihrer Qualität auf gewisse nicht näher bezeichnete Berichte und auch auf Pressenachrichten.

Ich habe ihm erwidert, daß seinem Wunsche entsprechend von dem Inhalt seiner Mitteilungen unverzüglich Meldung erstattet würde, daß mir im übrigen aber nicht das leiseste Indiz dafür gegeben sei, daß irgendwelche kroatischen Wünsche, die auf Kosten eines auch von uns gewünschten starken Jugoslawiens gingen, bei uns Erfolgaussichten hätten. Im übrigen habe er ja selbst auf die klaren Erklärungen des Führers und Reichskanzlers über das Mittelmeer Bezug genommen. Ciano wiederholte daraufhin noch einmal, daß weder er noch der Duce die Wahrheit der Gerüchte unterstellten, der Duce aber den Wunsch habe, vorbeugend festzustellen, daß die Haltung Italiens in der tschechischen Frage nicht den Rückschluß rechtfertige, daß solches Desinteressement auch in der kroatischen Frage denkbar sei.

Ciano bemerkte schließlich noch, daß gewisse Pressenachrichten über angebliche Pläne Italiens auf Albanien jeder Grundlage entbehrten.[54]

---

53 Seit Ende November 1918 war Kroatien Bestandteil des Königreichs der Serben, Kroaten und Slowenen, aus dem 1929 das Königreich Jugoslawien hervorging. Am 6.4.1941 marschierte die deutsche Wehrmacht in Jugoslawien ein, und nach dessen Kapitulation am 17.4.1941 wurde aus Kroatien ein deutscher Vasallenstaat.

54 Italien besetzte Albanien am 7./8.4.1939, um es nach der Flucht seines Königs Ahmet Zogu in Personalunion mit dem Königreich Italien zu regieren.

Die Mitteilungen Cianos erfolgten in einer betont freundschaftlich-herzlichen Form.

MACKENSEN

34

PA/AA, Büro des Staatssekretärs, R 29772

Telegramm des Deutschen Botschafters in Paris Welczeck
an das Auswärtige Amt

Paris, den 17. März 1939
Ankunft: 18. März 1939   0.40 Uhr

Nr. 152 vom 17.3.   Auf Telegramme 112, 114 und 117 – Pers. H 2268, Pers. H 2269, Pers. H 2275 –[55]

Habe unmittelbar nach Verkündung des Erlasses des Führers vom 16. März versucht,[56] Verbindung mit hiesigem Tschechischen Gesandten Osuský aufzunehmen. Da dieser bis zum späten Nachmittag nicht zu erreichen war, hat Botschaftsrat Bräuer sich mit tschechischem Gesandtschaftsrat Černý in Verbindung gesetzt, um ihn über Erlaß des Führers ins Bild zu setzen. Černý erklärte, daß er und Personal der Gesandtschaft baldigst und reibungslos Übergabe bisheriger Tschechischer Gesandtschaft wünschten, daß er aber ohne den Gesandten nichts veranlassen könne. Die Verbindung mit Osuský ist am späten Nachmittag durch Gesandtschaftsrat Quiring und in der Abendstunde durch mich telephonisch aufgenommen worden. Osuský stellte sich dabei auf Standpunkt, daß er Gesandtschaft nicht übergeben könne, weil er über Ereignisse nur durch Presse unterrichtet sei und noch keine Weisungen von Prag habe. Er müsse im übrigen Zeit haben, um sich in gehöriger Weise bei französischer Regierung abzumelden. Wie Staatssekretär Weizsäcker gestern abend telephonisch gemeldet, habe ich Osuský keinen Zweifel darüber gelassen, daß Situation völlig klar sei und daß er für seine Weigerung Geschäfte und Akten zu übergeben volle Verantwortung tragen müsse. Osuský verwahrte sich dagegen, eine Weigerung ausgesprochen zu haben, verblieb aber dabei, daß er aus angegebenen Gründen Geschäfte nicht übergeben könne.

Heute vormittag gab Osuský zu, Weisung aus Prag erhalten zu haben, verschanzte sich aber jetzt dahinter, daß er Lage mit hiesigem Außenminister besprochen habe und vor seiner Entscheidung mit ihm nochmals in Verbindung treten müsse. Außenminister habe amtlich von neuer Lage keine Kenntnis und betrachte ihn nach wie vor als verantwortlichen, bei der französischen Regierung beglaubigten Leiter seiner Gesandtschaft.

---

[55] Siehe Dokument Nr. 3.
[56] Siehe Dokument Nr. 1.

Osuský ist darauf erklärt worden, daß schriftliche Notifikation des Führer-Erlasses bei französischer Regierung inzwischen erfolgt sei und daß hierdurch und durch die von Prag eingetroffenen Instruktionen seine Haltung klar vorgeschrieben sei. Er sagte darauf zu, nach Fühlungnahme mit hiesigem Außenministerium mich zu verständigen und weiteres wegen Übergabe der Geschäfte zu vereinbaren. Osuský ist auch bei dieser Gelegenheit kein Zweifel gelassen worden, daß ihn volle Verantwortung für Nicht-Ausführung der ihm erteilten Weisungen treffen müsse. Bis heute nachmittag 7 Uhr westeuropäischer Zeit hat Osuský nichts von sich hören lassen. Auf Anfragen bei Tschechischer Gesandtschaft ist geantwortet worden, daß Osuský abwesend sei. Eine Verbindung mit Sekretär ist gleichfalls nicht zu erhalten gewesen. Französische Regierung hat starkes Polizeiaufgebot an Tschechischer Gesandtschaft postiert.

Hier besteht Eindruck, daß Widerstand, den Osuský gegen Übergabe der Geschäfte leiste, bisher im Einverständnis mit hiesiger Regierung erfolgt ist. Hierfür spricht der Umstand, daß Direktor der politischen Abteilung Charvériat bei Übergabe der Notifikation des Führer-Erlasses auf unsere Schritte wegen Übernahme Tschechischer Gesandtschaft zu sprechen kam. Er führte dabei aus, daß Lage ungeklärt und kompliziert sei, weil Tschechische Gesandtschaft gesamten tschechoslowakischen Staat vertreten habe und wir von diesem Staat nach unserer Notifizierung nur Böhmen und Mähren unter unser Protektorat genommen hätten. Situation sei bezüglich Slowakei und Karpatho-Ukraine ungeklärt. Französische Regierung fühle sich aus diesem Grunde verpflichtet, Vorgängen bei bisheriger Tschechoslowakischer Gesandtschaft Aufmerksamkeit zu schenken. Unsere eiligen Bemühungen um Inbesitznahme des Gesandtschaftsgebäudes seien französischer Regierung aufgefallen. Sie hoffe, daß wir in Angelegenheit bis zur Klärung der Lage in Ruhe vorgehen. Charvériat ist bedeutet worden, daß nach Notifizierung der Führer-Proklamation die Übernahme der Gesandtschaftsangelegenheit einzig und allein von mir als Vertreter des Reichs mit dem mit Weisung versehenen bisherigen Gesandten zu regeln sei.

Osuský ist im übrigen ältester Mitarbeiter[57] von Beneš und dürfte mit diesem in Verbindung stehen und auch auf Vorgänge in Tschechischer Gesandtschaft in London Einfluß ausüben.

Bleibe weiter bemüht, Übergabe bisheriger Tschecho-Slowakischer Gesandtschaft durchzusetzen.

WELCZECK

---

[57] Osuský war im Juni 1916 aus den USA nach Frankreich gekommen und wurde einer der wichtigsten Mitarbeiter Beneš' im von Paris aus agierenden Nationalrat der Tschechischen Länder.

35

PA/AA, Büro des Staatssekretärs, R 29772

Telegramm des Deutschen Botschafters in Paris Welczeck an das Auswärtige Amt

Paris, den 17. März 1939
Ankunft: 18.   „   „   0.40 Uhr

Nr. 153 vom 17.3.   Im Anschluß an Telegramm Nr. 152[58]

In Abendstunde erschien hier in Vorbericht genannter tschechischer Gesandtschaftsrat und erklärte, daß er und das Personal der Gesandtschaft von der Haltung des Gesandten Osuský abgerückt seien und ihm dies durch seine Vermittlung erklärt hätten. Er, Černý, habe ihm davon Mitteilung gemacht, daß er der Deutschen Botschaft eine entsprechende Erklärung abgeben werde. Osuský habe darauf erwidert, daß er ihn daran nicht hindern wolle, daß er aber vor Übergabe der Geschäfte etwas Zeit zur Regelung seiner Angelegenheiten und Vorbereitung des Umzugs brauche. Was dann geschehe, sei ihm gleichgültig.

Černý wird Gesandten morgen früh dringend klarmachen, daß Gesandtschaftspersonal Übergabe der Geschäfte an uns verlange. Ich werde dann Mittel und Wege suchen, Übergabe schnellstens zu erreichen.

WELCZECK

36

PA/AA, Büro des Staatssekretärs, R 29772

Telegramm des Geschäftsträgers der Deutschen Botschaft in Washington Thomsen an das Auswärtige Amt

Washington, den 17. März 1939
Ankunft: 18. März 1939   5.15 Uhr

Nr. 89 vom 17.3.1939

Amerikanisches Finanzministerium ankündigte soeben, es betrachte drei Provinzen Böhmen, Mähren und Slowakei als unter Defacto-Verwaltung der deutschen Behörden und aufhebe daher mit Wirkung vom 18. März Meistbegünstigung für Erzeugnisse[59] aus diesen drei Provinzen, also Gleichstellung mit Deutschland. Wegen Karpatho-Ukraine wird spätere Entscheidung erfolgen.

THOMSEN

---

[58] Siehe Dokument Nr. 34.
[59] Die Meistbegünstigung umfasst alle Vorteile, Vergünstigungen, Vorrechte oder Befreiungen (von Zöllen und Abgaben jeder Art), die für ein Erzeugnis gewährt werden.

37

PA/AA, Politische Abteilung IV, R 103629

Bericht des Deutschen Botschafters in London Dirksen
an das Auswärtige Amt

J. Nr. A 1536   London, den 18. März 1939
                                                                Pol. II 827

Inhalt: Die englische Einstellung zu den Ereignissen in der bisherigen Tschecho-Slowakei.

Die Entwicklung und der gegenwärtige Stand der politischen Krise, die sich
in den deutsch-englischen Beziehungen durch den Ablauf der Ereignisse in
der bisherigen Tschecho-Slowakei entwickelt hat, lassen sich folgendermaßen
zusammenfassen:

I.

Solange sich die hiesige Öffentlichkeit lediglich mit dem Konflikt zwischen
Tschechei und Slowakei zu befassen hatte, zeigte sie – in Presseartikeln, in
Reden und in privaten Äußerungen – die ausgesprochene Tendenz, ihre völlige Unbeteiligtheit an diesen Vorgängen mit einem Gefühl der Erleichterung
festzustellen. Die Erfahrung der Septemberkrise und die Unbeliebtheit, deren
sich die Tschecho-Slowakei seitdem wegen ihres – nach hiesiger Überzeugung – völligen Abgleitens in das deutsche Fahrwasser erfreute, taten ein üb-
riges zur Stärkung dieser Empfindungen.

Eine Äußerung dieser Haltung trat erst in dem Augenblick ein, als die Eingliederung der Tschechei in das deutsche Reich erfolgte und die deutschen
Truppen ihren Vormarsch antraten. Die erste Reaktion auf diese Nachricht –
die Erklärungen von Chamberlain und Halifax im Unter- bezw. Oberhaus –
ließ zwar über die ausgesprochen ablehnende Haltung der britischen Regierung keinen Zweifel, aber sie war zurückhaltend und gemäßigt. Die Gründe
für diese Zurückhaltung waren folgende: Die gewisse Langsamkeit des Eng-
länders im Fassen von Entschlüssen; der Mangel an vollständigem Nachrichtenmaterial; und der Wunsch, von vornherein jeden Zweifel darüber auszu-
schließen, daß die britische Regierung es wegen der Tschechei etwa wieder zu
einer neuen Septemberkrise kommen lassen wolle.

Entsprechend der Haltung der Regierung schrieb auch die Presse am ersten Tage meist noch zurückhaltend und unbeteiligt; nur die traditionell antideutschen Blätter setzten mit ihrer Hetzkampagne ein.

Von Mittwoch, den 15. März, ab versteifte sich die Stimmung zusehends:
Die politische Öffentlichkeit erwachte von dem erhaltenen, unerwarteten
Schock; die Nachrichten über den Umfang des Einmarsches und die gründli-
chen dafür erforderlichen Vorbereitungen wurden bekannt. Die schärfere
Richtung innerhalb des Kabinetts, insbesondere der ganz dem Einfluß des
Foreign Office unterlegene Lord Halifax setzte sich durch. Falsche Nachrich-
ten: daß z. B. die deutschen Truppen ihren Einmarsch noch während der

Verhandlungen des Führers mit dem Präsidenten Hácha angetreten hätten; daß dem Englischen und Französischen Botschafter[60] bis zuletzt irreführende Auskünfte gegeben worden seien; daß das deutsch-tschechische Abkommen von Hácha mit Drohungen erpreßt worden sei, wirken weiter aufreizend.[61]

Vor allem aber wurde es den Anhängern, wie den Feinden Chamberlains klar, daß die Stellung des Ministerpräsidenten selbst schwer in Mitleidenschaft gezogen war. Er galt als der Vertreter der Politik von München, als Anhänger des Ausgleichs mit Deutschland auf Grund vertrauensvoller Aussprache. Er hatte wenige Tage vorher vor der Presse optimistische Erklärungen über die Beruhigung der Weltlage und die Besserung der Wirtschaftskonjunktur abgeben. In der Öffentlichkeit waren an den geplanten Besuch Stanleys in Berlin weitgehende Hoffnungen geknüpft worden.

Dieses Gebäude war jetzt – so meinte man – eingestürzt. Die Erklärung Chamberlains im Unterhaus wurde als schwächlich kritisiert. Seine Gegner erhoben ihr Haupt aufs Neue. So kam die scharfe Rede von Birmingham zustande.[62]

II.

Es ist unwahrscheinlich, daß durch die Einverleibung der Tschechei in Deutschland eine bis zur Kriegsgefahr sich steigernde Spannung in den deutsch-englischen Beziehungen eintreten wird. Ebenso sicher aber ist, daß die jetzige Krise tiefe und dauernde Rückwirkungen auslösen wird; tiefer jedenfalls, als sie der Anschluß Österreichs, die Septemberkrise und die antijüdische Bewegung im November 1938 zur Folge hatte.

Für das politische England, bis hinauf zum Premierminister, ist das Bild, das man sich vom nationalsozialistischen Deutschland gemacht hat, von Grund auf verändert worden. Hierzu haben folgende Umstände beigetragen:

1) Man hatte die Feststellung des Führers, daß er keine territorialen Ansprüche mehr in Europa geltend zu machen habe, zu scharf und zu unpolitisch ausgelegt. Diejenigen, die – wie Chamberlain – sich hierauf verlassen hatten, fühlten sich in ihrem Vertrauen auf das Wort des Führers getäuscht.

---

60 Nevile Henderson und André Coulondre.
61 Truppen des VIII. Armeekorps waren bereits am 14.3.1939 gegen 17.30 Uhr in den Bezirk Mährisch-Ostrau eingerückt, während die 1. Abteilung der Leibstandarte Adolf Hitler die Stadt selbst gegen 18.40 Uhr besetzt hatte; vgl. undatierte Aufzeichnung des Legationssekretärs von Wallfeld. In: ADAP. Serie D, Band IV, 228 sowie Dokument Nr. 29.
62 Hatte Chamberlain in seiner Rede am 15.3.1939 noch politische Zurückhaltung geübt, so änderte sich dieser Kurs in seiner Birminghamer Rede grundlegend, indem er nunmehr das Ende seiner Appeasement-Politik ankündigte, das in der Folgezeit zu Garantieverträgen mit Polen, Griechenland, Rumänien und der Türkei führte. Grund für diese politische Kehrtwendung Chamberlains war eine politische Note des US-Präsidenten Roosevelt, der am 16.3.1939 ultimativ mit dem Entzug jeglicher Hilfe gedroht hatte, falls kein Politikwechsel erfolge.

2) Man hatte aus der nationalsozialistischen Ideologie und aus den Worten des Führers gefolgert, daß Deutschland nur die Angliederung Deutscher, nicht aber die Fremdrassiger anstrebe. Die Einverleibung von 7 Millionen Tschechen[63] hat diese Vorstellung über den Haufen geworfen, zumal da die Presse Bedeutung und Umfang der gewährten Autonomie geflissentlich herabsetzte.

3) Man hatte angenommen, daß die „Politik von München" einen Ausgleich und eine Interessenabgrenzung mit Deutschland im Wege freundschaftlicher Besprechungen einleiten und bewirken würde. Das Vorgehen Deutschlands in der Tschechei ist als eine grundsätzliche und brüske Absage aufgefaßt worden.

4) Auch der innere Sinn der Einverleibung der Tschechei ist nicht begriffen worden. Man hatte in England diesen Staat seit München ohnehin als einen Vasallen Deutschlands und im Ernstfall seinem militärischen Zugriff widerstandslos preisgegeben aufgefaßt. Wozu also die „Annexion", der militärische Einmarsch mit all seinen außenpolitischen Risiken? Doch nur – so folgerte man weiter – weil Deutschland zur reinen Machtpolitik zurückgekehrt war.

Aus der Fülle dieser Enttäuschungen und zerstörten Hoffnungen ist eine völlige Ungewißheit über die Ziele Deutschlands und die ihm gegenüber einzuschlagende Politik entstanden. Strebt Deutschland die „Weltherrschaft" oder zum mindesten die Vorherrschaft in Europa an? Wird sein nächstes Unternehmen die Überwältigung Rumäniens oder ein Angriff auf Polen sein? Welche Politik kann einem so unberechenbaren Staat gegenüber eingeschlagen werden? Diese und ähnliche Fragen werden in diesen Tagen hier von Leuten erörtert, die ernst genommen sein wollen.

III.

Welche praktischen Folgerungen die englische Regierung aus den Ereignissen in der Tschechei Deutschland gegenüber ziehen wird, steht noch nicht fest. Die Erörterung darüber im Rahmen des Kabinetts und im Benehmen mit befreundeten Regierungen ist in vollem Gange. Die Gegensätze zwischen der gemäßigten und der radikalen Richtung werden deutlicher. Die Stimmung im Lande wird von den Abgeordneten durch Reisen über das Wochenende in ihre Wahlkreise erforscht. Die Meinungsbildung ist noch fließend, ohne zu festen Entschlüssen erstarrt zu sein. Folgende Tatsachen und Erwägungen mögen gewisse Anhaltspunkte über die zu erwartende Einstellung der englischen Regierung geben:

---

63 Zum 1.1.1940 betrug die einheimische, also nicht nach der Errichtung des Protektorates zugezogene Bevölkerung des Protektorates schätzungsweise 7.380.000 Menschen. Gemäß der letzten Volkszählung von 1930 hatten in diesem Gebiet, also ohne Berücksichtigung der im Oktober 1938 an das Reich abgetretenen Gebiete, Ende 1930 6.455.748 Tschechoslowaken und 234.865 Deutsche gelebt. Statistisches Jahrbuch für das Protektorat Böhmen und Mähren 1 (1941). Hg. v. *Statistischen Zentralamt in Prag*. Prag 1941, 4 f.

Die Stellung Chamberlains hat sich durch seine Rede in Birmingham gefestigt, wenn auch die Eden-Churchill-Opposition, die jetzt Loyalität markiert, erheblich an Einfluß gewonnen hat. Solange Chamberlain am Ruder ist, besteht die Gewähr für einen relativ gemäßigten Kurs.

Aber auch wenn man annimmt, daß Chamberlains Endziel nach wie vor der friedliche Ausgleich mit Deutschland ist, so werden die Mittel zur Erreichung dieses Zieles wechseln. Da man in England ein Scheitern der Methode freundschaftlicher Verhandlung feststellen zu können glaubt, wird man jetzt Deutschland durch scharfes Auftreten, Errichten von Hindernissen, Ablehnen jeden Entgegenkommens – etwa auf wirtschaftlichem Gebiet – „zur Vernunft zu bringen" versuchen.

Eine gesteigerte internationale Tätigkeit in dieser Beziehung zeigt sich schon jetzt durch die Fühlungnahme mit Frankreich, den Vereinigten Staaten, der Sowjet-Union, den Balkanstaaten. Es läßt sich noch nicht übersehen, ob diese Besprechungen die Schaffung einer neuen, festen Koalition gegen Deutschland zum Ziel haben, oder nur die Vereinbarung von Maßnahmen im Falle weiterer Vorstöße Deutschlands gegen andere Staaten, wie z.B. Rumänien oder Polen.[64] Gegenwärtig ist die zweite Möglichkeit die wahrscheinlichere. Der Gedanke, neue Verpflichtungen zu Gunsten fernab liegender Länder zu übernehmen, wird für die britische Regierung immer ein unsympathischer sein.

Als ein feststehendes Ziel wird der britischen Regierung vorschweben, möglichst ohne Eingehung von Bindungen durch möglichst starke Kraftreserven (in Gestalt von Abreden mit anderen Staaten für den Notfall) weitere einseitige Aktionen und Gebietsvermehrungen Deutschlands zu verhindern.

Der Ausgleich mit Deutschland ist für die britische Politik aus einem primären zu einem sekundären Ziel geworden. Wenn diese Frage wieder akut werden wird, so müßte ihr die Schaffung der jetzt völlig fehlenden Vertrauensbasis vorausgehen. Es wäre falsch, sich irgendwelchen Illusionen darüber hinzugeben, daß sich in der Einstellung Englands zu Deutschland ein grundlegender Wandel vollzogen hat.

V. DIRKSEN

---

[64] Die Regierung in London hatte inzwischen erfahren, dass Hitler für einen Einmarsch in Polen rüstete. Dem wollte Premierminister Chamberlain entgegenwirken und schlug der französischen und sowjetischen Regierung noch im März 1939 Verhandlungen über einen Konsultativpakt vor. Zugleich bot er Polen eine einseitige Garantieerklärung an; auch Griechenland, Rumänien, der Schweiz, Belgien, den Niederlanden und der Türkei wurden im Sommer 1939 entsprechende Garantien angeboten.

38

PA/AA, Handelspolitische Abteilung, R 106270

Aufzeichnung des Leiters der Handelspolitischen Abteilung Wiehl

Berlin, den 18. März 1939

Aufzeichnung betr. Rückwirkung der Errichtung des Protektorats auf schwebende Wirtschaftsbesprechungen.
Im Anschluß an die Aufzeichnung vom 16. März 1939[65]

Die Besprechungen von deutschen und englischen Vertretern einzelner Industriezweige gehen weiter.

Die Mitglieder der französischen Delegation, die nach der vorgestrigen Abreise ihres Verhandlungsführers Alphand hier geblieben waren, sind inzwischen ebenfalls nach Paris zurückgekehrt.

Eine belgische Regierungs-Delegation ist zur Führung von Wirtschaftsverhandlungen programmmäßig gestern hier eingetroffen.

Die seit 10 Tagen hier schwebenden Wirtschaftsverhandlungen mit einer holländischen Regierungs-Delegation gehen ungestört weiter und werden voraussichtlich in einer Woche zum Abschluß führen.

Die Regierung der Vereinigten Staaten von Amerika hat bei Gelegenheit der Notifizierung des Protektorats unserem Geschäftsträger angekündigt, daß sie gegen die deutsche Einfuhr Antidumpingszölle verhängen werde. Über die Auswirkung dieser Maßnahme, die schon seit längerer Zeit drohte, folgt besondere Aufzeichnung.

WIEHL

39

PA/AA, Büro des Staatssekretärs, R 29772
PA/AA, Büro des Staatssekretärs, R 29829

Aufzeichnung des Staatssekretärs Weizsäcker

St.S. Nr. 235   Berlin, den 18. März 1939

Ich hatte gestern abend in einer Gesellschaft ein längeres Gespräch mit dem Französischen Botschafter. Er zeigte jedoch mehr technisches Interesse für den Gang der tschechoslowakischen Frage als daß er sie unter größere Gesichtspunkte gestellt hätte. Von der durch Nachrichten aus England bekannten Fühlungnahme zwischen London und Paris wegen der etwaigen Rückberufung des Britischen[66] und Französischen Botschafters – sei es zur Berichterstattung, sei es auf längere Zeit – war Coulondre nichts bekannt, wie er überhaupt in den letzten Tagen völlig ohne Instruktion geblieben sei.

---

65 Siehe Dokument Nr. 12.
66 Nevile Henderson.

Coulondre zeigte keinen Wunsch, die Vorgänge zu dramatisieren oder jetzt nach Paris zu gehen. Seine Sorge vor Weiterungen aus den augenblicklichen Vorgängen war aber unverkennbar.

WEIZSÄCKER

40

PA/AA, Büro des Staatssekretärs, R 29772; PA/AA, Büro des Staatssekretärs, R 29829

Aufzeichnung des Staatssekretärs Weizsäcker

St.S. Nr. 236　　　　　　　　　　　　　　　　Berlin, den 18. März 1939

Der gestrigen Niederschrift über mein Gespräch vom 17. d.Mts. mit dem <u>Bri-tischen</u> Botschafter[67] ist folgendes nachzutragen:

Henderson führte wieder aus, ein unmittelbares englisches Interesse an dem tschecho-slowakischen Raum existiere nicht. Seine – Hendersons – Besorgnisse gingen mehr in die Zukunft. Die deutsche Politik habe ein neues Kapitel begonnen. Unter die Überschrift „Völkische Selbstbestimmung" könne man das nicht mehr bringen, was jetzt geschehe. Wir seien auf dem Wege zur räumlichen Machtausdehnung. Nach der Erledigung der Tschecho-Slowakei frage sich jedermann: what next? Diese nervöse Frage gäbe der englischen Haltung ihr Gepräge. Die deutsche Antwort auf die englische Stellungnahme werde wiederum nicht ausbleiben. In Deutschland glaube man sich unter dem Druck einer allgemein englischen politischen Gegenwirkung. Dieses Wechselspiel werde sich steigern und schließlich die guten Ansätze einer deutsch-englischen Verständigung vernichten, welche der heute 70-jährige Chamberlain so sorgfältig und geduldig hervorgebracht habe. Am Ende des Ganzen stehe dann doch wieder der deutsch-englische Zusammenstoß, wenn man nicht die durch Chamberlain repräsentierte Richtung pflege.

In diesem Zusammenhang ließ sich dann Henderson von mir die Argumente geben, welche zwangsläufig in den letzten Tagen zur Auflösung der Tschecho-Slowakei geführt haben.

WEIZSÄCKER

41

PA/AA, Büro des Staatssekretärs, R 29772; PA/AA, Büro des Staatssekretärs, R 29829

Aufzeichnung des Staatssekretärs Weizsäcker

St.S. Nr. 237　　　　　　　　　　　　　　　　Berlin, den 18. März 1939

Der <u>Britische Botschafter</u> rief mich soeben (1 Uhr mittags) an, um sich bei mir zwecks Übergabe einer Protestnote anzumelden. Er erklärte, die Note

---

[67] Siehe Dokument Nr. 20.

werde die Behauptung enthalten, unsere Aktion in der Tschechoslowakei sei ohne rechtliche Basis.

Ich habe Henderson erklärt, ich verspräche mir von seinem Besuche bei mir unter diesen Umständen nichts. Eine Unterhaltung zwischen ihm und mir in der Sache würde zweifellos nichts bessern, denn ich würde ihm nur den Rat zu geben haben, seiner Regierung vorzuschlagen, sich die Sache noch einmal zu überlegen und bei uns überhaupt nicht vorstellig zu werden.

Da Henderson wegen seines Besuches insistierte und behauptete, eine strikte Weisung seiner Regierung wegen Übergabe einer Note zu haben, erklärte ich ihm, es liege bei ihm, was er tun wolle. Auf keinen Fall werde m.E. eine Unterhaltung zwischen ihm und mir nützlich sein, denn meine Auffassung in der Sache sei sehr eindeutig.

Der Botschafter verschob hierauf seine Entscheidung, ob er mich heute nachmittag trotzdem noch sehen will oder sich anderweitig, d.h. schriftlich vernehmen lassen werde.

WEIZSÄCKER

42

PA/AA, Büro des Staatssekretärs, R 29772; PA/AA, Büro des Staatssekretärs, R 29829

Aufzeichnung des Staatssekretärs Weizsäcker

St.S. Nr. 238   Berlin, den 18. März 1939

Der Französische Botschafter erschien heute mittag 1 Uhr auf seine Bitte bei mir. Er legte mir alsbald eine Note auf den Tisch mit dem Ersuchen, sie zu lesen.

Ohne die Note in die Hand zu nehmen fragte ich den Botschafter, worauf sie sich beziehe. Herr Coulondre antwortete, die Note enthalte einen Protest wegen unseres Vorgehens gegen die Tschechoslowakei.

Ich tat die Note alsbald in ihren Briefumschlag zurück und schob sie dem Botschafter wieder zu mit der Bemerkung, daß ich mich auf das allerentschiedenste weigere, irgendeinen Protest in der tschecho-slowakischen Sache von ihm entgegenzunehmen. Ich würde die Note auch nicht zur Kenntnis nehmen und riete von vornherein, Herr Coulondre möge seiner Regierung nahelegen, ihr Konzept noch einmal zu revidieren.

Der Botschafter antwortete alsbald, seine Regierung habe die Angelegenheit auf das gründlichste geprüft und sei zu diesem Schritt gelangt, der offenbar mit der britischen Regierung verabredet sei. Er sei nicht imstande, seiner Regierung eine Revision ihres Standpunktes nahezulegen. Als der Botschafter dann in die Materie hineingehen wollte, indem er die rechtliche Grundlage unseres Vorgehens bestritt und dieses als einen Verstoß gegen das Münchener Abkommen und auch gegen die Abrede vom 6. Dezember 1938[68] bezeichnete, erwiderte ich etwa folgendes:

Ich wünschte mit dem Botschafter in eine Erörterung dieser Sache überhaupt nicht einzutreten. Rechtlich betrachtet liege eine zwischen dem Führer und dem tschecho-slowakischen Staatspräsidenten zustandegekommene Erklärung vor. Der tschechische Staatspräsident sei auf seinen eigenen Wunsch nach Berlin gekommen und habe alsbald und vorweg dem Herrn Reichsaußenminister erklärt, das Schicksal seines Landes in die Hand des Führers legen zu wollen. Ich könnte mir nicht denken, daß die französische Regierung katholischer als der Papst sein und sich in Dinge mischen wolle, die zwischen Berlin und Prag ordnungsgemäß abgemacht seien. Politisch betrachtet handele es sich außerdem um ein Gebiet, für welches sich bekanntlich auch Herr Bonnet gegenüber dem Herrn Reichaußenminister Anfang Dezember für desinteressiert erklärt habe. Ohne diesen Vorgang wäre die Abrede vom 6. Dezember 1938 überhaupt nicht erfolgt. Das Abkommen vom 6. Dezember würde durch eine Demarche, wie Herr Coulondre sie vorhabe, völlig sinnlos und verletzt, denn wie könne denn darauf ein ohne Kenntnis der Sachlage abzugebender Protest aufgebaut werden. Würde die französische Regierung auf dem Fehler beharren, den sie anscheinend jetzt machen wolle, so müsse ich befürchten, daß die Abrede vom 6. Dezember hinfällig werde. Ich glaubte also, der Botschafter sei im Begriff, einen Befehl seiner Regierung auszuführen, welchen diese noch sehr bedauern würde. Der Botschafter weigerte sich bis zum Schluß, seine Note, die auf meinem Tisch lag, wieder an sich zu nehmen, indem er die Frage stellte, wohin die deutsch-französischen Beziehungen treiben würden, wenn wir amtliche Noten, überreicht durch ihre Repräsentanten, nicht mehr entgegennähmen. Ich meinerseits erklärte die Kenntnisnahme dieses Papiers zu verweigern; bliebe es zwischen uns liegen, so würde ich es als uns durch die Post zugestellt betrachten.

Der wesentliche Inhalt der Note ist:

Ein formeller Protest gegen unsere Maßnahmen in der Tschecho-Slowakei,

die Behauptung einer flagranten Verletzung des Buchstabens und Geistes des Münchener Abkommens,

die Behauptung, der neue Tatbestand in der Tschecho-Slowakei sei deren Regierung aufgezwungen und schließlich

die Feststellung, daß die französische Regierung die neue Lage in der Tschecho-Slowakei nicht als rechtmäßig anerkennen könne.

WEIZSÄCKER

---

68 Diese nach dem Münchener Abkommen erzielte deutsch-französische Vereinbarung vom 6. Dezember 1938 sah zwischen den beiden Staaten „friedliche und gutnachbarliche Beziehungen" vor; vgl. ADAP. Serie D, Band IV, 409 f., hier 409.

[Anlage: Note der französischen Regierung]

Berlin, le 18 mars 1939

Par lettre en date du 15 mars 1939 Son Excellence Monsieur l'Ambassadeur d'Allemagne a communiqué sur ordre de son Gouvernement à Monsieur le Ministre des Affaires Etrangères de la République Française le texte d'un accord conclu dans la nuit du 14 au 15 mars entre le Führer-Chancelier et le Ministre des Affaires Etrangères du Reich d'une part, le Président et le Ministre des Affaires Etrangères de la Républicque tchéco-slovaque d'autre part.

Il était précisé dans la même communication que les troupes allemandes avaient franchi à 6 heures du matin la frontière tchèque et que les mesures nécessaires étaient prises pour prévenir toute résistance et toute effusion de sang, et pour permettre que l'occupation et la pacification du territoire s'effectuent avec ordre et tranquillité.

L'Ambassadeur de France a l'honneur de saisir le Ministre des Affaires Etrangères du Reich de la protestation formelle élevée par le Gouvernement de la République contre les mesures dont la communication du Comte Welczeck fait état.

Le Gouvernement de la République considère, en effet, qu'il se trouve placé, du fait de l'action dirigée par le Gouvernement du Reich contre la Tchéco-Slovaquie, en face d'une violation flagrante de la lettre et de l'esprit des accords signé à Munich le 29 septembre 1938.

Les circonstances dans lesquelles l'accord du 15 mars a été imposé aux dirigeants de la République tchéco-slovaque ne sauraient consacrer, en droit, aux yeux du Gouvernement de la République l'état de fait enregistré par cet accord.

L'Ambassadeur de France a l'honneur de faire savoir à Son Excellence Monsieur le Ministre des Affaires Etrangères du Reich que le Gouvernement de la République ne peut reconnaître dans ces conditions, la légitimité de la situation nouvelle créée en Tchéco-Slovaquie par l'action du Reich.

43

PA/AA, Büro des Staatssekretärs, R 29772

Telegramm des Deutschen Botschafters in Paris Welczeck an das Auswärtige Amt

Paris, den 18. März 1939
Ankunft: "   "   "   13.45 Uhr

Cito

Nr. 154 vom 18.3.

I. Die französische Regierung hat auf Vorgänge in der ehemaligen Tschecho-Slowakei mit Einbringung eines Gesetzes reagiert, das Regierung zur Ergreifung aller für die Landesverteidigung notwendigen Maßnahmen bis 30. November 1939 Vollmachten gewähren soll.

Begründung des Gesetzes, die Daladier in der gestrigen Kammersitzung gab, unterstrich Ernst der Lage, ohne jeden Ausfall gegen Deutschland. Er betonte die Notwendigkeit, totalitären Staaten, deren Erfolge durch Schnelligkeit und Geheimhaltung erreicht werden, mit gleichen Waffen zu begegnen.

Verabschiedung des Gesetzes wird heute durch Kammer und morgen durch den Senat erwartet.[69]

II. Die politische Lage stellt sich auf Grund der – allerdings noch nicht abgeschlossenen – Kammerdebatte und sonstigen hier vorliegenden Informationen wie folgt dar:

1.) Frankreich wird praktisch gegen durch deutsches Vorgehen in Böhmen, Mähren und der Slowakei geschaffenen Zustand nichts unternehmen.

2.) Deutsches Vorgehen hat jedoch in weitesten Kreisen – auch der „Münchener" – Entrüstung und stärkste Besorgnis hinsichtlich zukünftiger Entwicklung der europäischen Politik hervorgerufen.

a.) Entrüstung, weil deutsche Maßnahmen als Ausfluß Eroberungswillens angesehen werden. Führer habe das von ihm bei Anschluß Österreichs und Sudetenlandes zur Rechtfertigung der deutschen Ansprüche immer wieder betonte Selbstbestimmungsrecht der Völker verletzt, sich über seine früheren Erklärungen, insbesondere dahingehend, daß Deutschland in Europa keine territorialen Ansprüche mehr geltendzumachen habe, hinweggesetzt und Münchener Abkommen sowie deutsch-französische Erklärung vom 6. Dezember 1938 ignoriert. Es sei unter diesen Umständen unmöglich, noch irgendwelches Vertrauen zu der deutschen Politik zu haben.

b.) Stärkste Besorgnis, weil deutsches Kriegspotential außerordentlich gesteigert, weitere Gewaltstreiche in Ost und Zentraleuropa befürchtet werden, vor allem aber weil zu erwarten sei, daß Italien um nicht ständig dem deutschen Partner nachzuhinken, schärfer denn je seine Forderungen vorwärts treiben werde, und hierbei auf die deutsche Unterstützung rechnen könne.

3.) Für zukünftige französische Politik werden folgende Forderungen gestellt:

a.) Aufrüstung soll mit größter Energie und allen zur Verfügung stehenden Mitteln gefördert,

b.) englisch-französisch-militärische Zusammenarbeit noch enger gestaltet,

c.) eine Überprüfung der Münchener Politik der Verständigung mit Deutschland vorgenommen und evtl. eine Revalorisierung der Bündnisse mit Polen und Rußland angestrebt werden,

d.) unter keinen Umständen aber dürfe der Widerstandswille gegen die italienischen Forderungen nachlassen.

---

[69]   Die französische Kammer stimmte am 18.3.1939 mit 321 zu 264 Stimmen dem Gesetzentwurf zur Erhöhung der Rüstungsproduktion zu. Einen Tag später folgte die Billigung dieses Vollmachtgesetzes für Ministerpräsident Daladier durch den französischen Senat mit 286 zu 17 Stimmen. URL: http://www.chroniknet.de (am 19.9.2013).

III. Regierung, insbesondere Daladier, vor allem aber Bonnet, die für München-chener Abkommen verantwortlich gemacht werden, sind starken Angriffen ausgesetzt. Linke läuft Sturm gegen Sondervollmachten, die sie als Bedrohung der verfassungsmäßigen Freiheiten und soziale Errungenschaften sowie als mögliche Vorstufe für autoritäres Regime ansieht. Regierungskrise, die in augenblicklicher Lage besondere Gefahr und weitreichende Schwächung französischen Ansehens in der Welt bringen müsste, wird jedoch nach heute bestehender Auffassung vermieden werden.

Stimmenverhältnis mit dem der Kammerausschuß Gesetzesvorschlag über Sondervollmacht angenommen hat (26 Stimmen dafür, 17 Stimmen dagegen) dürfte Einstellung der Kammer entsprechen.

WELCZECK

44

PA/AA, Büro des Staatssekretärs, R 29859

Aufzeichnung des Staatssekretärs Weizsäcker

St.S. Nr. 240   Berlin, den 18. März 1939

Botschafter von Dirksen sagte mir am Telefon, es wäre für ihn und seine weitere Haltung von Wert, über unsere Auffassung und Absichten möglichst frühzeitig unterrichtet zu werden, da der Staatspräsident der Französischen Republik Lebrun Anfang nächster Woche in London sei und am Dienstag abend und an den folgenden Tagen Festlichkeiten seien,[70] an welchen Dirksen sich nur beteiligen möchte, wenn dieses wirklich opportun wäre.

Ich habe Dirksen gesagt, wir erwarteten einen Protestbrief der hiesigen Britischen Botschaft, wegen unseres Vorgehens gegen die Tschechoslowakei. Ich glaubte schon heute sagen zu können, daß seine Teilnahme an solchen Festlichkeiten schwerlich opportun wäre. Dirksen würde von uns noch näheres erfahren.

WEIZSÄCKER

---

[70] Frankreichs Staatspräsident Lebrun reiste vom 22. bis 24.3.1939 zu einem Staatsbesuch nach London, in dessen Folge am 31.3.1939 die britisch-französische Garantieerklärung abgegeben wurde.

45

PA/AA, Büro des Staatssekretärs, R 29772

Rundtelegramm des Staatssekretärs Weizsäcker[71]

Berlin, den 18. März 1939

Nur zur Information.

Hiesiger Französischer Botschafter[72] hat heute Note übermittelt, deren Inhalt ist:

Formeller Protest gegen unsere Maßnahmen in der Tschecho-Slowakei, Behauptung flagranter Verletzung Münchener Abkommens, Behauptung neuer Tatbestand in der Tschecho-Slowakei sei deren Regierung aufgezwungen und Feststellung, daß französische Regierung neue Lage in der Tschecho-Slowakei nicht als rechtmäßig anerkenne könne.

Hiesiger Britischer Botschafter[73] übersandte Note ähnlichen Inhalts, jedoch ohne ausdrückliche Feststellung der Nichtanerkennung.

Den Botschaftern ist kein Zweifel gelassen, daß wir einen Protest nicht entgegennehmen könnten.

Behauptung Verletzung Münchener Abkommens ist gegenstandslos, da bei Pariser Besprechung klargestellt, daß Konsultationsabrede sich nicht auf Tschecho-Slowakei bezöge.

WEIZSÄCKER

46

PA/AA, Büro des Staatssekretärs, R 29772; PA/AA, Büro des Staatssekretärs, R 29829

Aufzeichnung des Staatssekretärs Weizsäcker

St.S. Nr. 241   Berlin, den 18. März 1939

Ich habe heute mittag 14 Uhr 30 dem Britischen Botschafter telefonisch folgendes gesagt: nachdem der Französische Botschafter bei mir gewesen[74] und ich von ihm – Henderson – orientiert sei, daß er mit einem dem französischen ähnlichen Schritt beauftragt sei, glaubte ich, eine persönliche Unterhaltung für unnütz erklären zu müssen. Am besten schriebe er uns überhaupt keine Note. Henderson erklärte, er sei genötigt, uns eine Note zu schicken. Er habe ausdrückliche Weisung seiner Regierung dazu. Ich antwortete ihm, wenn er dies nicht lassen könne, so möge er den schriftlichen Weg wählen.

WEIZSÄCKER

---

[71] Dieses Telegramm war gerichtet an die Deutschen Botschaften in London, Paris, Rom und Washington.

[72] André Coulondre.

[73] Nevile Henderson.

[74] Siehe Dokument Nr. 42.

47

PA/AA, Büro des Staatssekretärs, R 29772; PA/AA, Büro des Staatssekretärs, R 29859

Telefonat des Staatssekretärs Weizsäcker
mit dem Deutschen Botschafter in London Dirksen

Die deutsche Regierung habe gehört, daß der hiesige Britische Botschafter Henderson zur Berichterstattung nach London berufen worden sei. Nach den Kombinationen, die in der Presse und sonst in der Öffentlichkeit hieran geknüpft werden, bestehe offenbar ein demonstrativer Zusammenhang zwischen dieser Weisung an Henderson und der augenblicklichen deutschen Aktion in der Tschechei. Sie bitten die englische Regierung um Aufklärung, was sie mit einer so angekündigten Berufung Hendersons nach London beabsichtige. Die Form der Ankündigung werde von uns als unfreundlich empfunden.

WEIZSÄCKER

18.3.1939 [15 Uhr]

48

PA/AA, Büro des Staatssekretärs, R 29829

Aufzeichnung des Staatssekretärs Weizsäcker

St.S. No. 242   Berlin, den 18. März 1939

Der bisherige Tschecho-Slowakische Gesandte Mastný machte mir heute seinen Abschiedsbesuch. Dieser fiel von seiten von Herrn Mastný zwar freundlich, infolge der hier sich häufenden Geschäfte jedoch kurz aus.

Herr Mastný bat, ihm einen Termin mitteilen zu wollen, zu welchem er dem Herrn Reichsaußenminister gleichfalls seinen Abschiedsbesuch machen könne.

WEIZSÄCKER

49

PA/AA, Büro des Staatssekretärs, R 29772

Aufzeichnung des Leiters der Politischen Abteilung Woermann

Berlin, den 18. März 1939

Der Japanische Botschaftsrat[75] teilte mir heute mit, daß die japanische Regierung gern als eine der ersten ihren Gesandten in Prag zurückgezogen hätte, daß aber hier, wie in anderen Fällen, erst der Conseil privé seine formelle Zustimmung geben müsse, so daß sich die Erledigung noch um einige Tage

---

[75] Uzuhiko Usami.

verzögern werde. Japan beabsichtige dann, ein Generalkonsulat in Prag zu errichten.

Ich bestätigte dem Botschaftsrat auf seine Anfrage, daß der Gesandte in der nächsten Zeit noch die Vorrechte der Exterritorialität genießen werde.

WOERMANN

50

PA/AA, Büro des Staatssekretärs, R 29772
PA/AA, Büro des Staatssekretärs, R 29829

Aufzeichnung des Staatssekretärs Weizsäcker

St.S. No. 243 Berlin, den 18. März 1939

Der Britische Botschafter ließ heute nachmittag 4.30 Uhr die anliegende Note übergeben, welche dem Inhalt nach der französischen von heute früh ähnlich,[76] jedoch um eine Nuance weniger präzis formuliert ist. Es fehlt darin die ausdrückliche Feststellung, daß die britische Regierung dem neu geschaffenen Status in der Tschechei nicht anerkennen *könne*. Letztere ist vielmehr als rechtlich nicht begründet hingestellt und wird zum Gegenstand eines Protests gemacht.

Der Text der Note ist beigefügt.

WEIZSÄCKER

[Anlage: Note der britischen Regierung]

March 18th, 1939

Your Excellency,

I have the honour to inform Your Excellency, under instructions from His Majesty's Principal Secretary of State for Foreign Affairs, that His Majesty's Government in the United Kingdom desire to make it plain to the German Government that they cannot but regard the events of the past few days as a complete repudiation of the Munich Agreement and as a denial of the spirit in which the negotiators of that Agreement bound themselves to co-operate for a peaceful settlement.

I am instructed to add that His Majesty's Government must also take this occasion to protest against the changes effected in Czechoslovakia by German military actions which are in their view devoid of any basis of legality.

I avail myself of this opportunity to renew to Your Excellency the assurance of my highest consideration.

NEVILE HENDERSON

[76] Siehe Dokument Nr. 42.

51

PA/AA, Büro des Staatssekretärs, R 29772
PA/AA, Büro des Staatssekretärs, R 29859

Telefonat des Deutschen Botschafters in London Dirksen mit Staatssekretär Weizsäcker

Berlin, den 18. März 1939

Lord Halifax hat mir folgendes gesagt:
Der Botschafter Henderson sei zur Berichterstattung nach London berufen worden. Der Zweck der Berichterstattung sei, zu berichten über die Ereignisse in Böhmen, in Mähren und in der Slowakei, die von der englischen Regierung mit Interesse und Sorge verfolgt würden, wie aus dem der deutschen Regierung *zugestellten* Protest hervorginge. Über die Dauer des Aufenthalts von Henderson könne er noch nichts sagen, das hänge noch ab von dem Effekt der Berichterstattung im Kabinett und den sonst noch eintretenden Umständen.

Als ich dann im Laufe des Gesprächs auf einen Artikel des diplomatischen Korrespondenten der „Times" von heute früh über die Reise von Henderson hinwies, in dem auch von der seinerzeitigen Abberufung des Amerikanischen Botschafters Wilson die Rede war, sagte Halifax, daß die Herberufung Hendersons verschieden sei von der Rückberufung Wilsons, die unbeschränkt und ohne zeitliche Zielsetzung und auch ohne äußere Begründung erfolgt sei.[77]

Herr von Dirksen ist nach der Berichterstattung der „Times" und anderer Korrespondenten der Auffassung, daß es sich tatsächlich nicht um einen ganz kurzen Aufenthalt handeln werde, also nicht lediglich zur Erstattung eines Berichts und alsbaldigen Rückkehr.

WEIZSÄCKER

52

PA/AA, Büro des Staatssekretärs, R 29773
PA/AA, Politische Abteilung IV, R 103629

Aufzeichnung des Staatssekretärs Weizsäcker

St.S. No. 246   Berlin, den 18. März 1939
Pol. IV *1956*

Der Italienische Botschafter hat mich auf Grund englischer Pressemitteilungen jetzt erneut darauf angesprochen, daß angeblich gewisse Dokumente vorliegen, nach denen der deutsche Einmarsch in die Tschecho-Slowakei schon vor 3-4 Wochen eine beschlossene Sache gewesen wäre. Attolico ließ in

---

[77] Der Amerikanische Botschafter Hugh Robert Wilson war am 16.11.1938 aus Protest gegen die Novemberpogrome vom 9. November 1938 von Präsident Roosevelt zurückbeordert worden. Fortan versahen bis zur deutschen Kriegserklärung am 11.12.1941 Geschäftsträger die diplomatischen Aufgaben.

diesem Zusammenhang auch ein Wort darüber fallen, daß dies ja wohl nicht zutreffen könne und er ja in der Tat erst in letzter Minute informiert worden sei.[78]

WEIZSÄCKER

53

PA/AA, Politische Abteilung IV, R 103629

Aufzeichnung des Leiters der Politischen Abteilung Woermann

Berlin, den 18. März 1939

Der Japanische Botschaftsrat erkundigte sich heute eingehend nach dem Statut des Protektorats Böhmen und Mähren, der Slowakei und der Karpatho-Ukraine. Ich habe ihm soweit Auskunft gegeben, wie das nach der heutigen Sachlage möglich ist. Bezüglich der Slowakei habe ich ihm gesagt, daß ich ihm heute noch keine Einzelheiten sagen könne.

Herr Usami bat, ihn sobald als angängig über das künftige Statut der Slowakei zu unterrichten, da Japan in der Frage der Anerkennung sich dem deutschen Vorgehen anschließen wolle.

WOERMANN

54

PA/AA, Politische Abteilung IV, R 103629

Bericht des Deutschen Gesandten in Kairo Hentig an das Auswärtige Amt

Nr. 227   Kairo, den 18. März 1939
Pol. IV *2025*

Inhalt: Aufnahme der Besetzung von Böhmen und Mährens in Ägypten.
Die Machtergreifung durch Deutschland in der ehemaligen Tschechei ist im allgemeinen in Ägypten ruhig aufgenommen worden. Leitende Regierungskreise haben mir lediglich angedeutet, daß es wohl mit den ersten Schritten für uns nicht getan wäre, und daß wir zur Zeit wohl „sehr viel Arbeit" hätten. In breiten Kreisen der ägyptischen Bevölkerung hat man die Dinge mit der Achtung, die der Orientale vor jeder Art von Machtentfaltung hat, aufgenommen. Die Presse, die dank persönlicher Vorbereitung zunächst sich verhältnismäßig still verhalten und sich günstig – so Al Mokattam und Al Ba-

---

[78] Eine Okkupation der Tschechoslowakei hatte Hitler bereits lange vorher beabsichtigt und den Oberbefehlshabern sowie seinem damaligen Außenminister Konstantin von Neurath am 5.11.1937 angekündigt. Für Hitler diente dieses Vorhaben laut der so genannten Hoßbach-Niederschrift zur Lösung angeblicher Raumprobleme des deutschen Volkes. Vgl. Niederschrift über die Besprechung in der Reichskanzlei am 5.11.1937 von 16.15 - 20.30 vom 10.11.1937. In: ADAP. Serie D, Band I, 25-32.

lagh[79] – ausgesprochen hat, ist in den letzten 24 Stunden ganz allgemein erheblich besorgter gestimmt. Es wird dabei in erster Linie auf die Erklärungen der italienischen Presse verwiesen, daß man den deutschen Erfolgen neidlos zuschaue, weil man weiß, daß bald „die Reihe an Italien komme werde". Hierbei denken die Ägypter naturgemäß sofort an einen Vorstoß ins Nil-Tal von Libyen aus, vor allem aber an einen Einsatz der gefürchteten italienischen Luftwaffe. Die Schlußfolgerung aus dieser Lage bei den in europäischen Sprachen erscheinenden Blättern aber auch dem größten arabischen Blatt ist: fester Anschluß an England und Frankreich, die allein ihrer Kraft und ihren Interessen nach in der Lage sind, Ägypten zu schützen.[80] Diese Stellungnahme, der man eine gewisse Folgerichtigkeit nicht absprechen kann, wirkt naturgemäß je länger sie dauert desto stärker auch auf unser eigenes Verhältnis zu Ägypten zurück. Wir setzen deswegen zur Zeit alles daran, um mit Hilfe unserer ägyptischen Freunde eine möglichst ruhige Auffassung der Sachlage, die an sich den Ägyptern ja auch nur willkommen ist, durchzusetzen. Auch meinem italienischen Kollegen, der nach meinen Feststellungen uns sehr günstige Erklärungen über die Sachlage abgegeben hat, habe ich gebeten, im gleichen Sinne tätig zu sein. Er fliegt übrigens zu kurzem dienstlichen Aufenthalt nach Rom.

HENTIG

55

PA/AA, Büro des Staatssekretärs, R 29772

Schreiben des Britischen Botschafters in Berlin Henderson
an Außenminister Ribbentrop

No. 109   18th March, 1939
(306/739)

Your Excellency,

I have the honour to inform you that I am leaving Berlin today for England and that Sir George Ogilvie-Forbes will assume charge of His Majesty's Embassy.

I avail myself of this opportunity to renew to Your Excellency the assurance of my highest consideration.

NEVILE HENDERSON

---

[79] „Al Mokattam" ist eine ägyptische, „Al Balagh" eine kuwaitische Zeitung, die jeweils große Verbreitung hatten.

[80] 1936 hatte Großbritannien als „Schutzmacht" mit Ausnahme des Suez-Kanals Ägypten verlassen. Erst zu Beginn des Zweiten Weltkrieges wird das Land erneut britisches Protektorat und wichtigstes Aufmarschgebiet im Kampf gegen die italienischen, ab 1941 deutsch-italienischen Truppen in Libyen.

56

PA/AA, Politische Abteilung IV, R 103754

Schreiben des Englischen Botschaftsrates Ogilvie-Forbes
an den Leiter der Politischen Abteilung Woermann

122/31/39   Berlin, 18th March, 1939

Pol. IV *1819*

My dear Herr Unterstaatssekretär,

I fear I must trouble you with yet another matter of travelling facilities from Bohemia and Moravia and that is to ask you to use your good offices to secure the departure from Prague to the United Kingdom of Herr Federer, the Manager of the Vitkovice Iron and Steel Works in which British capital is considerably interested. His presence is urgently desired by the British interests concerned in order to discuss future arrangements.

Herr Federer's address is c/o Mr. Aubrey Herbert Smith, Hotel Alcron, Prague.

Yours sincerely
GEORGE OGILVIE-FORBES

57

PA/AA, Büro des Staatssekretärs, R 29772
PA/AA, Büro des Staatssekretärs, R 29859

Telefonat des Staatssekretärs Weizsäcker
mit dem Deutschen Botschafter in London Dirksen

Berlin, den 18. März abends 1939

Herr von Ribbentrop läßt Sie bitten, alsbald zur Berichterstattung nach Berlin zu kommen. Wenn Sie heute noch fahren könnten, wäre es gut, wenn es nicht geht, rechnen wir damit, daß Sie morgen fahren.[81]

Notiz für die Presse wegen Ihrer Reise hierher wird von hier aus veranlaßt.

WEIZSÄCKER

---

[81] Herbert v. Dirksen und sein Kollege in Paris, Johannes Graf v. Welczeck, verließen ihre Posten am 19.3.1939 und kehrten beide erst am 6.5.1939 zurück. Offiziell weilten sie zur Berichterstattung in Deutschland.

58

PA/AA, Politische Abteilung IV, R 103754

Telegramm des wirtschaftspolitischen Sonderbotschafters Ritter und des Vertreters des Auswärtigen Amtes beim Reichsprotektor Hencke an das Auswärtige Amt

Prag, den 18. März 1939   Pol. IV *1834*
Ankunft: 19.   »   »   3.45 Uhr

Nr. 131 vom 18.3.   Auf Drahterlaß vom 17. Nr. 90 – Pol. IV 1770 –

Newton war bei heutigem Besuch nur über zuerst genannte 500 Personen unterrichtet.

Ich habe ihn gebeten, mir Liste der 500 Personen zwecks Prüfung zu geben und Entgegenkommen in Aussicht gestellt.

RITTER, HENCKE

59

PA/AA, Politische Abteilung IV, R 103754

Telegramm des wirtschaftspolitischen Sonderbotschafters Ritter und des Vertreters des Auswärtigen Amtes beim Reichsprotektor Hencke an das Auswärtige Amt

Prag, den 18. März 1939   23.55 Uhr   Pol. IV *1832*
Ankunft: 19.   »   »   3.45   »   *Pol. IV 1914*

Nr. 132 vom 18.3.   Auf Drahterlaß vom 17. Nr. 93 – Pol. IV 1782 –[82]

1.) Ich habe Newton, der mich inoffiziell aufsuchte, zugesagt, daß englische Staatsangehörige freies Geleit erhalten, sobald er mir Einzelheiten, Personalien zwecks Ausstellung Geleitscheine gegeben hat.

2.) Ich habe nach Rücksprache mit hiesiger Zivilverwaltung ihm auch für nichtenglische Staatsangehörige Entgegenkommen in Aussicht gestellt. Wir müßten jedoch erst Liste nichtenglischer Staatsangehöriger zwecks Prüfung erhalten.

RITTER, HENCKE

[82] Siehe Dokument Nr. 26.

60

PA/AA, Politische Abteilung IV, R 103759

**Telegramm des wirtschaftspolitischen Sonderbotschafters Ritter
und des Vertreters des Auswärtigen Amtes beim Reichsprotektor Hencke
an das Auswärtige Amt**

Prag, den 18. März 1939   23 Uhr 55   Pol. IV 1833/39
Ankunft: 19.   "   "   3 Uhr 45

Nr. 133 vom 18.3.   Anschluß Drahtbericht vom 18.3

Aus Karpatho-Ukraine sind tschechische Soldaten nach Rumänien und Polen übergetreten. Zahl nicht genau bekannt. Es soll sich im ganzen um etwa 1.000 handeln. Oberbefehlshaber[83] ist von tschechischem früheren Verteidigungsminister[84] gebeten worden, sich dieser tschechischen Staatsangehörigen anzunehmen und jedenfalls Auslieferung an Ungarn zu verhindern. Da diplomatischer Schutz dieser tschechischen Staatsangehörigen jetzt Reich obliege, läßt Oberbefehlshaber bitten, bei rumänischer und polnischer Regierung zu intervenieren, daß tschechische Soldaten nicht ausgeliefert werden, sondern baldiger Abtransport nach Protektorat erfolgt.

RITTER, HENCKE

61

PA/AA, Büro des Staatssekretärs, R 29772

**Telegramm des Deutschen Botschafters in Moskau Schulenburg
an das Auswärtige Amt**

Moskau, den 19. März 1939   18.28 Uhr
Ankunft: "   "   "   "   21.30 Uhr

Nr. 34 vom 19.3.

Gestern gegen Mitternacht einging von Litvinov gezeichnete Note, deren Wortlaut DNB-Vertreter drahtet und worin Sowjetregierung mitteilt, daß sie es nicht für möglich erachte, unsere Notifizierung in der tschecho-slowakischen Angelegenheit mit Stillschweigen zu übergehen, um falschen Eindruck einer Gleichgültigkeit zu vermeiden. Die drei Seiten lange Note gipfelt darin, daß die Sowjetregierung die staatsrechtlichen Änderungen in der Tschecho-Slowakei, weil ohne Befragung des Volkes vorgenommen, nicht als rechtmäßig anerkennen könne.[85]

---

83 General Johannes Blaskowitz.
84 General Jan Syrový.
85 In dieser Note vom 18.3.1939 äußert die sowjetische Regierung in mehreren Punkten harsche Kritik am deutschen Vorgehen in der Tschechoslowakei. Dabei widerspricht sie der deutschen Auffassung von einer „Bedrohung des europäischen Friedens" durch Prag

Bereits vor Eingang Note traf ich Litvinov auf Empfang bei Italienischem Botschafter. Litvinov fragte, ob ich seine Note erhalten hätte; auf meine Verneinung und Frage, was Note enthalte, erwiderte er: Nachdem wegen tschecho-slowakischer Ereignisse englische und französische Regierung protestiert hätten und vom Präsidenten der Vereinigten Staaten ein „statement" ergangen sei,[86] habe auch Sowjetregierung geglaubt, ihre Stellung klarlegen zu müssen, die dahin gehe, daß die Sowjetregierung die Änderungen in der staatsrechtlichen Struktur der Tschecho-Slowakei nicht anerkennen könne.

Nachdem mir die Note inzwischen in der Italienischen Botschaft zugestellt worden war, habe ich erneut mit Litvinov gesprochen und ihn gefragt, welche praktische Bedeutung seiner Note zukomme. Litvinov erwiderte lediglich, die Sowjetregierung habe ihren Standpunkt klarstellen wollen. Mein Eindruck, der sich auf Verhalten Litvinovs und zweiten Absatz sowjetischer Note gründet, ist, daß die Sowjetregierung auch weiterhin nicht selbständig handeln, sondern sich nach dem Verhalten Englands, Frankreichs und Amerikas richten wird.

SCHULENBURG

62

PA/AA, Politische Abteilung IV, R 103629

Telegramm des Deutschen Generalkonsuls in Ottawa Granow
an das Auswärtige Amt

Ottawa, den 20. März 1939
Ankunft: 21.   "   "   8.15 Uhr   Pol. IV 1939

Nr. 5 vom 21.3.

Premierminister[87] erklärte heute im Unterhaus Eroberung Tschechoslowakei sei mutwillig und gewalttätig, weder zu rechtfertigen als Reaktion gegen Versailles noch als Aktion zur Vereinigung aller Deutschen.

Deutsches Vorgehen in der letzten Woche sei ernste Bedrohung Weltfriedens, wenn auch nicht notwendig Schritt zum Weltkrieg. Er wolle alles für Frieden hingeben ausgenommen Freiheiten der Kanadier. Kanada sei jeder-

---

und einer „Nichtlebensfähigkeit" des tschechoslowakischen Staates. Weiterhin weist Moskau auf die Verfassungswidrigkeit der „Berliner Erklärung" hin, da sie keine Befugnis des tschechoslowakischen Staatspräsidenten zur Unterzeichnung dieses Vertrages sehe. Des Weiteren moniert die sowjetische Regierung die Abkehr vom völkerrechtlichen Grundsatz der „Selbstbestimmung der Völker" und beurteilt die Besetzung abschließend als „willkürlich, gewalttätig, aggressiv"; die vollständige Note Litvinovs vom 18.3.1939 findet sich in ADAP. Serie D, Band VI, 44 f.

86 Unterstaatssekretär Sumner Welles hatte am 17.3.1939 für die amerikanische Regierung ein Statement abgegeben, welches die deutsche Okkupation scharf verurteilte; abgedruckt in Peace and War. United States Foreign Policy 1931-1941. Hg. v. *United States Government Printing Office.* Washington, 1943, 454 f.

87 William Lyon Mackenzie King.

zeit bereit mit britischer Regierung und anderen Reichsteilen über die letzte Krise in Beratungen einzutreten.

Scharfe Verurteilung gestern durch Oppositionsführer Manion. Legislatur von Ontario beriet Resolution über Solidaritätserklärung mit britischer Regierung.

In Öffentlichkeit zunehmende Erregung und feindliche Ausbrüche.

GRANOW

63

PA/AA, Büro des Staatssekretärs, R 29772; PA/AA, Büro des Staatssekretärs, R 29859

Aufzeichnung des Staatssekretärs Weizsäcker

St.S. Nr. 249   Berlin, den 20. März 1939

Infolge der Berufung des Französischen Botschafters[88] nach Paris zur Berichterstattung ist Graf Welczeck auf Weisung des Herrn Reichsaußenministers von mir telefonisch angewiesen worden, seinerseits zur Berichterstattung nach Berlin zu kommen.

WEIZSÄCKER

64

PA/AA, Politische Abteilung IV, R 103629

Bericht des Deutschen Botschafters in Santiago Schoen
an das Auswärtige Amt

Nr. 881/39   Santiago, den 20. März 1939
Pol. IV *2165*

Inhalt: Die tschechischen Ereignisse und ihre Wirkung auf Chile.

Sieht man ab von der Hetze, die von den großen Nachrichtenagenturen, namentlich der U.P.[89], gegen uns jetzt wieder betrieben wird, und deren Wiedergabe und Aufmachung naturgemäß auch in der chilenischen Presse reichlich Eingang gefunden hat, so darf gesagt werden, daß die Haltung der hiesigen Presse gegenüber den jüngsten Ereignissen in Mitteleuropa, die zur Errichtung eines deutschen Protektorats über Böhmen und Mähren geführt haben, bis jetzt im wesentlichen zurückhaltend und besonnen gewesen ist.

Gewiß hat es an gehässigen Stimmen nicht gefehlt, vor allem in der kommunistisch eingestellten „Frente Popular"[90], die den Führer als „Feind der

---

[88] André Coulondre.

[89] United Press.

[90] In Chile war die „Frente Popular" eine Volksfront-Regierung, die aus der kommunistischen und sozialistischen Partei sowie einer bürgerlichen Partei bestand; sie regierte von 1938 bis 1941.

Menschheit" und seine letzte Tat als die „Vernichtung der Unabhängigkeit und Freiheit einer ‚Nation'" bezeichnen zu dürfen glaubte. Gewiß haben mehrere Blätter sorgenvoll darauf hingewiesen, daß nun auch die Unabhängigkeit anderer europäischer Nationen bedroht wäre und haben das Verschwinden der Tschechoslowakei beklagt, als deren Mitbegründer man Masaryks mehrfach rühmend gedacht hat. Aber selbst die radikale „La Hora" hat sich der Erkenntnis nicht verschließen können, daß dieser Staat von eben denselben Kräften erledigt worden sei, gegen die er als künstliches Gebilde geschaffen worden war.

Die Übernahme der bisherigen Tschechoslowakischen Gesandtschaft, die der chilenischen Regierung durch eine gemeinsame Démarche beider Missionschefs angezeigt worden ist, ist sachlich wiedergegeben worden ohne andere Kommentare als den, daß Chile sich in Prag nun voraussichtlich durch einen Konsul vertreten lassen würde.[91]

Es ist sogar gelungen, in der Presse Aufsätze aus der Feder uns nahestehender Mitarbeiter unterzubringen, die unserem Standpunkt weitgehend Rechnung tragen, wie z.B. die beiden beigefügten Artikel Galvarino Gallardo Nietos. Der erstere – nach der Proklamation der Unabhängigkeit der Slowakei geschrieben und am 15.3. abgedruckt – betont den unstabilen und zerbrechlichen Charakter der Tschechoslowakei sowie ihre wirtschaftliche Abhängigkeit von ihren Nachbarn und vergleicht den Auflösungsprozeß mit dem Vordringen der USA in das spanische Kolonialreich in Mittelamerika, in Cuba, Puerto Rico, usw.

Der zweite, nach der Angliederung Böhmens an das Reich verfaßt, spiegelt wider, wie nahe bevorstehend auch die chilenische Öffentlichkeit die Gefahr eines neuen Weltkrieges empfindet und hofft, daß die Einsicht aller Regierungen von der Zwecklosigkeit des Krieges sowie ihre christlichen Gesinnungen diese Gefahr beschwören möchten.

Die dem Staatspräsidenten nahestehende „Hora" befürchtet, daß England – in Wiederholung der Politik, die Pitt gegen Napoleon angewandt habe – das erstarkende großdeutsche Reich so lange in immer schärfer werdenden Gegensatz zu Rußland bringen würde, bis auch das Hitlersche Reich – wie einst das Napoleons – am Kampf gegen Rußland zermürbt zusammenbrechen würde.[92]

Dieser Gedankengang darf insofern als typisch bezeichnet werden, als er zum Ausdruck bringt, wie gefährdet man – besonders unter dem Eindruck der Chamberlainschen Rede in Birmingham, trotz aller seiner Erfolge, das Deutsche Reich ansieht, nachdem es sich nun in einen, wie man hier meint,

---

91 Dieses geschah wenige Wochen später mit der Bestallung von Gonzalo Montt Rivas zum Chilenischen Konsul in Prag.

92 William Pitt der Jüngere hatte als Premierminister 1805 ein Bündnis aus Großbritannien, Schweden, Russland und Österreich gegen Frankreich gebildet, um im 3. Koalitionskrieg die eigenen Interessen militärisch gegen Napoleon durchsetzen zu können.

unheilbaren Gegensatz zu England, Frankreich, Rußland und den USA hineinmanövriert habe. Ganz abgesehen davon, daß die überwiegende Mehrheit Chiles bekanntlich traditionell anglophil ist, glauben manche Kreise jetzt, von Deutschland abrücken zu sollen oder doch von ihm nichts mehr erwarten zu dürfen, weil es mit seinem eigenen Schicksal in Kürze genug zu tun haben würde. Diese Einstellung kann auch unsere wirtschaftlichen Verhandlungen beeinflussen; denn man verweist darauf, daß Chile mit Deutschland langfristige Lieferungsabkommen nicht abschließen könne, da niemand wisse, wie lange Deutschland noch die Möglichkeit behalten werde, sie zu erfüllen, ja, überhaupt mit Chile in Verbindung zu bleiben.[93] Deutschland werde bald außerstande sein, Lieferungen lebenswichtiger Erzeugnisse, wie Maschinen oder gar Rüstungen an das ferne Ausland durchzuführen. Und breche erst einmal der Krieg aus, dann seien jede Verbindungsmöglichkeiten mit Deutschland abgerissen. Es ist anzunehmen, daß sich unsere nordamerikanischen Konkurrenten diese Argumente zunutze machen werden, falls sie nicht überhaupt von ihnen stammen, um z.B. bei der bevorstehenden Vergebung des Baues einer Kupferhütte den Auftrag mit der Begründung an sich zu reißen, daß Deutschland im Hinblick auf die Kriegsgefahr keine Sicherheit bieten könne, die versprochenen Lieferungen auch durchzuführen oder gar die nötigen Ersatzteile nachzuliefern.

Darüber hinaus stellen sich viele nachdenkliche Chilenen die Frage, ob die Entwicklung, wenn sie in dieser Richtung und in diesem Tempo weitergehe, nicht auch Chile in kurzer Zeit vor die Entscheidung stellen werde, zwischen den USA und Deutschland wählen zu müssen. Es ist klar, daß dabei niemand hier eine Lösung einseitig gegen die USA vertreten kann, wodurch die Möglichkeiten einer prodeutschen Einstellung oder gar einer praktischen Zusammenarbeit mit Deutschland sehr stark eingeschränkt werden.

Die jüngsten Ereignisse haben die Einstellung Chiles uns gegenüber also in mehrfacher Hinsicht ungünstig beeinflußt, und die Auswirkung kann, trotzdem sie diesmal in einer lauten Hetze ihren Niederschlag nicht findet, unter Umständen nachhaltig sein, weil man diesmal unter dem Eindruck steht, keine Krisis vor sich zu haben, die, wie die letzte im September, einer Lösung – so oder so – entgegentreibe, sondern einen Wendepunkt zu erleben, der einen kaum noch aufzuhaltenden Wandel in der ganzen internationalen Lage ankündige, bei dem das Deutsche Reich so lange als der gefährdete Teil gelten wird, als es ihm nicht gelingen sollte, mit einem präsumptiven Gegner in ein klares und durch dauernde Bindungen festgelegtes Verhältnis zu kommen.

SCHOEN

---

[93] Das Deutsche Reich belieferte Chile mit Kriegsgerät meist im Austausch gegen Rohstoffe (Kupfer, Salpeter), wobei diese Wirtschaftsbeziehungen eine negative Handelsbilanz ergaben.

65

PA/AA, Büro des Staatssekretärs, R 29829

Aufzeichnung des Staatssekretärs Weizsäcker

St.S. No. 252   Berlin, den 20. März 1939

Der Ungarische Gesandte teilte heute durch anliegende Note mit, daß der Ungarische Gesandte aus Prag zurückberufen worden ist und die dortige Behörde in ein Generalkonsulat verwandelt werden soll.

WEIZSÄCKER

[Anlage: Schreiben des Ungarischen Gesandten in Berlin Sztójay]

1393/1939   Berlin, den 19. März 1939

Euer Exzellenz!

Herr Reichsaußenminister!

Im Verfolge meiner am 16. März erfolgten Anmeldung,[94] daß die königlich ungarische Regierung ihren Gesandten aus Prag zurückberufen hat, beehre ich mich Eurer Exzellenz mitzuteilen, daß die königlich ungarische Regierung dortselbst ein Generalkonsulat aufzustellen beabsichtigt. Diesbezügliche Schritte wurden bereits eingeleitet.

Genehmigen, Eure Exzellenz, den Ausdruck meiner ausgezeichnetsten Hochachtung.

SZTÓJAY
königl. Ungarischer Gesandter

66

PA/AA, Politische Abteilung IV, R 103629

Aide-Mémoire der Britischen Botschaft in Berlin

With reference to the recent conversation between the Under Secretary of State and Sir George Ogilvie-Forbes on the subject of the refugees in the British Legation in Prague and the question of the departure from Bohemia, Moravia and Slovakia of persons either in possession of a British visa or to whom arrangements had been made to grant a visa, Sir Basil Newton on March 18th called on His Excellency Dr. Ritter in a private capacity, with whom he renewed his former acquaintanceship in Berlin.

Dr. Ritter gave Sir Basil Newton to understand that, upon receiving particulars of British subjects to whom asylum had been given in the British Legation, he would recommend to General Blaskowitz, with whom the decision lay, that they should be furnished with a visa and with a safeconduct, to enable

---

[94] Siehe Dokument Nr. 6.

them to travel through and out of German territory without danger of molestation. Sir Basil Newton is preparing for Dr. Ritter the necessary details.

Dr. Ritter, on the subject of refugees in the Legation of German or Czech
nationality, was so good as to express the opinon that this matter should be
dealt with on generous lines, but added that it would be impossible for General Blaskowitz to commit himself indefinitely.

In Dr. Ritter's opinion the same general considerations applied to the 500
persons to whom British visas had been or were about to be granted and to
the 700 persons for whom arrangements had been made for transportation
via Poland. Sir Basil Newton reports with appreciation his friendly reception
by Dr. Ritter and is co-operating with His Excellency.

It is hoped that the central authorities in Berlin will see their way to expe-
dite the liquidation of the above mentioned problems.

Berlin, March 20th, 1939

67

BArch, Reichskanzlei, R 43 II/1329b; BArch, Reichskanzlei, R 43 II/1401b

**Schreiben des Reichsministers und Chefs der Reichskanzlei Lammers
an den Reichsminister ohne Geschäftsbereich Neurath**

Rk. 7753 B   Berlin, den 20. März 1939

Sehr verehrter Herr von Neurath!
Im Auftrage des Führers übersende ich Ihnen die beiliegende, vom Führer
vollzogene Urkunde über Ihre Ernennung zum Reichsprotektor in Böhmen
und Mähren.[95] Ferner darf ich Sie bitten, Herrn Frank und Herrn von
Burgsdorff die ebenfalls anliegenden Urkunden über ihre Ernennung aus-
zuhändigen.

Ich benutze die Gelegenheit, Ihnen, sehr verehrter Herr von Neurath,
nochmals meine besten und herzlichsten Wünsche für Ihre Aufgabe auszusprechen.

Heil Hitler!
Ihr sehr ergebener
[LAMMERS]

---

[95] Als Datum trägt diese Urkunde den 19.3.1939.

68

PA/AA, Politischer Verschluss (Geheim), R 101359

Telegramm des Vertreters des Auswärtigen Amtes beim Reichsprotektor Hencke an das Auswärtige Amt

Prag, den 20. März 1939   18.40 Uhr   Pol. *IV 681* g
Ankunft: „   „   „   20.45   „

Nr. 139 vom 20.3.

Tschechischer Generalstab anwies heute tschechischen Militärattachés sämtliche Akten den deutschen diplomatischen Vertretungen zu übergeben.

HENCKE

69

PA/AA, Büro des Staatssekretärs, R 29772

Telegramm des Geschäftsträgers der Deutschen Botschaft in Washington Thomsen an das Auswärtige Amt

Washington, den 20. März 1939   20.20 Uhr
Ankunft: „ 21.   „   „   6.30   „

Nr. 95 vom 20.3.

State Department hat mir soeben folgende Note als Antwort auf die Notifikation vom 17. März[96] zugestellt:

„I acknowledge the receipt of your note of March 17th in which, by direction of your Government, you inform the Government of the United States of the terms of the decree issued on March 16th by the Government of the Reich announcing the assumption of a protectorate over the provinces of Bohemia and Moravia.

The Government of the United States has observed that the provinces referred to are now under the de facto administration of the German authorities. The Government of the United States does not recognize that any legal basis exists for the status so indicated.

The views of this Government with regard to the situation above referred to, as well as with regard to related facts (Gruppe verstümmelt) were made known on March 17th. I enclose herewith for your Government a copy of the statement in which those views were expressed.

Accept, Sir, the renewed assurance of my high consideration.

Sumner Welles

Acting Secretary of State"

---

[96] Siehe Dokument Nr. 25.

Aus der gewählten Form geht hervor, daß das State Department sich anscheinend der Zurückweisung eines Protestes über das deutsche Vorgehen durch mich nicht hat aussetzen wollen.

THOMSEN

70

PA/AA, Büro des Staatssekretärs, R 29772

Telegramm des Geschäftsträgers der Deutschen Botschaft in London Kordt an das Auswärtige Amt

London, den 20. März 1939   22.46 Uhr
Ankunft: » 21. »   »   3.-- »

Nr. 81 vom 20.3.

Erklärungen, die Chamberlain und Halifax soeben im Unterhaus abgegeben haben,[97] bringen noch keine Klärung über die Absichten der britischen Regierung. Lord Halifax beschränkt sich auf eine teilweise bittere Darstellung der Ereignisse der letzten Tage. Er sprach von „weiterreichenden gegenseitigen Garantien", die zweckmäßig wären. Aus Mitteilungen zuverlässiger Gewährsleute ergibt sich etwa folgendes Bild über den gegenwärtigen Stand: Britische Regierung hat Initiative für Besprechungen fest in der Hand. Sie wünscht mit der Festlegung der zu befolgenden Politik voranzugehen, um zu vermeiden, daß die anderen Staaten konditionelle Erklärungen abgeben, die nach britischer Ansicht ihren Zweck nicht erreichen würden. Gedacht ist von britischer Seite offenbar an Festlegung einer Demarkationslinie, die insbesondere Rumänien einschließt und deren Überschreitung durch einen Angreifer den Kriegsfall darstellen würde. Folgende Staaten sollen in der Garantiefrage zur Teilnahme aufgefordert worden sein: Rußland, Polen, Türkei und Jugoslawien. Es stehe einwandfrei fest, daß man sich nicht an Ungarn gewandt habe. Es sei Polen überlassen worden, mit Litauen, Estland und Lettland Fühlung aufzunehmen; dasselbe gelte für die Türkei mit Bezug auf Griechenland. Wegen Bulgarien sei man noch zweifelhaft.

Auf Türkischer Botschaft werde behauptet, daß Türkei bereit sei, die rumänische Grenze zu garantieren, wenn England voranginge. Polen und Rußland haben angeblich erklärt, daß eine Beistandsleistung nur in Form von Lieferung von Kriegsmaterial und Stellung von Luftstreitkräften in Frage käme. Der hiesige Amerikanische Botschafter Kennedy spielt eine Hauptrolle. Er soll mit sämtlichen Vertretungen der in Frage kommenden Staaten in persönlicher Verbindung stehen und versuchen, sie zu einer festen Haltung zu

---

[97] Zu diesem Zeitpunkt lagen die Erklärungen nur als DNB-Presseinformationen vom gleichen Tage vor, erst später wurde der offizielle Wortlaut übermittelt; vgl. Parliamentary Debates. House of Lords. Official Report. Volume 112. No. 37, Column 307.

ermutigen mit dem Versprechen, daß die Vereinigten Staaten von Amerika sie in jeder Weise („short of war") unterstützen würden.[98]

Die Franzosen arbeiten auf das engste mit den Engländern zusammen.

Ein sowjetrussischer Vorschlag auf Einberufung einer Neunmächte-Konferenz sei von England abgelehnt worden, um den Sowjets auf keinen Fall die Initiative in der ganzen Angelegenheit zu überlassen. Wie ich weiter höre, soll es zu einer scharfen Auseinandersetzung zwischen Lord Halifax und dem Berliner Botschafter Henderson gekommen sein, als Henderson über seine Berliner Eindrücke berichtete.

KORDT

71

PA/AA, Politische Abteilung IV, R 103629

Bericht des Persönlichen Referenten des Deutschen Botschafters in London Selzam an das Auswärtige Amt

A 1140   den 21. März 1939

Im Anschluß an den Bericht 20. d.M. – A 1136 –
Inhalt: Rede Lord Halifax im Oberhaus am 20. März 1939.

In der Anlage wird in 5 Exemplaren die amtliche Parlamentsdrucksache, Band 112, Nr. 37, übersandt, in der sich in Spalte 307 ff. die gestern von Lord Halifax im House of Lords gehaltene Rede über die im tschechisch-slowakischen Raum geschaffene Lage und die sich hieraus für die Politik der britischen Regierung ergebenden Folgen findet.

Lord Halifax gab zunächst einen Überblick über die derzeitige Lage in Böhmen und Mähren, der Slowakei sowie der Karpatho-Ukraine. Im Gegensatz zu den bisher in der hiesigen Presse verbreiteten Nachrichten machte er die Feststellung, daß die Besetzung von Böhmen und Mähren durch deutsche Truppen erst am Morgen des 15. März begonnen habe und, soweit man wisse, ohne ernsthafte Zwischenfälle durchgeführt worden sei. Allerdings qualifizierte er diese Feststellung dahingehend, daß Mährisch-Ostrau und Witkowitz durch SS-Abteilungen bereits am 14. März besetzt worden seien und zwar zu einer Zeit, als sich Hácha und Chvalkovský auf dem Wege nach Berlin befanden und noch bevor sie in Besprechungen eingetreten waren.

Sein Hinweis auf den Erlaß des Führers stellt eine sehr skeptische Beurteilung der Lage der Tschechen im Verhältnis zum Reich dar.

Im weiteren Verlauf seiner Ansprache suchte Halifax sich mit den Argumenten auseinanderzusetzen, die unsererseits zur Rechtfertigung unseres

---

[98] US-Botschafter Joseph P. Kennedy war ein aktiver Befürworter der Appeasement-Politik, was ihm erhebliche Anfeindungen einbrachte. Präsident Roosevelt stand in dieser Beziehung konträr zu seinem Botschafter.

Vorgehens angeführt werden. In seinen diesbezüglichen Ausführungen vermied der Staatssekretär eindeutige Behauptungen. Seine Sprachführung suggerierte mehr, als daß er sich endgültig festlegte. Es finden sich die Worte: „On all the evidence that is available ..." oder „it is difficult to avoid the conclusion ..." oder „I think most sensible people must conclude ..." oder „if I may sum up my own thought ...". Er war offensichtlich bemüht, einerseits nicht zu sagen, daß die britische Regierung einer bestimmten Ansicht sei, andererseits aber Formulierungen zu gebrauchen, die diesbezügliche Schlußfolgerungen zuließen.

Bedauernd klingt durch, daß infolge der als notwendig erachteten Absage der Besuche von Stanley und Hudson in Berlin eine Einschaltung von Regierungsstellen in die inoffiziellen Besprechungen zwischen den beiderseitigen Industrien unmöglich gemacht worden sei, und daß eine Entwicklung in dieser Hinsicht, ebenso wie manches andere, auf unbestimmte Zeit hätte verschoben werden müssen. Positiver klingt die Bemerkung, daß es schwer sei zu sagen, wann die Initiative zu wirtschaftlicher Zusammenarbeit mit Deutschland, die durch die Ereignisse der letzten Woche zunichte gemacht worden sei, wieder aufgenommen werden könnte. (It is difficult to see when it can be easily resumed).

Die Erwiderung Lord Halifax' auf deutsche Äußerungen, die unser Vorgehen im tschechischen Raum mit dem der Briten bei dem Aufbau ihres Empires vergleichen, ist schwach.

Er trifft die Feststellung, daß die Engländer immer anerkannt hätten, daß geographischer, wenn nicht auch anderer Gründe halber Deutschland von verschiedenen Gesichtspunkten *aus* mehr an der Tschechoslowakei oder Südosteuropa interessiert sein müsse als Großbritannien. Südosteuropa sei das natürliche Feld einer Entwicklung des deutschen Handels gewesen. Eine ganz andere Situation ergebe sich jedoch dann, wenn England sich der willkürlichen und gewaltsamen Unterdrückung eines unabhängigen souveränen Staates gegenüber sehe und damit, „wie er es bezeichnen müßte, einer Verletzung von Grundregeln des internationalen Betragens".

Halifax erklärte weiter, daß der eine Zweck des Münchener Abkommens, den Frieden Europas zu erhalten, erreicht worden sei, daß jedoch die Absicht, durch das Abkommen ein sicheres Europa auf der Basis allgemeiner Konsultation als Mittel zum Ausgleich bestehender Differenzen zu schaffen, fehlgeschlagen sei.

Halifax war außerordentlich kritisch und scharf in seiner Gegenüberstellung der Inanspruchnahme des Rechts der Selbstbestimmung für die 2 Millionen Sudetendeutschen[99] noch im September und der Nichtbeachtung dieses

---

[99] Von den 3,63 Millionen Einwohnern der ab 1.10.1938 von Deutschland annektierten Gebiete waren 0,7 Millionen Tschechen und sogar 2,9 Millionen Deutsche. *Zimmermann*, Volker: Die Sudetendeutschen im NS-Staat. Politik und Stimmung der Bevölkerung im Reichsgau Sudetenland (1938-1945). Essen 1999, 66.

Prinzips, als es sich um die „Unterjochung" von 8 Millionen Tschechen handelte. Auch er stellte, wie Chamberlain kürzlich in Birmingham, die Frage, ob
die deutsche Politik in Zukunft auf die Beherrschung nichtdeutscher Völker
hinziele. Jedes an Deutschland angrenzende Land fühle sich gewarnt, daß
Deutschland seinen Zerfall nach dem Beispiel der Tschechoslowakei von in-
nen heraus durch Machenschaften fördern würde. Mit Befriedigung verzeichnete er, daß die rumänische Regierung den Bericht über ein angebliches
deutsches Ultimatum dementiert habe. Doch sei es kaum überraschend, wenn
die rumänische Regierung, ebenso wie auch andere Regierungen, die Ereignisse der letzten Tage mit schwerster Sorge betrachtete.

Er kam dann auf das Verhältnis zwischen dem britischen und dem deutschen Volk zu sprechen und unterstrich, daß die Engländer gewünscht hätten, mit uns in friedlichen Beziehungen zu leben. Er betonte in diesem Zusammenhang, daß das britische Volk „einige der in Versailles gemachten
Fehler" erkannt habe. Leider sei jedoch jedesmal dann, wenn die Aussicht auf
eine Verständigung gewachsen sei, die deutsche Regierung zu Maßnahmen
geschritten, die weiteren Fortschritt unmöglich gemacht hätten.

Hinsichtlich der nunmehr von der britischen Regierung zu ergreifenden
Maßnahmen ist Halifax zurückhaltend. Er hob jedoch hervor, daß der Gedanke kollektiven Zusammengehens dann unter den Völkern an Gewicht
gewinnen würde, wenn diese – zu Recht oder zu Unrecht – an die Wahr-
scheinlichkeit eines unmittelbaren Angriffs glaubten.[100]

Seine Schlußworte deuteten an, daß er sich mit den durch die Schaffung
des Protektorats Böhmen und Mähren entstandenen Verhältnissen abzufinden gewillt ist. Zusammenfassend läßt sich sagen, daß die Rede – was die
Weiterentwicklung des deutsch-englischen Verhältnisses anbelangt – Elemente enthält, die nicht ausschließlich negativen Charakters sind.

Im Auftrag
Im Konzept gezeichnet
VON SELZAM

---

[100] In den vorangegangenen Unterhausdebatten war sowohl von der Opposition als auch
von der Regierungspartei bereits eine ganze Liste der für Garantiepakte zu gewinnenden
Staaten aufgestellt worden. Zu dieser Maßnahme hatte Lord Halifax am 20.3.1939 im
Oberhaus ganz deutlich formuliert, dass die Regierung Erwägungen darüber anstelle, ob
nicht zwecks gegenseitiger Unterstützung die Übernahme gegenseitiger Verpflichtungen geboten erscheine und konkretisierte, dass Großbritannien keine Zeit versäumt habe, um mit anderen Regierungen in enge und praktische Konsultation zu treten. Vgl.
Schulz, Gerhard: Geschichte im Zeitalter der Globalisierung. Berlin 2004, 48.

72

PA/AA, Handelspolitische Abteilung, R 106218

Anweisung des Führers und Reichskanzlers Hitler

Az. 3a 62 L IVa 780/39 Berlin, den 22. März 1939
Pol. I M 1123 g

Zur einheitlichen Wahrung der Belange der Wehrmacht in Böhmen und Mähren wird ein <u>Wehrmachtbevollmächtigter beim Reichsprotektor</u>[101] ernannt und dem Chef des Oberkommandos der Wehrmacht[102] unterstellt. Er ist der oberste Vertreter der Wehrmacht in dem Protektorat.

Der Wehrmachtbevollmächtigte leitet die Abwicklung der Angelegenheiten der tschechischen Wehrmacht.

Er bringt die Forderungen der Wehrmacht in allen territorialen Standortfragen in Einklang.

In Fragen des Ersatzwesens, des Abwehrdienstes, der Presse und Propaganda, der Wehrwirtschaft, des Transport- und Nachrichtenwesens, der Versorgung und allen Angelegenheiten der zivilen Reichsverteidigung vertritt er die Wehrmacht bei dem Reichsprotektor.

Für die Aufgaben der Landesverteidigung einschl. Luftverteidigung bleiben die zuständigen Wehrmachtsteile allein verantwortlich. Der Wehrmachtbevollmächtigte wird von ihnen laufend unterrichtet.

Die nach Böhmen und Mähren verlegten Truppen sind exterritorial und bleiben den angrenzenden Generalkommandos bezw. Luftflotten- oder Luftgaukommandos unterstellt. Der Wehrmachtbevollmächtigte hat ihnen gegenüber ein Weisungsrecht nur in territorialen Fragen, wie Auftreten in der Öffentlichkeit, Einsatz bei Notständen usw. Die Oberkommandos der Wehrmachtteile bestimmen die Standorte.

Der Wehrmachtbevollmächtigte ist zugleich der Berater des Reichsprotektors in militärischen Angelegenheiten und in Fragen der eigenen Verbände des Protektorates. Diese werden auf eine Gesamtstärke von 7.000 Mann festgesetzt und in ihrer Organisation, Gliederung und Bewaffnung der deutschen Schutzpolizei angeglichen.[103]

Der Chef des Oberkommandos der Wehrmachtteile erläßt für den Wehrmachtbevollmächtigten eine Dienstanweisung und veranlaßt die Aufstellung seines Stabes.

---

[101] Wehrmachtsbevollmächtigte waren: Erich Friderici (März 1939 bis Oktober 1941), Ferdinand Schaal (September 1943 bis Juli 1944) sowie Rudolf Toussaint (November 1941 bis August 1943 und Juli 1944 bis Mai 1945). Siehe dazu auch das Organigramm in der Einleitung.

[102] Wilhelm Keitel.

[103] Die deutsche Schutzpolizei war für allgemeine Polizeiaufgaben zuständig und verrichtete ihre Dienste in den Städten und größeren Gemeinden. Ausgerüstet war sie mit Pistolen und Maschinenpistolen, teilweise auch mit Maschinengewehren.

Die Oberbefehlshaber der Wehrmacht bestimmen Verbindungsoffiziere beim Reichsprotektor, die diesem für Ehren- und Adjutantendienste zur Verfügung stehen. Sie sind gleichzeitig Dienststellenleiter im Stabe des Wehrmachtbevollmächtigten und ihm als solche unterstellt.

ADOLF HITLER

73

PA/AA, Büro des Staatssekretärs, R 29829

Aufzeichnung des Staatssekretärs Weizsäcker

St.S. No. 255   Berlin, den 22. März 1939

Ich hatte heute mit dem italienischen Geschäftsträger ein allgemeineres Gespräch über die letzten ereignisreichen Tage. Ein gewisses Bedauern darüber war bei dem Grafen Magistrati unverkennbar, daß der deutsch-italienische Kontakt vor der Lösung der tschechischen Frage nicht intensiver gewesen sei. Er zog daraus die Schlußfolgerung, daß zwischen den maßgebenden Persönlichkeiten der politischen Zentralen in Rom und Berlin noch häufiger als bisher Aussprachen stattfinden sollten.

WEIZSÄCKER

74

PA/AA, Politische Abteilung IV, R 103629

**Bericht des Deutschen Botschafters in Brüssel Bülow-Schwante
an das Auswärtige Amt**

A 233 II   Brüssel, den 22. März 1939
                                                           Pol. IV *2044*

Im Anschluß an den Bericht vom 15. d.Mts. – A 233 –
Inhalt: Die belgische öffentliche Meinung zu den neuesten politischen Ereignissen.

Die belgische Presse fährt fort, in den großen politischen Fragen Zurückhaltung zu zeigen. Abgesehen von einigen wenigen Zeitungen, die in Leitartikeln zu den Vorgängen der letzten Woche Stellung nehmen, beschränken sich die Blätter auf die Wiedergabe von Nachrichten und lassen ihre eigene Auffassung lediglich in den Überschriften zum Ausdruck kommen. Soweit eigene Äußerungen der Presse vorliegen, tritt in ihnen deutlich das Bestreben hervor, die Ereignisse in der Tschechoslowakei für die bevorstehenden Parlamentswahlen auszunützen, für die Einheit des Staates zu werben und die föderalistischen Neigungen der Flamen als schwere Gefahr für das Land hinzustellen.

Alle Zurückhaltung der belgischen Presse kann aber über die hier vorherrschende Auffassung nicht hinwegtäuschen. Wie in politischen Unterhaltungen in den letzten Tagen immer wieder festzustellen war, steht die Beurteilung der Lage hierzulande stark unter dem Einfluß der Haltung Englands. Der Rolle des kleinen Landes entsprechend, das sich nicht in den Streit der Großen einmischen will, vermeidet man wohl eine Stellungnahme zu unserem Vorgehen als solchem und beschränkt sich darauf, die Dinge unter dem Gesichtswinkel der belgischen Interessen zu betrachten. Es kann aber kein Zweifel darüber bestehen, daß tatsächlich ernste Besorgnis wegen der Zukunft des belgischen Staates weite Kreise erfaßt haben und das Mißtrauen, das Deutschland gegenüber schon immer in Belgien sehr rege war, durch unser Vorgehen in der Tschechoslowakei außerordentlich gewachsen ist.

Die unfreundlichen Gefühle, die uns gegenüber wieder lebendig werden, sind vielleicht etwas gemildert durch die Enttäuschung, die man hier über die Haltung der Tschechen empfindet und die der Graf Lippens einem Botschaftsmitglied gegenüber in drastischer Weise mit den Worten zum Ausdruck gebracht hat: „Die Schweine haben nicht einmal geschossen."

Einen starken Eindruck hat die Haltung Chamberlains, die er in seiner Rede in Birmingham, wie auch im Parlament eingenommen hat, hier hervorgerufen. Sie scheint das Sicherheitsgefühl wieder etwas gehoben zu haben, da sie den Belgiern auf's Neue gezeigt hat, daß die Unabhängigkeit und Freiheit Belgiens und Hollands für England ein lebenswichtiges Interesse darstellt und daß ein eventuelles deutsches Vorgehen gegen die beiden Länder ein sofortiges Eingreifen Englands und Frankreichs auslösen würde.

Im hiesigen Außenministerium betont man, daß Belgien unbedingt an seiner Unabhängigkeitspolitik festhalten werde. Es sind auch bisher keinerlei Anzeichen zu beobachten, daß diese Politik in ernsthaften und einflußreichen politischen Kreisen in Zweifel gezogen wird.

VON BÜLOW-SCHWANTE

75

PA/AA, Rechtsabteilung, R 42802

Fernrundschreiben des Leiters des Amtes für Verwaltung und Recht im Reichssicherheitshauptamt von der Dienststelle Reichsführer SS und Chef der deutschen Polizei Best an diverse Staatspolizeileitstellen und Staatspolizeistellen[104]

S-V 7 Nr. 916/39-509/34   Berlin , den 22. März 1939
                                                      Pers. H 6211

Betrifft: Die Tschecho-Slowakischen Konsulate im Reich.
Im Anschluß an das Fernschreiben vom 16.3.1939 – S-V 7 Nr. 850/39-509-4 –

---

[104] Gerichtet war dieses Fernrundschreiben an die Staatspolizeileitstellen in Berlin, Wien, Magdeburg, Dresden, München, Königsberg, Hamburg, Stettin, Breslau und Stuttgart sowie an die Staatspolizeistellen in Leipzig, Innsbruck, Köln, Chemnitz und Düsseldorf.

Über die Abwicklung der inzwischen geschlossenen ehemaligen Tschecho-Slowakischen Konsulate im Reich wird im Einvernehmen mit dem Auswärtigen Amt folgendes bestimmt:

1. Die ehemaligen Tschechischen Konsulate im Reich werden in den nächsten Tagen durch Beamte des Auswärtigen Amtes übernommen.
2. Über die zur Zeit der Schließung vorhandenen Geldbeträge, Wertmarken u.dgl. ist möglichst unter Zuziehung von einwandfreiem Personal des Konsulats ein Kassenabschluß zu machen. Die Beträge sind bis zum Eintreffen der Beamten des Auswärtigen Amts in Verwahrung zu nehmen.
3. Aufgefundenes Chiffriermaterial ist sofort dem Auswärtigen Amt, zu Händen von Hofrat Schimpke, unter „Geheim" zu übersenden. Von der durch das angeführte Fernschreiben angeordneten Übersendung von Akten an das Geheime Staatspolizeiamt ist abzusehen. Staatspolizeilich interessierende Vorgänge können von den Staatspolizeistellen entnommen werden. Soweit es sich um Personalakten handelt, sind Belege hierüber beim Konsulat zu belassen.
4. Laufende Eingänge sind nach Durchsicht an das Auswärtige Amt, Abwicklungsstelle der ehemaligen Tschecho-Slowakischen Gesandtschaft, Berlin, Jägerstr. 12, zu übersenden. Paßanträge sind den zuständigen Paßbehörden abzugeben. Die Paßbehörden werden von hier aus alsbald unterrichtet werden.
5. Von einer Androhung und Anwendung polizeilicher Zwangsmittel gegen Beamte und Angestellte der ehemaligen Tschecho-Slowakischen Gesandtschaft und der Konsulate, um Angaben über reichsdeutsche Vertrauensleute und verschwundene Geheimakten zu erhalten, ist abzusehen. Soweit in Einzelfällen polizeiliche Maßnahmen gegen Beamte und Angestellte der ehemaligen Tschecho-Slowakischen Konsulate erforderlich erscheinen, ist, soweit nicht Gefahr im Anzug ist, vorher meine Entscheidung herbeizuführen, die im Benehmen mit dem Auswärtigen Amt getroffen wird.

Der Reichsführer SS und
Chef der Deutschen Polizei im
Reichsministerium des Innern
S-V 7 Nr. 916/39-509/34
Im Auftrage:
DR. BEST

76

PA/AA, Politische Abteilung IV, R 103629

**Bericht des Deutschen Gesandten in Reval Frohwein
an das Auswärtige Amt**

Nr. A 132   Reval, den 22. März 1939
                                                                          Pol. IV *2172*

Inhalt: Estnische Haltung der Auflösung der Tschechoslowakei gegenüber.

Die Auffassungen der verhältnismäßig kleinen Schicht außenpolitisch interessierter Esten über die Einbeziehung von Böhmen und Mähren in das Großdeutsche Reich lassen sich im großen und ganzen in drei Gruppen teilen:

1). Die Auflösung der Tschechoslowakei sei aus inneren Gegensätzen und Reibungen zu erklären, deren die Regierung nicht Herr werden konnte. Deutschland habe sich die Gelegenheit zunutze gemacht, um sein Gebiet abzurunden, seine strategische, wirtschaftliche und politische Position im Südosten zu festigen. Es handele sich somit um einen einmaligen Vorgang, der nur durch die innere Schwäche der Tschechoslowakei und die Unfähigkeit ihrer Regierung möglich wurde. Eine Gefahr für andere Staaten bestünde nicht.

2). Die Zerschlagung der Tschechoslowakei, die Einverleibung Böhmens und Mährens und die Errichtung einer Schutzherrschaft über die Slowakei seien nur die Etappe eines großpolitischen Planes auf lange Sicht: nämlich durch Abtrennung der Ukraine von der UdSSR diese an ihrer empfindlichsten Stelle zu treffen und dadurch unschädlich zu machen und gleichzeitig dem Reich ungeahnte Reichtümer zu erschließen. Dieser Plan sei schon längst (spätestens 1936) gefaßt worden.[105] Die ersten Schritte in dieser Richtung seien der Anschluß Österreichs und des Sudetenlandes gewesen. Wahrscheinlich sollte schon im Herbst 1938 ein ähnliches Resultat erzielt werden wie heute; das sei durch das Eingreifen Chamberlains verhindert worden. Danach seien vom Reiche her die (gegenüber der Masse des politisch indifferenten Bauernvolkes in einer kleinen Minderheit befindlichen) separatistischen Kreise in der Slowakei und in der Karpatho-Ukraine aufgewiegelt und die Volksdeutschen zu Provokationen veranlaßt worden, um innere Unruhen und damit einen Vorwand zum Eingreifen herbeizuführen. Das nächste Opfer dieser Politik werde Rumänien sein. Von dieser strategischen Basis aus werde dann der letzte gewaltige Schlag gegen Rußland erfolgen.

Eine solche Politik erfordere den Einsatz der gesamten Kräfte im Südosten, daher sei der Nordosten zunächst wenig bedroht. Nach der Niederwerfung

---

[105] Hitler hatte den Gedanken zu einem Angriff auf die Sowjetunion am 4.9.1936 in einer Denkschrift zur Rüstungspolitik offenbart, als er von einem angeblich unvermeidbaren Krieg sprach. Dabei war ihm im Zuge seiner Autarkiepolitik, die Deutschland möglichst unabhängig von Rohstoffimporten machen sollte, sehr an der Ukraine als Kornkammer sowie an deren Vorkommen von Eisenerz, Kohle, Erdöl und Erdgas gelegen. Aufzeichnung ohne Unterschrift, August 1936. In: ADAP. Serie C, Band V/2, 793-801.

Rußlands entstünden allerdings ganz neue Probleme, die auch den Nordosten sehr nah angehen würden.

3). Mit dem März 1939 habe eine vollkommen neue Epoche der deutschen Politik begonnen. Mit Außerkraftsetzung der drückendsten Bestimmungen des Versailler Vertrages, der Aufstellung eines mächtigen Heeres und der Zusammenfassung aller auf geschlossenem Siedlungsgebiet wohnenden Deutschen im Großdeutschen Reich sei ein gewisser Abschluß in der Entwicklung Deutschlands erreicht worden. Das sei in der großen Führerrede vom 30. Januar 1939 klar zum Ausdruck gelangt.[106] Nach dieser Rede habe man annehmen müssen, daß Deutschland nach Wiedererringung seiner Großmachtstellung sich seiner großwirtschaftlichen Sicherung und damit in erster Linie der Kolonialfrage zuwenden werde. Man habe der Deklaration des Führers, daß das Reich keine territorialen Ansprüche in Europa mehr habe, geglaubt. Seit dem 30. Januar müsse aber eine grundsätzliche politische Neuorientierung vor sich gegangen sein. Der in „Mein Kampf" niedergelegte Gedanke des Führers, daß der europäische Osten die natürliche Einflußsphäre Deutschlands ist,[107] sei in Verbindung mit dem Kampf gegen den Kommunismus und der mittelalterlichen mystischen Idee des überstaatlichen Reiches in den Vordergrund getreten und von dieser Ideologie sei die deutsche Politik von nun an beherrscht. Der Eingriff in die Tschechoslowakei sei der Anfang dieser neuen Politik. Ob sie sich jetzt nach Südosten oder Nordosten fortsetzen werde, sei noch nicht zu übersehen, und werde wohl in erster Linie von den jeweilig sich bietenden politischen Gelegenheiten abhängig sein. Grundsätzlich bestehe bei dieser Konzeption kein Unterschied zwischen Südosten und Nordosten, die Gefahr sei im Grunde überall gleich groß.

Soweit zu übersehen ist, scheint in politisch interessierten Kreisen die Version 2) am weitesten verbreitet zu sein, in der Hauptsache wohl infolge der Diskussion über die ukrainische Frage seit dem Herbst 1938, dann durch einen im „Eesti Pävaleht" veröffentlichten World Copyright-Artikel diesen In-

---

[106] In seiner vor dem Reichstag am 30.1.1939 gehaltenden Rede hatte Hitler u. a. ausgeführt: „Die Völker werden in kurzer Zeit erkennen, daß das nationalsozialistische Deutschland keine Feindschaft mit anderen Völkern will, daß alle die Behauptungen über Angriffsabsichten unseres Volkes auf fremde Völker entweder aus krankhafter Hysterie geborene oder aus der persönlichen Selbsterhaltungssucht einzelner Politiker entstandene Lügen sind." *Domarus,* Max (Hg.): Hitler. Reden und Proklamationen 1932-1945. Kommentiert von einem deutschen Zeitgenossen. Band 2. Würzburg 1963, 1047-1067, hier 1055 f.

[107] Hitler hatte in seinem Buch „Mein Kampf" unter dem Kapitel „Ostorientierung oder Ostpolitik" dazu aufgerufen, dem deutschen Volk den gebührenden Grund und Boden im Osten zu sichern. Wörtlich führte er aus: „Wir stoppen den ewigen Germanenzug nach dem Süden und Westen Europas und weisen den Blick nach dem Land im Osten [...]. Wenn wir aber heute in Europa von neuem Grund und Boden reden, können wir in erster Linie nur an Rußland und die ihm untertanen Randstaaten denken". *Hitler,* Adolf: Mein Kampf. 67. Aufl. München 1933, 742.

halts von Wickham Steed und die Londoner Meldung über ein Wirtschaftsultimatum an Rumänien.[108]

Die Version 3) ist in ihrer primitivsten Fassung – Deutschland ist stark geworden und jetzt beginnt der „Drang nach Osten" – Gemeingut vielleicht des größten Teils des estnischen Volkes. Es leben dabei Erinnerungen an 1918 auf, die noch keineswegs verblaßt sind, und letzten Endes wohl die unbewußte Erfahrung einer jahrhundertelangen Geschichte. Dialektisch stützt sich diese These auf die Präambel des Führererlasses über Errichtung des Protektorats Böhmen-Mähren, wobei darauf hingewiesen wird, daß in dieser ideologisch das tausendjährige Deutsche Reich im Vordergrunde steht. Auch die deutschen Pressekommentare hätten beispielsweise das Argument der Bedrückung der Volksdeutschen, auf dem noch im September 1938 die Betonung lag, fallen gelassen und sprächen nun von historischen Reichsländern, von Einmischung Englands in eine deutsche Interessensphäre oder auch von wirtschaftlichen Vorteilen – sehr im Gegensatz zu der bisher vertretenen ethnologischen Auffassung. Der Begriff der Interessensphäre, aber auch des historischen Reiches könne jedoch sehr weit gefaßt werden; so hätten auch Estland und Lettland im Mittelalter zum Deutschen Reich gehört. Auch auf einer unlängst im Zusammenhang mit der Kolonialforderung in Deutschland veröffentlichten Karte seien diese Länder als altes deutsches Kolonialgebiet bezeichnet worden.

Die Reaktion auf diese verschiedenen Vorstellungen ist nicht einheitlich.

Die Regierung ist bestrebt, strenge Neutralität zu wahren. Nachdem die Presse eine diesbezügliche Anordnung des Oberkommandierenden nicht genügend streng beachtet hat, ist am 20. März eine erneute Verwarnung durch den Premierminister Eenpalu erfolgt,[109] wobei das „Päevaleht" besonders und in überaus kräftigen Ausdrücken vorgenommen wurde. Auf die Bemerkung des Hauptschriftleiters der „Revalschen Zeitung" de Vries, daß er bei seiner allgemein bekannten antikommunistischen Einstellung einer englisch-sowjetrussischen Kombination gegenüber nicht neutral bleiben könne, erwiderte Herr Eenpalu unter vier Augen, daß er persönlich eine solche Politik auch nicht mitmachen würde.

Es gibt unter den führenden Esten Personen, die sich offenbar schon seit einiger Zeit mit dem Gedanken an eine deutsche Oberherrschaft in irgendeiner Form beschäftigen. So hat der Premierminister Eenpalu, allerdings unter

---

[108] Außenminister Halifax und Unterstaatssekretär Cadogan hatten vom Rumänischen Botschafter Virgil Tilea die Information erhalten, dass die deutsche Regierung ein Ultimatum an Rumänien gestellt habe, sich in wirtschaftliche Abhängigkeit von Deutschland zu begeben. Belege für diesen Sachverhalt hatte er nicht beibringen können. Trotzdem war die Nachricht, dass deutsche Truppen vor dem Einmarsch nach Bukarest stünden, in der britischen Presse kolportiert worden. Später war bekannt geworden, dass Tilea lediglich ein Gerücht verbreitet hatte.

[109] In Estland war die Meinungs- und Pressefreiheit nach einem Staatsstreich im Jahre 1934 faktisch abgeschafft worden.

dem Einfluß von Alkohol, schon im Dezember einem Volksdeutschen gegenüber eine Zukunft Estlands ausgemalt, die sich fast genau mit der heutigen Lage Böhmens und Mährens deckt, und zwar keineswegs als Schreckgespenst. Hinzuzufügen ist, daß Herr Eenpalu seit dem Herbst im Gegensatz zu früher bemüht ist, persönlich bessere Beziehungen zu den Volksdeutschen anzuknüpfen, oder wenigstens diesen Anschein zu erwecken.

Ferner hat der Großindustrielle und Vorsitzende der Handels- und Industriekammer Joachim Puk in seiner Rede zum Budget im Staatsrat (am 10. März d.J.) bei Verteidigung des privatwirtschaftlichen Prinzips ausgeführt, daß bei politischen Umwälzungen die Wirtschaftskraft des estnischen Volkes durch Vorhandensein einer starken estnischen Privatwirtschaft besser gesichert sei, als durch einen großen staatlichen Sektor, der leicht von einer fremden Herrschaft übernommen und so dem estnischen Volke verloren gehen könne.

Hierauf erfolgte bezeichnenderweise eine scharfe Entgegnung des Oberkommandierenden General Laidoner. Er bezeichnete es als unzulässige Schwäche, überhaupt mit dem Gedanken einer Aufgabe oder Schmälerung der Selbständigkeit des estnischen Volkes zu spielen. Der General steht seit jeher auf dem Standpunkt, daß die Selbständigkeit mit allen Mitteln und unter allen Umständen, auch in anscheinend hoffnungsloser Lage, zu verteidigen sei.[110] Nur dem, der den unumstößlichen Willen zur Selbstbehauptung zeige, könne und werde geholfen werden. Dieser Gedanke wird von einem großen Teil der estnischen Presse vertreten, auch unter Hinweis auf die Ansicht eines Teils der polnischen Presse, der Zusammenbruch der Tschechen sei darauf zurückzuführen, daß sie sich nur auf auswärtige Hilfe und nicht auf den eigenen Selbsterhaltungswillen gestützt hätten und dadurch dem Kampf ausgewichen seien.

Die Reaktion im breiten Volke ist, soweit bei der allgemeinen Zurückhaltung der Esten festzustellen ist, auch verschieden. Einerseits sind einige Fälle bekannt geworden, daß estnische Bauern und Neusiedler den ehemaligen Rittergutsbesitzern Abschlagszahlungen angeboten haben, um „auch Deutschland gegenüber" rechtmäßige Besitztitel zu erwerben. Andererseits ist Volksdeutschen, die eben ihrer Wehrpflicht nachkommen, von ihren estnischen Kameraden gesagt worden: „Wenn es losgeht, so seid Ihr die ersten, die wir hängen."

Unter der Decke großer Zurückhaltung und äußerer Ruhe spielen bei Regierenden und Regierten alle Register der Nervosität, von Besorgnis bis Angst, von vorsichtigem Vorbauen bis zu blindem Haß. Die bisherige Haltung der Presse trägt nicht zur Beruhigung bei, und auch von der Regierung ist keinerlei Parole (außer der der offiziellen Neutralität) ausgegeben worden.

FROHWEIN

---

[110] Als Oberbefehlshaber der Streitkräfte sicherte Johan Laidoner mit militärischer Gewalt das autoritäre Regime unter Präsident Konstantin Päts sowie die Souveränität Estlands.

77

PA/AA, Politische Abteilung IV, R 103629

Bericht des Deutschen Generalkonsuls in Ottawa Granow an das Auswärtige Amt

Nr. 250   Ottawa, den 23. März 1939
                                                      Pol. IV 2386/39

Inhalt: Kanada und die letzte mitteleuropäische Krise.
Im Anschluß an die anderweitigen Meldungen Nr. 5 und 7 vom 20. und
22. März und mit Beziehung auf den Drahterlaß Nr. 8 vom 21. März d.J.[111]

Stille vor dem Sturm
Das deutsche Vorgehen in Böhmen, Mähren und der Slowakei traf die hiesige
Regierung und Öffentlichkeit so unerwartet, daß die maßgebenden Kreise
zunächst sprachlos waren. Die Presse beschränkte sich in den entscheidenden
Tagen, am 14. und 15. März, auf Tatsachenwiedergabe und farblose Kommentare, und das zurzeit tagende Parlament blieb bei den laufenden Routine-
sachen, ohne mit einem Worte das umwälzende Geschehen in Mitteleuropa
zu berühren. Ein jeder schien nach London und nach Washington zu schau-
en, von wo das Losungswort kommen mußte.

Pressehetze
Der Sturm brach aber los, nachdem die Erklärung des amerikanischen Stellvertretenden Staatssekretärs SUMNER WELLES und die Birmingham-Rede
des englischen Premierministers CHAMBERLAIN vom 17. März bekannt
geworden waren. Die Zeitungen überboten sich Tage lang in den gehässigsten
Anklagen gegen Deutschland. Fast durchweg gingen die Leitartikler und
Redner zu wüsten Beschimpfungen des Führers und Reichskanzlers über, der
„Lügner", „Schuft", „wildes Tier", „Größenwahnsinniger" usw. genannt wurde. Wegen eines besonders krassen Falles, der den Führer der Konservativen
in der Legislatur von Ontario, Colonel DREW, betraf, habe ich bei der kanadischen Regierung Protest eingelegt, über den besonders berichtet worden ist.
Die Pressehetze nahm rabiate Formen an und hatte so weitgehende Wirkungen, daß selbst mein engerer Bekanntenkreis davon nicht unbeeinflußt blieb.
Den größten Schaden richtete die Lügenmeldung über deutsche Angriffsabsichten auf Rumänien an, die überall die Furcht vor der Unersättlichkeit des
deutschen Ausdehnungshungers wachrief. Unter dem Einfluß dieser Hetze
nahm die Erregung in der Öffentlichkeit über das Wochenende (18. und
19. März) ständig zu.

Forderung nach amtlicher Stellungnahme
Zugleich mehrten sich von allen Seiten die Stimmen, die von Kanada eine
amtliche Stellungnahme zu der durch die „Eroberung der Tschecho-Slowa-

---

[111] Siehe Dokument Nr. 62.

kei" heraufbeschworenen Krise forderten und vor allem geltend machten,
daß die kanadische Regierung auf die Birmingham-Rede CHAMBERLAINS,
mit ihrem Hinweis auf eine Beratung mit den britischen Dominions und anderen Demokratien, eine Antwort schuldig sei. Am 15. März gab der Führer
der konservativen Opposition im Unterhaus, Dr. MANION, eine Erklärung
heraus, in der er das deutsche Vorgehen in der Tschecho-Slowakei schärfs-
tens verurteilte, dem Führer Machttrunkenheit und Weltmachtgelüste vorwarf und die Kanadier zur nationalen Einheitsfront und zum Zusammen-
schluß mit den freiheitsliebenden Demokratien des Britischen Reichs, der
Vereinigten Staaten und Frankreichs aufrief.

Unterhauserklärung des Premierministers[112]
Unter dem Druck dieser allgemeinen Stimmung sah sich Premierminister
MACKENZIE KING veranlaßt, am 20. März im kanadischen Unterhaus jene
Erklärung zu der europäischen Lage abzugeben, über die anderweit berich-
tet worden ist.[113] Diese Erklärung, deren Wortlaut anliegend im Ausschnitt
aus der „Gazette" (Montreal) vom 21. März[114] beigefügt ist, hat in großen
Strichen folgenden Inhalt:

[„]Ort und Zeit der letzten europäischen Störung kamen der kanadischen Regierung völlig überraschend. Die verflossenen Ereignisse versetz-
ten der Friedenshoffnung der Welt einen ernsten Stoß, obgleich für eine
Übertreibung der Gefahr, im Sinne eines unmittelbar bevorstehenden
Weltkriegs, kein Anlaß besteht.

Die Besetzung der Tschecho-Slowakei durch Deutschland war mutwillig
und gewalttätig (wanton and forcible) und zerstörte die an das Münchener
Abkommen geknüpften Hoffnungen auf friedliche Lösungen. Ein jeder
bedauert das tragische Schicksal der untergegangenen „tapferen und kräftigen, kleinen Nation" ebenso wie die Tatsache, daß ein großes Land sich
nicht an seine wenige Monate vorher freiwillig gegebenen Versprechungen
gebunden hält, vielmehr die Gewalt als Grundlage seiner Beziehungen zu
seinen Nachbarn und zur Welt betrachtet. Das deutsche Vorgehen in der
letzten Woche ist, anders als frühere Handlungen, weder als Reaktion ge-

---

[112] Premierminister Mackenzie King hatte während der Septemberkrise 1938 bei der britischen Regierung durchblicken lassen, dass sich Kanada im Falle eines Krieges wegen
der Tschechoslowakei neutral verhalten werde. Er hatte seinerzeit den Beteuerungen
Hitlers Glauben geschenkt, doch war er nunmehr von den europäischen Entwicklungen
im März 1939 sehr beunruhigt und erkannte die Unausweichlichkeit des Zweiten Weltkrieges. Im August 1939 begann er mit der Mobilisierung und verließ bei Kriegsbeginn
den Standpunkt der Neutralität.

[113] Zusatz: Die Unvollständigkeit der ersten Meldung rührt daher, daß dem Premierminister bei Verlesung der Erklärung im Unterhaus wegen eines Kanzleiversehens eine
Schreibmaschinenseite fehlte, die erst eine Stunde später beschafft und bekanntgemacht
worden ist.

[114] Prime Minister King's Statement. In: The Gazette (Montreal) v. 21.3.1939.

gen Versailles noch als Aktion zur Durchführung des Selbstbestimmungs-
rechtes der Deutschen zu rechtfertigen.

Der Gewaltstreich in der Tschecho-Slowakei ist aber nun einmal geschehen, und es ist klüger, an die Zukunft zu denken. Worauf geht Deutschland aus? Auf die Beherrschung der ganzen Welt, auf die Eroberung von
wirtschaftlichen Machtpositionen oder auch auf militärische Eroberungen?
Es ist wesentlich, Panik und Propaganda auszuschalten und Gerüchte von
Tatsachen zu scheiden.

Wenn Premierminister CHAMBERLAIN in seiner Birmingham-Rede
diese Fragen einer Besprechung mit den Dominions, mit Frankreich und
anderen Mächten vorbehalten hat, so erklärt Kanada, daß es jederzeit zu
Beratungen mit England und allen anderen beteiligten Ländern bereit
ist.[115]

Eins aber steht schon heute fest: Ein Angriff auf England, mit Flugzeugen über London, ist in den Augen des kanadischen Volkes und Parlaments ebensoviel wie ein Angriff auf die Freiheit der britischen Reichsteile.
Anders und ganz verschieden würde aber ein Handels- oder Prestigestreit
über einen fernabliegenden Winkel der Welt zu beurteilen sein.

Kanada ist jederzeit bereit, mit freiheitsliebenden Ländern von Fall zu
Fall in Zusammenarbeit und Beratung über die wirksamsten Mittel zur
Abwehr von Angriffen einzutreten. Über die Schritte im einzelnen wird das
kanadische Parlament zu entscheiden haben. Bisher hat die britische Regierung noch nicht bekanntgegeben, welchen Kurs sie einzuschlagen ge-
denkt.

Trotz der jüngsten Erschütterung aller Friedenshoffnungen soll man
nicht verzweifeln, sondern für den Frieden arbeiten. Die Völker der demo-
kratischen Länder verabscheuen den Krieg. Auch die Regierungen der totalitären Länder können nicht damit rechnen, mit Akten internationaler
Gesetzlosigkeit gegenüber den moralischen und materiellen Hilfsmitteln
der übrigen Welt auf die Dauer die Oberhand zu behalten. Man muß ge-
rüstet sein, aber auch bereit zur Versöhnung und zum Versuch der Zusammenarbeit zwischen allen Völkern.

Ebensowie Premierminister CHAMBERLAIN will ich alles für den
Frieden opfern, nur unsere Freiheit wollen wir nicht aufgeben. Angriffsak-
te und Versuche zur gewaltsamen Eroberung der Weltherrschaft sind dem
kanadischen Volk ebenso verhaßt wie den Völkern Englands, der Vereinigten Staaten, Frankreichs und der anderen freiheitsliebenden Demokratien.["]

Auf die Frage des konservativen Oppositionsführers Dr. MANION, ob die
von CHAMBERLAIN in Birmingham angekündigten Beratungen zwischen

---

[115] Kanada wollte unbedingt seine außenpolitische Unabhängigkeit gegen Großbritannien
gewahrt wissen. So trat es im Gegensatz zum Ersten Weltkrieg nicht automatisch mit
der Kriegserklärung Großbritanniens, sondern erst eine Woche später in den Krieg ein.

Kanada und England schon eingeleitet seien oder bereits stattgefunden hätten, antwortete MACKENZIE KING mit einem glatten Nein.

Erklärungen der Fraktionsführer im Unterhaus
Im Anschluß an den Premierminister gaben die Führer der anderen Parteien im Unterhaus eine Erklärung über die internationale Lage ab. Die Worte des konservativen Führers Dr. MANION waren eine Wiederholung seiner Kundgebung vom 18. März. Er erging sich in weitschweifigen Anklagen gegen Reichsführer Hitler, rief zum Widerstand von Demokratie und Christentum gegen Hitlers Totalitärideen auf und verurteilte das deutsche Vorgehen in der Tschecho-Slowakei als „unherausgefordert, unrechtmäßig und brutal". Der Führer der Sozialistenpartei, Mr. WOODSWORTH, war weniger scharf in seinen Worten als in seinen Vorschlägen, die dahin gingen, einmal die Ausfuhr von Kriegsmaterialien nach Deutschland zu verbieten, sodann nach amerikanischem Vorbild einen Strafzoll auf deutsche Einfuhrwaren zu legen und schließlich die Tür für Flüchtlinge aus Deutschland weiter zu öffnen. Der Führer der Sozialkreditpartei, Mr. BLACKMORE, beschränkte sich auf einen Aufruf zur nationalen Einheit.

Bedeutung und Tragweite der Erklärung MACKENZIE KINGS
Die Unterhauserklärung des Premierministers MACKENZIE KING ist offensichtlich ein Kompromißprodukt. Auf der einen Seite braucht sie starke Worte gegen das deutsche Vorgehen und betont die – eigentlich selbstverständliche – Bereitschaft Kanadas zur Beratung mit England – eine Verbeugung vor den laut trommelnden, pro-britischen Imperialisten; auf der anderen Seite mahnt sie zu ruhigen Nachdenken und friedlichen Lösungsversuchen und distanziert sich von „Handels- und Prestigestreitigkeiten in einem fernabliegenden Winkel der Welt", – eine Verbeugung vor den Französisch-Kanadiern der Provinz Quebec. In einem Punkte aber geht Mr. KINGS Kundgebung über alle bisherigen Erklärungen hinaus und gewinnt dadurch eine grundsätzliche und weitreichende Bedeutung: Ein Angriff auf England, ein Luftangriff auf London, soll gleichbedeutend sein mit einem Angriff auf die Freiheit aller britischen Reichsteile. Damit hat sich der pro-britische, imperialistische Flügel der beiden großen Parteien durchgesetzt: England ist die erste Verteidigungslinie Kanadas, Kanadas Grenze liegt im Ärmelkanal! Daß es nach einem Kriegsausbruch unter dem Einfluß der imperialistischen Propaganda so weit kommen würde, hatte schon bisher niemand bezweifelt. MACKENZIE KINGS Erklärung hat nunmehr diese Kriegssolidarität Kanadas mit England als Fundamentalsatz der kanadischen Regierungspolitik öffentlich klargestellt. Daß er aus der peinlichst gewahrten Reserve heraustrat und jetzt im Voraus die Haltung Kanadas in dem sehr umstrittenen Fall eines englischen Krieges – der natürlich stets ein Krieg gegen einen „Angreifer" Englands sein wird – festlegte, ist wohl aus dem Bestreben zu verstehen, England in der gegenwärtigen Auseinandersetzung mit Deutschland den Rücken zu stärken.

Geteilte Aufnahme der Regierungserklärung im Dominion

Die Regierungserklärung MACKENZIE KINGS ist in dem Dominion mit geteilten Gefühlen aufgenommen worden. Die pro-britische Presse, zu der die führenden Zeitungen gehören, verzeichnete mit Genugtuung das betonte Solidaritätsbekenntnis der kanadischen Regierung zu Großbritannien. Einigen Zeitungen gingen Mr. KINGS Worte nicht weit genug, wobei insbesondere der Vorbehalt hinsichtlich des „fernabliegenden Weltwinkels" bemängelt wurde. In der Provinz Quebec aber erhob sich in Presse und Öffentlichkeit ein ausgesprochener Widerstand gegen Mr. KINGS Erklärung. Die isolationistischen Zeitungen warnten vor jeglicher Bindung an Englands Kriegsgeschicke. Eine Reihe von französisch-kanadischen Gesellschaften und Vereinigungen in Montreal und Quebec sandten dem Premierminister KING ein Protestschreiben, in dem jede kanadische Teilnahme an „Kriegen im Ausland" abgelehnt wurde. Der Aufmarsch der widerstreitenden Meinungen und Kräfte im vorliegenden Krisenfall war ein Musterbeispiel für die Schwierigkeiten und Hemmungen, die einer Stellungnahme Kanadas in einem künftigen kriegerischen Zusammenstoß in Europa entgegenstehen.

Deutschfeindliche Ausbrüche

Die Erregung der Bevölkerung über die Vorgänge in Europa führte unter dem Einfluß einer fast hysterisch gewordenen Presse an einigen Stellen Kanadas zu deutschfeindlichen Ausbrüchen. Die Legislatur von Ontario fühlte sich berufen, heftige Anklagen gegen Deutschland auszustoßen und eine außenpolitische Resolution zu diskutieren, in der zur sofortigen, rückhaltlosen Unterstützung „jeder von der britischen Regierung für notwendig erachteten Aktion" aufgerufen wurde. – Der Stadtrat von Toronto fühlte sich bemüßigt, von Amts wegen über eine Entschließung zum Boykott deutscher Waren zu beraten und Strafzölle für deutsche Einfuhr zu fordern. – Aktionen, die durch das Dazwischentreten des Bürgermeisters noch rechtzeitig abgeblasen werden konnten. – In mehreren führenden Zeitungen wird allen Ernstes der Vorschlag erörtert, von der Dominionregierung die sofortige Kündigung des Handels- und Zahlungsabkommens mit Deutschland zu fordern und dahin zu wirken, daß die deutsche Einfuhr nach Kanada mit Strafzöllen nach amerikanischem Vorbilde belegt werde. Von solchen Plänen ist, wie ich aus dem Handelsministerium erfahre, bei der kanadischen Regierung nichts bekannt.[116]

Ruhigere Beurteilung bei Öffentlichkeit und bei Regierung

Von diesen Ausbrüchen der Deutschenfeindschaft abgesehen, hat sich die öffentliche Erregung in den letzten Tagen merklich gelegt. Die Zeitungen gehen allmählich zu nüchternen Betrachtungen über die neue Situation in Eu-

---

[116] Das Handels- und Zahlungsabkommen/Trade and Payment Agreement zwischen Kanada und Deutschland aus dem Jahre 1936 endete erst mit Beginn des Zweiten Weltkrieges.

ropa über. Bezeichnend ist hierfür, daß die Wiedereingliederung des Memel-
gebiets in Deutschland von fast der gesamten Presse in ruhiger Weise gewürdigt wird. – Auch die kanadische Regierung scheint die gegenwärtige Lage
mit Ruhe und ohne schwerwiegende Besorgnisse zu beurteilen, wie ich gestern aus einer längeren Unterhaltung mit dem Unterstaatssekretär für auswärtige Angelegenheiten, Dr. SKELTON, feststellen konnte. Dr. SKELTON
bedauerte, daß das deutsch-britische Verhältnis, das letzthin so günstige Aussichten auf eine Vertiefung und segensreiche Zusammenarbeit gezeigt habe,
durch die letzten Vorgänge so empfindlich gestört worden sei. Er meinte, das
offene Übergehen Deutschlands von dem rassenmäßig gebundenen zu einem
ausgesprochen imperialistischen Kurs – Dr. SKELTONS Worte – habe das
Vertrauen der britischen Welt zu den Erklärungen des Reichsführers und zu
den Absichten Deutschlands erschüttert. Ich erwiderte, daß ich die Notwendigkeit eines Gegensatzes zwischen Deutschland und England nicht einsehen
könne, solange England sich nicht ein Recht zur Einmischung in Mitteleuropa anmaße. Dr. SKELTON gab dies zu, meinte aber, daß die Gefahr eines Zu-
sammenstosses mit England bei dem anderen Ende der Achse, also bei Italien, liege, da „imperialistische" Aktionen Italiens unmittelbar auf britische
Interessen stießen und damit alle in die Katastrophe zögen. Er sagte ferner,
die kanadische Regierung glaube, daß Großbritannien Deutschland in München weit entgegengekommen sei: Jetzt sei es an Deutschland, etwas für eine
dauernde Festigung des Friedens zu tun. Dr. SKELTONS Worte ließen, bei
allen Vorbehalten und skeptischen Bemerkungen, erkennen, daß die kanadische Regierung sich auf den Boden der Tatsachen zu stellen gewillt und jedenfalls zurzeit nicht besonders alarmiert ist.

Keine Auskunft über britisch-kanadische Beratungen zu erlangen
Ich fragte Dr. SKELTON im Laufe des Gesprächs beiläufig, mich auf Zeitungsnachrichten beziehend, danach, welche Demarchen die britische Regierung in Ottawa unternommen und wie die kanadische Antwort gelautet habe
(vgl. Drahterlaß Nr. 8 vom 21. März). Dr. SKELTON antwortete darauf, er
glaube nicht, daß der Premierminister über diese schwebende Angelegenheit
Auskunft zu geben wünsche, bevor er die fraglichen Informationen dem kanadischen Parlament bekanntgegeben habe.

GRANOW

78

PA/AA, Büro des Staatssekretärs, R 29772

**Telegramm des Geschäftsträgers der Deutschen Botschaft in Paris Bräuer
an das Auswärtige Amt**

Paris, den 23. März 1939
Ankunft: ″   ″   ″   18.15 Uhr

Nr. 182 vom 23.3.   Im Anschluß an Telegramme 152,[117] 153[118] und 155

I.) Übernahme hiesiger Tschechischer Gesandtschaft ist auch bisher noch
nicht möglich gewesen. Gesandter hat Presse gegenüber zum Ausdruck gebracht, daß er seine Geschäfte nicht abgegeben habe, weiter in Gesandtschaftsgebäude verblieben sei und Interessen seiner Landsleute wahrnehme.
Seine Haltung stützt sich jetzt offensichtlich auf die französische Regierung,
die Osuský erklärt zu haben scheint, daß sie ihn weiter als bei ihr beglaubigten Gesandten betrachte und ihn bäte, tschechoslowakische Interessen auch
weiterhin wahrzunehmen. Hierauf deutet u.a. auch Haltung Tschechischer
Konsule in Lille und Straßburg hin. Tschechischer Konsul in Lille berief sich
unserem Konsul gegenüber auf Schreiben des zuständigen Präfekten, in dem
ausgeführt wird, die französische Regierung würde Übergabe des Konsulats
vorläufig nicht anerkennen und tschecho-slowakische Staatsangehörige würden im Falle der Übergabe in Frankreich schutzlos werden. Tschechischer
Konsul in Straßburg hat Konsul Meyer-Epinal erklärt, die französische Regierung habe ihn wissen lassen, daß sie ihn weiter als amtierenden Tschecho-
Slowakischen Konsul betrachte, nachdem Anerkennung Wechsels im Statut
der Tschecho-Slowakei durch französische Regierung nicht erfolgt sei. Die
mit Telegramm 120 vom 17. März – Pers. H 6038 –[119] angeordnete Übernahme Tschechischer Konsulate ist daher weder in Lille und Straßburg noch
in anderen Fällen bisher gelungen.

Wegen Haltung Osuskýs mache ich auf mein Telegramm an Herriot, veröffentlicht im „Temps" vom 23. März, aufmerksam.

II.) Gesandtschaftsrat Černý ist auf meine heute gemachte Erklärung, er und
gesamtes Personal Tschechischer Gesandtschaft seien vom Gesandten abgerückt und wünschten baldige und reibungslose Übergabe bisheriger Tschechischer Gesandtschaft an uns, nicht zurückgekommen. Er weicht, ebenso
wie Kanzler der Gesandtschaft, mit dem lose Verbindung bestand, weiteren
Besprechungen aus. Kanzler hat heute mitgeteilt, er habe Verbindung mit uns
„aus bekannten Gründen" nicht wieder aufnehmen können, bezweifele aber
nicht, daß „er uns in Balde amtlich werde sprechen dürfen".

---

[117] Siehe Dokument Nr. 34.
[118] Siehe Dokument Nr. 35.
[119] Siehe Dokument Nr. 25.

III.) Genaue Feststellung der Stärke tschechischer Kolonien unter den gegebenen Umständen nicht möglich. Nach Aussage Černýs befänden sich in Frankreich etwa 40.000 ehemals tschecho-slowakische Staatsangehörige, davon 8.000 in Groß-Paris. Tschechischer Konsul in Straßburg gibt Stärke seiner Kolonie mit 5.000, in Lille mit 8.000, hier meist Bergarbeiter, an.

IV.) Da schon jetzt verschiedentlich Protektoratsangehörige bei Konsulatsabteilung vorsprechen, einrichte ich entsprechendes Referat innerhalb Konsulatsabteilung. Erbitte baldige Weisung, vor allem wegen Behandlung Staatsangehörigkeit, Paßsachen und Reiseverkehr.

BRÄUER

79

PA/AA, Politische Abteilung IV, R 103725

**Telegramm des Referatsleiters Österreich (Abwicklung)
und Tschechoslowakei in der Politischen Abteilung Altenburg
an den wirtschaftspolitischen Sonderbotschafter Ritter**

Berlin, den 23. März 1939 Pol. IV *2050*

Sofort! Citissime!

Tel. Nr. *119*[120]

Für Botschafter Ritter.
Bekannter englischer Kapellmeister, Sir Thomas Beecham, hat nachstehendes Telegramm *in englischer Sprache* an Herrn Reichsaußenminister gerichtet:[121]
„Eure Exzellenz, in die diesjährige Sommersaison der Covent Garden Opera habe ich die übliche Anzahl von deutschen Werken wie den Ring, Parsifal, Tannhäuser, Tristan eingeschlossen. Ich habe auch das Ensemble der Nationaloper Prag eingeladen, 4 besondere Aufführungen tschechischer Werke zu geben. Diese Einladung war ungefähr vor 3 Wochen angenommen worden. Seitdem haben jedoch die Behörden des Prager Theaters Zweifel darüber geäußert, ob sie in der Lage sein werden, nach London zu kommen. Meines Erachtens *würde* die Anwesenheit beider Künstler-Ensembles in London vorteilhaft sein und wenn Sie diese Ansicht teilen, würde ich sehr verbunden sein, wenn Sie Ihren Einfluß darauf richten würden, diesen Zweifel in Prag zu zerstreuen und so ihren Besuch bei uns erleichtern würden. Die besten Wünsche Thomas Beecham."
Der Herr Reichsaußenminister bittet Botschafter Ritter, auf die Prager Nationaloper in dem Sinn einzuwirken, daß diese von sich aus ihre Teilnahme an der Opernsaison der Oper Covent Garden in London, wenn möglich aus technischen Gründen, absagt, ohne jedoch unsere Initiative erkennen zu las-

---

[120] Zusatz, zum Teil handschriftlich: Abgesandt *24/3 0.15.*
[121] Dieses Telegramm stammt vom gleichen Tag.

sen. Der Herr Reichsaußenminister bittet um Drahtbericht über das dort Veranlaßte, um Sir Thomas Beecham verständigen zu können.

ALTENBURG

80

PA/AA, Politische Abteilung IV, R 103759

Bericht des wirtschaftspolitischen Sonderbotschafters Ritter an das Auswärtige Amt

A III 12   Prag, den 24. März 1939
                                                Pol. IV *2230*

Betr.: Regelung der Angelegenheit der beim Einmarsch der deutschen Truppen geflüchteten Personen.

Wegen der in die Englische und Französische Gesandtschaft in Prag geflüchteten Personen, habe ich im Einvernehmen mit dem Herrn Regierungspräsidenten Bachmann und Herrn Gruppenführer Heydrich den beiden Gesandtschaften mitteilen lassen, daß die englischen und französischen Staatsangehörigen freies Geleit erhalten. Sieben englische Staatsangehörige haben die Englische Gesandtschaft und das Protektorat in Richtung Polen bereits verlassen.

Bezüglich der übrigen Personen ist mitgeteilt worden, daß Frauen und Kinder freies Geleit erhalten, ebenso die männlichen deutschen Staatsangehörigen (mit Ausnahme von Jaksch), die nicht wegen Hochverrats, Landesverrats, Spionage oder politischen Sprengstoffverbrechens verfolgt werden. Bezüglich des auf die Englische Gesandtschaft geflüchteten Reichsangehörigen Jaksch ist mitgeteilt worden, daß er zwar kein freies Geleit ins Ausland erhalte, daß ihm aber nach Verlassen der Englischen Gesandtschaft nichts geschehen werde, wenn er sich verpflichtet, sich im Inlande an einem ihm vorgeschriebenen Orte aufzuhalten.

Damit ist zunächst wenigstens eine teilweise und vorläufige Regelung getroffen. Die von den beiden Gesandtschaften übergebenen Namenlisten werden zur Zeit hier von der Geheimen Staatspolizei daraufhin geprüft, welche Personen auf Grund dieser Regelung freies Geleit erhalten können.

Offen ist danach noch, was mit den Personen geschehen soll, deren Staatsangehörigkeit tatsächlich oder angeblich bekannt ist. Ein Teil der Geflüchteten hat Interimspässe. Wahrscheinlich handelt es sich dabei um ausgebürgerte frühere tschechische Staatsangehörige.

Ebenso ist offen, was weiterhin mit den wegen eines der genannten Verbrechen verfolgten männlichen Reichsangehörigen geschehen wird.

Ich bitte um Weisung, was bezüglich der beiden letzten Absätze geschehen soll.

RITTER

81

PA/AA, Politische Abteilung IV, R 103629

Bericht des Geschäftsträgers der Deutschen Gesandtschaft in Dublin
Thomsen an das Auswärtige Amt

Nr. 455 Dublin, den 25. März 1939

Pol. IV *2146*

Inhalt: Irland während der tschecho-slowakischen Krise.

Die ersten Nachrichten von der bevorstehenden Neuordnung im osteuropäischen Raum, dem Berliner Abkommen und dem Einmarsch der Truppen überraschten hier völlig. Unter dem Eindruck der Tatsachen war die erste Reaktion sehr schwach. Man sprach zwar vom Bruch des Münchener Abkommens, äußerte sich aber sonst dahin, daß das Ende der Tschecho-Slowakei unvermeidlich gewesen sei und daß die Hauptverantwortung die Mächte trügen, die Versailles geschaffen und das Münchener Abkommen unterzeichnet hätten.

Die Atmosphäre der Ahnungslosigkeit, die hier vorherrschte, geht sehr stark auf die – wie man wußte – von Chamberlain inspirierten Londoner Zeitungsartikel zurück, in denen die Hoffnung ausgedrückt wurde, daß nach der bevorstehenden Erledigung der Spanienfrage und Beilegung der Differenzen zwischen Italien und Frankreich bald der Zeitpunkt da wäre, um endgültig zu einer Konferenz zur Begrenzung der Rüstungen zu kommen.

Als England die ersten Zeichen energischen Widerstands gegen den deutschen Vorstoß im Südosten zu erkennen gab, schwenkte auch die hiesige Presse um. Die übelsten Beschimpfungen Deutschlands leistete sich die Irish Times, die bis jetzt jeden Tag ihren Leitartikel diesem Gegenstand widmete, und die unerhörtesten Verdächtigungen und kindlichsten Ansichten brachte. Herr Smylie, der Chefredakteur der Zeitung, ist hochgradiger Freimaurer und war besonders über den Verlust der Hochburg der Freimaurerei Prag verstimmt. Auf die Artikel im einzelnen einzugehen, lohnt sich nicht.

Sehr viel gemäßigter war die Irish Press. Sie erkannte zum Teil mit erstaunlicher Sicherheit wesentliche Probleme, wenn sie auch aus ihrer Abneigung gegen Deutschland keinen Hehl machte. Diese der Regierung nahe stehende Zeitung, die bisher die englische Politik, sofern sie nicht die Teilungsfrage in Irland betraf, fast stets verteidigt hat, äußerte sich jetzt z.B. wie folgt:

„Wenn der entsetzliche Konflikt, der jetzt droht, ausbricht, wird dieses Mal für Gr. Britannien oder ihre Alliierten unter den Großmächten es nicht möglich sein zu behaupten, sie hätten in Verteidigung kleinerer Nationen zu den Waffen gegriffen, im Gegenteil, München und was folgte zeigt deutlich, daß das Land nur kämpfen wird, wenn es sich um seine eigene Sicherheit handelt."

Die Irish Press verurteilt auch die üble Stimmungsmache der Presse, und es ist zuzugeben, daß sie hinsichtlich der Aufmachung der Nachrichten eine

gewisse Reserve geübt hat. Auch die Annäherung an Rußland wird kritisiert.[122]

Noch reservierter in seiner Verurteilung Deutschlands war der Irish Independent, eine Zeitung, die als streng katholisches Blatt bisher Deutschland
gegenüber wenig Sympathie gezeigt hat. Die Stellungnahme des Blattes ist am
besten aus dem ersten Artikel der beiliegenden Ausschnitte ersichtlich, worin
es kurz heißt:

> „Die Diktatoren von Versailles, die die Welt für die Demokratie reif ma-
> chen wollten, errichteten den inkongruenten Staat Tschecho-Slowakei
> als Bollwerk gegen Deutschland. Der deutsche Diktator hat dieses Boll-
> werk niedergerissen und die Karte von Versailles zerrissen."

Im hiesigen Außenministerium übte man verhältnismäßig starke Reserve;
die Stimmung war jedoch nicht unfreundlich. Herr de Valera und der Staatssekretär des Äußeren, Walshe, befanden sich in Rom und werden erst heute
wiedererwartet. Es ist nicht anzunehmen, daß die Regierung zu den Ereignissen England gegenüber irgendwelche Verpflichtungen übernommen hat. Der
irische High-Commissioner Dulanty ist zwar von Lord Halifax empfangen
worden. Über das Ergebnis des Gesprächs ist jedoch nichts zu erfahren, und
es ist aus Äußerungen des stellvertretenden Staatssekretärs eher zu entnehmen, daß es nicht von Bedeutung war.

14 Zeitungsausschnitte (6 Irish Times, 5 Irish Press, 3 Irish Independent)
liegen bei.[123]

In Vertretung
THOMSEN

---

[122] Im Frühjahr 1939 war der Regierung in London bewusst geworden, dass Hitler für einen Einmarsch in Polen rüstete. Um diesem entgegenzuwirken, hatte Chamberlain der
französischen und der sowjetischen Regierung am 21.3.1939 Verhandlungen über einen
Konsultativpakt vorgeschlagen. Diese Annäherung an Moskau wurde nicht von allen
Teilen der Bevölkerung unterstützt.

[123] Das waren: The Slovak Problem. In: Irish Times v. 14.3.1939; A People's Agony. In:
Irish Times v. 15.3.1939; The Nazi Threat. In: Irish Times v. 18.3.1939; Getting To-
gether. In: Irish Times v. 20.3.1939; Germania Contra Mundum. In: Irish Times
v. 21.3.1939; The Lopsided Axis. In: Irish Times v. 22.3.1939; The Good Old Rule. In:
Irish Press v. 16.3.1939; An Anxious World. In: Irish Press, v. 18.3.1939; Britain's Di-
lemma. In: Irish Press. v. 21.3.1939; Footsteps of Irishmen in Prague. In: Irish Press
v. 22.3.1939; What about Ireland? In: Irish Press v. 22.3.1939; Disintegration. In: Independent v. 15.3.1939; Suggested Conference. In: Independent v. 21.3.1939; Territories
and Peoples. In: Independent v. 22.3.1939.

82

PA/AA, Politische Abteilung IV, R 103682

Rundmitteilung des Leiters der Personal- und Verwaltungsabteilung Prüfer[124]

Berlin, den 25. März 1939
Pers. H 6216

Die bisherige Gesandtschaft in Prag und die bisherigen Konsulate in Brünn und Mährisch-Ostrau werden mit sofortiger Wirkung in

„Dienststellen des Auswärtigen Amts in
  Prag,
  Brünn und
  Mährisch-Ostrau"

umgewandelt. Die beiden genannten Konsulate werden der Dienststelle des Auswärtigen Amts in Prag unterstellt.

Das bisherige Generalkonsulat in Memel wird ebenfalls sofort in eine „Dienststelle des Auswärtigen Amts in Memel" umgewandelt.

PRÜFER

83

PA/AA, Büro des Staatssekretärs, R 29772

Telegramm des Deutschen Generalkonsuls in Sydney Asmis an das Auswärtige Amt

Sydney, den 25. März 1939   13.15 Uhr
Ankunft: " 25.   "   "   7.20   "

<u>Ganz geheim!</u>
<u>Cito</u>

Nr. 17 vom 25.3.

Errichtung Protektorats über Tschechei wird von australischer Seite allgemein als Wortbruch Führers gegenüber Chamberlain bezeichnet. Auch bisher noch deutschfreundliche Australier aufgeben Vertrauen in Ehrlichkeit deutscher Führung. Bitte deutsche Stellungnahme wiederholt durch Rundfunk in Englisch bekanntgeben.

ASMIS

---

[124] Diese Rundmitteilung ging an alle Arbeitseinheiten und Büros im Auswärtigen Amt.

84

PA/AA, Rechtsabteilung, R 42802

**Aufzeichnung des Referatsmitarbeiters Abwicklung der ehemaligen
tschechoslowakischen Vertretungsbehörden im Reich
in der Rechtsabteilung Schwager**

R 8168
II 512 b 48

Aufzeichnung
betreffend Dienstreise des VLR Schwager und LR Rieger nach Prag in
Organisationsfragen

Der anliegende von LR Rieger gefertigte Entwurf ist das Ergebnis von Besprechungen mit der Gesandtschaft. Er ist grundsätzlich von Botschafter Ritter gebilligt, der ihn Chvalkovský unterbreiten wird.

Wenn bis 27. d.M. abends kein anderslautender Bericht im Auswärtigen Amt eingeht, gilt der Entwurf als von der Protektoratsregierung angenommen. Er soll, nach Genehmigung im AA, zu einem Erlaß an alle in Betracht kommenden Reichsauslandsbehörden verarbeitet werden.

Offen steht noch die grundsätzliche Frage des Staatseigentums. Sowohl Botschafter Ritter als auch Gesandtschaftsrat Hencke sind nach den in den letzten Tagen vom Führer erlassenen allgemeinen Weisungen der Ansicht, daß dem Protektorat eigene Finanzen und eigenes Eigentum zugebilligt werden. Eine Entscheidung sollte baldmöglichst erfolgen.

Die über die Gesandtschaft erbetenen Listen:

    a) über alle ehemals tschecho-slowakischen Auslandsbehörden, getrennt nach Berufs- und Honorarvertretungen,

    b) sämtlicher ehemals tschecho-slowakischer staatseigener Grundstücke im Ausland konnten bis zu unserer Abreise nicht beschafft werden. Die Gesandtschaft wird sie nachreichen.

Berlin, den 25. März 1939
[SCHWAGER]

[Anlage: Entwurf zur Abwicklung des tschechoslowakischen Außendienstes]

I. Organisation

Das bisherige Außenministerium in Prag arbeitet als Abwicklungsstelle für den bisherigen tschecho-slowakischen Außendienst unter Kontrolle der Dienststelle des Auswärtigen Amts in Prag (Deutsche Gesandtschaft). Die beamtenrechtlichen Fragen werden vom Ministerium des Innern in Prag abgewickelt.

Die bisherigen tschecho-slowakischen Auslandsbehörden sind nur noch Abwicklungsstellen unter Kontrolle der örtlichen deutschen Auslandsbehörden.

Ist die bisherige tschecho-slowakische Auslandsbehörde bereits vollständig aufgelöst, so arbeitet die örtliche deutsche Auslandsvertretung selbst als Abwicklungsstelle.

Die deutschen Auslandsbehörden empfehlen die erforderlichen Abwicklungsmaßnahmen über das Auswärtige Amt in Berlin – Dienststelle des Auswärtigen Amts in Prag –, der Abwicklungsstelle des bisherigen tschecho-slowakischen Außenministeriums in Prag.

Für die bisherigen tschecho-slowakischen Behörden im Reich übt das Auswärtige Amt die Kontrolle aus.

II. Rest-Finanzverwaltung
Ausgaben
Sämtliche bis zur restlosen Abwicklung des tschecho-slowakischen Außendienstes bei den bisherigen tschecho-slowakischen Auslandsbehörden entstehenden Kosten trägt das Protektorat Böhmen/Mähren.

Die bei den bisherigen tschecho-slowakischen Auslandsbehörden vorhandenen Gelder werden <u>nicht in die Kasse der Zahlstellen</u> der deutschen Auslandsvertretungen übernommen, sondern <u>vollkommen getrennt verwaltet.</u>

Über diese Gelder und die daraus zu leistenden Ausgaben wird in der bisher für den tschecho-slowakischen Außendienst vorgeschriebenen Weise abgerechnet.

Die Abrechnungen gehen auf dem unter I. vorgesehenen Weg nach Prag.

Das bisherige Außenministerium in Prag (Abwicklungsstelle) versorgt die Abwicklungsstellen seiner bisherigen Auslandsbehörden über die örtlichen deutschen Auslandsvertretungen mit den erforderlichen Geldmitteln, um die noch weiterlaufenden Ausgaben bezahlen zu können.

Bei auftretenden Überweisungsschwierigkeiten werden in dringenden Fällen die deutschen Auslandsvertretungen die benötigten Gelder vorstrecken, die voll zu erstatten sind.
Einnahmen
Einnahmen, die noch auf Grund von Verfügungen oder Bestimmungen des bisherigen tschecho-slowakischen Außendienstes eingehen, werden von den Abwicklungsstellen vereinnahmt und in der vorgeschriebenen Weise mit der Abwicklungsstelle des bisherigen Außenministeriums verrechnet.

III. Einnahmen und Ausgaben der deutschen Auslandsvertretungen für die außenpolitische Vertretung des Protektorats Böhmen/Mähren durch das Reich
Die aus diesem Anlaß von den deutschen Auslandsvertretungen zu erhebenden Gebühren werden nach deutschem Tarif berechnet und zur Reichskasse vereinnahmt.

Sie werden in besonderen Gebührenzusammenstellungen nachgewiesen.

Die aus dem gleichen Anlaß entstehenden Ausgaben (Personalposten – nur mit Genehmigung des Auswärtigen Amts); Mehrverbrauch an Material, Telegramm-, Telefonkosten usw.; Vergrößerung der Geschäftsräume durch Neuanmietung – nur mit Genehmigung des Auswärtigen Amts – gehen zu Lasten der Haushaltsmittel des Auswärtigen Amts.

Bei geringem Umfang ist der amtlichen Abrechnung ein Auszug über diese Ausgaben beizufügen, bei größerem Umfang sind besondere Titelverzeichnisse zu führen.

Diese besondere Nachweisung ist zunächst nötig für den Fall, daß das Protektorat Böhmen/Mähren etwa mit einem globalen Beitrag zu den Kosten des auswärtigen Dienstes herangezogen werden sollte.

Ausnahme: Sämtliche Kosten der Heimschaffung von Angehörigen des Protektorats Böhmen/Mähren (auch wenn sie Reichsbürger geworden sind) trägt das Protektorat Böhmen/Mähren. Diese Kosten sind also in die bei der Abwicklungsstelle des Außenministeriums in Prag einzureichenden Abrechnungen aufzunehmen.

IV. Bestehende Verträge der bisherigen tschecho-slowakischen Auslandsbehörden, Grundeigentum und Material

Das Reich tritt nicht in die laufenden Verträge ein.

Die deutsche Auslandsvertretung prüft, wie lange die Verträge noch für die Abwicklung aufrechtzuerhalten sind und macht auf dem unter I. vorgesehenen Weg Vorschläge für die Auflösung.

In dringenden Fällen kann der Leiter der deutschen Auslandsbehörde selbst die Entscheidung treffen und sie auf dem unter I. vorgesehenen Weg mitteilen, wenn nur dadurch ein Schaden für das Protektorat Böhmen/Mähren zu vermeiden ist.

Grundstückseigentum wird nicht ohne weiteres vom Reich übernommen. Auch sind Maßnahmen zu vermeiden, die als Absicht einer solchen Übernahme gedeutet werden können.

Die Entscheidung über die Verwertung von Grundstücken trifft das Protektorat Böhmen/Mähren. Durch Einhaltung des unter I. bezeichneten Weges wird sichergestellt, daß das Reich sich rechtzeitig einschalten kann, wenn es Grundstücke für eigene Zwecke zu übernehmen wünscht. Das Reich wird durch geeignete Schritte die Möglichkeit sichern, Grundstücke für seine Zwecke übernehmen zu können.

Material der bisherigen tschecho-slowakischen Auslandsvertretungen ist bestmöglichst zu verwerten, soweit nicht die Abwicklungsstelle des Außenministeriums in Prag schon Weisungen erteilt hat. Der Erlös fließt dem Protektorat Böhmen/Mähren zu.

Die deutschen Auslandsvertretungen dürfen solches Material nur mit vorheriger Genehmigung des Auswärtigen Amts erwerben.

V. Personal

Es sind Maßnahmen ergriffen worden, um das bisherige Personal der tschecho-slowakischen Auslandsbehörden zurückzuberufen.

Sind die deutschen Auslandsvertretungen genötigt, Teile dieses Personals zur Durchführung der Abwicklungsarbeiten zurückzubehalten, so haben sie auf dem unter I. angegebenen Wege zu berichten.

Auf dem gleichen Wege haben sie Vorschläge über die Lösung bestehender Anstellungsverträge zu machen, soweit nicht die Abwicklungsstelle des Außenministeriums in Prag schon Entscheidung getroffen hat.

Bis zum Ende der Abwicklung gehen alle Personalposten, einschließlich der Rückreisekosten, zu Lasten des Protektorats Böhmen/Mähren.

Prag, den 24. März 1939

85

PA/AA, Büro des Unterstaatssekretärs, R 29904

Protokoll über die Staatssekretärbesprechung vom 25. März 1939 im Reichsinnenministerium

Pol. IV 2290/39

Geheim

Nach Eröffnung der Besprechung durch den Vorsitzenden weist <u>Staatssekretär Dr. Stuckart</u> zunächst darauf hin, daß die Besprechung dazu dienen soll, die einzelnen Ressorts über die Grundgedanken der staatsrechtlichen Gestaltung des Protektorats zu unterrichten, und trägt dann die anliegende Ausarbeitung vor, die alle in dieser Hinsicht vom Führer geäußerten Wünsche und die hierauf beruhenden größeren staatsrechtlichen Gesichtspunkte enthält.

Im Anschluß an diese Ausführungen stellt <u>Staatssekretär Freiherr von Weizsäcker</u> (Auswärtiges Amt) fest, daß der Gesandte des Protektorats in Berlin nicht Angehöriger des Diplomatischen Korps und nicht beim Führer und Reichskanzler akkreditiert sein wird.

Für die Behandlung der Grenzfragen des Protektorats wird innerhalb der Berliner Ministerien das Auswärtige Amt federführend sein, soweit die Grenzen gegenüber der Slowakei und Polen in Frage kommen. Für die Grenzfragen zwischen Protektorat und dem Reich wird die Federführung beim Reichsinnenminister[125] liegen.

<u>Staatssekretär Dr. Schlegelberger</u> (Reichsjustizministerium) ist der Auffassung, daß im Bereich der Justizverwaltung die von der Tschecho-Slowakei mit dem Reich abgeschlossenen Verträge als innerstaatliches Recht weiter gelten können.

Die Form der Eheschließung im Protektorat bedürfe baldiger Klärung.

Für die Organisation der deutschen Gerichte im Protektorat sei es zweckmäßig, anstelle einen außerhalb des Protektorats gelegenen Oberlandesgerichts einen deutschen Senat bei einem Prager Gericht zu bilden.

Es wird ferner festgestellt, daß nach Auffassung des Führers die deutsche Gerichtsbarkeit für die deutschen Staatsangehörigen nicht nur im Strafrecht, sondern auch auf dem Gebiete des Zivilrechts und zwar auch dann zur An-

---

[125] Wilhelm Frick.

wendung kommen soll, wenn nur <u>ein</u> Teil (Kläger oder Beklagter) deutscher Staatsangehöriger ist.

Staatssekretär Generaloberst <u>Milch</u> (Reichsluftfahrtministerium) teilt mit, daß der Luftverkehr im Protektorat vom Reich übernommen werden solle, und daß zu diesem Zweck das Luftverkehrsrecht angeglichen werden müsse.

Staatssekretär <u>Kleinmann</u> (Reichsverkehrsministerium) betont, daß mit Rücksicht auf die besonderen Aufgaben der Reichsbahn für die Reichsverteidigung unmittelbare Beauftragte der Reichsbahn bei den Direktionen der böhmisch-mährischen Eisenbahn und ein unmittelbarer Geschäftsverkehr mit diesen Stellen erforderlich sein werden. Staatssekretär Dr. Stuckart erklärt, man müsse zwar zwischen diesen besonderen Aufgaben der Reichsbahn und den allgemeinen Angelegenheiten unterscheiden; grundsätzlich müsse aber der Reichsprotektor auch über die RV-Angelegenheiten[126] orientiert sein, deshalb müsse grundsätzlich der Geschäftsverkehr über ihn geleitet werden. Seiner Dienststelle könnten Vertreter der Reichsbahn und der sonstigen Verkehrszweige zur Bearbeitung der Verkehrsangelegenheiten zugeteilt werden.

Staatssekretär <u>Zschintzsch</u> (Reichserziehungsministerium) erklärt in Übereinstimmung mit Staatssekretär Frank vom Reichsprotektor, die Hochschulen des Protektorats müßten als reichseigene Einrichtungen auf den Reichsetat übernommen werden.

Staatssekretär <u>Syrup</u> (Reichsarbeitsministerium) betont die Notwendigkeit der sofortigen Abordnung von reichsdeutschen Beamten der Arbeitsverwaltung zu den Behörden des Protektorats zwecks Anwerbung von Arbeitskräften für Salzgitter usw.

Die gleiche Notwendigkeit liegt, wie <u>Staatssekretär Landfried</u> (Reichswirtschaftsministerium) mitteilt, für die Bevollmächtigten des Reichswirtschaftsministeriums vor.

Es wird festgestellt, daß die nach Prag abgeordneten Beamten des Reichsarbeitsministers[127] und des Reichswirtschaftsministers[128] zur Zeit als Beauftragte des Oberbefehlshabers des Heeres[129] bzw. der beiden Heeresgruppen und später als Angehörige der Dienststellen des Reichsprotektors tätig sein können. Auf die Unterstellung dieser Beamten unter den Reichsprotektor und auf ihre echte Eingliederung in dessen Behörde kann nicht verzichtet werden. Auch soll bei der Abordnung von Beamten nach Prag größte Zurückhaltung geübt werden.

Staatssekretär <u>Körner</u> und der Vertreter des Reichsforstamtes weisen auf die Notwendigkeit der Vereinheitlichung des Jagdrechts und der Anpassung der Holzerzeugung im Protektorat an die Bedürfnisse des Reichs hin.

---

[126] Reichsverteidigungs-Angelegenheiten.
[127] Franz Seldte.
[128] Walther Funk.
[129] Walther von Brauchitsch.

Auf Anfrage des Vertreters des Reichsfinanzministeriums wird festgestellt, daß die deutschen Staatsangehörigen im Protektorat der Finanzhoheit der Protektoratsbehörden unterliegen. Es wird noch zu klären sein, an wen die im Protektorat beschäftigten Reichsbeamten ihre Steuern zu zahlen haben.

Nach Bekanntgabe einer Anordnung des Führers über die Betreuung der Volksdeutschen im Protektorat durch die Partei schließt Staatssekretär Pfundtner die Sitzung mit der nochmaligen Feststellung, daß der Reichsprotektor der alleinige Repräsentant des Führers im Protektorat ist, und daß infolgedessen eine unmittelbare Abordnung von Beamten zu den Protektoratsministerien nicht in Frage kommen kann. Die Vertreter der Reichsressorts werden vielmehr in der Dienststelle des Reichsprotektors zusammengefaßt werden. Ihre Zahl ist möglichst gering zu halten. Solange der Oberbefehlshaber des Heeres Inhaber der vollziehenden Gewalt im Protektorat ist, sind die Vertreter der Ressorts im Protektorat lediglich Beauftragte des Oberbefehlshabers des Heeres bezw. der Chefs der Zivilverwaltung und unterstehen deren Anweisungen.

[Anlage: Ausarbeitung zur Eingliederung des Protektorats in die Strukturen des Deutschen Reichs]

Geheim

Durch die Unabhängigkeitserklärung der Slowakei und durch die nachfolgende Schaffung des Protektorats Böhmen und Mähren ist die Tschecho-Slowakische Republik untergegangen. Damit ist sie auch als Völkerrechtssubjekt erloschen. Die politischen Verträge, die die Tschecho-Slowakei mit anderen Staaten abgeschlossen hatte, sind infolgedessen hinfällig geworden. Es wird von seiten des Auswärtigen Amts zu prüfen sein, ob zur Klarstellung des Sachverhalts eine Mitteilung des Reichs an die Vertragspartner der Tschecho-Slowakei über das Erlöschen der politischen Verpflichtungen notwendig und zweckdienlich erscheint. Nichtpolitische Verträge, also insbesondere Handelsverträge wird man nicht zwangsläufig als erloschen bezeichnen müssen. Vielmehr wird ausschlaggebend sein, wieweit das Reich ein Interesse an der Aufrechterhaltung des Vertrages hat und wieweit der Vertragspartner einer Aufrechterhaltung zustimmt. Hier wird durch Verhandlungen mit den Vertragspartnern regelmäßig eine Anpassung an den neuen völkerrechtlichen Zustand erforderlich werden. Desgleichen wird man prüfen müssen, inwieweit Verträge der bisherigen Tschecho-Slowakei mit dem Reich noch Geltung haben und der Änderung bedürfen.

Das Protektorat ist völkerrechtlich nicht als selbständiges Rechtssubjekt anzusehen. Dies kann man zwanglos aus dem Wortlaut des Artikels 1 des Führererlasses folgern,[130] nach dem das Protektorat zum Gebiet des Großdeutschen Reichs gehört

---

[130] Siehe Dokument Nr. 1.

und Bestandteil des Reichs geworden ist. Eine gegenteilige Auffassung läßt sich, wenn zweckdienlich, aus Artikel 6 des Erlasses herleiten, der von den „auswärtigen" Angelegenheiten des Protektorats spricht, die das Reich so führen wird, wie es dem gemeinsamen Interesse entspricht. So wird man z.b. den Standpunkt vertreten können, daß das Protektorat als solches z.b. noch Mitglied des Weltpostvereines ist, daß seine Stimme jedoch vom Reich, als dem Vertreter des Protektorats nach außen geführt wird.

Staatsrechtlich ist das Protektorat ein Bestandteil des Reichs geworden. Die höchste Regierungsgewalt hat das Reich. Die letzte und höchste Entscheidungsgewalt liegt daher beim Führer und bei seinem Vertreter für das Protektorat, dem Reichsprotektor. Die Anordnungen des Reichsprotektors gehen den Anordnungen von Dienststellen der autonomen Verwaltung des Protektorats vor und sind jeglicher Nachprüfung durch Verwaltungsbehörden und Gerichten des Protektorats entzogen. Dieser Rechtszustand wird durch eine Verordnung noch klarzustellen sein. Im Rahmen des Reiches ist das Protektorat staatsrechtlich selbständig geblieben. Das Protektorat ist eine originäre Schöpfung. Es fällt nicht unter einen der herkömmlichen staatsrechtlichen Begriffe wie Bundesstaat oder Land. Es kann daher auch nicht von einem dieser Begriffe aus mit Inhalt gefüllt werden. Das Wesen des Protektorats ergibt sich ausschließlich aus dem Erlaß des Führers vom 16. März 1939 und der dazu ergangenen und ergehenden Ausführungsbestimmungen. Das Oberhaupt des Protektorats führt danach weiterhin die Amtsbezeichnung „Staatspräsident". Im Protektorat bleibt gleichfalls eine eigene Regierung erhalten, die auch fernerhin auf demokratisch-parlamentarischer Grundlage beruhen kann; ein Interesse einer Einigung des tschechischen Volkes in einer Einheitspartei und an der Abschaffung des parlamentarisch-demokratischen Systems besteht nicht. Derartige Bestrebungen sind nicht zu fördern. Auch die tschechischen Faschisten sind in erster Linie Tschechen und als solche zu behandeln.

Das Protektorat hat insbesondere das Recht der Autonomie, d.h. die Befugnis, auf allen nicht vom Reich in unmittelbare Verwaltung übernommenen Rechtsgebieten eigenes Recht zu setzen und das Leben des tschechischen Volkes in eigener Verwaltung zu gestalten. Es entspricht nach dem Willen des Führers dem Sinn der Einrichtung des autonomen Protektorats, wenn das Reich von seinen Befugnissen zur Übernahme einzelner Verwaltungszweige und zur Regelung einzelner Fragen durch reichsrechtliche Vorschriften nur in dem unbedingt im Reichsinteresse gebotenen Umfange Gebrauch macht. Es handelt sich also im Gegensatz zu der Rückgliederung der Ostmark und der sudetendeutschen Gebiete hier nicht darum, im großen Maße Reichsrecht in Böhmen und Mähren einzuführen, sondern vielmehr durch geeignete Maßnahmen insbesondere durch die klare und wirkungsvolle Steuerung seitens des Reichsprotektors die Selbstverwaltung des Protektorats in Einklang mit den allgemeinen Reichsinteressen zu bringen und auf einigen besonders reichswichtigen Gebieten auf die reichsrechtliche Regelung abzustimmen. Das Reich wird sich zur Erreichung seiner Ziele, insbesondere auf wirtschaftlichem und ernährungswirtschaftlichem Gebiet, grundsätzlich der autonomen Verwaltungsapparatur und der bisher vorhandenen Organisationen bedienen, die zur Erfüllung der vom Reich gestellten Aufgaben unter Umständen von der Protektoratsregierung entsprechend umgebaut werden müssen. Um den Reichswillen der Protektoratsregierung gegenüber stets geschlossen und einheitlich in Erscheinung treten zu lassen, werden alle Aufgaben und Weisungen an die Protektoratsregierung durch den Reichsprotektor erteilt werden müssen. Um eine einheitliche Steuerung aller Maßnahmen im Protektorat zu ermöglichen, wird es nicht angehen, das Protektorat mit angrenzenden Gauen und Verwaltungsbezirken zu einem einheitlichen Verwaltungs- oder Wirtschaftsbezirk zusammenzufassen. Die Aufsicht wird grundsätzlich von der Behörde des Reichsprotektors aus zu führen sein. Im Bedarfsfalle können Aufsichtsorgane auch den Oberlandräten beigegeben werden. Alle Maßnahmen auf diesem Gebiet sind nur in engstem Einvernehmen mit dem Reichsminister des Innern[131] als Zentralstelle zur Durchführung des Erlasses des Führers über das Protektorat Böhmen und Mähren zu treffen. Bei Verordnungen, die das Protektorat betreffen, ist das Einvernehmen mit dem Stellvertreter des Führers[132] herbeizuführen. Darüber hinaus wird die Zentralstelle bei allen wichtigen Maßnahmen die Beteiligung des Stellvertreters des Führers sicherstellen. Partner des Reichsprotektors ist ebenfalls in erster Linie der Reichsinnenminister in allen fachlichen Angelegenheiten, der Reichsminister und Chef der Reichskanzlei[133] für die persönlichen und Etatsangelegenheiten, das Auswärtige Amt für die auswärtigen Angelegenheiten.

In welchem Umfange besondere Maßnahmen von Reichs wegen geboten sind, wird dem Führer selbst, dem Beauftragten für den Vierjahresplan[134] und nach Zurückziehung des dem Oberkommando des Heeres erteilten Verwaltungsauftrages in erster Linie der Beurteilung des Reichsprotektors, soweit es sich um Maßnahmen zur Aufrechterhaltung der Sicherheit und Ordnung handelt, dem Reichsinnenminister und dem Reichsführer SS und Chef der Deutschen Polizei[135] überlassen bleiben müssen.

Nach dem ausdrücklichen Willen des Führers ist der Reichsprotektor der einheitliche und alleinige Repräsentant des Führers und der Reichsregierung im Protektorat. Außer der Wehrmacht gibt es daher keinerlei selbständigen Stellen der Obersten Reichsbehörden, des Reichsnährstands, der Organisation der gewerblichen Wirtschaft, der Reichskulturkammer usw. in dieser Stufe neben ihm. Er allein verkörpert das Reich auf allen Gebieten des Staats- und Verwaltungslebens im Protektorat. Diese Stellung des Reichsprotektors findet ihren Ausdruck in der Vorschrift des Artikels 5 Absatz 2 des Führererlasses,[136] wonach der Reichsprotektor der Vertreter des Führers und der Beauftragte der Reichsregierung ist. In dieser Stellung ist er nach der Verordnung vom 22. März 1939 dem Führer unmittelbar

---

131 Wilhelm Frick.
132 Rudolf Heß.
133 Hans Heinrich Lammers.
134 Hermann Göring.
135 Heinrich Himmler.
136 Siehe Dokument Nr. 1.

unterstellt.[137] Der Führer hat sich vorbehalten, ihn in geeigneten Fällen auf Vorschlag der Obersten Reichsbehörden mit Weisungen zu versehen. Eine unmittelbare Weisungsbefugnis der Obersten Reichsbehörden an den Reichsprotektor besteht nicht. Der Verkehr mit dem Reichsprotektor vollzieht sich nach den Grundsätzen, die für den Verkehr der Obersten Reichsbehörden untereinander gelten.

Soweit ein Bedürfnis nach Reichsdienststellen unter dem Reichsprotektor besteht, unterstehen ihm alle Dienststellen des Reichs im Protektorat als nachgeordnete Dienststellen. In der Mittelstufe, d.h. am Sitz der Protektoratsregierung, sind neben dem Reichsprotektor keinerlei selbständige Behörden einzurichten. Soweit Bedürfnis nach der Zusammenfassung von Aufgaben in der Mittelstufe besteht, z.B. für die Zollverwaltung, die Reichsbahn, Reichspost und Reichsbankverwaltung, sind die erforderlichen Beamten im Einvernehmen mit der Zentralstelle im Reichsministerium des Innern dem Reichsprotektor als Sachbearbeiter zuzuteilen. Daß der Reichsprotektor für die in unmittelbare Reichsverwaltung übernommenen Verwaltungszweige an die Verordnungen, Richtlinien und allgemeinen Anordnungen der zuständigen Fachminister gebunden ist, liegt in der Natur der Sache.

Ein unmittelbarer Verkehr zwischen Dienststellen des Reichs, insbesondere den Obersten Reichsbehörden, und Dienststellen der autonomen Verwaltung des Protektorats, insbesondere den Ministerien des Protektorats, ist schlechthin unzulässig. Der gesamte Geschäftsverkehr wird nur mit dem Reichsprotektor geführt, auch soweit Verwaltungszweige in unmittelbare Reichsverwaltung übernommen sind. Ausnahmsweise ist bei Gefahr im Verzuge oder aus sonstigen dringlichen Gründen ein unmittelbarer Geschäftsverkehr mit einer dem Reichsprotektor nachgeordneten Reichsdienststelle zulässig, doch ist dann stets der Reichsprotektor gleichzeitig zu unterrichten. Ob der auf Grund besonderer Verträge mit der Tschecho-Slowakei bereits bestehende unmittelbare Geschäftsverkehr mit Behörden des Protektorats weiter bestehen soll, bedarf noch der Prüfung im Einvernehmen mit dem Reichsprotektor.

Vertreter der Obersten Reichsbehörden und sonstige Beamten dürfen den Zentralbehörden oder nachgeordneten Dienststellen der autonomen Verwaltung des Protektorats nicht unmittelbar beigegeben werden. Soweit ein Bedürfnis zur Entsendung von Sachbearbeitern besteht, sind diese im Einvernehmen mit der Zentralstelle im Reichsministerium des Innern nur dem Reichsprotektor oder den ihm unterstellten Reichsdienststellen zuzuteilen. Der Reichsprotektor entscheidet, ob es notwendig und zweckmäßig ist, Beamte seiner Behörde den autonomen Dienststellen etwa zu Zwecken besserer Kontrolle zuzuteilen.

Dienstreisen in das Protektorat sind bis auf weiteres grundsätzlich zu unterlassen. Ausnahmen können nur aus ganz besonderem Anlaß gemacht werden. Sie sind nach Einrichtung der Dienststellen des Reichsprotektors nur mit ausdrücklicher Genehmigung der Zentralstelle im Reichsministerium des Innern zulässig. Vor der Aufnahme irgendwelcher Dienstgeschäfte im Protektorat haben sich die auf Dienst-

---

[137] Dieses regelte Absatz 1 Satz 1 der „Verordnung zum Erlaß des Führers und Reichskanzlers über das Protektorat Böhmen und Mähren"; vgl. RGBl. 1939 I, 549.

reisen befindlichen Beamten und sonstigen Behördenvertreter beim Reichsprotektorat in Prag zu melden.

Eine der ersten Maßnahmen des Reichsprotektors wird die Bestätigung der Mitglieder der Protektoratsregierung sein müssen, damit diese handlungsfähig wird. Der Reichsprotektor wird voraussichtlich ein Verordnungsrecht erhalten, das inhaltlich im wesentlichen dem des Reichskommissars für die sudetendeutschen Gebiete[138] entspricht, demgemäß er das bestehende tschechoslowakische Recht ändern und aufheben kann. Als Vertreter des Führers wird er bei Rechtsänderungsverordnungen formell nicht an die Zustimmung eines Ministers gebunden sein. Sachlich wird er natürlich das Einvernehmen herbeiführen müssen. Darüber hinaus kann er bei Gefahr im Verzuge Rechtsvorschriften jeder Art erlassen. Es wird ferner geprüft werden, im welchem Umfange ein Polizeiverordnungsrecht erforderlich erscheint.

Im einzelnen folgt aus der Autonomie des Protektorats folgendes:

1. Das bisherige tschechoslowakische Recht tritt nach Artikel 12 nur insoweit außer Kraft, als es dem Sinne der Übernahme des Schutzes durch das Deutsche Reich widerspricht. Einer besonderen Klarstellung, daß einzelne tschechoslowakische Gesetze noch gelten, bedarf es daher grundsätzlich nicht. Die Gesetze des Reichs gelten nicht ohne weiteres im Protektorat. Es ist erforderlich, Rechtsvorschriften des Reichs, die in Zukunft erlassen werden und die auch für das Protektorat gelten sollen, ausdrücklich auf das Protektorat zu erstrecken. Bereits bestehendes Reichsrecht muß im Protektorat durch Verordnung eingeführt werden, wenn es dort gelten soll.

   Die dem Sinne der Übernahme des Schutzes durch das Reich widersprechenden tschechischen Gesetze treten außer Kraft. Die Feststellung, welche Gesetze außer Kraft treten, wird in erster Linie der Reichsprotektor zu treffen haben.

2. Das Protektorat führt eine eigene Fahne und ein eigenes Siegel.

3. Die Bewohner des Protektorats besitzen mit Ausnahme der Volksdeutschen, die nach Artikel 2 deutsche Staatsangehörige sind, die Staatsangehörigkeit des Protektorats. Sie sollen nach dem Willen des Führers weder im Inland noch im Ausland im Verhältnis zum Reich als Ausländer behandelt werden. Sie sind vielmehr als Protektoratsangehörige Inländer besonderer Art. Es sind daher auf sie nicht anwendbar die Bestimmungen über Auslandspässe, Ausländerpolizei, Aufenthalts- und Arbeitsgenehmigung. Jedoch soll für die Einreise von Protektoratsangehörigen in das Reich ein Visumzwang eingeführt werden. An der Grenze zwischen Protektorat und Reich soll keine Grenzkontrolle stattfinden; vielmehr soll die Einreise von Protektoratsangehörigen ohne Visum durch hohe Strafen verhindert werden. Die bisherigen tschechoslowakischen Staatsangehörigen mit Wohnsitz im Ausland sollen nach dem Willen des Führers auch Protektoratsangehörige werden, soweit sie mit dem zum Protektorat gehörigen Gebiet in Beziehungen stehen, also dort heimatberechtigt sind. Ehen zwischen Protektoratsangehörigen und Reichsangehörigen sollen genehmigungspflichtig werden, jedoch

---

[138] Konrad Henlein.

nicht nach dem Gesetz über die Eheschließung mit Ausländern.[139] Der Reichsjustizminister[140] soll vielmehr eine besondere Bestimmung hierfür schaffen.

Die volksdeutschen Bewohner des Protektorats sind deutsche Staatsangehörige und vorläufige Reichsbürger nach dem Reichsbürgergesetz. Um ihnen alle
Möglichkeiten im Protektorat zu eröffnen, werden die im Protektorat ansässigen
Reichsangehörigen auch die Rechte der Protektoratsangehörigen behalten bzw.
erhalten müssen. Welcher Personenkreis zu den volksdeutschen Bewohnern zu
rechnen ist, bedarf noch der Feststellung in einer besonderen Verordnung. Für
die volksdeutschen Bewohner gelten auch die Vorschriften des Blutschutzgesetzes, also insbesondere das Eheverbot mit Juden.[141] Die Verbote und Strafbe-
stimmungen des Blutschutzgesetzes gelten auch für die Juden innerhalb des
Protektorats zu Gunsten der deutschen Reichsangehörigen. Ebenso gelten das
Ehegesundheitsgesetz[142] und das Gesetz zur Verhütung erbkranken Nachwuchses.[143] Eine klarstellende Verordnung wird in den nächsten Tagen ergehen.

Die deutschen Staatsangehörigen im Protektorat unterliegen deutscher Gerichtsbarkeit. Die Einrichtung deutscher Gerichtsbarkeit im Protektorat kann auf
verschiedene Weise gelöst werden. Denkbar wäre die Schaffung einer Konsu-
largerichtsbarkeit. Wegen ihrer nachteiligen Rückwirkungen auf die Einstellung
der Protektoratsregierung und der Bevölkerung zum Reich dürfte diese Lösung
bedenklich erscheinen. Vielmehr dürfte vom Justizminister zu prüfen sein, ob für
die Zivil- und Strafgerichtsbarkeit nicht reichseigene Amtsgerichte in den Städten mit größerer Zahl von deutschen Staatsangehörigen eingerichtet werden
können, die dann unter einem reichseigenen Landgericht in Prag und einem
Oberlandesgericht zusammengefaßt werden könnten.[144] Die Einrichtung deutscher Kammern und Senate bei Gerichten des Protektorats dürfte wohl nicht
dem Wortlaut des Führererlasses entsprechen, da in diesem Fall nur eine von
Deutschen ausgeübte Gerichtsbarkeit des Protektorats geschaffen würde. Das
tschechische materielle Recht wird auch für die deutschen Staatsangehörigen
gemäß Artikel 12 des Erlasses weitergelten müssen, da man sonst allzusehr in die
wirtschaftlichen Zusammenhänge des Protektorats eingreifen würde und es prak-

---

[139] „Gesetz zur Vereinheitlichung des Rechts der Eheschließung und der Ehescheidung im
    Lande Österreich und im übrigen Reichsgebiet" vom 6.7.1938 (RGBl. 1938 I, 807-822).
[140] Franz Gürtner.
[141] Gemeint sind hier die in Nürnberg am 15.9.1935 verkündeten antisemitischen „Nürn-
    berger Gesetze" mit „Reichsbürgergesetz" und „Gesetz zum Schutze des deutschen Blu-
    tes und der deutschen Ehre" (RGBl. 1935 I, 1146 f.).
[142] „Gesetz zum Schutze der Erbgesundheit des deutschen Volkes" vom 18.10.1935 (RGBl.
    1935 I, 1246 f.).
[143] „Gesetz zur Verhütung erbkranken Nachwuchses" vom 14.7.1933 (RGBl. 1933 I, 529 f.).
[144] Eingerichtet wurden ein deutsches Oberlandesgericht in Prag, deutsche Landgerichte in
    Brünn und Prag sowie deutsche Amtsgerichte in Böhmisch Budweis, Brünn, Deutsch
    Brod, Gitschin, Göding, Iglau, Mährisch Ostrau, Olmütz, Pardubitz, Pilsen, Prag und
    Strakonitz; „Verordnung über die deutsche Gerichtsbarkeit im Protektorat Böhmen
    und Mähren" vom 14.4.1939 (RGBl. 1939 I, 752 f.), geändert durch Verordnung vom
    14.7.1939 (RGBl. 1939 I, 1262) und Verordnung vom 13.3.1941 (RGBl. 1941 I, 130).

tisch unmöglich ist, die Einwohner des Protektorats unter verschiedenes Zivil-
oder Strafrecht zu stellen. Allerdings wird das tschechische Strafrecht weitgehend
an das deutsche Strafrecht angeglichen werden müssen. Wie diese Angleichung
im einzelnen erfolgt, ob im Wege der Rechtseinführung oder durch entsprechende Gesetze des Protektorats wird der Justizminister zusammen mit dem
Protektor prüfen müssen. Das politische Strafrecht wird Reichsstrafrecht sein
müssen, das auch für den Protektoratsangehörigen gilt. Derartige Straftaten werden vor deutschen Gerichten abgeurteilt werden müssen. Es sei an die Vorschriften über Landesverrat, Hochverrat und dergl. erinnert.[145]

Im Zusammenhang mit diesen die deutschen Staatsangehörigen im Protektorat betreffenden Fragen sei noch die Frage erörtert, ob für die Verwaltung der
deutschen Sprachinseln nicht ganz allgemein eine besondere Regelung getroffen
werden muß. An größeren Sprachinseln sind zu nennen: Brünn mit rd. 60.000,
Iglau mit rd. 25.000, Olmütz mit rd. 20.000 Einwohnern. Außerdem wohnen in
dem Gebiet um Mährisch-Ostrau noch ungefähr 30.000 deutsche Staatsangehörige.

Denkbar ist zunächst die vollständige Eingliederung dieser Gebiete ohne Iglau
in das Reich. Ob sich der Führer zu einer solch bedeutenden Verkleinerung des
Protektorats und zu einer solchen Schwächung des Deutschtums in Böhmen und
Mähren entschließen wird, ist noch ganz offen. Bei dem Gebiet um Mährisch-
Ostrau sprechen starke politische Gesichtspunkte für eine Eingliederung.

Daneben besteht die Möglichkeit, die Sprachinseln im Verbande des Protektorats zu belassen, in ihnen aber das deutsche Organisationsrecht, insbesondere
das Verfassungsrecht der Deutschen Gemeindeordnung einzuführen. Die Städte
Brünn, Olmütz und notfalls auch Mähr.-Ostrau würden dann Stadtkreise im
Sinne der DGO.[146] Die übrigen deutschen Gemeinden könnten vielleicht zu einem deutschen Bezirk unter Leitung eines deutschen Landrats zusammengeschlossen werden. Der Bezirk wäre zweckmäßigerweise nach den Grundsätzen
unseres Kreisrechts zu organisieren. Besonders geregelt müßte die Aufsicht für
die Stadtkreise und den deutschen Bezirk werden. Diese könnten der Aufsicht
einer deutschen Abteilung beim Prager Innenministerium mit Appellationsrecht
an den Reichsprotektor unterstellt werden. Vorzusehen wäre die Lösung, für alle
deutschen Angelegenheiten in der Regierung des Protektorats ein eigenes deutsches Ministerium einzurichten. Dadurch würde u.a. auch erreicht, daß ein Deutscher in der Protektoratsregierung säße. Wieweit das Wirtschaftsrecht der Deutschen Gemeindeordnung bei den vielfältigen finanziellen Zusammenhängen, in

---

[145] Grundlage dafür bildeten die §§ 80-84 (Hochverrat) und §§ 89-92 (Landesverrat) Straf-
gesetzbuch.

[146] Die Deutsche Gemeindeordnung (DGO) vom 30.1.1935 hatte das bisherige föderalis-
tisch strukturierte Gemeindeverfassungsrecht der deutschen Länder zugunsten einer
zentralistischen Regelung abgeschafft. Mit der damit verbundenen Einführung von
Stadtkreisen (mit über 100.000 Einwohnern) war eine Herauslösung aus dem jeweiligen
Landkreis (so genannte Auskreisung) verbunden.

denen der Bezirk und die Gemeinden mit dem Protektorat verbleiben, eingeführt werden könnten, müßte besonderer Prüfung vorbehalten bleiben.

Außer dem deutschen Organisationsrecht muß ferner noch das deutsche Schulrecht für die deutschen Staatsangehörigen mindestens in gewissem Umfange eingeführt werden. Deutsche Schulen mit deutschen Lehrern und deutschem Lehrplan sind die Mindestvoraussetzungen, die gefordert werden müssen. Die Schulaufsicht läge bei dem deutschen Ministerium.

4. An Maßnahmen der Rassenpflege zum Schutze des tschechischen Volkes besteht – vom Reich aus gesehen – zunächst kein besonderes Interesse. Dahingehende Vorschriften sind daher nicht vorgesehen. Es wird grundsätzlich der Regierung des Protektorats überlassen bleiben können, ob und welche Maßnahmen sie gegen die Juden trifft. Die Judenfrage wird sich im Protektorat voraussichtlich von selbst entwickeln.

Vom Standpunkt des Reichs besteht aber ein Interesse daran, daß die im Protektorat wohnenden Juden das allgemeine Verhältnis des Protektorats zum Reich nicht beeinflussen. Der Führer hat daher entschieden, daß die Juden aus dem öffentlichen Leben des Protektorats ausgeschaltet werden. Die Durchführung dieser Aufgabe soll der Regierung des Protektorats obliegen und nicht unmittelbare Aufgabe des Reichs sein. Der Reichsprotektor wird der Regierung in Prag empfehlen, die notwendigen Maßnahmen zu ergreifen. Dazu würde gehören:

a) Entzug des aktiven und passiven Wahlrechts,
b) Ausschluß aus den öffentlichen Ämtern,
c) Ausschaltung aus Presse, Rundfunk und den sonstigen Tätigkeiten, durch die die öffentliche Meinung beeinflußt wird,
d) Ausschaltung aus den zur Aufrechterhaltung der inneren Sicherheit und Ordnung aufzustellenden technischen Verbänden (Art. 7 des Führererlasses),
e) Verbot des Waffenbesitzes und ferner Verbot der Herstellung und des Handels mit Waffen.

In der Wirtschaft sollen zunächst von Reichs wegen keine besonderen Maßnahmen gegen die Juden getroffen werden. Es soll vielmehr der Regierung des Protektorats überlassen bleiben, die wirtschaftliche Seite der Ausschaltung des Judentums von sich aus in Angriff zu nehmen.

5. Die Beamten des Protektorats werden nicht Reichsbeamte. Demgemäß wird auch nicht das Deutsche Beamtengesetz im Protektorat eingeführt. Die Beamten werden auch nicht auf den Führer vereidigt. Sie sollen jedoch eine Loyalitätserklärung für das Reich abgeben, die ebenfalls vom Reichsprotektor bei der Protektoratsregierung angeregt werden müßte. Es ist der Wille des Führers, daß Protektoratsangehörigen alle öffentlichen Ämter im Reiche verschlossen bleiben. Protektoratsangehörige können daher weder Beamte des Deutschen Reichs, noch Offiziere der Deutschen Wehrmacht, noch Amtsverwalter der Partei, noch Träger eines öffentlichen Amtes in der gewerblichen Wirtschaft und in den ständischen und wirtschaftlichen Organisationen werden. Protektoratsangehörigen stehen lediglich die Ämter der Verwaltungszweige offen, die vom Protektorat autonom verwaltet werden.

6. Eine reichseigene Verwaltung wird im Protektorat nur in beschränktem Maße eingerichtet werden. Neben Wehrmacht und Luftfahrt wird die Zollverwaltung, die Sicherheitspolizei, der Rundfunk, die Devisenbeschaffung und für die volksdeutschen Bewohner die Justizverwaltung in reichseigene Verwaltung zu übernehmen sein. In der Mittelinstanz werden alle reichseigenen Verwaltungszweige unter dem Reichsprotektor zusammengefaßt werden. Für alle übrigen Verwaltungszweige wird voraussichtlich eine eigene Verwaltung nicht in Frage kommen. Dies gilt insbesondere für die Arbeitsverwaltung, die Bahn und Post sowie für das gesamte Verkehrswesen.

Artikel 8 des Führererlasses, der dem Reich die unmittelbare Aufsicht über das Verkehrswesen sowie das Post- und Fernmeldwesen überträgt, besagt nicht, daß diese Verwaltungen im Protektorat eigene Mittel- und Unterbehörden einrichten. Der Begriff „unmittelbare Aufsicht" enthält nach allgemeiner Auffassung nur das Recht, diese Verwaltungszweige des Protektorats auf die Richtlinien der entsprechenden Reichsverwaltung hinzuweisen und ihre Angleichung an die allgemeinen und technischen Einrichtungen des Reichs durchzuführen. Zu diesem Zweck können diese Verwaltungen auch einzelne Inspekteure und Berater zu unteren und mittleren Verwaltungsstellen des Protektorats abordnen. Die abgeordneten Beamten unterstehen dem Reichsprotektor. Eine unmittelbare Abordnung zu Prager Ministerien kommt jedoch nicht in Frage. Gegebenenfalls werden Sachbearbeiter dem Reichsprotektor zugeteilt werden können, die die Aufsicht über die einschlägigen zentralen Protektoratsbehörden führen. Bahn, Post und Fernmeldewesen des Protektorats müssen so angeglichen werden, daß sie jederzeit, insbesondere im Ernstfall, vom Reich in eigene Verwaltung und Betriebsführung genommen werden können.

7. Ob die im Bereich der allgemeinen Verwaltung z.Zt. eingesetzten Oberlandräte weiter bestehen bleiben, ist noch nicht endgültig zu übersehen. In gewissem Umfang werden sie voraussichtlich auch als Staatsangehörigkeitsbehörden, als zivile Erfassungsdienststellen usw. aufrechterhalten, bezw. eingerichtet werden müssen. Die Oberlandräte sind vom Oberbefehlshaber des Heeres als dem Inhaber der vollziehenden Gewalt zur Unterstützung der Bezirkshauptmannschaften und der Fachbehörden der unteren Instanz beigegeben worden. Der Zuständigkeitsbereich der Oberlandräte umfaßt mehrere Bezirkshauptmannschaften. Soweit eine Unterstützung der Gemeindebehörden in Frage kommt, sind besondere Distriktkommissare vorgesehen, die von den Oberlandräten eingesetzt werden können und ihm unmittelbar unterstellt sind. Die Oberlandräte unterstehen dem Chef der Zivilverwaltung bei der Heeresgruppe, in dem sich die gesamte Zivilverwaltung unter Vermeidung jeder Aufspaltung fachlicher und sonstiger Art vereinigt. Distriktkommissare, Oberlandräte und Chef der Zivilverwaltung üben nicht selbst die Verwaltung aus, sondern sie führen nur eine Aufsicht über die Verwaltung des Protektorats. Der Geschäftsverkehr wickelt sich demgemäß so ab, daß die Regierung des Protektorats alle Weisungen an nachgeordnete Behörden durch die Oberlandräte leitet. Die Oberlandräte können sich nach Bedarf in den Verkehr der ihrer Aufsicht unterstehenden Protektoratsbehörden mit der

Protektoratsregierung einschalten. Sie sind ferner befugt, bei Bedenken gegen die Anordnungen der Landesregierung die Entscheidung des Chefs der Zivilverwaltung anzurufen. Die Oberlandräte können Anordnungen der Bezirkshauptmannschaften aufheben und in dringenden Fällen durch eigene ersetzen. Dieselbe Stellung haben die Distriktkommissare im Verhältnis zwischen Bezirkshauptmannschaft und Gemeindebehörden.

Ob eine Aufsicht über die Protektoratsbehörden in diesem Umfange aufrecht erhalten werden muß, ist, wie bereits oben gesagt, z.Zt. noch nicht abzusehen.

8. Es entspricht dem Willen des Führers, daß die Tschechen in der Form konziliant, in der Sache aber mit größter Strenge und unerbittlicher Konsequenz behandelt werden. Der Tscheche versteht seinem Charakter nach Nachgiebigkeit nicht. Der Tscheche ist geneigt, Entgegenkommen als Schwäche aufzufassen. Die Behandlung nach strengen Grundsätzen soll selbstverständlich gerecht sein. Sowohl der Regierung des Protektorats als auch den nachgeordneten Dienststellen muß bei allen Handlungen klar sein, daß die oberste Regierungsgewalt in der Hand des Reichs liegt. Das bedeutet auf der anderen Seite nicht, daß in jede Einzelmaßnahme von deutscher Seite eingegriffen wird.

86

PA/AA, Handelspolitische Abteilung, R 106218
PA/AA, Handelspolitische Abteilung, R 106270

Aufzeichnung des Leiters der Handelspolitischen Abteilung Wiehl

W.H.A. 718

Im mündlichen und schriftlichen Verkehr mit Behörden und Privaten soll der Handelspolitische Ausschuß nicht erwähnt und auf seine Entscheidungen nicht Bezug genommen werden.

Nr. 12   Geheim!

Sitzung
des Handelspolitischen Ausschusses
am 25. März 1939.

Anwesend: Für Ministerialdirektor von Jagwitz: Ministerialrat Bergemann, für das Reichsbankdirektorium: Reichsbankdirektor Wilhelm, ferner vom R.W.M.: Min.Rat Imhoff, Oberreg.Rat Janke, Oberreg.Rat Frhr. von Süßkind, vom R.M.f.Ern.u.Ldw.: Min.Rat Schefold, vom R.F.M.: Min.Rat Litter, Oberreg.Rat. Könning, vom Reichsforstamt: Min.Dir. Parchmann, vom Vierjahresplan: Min.Dir. Gramsch, Min.Dir. Wohlthat.

1.) <u>Protektorat Böhmen und Mähren.</u>

Die Deutsche Botschaft in London soll angewiesen werden, gegen die von der Englischen Regierung bereits angewendete Sperre tschechischer Guthaben, die jetzt durch das Parlament sanktioniert werden soll, Verwahrung einzulegen und zugleich Aufklärung über den Zweck dieser Maßnahmen zu verlangen. Die tschechische Nationalbank soll veranlaßt werden, bei der Bank von England telegrafisch anzufragen, warum ein von ihr erteilter Auftrag, ihr Golddepot zu überweisen, nicht ausgeführt worden ist.[147] Die Beschlußfassung über die Frage, ob die wöchentlichen Teilzahlungen für den Dienst der tschecho-slowakischen ausländischen Anleihen nach dem 1. April fortgesetzt werden sollen, wird zurückgestellt, bis eine Antwort auf unsere Demarche in London vorliegt. Die in den Vereinigten Staaten verfügte Sperre tschechischer Guthaben ist inzwischen aufgehoben worden. Vor Schritten in Paris soll das Ergebnis der Demarche in London abgewartet werden. Von schweizerischer Seite liegen mündlich Mitteilungen vor, daß der Bundesrat seine Verfügungen aufheben wird, sobald wir in Verhandlungen eintreten.

Bei der Regelung der wirtschaftlichen Beziehungen zwischen dem Protektorat und dem Ausland werden sich drei Stufen ergeben:

a) Vorläufig bleibt es bei dem bisherigen Zustand. Durch die deutschen Vertretungen im Ausland ist den betreffenden Regierungen bereits mitgeteilt worden, daß wir bis auf weiteres die bisherigen Regelungen anwenden werden, falls die anderen Regierungen das Gleiche tun.

b) Alsbald sind wegen einer Übergangsregelung Verhandlungen mit den Staaten, mit denen die Tschecho-Slowakei stärkere wirtschaftliche Verbindungen hatte, einzuleiten. Solche Verhandlungen sind bereits für die nächste Zeit mit Italien, Polen, Jugoslawien, Dänemark, Holland, Schweiz und Ungarn in Aussicht genommen. Wie im Falle Österreich wird das Protektorat in den deutschen Verrechnungsverkehr einbezogen werden. Ferner werden die Kontingentsfragen zu regeln sein; für die Wertgrenzen wird, auch wenn ihre Festsetzung im Rahmen der allgemeinen Abkommen erfolgt, solange das Protektorat zollrechtlich getrennt bleibt, eine ziffernmäßige Trennung von den deutschen Kontingenten vorgenommen.

---

[147] Bis März 1939 hatte die Tschechoslowakische Nationalbank den Großteil ihres Goldes in Höhe von etwa 89 Tonnen in Depots ausländischer Banken verbracht. Unter politischem Druck war die Nationalbank allerdings gezwungen worden, am 7.3.1939 in einem Telegramm an die Bank für Internationalen Zahlungsausgleich (BIZ) in Basel die Übertragung ihres Goldes in den Depots in Bern und Brüssel an die Deutsche Reichsbank zu veranlassen. Fast gleiche Orders der Nationalbank waren nach der Okkupation an die Bank of England und an die BIZ ergangen, rund 27 bzw. 23 Tonnen an die Deutsche Reichsbank zu transferieren. Ein Teil der tschechischen Goldreserven wurde daraufhin von der Bank of England „ordnungsgemäß" überwiesen. Erst mit der Pending Clarification des britischen Unterhauses wurden die restlichen tschechischen Goldreserven eingefroren.

c) Die dritte Stufe ist die vollständige Eingliederung in den Wirtschaftsverkehr Deutschlands mit dem Ausland nach Aufhebung der Zollgrenze zwischen dem Protektorat und dem übrigen Reichsgebiet und Einführung des
deutschen Zolltarifs. Die entsprechenden Vereinbarungen sind soweit
möglich schon bei den jetzt bevorstehenden Verhandlungen zu treffen.

Da sich Schwierigkeiten bei der Belieferung des Protektorates aus dem Um-
stande ergeben haben, daß bei den Lieferstaaten Zweifel über die Kursent-
wicklung der Tschechenkrone bestehen, sollen die deutschen Missionen in
den in Frage kommenden Staaten eine Erklärung abgeben, daß wir nicht beabsichtigen, an der Goldparität der Tschechenkrone etwas zu ändern.

Waren, die aus dem Protektorat stammen, können nicht mehr mit der Bezeichnung „made in Czechoslowakia" sondern sollen mit der Bezeichnung
„made in Bohemia" (Moravia) markiert werden.

[...][148]

Berlin, den 25. März 1939

WIEHL

87

PA/AA, Handelspolitische Abteilung, R 109981

**Schreiben des Leiters der Reichsstelle für den Außenhandel
der Wirtschaftspolitischen Abteilung Wingen
an den Leiter der Handelspolitischen Abteilung Wiehl**

Prag, den 25. März 1939

W III *2726*

Sehr verehrter Herr Ministerialdirektor!

In der Anlage übersende ich Ihnen in 2 Stücken den Geschäftsverteilungsplan
der Wirtschaftsabteilung des hiesigen Außenamtes. Wie Sie daraus ersehen,
werden die allgemeinen Referate sehr bald schon aufgelöst werden können,
während die Länderreferate für die Eingliederungsverhandlungen zur Verfügung stehen müssen. Was die Beteiligung der hiesigen Herren an der Vorbereitung dieser Verhandlungen betrifft, so ist hier das erforderliche Unterla-
genmaterial bereits zur Verfügung. Die veröffentlichten Verträge sind über
die Gesandtschaft in je 10 Stücken schon nach Berlin gegeben worden. Augenblicklich wird das vertrauliche Material zusammengestellt. Ich werde davon nur 1 komplettes Stück Anfang der Woche nach Berlin übersenden können, da die Sammlung überhaupt nur in 2 Stücken greifbar sein wird.

---

[148] Der Handelspolitische Ausschuss befasste sich auf seiner Sitzung auch noch mit wirtschaftspolitischen Fragen Litauens und Rumäniens, die hier aber nicht Gegenstand sein
sollen und daher weggelassen wurden.

Die Teilnahme der hiesigen Referenten würde ich mir so vorstellen, daß zu den respektiven Verhandlungen zunächst einmal der sogenannte Vorstand nach Berlin kommt, der im allgemeinen über den gesamten Komplex seiner Länderabteilung gut unterrichtet sein soll. Er würde dann in Berlin gegebenenfalls vorzuschlagen haben, daß der eine oder andere seiner Hilfsarbeiter ebenfalls hinbeordert wird.

Was die Bereitwilligkeit der Herren zur Mitarbeit anlangt, so kann ich bisher darüber nicht klagen. Man könnte eher etwas erstaunt sein, daß diese Mitarbeit eigentlich etwas übertrieben bereitwillig angeboten wird. Ich habe mit dem Legationsrat Skorkovský eine sehr eingehende vorbereitende Unterredung über die Mitwirkung der Abteilung gehabt. Gegen Schluß dieser Aussprache kam er dann auch auf die begreiflicherweise die Herren besonders beschäftigende Frage ihrer späteren Verwendung zu sprechen. Ich habe ihm dazu ausgeführt, daß ich begreiflicherweise irgendwelche konkreten Hoffnungen nicht erwecken möchte oder könnte.

Falls einige seiner Herren, wie er mir angedeutet habe, sich nach einer anderen Unterkommensmöglichkeit umsehen wollten, würde ich dem nicht im Wege stehen. Über die persönliche und sachliche Qualifikation der Herren der Wirtschaftsabteilung kann ich mich begreiflicherweise im Augenblick noch nicht aussprechen. Ich möchte nur betonen, daß auch der dort ja bekannte Ministerialrat V r a b e c in entgegenkommendster Weise mich zu unterstützen bemüht ist.

Ich habe weiterhin die Verbindung mit den Vertretern des RWM im hiesigen Handelsministerium, nämlich die Herren K e h r l, K ö l f e n und von W e - d e l s t ä d t aufgenommen, desgleichen mit Reichsbankdirektor M ü l l e r bei der Nationalbank. Irgendwelche Vorschläge von handelspolitischen Abmachungen zwischen Protektorat und fremden Staaten würden Ihnen also gemeinschaftlich mit den Herren vom RWM gemacht werden. Ich halte es jedenfalls für richtiger, daß wir uns hier an Ort und Stelle verständigen oder gegebenenfalls Meinungsverschiedenheit feststellen, damit Sie in Berlin wissen, daß an den Anregungen auch das RWM hier beteiligt worden ist.

Über die folgende Frage bitte ich die dortige Entscheidung herbeizuführen: Soll die VI. Zusatzvereinbarung zum deutsch-tschechischen Wirtschaftsabkommen vom 29.6.1920,[149] vom 15.12.1938, noch in Kraft gesetzt werden?[150]

---

[149] Richtig: „Wirtschaftsabkommen zwischen der Deutschen Regierung und der Tschechoslowakischen Regierung" vom 29.6.1920 (RGBl. 1920 II, 2240-2276).

[150] Handschriftlicher Zusatz: *Die Zusatzvereinbarung ist im RGBl. 39 II, S. 185, Ausgabe: 3.III. veröffentlicht.*

Wie ich bereits durch Telegramm erbeten habe, wäre ich für eine fortlaufende Unterrichtung über deutsche Schritte, Vorbereitungen usw. in Sachen der Außenwirtschaft des Protektorates dankbar, damit eine hier bestehende gewisse Nervosität in den Ämtern wegen Nichtunterrichtung behoben werden kann.

Ich bitte dies als vorläufigen Bericht zu betrachten und bin mit

Heil Hitler!

Ihr

WINGEN

[Anlage: Geschäftsverteilungsplan der Sektion IV – volkswirtschaftliche Abteilung – des ehemaligen tschechoslowakischen Außenministeriums]

<u>Sektionsvorstand</u>
JuDr. Jaroslav Skorkovský, Legationsrat

<u>Abteilung IV/1 (Handelsberichterstattung)</u>
Vorstand: Miloslav Lom, Sektionsrat
PhDr. Václav Láska, Sektionsrat
JuDr. Guido Müller, Oberministerialkommissär
JuDr. Antonín Klouda, Ministerialkonzipist
Ing.Dr. Jiří Kubelík, Ministerialkonzipist, Sekretär des Sektionsvorstandes

Kompetenz:
Verfolgung der in- und ausländischen volkswirtschaftlichen Gesetzgebung und der Tätigkeit einheimischer und fremder wirtschaftlicher Institutionen mit Ausnahme handelspolitischer Angelegenheiten.
Regelung der Handelsberichterstattung der Vertretungsbehörden, Überwachung deren Durchführung und Sorge um deren Verwertung.
Mitarbeit bei Handelsförderungsmaßnahmen und bei wirtschaftlicher Propaganda. Die wirtschaftliche Erneuerung des Staates.
Heereslieferungen, Gasmasken.

<u>Abteilung IV/2 (Osteuropa)</u>
Vorstand: Václav Čech, Sektionsrat
Viktor Bayer, Sektionsrat
Ing.Dr. Jiří Kubelík, Ministerialkonzipist

Josef Vrba, Oberaktuaradjunkt
Josef Sedláček, Oberaktuaradjunkt

Kompetenz:

Polen
Griechenland, Türkei
Subreferent für Polen
Estland, Litauen, Lettland
Finnland, UdSSR

Abteilung IV/3 (Mittel- und Osteuropa)   Kompetenz:
Vorstand: Čeněk Vrabec, Ministerialrat   Verträge
Jaroslav Netoušek, Obersektionsrat   Deutschland
Ing. Lad. Chocholoušek, Obersektionsrat   Schweiz, Niederlande, Holland, Indien
     Subreferent für Deutschland
Ing. Otakar Kabeláč, Sektionsrat   Dänemark, Norwegen, Schweden

Abteilung IV/4 (Romanische [Länder])   Kompetenz:
Vorstand: Josef Košek, Obersektionsrat
Josef Šust, Obersektionsrat   Frankreich, Portugal, Spanien, Staaten
     von Mittel- und Südamerika mit Ausnah-
     me von Brasilien und Argentinien
Jiří Sedmík, Sektionsrat   Belgien
Ing.Dr. Otto Coufal, Sektionsrat   Italien
JuDr. Ant. Klouda, Ministerialkonzipist   Brasilien, Argentinien
     Subreferent für Italien

Abteilung IV/5 (Angelsächsische [Länder])   Kompetenz:
Vorstand: Dr.techn. Rudolf Kuráž,
    Ministerialrat
JuDr. Josef Lusk, Obersektionsrat   England und Kolonien, Arabien, Ceylon,
     Zypern, Indien, Irak, Irland, Liberia, Ma-
     laysia, Malta, Mandschukuo, Siam, Straits-
     Settlements,[151] Trinidad, Jemen
Stanislav Kovář, Obersektionsrat   Ägypten, Südafrika, Australien, Kanada,
     Neuseeland, Philippinen, Cuba, Domini-
     ka,[152] Haiti
Ing.Dr. Otto Coufal, Sektionsrat   USA
Dr. Josef Lelek, Ministerialkommissär   China, Japan, Palästina
     Subreferent für England und Kolonien,
     Arabien, Ceylon, Zypern, Indien, Irak,
     Irland, Liberia, Malaysia, Malta, Mand-
     schukuo, Siam, Straits-Settlements, Tri-
     nidad, Jemen
Josef Vrba, Oberaktuarsekretär   Afghanistan, Iran

---

[151] Gemeint sind hier die ehemaligen Kolonien der Britischen Ostindien-Kompanie in Süd-
ostasien, die ab 1867 zur britischen Kronkolonie gehörten. Dazu zählen Penang, Singapur, Malakka, die Weihnachtsinsel und die Kokosinseln sowie Labuan.
[152] Dominikanische Republik.

Abteilung IV/6 (Handelspolitik)
Vorstand: Antonín Kratochvíle,
    Sektionsrat
Stanislav Dvořák, Sektionsrat
JuDr. Jan Brabec, Ministerialkommissär
Miroslav Šilhavý, Aktuarelève
Josef Horáček, Oberkanzleioffizial

Kompetenz:
Verfolgung einheimischer handelspoliti-
scher Gesetzgebung, Mitwirkung bei ihrer
Vorbereitung sowie bei Verhandlungen
über handelspolitische Fragen.
Mitwirkung bei Vorbereitung, beim Ab-
schluß und Inkraftsetzung sowie bei der
Auslegung von Handelsverträgen; Evidenz
derselben.
Verfolgung einheimischer, ausländischer
und internationaler Institutionen und
Kartelle vom handelspolitischen Gesichts-
punkte aus.
Getreidegesellschaft, Viehsyndikat.

Abteilung IV/7 (Verkehr)
Vorstand: JuDr. Jan Reisser,
    Obersektionsrat

Kompetenz:
Verfolgung einheimischer und ausländischer Verkehrsgesetzgebung. Mitwirkung
bei Vorbereitung und dem Abschluße
internationaler Verkehrsverträge. Seever-
kehrsfragen, Fluß-, Eisenbahn-, Straßen-,
und Luftverkehrsfragen sowie Post-, Tele-
graphen-, Telephon und Radiotelegra-
phieangelegenheiten und andere ver-
kehrstechnische internationale Fragen im
internationalen Verkehr.

PhDr. Karel Fragner, Sektionsrat
Ing. Hynek Brunner, Oberministerial-
    kommissär
Jindřich Sieber, Aktuarsekretär
Karel Prchlík, Aktuaradjunkt

Flugwesen
Wasserverkehr

Landverkehr, Kohle und Elektrizität
Subreferent für Flugwesen, Schiffsverkehr,
Landverkehr, Kohle und Elektrizität

Abteilung IV/8 (Südeuropa)
Vorstand: Miloslav Niederle, außerordent-
    licher Gesandter und bevollmächtigter
    Minister
Vladimír Khek, Sektionsrat
Ing. Bohumil Šust, Oberministeristerial-
    sekretär
Adolf Hajčman, Aktuarsekretär

Kompetenz:

Ungarn, Bulgarien, Albanien
Jugoslawien

Rumänien

88

PA/AA, Büro des Staatssekretärs, R 29772

Telegramm des Staatssekretärs Weizsäcker
an den wirtschaftspolitischen Sonderbotschafter Ritter

Berlin, den 26. März 1939

Für Botschafter Ritter.

Bei den diplomatischen und konsularischen ehemals tschechoslowakischen Missionen im Auslande, insbesondere soweit sie unter britischem, französischem, amerikanischem und sowjetrussischem Einfluß stehen, steigert sich die Widerspenstigkeit gegen die vom ehemaligen Prager Außenministerium erlassene Weisung, betreffend die reibungslose Übergabe ihrer Geschäfte an die deutschen Vertretungen. Die betreffenden Meldungen darüber sind und werden Ihnen regelmäßig zugestellt. Die Triebkräfte für jenen Widerstand sind teils in der Anhängerschaft zum ehemaligen Beneš-System, zum großen Teil aber auch bei den Regierungen zu suchen, *bei welchen* diese Missionen akkreditiert waren. Die so in die Irre gehenden bzw. vom Ausland mißbrauchten ehemaligen tschechoslowakischen Vertretungen leisten sich selbst und den Interessen des Protektoratsgebiets einen schlechten Dienst. Wir sind daher auch nicht gewillt, diesem Treiben noch länger zuzusehen und beabsichtigen Gegenmaßnahmen gegen die widerspenstigen Behördenleiter, das von ihnen mißleitete Personal und deren heimatliche Interessen. Vor allem aber beabsichtigen wir die Prager Regierung selbst dafür verantwortlich zu machen. Ich bitte Sie, im Laufe des Montags (27.3.) den bisherigen Außenminister Chvalkovský aufzusuchen und ihm diejenigen Maßnahmen zu nennen, welche die Prager Regierung nunmehr umgehend generell zu ergreifen haben wird, um Ordnung zu schaffen. Die zu benennenden Maßnahmen wären im Laufe des Montag vormittags noch telefonisch mit dem Auswärtigen Amt im einzelnen festzulegen. Sie werden sich erstrecken auf Entziehung des Schutzes, Ausbürgerung, Sperrung jeglicher Bezüge, Beschlagnahme von Vermögen und Einkünften für die Beteiligten selbst und für deren Anhang usw. Zweckmäßig wird auch sein, in dem einen oder anderen besonders krassen Fall eine Sofortmaßnahme zu treffen, welche zu publizieren wäre und als abschreckendes Beispiel heilsam wirken könnte. Ich bitte Sie, sich am 27. vormittags mit dem Auswärtigen Amt telefonisch in der Sache in Verbindung zu setzen.

WEIZSÄCKER

89

PA/AA, Büro des Staatssekretärs, R 29772

Telefonat des wirtschaftspolitischen Sonderbotschafters Ritter
mit dem Leiter der Personal- und Verwaltungsabteilung Prüfer

Soeben rief mich Botschafter Ritter aus Prag an und teilte folgendes mit:

1) Die Bezüge der renitenten ehemals tschechoslowakischen Missionschefs sind seit dem 23. d.M. gesperrt.

2) Botschafter Ritter hat von sich aus die Bankkonten von 5 Missionschefs, die er ermitteln konnte, gesperrt.

3) Obwohl eine gesetzliche Handhabe für die Ausbürgerung nicht vorhanden ist, wird heute ein Ministerratsbeschluß diese sowie die allgemeine Vermögensbeschlagnahme über die genannten Missionschefs verhängen.

Hiermit dem Büro des Herrn RAM zur Vorlage übersandt.

Berlin, den 27. März 1939
13 Uhr 45
PRÜFER

90

PA/AA, Büro des Staatssekretärs, R 29772
PA/AA, Büro des Staatssekretärs, R 29854

Schreiben des Staatssekretärs Weizsäcker
an den wirtschaftspolitischen Sonderbotschafter Ritter

Berlin, den 27. März 1939

Lieber Herr Ritter!

Ihre Aufzeichnung betreffend Ihr kürzliches Gespräch mit dem Präsidenten Hácha hat Herrn von Neurath zu einem Telefonanruf an mich veranlaßt. Herr v. Neurath fand, daß Sie in dem einen oder anderen Punkt Ihrer Ausführungen gegenüber Hácha zu sehr in die Tiefe gegangen seien, da gewisse Entscheidungen noch nicht getroffen oder noch nicht definitiv seien, welche Ihr Gespräch berührt hat. Ein wesentlicher Punkt war offenbar hierbei, daß der Protektor auf Weisung des Führers anscheinend auf dem Hradschin wohnen soll.[153]

Ich gebe Ihnen die Äußerungen von Herrn v. Neurath so wieder, wie sie an mich gelangt sind.

---

[153] Neurath bewohnte als Reichsprotektor das Czernin-Palais, Hácha als Staatspräsident den Hradschin.

Über die Dauer der militärischen Vollziehungsgewalt scheint immer noch keine volle Klarheit zu herrschen. Ich habe kürzlich gehört, daß der 6. April als der Übergangstag vorgesehen sei. Neuerdings scheint mir der Termin wieder fraglich und zwar wird sowohl von Verkürzung wie von Verlängerung des bisherigen Zustandes gesprochen.

Beste Grüße und
Heil Hitler!
wie stets der Ihre
WEIZSÄCKER

91

PA/AA, Büro des Staatssekretärs, R 29773

**Telegramm des wirtschaftspolitischen Sonderbotschafters Ritter
und des Vertreters des Auswärtigen Amtes beim Reichsprotektor Hencke
an das Auswärtige Amt**

Prag, den 27. März 1939   20 Uhr 25
Ankunft: 27. März   „   22 Uhr 50

Nr. 151 vom 27.3.   Auf Telegramm Nr. 128 vom 26.3.[154]

1.) Bezüge renitenter Auslandsbeamter wurden schon Donnerstag voriger Woche gesperrt.
2.) Ich habe Sonnabend voriger Woche hiesige Bankkonten der Gesandten oder Geschäftsträger in Paris, London, Washington, Warschau, Moskau und Santiago[155] sperren lassen. Nach heute erfolgender Einsichtnahme in Steuergesetzerklärungen werde ich auch sonstige Vermögen beschlagnahmen lassen.
3.) In heutigem Ministerrat werden legislative Maßnahmen beschlossen werden, die für Ausbürgerung und Vermögensbeschlagnahme notwendig sind.
4.) Vorschlage mit Publikation zu warten, bis Maßnahmen unter Ziffer 3 feststehen. Ich würde es dann vorziehen, daß Publikation durch hiesige Regierung erfolgt.

RITTER, HENCKE

---

[154] Siehe Dokument Nr. 88.
[155] Štefan Osuský, Jan Masaryk, Juraj Slávik, Zdeněk Fierlinger, Vladimír Smetana.

92

PA/AA, Büro des Staatssekretärs, R 29772

Telegramm des Staatssekretärs Weizsäcker
an den wirtschaftspolitischen Sonderbotschafter Ritter

Berlin, den [27.] März 1939

No. *135*   Auf Telegramm No. 151, zu lfdr. No. 4[156]

Reichsaußenminister bittet Sie, von einer publizistischen Behandlung der betreffenden Maßnahmen abzusehen, jedoch dafür Sorge zu tragen, daß die dortige Regierung den renitenten Auslandsbeamten getroffene Maßnahmen zwecks Ausübung eines Druckes telegrafisch mitteilt.

WEIZSÄCKER

93

PA/AA, Rechtsabteilung, R 42802

Anweisung des stellvertretenden Leiters der Personal- und Verwaltungs-
abteilung Dienstmann an die Diplomaten Stein, Hammer und Steinseifer

Pers. H 6213 Ang. II   Berlin, den 27. März 1939

Sie werden hiermit beauftragt, sich zu den nachstehend aufgeführten ehemaligen tschecho-slowakischen Konsularbehörden in

zu 1) nach München	zu 2) nach Hamburg	zu 3) nach Dresden
Stuttgart	Stettin	Magdeburg
Wien	Bremen	Leipzig
Innsbruck	Königsberg	Chemnitz
Linz	Köln	Breslau
	Essen	
	Düsseldorf	
	Memel	

zu begeben und die Abwicklung der Behörden, soweit dies am Orte möglich ist, durchzuführen. Zur Durchführung dieser Aufgabe wird Ihnen
    zu 1) Dr. Langer, Rechtsabteilung,
    zu 2) Amtsrat Schaarwächter,
    zu 3) Dr. Helversen als sprachkundiger Berater
zugeteilt.
    I. Insbesondere werden Sie beauftragt, das Akten- und Chiffriermaterial der genannten Behörden, soweit es nicht zur Zeit von der Geheimen Staatspolizei noch benötigt wird, nach Berlin zu senden und zwar:

---

[156] Siehe Dokument Nr. 91.

1) die politischen und geheimen sowie die abgelegten Akten an das Politische Archiv des Auswärtigen Amts,

2) das Chiffriermaterial an das Referat Z des Auswärtigen Amts,

3) die sonstigen Akten, soweit sie nicht für die laufende Verwaltung gebraucht werden, an die Abwicklungsstelle des Auswärtigen Amts, Jägerstraße 12.

Soweit das Material noch von den örtlichen Stellen der Geheimen Staatspolizei benötigt wird, sind diese zu veranlassen, das Material nach Gebrauch an die vorbezeichneten Stellen des Auswärtigen Amts zu senden.

II. Die Dienstgebäude und Einrichtungsgegenstände sowie die Verwaltungsfonds sind, soweit keine Bedenken bestehen, dem früheren Leiter der betreffenden ehemaligen tschecho-slowakischen Konsularbehörde oder seinem Vertreter zu übergeben. Werden Fonds vorgefunden, die für politische Zwecke bestimmt sind, so sind diese zu sperren oder sonst sicherzustellen und darüber zu berichten. Der Leiter der ehemaligen tschecho-slowakischen Konsularbehörde oder sein Vertreter ist berechtigt, aus dem dafür vorhandenen Fonds laufende Ausgaben für Miete, Gehälter usw. zu bestreiten. Er rechnet wie bisher mit Prag ab.

Zu Verfügungen über Gebäude und Einrichtungsgegenstände oder zum Abschluß oder zur Kündigung von Verträgen sind Sie nicht ermächtigt.

III. Es ist bereits veranlaßt, daß die für die Konsularbehörden eingehende Post – gegebenenfalls nach Vorprüfung durch die örtlichen Polizeistellen – an die Abwicklungsstelle des Auswärtigen Amts gesandt wird. Die praktische Handhabung bitte ich an Ort und Stelle zu besprechen.

IV. Der Reichsführer SS und Chef der Deutschen Polizei im Reichsministerium des Innern,[157] Berlin, ist ersucht worden, die örtlichen Polizeistellen von Ihrer Entsendung zu verständigen und sie anzuweisen, Sie bei der Durchführung Ihrer Aufgaben und dem Abtransport der Akten zu unterstützen.

V. Über die Durchführung der Aufgaben ist dem Auswärtigen Amt, Sonderreferat Pers. H, zu berichten, insbesondere auch darüber, welche Beamte der ehemaligen tschecho-slowakischen Behörden zur Erfüllung der unter II. bezeichneten Aufgaben unbedingt am Ort verbleiben müssen.

Im Auftrag
DIENSTMANN

---

[157] Heinrich Himmler.

94

PA/AA, Rechtsabteilung, R 42802

Schreiben des ehemaligen Gesandtschaftsrates
der Tschechoslowakischen Gesandtschaft in Berlin Schubert
an den Referatsleiter Abwicklung der ehemaligen tschechoslowakischen
Vertretungsbehörden im Reich in der Rechtsabteilung Schiffner

Berlin, den 29. März 1939
R 8162

Sehr geehrter Herr Geheimrat,
Mit Bezug auf die gestrige Unterredung erlaube ich mir Ihnen in der Anlage
Abschriften von meinem Bericht über die Liquidation der Gesandtschaft, die
Übersetzung einer Verfügung des Ministeriums des Äußern in Prag sowie
eine Übersetzung meines Rundschreibens an die ehemaligen Konsularämter
in Deutschland einzusenden.

Ich bitte Sie, sehr geehrter Herr Geheimrat, den Ausdruck meiner vorzüg-
lichsten Empfehlung zu genehmigen.

MIROSLAV SCHUBERT

[Anlage 1: Die Liquidation der gewesenen Tschechoslowakischen Gesandtschaft in
Berlin]

Nr. 1/1939 liq. Berlin, den 22. März 1939
R 8162/39

Am 16. März 1939 in den Nachmittagsstunden hat sich auf der Gesandtschaft im
Namen des Auswärtigen Amtes in Berlin Generalkonsul von Schubert, begleitet von
Legationsrat von Etzdorf, Konsularsekretär Lischke und einigen Beamten der Geheimen Staatspolizei eingefunden. Generalkonsul von Schubert hat dem Gesandten
Dr. Mastný in Gegenwart des Legationsrates Schubert mitgeteilt, daß im Sinne des
Artikels 6 des Erlasses des Führers und Reichskanzlers vom 16. März 1939 das Deutsche Reich den Schutz der Staatsangehörigen des Protektorats übernommen hat
und daß deswegen das Auswärtige Amt die Agenda der Gesandtschaft übernehmen
soll. Weiter wurde mitgeteilt, daß mit der Übernahme Legationsrat Dr. von Etzdorf
betraut wurde. Gesandter Dr. Mastný hat mit Rücksicht darauf, daß er ab 1. März
1939 in Pension sich befindet und nur formell noch Gesandter ist, Legationsrat
Schubert mit der Übergabe der Agenda der Gesandtschaft betraut.

Die Kommission, welche unter dem Namen „Abwicklungsstelle der Tschecho-
Slowakischen Gesandtschaft" amtiert, hat die Panzerschränke, die Räume, wo sich
Archive befinden, wie auch alle Eingänge in die Kanzleiräume, in die Amtsräume des
Militärattachés und der Konsularabteilung versiegelt. In der Portierloge wurden wäh-
rend der ersten zwei Tage zwei Beamte der Geheimen Staatspolizei zurückgelassen.

Die Übergabe wurde in einem Protokoll, welches beiliegt, festgehalten.

Vom 17.-21.III.1939 wurde die eigentliche Übernahme des Aktenmaterials durchgeführt und zwar zuerst Chiffrierbehelfe und des vertraulichen Archivs. Die Ar-

beitsräume der einzelnen Beamten und ihrer Tische wurden in Anwesenheit der Referenten übernommen. Die Übernahme geschah gründlich, jedoch äußerst rücksichtsvoll. Legationsrat Dr. von Etzdorf wurde schon am 17. März 1939 vom Botschaftsrat Baron von Stein abgelöst, dem der Generalkonsul Hammer zugeteilt wurde.

Die Übernahme des Schriftenmaterials wurde am 21. März 1939 beendet. Ein Teil dieses Materials, insbesondere die vertraulichen und politischen Schriften, wurden gleich abbefördert, die Schriften des administrativen Protokolls sind zum Teil noch im Gebäude geblieben und der Archivraum wurde bis zur Abbeförderung dieser Schriften ins Auswärtige Amt versiegelt. Die Finanzmittel, soweit sie bar vorhanden waren, wurden von der Kommission übernommen, und soweit sie sich in der Bank befanden, wurden sie gesichert. Die Beamten der Gesandtschaft haben die Weisung erhalten, Berlin vorläufig nicht zu verlassen und dem Auswärtigen Amte für den Bedarfsfall zur Verfügung zu stehen. Der Gesandte Dr. Mastný, welcher den Wunsch geäußert hat, nach Prag zu übersiedeln, hat die ausdrückliche Genehmigung zur Abfahrt erhalten.

Das Gesandtschaftsgebäude wurde am 21. März 1939 mit allem Inventar dem Legationsrat Schubert übergeben. Das diesbezügliche Protokoll liegt bei.

Was die Konsularämter in Deutschland betrifft, wurde mir mitgeteilt, daß auch dort der gleiche Vorgang stattfinden wird, d.h. daß auch dort nur das Schriftenmaterial übernommen werden wird. Auch die Beamten dieser Ämter sollen auf ihren Dienstposten verbleiben und zur eventuellen Disposition des Auswärtigen Amtes sein.

Die Schriften der Konsularämter sollen nach Berlin transportiert und hier überprüft werden. Nachdem das Verrechnungsmaterial der Konsularämter von den übrigen Schriften nicht abgesondert werden konnte, ist die Kommission des Auswärtigen Amtes der Ansicht, daß die Verrechnung der Konsulatsgelder seinerzeit in Berlin durchgeführt werden würde, zu welchem Zwecke es notwendig wäre, die Rechnungsbeamten der Konsularämter nach Berlin zu entsenden. Die grundsätzliche Entscheidung darüber, sowie die Festsetzung des Datums würde später erfolgen.

Heute hat mir der Herr Botschaftsrat Baron von Stein mitgeteilt, daß die Übernahme beendet ist und hat für die Mitarbeit aller Beamten bei der Amtsübergabe, welche zum glatten Verlauf beigetragen hat, gedankt. Bezüglich des Personals hat er erklärt, daß niemand Berlin verlassen darf, sondern dem Auswärtigen Amte für eventuelle Informationen zur Verfügung stehen muß, welche bei der Durchsicht des Archivs notwendig wären. Gleichzeitig hat er mich ersucht zu kontrollieren, daß tatsächlich niemand Berlin verlassen hat. Er hat die Hoffnung ausgesprochen, daß es möglich sein wird, innerhalb von einigen Wochen den Großteil des Personals freizumachen, damit es Berlin verlassen kann. Ein Teil des Personals wird aber auch dann in Berlin bleiben müssen, weil sich die Liquidation auch auf einige Monate ausdehnen kann. Vor allem werde es notwendig, daß ich zu eventuellen Informationen über die bisherige Tätigkeit des Amtes und zur Aufklärung der Schriften verbleibe, außerdem benötigt man einen Beamten, der die Konsulatsagenda beherrscht und dem Auswärtigen Amte im Verkehre mit den Parteien behilflich wäre, zum

Beispiel betreffend der auf der Gesandtschaft zurückgelassenen Dokumente, einen Rechnungsbeamten *und* das notwendige Hilfspersonal, welches dann von dem neuen Gesandten übernommen werden könnte.

In dieser Situation schlage ich im Einvernehmen mit Baron von Stein und mit seiner Genehmigung vor, den Großteil der Beamten mit kürzester Frist, d.h. zum 1. Mai 1939 von Berlin nach Prag zu versetzen und die Versetzung jener Beamten, die für die Liquidationsarbeiten benötigt werden würden, auf einen späteren Zeitpunkt zu verlegen. Die später zu versetzenden Beamten wären die folgenden:

Von den Konzeptbeamten:

Legationsrat Schubert,

Legationsrat Nový, zur Liquidierung der Konsularabteilung, Dr. Zelinka zieht seine Abberufung vor,

Legationsrat Ing. V. Matouš, für die eventuelle Liquidierung des handelspolitischen Verhältnisses.

Von den Kanzleibeamten:

Kanzleiverwalter Mašek, als Inventarverwalter und Kassierer,

Kanzleioffizial Hoda, als Buchhalter,

Aktuarobersekretär Růžička, für Informationen im Rahmen der Konsularagenda, sowie 2-3 Schreibkräfte und zwar:

Frl. Očenášková, Maršíková und Klucová.

Zum Schutze des Inventars und des Gebäudes in der Großadmiral-Prinz-Heinrich-Straße wäre der Angestellte Nauš, welcher dort wohnt, und zum Schutze des Gebäudes Rauchstr. 27 der Portier Bratek zu belassen, welcher den technischen Gang des Gebäudes besorgt, außerdem der Vertragsangestellte Kouble. Sobald die Entwicklung der Lage zeigen würde, daß diese Beamten oder einige von ihnen in Berlin nicht mehr notwendig sind, würde ich unverzüglich einen Antrag auf ihre Abberufung vorlegen.

Bei der Versetzung der übrigen Beamten bitte ich zu berücksichtigen, daß die Vorbereitung zur Übersiedlung und die Liquidierung der Privatangelegenheiten doch eine bestimmte Zeit erfordert, so daß *notwendig* sein wird, ihnen die Gehälter wenigstens für den April zu überweisen. Diese Ansicht teilt auch das Auswärtige Amt, welches ein Verzeichnis des hiesigen Personals mit Gehaltsangaben angefordert hat und die Bereitwilligkeit geäußert hat durch Vermittlung der Deutschen Gesandtschaft in Prag bei der Prager Regierung zu intervenieren, damit die Gehälter für April in der bisherigen Höhe überwiesen werden. Falls die Überweisung am 1. April nicht erfolgen könnte, hat das Auswärtige Amt empfohlen, die Gehälter dem Personal aus den Amtsgeldern der Gesandtschaft auszuzahlen. Falls diese Gelder nicht reichen sollten, ist das Auswärtige Amt bereit, einen Globalvorschuß, der später mit der Prager Regierung zu verrechnen wäre, zur Verfügung zu stellen.

Weil der 1. April gerade Quartalskündigungstag für die Wohnungen ist, schlage ich vor, mir bis zu diesem Tage die Entscheidung zukommen zu lassen. Das gilt auch für die Konsularämter, besonders dort, wo diese Ämter nicht in eigenem Gebäude, sondern im Mietverhältnis sich befinden. Soweit es sich um Verträge von längerer Dauer handelt, zweifle ich nicht, daß das Auswärtige Amt behilflich sein wird, um eine raschere Abwicklung der Mietverträge zu ermöglichen. Der Großteil der Beamten wird freigemacht, d.h. wird die Erlaubnis bekommen aus Berlin wegzufahren, angeblich schon in 2-3 Wochen, aber auch dann werden einige Beamte in Berlin für Liquidationsarbeiten längere Zeit benötigt. Außerdem wird mindestens je ein Beamter bei den Konsularämtern zur Sicherung des liquidierten Eigentums gebraucht werden.

Die Mitglieder der Kommission des Auswärtigen Amtes haben mir empfohlen, diesen meinen Vorschlag nicht an die Adresse des Ministeriums für Auswärtige Angelegenheiten in Prag zu senden, da er kaum eine rasche Erledigung finden könnte, sondern denselben an die Privatadresse irgendeines höheren Beamten dieses Ministeriums, welcher die Angelegenheit entscheiden könnte. Deswegen übersende ich diesen Antrag an die Adresse des Ministers für Auswärtige Angelegenheiten Dr. Chvalkovský und im Durchschlag an den Gesandten Dr. Rejholec.

M. SCHUBERT
Legationssekretär

[Anlage 2: Verfügung des Ministeriums des Äußern in Prag an die Tschechoslowakische Gesandtschaft in Berlin]

Nr. 38.803/I-2/39 Prag, den 25. März 1939
R 8162/39

Das Ministerium des Äußern in Liquidation sandte an alle effektiven Vertretungsbehörden außer Deutschland dieses Telegramm:

„Sämtliches Personal der Vertretungsbehörden versetzt nach Prag mit dem 10. April. Die Abberufung auf unvermeidliche Zeit wird aufgeschoben für jene, deren Verbleiben das vorgesetzte reichsdeutsche Amt verlangt. Diese führen auch die Liquidation des Staatsvermögens durch, sonst falls notwendig ist, verbleibt für die Liquidation ein Beamter zurück. Berichten Sie. Für Reisevorschüsse verwenden Sie April-Dotation. Umsiedlungsdispositionen demnächst."

Dieses wird Ihnen zur Information mitgeteilt, damit Sie den Konsularämtern in Deutschland im Einvernehmen mit den zuständigen Stellen in Berlin analogische Instruktionen geben.

Für den Minister
DR. REJHOLEC m.p.

[Anlage 3: Rundschreiben des ehemaligen Gesandtschaftsrates der Tschechoslowakischen Gesandtschaft in Berlin Schubert an die ehemaligen Konsularämter in Deutschland]

Berlin, den 28. März 1939
R 8162/39

Sehr geehrter Herr Generalkonsul,
In der Anlage gestatte ich mir Ihnen die Abschrift des Erlasses des Ministeriums für

auswärtige Angelegenheiten in Liquidation zur Kenntnisnahme einzusenden. Dazu bemerke ich:

In den nächsten Tagen wird bei Ihnen eine Kommission des Auswärtigen Amtes in Berlin zwecks Übernahme der Agenda eintreffen. Das Personal hat die Ankunft dieser Kommission abzuwarten. Mit dem hiesigen Auswärtigen Amte habe ich vereinbart, daß nach der Übernahme der Konsularämter durch die oberwähnten Kommissionen im Grundsatz die Konsularbeamtenschaft nicht mehr nötig sein wird, soweit die erwähnten Kommissionen nicht einen anderen Wunsch haben werden. Bei jedem Amte verbleibt ein Beamter zur Liquidation des Staatseigentums. Ich ersuche Sie deshalb um umgehende Mitteilung des Namens dieses Beamten. Ihr Vorschlag ist im Vorhinein als Forderung des Auswärtigen Amtes im Sinne des Telegrammes aus Prag zu betrachten. Alle anderen Beamten sollen deshalb Vorbereitungen zur Abfahrt zum 10. April d.J. treffen.

Empfangen Sie, sehr geehrter Herr Generalkonsul, die Versicherung meiner freundschaftlichen Hochachtung.

Leg.Rat SCHUBERT m.p.

95

PA/AA, Politische Abteilung IV, R 103725

Telegramm des wirtschaftspolitischen Sonderbotschafters Ritter und des Vertreters des Auswärtigen Amtes beim Reichsprotektor Hencke an das Auswärtige Amt

Prag, den 29. März 1939   19 Uhr 45   Pol. IV *2222*
Ankunft: 29.   „   „   21 „ 50

Nr. 155 vom 29/3.   Auf Tel. vom 23. Nr. 119 – Pol. IV 2050 –[158]

1.) Durch Vermittlung von Chvalkovský hat hiesiger Kultusminister Kapras veranlaßt, daß Ensemble der Prager Nationaloper Gastspiel in London absagt. Weder Kultusminister noch Nationaloper weiß, daß dies auf deutsche Veranlassung geschehen.

2.) Empfehle daher Antworttelegramm des Reichsministers an Beecham, daß Reichsminister es begrüßt hätte, wenn Prager Nationaloper nach London gekommen wäre, daß Erkundigungen in Prag aber ergeben hätten, daß es Prager Nationaloper in diesem Jahr nicht möglich sei, Einladung Folge zu leisten.

RITTER, HENCKE

---

[158] Siehe Dokument Nr. 79.

96

PA/AA, Büro des Unterstaatssekretärs, R 29904

Aufzeichnung des Leiters der Wirtschaftspolitischen Abteilung Wiehl

Berlin, den 30. März 1939

Wirtschaftspolitische Spannung mit den Vereinigten Staaten von Amerika aus Anlaß der Einverleibung des Protektorats Böhmen und Mähren.

1) <u>Amerikanische Maßnahmen.</u>

Die amerikanische Regierung hat sofort den Waren aus dem Protektorat die Meistbegünstigung entzogen und sie damit den Waren aus dem Altreich gleichgestellt. Sie hat ferner auf alle zollpflichtigen Waren aus dem Altreich, dem Protektorat und dem Memelland vom 22. April ab einen Zollzuschlag von 25% angeordnet.[159] Diese Maßnahme wurde gegen das Altreich von amerikanischen Kreisen und auch manchen Regierungsstellen schon lange befürwortet. Ihre Einführung im gegenwärtigen Moment ist lediglich als eine politische Mißbilligungsgeste zu werten.

2) <u>Auswirkung der Maßnahmen.</u>

Durch Entzug der Meistbegünstigung wird der Absatz von Protektoratswaren in USA stark erschwert. Durch den Zuschlagszoll werden von einer bisherigen Ausfuhr aus dem Gesamtreich nach USA von 200 Mill. RM voraussichtlich rund 85 Mill. RM abgeschnitten. Mit dieser Ausfuhr von 85 Mill. RM haben wir bisher die Einfuhr von wichtigen Rohstoffen (Baumwolle und Kupfer) bezahlt, für die wir, falls wir sie aus den USA weiter beziehen müssen, werden Devisen aufwenden müssen.

3) <u>Etwaige Gegenmaßnahmen.</u>

Man könnte an folgende denken:
a) Sofortige völlige Einstellung der Baumwollkäufe, um die USA an diesem wirtschaftlich und auch innerpolitisch empfindlichen Punkt zu treffen. Damit würde jedoch auch die deutsche Wirtschaft geschädigt werden, solange die voraussichtlich schwierige Umlegung der Baumwollbezüge auf andere Länder nicht gelingt. Die zu erzielende Wirkung auf USA ist dadurch abgeschwächt, daß die amerik. Regierung bereits Maßnahmen eingeleitet hat, um durch Subsidierung ihrer Baumwollausfuhr den innerpolitischen Druck zu erleichtern. Eine Verminderung unserer Baumwollbezüge aus USA ergibt sich *schon* aus der tatsächlichen Lage, auch wenn sie *nicht* als Gegenmaßnahme angeordnet und angekündigt wird.

---

[159] Die USA sahen die Einführung von Ausgleichszöllen als Schutz vor den subventionierten Waren aus Deutschland, dem Protektorat Böhmen und Mähren sowie dem Memelland vor.

b) Verhängung des deutschen Obertarifs auf die amerikanische Einfuhr.

c) Völlige Einstellung der deutschen Schuldenzahlungen an USA.[160]

Alle diese Maßnahmen, insbesondere die unter b) und c) genannten würden mit Sicherheit weitere amerikanische Maßnahmen auslösen. Zunächst die Verhängung von Strafzöllen, wodurch die deutsche Ausfuhr nach USA völlig abgeschnitten werden würde; weiterhin auch Maßnahmen gegen deutsches Eigentum und deutsche Guthaben in USA sowie gegen die deutsche Schiffahrt, womit auch der Handel zwischen Deutschland und dritten Ländern empfindlich getroffen werden würde (vgl. darüber frühere Aufzeichnung vom 19. Dezember 1938).

4) Die zunächst angeordnete Sperre tschechischer Guthaben (staatlicher und privater) bei amerikanischen Banken ist inzwischen wieder aufgehoben worden. Die amerikan. Gläubiger von Guthaben im Protektorat sind durch die dort eingeführte deutsche Devisenkontrolle in der Verfügung beschränkt, ohne daß es einer besonders anzuordnenden Sperre bedürfte. Die öffentlichen und privaten Schulden des Protektorats an USA belaufen sich auf etwa 28 Mill. Dollar, die Gold- und Devisenguthaben der früheren tschechischen Regierung bei der Federal Reserve Bank in New York auf etwa den gleichen Betrag, so daß sich eine besonders anzuordnende Sperre der amerikanischen Forderungen gegen das Protektorat auch aus diesem Grunde nicht empfiehlt.

5) Weiteres Verhalten.

Von ausdrücklichen deutschen Gegenmaßnahmen wird abgesehen. Wo Einschränkungen möglich sind (Baumwolle) werden sie „auf kaltem Wege" erfolgen. Es wird versucht, von dem deutsch-amerikanischen Warenaustausch soviel wie möglich zu erhalten. Es wird angestrebt, die amerik. Regierung zu einer Rückgängigmachung der Zuschlagszölle zu veranlassen durch eine Außerkraftsetzung der deutschen Ausfuhrförderungsmaßnahmen, mit denen die Zuschlagszölle begründet wurden.

WIEHL

---

[160] Um die für die Aufrüstung notwendigen Rohstoffimporte bezahlen zu können, war das Deutsche Reich auf Exporte angewiesen. Wegen Devisenmangels stellte die Reichsbank die Schuldenzahlungen ein, was in den USA zu Boykottaufrufen gegen deutsche Waren führte.

97

PA/AA, Rechtsabteilung, R 42802

Bericht des tschechoslowakischen Außenministeriums in Liquidation an die Tschechoslowakische Gesandtschaft in Liquidation in Berlin[161]

Nr. 40.000/I-4/39   Prag, den 30. März 1939

Mit Flugpost

Abbeförderung der Übersiedlungseffekten der Angestellten und der Inventureinrichtung.

Ministerium für auswärtige Angelegenheiten in Liquidation hat heute an alle effektiven Vertretungsbehörden, außer Deutschland, ein Telegramm geschickt, dessen Inhalt ist:

„Kanzleiinventar und minderwertigere Repräsentationseinrichtung ist bestmöglichst zu verkaufen. Der Ertrag ist auf die Nationalbank, Konto Zamini[162], zu überweisen. Werteinrichtung wie Silber, kostbare Bilder, altertümliche Möbel, Teppiche, Glas, Porzellan mit Wappen u.dgl. ist nach Prag zu senden. Abbeförderung der Staatseinrichtung und Übersiedlungseffekten der Angestellten durchführt baldmöglichst Spediteur ... durch seinen dortigen Vertreter. Die Versicherung nur im Rahmen der Vorschriften. Drahtet den approximativen Preis der abzubefördernden Staatseinrichtung und Namen der Übersiedelnden." Rejholec.

Dazu wird bemerkt, daß, soweit es die Vertretungsbehörden in Deutschland betrifft, die Abbeförderung der Staatseinrichtung und der Übersiedlungseffekten der Angestellten folgendermaßen veranlaßt wurde. Berlin, Dresden, Breslau, München, Stuttgart und Köln a.Rh. werden von der Firma Stádník, Praha VII, Škroupova 19 mit Autowagen abbefördert; Wien mit Autowagen von der Firma Holan a. spol., Praha I, Rybná 18; Hamburg, Bremen, Chemnitz Firma B.B. Černík, Praha II, Havlíčkovo nám. 3.

Das Ministerium für auswärtige Angelegenheiten in Liquidation ersucht, daß alle Vertretungsämter in Deutschland von dieser Angelegenheit verständigt werden und mit den obenangeführten Spediteuren sich in Verbindung setzen.

Zur dortigen Information wird mitgeteilt, daß die vom Auswärtigen Amte vorbereitete und wahrscheinlich noch nicht genehmigte Instruktion über die Liquidation unseres auswärtigen Dienstes ursprünglich nachfolgende Bestimmungen enthalten hat:

„Material der bisherigen tschecho-slowakischen Auslandsvertretungen ist bestmöglich zu verwerten, soweit nicht die Abwicklungsstelle des Außenmi-

---

161 Am 3.4.1939 sandte Schubert von der ehemaligen Tschechoslowakischen Gesandtschaft in Berlin dieses Schreiben an alle tschechoslowakischen Vertretungen in Deutschland zur Kenntnisnahme und Veranlassung.

162 „Zamini" steht für Ministerstvo zahraničních věcí (Außenministerium).

nisteriums in Prag schon Weisungen erteilt hat. Der Erlös fließt dem Protektorat Böhmen/Mähren zu. Die deutschen Auslandsvertretungen dürfen solches Material nur mit vorheriger Genehmigung des Auswärtigen Amtes erwerben."

Zum ersten dieser Absätze wurde in unserer Stellungnahme ersucht, daß der Text folgendermaßen lauten soll:

„Material der bisherigen tschecho-slowakischen Auslandsvertretungen ist bestmöglichst zu verwerten, soweit die Abwicklungsstelle des Außenministeriums in Prag nicht die Heimsendung verfügt."

Herr Botschafter Dr. Ritter hat diesen unseren Vorschlag sympathisch aufgenommen und es steht zu erwarten, daß ihn Berlin genehmigen wird.

Für den Minister

98

PA/AA, Büro des Staatssekretärs, R 29772

Aufzeichnung des Staatssekretärs Weizsäcker

St.S. Nr. 296   Berlin, den 31. März 1939

Der Herr Reichsaußenminister wünscht, daß zur Kontrolle der im Amt anfallenden Geschäfte für das Protektorat die betreffende Korrespondenz vorläufig noch durch eine Hand (VLR Altenburg) läuft, daß aber dann, wenn sich dies als tunlich erweist, die Geschäfte des Protektorats je nach Zuständigkeit unmittelbar in die einzelnen Abteilungen gehen.

Hiermit Herrn Min.-Dir. Prüfer.

WEIZSÄCKER

99

PA/AA, Politische Abteilung IV, R 103725

Telegramm des Reichsaußenministers Ribbentrop
an den Dirigenten der Covent Garden Opera in London Beecham

Berlin, den 31. März 1939   zu Pol. IV 2222[39]

Würde Teilnahme Prager Nationaloper an Opernsaison begrüßt haben. Leider haben Ermittlungen ergeben, daß es Prager Oper aus technischen Gründen in diesem Jahr nicht möglich ist, Einladung Folge zu leisten.

Beste Grüße!

RIBBENTROP

100

PA/AA, Büro des Staatssekretärs, R 29829

Aufzeichnung des Staatssekretärs Weizsäcker

St.S. Nr. 301   Berlin, den 31. März 1939

Geheim!

Der Italienische Botschafter suchte mich heute nach Rückkehr von seiner Dienstreise nach Rom auf.

Attolico wünschte die in den letzten Wochen entstandene Lage darzustellen. Als wichtigstes erklärte er, daß der realpolitische Sinn Mussolinis einen europäischen Krieg in naher Zukunft ausschließe. Die Mitteilung des Führers an den Duce hätte in dieser Hinsicht ihre Wirkung nicht verfehlt.

Dann holte Attolico weit aus, um über die Rückwirkung der deutschen Besetzung von Böhmen und Mähren nebst ihren Folgeerscheinungen zu sprechen, und bezeichnete das Folgende als eine vertrauliche, private und freundschaftliche Mitteilung an mich. Er sagte, die Reaktion in Rom sei eine „enorme". Man müsse sich klarmachen, daß Mussolini bei dem Anschluß Österreichs erst in letzter Stunde durch den Prinzen von Hessen ins Bild gesetzt worden sei.[163] Bei der kritischen Entwicklung im letzten September habe der Duce sich in einer Weise für Deutschland eingesetzt, die nicht überboten werden könne.[164] Beim Wiener Schiedsspruch habe die italienische Politik den Ungarn mehr als wir entgegenkommen wollen, später aber, als Deutschland ein ungarisches Vorprellen nach der Karpatho-Ukraine befürchtete, Ungarn streng hinter die Wiener Grenzlinie verwiesen.[165] Schließlich, bei den Ereignissen des März, sei Italien erst in letzter Stunde von einem Vorgehen unterrichtet worden, das in eklatantem Widerspruch zu dem bekannten Brief Mussolinis an Runciman stehe. Anstelle den Italienern jetzt den Vortritt zu lassen, habe man sie ohne Voransage als Achsenpartner mit in ein Spiel hineingezogen, das für Mussolini Rückschläge zeitigen mußte. Rückschläge, die

---

[163] Erst am Abend des 11.3.1938, also wenige Stunden vor dem Einmarsch deutscher Truppen in Österreich, hatte Hitler durch seinen Sonderbotschafter, Philipp Prinz von Hessen-Rumpenheim, dem italienischen Außenminister, Graf Galeazzo Ciano, seine Pläne offenbart. Telefonisch hatte Prinz Philipp Hitler im Anschluss die Zustimmung Mussolinis mitteilen können.

[164] Der italienische Diktator Benito Mussolini hatte am 29./30.9.1938 als Vermittler die Verhandlungen zwischen Frankreich, Großbritannien und Deutschland geführt, die im Münchener Abkommen die angebliche Lösung der Sudetenkrise zum Inhalt hatten.

[165] Am 2.11.1938 hatte sich in Wien der deutsche Außenminister Ribbentrop mit seinem italienischen Kollegen Ciano zur Unterzeichnung eines Schiedsspruches getroffen, der landwirtschaftlich und industriell bedeutende Gebiete der südlichen Slowakei und Karpatenrusslands mit einer Größe von 12.000 km^2 und knapp über einer Million Einwohnern dem ungarischen Staat zusprach. Zahlenangaben nach *Romsics*, Ignác: Ungarn und der Erste Wiener Schiedsspruch. In: *Zarusky*, Jürgen/*Zückert*, Martin: Das Münchener Abkommen von 1938 in europäischer Perspektive. München 2013, 341-348, hier 347.

sehr stark, sogar zu stark gewesen seien. Sein Prestige habe in seinem eigenen Lande gelitten (Attolico will Äußerungen gehört haben, wie: man müsse Mussolini den Straßenschmutz ins Gesicht schleudern u.ä.). Neben dem innenpolitischen Prestigeverlust sei für Italien eine außenpolitische Einbuße erfolgt. Sein eigenes Spiel sei verdorben worden. Er sei am Zug gewesen und sei nunmehr davon zurückgeworfen. Mussolini habe aber als Grandseigneur gehandelt und die Achse in seiner großen Rede im Forum als unerschütterlich hingestellt. Es sei aber notwendig, unsere beiderseitigen Interessen im Rahmen der Achse nun festzustellen und zu dokumentieren.

An den letzteren Gesichtspunkt anknüpfend sagte Attolico, gewiß sei den Italienern von uns das Mittelmeer überlassen worden, dazu gehörten aber auch die angrenzenden Länder und der Donau-Raum. Von deutscher Seite – Attolico nannte den Reichsminister Funk – werde in dieser Hinsicht gar zu schnell vorgegangen. Man beziehe alles in den deutschen Bannkreis und gehe zu schnell vor. Als Beispiel erwähnte Attolico, daß ein prominenter italienischer Wirtschaftler, etwa Guarnieri, hierherkommen und die italienisch-deutschen Interessen abgrenzen könnte.

Als Attolico auch das Wort Jugoslawien fallen ließ, verwies ich ihn auf den betreffenden Passus in der Mussolini-Rede. Attolico erklärte dann, ein geschlossenes jugoslawisches Reich werde Italien immer begünstigen, käme es aber zur Auflösung, so würde Italien niemand, auch nicht den Ungarn, den Zutritt zur Adria geben.

Insgesamt bezeichnete schließlich Attolico die Mißhelligkeiten, die er vorzubringen habe, als nicht irreparabel. Die Achse stehe ihm, der für sie schon zu Zeiten gearbeitet habe, als sie noch ganz unpopulär war, oben an. Er lege aber das allergrößte Gewicht darauf, an diesem Punkte seiner Berliner Mission der Achse einen neuen Schwung zu geben und den Inhalt seiner Ausführungen dem Führer zur Kenntnis zu bringen. Eine Audienz beim Führer erbitte er nicht, hoffe aber, daß der Führer den Fall für so wichtig ansehe, daß er ihn von sich aus zu einer Aussprache kommen lasse.

Zusammenfassend kann man vielleicht sagen, daß Attolico seine Regierung als den betrogenen und blamierten Hehler hinstellte, der im Interesse künftiger Kameradschaft nun unbedingt auch seinerseits am Gewinn zu beteiligen sei.

Der Botschafter, mit dem ich das Gespräch gestern hatte abbrechen müssen, setzte es heute – 1. April – bei mir fort und hat die Hoffnung, demnächst bei dem Herrn Reichsaußenminister und dann auch beim Führer vorsprechen zu können. Er legte keinen Wert darauf, daß seine Äußerungen bei mir schon vorher bekannt würden, sondern möchte sie in seiner eigenen Diktion und mit der Frische seiner persönlichen Römer Eindrücke vortragen. Attolico wird dabei neben den militärischen Besprechungen (Pariani-Keitel) und etwaigen wirtschaftlichen Abreden (Guarnieri-Reise nach Berlin) sich unser politisches Desinteressement an Albanien und Kroatien nun bestätigen lassen wollen. Außerdem wird er wahrscheinlich zurückkommen auf den früher schon vage erörterten Plan einer Rücknahme der Südtiroler nach dem Reich.[166]

WEIZSÄCKER

101

PA/AA, Büro des Staatssekretärs, R 29773
PA/AA, Büro des Unterstaatssekretärs, R 29904

Anweisung des Reichsinnenministers Frick sowie des Reichsministers und Chefs der Reichskanzlei Lammers an die Obersten Reichsbehörden

Berlin, den 1. April 1939[167]

Betrifft: Stellung des Reichsprotektors in Böhmen und Mähren.

Im Einvernehmen mit dem Beauftragten für den Vierjahresplan teilen wir ergebenst folgendes mit:

I. Durch die Übernahme des Schutzes ist das Protektorat Böhmen und Mähren Bestandteil des Deutschen Reichs geworden. Die höchste Regierungsgewalt hat das Reich. Die letzte Entscheidungsbefugnis liegt daher beim Führer und bei seinem Vertreter für das Protektorat, dem Reichsprotektor. Die Anordnungen des Reichsprotektors gehen den Anordnungen von Dienststellen des Protektorats vor und sind jeglicher Nachprüfung durch Verwaltungsbehörden und Gerichte des Protektorats entzogen. Im Rahmen des Reichs ist das Protektorat aber staatsrechtlich selbständig geblieben. Das Protektorat hat insbesondere das Recht der Autonomie, d.h. die Befugnis, auf allen nicht vom Reich in unmittelbare Verwaltung übernommenen Rechtsgebieten eigenes Recht zu setzen und das Leben der Protektoratsangehörigen in eigener Verwaltung zu gestalten. Es entspricht dem Sinn der Einrichtung des autonomen Protektorats, wenn das Reich von seinen Befugnissen zur Übernahme einzelner Verwaltungszweige und zur Regelung einzelner Fragen durch reichsrechtliche Vorschriften nur in dem [im] Reichsinteresse erforderlichen Umfange Gebrauch macht. Es handelt sich also im Gegensatz zu

---

[166] Mit dem Anschluss Österreichs an das Deutsche Reich hatte es in großen Teilen der Südtiroler Bevölkerung Hoffnungen auf eine Wiedervereinigung mit dem österreichischen Tirol gegeben, die allerdings mit dem Hitler-Mussolini-Abkommen vom 21.10.1939 endeten. Für die etwa 250.000 deutschsprachigen Südtiroler blieb nur die Option der Umsiedlung ins Deutsche Reich oder eine Italienisierung mit Aufgabe von Kultur und Muttersprache. Zahlenangabe nach *Leniger*, Markus: Nationalsozialistische „Volkstumsarbeit" und Umsiedlerpolitik 1933-1945: Von der Minderheitenbetreuung zur Siedlerauslese. Berlin 2006, 44. Zur Umsiedlung vgl. *Stuhlpfarrer*, Karl: Umsiedlung Südtirol. Zur Außenpolitik und Volkstumspolitik des deutschen Faschismus 1939 bis 1945. Wien 1983.

[167] Zehn Tage später ging diese Mitteilung durch den Leiter der Personal- und Verwaltungsabteilung Prüfer an alle Arbeitseinheiten und Büros im Auswärtigen Amt.

der Rückgliederung der Ostmark und der sudetendeutschen Gebiete hier nicht darum, in großem Maße Reichsrecht in Böhmen und Mähren einzuführen, sondern vielmehr durch geeignete Maßnahmen die autonome Verwaltung des Protektorats in Einklang mit den allgemeinen Reichsinteressen zu bringen und auf einigen besonders reichswichtigen Gebieten auf die reichsrechtliche Regelung abzustimmen. Alle Maßnahmen auf diesem Gebiet sind nur in engstem Einvernehmen mit dem Reichsminister des Innern als Zentralstelle zur Durchführung des Erlasses des Führers über das Protektorat Böhmen und Mähren zu treffen. Bei Verordnungen, die das Protektorat betreffen, ist auch das Einvernehmen mit dem Stellvertreter des Führers herbeizuführen. Darüber hinaus wird die Zentralstelle bei allen wichtigen Maßnahmen die Beteiligung des Stellvertreters des Führers[168] sicherstellen. Vor Erlaß von Verordnungen ist auch der Reichsprotektor zu hören.

In welchem Umfange besondere Maßnahmen von Reichs wegen geboten sind, wird dem Führer selbst, dem Beauftragten für den Vierjahresplan und nach Zurückziehung des dem ObdH.[169] erteilten Verwaltungsauftrages in erster Linie der Beurteilung des Reichsprotektors überlassen bleiben müssen.

II. Nach dem ausdrücklichen Willen des Führers ist der Reichsprotektor der alleinige Repräsentant des Führers und der Reichsregierung im Protektorat. Außer der Wehrmacht gibt es keinerlei selbständige Stellen der Obersten Reichsbehörden, des Reichsnährstandes, der Organisation der gewerblichen Wirtschaft, der Reichskulturkammer usw. neben ihm. Er allein verkörpert das Reich auf allen Gebieten des Staats- und Verwaltungslebens im Protektorat. Diese Stellung des Reichsprotektors findet ihren Ausdruck in der Vorschrift des Art. 5 Abs. 2 des Führererlasses vom 16. März 1939 (RGBl. 1939 I, S. 485)[170] und in Abschnitt I der Verordnung vom 22. März 1939 (RGBl. 1939 I, S. 549), wonach der Reichsprotektor als alleiniger Repräsentant des Führers und der Reichsregierung dem Führer unmittelbar untersteht und – in geeigneten Fällen auch auf Vorschlag der Obersten Reichsbehörden – Weisungen nur von ihm erhält.

Dem Reichsprotektor unterstehen alle etwa notwendigen Dienststellen des Reichs im Protektorat als nachgeordnete Dienststellen. Soweit das Bedürfnis nach der Zusammenfassung von Aufgaben in der Mittelstufe besteht, z.B. für die Zollverwaltung, die Reichsbahn-, die Reichspost- und Reichsbankverwaltung, dürfen neben dem Reichsprotektor keinerlei selbständige Verwaltungsbehörden eingerichtet werden; vielmehr sind die erforderlichen Beamten im Einvernehmen mit der Zentralstelle im Reichsministerium des Innern dem Reichsprotektor als Sachbearbeiter zuzuteilen.

Ein unmittelbarer Verkehr zwischen Dienststellen des Reichs, insbesondere den Obersten Reichsbehörden, und Dienststellen der autonomen Verwal-

---

[168] Rudolf Heß.
[169] Oberbefehlshaber des Heeres, hier Walther von Brauchitsch.
[170] Siehe Dokument Nr. 1.

tung des Protektorats, insbesondere den Ministerien des Protektorats, ist schlechthin unzulässig. Der gesamte Geschäftsverkehr wird nur mit dem Reichsprotektor geführt. Dies gilt grundsätzlich auch für Verwaltungszweige, die nach Art. 11 des Führererlasses vom 16. März 1939 in unmittelbare Reichsverwaltung übernommen werden; ausnahmsweise ist bei Gefahr im Verzuge oder aus sonstigen dringlichen Gründen ein unmittelbarer Geschäftsverkehr mit einer dem Reichsprotektor nachgeordneten Reichsdienststelle zulässig, doch ist dann stets der Reichsprotektor gleichzeitig zu unterrichten.

Vertreter der Obersten Reichsbehörden und sonstige Beamte dürfen den Zentralbehörden oder nachgeordneten Dienststellen des Protektorats nicht unmittelbar beigegeben werden. Soweit ein Bedürfnis zur Entsendung von Sachbearbeitern in das Protektorat besteht, sind diese im Einvernehmen mit der Zentralstelle im Reichsministerium des Innern nur dem Reichsprotektor oder den ihm unterstellten Reichsdienststellen zuzuteilen.

III. Dienstreisen in das Protektorat sind bis auf weiteres grundsätzlich zu unterlassen. Sie sind nach Einrichtung der Dienststelle des Reichsprotektors nur mit ausdrücklicher Genehmigung der Zentralstelle im Reichsministerium des Innern zulässig. Dies ist notwendig, um eine ungestörte Einrichtung der Dienststelle des Reichsprotektors und der ihm nachgeordneten Behörden sicherzustellen und zu verhindern, daß diese gerade in der schwierigen Anfangszeit etwa gleichzeitig mit den Wünschen und Problemen aller Ressorts befasst werden. Vor der Aufnahme irgendwelcher Dienstgeschäfte im Protektorat haben sich die auf Dienstreisen befindlichen Beamten und sonstigen Behördenvertreter beim Reichsprotektor in Prag zu melden.

IV. Über die Stellung des Beauftragten für den Vierjahresplan[171] im Protektorat wird eine besondere Mitteilung ergehen.

FRICK   DR. LAMMERS

102

PA/AA, Büro des Staatssekretärs, R 29773
PA/AA, Handelspolitische Abteilung, R 106218

Aufzeichnung des Leiters der Handelspolitischen Abteilung Wiehl

W 481 (g)   Berlin, den 1. April 1939

Geheim!

Der Generalreferent des Reichswirtschaftsministeriums Herr K e h r l, der zurzeit vom RWM nach Prag delegiert ist, hat dort mit deutschen militärischen Stellen die Möglichkeit der Lieferung von solchen Waffen des ehemaligen tschechoslowakischen Heeres an 3. Länder besprochen, die für unsere Rüstung nicht benötigt werden. Im Hinblick auf unsere Devisenknappheit ist es

---

[171] Hermann Göring.

erwünscht, diese Waffen nach Möglichkeit nur gegen Bardevisenzahlung zu verkaufen.[172] Die beste Möglichkeit hierfür wäre Lieferung an China gewesen. An anderen Bardevisen-Ländern kämen neben einigen kleineren Staaten, wie etwa Holland, Schweiz, Dänemark, in erster Linie England und Frankreich in Frage.

Herr Kehrl behauptet, daß diejenigen militärischen Stellen, mit denen er gesprochen habe, z.b. General Thomas, ihm erklärt hätten, daß vom militärischen Gesichtspunkt aus keinerlei Bedenken gegen solche Waffenkäufe von England und Frankreich zur Erlangung von Bardevisen bestünden. Generalmajor Udet habe sich dahin geäußert, daß einem solchen Verkauf der 1.700 tschechischen Militärflugzeuge an England oder Frankreich nichts im Wege stehe. Von französischer Seite sei bereits Interesse für den Kauf von tschechischen Geschützen gezeigt worden.

Hiermit über Herrn Staatssekretär Herrn Reichsaußenminister vorgelegt.

WIEHL

103

PA/AA, Handelspolitische Abteilung, R 106218

Aufzeichnung des Referatsleiters Liquidation der Tschechoslowakei Hudeczek

<u>Außenhandel des Protektoratsgebiets.</u>

1. Nach dem Führer-Erlaß ist das Protektorat Teil des deutschen Zollgebiets. Das gilt aber vorläufig nur de jure. Praktisch muß einstweilen noch der tschechische Zolltarif angewendet werden. Ziel muß sein, so schnell wie möglich das gesamtdeutsche Zollgebiet unter einen Zolltarif zu bringen. Nachdem die Erfahrungen mit der Ostmark und dem Sudetenland gemacht sind, wird man annehmen dürfen, daß etwa zum 1. Oktober, spätestens zum 1. Januar 1940 die Regelung durchsetzbar ist.

2. Im Protektoratsgebiet gilt zurzeit eine Doppelwährung; sobald die slowakische Nationalbank steht und ihre Währung konsolidiert hat, würde an sich die Zurückziehung der Krone aus dem Geldumlauf möglich sein. Als Zeitpunkt könnte man den 1. Juli ins Auge fassen.

   Ob das zweckmäßig wäre, ist eine andere Frage. Die Krone bedeutet für die Tschechen ein ihnen lesbares Zahlungsmittel. Der vorhandene Hartgeld-Umlauf der Tschechen erleichtert unsere Hartgeld-Lage. Vor allem aber ist zu befürchten, daß die Dividierung der Preise durch 10, wie sie aus der glatten Umstellung auf Reichsmark folgen würde, psychologisch Preisauftriebstendenzen mit sich bringen würde, die nicht sehr erwünscht sind.

---

[172] Die Devisenknappheit des Deutschen Reiches beeinträchtigte die Beschaffung von Rohstoffen für die deutsche Rüstungsindustrie.

Doch mag diese Entscheidung noch dahingestellt bleiben. Sicher ist folgendes:

a) Die Kč muß als Devise verschwinden. Im Verkehr mit anderen Ländern darf es nur die Reichsmark geben, damit die jetzt möglichen Arbitrage-Geschäfte mit dem doppelten Kurs beseitigt werden.[173]

b) Ein Agent der Reichsbank muß die Notenausgabe der tschechischen Nationalbank scharf kontrollieren. Es muß baldigst festgesetzt werden, welche Kredite die Nationalbank einstweilen der Protektoratsregierung geben kann.

3. Was die Regelung des Außenhandels anlangt, so sind bisher zwei Vorschläge erörtert worden:

a) Besondere Behandlung des Protektorats in Form besonderer Kontingente, die mit den anderen Staaten zu vereinbaren sind; gesonderte Devisen- und Waren-Bewirtschaftung.

Diese Lösung wird aus politischen Gründen nicht in Frage kommen, so bequem sie an sich anmutet. Denn in diesem Falle würde Deutschland selbst ein quasi Ausland *für* Prag bleiben.

b) Restlose Eingliederung des Protektorats in das reichsdeutsche Wirtschaftsgebiet. Ausdehnung der Devisen- und baren Bewirtschaftung Deutschlands auf Böhmen.

Gegen diese Lösung sprechen zunächst gewisse politische Bedenken, denn der Wille des Führers, das Protektorat in seinen inneren Verhältnissen einstweilen möglichst frei zu gestalten, kann dabei nicht gewahrt werden. Wir würden gezwungen sein, die reichsdeutsche Regelung 100%ig durchzuführen und letzten Endes wahrscheinlich auch die Organisation der Wirtschaft und Landwirtschaft glatt in das Protektorat zu verlängern.

4. Die Lösung 3b) hat aber noch einen sehr großen wirtschaftlichen Nachteil. Sie überläßt nämlich den reichsdeutschen Stellen die volle Verantwortung für eine ausreichende Versorgung der Wirtschaft im Protektoratsgebiet mit ausländischen Waren. Sie bietet den Böhmen keinen Anreiz zum Export, und sie zwingt uns von reichsdeutscher Seite her, all die Unbequemlichkeiten unserer jetzigen Zwangswirtschaft den Böhmen zu dekretieren. Wenn man unterstellt, daß die Böhmen doch im Laufe der Zeit mit einem gewissen Widerstande gegen Deutschland arbeiten werden, und daß wir gar nicht in der Lage sein werden, unseren Beamtenapparat bis ins einzelne auf Böhmen und Mähren auszudehnen, so besteht die Gefahr, daß sich hier ein Loch im Osten bildet, in das wir erhebliche Rohstoffmengen zu Lasten der reichsdeutschen Wirtschaft werden hineinpumpen müssen. Die Erfahrungen mit der Ostmark und mit Sudetenland zeigen, daß sich eine

---

[173] Mit Arbitrage-Geschäften werden Gewinne durch Ausnutzung von Kursunterschieden für dasselbe Produkt erzielt. Der Kursunterschied entsteht durch den Handel an verschiedenen Märkten.

Wirtschaft sehr rasch auf den innerdeutschen Markt ausrichtet, daß es aber sehr schwer ist, sie im Export zu halten

5. Deswegen komme ich zu dem Ergebnis, daß man dem Protektorat selbst die Verantwortung über die Aufrechterhaltung seiner Wirtschaft und die dauernde Versorgung mit ausländischen Lebensmitteln und Rohstoffen übertragen soll. Das läßt sich auch auf folgendem Wege gut erreichen:

a) Nach außen ist Böhmen ein Teil des deutschen Zollgebiets; mit anderen Staaten werden keine Sonderkontingente für Böhmen abgemacht,

b) intern wird die böhmische Devisenwirtschaft autonom völlig den reichsdeutschen Vorschriften angeglichen. Durch Berater in der Nationalbank und im Handelsministerium wird die Beaufsichtigung sichergestellt,

c) das Protektorat erhält ein globales Kontingent und wird damit etwa der I.G.-Farben gleichgestellt, die eine Devisenverwendungsgenehmigung haben. Dieses Kontingent wird auf 90% des durch die böhmische Wirtschaft eingehenden, durch Export-Valuta-Erklärung und Ablieferungszwang zu kontrollierenden Deviseneinganges festgesetzt. 10% dieser Devisen gehen an die Reichsbank zur Bestreitung der allgemeinen Devisenbedürfnisse der Gesamtwirtschaft (Auswärtiges Amt usw.),

d) von den mit anderen Staaten ausgehandelten Kontingenten erhält das Protektorat jeweils einen Anteil.

6. Die Verwaltung der Einfuhrkontingente wird dem Prager Handelsministerium überlassen. Dieses mag eine Gesamt-Überwachungsstelle nach reichsdeutschem Muster einrichten oder selbst die Kontingente vergeben. Es ist dafür verantwortlich, daß die böhmische Wirtschaft ausreichend versorgt wird und hat deswegen auch für die erforderliche Ausfuhr zu sorgen. Von den reichsdeutschen Bewirtschaftungsbehörden erhält Böhmen keinerlei Zuteilungen. Es ist völlig Sache der Böhmen, wie sie ihre Wirtschaft lenken werden. Vorbehalten bleibt für das Reich nur der Erlaß von Ausfuhr-Verboten oder die Einführung von Ausfuhr-Genehmigungen wie etwa für Kriegsgerät und andere lebenswichtige Dinge.

7. Die Grenze zwischen Deutschland und dem Protektorat wird lediglich eine Paßgrenze. Von deutscher Seite aus bedarf es bei diesem Vorschlage keiner Kontrolle. Die Gefahr, daß böhmische Firmen Kontingente von Einfuhrwaren aus Deutschland kaufen, ist nicht groß, da der Handel mit Kontingenten verboten ist und jede deutsche Firma ein ureigenstes Interesse daran hat, die erhaltenen Rohstoffe selbst zu verarbeiten.

Eine andere Frage ist es, ob die böhmische Wirtschaft gegen den Ausverkauf an Auslandsrohstoffen durch Firmen des Altreichs gesichert werden muß. Das kann man aber dem Prager Handelsministeriums und seinem Überwachungsapparat überlassen. Wir haben daran kein Interesse.

Besonders wichtig ist, daß damit auch den Böhmen die Sorge für die Preisüberwachung und für die Exportüberbrückung – also die Einführung eines Protektorats – Z.A.V.[174] überlassen bleibt.

8. Es wird vorgeschlagen, eine solche Regelung zunächst bis zum 1. Oktober oder 31. Dezember 1939 zu treffen. Wir haben bis dahin Zeit, die Wirtschaft Böhmens zu untersuchen. Die jetzt vorliegenden Zahlen aus dem Jahre 1938 geben zweifellos nicht das richtige Bild über Einfuhrbedürfnisse und Ausfuhrmöglichkeiten des Protektorats. Wahrscheinlich wird man auf die Dauer die restlose Eingliederung nicht vermeiden können, also den obigen Vorschlag 3b) durchführen müssen. Das wird aber dann organisch mit der Gesamteingliederung der Protektoratsverwaltung auch auf anderen Lebensgebieten zu verknüpfen sein, und wahrscheinlich haben uns bis dahin die tschechischen Behörden auch schon einen Teil des Odiums der Einführung von Verwendungsverboten usw. abgenommen.

HUDECZEK
1.4.39

104

PA/AA, Handelspolitische Abteilung, R 106218

Telegramm des Leiters der Handelspolitischen Abteilung Wiehl an den wirtschaftspolitischen Sonderbotschafter Ritter

Berlin, den 1. April 1939
W VII 789

Für Ritter.

Reichaußenminister bittet in geeigneter Weise zu veranlassen, daß Lieferungen von Kriegsmaterial aus Protektorat an chinesische Nationalregierung mit sofortiger Wirkung unterbunden werden.[175]

WIEHL

---

174 Zollabfertigungsvorschriften.

175 Im Zuge des chinesisch-japanischen Krieges hatte Hitler bereits am 18.10.1937 offiziell deutsche Waffenexporte nach China verboten, um die Beziehungen zu Japan nicht zu gefährden; vgl. Aufzeichnung des Staatssekretärs von Mackensen vom 19.10.1937. In: ADAP. Serie D, Band I, 626.

105

PA/AA, Büro des Staatssekretärs, R 29773

Rundmitteilung des Leiters der Personal- und Verwaltungsabteilung Prüfer[176]

Berlin, den 3. April 1939
Pers. MBD 2390

Der Herr Reichsaußenminister wünscht, daß alle im Auswärtigen Amt bearbeiteten Angelegenheiten des Protektorats Böhmen und Mähren vorläufig ausschließlich durch die Hand des VLR Altenburg geleitet werden.

Zu welchem Zeitpunkt ihre Zuweisung an die zuständigen Abteilungen zu erfolgen hat, bleibt einer späteren Regelung vorbehalten.

PRÜFER

106

PA/AA, Dienststelle Ribbentrop, R 27092
PA/AA, Dienststelle Ribbentrop, R 27093

Bericht ohne Unterschrift

<u>Vertraulich!</u>

Der bisherige Tschechische Gesandte Dr. Mastný hat sich in diesen Tagen von einigen ihm besonders befreundet gewesenen fremden Diplomaten verabschiedet. Bei dieser Gelegenheit hat er aus seiner deprimierten Stimmung über das Schicksal seines Landes keinen Hehl gemacht, aber – so soll er bei dieser Gelegenheit gesagt haben – diese Entwicklung sei zwangsläufig aus den verhängnisvollen Irrtümern der Prager Regierung seit 1918 entstanden. Er selbst habe in den letzten Jahren und zuletzt noch im Jahre 1938, vor München, einen verzweifelten Kampf gegen Beneš, Hodža und Krofta geführt, immer wieder gewarnt, aber keinen Anklang damit gefunden. Die tschechische Nation hätte nach Lage der Dinge nur mit und niemals gegen das Deutschtum Politik machen können. Nun erlebe man die große Enttäuschung, daß der Traum eines eigenen Staates nur allzu kurz gedauert habe. Auf die fremden Diplomaten hat diese Haltung Mastnýs einen starken Eindruck gemacht.

Berlin, den 3. April 1939
L.

---

[176] Diese Information ging an alle Arbeitsbereiche und Büros im Auswärtigen Amt.

107

PA/AA, Büro des Staatssekretärs, R 29773

**Telegramm des Geschäftsträgers der Deutschen Botschaft in London
Kordt an das Auswärtige Amt**

No. 105 vom 4. April 1939   Auf Drahterlaß No. 105 – W VI 1168 – vom 30.3.

Entsprechend den Weisungen des obigen Drahterlasses hat Gesandtschaftsrat
Weber das Gespräch mit Waley am 31. März fortgesetzt.

Waley erklärte auf die Frage, welche Beschwerden die hiesigen Wirtschaftskreise hinsichtlich des Waren- und Zahlungsverkehrs zwischen dem Protektorat und Großbritannien hätten, daß Zahlungen für vor der Schaffung des
Protektorates gelieferte britische Erzeugnisse, soweit sie überhaupt eingingen,
offenbar nur sehr stockend einzugehen schienen, und daß seit der Schaffung
des Protektorates der Waren- und Zahlungsverkehr nahezu vollständig zum
Stillstand gekommen sei.

Ferner meinte Waley, daß außer dem Waren- und Zahlungsverkehr, dessen Übergangsschwierigkeiten er sich im übrigen nicht verschloß, auch die
Frage der der Tschechoslowakei nach Abtrennung des Sudetenlandes von der
britischen Regierung gewährten Anleihe und des ihr geschenkweise überlas-
senen Betrages einer Regelung bedürften, wenn es zu Verhandlungen käme.
Dabei gehe die britische Regierung selbstverständlich davon aus, daß die so
der Tschechei seitens der britischen Regierung zur Verfügung gestellten
Geldmittel, soweit sie von der Prager Regierung tatsächlich abberufen seien
(Waley nannte einen Betrag zwischen £ 6-7.000.000) von der deutschen Regierung zurückbezahlt würden. Weber hat demgegenüber präzisiert, daß sich
seine Frage nur auf den Waren- und Zahlungsverkehr beziehe.

Waley sagte im übrigen, daß er von sich aus selbstverständlich die gestellte
Frage, ob die britische Regierung bereit sei, mit der deutschen Regierung über
die Frage des Waren- und Zahlungsverkehrs zwischen Großbritannien und
dem Protektorat zu verhandeln, nicht beantworten könne, daß er aber deswegen sofort mit den anderen beteiligten Stellen in Verbindung treten werde.
Von dem Ergebnis seiner Schritte werde er Weber mündlich in Kenntnis setzen.

Bis zum 3. April abends war eine Antwort Waleys nicht erfolgt. Daher hat
sich Gesandtschaftsrat Weber am 4. April erneut mit Waley in Verbindung
gesetzt. Waley teilte mit, daß eine Entscheidung der anderen von ihm befrag-
ten Stellen noch ausstehe, daß er aber das erneute Gespräch zum Anlaß nehmen werde, um die Angelegenheit so zu betreiben, daß er bald eine Antwort
geben könne.

Weiterer Bericht bleibt vorbehalten.

KORDT

108

PA/AA, Handelspolitische Abteilung, R 106218

Aufzeichnung des Leiters der Handelspolitischen Abteilung Wiehl

W 481 II (g)   Berlin, den 4. April 1939

<u>Geheim!</u>

Mit Bezug auf die kürzliche Mitteilung von Herrn Präs. Kehrl über die Möglichkeiten eines Verkaufs von Kriegsmaterial des ehemaligen tschechosl. Heeres erklärte mir Oberstlt. Hühnermann, der Vertreter des abwesenden Generals Thomas, folgendes:

Das gesamte tschechosl. Heeresmaterial befindet sich gegenwärtig im Abtransport nach dem Altreich, wo es gesichtet werde, täglich etwa 30-35 Züge. Bis zur Beendigung der Sichtung werden voraussichtlich noch mindestens 1 bis 2 Monate vergehen. Erst dann könne entschieden werden, was zum Verkauf frei gegeben werden könne. Der größere Teil werde voraussichtlich für unsere eigene Aufrüstung verwendet werden.[177] Was Flugzeuge anlange, so würden allerdings nur diejenigen zurückbehalten werden, die für Ausbildungs- und Übungszwecke für uns verwendbar seien. Einreihung von Flugzeugen in die deutschen Kampfverbände käme dagegen nicht in Frage.

Wenn der Bestand des für einen Verkauf freizugebenen Materials feststehe, so würde jedes einzelne in Erwägung gezogene Geschäft nach dem schon bisher bei Waffenlieferungen ins Ausland üblichen Verfahren unter Zuziehung aller beteiligten Stellen geprüft werden. Ausreichende Gelegenheit, dabei auch die politischen Gesichtspunkte zur Geltung zu bringen, sei damit sichergestellt.

Der Herr Generalfeldmarschall[178] habe sich zu der Frage bisher nur allgemein dahin geäußert, daß dann bei Prüfung der einzelnen Geschäfte nach den bisherigen Richtlinien verfahren werden müsse, wonach auch gewisse Lieferungen an England und Frankreich, wie sie schon jetzt, z.B. an manchem nicht ganz modernen Material getätigt würden, nicht ausgeschlossen seien.

Die Angelegenheit wird weiterhin in Verbindung mit den Militärbehörden im Auge behalten werden.

Hiermit über Herrn Staatssekretär Herrn Reichsaußenminister vorzulegen.

WIEHL

---

[177] Zu einem Verkauf kam es aufgrund des Kriegsbeginns nicht mehr. Fast alle Waffen und Ausrüstungsgegenstände der tschechoslowakischen Armee wurden daher von der Wehrmacht übernommen, ein Teil des Kriegsgeräts wurde der Slowakei überlassen. Insgesamt soll das militärische Material 1.582 Flugzeuge, 469 Panzer und 2.175 Feldgeschütze umfasst haben. Diese Zahlen nannte Hitler in seiner Reichstagsrede vom 28.4.1939, vgl. *Domarus* (Hg.): Hitler. Band 2, 1148-1179, hier 1156.

[178] Hermann Göring.

109

PA/AA, Büro des Unterstaatssekretärs, R 29904

Anweisung des Leiters der Politischen Abteilung Woermann

Berlin, den 4. April 1939

Sofort!

Ich habe den Eindruck, daß die beiliegenden Richtlinien für die Abwicklung der bisherigen tschecho-slowakischen Außenbehörden von einer etwas anderen Konstruktion ausgehen als sie mir auf Grund der bisherigen Besprechungen festgelegt schienen. Nach meiner Ansicht entspricht es nicht den gegebenen Verhältnissen, daß die Abwicklungsstellen im Ausland, die ja gemäß Ziffer 2 in der jetzt abgeänderten Fassung durchweg unsere Auslandsmissionen sein werden, Weisungen des Außenministeriums, Abwicklungsstelle, in Prag erhalten und zwar auch nicht, wenn, wie vorgesehen, in grundsätzlichen Fragen die Entscheidung des Auswärtigen Amtes einzuholen ist. Ferner sind nach meiner Ansicht die Grundstücke und alles sonstige Eigentum der früheren tschecho-slowakischen Auslandsmissionen bereits jetzt Eigentum des Deutschen Reiches[179] geworden, ebenso wie dies für das militärische Eigentum des Protektorats Böhmen-Mähren gilt. Die Entscheidung liegt also nach meiner Ansicht nicht, wie das unter IV⁵ vorgesehen ist, bei dem Protektorat, sondern ausschließlich beim Auswärtigen Amt.

Ferner glaube ich, daß die Bestimmung, daß die Heimschaffungskosten von Reichsbürgern durch das Protektorat zu tragen sind (III⁴), auch nicht der Konstruktion entspricht.

Ich würde vorschlagen, daß über die Angelegenheit möglichst bald noch einmal eine Besprechung zwischen der Personal-Abteilung, der Rechts-Abteilung, der Politischen Abteilung stattfindet.

Der vorliegende Erlaß paßt wohl auch insofern schon jetzt nicht mehr, als die Gesandtschaft in Prag oder ihre Abwicklungsstelle schon in den nächsten Tagen aufgelöst wird.

Hiermit Herrn VLR Kraske.

WOERMANN

---

[179] Handschriftlicher Vermerk: *Genau! Aller Nachfolgerstaaten, jedenfalls nicht des Protektorats.*

110

PA/AA, Politische Abteilung IV, R 103707

**Bericht des Geschäftsträgers der Deutschen Botschaft in Paris Bräuer
an das Auswärtige Amt**

A 1392 Paris, den 4. April 1939
Pol. IV *2422*

Inhalt: Kundgebungen des früheren Tschechischen Gesandten Osuský.

Der frühere Tschechische Gesandte Osuský hat am 1. April eine Reihe hiesiger Tschechoslowaken zusammengerufen, um vor ihnen seine Nichtanerkennung des deutschen Protektorats über die Tschechoslowakei zu rechtfertigen. Zeitungsnachrichten zufolge begründete er seine Haltung damit, daß die Herren Hácha und Chvalkovský staatsrechtlich nicht in der Lage gewesen seien, den Protektoratsvertrag abzuschließen, daß sie außerdem unter Zwang gehandelt hätten und schließlich Frankreich die Anerkennung der Annektierung der Tschechoslowakei durch Deutschland verweigere. Außer Frankreich hätten auch England, die Vereinigten Staaten und Sowjetrußland in einem offiziellen und feierlichen Akt erklärt, die gewaltsame Beseitigung der Tschechoslowakei nicht anzuerkennen. Hieraus ergebe sich, daß, wenn auch die Tschechoslowakei ihrer Staatsperson beraubt worden sei, so doch die Tschechen und Slowaken als Nation weiterleben würden. Er, Osuský, sei heute der einzige Vertreter der tschechoslowakischen nationalen Souveränität, wie sie sich in der Pariser Gesandtschaft verkörpere.

Vor einigen Tagen richteten die elsaß-lothringischen Komitees der „Union Nationale des Anciens Combattants", die die national eingestellten französischen Kriegsteilnehmer umfassen, ein Schreiben an Herrn Osuský, in dem sie, ähnlich wie dies bereits die französische Kammer getan hatte, dem tschechischen Volk ihr Beileid ausdrücken und auf den bekannten tschechischen Protest gegen die Annektion Elsaß-Lothringens durch Deutschland hinweisen. Herr Osuský hat in seiner Antwort auf die Analogie des historischen Schicksals der Elsässer und der Tschechoslowaken hingewiesen und versichert, daß in den Herzen der letzteren die Erinnerung an die gemeinsamen Kämpfe nicht verlöschen werde.

Eine weitere Sympathie-Kundgebung wurde an Herrn Osuský auch von der „Fédération des Engagés Volontaires Alsaciens et Lorrains" gerichtet, auf die eine Antwort bisher nicht veröffentlicht worden ist. Gegen die Unterzeichner dieser und der vorerwähnten Resolution habe ich Sichtvermerkssperre verhängt.

Vier einschlägige Zeitungsartikel sind beigefügt.[180] *BRÄUER*

---

[180] Dabei handelt es sich um eine Solidaritätsadresse der Elsasskämpfer an Osuský, die 1871 vom tschechischen Volk in ihrem Kampf unterstützt wurden; vgl. Une adresse des anciens combattants d'Alsace. A. M. Osuský ministre de Tchécoslovaquie à Paris. In: La France de L'Est v. 28.3.1939. Eine ebensolche Solidaritätsadresse sandte die Vereinigung

111

PA/AA, Politische Abteilung IV, R 103707

**Bericht des Geschäftsträgers der Deutschen Botschaft in Paris Bräuer
an das Auswärtige Amt**

A 1393   Paris, den 4. April 1939

Pol. IV *2443*

Inhalt: Kundgebungen hiesiger Tschechen.

Die hiesige tschechoslowakische Kolonie hat dieser Tage – genaues Datum
unbekannt – unter Teilnahme zahlreicher französischer Persönlichkeiten eine
Kundgebung zu Ehren des Präsidenten Masaryk veranstaltet. An derselben
nahmen u.a. General Mittelhauser, als Vertreter des Gesandten Osuský der
frühere Militär- und Luftattaché Oberst Kalina, der Generalsekretär der tschechoslowakischen Kolonie in Frankreich Hanouche, der Sorbonne-Professor
Ancel, Pastor Lauga und verschiedene andere Personen teil. Am Schluß der
Veranstaltung wurde ein Telegramm an Herrn Beneš gerichtet.[181]

Gleichfalls dieser Tage hat die hiesige deutsche Emigranten-Organisation
„Société allemande des gens de lettres"[182] unter Teilnahme tschechischer,
französischer und emigrierter deutscher Schriftsteller einen tschechoslowakischen Abend abgehalten. Die Zeitung „L'Ordre" veröffentlicht ein Schreiben
des an der Teilnahme verhinderten Heinrich Mann an seine Gesinnungsgenossen.[183]

Auf der Versammlung der hiesigen tschechoslowakischen Kolonie vom
1. April – vgl. Bericht vom 4. April – A 1392 –[184] wurde eine Entschließung
gefaßt, die sich zunächst gegen die Errichtung des deutschen Protektorates
über die Tschechoslowakei wendet. Sodann heißt es: „Einig auf dem Boden
Frankreichs, dem alten Land der menschlichen Ideale, der Gleichheit, der

---

der Freiwilligen aus Elsass-Lothringen; vgl. Une adresse des Engagés volontaires alsaciens et lorrains à M. Osuský ministre de Tchécoslovaquie à Paris. In: La France de L'Est
v. 29.3.1939. In seiner Erklärung verweist Osuský auf die Unrechtmäßigkeit der Errichtung des Protektorates und macht Frankreich, Großbritannien, den USA und der Sowjetunion schwere Vorwürfe, nicht eingegriffen zu haben; vgl. Après le coup de force al-
lemand en Tchéco-Slovaquie. In: Le Temps v. 3.4.1939.

[181] Auf der Gedenkveranstaltung für den ehemaligen Staatspräsidenten Masaryk gaben die
Teilnehmer der Hoffnung auf eine tschechische Wiedergeburt Ausdruck und formu-
lierten ein Sympathietelegramm an Beneš; vgl. Un hommage à la mémoire du président
Masaryk. In: Le Petit Parisien v. 1.4.1939.

[182] Die „Société allemande des gens de lettres" war ein Pariser Schutzbund deutscher Schriftsteller mit antifaschistischer Ausprägung.

[183] In seinem Schreiben führte Heinrich Mann aus, dass die Tschechen Exilanten im eigenen Lande seien, die expatriiert, fremdbestimmt, ausgebeutet und dem Zwang zur Benutzung einer fremden Sprache unterworfen seien. Europa und vor allem Frankreich
seien darum in der Verantwortung; vgl. Une lettre de Heinrich Mann aux Tchécoslovaques. ,Il est temps d'arrêter la déchéance de l'Europe'. In: L'Ordre v. 2.4.1939.

[184] Siehe Dokument Nr. 110.

Freiheit, werden wir mit allen Kräften daran arbeiten, den Tschechen und den Slowaken zur Wiedererlangung ihrer Unabhängigkeit zu helfen."[185] Drei einschlägige Zeitungsausschnitte sind beigefügt.

BRÄUER

112

PA/AA, Büro des Staatssekretärs, R 29829
PA/AA, Politische Abteilung IV, R 103759

Aufzeichnung des Staatssekretärs Weizsäcker

St.S. Nr. 312   Berlin, den 4. April 1939
                                                        Pol. IV *2387*

Der Britische Botschaftsrat[186] bedankte sich heute bei mir für die Abwicklung der Flüchtlingsangelegenheit bei der bisherigen Deutschen Gesandtschaft in Prag und bat um Weitergabe seines Dankes an die beteiligten Instanzen.

Hiermit Herrn Unterstaatssekretär.

WEIZSÄCKER

113

PA/AA, Politische Abteilung IV, R 103759

**Telegramm des wirtschaftspolitischen Sonderbotschafters Ritter
und des stellvertretenden Vertreters des Auswärtigen Amtes Schleinitz
an das Auswärtige Amt**

Prag, den 4. April 1939   21.50 Uhr   Pol. IV *2375*
Ankunft: 5.   "   "   1.30   "

Nr. 160 vom 4.4.

1.) Die etwas langwierigen Verhandlungen mit hiesiger Gestapo wegen der Flüchtlinge in der Französischen Gesandtschaft konnten erst heute abgeschlossen werden. Ergebnis ist, daß von den uns bisher gemeldeten 36 Flüchtlingen für 24 freies Geleit gegeben werden kann. Wegen der übrigen 12 be-

---

[185] In der Resolution der versammelten Exil-Tschechen wurde von den Anwesenden die Zugehörigkeit zur tschechischen Gemeinschaft betont, die Okkupation des seit mehr als 1000 Jahren von Tschechen bewohnten Landes verurteilt, die deutsch-tschechische Vereinigung als erzwungen angesehen, der Kampf für die Wiedererlangung der Unabhängigkeit erklärt, der Unterstützung durch das französische Volk sowie der einstimmigen Sympathieerklärung der französischen Abgeordnetenkammer vom 30.3.1939 gedankt sowie Osuský das Vertrauen ausgesprochen; Résolution des Tchèques et des Slovaques de Paris. In: Le Petit Parisien v. 4.4.1939.

[186] George Ogilvie-Forbes.

steht Gestapo auf Verhaftung, da sie entweder wegen Hochverrats oder Landesverrats oder Spionage oder politischen Sprengstoffverbrechens verfolgt werden.

2.) Ich habe dies heute dem französischen Geschäftsträger Lamarle mitgeteilt und von ihm Auslieferung der 12 Flüchtlinge verlangt, aber ein Junctim des Inhalts gemacht, daß ich ihm diese 12 Personen im einzelnen erst benennen und den übrigen die Freigeleitpapiere erst aushändigen könne, wenn Datum und Methode der Auslieferung der 12 feststehen. Für die Auslieferung habe ich drei Möglichkeiten erwähnt: entweder Gesandtschaft wird alsbald aufgelöst und in Konsulat umgewandelt, was wir auch aus anderen Gründen baldigst erwarten müßten, oder legitimierten Polizeibeamten wird das Betreten des Gesandtschaftsgebäudes von der Französischen Gesandtschaft ausdrücklich gestattet, so daß Verletzung Exterritorialität nicht vorliegt, oder der französische Geschäftsträger selbst veranlaßt oder zwingt die 12 Personen zum Verlassen des Gesandtschaftsgebäudes. Ich bestand auf einer beschleunigten Erledigung Angelegenheit.

Geschäftsträger vorbehielt sich Bericht nach Paris und beschleunigte Antwort. Er mitteilte bei dieser Gelegenheit, daß auf Gesandtschaft sich jetzt nicht mehr alle 36 Personen befinden. Neun hätten Gesandtschaft bereits verlassen. Über deren gegenwärtigen Aufenthalt sei er nicht unterrichtet. Es handelt sich also im ganzen jetzt nur noch um 27 Personen. Wir haben festgestellt, daß von diesen 9 Flüchtlingen 6 ohnehin freies Geleit bekommen hätten, die übrigen 3 standen auf der Liste der Auszuliefernden. Wenn diese Angabe Geschäftsträgers sich bestätigt, würde es sich also nur noch um 9 auszuliefernde und zu verhaftende Personen handeln.

3.) Ich habe das früher schon gemachte Angebot erneuert, daß Frauen und Kinder alsbald bedingungsloses Freigeleit erhalten. Dieses Angebot ist bisher von Frauen und Kindern aber nicht ausgenutzt worden.

4.) Anheimstelle wegen schneller Erledigung auch von dort aus in Paris vorstellig zu werden und erbitte gegebenenfalls weitere Weisung.[187]

RITTER, SCHLEINITZ

---

[187] Als Telegramm Nr. 157 leitete der stellvertretende Leiter der Politischen Abteilung Bismarck am 6.4.1939 diese Informationen mit dem Vermerk „Sofort!" an die Deutsche Botschaft in Paris weiter. Telegramm Bismarcks vom 6.4.1939, PA/AA, Büro des Staatssekretärs, R 29773.

114

PA/AA, Büro des Staatssekretärs, R 29773
PA/AA, Büro des Unterstaatssekretärs, R 29904

Notiz des Referatsmitarbeiters Militärfragen, Rüstungsfragen, Landesverteidigung in der Politischen Abteilung Nostitz

Pol. I H 1339 g

Das Oberkommando der Wehrmacht teilt mit, daß von den im Protektorat Böhmen und Mähren befindlichen Truppen nunmehr sukzessive 6 2/3 Divisionen zurückgezogen werden. Es bleiben noch 10 Divisionen.

Berlin, den 5. April 1939
VON NOSTITZ

115

PA/AA, Büro des Unterstaatssekretärs, R 29904

Anweisung des Reichsinnenministers Frick an die Oberlandräte im Protektorat

Berlin, den 5. April 1939[188]

Am 15. April 1939 endet voraussichtlich der dem Oberbefehlshaber des Heeres[189] vom Führer und Reichskanzler erteilte Auftrag. Gemäß Artikel 13 des Erlasses des Führers und Reichskanzlers vom 16. März 1939 (RGBl. 1939 I, S. 485)[190] ersuche ich Sie, von diesem Tage an Ihre bisherigen im Auftrage des Oberbefehlshabers des Heeres wahrgenommenen Aufgaben als Außenstellen des Reichsprotektors weiterzuführen.[191] Über die Zuteilung weiterer Aufgaben wird von Fall zu Fall entschieden werden.

Die von Ihnen eingesetzten Distriktkommissare bleiben mit ihren bisherigen Aufgaben gleichfalls weiter im Amt.

In Vertretung
PFUNDTNER

---

[188] Acht Tage später ging diese Mitteilung durch den Leiter der Personal- und Verwaltungsabteilung Prüfer an alle Arbeitseinheiten und Büros im Auswärtigen Amt.
[189] Walther von Brauchitsch.
[190] Siehe Dokument Nr. 1.
[191] Konstantin von Neurath war am gleichen Tag in Prag eingetroffen, um als neuer Reichsprotektor in Böhmen und Mähren die deutschen Interessen wahrzunehmen.

116

PA/AA, Politische Abteilung IV, R 103629

Bericht des Deutschen Gesandten in Pretoria Leitner
an das Auswärtige Amt

Nr. 260   Kapstadt, den 7. April 1939
Pol. IV *2646*

Betr.: Union und tschechoslowakische Frage.

Die hiesige Öffentlichkeit und Presse hat zunächst die Ereignisse, welche zu dem Protektorat Böhmen-Mähren führten, mit bemerkenswerter Ruhe aufgenommen. Man war vielleicht etwas überrascht über den plötzlichen und raschen Gang der Dinge, nahm sie aber als eine konsequente Weiterentwicklung der Vorgänge vom vergangenen Herbst mit einer gewissen Resignation hin. Ganz erstaunlicherweise war auch zunächst die englisch-sprachige Presse korrekt. Sie brachte beispielsweise den ganzen Wortlaut der Proklamation[192] und veröffentlichte auch eine Reihe von einwandfreien Leitartikeln. So hat die „Rand Daily Mail" die Ereignisse als großen Sieg des Führers und der bekannte Journalist Morris Brouhgton als eine seiner brillantesten Taten geschildert. Sogar der berüchtigte anti-deutsche „Natal Mercury" war auf den gleichen Tenor abgestimmt; allgemein bemerkten die Zeitungen, die Ereignisse, die zum Ende der Tschechoslowakei geführt hätten, bedeuteten keine Bedrohung des europäischen Friedens.

Diese ruhige und vernünftige Einstellung schlug dann ganz plötzlich in das Gegenteil um. Wie auf ein Kommando war nach den Reden Chamberlains und Halifax' der ganze britische Propaganda-Apparat wieder gegen uns im Gang. Alle Mittel der Aufpeitschung der Leidenschaften wurden angewandt, beunruhigende Gerüchte wurden ausgestreut und die Presse setzte mit einer Hetze ein, die das im vergangenen Jahr Geleistete noch bei weitem übertraf. Sie wurde immer übler und ausfallender und hagelte aus ihrem Repertoire der Beschuldigungen nur so auf alles, was Deutsch ist. Bezeichnungen wie „Verbrechen" und „Vergewaltigung", mit denen man das Ende der Tschechoslowakei bezeichnete, gehörten noch zu den gemäßigsten.

Es wurde uns vorgeworfen, wir hätten trotz München nicht die anderen konsultiert, wir hätten unsere Abmachungen nicht eingehalten und damit Wortbruch begangen. Dann hätten wir, da es sich in den in Frage kommenden Gebieten nicht um deutsche Bevölkerung handelte, auch noch das von uns immer ins Feld geführte Selbstbestimmungsrecht mißachtet. Zudem sei alles unter Androhung und Anwendung von Gewalt durchgesetzt worden. Wir hätten damit die Chamberlainsche Friedenspolitik vernichtet und nun müßten sich alle „Friedensliebenden" zusammenschließen zur Erhaltung der „Demokratie, der Freiheit, des Friedens und der modernen Zivilisation",

---

[192] Siehe Dokument Nr. 1.

denn aus unserem Vorgehen ergebe sich deutlich der nackte Expansions-
drang, der Drang nach Weltherrschaft. Der jetzige Vorgang sei nur der Auftakt zu neuen „Angriffen"; es wurde von Ultimaten an Ungarn und an Rumänien, bei Letzterem im Zusammenhang mit den Wirtschaftsverhandlungen, die auch nur unter Zwang und Drohungen abgeschlossen worden seien,
berichtet.[193] Die Frage, wer der nächste sein würde, wurde ausgiebig behandelt. Es wurde von deutschen Angriffsabsichten auf die verschiedenen neutralen Länder und vor allem auch von solchen auf Polen ausführlich phanta-
siert; dabei wurde die Rückkehr Memels entsprechend ausgeschlachtet, gegen
die zwar nichts einzuwenden sei, und die an sich unvermeidlich hätte kommen müssen, die aber auch unter Zwang und Androhung von Gewalt mit
„denselben Methoden" und „derselben Technik" wie bei der Tschechoslowakei durchgeführt worden sei.[194]
Diese Hetzkampagne in der Presse wurde noch durch zahllose Lügennachrichten, wie beispielsweise jene von der durch Androhung eines Luftbombar-
dements auf Prag erzwungenen Unterwerfung Háchas, besonders sensationell
und aufreizend gestaltet. Die systematische Vergiftung der hiesigen öffentlichen Meinung durch diese englische Stimmungsmache verfolgte offensichtlich
das Ziel, die Union für den Kriegsfall hinter sich zu bekommen, die Bande
mit dem Empire zu stärken und die Rüstung des Landes zu beschleunigen.[195]
Diesem Zweck dienten vorwiegend auch Nachrichten, daß Deutschland [das
Flottenabkommen] mit Großbritannien aufkündigen würde, [zwei Wörter
fehlen], daß ein solcher Schritt einen [festeren Zusammenhalt des] Empires
zur Folge haben würde. Es wurde alles so [ein Wort fehlt] und so aufgezogen,
daß wir im Falle eines Krieges von [vielen] hier als die Kriegsschuldigen erscheinen würden. Die Anstrengungen konzentrieren sich bei der ganzen
Kampagne hauptsächlich auf die Gewinnung des burischen Bevölkerungstei-
les. Zur Illustrierung der deutschen Gefahr wurden in verstärkter Weise Angriffsabsichten auf Südwest und von dort auf die Union kolportiert. Dabei
wurde unsere Note an die Unionsregierung in Angelegenheit der Einwande-
rung nach Südwest ausgiebigst verwertet. Ihr Bekanntwerden in der Öffentlichkeit ist – wie nunmehr wohl mit Bestimmtheit angenommen werden
kann – bezeichnenderweise auf die absichtliche Indiskretion einer pro-
britischen Stelle zurückzuführen.
Dadurch, daß die für uns günstigen Meldungen und Berichte unterdrückt
wurden, – so wurden in der letzten Zeit fast gar keine oder nur ganz belanglo-

---

[193] Am 23.3.1939 war ein deutsch-rumänisches Wirtschaftsabkommen unterzeichnet worden, das dem Deutschen Reich einen Zugriff auf die größtenteils noch unerschlossenen
rumänischen Erdölfelder ermöglichte.

[194] Nachdem die litauische Regierung unter Zwang einem Übergabevertrag zugestimmt
hatte, war die deutsche Wehrmacht am 22.3.1939 im Memelgebiet einmarschiert.

[195] Als Mitglied des Britischen Commonwealth erklärte Südafrika am 6.9.1939 Deutschland
den Krieg.

se Transozeanmeldungen gebracht – hat die Hetzkampagne, die sich u.a. zu der Forderung der Abberufung des Südafrikanischen Gesandten in Berlin und zu den Nachrichten, daß Italien von der Achse Berlin-Rom sich abwendet, verstieg, fraglos recht unerfreuliche Auswirkungen gehabt – selbst weite burische Kreise sind stutzig geworden – da unsere Gegenwirkung, vor allem durch unseren Rundfunk, gegen den gegnerischen, mit allen Mitteln arbeitenden Apparat nur allmählich aufkommen kann.

Das Ergebnis dieser Stimmungsmache hatte jedenfalls eine Kriegspsychose, die jene der letzten Septembertage noch überboten, zur Folge. Äußere Anzeichen dafür waren eine ganze Anzahl von Maßnahmen, die plötzlich ergriffen wurden, wie In-Bereitschaftstellung des Militärs und der Polizei, Bewachung wichtiger öffentlicher Betriebe, Aufnahme von Rekrutierungen, Instandsetzung von Verteidigungsanlagen, Abhaltung von militärischen Übungen und ähnliches mehr. Im Parlament wurde zur Überwachung der Ausländer eine Gesetzesvorlage zu ihrer Registrierung eingebracht, und Pirow hielt vorzeitig seine Rede zum Budget des Verteidigungsministeriums. Die Beantwortung der Frage, welches das Motiv für diese Maßnahmen war, ob sie erfolgt seien, um die Gemüter zu beruhigen und den Kriegstreibern den Wind aus den Segeln zu nehmen oder ob sie von den pro-britisch eingestellten Kräften (Justizministerium: Smuts, und Heer: Generalstabschef van Ryneveld) inszeniert wurden, um die Kriegspsychose noch zu steigern und ein Neutralbleiben im Falle eines Krieges Englands zu verhindern, muß zur Zeit noch offen bleiben. Wahrscheinlich werden beide Elemente mitgewirkt haben. Fest steht, daß Pirows Rede einmal der Beruhigung dienen und den britischen Einflüssen gegenüber zeigen sollte, daß auf dem Gebiet der Verteidigung alles nur Menschenmögliche geschehen sei.

Die direkte Einwirkung der britischen Regierung war daher diesmal noch stärker als im vergangenen September. Damals war ihr wohl erst richtig klar geworden, daß im Ernstfalle auf eine Mitwirkung der Union nur bedingt zu rechnen sein würde. Was damals nicht gelungen war, die Union auf eine eindeutige Co-Operation festzulegen, das sollte offenbar jetzt erneut versucht und möglichst durchgesetzt werden. Wie ich feststellen konnte, ist die hiesige Regierung dauernd über die Entwicklung in Europa auf dem Laufenden gehalten worden. Eine eigentliche Konsultation hat aber anscheinend nicht stattgefunden. In der Erkenntnis, daß die Chamberlainsche Befriedungspolitik bei den hiesigen maßgebenden Regierungskreisen volle Unterstützung hat, wurde hier die von London verfolgte Politik als in der Chamberlainschen Linie weiterlaufend dargestellt. Durch die verschiedenen Erklärungen Chamberlains – so wurde anscheinend erklärt – sollten die Kriegstreiber ausgeschaltet werden; das Ziel dieser Politik sei, Deutschland zu Verhandlungen zu bekommen; um als gleich gewichtiger Verhandlungspartner auftreten zu können, müßte man aber vorerst aufrüsten und alle Kräfte des Empire zusammenfassen. Um eine weitere Verschiebung des politischen Kräfteverhältnisses durch die Achse Rom-Berlin zu verhindern, müßten sofort alle in Betracht kommenden Staaten zu kollektivem Widerstand zusammengefaßt werden. Man scheint an eine gemeinsame Erklärung Großbritanniens, Frankreichs, Polens und der Sowjet-Union gedacht zu haben. Die Einbeziehung der Letzteren ist dann offenbar nicht nur bei einer Reihe von europäischen Staaten, sondern vor allem bei den Dominien auf Verwunderung und Widerstand gestoßen, so daß diese Idee der gemeinsamen Erklärung fallen gelassen wurde, und an ihre Stelle der Plan, mittels zweiseitigen Defensiv-Abmachungen zu einer Art kollektiven Sicherheit zu gelangen, gesetzt worden ist. Mit dieser Formulierung wollte man britischerseits auch hier klar machen, daß die englische Politik nur die Erhaltung der Unabhängigkeit aller Staaten, nur die Erhaltung des Friedens, im Auge habe, daß sie nicht Krieg wolle, sondern Rückkehr zur Konsultation und zur Verhandlung, daß England als Champion des Friedens gelte, und daran bis zuletzt festhalte, so daß im Falle eines Mißlingens seiner Aktion, also eines Kriegs, wir von vornherein als die Schuldigen erscheinen müßten.

Im hiesigen innerpolitischen Leben haben diese Londoner Ausstrahlungen, die Bestrebungen für unbedingte Neutralität einerseits, für unbedingte Kriegsteilnahme andererseits aufs Neue wachgerufen. Besonders im Hinblick auf die noch ausstehenden Ergänzungswahlen wurden die außenpolitischen Ereignisse auch von den einzelnen Parteien entsprechend ausgenützt. In ihrem blinden Deutschenhaß haben sich dazu Dominion- und Labour-Partei sowie die Liberalen auch diese Gelegenheit nicht entgehen lassen, um am 20. III. und den darauffolgenden drei Tagen innerhalb und außerhalb des Parlaments gegen Deutschland zu hetzen. Die Welt sei vom „Nazismus" bedroht, die Demokratien müßten sich zusammenschließen, um den Frieden zu erhalten, – so lautete das Motto. Alle drei Gruppen haben auch die bereits erwähnte Einwanderungsnote herangeholt, um aufzuzeigen, daß damit deutscherseits der erste Schritt zum Angriff auf Südwest und die Union getan worden sei. Der Abgeordnete Madeley, ging so weit, wieder einmal die Eingliederung Südwests als Fünfte Provinz in die Union zu verlangen, um der deutschen Gefahr zu begegnen.

Zur Bekämpfung der stark aufkommenden nationalen Opposition, die durch ihre anti-semitische und anti-britische Einstellung auf Rassenspaltung hintreibe, hat die Vereinigte Regierungspartei unter Hinweis auf die außenpolitische Entwicklung Einigung der Rassen gefordert und die Neutralitätskampagne der Nationalen Partei durch den Vorwurf von ihrer „Pro-Nazi" und undemokratischen Einstellung zu diskreditieren gesucht. Die Nationalisten haben ihrerseits die bereits im vergangenen Herbst so wirksam geführte Neutralitätskampagne mit allen Mitteln wieder aufgenommen, um damit die United Party bloßzustellen.[196] Der bekannte Abgeordnete Louw hat der Re-

---

[196] In den Jahren von 1934 bis 1948 war die United National South African Party die Regierungspartei in Südafrika. Unter ihrem Vorsitzenden James Barry Munnick Hertzog verfocht die United Party trotz aller politischen Widerstände einen Kurs außenpolitischer

gierungspartei Abhängigkeit von London vorgeworfen und gefordert, Südafrika sollte sich nicht in die Angelegenheiten anderer Länder einmischen, es könne ebenso neutral bleiben wie die kleinen europäischen neutralen Länder, um so mehr als es tausende von Meilen von Europa entfernt sei. Noch schärfer ist der Führer der Nationalisten, Malan, für die Neutralität des Landes eingetreten. Er hat vor allem energisch gegen die englische Propaganda und das Treiben der Kriegshetzer Front gemacht und sein Mißtrauen gegen die Smutssche Richtung zum Ausdruck gebracht, die im Ernstfalle, wie 1914, wieder etwas inszenieren oder fabrizieren würde, um das Land an der Seite Englands in den Krieg zu verwickeln. Die Regierung habe entweder keine Außenpolitik oder sie sei sich darüber nicht einig.

Ebenso wie die anderen Parteien forderte Malan eine Erklärung der Regierung zur außenpolitischen Lage. Sie verhielt sich zunächst völlig zurückhaltend. Die Ereignisse trafen sie völlig unvorbereitet. Sie wußte nicht, was eigentlich vorging, was sich ereignete, was weiter geschehen würde. Sie wußte auch nicht, wie sie sich einstellen sollte. Hatte doch Hertzog noch vor kurzem in einer Rede vor den Führern der Kommandos angekündigt, daß der Friede auf lange Zeit erhalten bleiben würde. Die erste Reaktion der Regierung war Sorge um Erhaltung des Friedens, Sorge um Erhaltung Chamberlains. Sein Name ist hier begrifflich so eng mit Friedenserhaltung verbunden, daß sein Abgang als gleichbedeutend mit Krieg aufgefaßt würde. Unter starker Beeinflußung von London trat dann vorübergehend eine gewisse schwankende Haltung darüber in Erscheinung, ob sie nicht aus dieser Zurückhaltung hervortreten sollte. Mißtrauen gegen das Vordringen nationalsozialistischen Gedankenguts in Südwestafrika und der Union und Besorgnis hinsichtlich der weiteren Entwicklung in Südwestafrika, die im Zusammenhang mit den Auseinandersetzungen in der Einwanderungsfrage ganz deutlich geworden ist, haben dabei wohl mitgespielt. Zudem ist bekanntlich die Regierung selbst in der Einstellung zur Frage der Beteiligung an einem englischen Kriege keineswegs einig. Der Hertzogschen Linie, die mehr nach der national-burischen tendiert, steht immer noch die Smutssche pro-britische Linie gegenüber, und in der letzten Zeit hat die Letztere fraglos an Stärke zugenommen. – Innerpolitische Erwägungen, d.h. die Furcht vor einer Verschärfung der Gegensätze, vor einer weiteren Aufspaltung der verschiedenen Fronten, die Furcht, daß im Falle einer Kriegsbeteiligung schwere Unruhen ausbrechen würden, weil die Mehrheit des Volkes gegen eine solche ist, haben die Regierung aber wieder zu der zuerst eingenommenen Zurückhaltung zurückgeführt. Diese Zurückhaltung ging soweit, daß die Regierung zunächst auch allen von ihr verlangten Erklärungen auswich. Der Premierminister im Parlament, ebenso wie der Arbeitsminister bei einer Rede vor seiner Wählerschaft haben zu den

---

Neutralität. Diese Einstellung änderte sich in den ersten Tagen des Zweiten Weltkrieges jedoch grundlegend. Jan Christiaan Smuts übernahm den Vorsitz und führte das Land in den Krieg.

außenpolitischen Vorgängen und der diesbezüglichen Haltung der Regierung nur ganz ausweichend gesprochen. Der Generalgouverneur deutete in einer Ansprache lediglich an, Rüstungswettlauf und Autarkie-Bestrebungen wären bedauerlich, und nur Minister Kemp wagte sich in einer Wahlrede etwas weiter vor, indem er gegen die nationalistische Neutralitätskampagne, die Volksabstimmung über Kriegsteilnahme verlangte, Stellung nahm.

Erst am 23. März hat General Hertzog nach weiterem Drängen die bekannte Erklärung abgegeben. Sie betont das Interesse der Union an der Erhaltung des Friedens und unterstreicht, daß Südafrika von den bisherigen Vorgängen in Europa nicht berührt sei. Etwas einschränkend bemerkt sie aber, es könne der Augenblick kommen, in dem ein Staat dominierend würde und Freiheit und Interessen der Union selbst berührt würden. Erst dann würde sich die Regierung an das Parlament wenden. Zur Zeit seien die Beziehungen mit allen Staaten noch freundschaftlich. Von dieser kleinen Nuance, die wohl als beruhigende Dosis für die pro-britischen Elemente bestimmt gewesen ist, abgesehen, weicht diese Erklärung über die gegenwärtige Einstellung der Regierung von jener zur Zeit der Septemberkrise in keiner Weise ab.

Daß die Regierung nach wie vor bemüht ist, aus europäischen Konflikten sich herauszuhalten, zeigt auch eine Wahlrede Pirows in Lichtenberg, in der er eindeutig für Neutralität, – allerdings nicht für Neutralität auf jeden Fall – eingetreten ist. In gleiche Richtung weist die große Enttäuschung und Unzufriedenheit, die im Lager der Jingokreise zu beobachten ist. Dort hatte man von Hertzog eine scharfe Verurteilung – wie seinerzeit im Abessinienfall – erwartet, und der Führer der Dominion-Partei verlangte weiterhin eine Erklärung über das Verhalten im Falle eines Kriegsausbruchs. – Die Nationalisten dagegen waren an sich mit Hertzog zufrieden. Ihre Neutralitätskampagne führen sie aber unvermindert fort, da sie über ihr berechtigtes Mißtrauen gegen Smuts nicht hinwegkommen können, der gerade in einer längeren Rede der Aufrüstung der Union und dem Zusammengehen mit dem Empire und der britischen Flotte – da sie allein sich nicht halten könne – das Wort geredet und Einheit im Innern gefordert hat, da sie sonst die Beute eines Angreifers werden könnte.

Die Regierungspartei hat sich in ihrer Mehrheit mit Hertzogs Ausführungen begnügt. Die Erklärung sei von innenpolitischen Gesichtspunkten diktiert, – so sagt man da, – sie habe allen gerecht werden und sich doch nicht festlegen wollen, wozu der Zeitpunkt auch noch nicht gekommen sei.

Aus englischen Stimmen, wie jener Sir Jan Frasers, ergibt sich, daß man sich daselbst damit abgefunden zu haben scheint, daß die hiesige Regierung offenbar nach wie vor hinter Chamberlains Politik steht.

Fragt man sich heute, wie sich die Union im Falle eines Krieges Englands einstellen würde, so dürfte noch immer die gleiche Antwort wie im vergangenen Herbst die richtige sein, daß man zunächst – sofern die Kolonialfrage nicht mitspielt – versuchen würde, sich aus einem Kriege herauszuhalten. Die Frage, ob es gelingen würde, auf längere Zeit die Neutralität, man denkt dabei

wohl an eine Art bewaffnete Neutralität – durchzuhalten, dürfte heute aber
zu verneinen sein. Durch die fortgesetzte anti-deutsche Hetze hat sich die
allgemeine Stimmung Deutschland gegenüber so verschlechtert, daß es im
Ernstfalle dem mächtigen englischen Propaganda-Apparat gelingen dürfte,
auch die unwilligen, insbesondere burischen Kreise, deren Verhetzung bisher
zwar noch nicht geglückt ist, klein zu bekommen. Würde die Kolonialfrage
mit in den Konflikt hineinspielen oder würde es der britischen Propaganda
gelingen, die Dinge so darzustellen, als ob sie mit hineinspiele, dann würde
eine Kriegsbeteiligung mit der Motivierung, daß Südwest nur mit britischer
Hilfe gehalten werden, daß diesbezügliche deutsche Forderungen nur mit
britischer Hilfe zurückgewiesen werden könnten, wahrscheinlich sofort erfolgen. Die hiesige Einstellung zur Kolonialfrage hat sich jedenfalls im Verlauf
der letzten hetzerischen Propaganda-Aktion wesentlich versteift. Es ist dieser
gelungen, die Furcht vor deutscher Festsetzung in Afrika wegen der damit
verbundenen militärischen und weltanschaulichen Ausstrahlungen weit über
die Kreise, die bisher von der „Hands-off-Africa-Bewegung" erfaßt waren,
hinaus zu verbreiten. Im Zusammenhang damit mehren sich die Stimmen,
die für eine Änderung der Politik Südwests und der Parteiorganisation *in* der
Union gegenüber eintreten. Mit dem zunehmenden Mißtrauen uns gegenüber geht Hand in Hand eine stärkere Anlehnung an das Empire, dessen Politik weitgehend gebilligt wird. Mit allen möglichen Meldungen, wie beispielsweise verbreiteten, Deutschland habe auf den Kanarischen Inseln eine
U-Boot-Station spanischerseits eingeräumt bekommen, wird die Auffassung,
daß die Union letzten Endes von Großbritannien abhängig sei, vertieft. Daß
sich diese Einstellung auch wirtschaftlich auswirkt, ist nicht verwunderlich.
Während die in der Septemberkrise eingetretene Zurückhaltung nach einiger
Zeit wieder überwunden werden konnte, sind diesmal Anzeichen einer ständigen Verlagerung, bezw. Abwanderung des Geschäfts von Deutschland nach
anderen Ländern zu beobachten. Die Idee, daß die europäischen Dinge einem
Kriege zutreiben, hat sich in der hiesigen Öffentlichkeit doch schon sehr stark
festgesetzt.

Es wird vieler Mühe und Kleinarbeit unsererseits bedürfen, um die hiesige
Einstellung wieder zu korrigieren und die Elemente und Faktoren wieder zu
stärken, die bisher für uns eingetreten sind.

LEITNER

117

PA/AA, Büro des Staatssekretärs, R 29829

Aufzeichnung des Staatssekretärs Weizsäcker

St.S. Nr. 320   Berlin, den 7. April 1939

Der Vollständigkeit halber ist der Aufzeichnung No. 316 vom 6.4. (Gespräch
mit Botschafter Lipski) nachzutragen, daß Lipski unser Vorgehen in der Tsche-

choslowakei als für Polen bedrohlich hinstellte. Ich erwiderte hierauf, daß der polnischen Regierung bekanntlich gesagt worden sei, es könnte im Rahmen der gedachten Gesamtbereinigung auch über die Slowakei gesprochen werden.

WEIZSÄCKER

118

PA/AA, Politische Abteilung IV, R 103706

Bericht des Deutschen Generalkonsulats in Chicago
an das Auswärtige Amt

Nr. 215/39   Chicago, den 7. April 1939
Pol. IV 2783
Im Anschluß an den Bericht vom 16. März 1939 – No. 170/39 – und mit Beziehung auf den Bericht vom 28. Januar 1939 – No. 46/39 – *Pol. IV 1091*
Inhalt: Antideutsche Hetztätigkeit unter Führung des ehemaligen tschechoslowakischen Staatspräsidenten Dr. Edvard Beneš und des ehemaligen Tschechoslowakischen Gesandten in London Jan Masaryk anläßlich Auflösung der Tschecho-Slowakei.

Der frühere tschechoslowakische Staatspräsident Dr. Edvard B e n e š hatte sich, wie gemeldet, sowohl im Rahmen seiner Vorlesungen als Gastprofessor der „Walgreen Foundation for the Study of American Institutions" an der University of Chicago,[197] als auch bei vielfachem öffentlichem Auftreten aus anderen Anläßen, wohl aus taktischen Gründen zunächst gewisse Beschränkungen auferlegt und von direkter Hetze gegen den Führer und das Reich Abstand genommen. Demgegenüber hat aber der in seiner Begleitung nach Chicago gekommene frühere Tschechoslowakische Gesandte in London, Jan M a s a r y k, eine solche Zurückhaltung nicht geübt. Vielmehr ließ dieser, ebenso wie schon bei seinem ersten hiesigen Besuch im Januar d.J., antideutsche Hetzreden sowohl in Chicago als auch an anderen Orten des Amtsbezirks fast täglich vom Stapel. Er suchte auch schon auf die ersten Nachrichten über den Kampf der Slowaken um Erlangung ihrer Unabhängigkeit hin, gemeinsam mit dem vor kurzem aus Prag entflohenen Redakteur Joseph M a r t i n e k, die slowakischen Bestrebungen mit Hilfe der Presse zu diskreditieren (Anlage 1 und 2).[198]

---

[197] Die Walgreen Foundation zum Studium amerikanischer Institutionen war 1937 gegründet worden, um Wissenschaftler, Lehre und Forschung in der politischen Theorie, der späteren Politikwissenschaft, zu fördern. Durch öffentliche Vortragsfolgen, die mehrmals im Jahr von Wissenschaftlern gehalten wurden, erlangte diese Stiftung einen hohen Bekanntheitsgrad.

[198] Masaryk führte in seiner Rede aus, dass er sich eine slowakische Autonomie innerhalb der Tschechoslowakei vorstellen könne. Martinek beklagte dagegen, dass es den Deut-

Beneš verhielt sich demgegenüber auch noch während des ersten Verlaufs der März-Ereignisse in der Tschecho-Slowakei zurückhaltend. So weigerte er sich noch am 15. März 1939, also am Vormittag der Besetzung Prags, zu den europäischen Vorgängen öffentlich Stellung zu nehmen und zwar mit der Begründung, daß er das hiesige Gastrecht nicht dadurch verletzen wolle, daß er der Regierung dieses Landes etwa durch politische Betätigung oder Teilnahme an Propagandaaktionen möglicherweise Unannehmlichkeiten bereite (Anlage 3).[199] Diese Begründung scheint um so bedeutungsvoller, als aus ihr geschlossen werden muß, daß er seine nachfolgende Hetztätigkeit im stillschweigenden Einvernehmen oder mit ausdrücklicher Billigung der Washingtoner Stellen ausübt. Ihr gab er sich jedenfalls schrankenlos hin, sobald er sich von dem ersten Schrecken erholte, den ihm der fortschreitende Auflösungsprozeß seines künstlichen und mit Gewalt zusammengehaltenen Staatsgebildes zunächst eingejagt hatte.

Über die Hetze Beneš' und seiner Umgebung, die sich inmitten einer Sturmflut groß aufgemachter und fast durchweg deutschfeindlich gefärbter Nachrichten über die Vorgänge in Mitteleuropa sowie unfreundlicher Kommentare der Presse und des Rundfunks abspielte, ist im Einzelnen das Nachstehende zu berichten:

1) Am 15. März 1939 fand eine Protestveranstaltung statt, an der etwa 5.000 der rund 200.000 Chicagoer Tschechen und Slowaken teilnahmen. Sie war von der „Czech National Alliance" einberufen worden. An ihr beteiligten sich die folgenden weiteren Organisationen: die „Czech Catholic Alliance", die „Czech Protestant Alliance", die „Slovak American Alliance" und die „Czech-Slovak Protestant Association". Eine Anzahl von anderen slowakischen Gruppen, die stets für die slowakische Autonomie eingetreten sind, hatten sich aber ferngehalten. Für sie erklärte der Ehrenpräsident der „Slovak League of America", Dr. Peter Hletko aus Chicago, daß wenn die Auffassungen der 65.000 Slowaken in Chicago über die Art der Lösung der slowakischen Autonomie-Frage auch geteilt sein mögen, seine Organisation doch für den neuen slowakischen Staat eintreten würde.

Hauptredner auf der Versammlung war Jan Masaryk, der im Auftrage Beneš' zunächst eine Erklärung verlas, in der Tschechen und Slowaken öffentlich zu staatsfeindlicher Haltung gegen die Neuordnung der staats- und völkerrechtlichen Verhältnisse des Gebietes der vormaligen Tschecho-Slowakei aufgefordert werden (Wortlaut in Anlage 4).[200] Der Umstand, daß Beneš die

schen gelungen sei, einen Keil zwischen Tschechen und Slowaken zu treiben; vgl. Masaryk calls Pittsburgh Pact shield for Slovak Extremists. In: Daily News v. 14.3.1939 sowie Czechs call meeting here to protest Nazi aggression. In: Daily News v. 14.3.1939.
[199] Seine Zurückhaltung wurde sogar offen kritisiert, erwartete man doch „Worte der Hoffnung", vgl. Benes paces floor as Nazi troops march. In: Herald & Examiner v. 15.3.1939.
[200] In seiner Erklärung rief Beneš Tschechen und Slowaken zur Kooperation bei der Erringung von Freiheit für „unsere Nation in einem freien Europa" auf, vgl. Benes Statement. In: Chicago American v. 16.3.1939.

deutsche Politik in der Erklärung als „a new, shocking international crime" bezeichnete, beweist nur den Entschluß einer endgültigen Aufgabe der von ihm bis dahin geübten politischen Zurückhaltung. Im Hinblick auf die Darlegung seiner Auffassung über die ihm durch das Gastrecht auferlegten Pflichten, die er noch am Vormittag des gleichen Tages der Presse gegenüber machte, an dem die Erklärung verlesen wurde, muß zudem angenommen werden, daß Beneš sich zumindest der grundsätzlichen Zustimmung des State Departments zu der Erklärung versichert hat.

Anschließend an die Verlesung der Erklärung hat Masaryk sich dann in wüstesten Schimpfereien ergangen. Im Rahmen seiner Auslassungen über die Münchener Mächte bezeichnete er die vormalige Tschecho-Slowakei als das Opfer eines „European gangsterism" und verstieg sich in seinem maßlosen Haß sogar dazu, den Führer als „gangster" zu beschimpfen. Unter den übrigen Rednern hat sich besonders auch der Redakteur Joseph Martinek als unversöhnlicher Hetzer erwiesen. Die hiesige Sensationspresse hat der Berichterstattung über den Versammlungsverlauf großen Raum gewidmet (Anlagen 5-8).[201]

2) Am folgenden Tage setzte Masaryk vor Antritt einer Reise nach dem Westen, wo er in Vertretung Beneš' Vorträge an der University of California und an der University of Southern California hielt, seine Hetze durch ein über das Netz der Stationen des Columbia Broadcasting Systems verbreitetes Rundfunk-Interview fort, das er dem bekannten antideutschen Kommentator Hans V. Kaltenborn gewährte. Hierbei suchte er die Gemüter der Zuhörer neben den üblichen Lügennachrichten auch mit angeblichen deutschen Aspirationen auf Ungarn, die Ukraine und Polen zu beunruhigen.

3) Die Presse veröffentlichte am 17. und 18. März 1939 sodann Mitteilungen (Anlagen 9-11),[202] wonach Beneš sich das Recht anmaßte, in Telegrammen, die er als „Edvard Beneš, Ex-President of Czech-Slovakia, Professor at the University of Chicago" unterzeichnete, bei den Regierungen der Vereinigten Staaten, Großbritanniens, Frankreichs und Rußlands sowie bei dem Generalsekretär und dem Ratspräsidenten des Völkerbundes im Namen des „Czech and Slovak"-Volks gegen die Übernahme deutscher Protektorate über Gebiete der ehemaligen Tschecho-Slowakei zu protestieren und vom Völker-

---

[201] In diesem Zusammenhang sprach Martinek von einer neuen Sklaverei für die Slowaken, vgl. Czechs here weep at rally, pledge rebirth of nation. In: Times v. 16.3.1939; Chicago Nationals hear Masaryk. In: Chicago American v. 16.3.1939; Hitler is setting up war bases in Americas, Martinek warns. In: Daily News v. 16.3.1939; Masaryk calls on Czechs in U.S. to prize liberty. In: Chicago Tribune v. 16.3.1939.

[202] Siehe zum Wortlaut: Benes message to allies vows endless fight. In: Daily News v. 17.3.1939; Don't recognize Nazi grab, Benes asks U.S. Allies. In: Daily News v. 17.3.1939; Praises U.S. Stand on coup. In: Herald & Examiner v. 18.3.1939.

bund die Anwendung des Artikels 10 des Völkerbundstatuts gegen Deutschland zu verlangen![203]

4) Die Bemühungen der Presse um Erlangung der Stellungnahme führender Persönlichkeiten zu der bekannten Sumner-Welles-Erklärung, wie diese vornehmlich durch Kongreßmitglieder erfolgten und von den Nachrichtenagenturen verbreitet wurden, hat hier in Chicago nur ein mageres Ergebnis gezeitigt. Abgesehen von Persönlichkeiten mit starker tschechischer Bindung hat sich nur der extremliberalistisch eingestellte Professor der University of Chicago, Quincy Wright, im Sinne der Erklärung geäußert. Daneben hat der früher in Berlin ansässige und aus der hiesigen Berichterstattung hinreichend bekannte Jude Dr. Melchior P a l y i auch diese Gelegenheit zu hetzerischen Ausführungen über das neue Deutschland nicht vorübergehen lassen (Anl. 12).[204]

5) Der Vorstand der „National Alliance of Czech Catholics" hat in einer Sitzung am 16. März 1939 die Einberufung einer Protestversammlung sowie die Aufforderung anderer Gruppen tschechischen und slowakischen Volkstums zur Abhaltung gleicher Versammlungen in Chicago und anderen Städten der Vereinigten Staaten und schließlich die Inszenierung einer großen Kampagne beschlossen, in deren Rahmen alle erreichbaren Einzelpersonen veranlaßt werden sollen, in Briefen und Telegrammen an den Präsidenten und an die Mitglieder des Kongresses Einspruch gegen die Auflösung des vormaligen tschecho-slowakischen Staates zu erheben. Daneben wurden Präsident Roosevelt und Staatssekretär Hull auch telegraphisch ersucht, die Übergabe der vormaligen tschecho-slowakischen Vertretungen in den Vereinigten Staaten und die Aushändigung anderer Eigentumswerte an das Reich zu verhindern (Anlage 13).[205] An der Versammlung selbst, die dann am Sonntag, den 19. März 1939 stattfand, nahmen etwa 2.500 Personen teil. Als Oberhetzer tat sich hierbei wiederum der Redakteur Joseph Martinek hervor, der sich nunmehr als Sekretär des „National Czechoslovak Council" bezeichnete. Im übrigen ersuchte die Versammlung den Präsidenten Roosevelt, der

[203] Artikel 10 der Satzung des Völkerbundes vom 28.6.1919 besagte: „Die Bundesmitglieder verpflichten sich, die Unversehrtheit des Gebiets und die bestehende politische Unabhängigkeit aller Bundesmitglieder zu achten und gegen jeden äußeren Angriff zu wahren. Im Falle eines Angriffs, der Bedrohung mit einem Angriff oder einer Angriffsgefahr nimmt der Rat auf die Mittel zur Durchführung dieser Verpflichtung Bedacht." URL: http://www.versailler-vertrag.de/vv1.htm (am 7.9.2013).

[204] In Chicago gaben neben Palyi und Wright lediglich zwei örtliche Richter und zwei tschechoslowakische Verbandspräsideten sowie Martinek ihrer Befriedigung über die amerikanische Erklärung Ausdruck; vgl. Chicago leaders acclaim U.S. condemnation of Nazis. In: Daily News v. 17.3.1939.

[205] Siehe zum Wortlaut: Czechs plan Mass protest. In: Chicago American v. 17.3.1939. Die amerikanische Regierung verzögerte jegliche Übergabe tschechoslowakischen Eigentums an das Deutsche Reich bis zum Ausbruch des Zweiten Weltkrieges, danach erfolgte eine explizite Ablehnung.

Protektoratsregelung die Anerkennung durch die Vereinigten Staaten zu versagen. Daneben wurde auch Papst Pius XII. drahtlich gebeten, dem „tschechischen und slowakischen Volk im Kampfe um Wiedererlangung seiner Freiheit Wohlwollen und Unterstützung angedeihen zu lassen".

6) An diesem Tage hielt auch Dr. Beneš selbst über die Stationen des Netzwerkes der National Broadcasting Company eine Ansprache, die neben einer Lobhudelei auf die Demokratie eine gefährliche Hetze gegen das neue Deutschland im besonderen und eine Beschimpfung des totalitären Staatsgedankens im allgemeinen darstellte (Anlage 14).[206]

7) Der vormalige Tschecho-Slowakische Gesandte in Washington, Vladimir Hurban, hielt sich am gleichen Sonntag zu einer Aussprache mit Beneš in Chicago auf, an der auch der vormalige hiesige Tschecho-Slowakische Generalkonsul Anton Holý teilgenommen haben soll (Anlage 15).[207] Offenbar wurde hierbei die Verweigerung der Übergabe der bisherigen tschecho-slowakischen Behörden in den Vereinigten Staaten an die Reichsvertretungen endgültig vereinbart und Pläne zur Organisierung eines dauernden Widerstandes des tschechischen und slowakischen Volkstums in den Vereinigten Staaten gegen eine Anerkennung der in Europa getroffenen Neuregelung geschmiedet.

8) Unter dem Einfluß der von Beneš und Masaryk inszenierten Hetzpropaganda entschlossen sich zwei tschechische Kriegsvereinigungen zur Aufstellung einer uniformierten Wache vor dem Gebäude, in dem das vormalige hiesige Tschecho-Slowakische Generalkonsulat untergebracht ist, um dessen Übergabe gegebenenfalls wohl mit Gewalt zu verhindern (Anlagen 16 und 17).[208]

9) Unmittelbar nach der Chicagoer Zusammenkunft Beneš-Hurban-Holý auftretenden Gerüchten, wonach Beneš in Kürze die Bildung einer tschecho-slowakischen provisorischen Regierung bekanntgeben (Anl. 18)[209] bzw. dieserhalb mit Hurban und Masaryk noch einmal in New York zusammentreffen würde (Anl. 18), trat Dr. Beneš schon am 20. März 1939 entgegen. Durch

---

[206] Von den USA forderte Beneš die Übernahme der Führung im Kampf gegen Hitler und die Rettung der Zivilisation. Einen Krieg hielt er für unvermeidlich; vgl. Be prepared! Benes warns. In: Herald & Examiner v. 20.3.1939.

[207] Es wurde kolportiert, dass sich Beneš, Hurban und Holý im Windermere East Hotel zu geheimen Sitzungen getroffen haben sollen, um über die Bildung einer tschechoslowakischen Exilregierung zu debattieren; vgl. World's Czechs looks to Chicago for leadership. In: Daily Times v. 20.3.1939.

[208] Rund zwanzig Personen in tschechoslowakischen Uniformen standen mit amerikanischen und tschechoslowakischen Fahnen vor dem ehemaligen Konsulat, um gegen eine Übergabe an das Deutsche Reich zu protestieren; vgl. Envoy refuses to quit. In: Herald & Examiner v. 17.3.1939 sowie Bohemian veterans ‚guard' consulate. In: Daily News v. 20.3.1939.

[209] Beneš dementierte die Bildung einer provisorischen Regierung und stellte das Zusammentreffen im Windermore East Hotel als ein solches ausschließlich privater Natur dar; vgl. No Czech Regime in U.S. planned, Declares Benes. In: Chicago American v. 20.3.1939.

einen Vertrauensmann ließ er der Presse erklären: „Ich möchte hiermit allen Gerüchten über die Bildung einer provisorischen Regierung durch eine Gruppe von Tschechen und Slowaken entgegentreten. Diesen Gerüchten fehlt jede sachliche Grundlage" (Anl. 18).

10) Der auf einer Konzertreise zufällig in Chicago anwesende frühere polnische Ministerpräsident Ignace Paderewski richtete am 17. März 1939 einen von wüsten Beleidigungen gegen das deutsche Volk strotzenden Brief an Beneš. Dieser bestätigte den Empfang mit einem für uns nicht minder beleidigenden Schreiben. Der Wortlaut beider Briefe ist von der Presse veröffentlicht worden (Anl. 19 und 20).[210]

11) Masaryk kehrte am 25. März 1939 aus Kalifornien hierher zurück, um nach mehrtägigen Besprechungen mit Beneš am 1. April 1939 von New York aus die Reise nach England anzutreten. In Chicago nahm er mit Beneš gemeinsam das Ergebnis des von den beiden am 26. März 1939 in Pittsburgh inszenierten Kongresses der Vertreter tschechischer, slowakischer und ruthenischer Volkstumsgruppen entgegen. Bei dieser Veranstaltung war aus taktischen Gründen einem Slowaken, nämlich dem Präsidenten der „National Slovak Society", Wendell S. Platnek, ein Mandat erteilt worden, bis zum 15. Mai 1939 eine neue Tagung nach Washington, D.C. einzuberufen. Deren Aufgabe soll es dann sein, nach Annahme einer „neuen Unabhängigkeitserklärung" als Ersatz für die Pittsburgher Vereinbarung vom Jahre 1918 eine Bewegung zur Wiederherstellung der tschecho-slowakischen Unabhängigkeit auf endgültige ideelle und organisatorische Grundlagen zu stellen.[211] Daneben wurde Platnek aufgetragen, auch in den übrigen Landesteilen Bewegungen mit gleichen Zielen zwecks Beschickung des geplanten neuen Kongresses in Gang zu bringen. Die in Pittsburgh vertretenen Organisationen haben angeblich eine Mitgliedschaft von rund 2 Millionen Angehöriger des tschechischen, slowakischen und ruthenischen Volkstums. Beneš hat dazu durch die Presse verbreiten lassen, daß er sowohl von dem „Pittsburgher Kongreß" als auch von anderen Orten des ganzen Landes um Übernahme der Führung der neuen Unabhängigkeitsbewegung ersucht worden sei. Den beiden wichtigsten Gruppen will er darauf folgendermaßen geantwortet haben: „I appreciate your spontaneous movement for the rebirth of Czechoslovakia and if called upon I would become your leader" (Anl. 21).[212]

---

210 Unter anderem bezeichnete Paderewski die Okkupation „als einen Akt dunkelster Barbarei einer üblen Armee". Mit dieser Ansicht ging Beneš konform und kündigte die Fortsetzung des tschechoslowakischen Kampfes für Demokratie und Menschenrechte an; vgl. Hitler acts like barbarian, Paderewski, Here, Declares. In: Daily News v. 18.3.1939 sowie Benes pledges fight on ‚brute forces'. In: Daily Times v. 21.3.1939.

211 In Pittsburgh hatten am 31. Mai 1918 Vertreter tschechischer und slowakischer Exilgruppen eine Vereinbarung über die Grundlagen eines neu zu bildenden gemeinsamen Staates unterzeichnet.

212 Siehe dazu State again born in U.S. meeting. In: Chicago American v. 27.3.1939.

Offenbar will Beneš gemäß Vereinbarungen mit Masaryk und Hurban die Führung der Widerstandsbewegung erst übernehmen, wenn die betriebene neue „Unabhängigkeitserklärung" erfolgt ist und wenn die verschiedenen Volkstumsgruppen sich durch besondere Vereinbarungen in einer einheitlichen Organisation zusammengefunden haben werden. Dies ergibt sich aus einer weiteren Mitteilung an die Presse vom 27. März 1939, in der Beneš ausführen läßt: „Man eile den Tatsachen voraus, wenn man sage, daß Dr. Beneš gegenwärtig eine Bewegung zur Wiederherstellung der Tschechoslowakei führe ... allerdings erreichten zahlreiche Ersuchen dieser Art, die ganz spontan seien, Dr. Beneš in Chicago und würden von ihm ernstlich und wohlwollend geprüft. Darüber hinaus habe er im Augenblick aber nichts zu sagen" (Anlage 22).[213] Im übrigen erwartet Beneš anscheinend, daß seine Führung gegebenenfalls auch parallele Bewegungen in anderen Ländern als den Vereinigten Staaten mit einschließen wird (Anlage 23).[214]

12) Vor einer auf den 29. März 1939 von der „Slovak American Alliance" in Chicago einberufenen weiteren Chicagoer Protestversammlung, an der etwa 4.000 Tschechen und Slowaken teilnahmen, verlas Bohuš Beneš eine Erklärung, in der sein Onkel Dr. Edvard Beneš Tschechen und Slowaken aufforderte, den Austrag ihrer Meinungsverschiedenheiten zurückzustellen und jetzt gemeinsame Sache zu machen. Daneben erklärte Bohuš Beneš, daß die eingeleitete neue Bewegung nicht etwa als Schritt in der Richtung auf Bildung einer provisorischen tschecho-slowakischen Regierung gedeutet werden dürfe. Im Zusammenhang damit wies er darauf hin, daß es sich bei der weitaus größten Zahl der Teilnehmer an der Bewegung um amerikanische Bürger handle, deren einziger Wunsch es sei, jede Bestrebung zur Wiederherstellung des tschecho-slowakischen Staates zu unterstützen. Daneben ergingen sich Beneš und die weiteren Sprecher in den üblichen Hetzereien gegen das Reich im allgemeinen und gegen den Nationalsozialismus im besonderen. Daß der Vorsitzende des „American Jewish Congress", Max Kopfstein, der wiederholt genannte Redakteur Joseph Martinek und der berüchtigte Erich von Schroetter vom Deutsch-Amerikanischen Kulturverband sich hierbei besonders hervortaten, kann nicht weiter verwundern.

Schließlich wurde bei der Veranstaltung auch noch angekündigt, daß die beiden größten tschecho-slowakischen Organisationen in den Vereinigten Staaten, nämlich die „Czech and Slovak Catholic Alliance" und die „Czech and Slovak National Alliance" am 18. April 1939 in Chicago zu gesonderten

---

[213] Zudem wurde das Gerücht, dass Beneš eine provisorische tschechoslowakische Regierung in den USA aufbaue, von diesem zurückgewiesen; vgl. Benes backs move in U.S. for freedom. In: Chicago Tribune v. 27.3.1939.

[214] Auch hier wurde dem Gerücht, dass Beneš und Jan Masaryk eine Staatsgründung der Tschechoslowakei in den USA wie 1918 vornehmen wollten, von diesen eine Absage erteilt. Trotzdem unterstrich Masaryk Beneš' Führungsanspruch im Exil; vgl. Keep fire going, Masaryk, Benes, advise Czechs. In: Daily News v. 28.3.1939.

Tagungen zusammentreten und hierbei Delegierte zur Teilnahme an einem anschließend stattfindenden gemeinsamen Kongreß bestellen würden. Der Presse zufolge will Dr. Beneš bei allen drei Zusammenkünften selber sprechen. Nach der gleichen Quelle sollen diese Tagungen bezwecken: „hierzulande Kräfte zur Wiedererlangung der Unabhängigkeit des tschechischen und slowakischen Volkes zu sammeln sowie jedermann über die Gefahren des Nationalsozialismus und der Pläne des Führers aufzuklären, die sich über den Ozean auszuwirken drohen, sofern ihnen nicht in Europa Einheit geboten wird" (Anl. 24).[215]

13) Am 24. März 1939 sprach sich der Vorstand der „Slavic Alliance of America", eines losen Verbandes tschechischer, slowakischer, russischer, ukrainischer, serbischer, kroatischer und polnischer Volkstumsgruppen des Chicagoer Gebiets gegen die Auflösung der vormaligen Tschecho-Slowakei aus und sagte der von Beneš und Genossen eingeleiteten Widerstandsbewegung Unterstützung zu. Wegen der besonderen Stellungnahme der Ukraine-Amerikaner zu der Auflösung der vormaligen Tschecho-Slowakei wird auf den Bericht vom 28. März 1939 – Nr. 191/39 – verwiesen.

14) Für den 1. April 1939 hatten die tschechischen und slowakischen Volkstums-Organisationen mit Unterstützung der Gruppen der „Slavic Alliance of America", denen sich dann noch weitere Gruppen einschließlich des Schroetterschen Deutsch-Amerikanischen Kulturverbandes sowie die Juden mit ihrem kommunistischen Anhang anschlossen, einen großen Demonstrationszug mit anti-deutscher Protestversammlung angekündigt. An der Veranstaltung sollten über 100.000 Personen teilnehmen (Anlage 25).[216] Obwohl das Wetter an diesem Tage nichts zu wünschen übrig ließ, war das Ergebnis des Unternehmens so dürftig und die Namen seiner Redner so unbekannt, daß die Presse seinen Verlauf völlig überging. Nur das Boulevardblatt „Chicago Daily Times" erklärte in seinem Hang zu maßloser Übertreibung, es hätten 20.000 Personen an der Veranstaltung teilgenommen. Tatsächlich dürfte aber nur ein Bruchteil dieser Zahl um der Demonstration willen zugegen gewesen sein.

15) In den übrigen Städten des Amtsbezirks, die starkes tschechisches und slowakisches Volkstum aufweisen, so in Milwaukee, Minneapolis und Omaha, haben gleichfalls Protestversammlungen stattgefunden oder sind solche angekündigt worden. In Milwaukee haben sich auch die übrigen slawischen Volkstumsgruppen beteiligt. Trotzdem soll die Zahl der Teilnehmer an einer Versammlung, die am 23. März 1939 dort stattfand und auf der Bohuš Beneš seinen Onkel wiederum vertrat, nur etwa 1.000 betragen haben.

---

[215] Siehe dazu Czechs, Slovaks call meetings for April 18. In: Daily News v. 31.3.1939.

[216] Über den „Marsch der Demokratie" wurde lediglich deskriptiv berichtet. Inhalte der politischen Kundgebung fanden keinen Niederschlag in der Berichterstattung; vgl. Thousands gather here for Anti-Dictator parade. In: Daily News v. 1.4.1939.

16) Bei einem Essen, das die „Chicago Bar Association" am 31. März 1939
ihm zu Ehren gab, griff Beneš vornehmlich die nationalsozialistische Rassen-
und die ihr entspringende Rechtslehre mit den beliebten Mitteln der Entstel-
lungen und falschen Unterstellungen einer liberalistisch-demokratischen So-
phistik an (Anl. 26).[217] Desweiteren trat er mit dem unrühmlich bekannten
Mayor La Guardia von New York am 3. April 1939 bei einer Protestversammlung von angeblich 9.000 Tschechen und Slowaken in Cleveland auf und hat
bei dieser Gelegenheit mit La Guardia gemeinsam gegen das Neue Deutschland gehetzt. Auch vor dem jüdischen Forum „Sinai Temple" in Chicago er-
wies Beneš sich am 6. April 1939 als Deutschenfeind ersten Grades.

17) Weiterer Bericht bleibt vorbehalten.

Die Deutsche Botschaft in Washington hat Durchdruck dieses Berichts erhalten.

[Unterschrift unleserlich]

119

PA/AA, Politische Abteilung IV, R 103759

**Telegramm des Geschäftsträgers der Deutschen Botschaft in Paris Bräuer
an das Auswärtige Amt**

Paris, den 7. April 1939 um 19 Uhr   Pol. IV *2423*
Ankunft: 7. April 1939 um 22.30 Uhr

Eilt!

Nr. 205 vom 7.4.   Auf Telegramm Nr. 157 – Pol. IV 2375 – vom 6.

Heute habe ich bei Generalsekretär Léger auf beschleunigte Evakuierung
Französischer Gesandtschaft in Prag von Flüchtlingen gedrungen und Lage
gemäß nebenbezeichneter Drahtweisung dargestellt. Léger erklärte, daß er
Angelegenheit der französischen Regierung zur Entscheidung vorlegen werde
und sagte auf mein Ersuchen beschleunigte Behandlung zu. Von sich aus erklärte er, die französische Regierung sei sich wohl bewußt, daß sie keine Argumente des Völkerrechts für Asylgewährung anführen könne.[218] Man müsse
aber bedenken, daß der Französische Gesandte[219] gegenüber der Bitte um
Asylrecht nicht habe anders handeln können und daß dadurch Lage entstanden sei, die Behandlung nicht allein unter völkerrechtlichen Gesichtspunkten
verdiene. Weder die französische Regierung noch Gesandter hätten von Vor-

---

[217] Anhand von Alfred Rosenbergs „Mythos des 20. Jahrhunderts" und Hitlers „Mein
Kampf" versuchte Beneš die Gefährlichkeit des Nationalsozialismus für die westlichen
Demokratien aufzudecken; vgl. Benes says Nazi idea of law is for Germany to dominate.
In: Daily News v. 1.4.1939.

[218] Erst mit der Genfer Flüchtlingskonvention vom 28.7.1951 wurde die Rechtsstellung von
Flüchtlingen im Völkerrecht definiert.

[219] Léopold Victor de Lacroix.

leben und Charakter der in Gesandtschaft geflüchteten Persönlichkeiten Kenntnis. Gesandter hätte aus rein menschlichen Erwägungen gehandelt. Wenn wir nicht in der Lage zu sein glaubten, großzügige Geste zu machen, so würde dies nicht nur in Frankreich, sondern in der ganzen Welt Aufsehen erregen, unter humanitären Gesichtspunkten gegen uns ausgenutzt werden und bestehende Spannung vergrößern. Herr Léger erklärte weiter, daß man ja auch Mittel und Wege finden könnte, um die Personen, die sich eines gemeinen Vergehens oder Verbrechens schuldig gemacht hätten, zur Verantwortung zu ziehen, auch nachdem sie mit freiem Geleit das deutsche Reichsgebiet verlassen hätten. Auf meinen Einwand, daß in diesem Falle die Auslieferung an Deutschland das einzige Mittel wäre, die betreffenden Personen zur Verantwortung zu ziehen, und daß dies keine andere Wirkung haben würde als die unmittelbare Auslieferung der straffälligen Personen an die deutsche Justiz, blieb Herr Léger die Antwort schuldig.

BRÄUER

120

PA/AA, Politische Abteilung IV, R 103759

Vermerk des Referatsleiters Österreich und Tschechoslowakei in der Politischen Abteilung Altenburg

Pol. IV 2423

Gemäß der Weisung des Herrn U.St.S. habe ich heute Ges.Rat H e n c k e in Prag fernmündlich kurz von der Demarche unserer Botschaft in Paris bei der französischen Regierung wegen der Flüchtlinge in der Französischen Gesandtschaft in Prag unterrichtet[220] und den Wunsch des Herrn St.S. übermittelt, daß die Dienststelle darauf hin wirken möge, damit die Angelegenheit nunmehr baldigst in Ordnung kommt. Herr Hencke sagte zu, das Erforderliche veranlassen zu wollen.

Hiermit über Dg. Pol. dem Herrn Unterstaatssekretär vorgelegt.

Berlin, den 11. April 1939
ALTENBURG

---

[220] Siehe Dokument Nr. 119.

121

PA/AA, Politische Abteilung IV, R 103707

**Bericht des Geschäftsträgers der Deutschen Botschaft in Paris Bräuer
an das Auswärtige Amt**

A 1473   Paris, den 11. April 1939
                                                                      Pol. IV *2516*
Inhalt: Aufruf Osuskýs.

In der Anlage wird der hektographierte Text einer Rede Osuskýs, sowie zweier Mitteilungen der „tschechischen Kolonie in Paris" in tschechischer Sprache, sowie eine in französischer Sprache gehaltene Protestresolution gegen die Einverleibung Böhmens und Mährens vorgelegt. Die Zuschriften sind auf besonderem Wege in meine Hände gelangt.

Da eine zuverlässige Kraft zur Übersetzung der tschechischen Texte hier zurzeit nicht zur Verfügung steht, wäre ich für Übersendung einer Übersetzung an die Botschaft dankbar.

BRÄUER

122

PA/AA, Politische Abteilung IV, R 103759

**Telefonat des Vertreters des Auswärtigen Amtes beim Reichsprotektor
Hencke mit dem Auswärtigen Amt**

Herr Hencke teilt 9 Uhr 10 folgendes mit:

Französische Gesandtschaft hat gestern erklärt, sie hätte Weisung aus Paris erhalten, die Flüchtlinge aufzufordern, die Gesandtschaft zu verlassen. Der Geschäftsträger war sich noch nicht klar darüber, wie hoch die Zahl der Flüchtlinge, die sich in der Gesandtschaft befinden, sei. Er wird dies heute um 12 Uhr 30 Botschafter Ritter mitteilen.

Berlin, den 13. April 1939

Bitte Herrn von Kessel inoffiziell fragen, ob Herr Hencke, der morgen früh gegen 7 Uhr in Berlin eintrifft, am Sonnabend mit Herrn v. Neurath zusammen zurückfahren kann.

1 Zimmer für Herrn Hencke im „Kaiserhof" für den 14. d.M. bestellen.[221]

---

[221] Handschriftlicher Zusatz: *bereits reserviert.* Kk

123

PA/AA, Rechtsabteilung, R 42802

Bericht des Referatsleiters Abwicklung der ehemaligen tschecho-slowakischen Vertretungsbehörden im Reich in der Rechtsabteilung Schiffner an die Reichsbank

Berlin, den *13.* April 1939   *R 8973*
                                     Eilt sehr!

Das Auswärtige Amt, das mit der Abwicklung der ehemaligen tschecho-slowakischen Vertretungsbehörden im Deutschen Reich befaßt ist, hat mit den Protektoratsbehörden die Vereinbarung getroffen, daß die Beamten und Angestellten der ehemaligen tschecho-slowakischen Vertretungsbehörden nach Prag zurückversetzt werden, soweit sie nicht die Reichsregierung für die Abwicklung der Geschäfte als unentbehrlich bezeichnet. Hierbei ist vereinbart, daß auch letztere Beamte weiterhin ihre Bezüge als Beamte und Angestellte vom Protektorat erhalten.

Die Beamten und Angestellten der ehemaligen tschecho-slowakischen Vertretungsbehörden haben ihre Bezüge bisher in der Weise erhalten, daß sie ihnen auf ein Bankkonto in Prag gutgeschrieben wurden und zwar zur Hälfte in Kč, zur Hälfte in Devisen. Letzteren Teil ihrer Bezüge pflegten sodann die Beamten und Angestellten über die Golddiskontbank[222] in Registermark[223] umzutauschen.

Nunmehr sind die Überweisungen aus Prag vollständig gesperrt, so daß die hier weiter beschäftigten Beamten und Angestellten der ehemaligen tschecho-slowakischen Vertretungsbehörden derzeit nicht über ihre Bezüge verfügen können.

Es wird deshalb ergebenst gebeten, ehestens eine Überweisung der Bezüge der hier beschäftigten Beamten und Angestellten der ehemaligen tschecho-slowakischen Vertretungsbehörden und allenfalls den Bezug von Registermark in der bisherigen Weise für eine beschränkte Zeit – etwa bis Ende Mai d.J. – zu ermöglichen.

Um eine Mitteilung über das Verfügte darf gebeten werden.[224]

                                   Im Auftrag
                                  SCH[IFFNER]

---

[222] Die Golddiskontbank war von 1924 bis 1945 eine Tochter der Deutschen Reichsbank, die zur Stützung der heimischen Währung gegründet worden war.

[223] Die Registermark war eine spezifische Sperrmark-Sorte, die im Deutschen Reich blockiert war. Ihr Verkauf gegen Devisen war mit erheblichen Kursverlusten verbunden.

[224] Zusatz: Herr Botschaftsrat Freiherr von Stein hat angeregt, den Beamten und Angestellten der ehemaligen tschecho-slowakischen Vertretungsbehörden den Bezug von Registermark in der bisherigen Weise etwa bis Ende Mai zu ermöglichen. H.L.R. Schubert, mit dem die Angelegenheit besprochen wurde, hat betont, daß zum mindesten die Ermöglichung der Überweisung aus Prag notwendig wäre.

124

PA/AA, Politische Abteilung IV, R 103759

Vermerk des Referatsleiters Österreich und Tschechoslowakei in der Politischen Abteilung Altenburg

LS. von Mitis von der Dienststelle in Prag teilte fernmündlich mit, daß der französische Geschäftsträger heute 12 Uhr mittag die offizielle Erklärung abgegeben habe, daß sich kein Flüchtling mehr auf der Französischen Gesandtschaft befände.

Berlin, den 14. April 1939
AL[TENBURG] *14/4*

125

PA/AA, Büro des Staatssekretärs, R 29773

Telegramm des Geschäftsträgers der Deutschen Botschaft in London Kordt an das Auswärtige Amt

London, den 15. April 1939
Ankunft: „ 17. „ „ 11.10 Uhr

Cito!

Nr. 125 vom 15.4.   Im Anschluß an Drahtbericht Nr. 105 vom 4.4.[225]

Waley bat Gesandtschaftsrat Weber heute zu sich, um das Gespräch über die Regelung des Waren- und Zahlungsverkehrs zwischen dem Protektorat Böhmen und Mähren und Großbritannien fortzusetzen.

Aus der Unterredung ergibt sich:

1. Die britische Regierung ist der Auffassung, daß wegen der am 24. April bevorstehenden Stillhalteverhandlungen möglichst bald die Frage der privaten Guthaben auf beiden Seiten geregelt werden sollte. Es handelt sich dabei einerseits um die Guthaben der hier ständig wohnhaften britischen Staatsangehörigen sowie andererseits um solche sich an einem Stichtag hier ständig aufhaltender nicht britischer Staatsangehöriger. Die Höhe dieser Guthaben beträgt ungefähr £ 4 Millionen, deren Verwendung bekanntlich durch Gesetzgebung eingeschränkt ist. Andererseits betragen die privaten Verbindlichkeiten, soweit das Schatzamt feststellen konnte, ungefähr 4½ Millionen £, ein Betrag, der sich möglicherweise noch um ein geringes erhöht. Der britischen Regierung liegt an einer beiderseitigen Freigabe dieser privaten Guthaben und Verbindlichkeiten.

2. Die tschechische Nationalbank besitzt in London Goldbestände in Höhe von 6½ Millionen £ sowie Sterling-Beträge in Höhe von 7 Millionen £, letztere bestehend aus 3¼ Millionen £ noch nicht abgerufener Beträge aus dem Geschenk der britischen Regierung in Höhe von 4 Millionen £ für Flüchtlings-

---

[225] Siehe Dokument Nr. 107.

zwecke und 3½ Millionen £ noch nicht abgerufener Vorschüsse aus der 6 Millionen £ Anleihe sowie ¼ Million £ anderer Sterling-Beträge. Die britische Regierung möchte, daß die aus dem Geschenk für die Flüchtlingshilfe noch restierenden 3¼ Millionen £ einer Art „Refugee Trust Fund" zur Verwendung durch die Protektoratsverwaltung überwacht werden. Waley sagte, daß in dieser Hinsicht seltene der mit der Überwachung der Verwendung des Geldes in Prag betrauten britischen Stelle bereits Schritte unternommen worden seien, daß aber seines Wissens eine Antwort seitens der Protektoratsverwaltung noch nicht gegeben worden sei. Den in Höhe von 6 Millionen £ zur Verfügung gestellten Vorschuß, von dem, wie schon gesagt, 3½ Millionen £ noch nicht abgerufen sind, verlangt die britische Regierung ganz zurück. Es ergibt sich also das folgende Bild, wenn von den privaten Guthaben und Verpflichtungen, die sich ungefähr ausgleichen, abgesehen wird:

Von den Guthaben der Nationalbank hier in Höhe von 13½ Millionen £ fordert die britische Regierung in der angedeuteten Weise 9¾ Millionen £ zurück, so daß ein Betrag von 4¼ Millionen £ verbleibt.

3. Als vordringlich bezeichnete Waley, daß die am 1. Mai fällig werdenden Zinsen der 7½ %igen Prager Anleihe bezahlt werden. Der Zinsbetrag beläuft sich insgesamt auf 18.000 £, von dem 11.000 £ zur Verfügung stehen. Wenn der britischen Regierung mitgeteilt würde, daß die Zinsen am Fälligkeitstage bezahlt werden sollen, sei sie bereit, für 7.000 £ die Genehmigung zur Freigabe aus dem Guthaben hier zu erteilen.

4. Waley betonte, daß Gesandtschaftsrat Weber seine Mitteilungen als privat und streng vertraulich ansehen möge. Er habe dem Schatzkanzler über diese seine Gedanken noch keine Mitteilung gemacht; er werde dies aber heute oder Anfang nächster Woche tun und dann Herrn Weber noch einmal zu sich bitten, um ihm dabei möglicherweise eine Aide Mémoire zu übergeben. Es liege ihm aber viel daran, möglichst umgehend zu wissen, wie es mit den Zinsen der Prager Anleihe stünde. Auch vertrat er die Ansicht, daß mit Rücksicht auf die hiesige Stimmung etwa aus diesen Gesprächen zwischen ihm und Weber sich anbahnende Verhandlungen möglichst unauffällig geführt werden sollten, am besten wohl zwischen der Treasury und der Botschaft. Gesandtschaftsrat Weber hat demgegenüber darauf hingewiesen, daß die Botschaft wahrscheinlich derartige schwierige finanztechnische Verhandlungen kaum ohne Heranziehung von Sachverständigen aus den beteiligten Ministerien führen könne, eine Tatsache, die Waley auch ohne weiteres anerkannte. Er bat nur dringend darum, nach außen von etwa kommenden Verhandlungen nichts in Erscheinung treten zu lassen.

5. Für eine umgehende Weisung hinsichtlich der Zinsen für die Prager Anleihe wäre ich dankbar.

Weiterer Drahtbericht bleibt bis nach neuer Unterredung mit Waley vorbehalten.

KORDT

126

PA/AA, Politische Abteilung IV, R 103759

Schreiben des Chefs der Sicherheitspolizei und des Sicherheitsdienstes Heydrich an das Auswärtige Amt

S.V. 7 Nr. 1180/39 – 538 –   Berlin, den 17. April 1939
                                                                      Pol. IV *2637*

Schnellbrief

Betrifft: Regelung der Angelegenheit der beim Einmarsch der deutschen Truppen in die Englische und Französische Gesandtschaft in Prag geflüchteten Personen.
Auf das Schreiben vom 1.4.1939 – Pol. IV 2230 –.

Da deutscherseits ein Asylrecht für deutsche und für fremde Staatsangehörige, gleich, ob es sich um politische oder um kriminelle Vergehen handelt, in fremden Botschaften auf deutschem Hoheitsgebiet nicht anerkannt wird und auch ein freies Abzugsrecht derartigen Personen nicht zuerkannt wird (vgl. die Stellungnahme des Herrn Reichsjustizministers[226] vom 19.11.1937 – II A 3 1213 – und des Herrn Reichsministers des Innern[227] vom 23.2.1938 – I A 8122/3598 – zu dem argentinischen Entwurf eines internationalen Abkommens über das Asylrecht – Schreiben des Auswärtigen Amts vom 4.9.1937 – R 14516 –), bitte ich, von der Englischen und Französischen Gesandtschaft in Prag zu verlangen, daß sämtliche nach dem Abzug der englischen und französischen Staatsangehörigen und der Frauen und Kinder in den Gesandtschaften verbliebenen geflüchteten Personen ohne Rücksicht auf ihre Staatsangehörigkeit an die deutsche Polizei unverzüglich ausgeliefert werden.

Ich bitte, die Dienststelle des Auswärtigen Amts in Prag anzuweisen, die Einsatzgruppe der Sicherheitspolizei in Prag, SS-Standartenführer Oberregierungsrat Dr. R a s c h, auf dem laufenden zu halten.

In Vertretung
HEYDRICH

---

[226] Franz Gürtner.
[227] Wilhelm Frick.

127

PA/AA, Politische Abteilung IV, R 103629

Bericht des Geschäftsträgers der Deutschen Botschaft in Buenos Aires Meynen an das Auswärtige Amt

Nr. 1111/39   Buenos Aires, den 19. April 1939
                                                                            Pol. IV *2727*

Inhalt: Der Widerhall der böhmisch-mährischen Ereignisse bei den Tschechen und Slowaken im Chaco.

Ein zuverlässiger Gewährsmann der Botschaft hielt sich während der Tage, in denen die Nachrichten über die Eingliederung Böhmens und Mährens hierher gelangten, in Presidencia Roque Sáenz Peña auf, das den Mittelpunkt der im Chaco ansässigen Tschechen und Slowaken bildet. Nach den Mitteilungen des Gewährsmannes fanden die Ereignisse in Mitteleuropa bei den Tschechen im Chaco geteilte Aufnahme. Ein großer Teil der Tschechen steht den Geschehnissen ziemlich gleichgültig gegenüber. Einige erklärten ihr Einverständnis mit der böhmisch-mährischen Neuordnung, andere wiederum äußerten, daß es zur Zeit Kaiser Franz Josephs am besten gewesen sei. An gegnerischen Stimmen fehlt es natürlich nicht.[228]

Die Slowaken gaben im allgemeinen ihrer Befriedigung über die Entwicklung der slowakischen Politik Ausdruck. Der Vorsitzende der slowakischen evangelischen Gemeinde in Presidencia Roque Sáenz Peña äußerte sogar die Absicht, seine Gemeinde der Deutschen Evangelischen La Plata Synode zu unterstellen.[229]

Nach wie vor ist jedoch noch nicht erkennbar, welche politische Richtung unter dem hiesigen Tschechentum die Oberhand gewinnen wird.

MEYNEN

---

[228] Kaiser Franz Joseph I. hatte Böhmen von 1848 bis 1916 regiert. Diese Regierungszeit war geprägt von neoabsolutistischen Zügen und damit an den politischen und gesellschaftlichen Veränderungen völlig vorbeigegangen. Nur auf politischen und militärischen Druck hin war er zu kleineren Zugeständnissen bereit, hatte aber stets am Vielvölkerstaat Österreich-Ungarn festgehalten. Daher war Franz Joseph I. während seiner Regentschaft ausgesprochen unpopulär bei den Tschechen. Nach seinem Tod änderte sich diese Einschätzung. Das Ende des Ersten Weltkrieges, die Gründung der Tschechoslowakei, die Auswirkungen der Weltwirtschaftskrise und die deutsche Okkupation des Landes ließen Franz Joseph I. vielen Menschen rückblickend als gütigen Landesvater erscheinen, der trotz etlicher schwerer persönlicher Schicksalsschläge stets eine Instanz der Bewahrung und des Zusammenhaltes im Staate gewesen war.

[229] 1899 war auf einer Versammlung der verschiedenen deutschsprachigen evangelischen Kirchengemeinden im Bereich des Río de la Plata die „Deutsche Evangelische La Plata Synode" gegründet worden, um die diakonisch-missionarische Arbeit effektiv gestalten zu können.

128

PA/AA, Politische Abteilung IV, R 103707

**Bericht des Geschäftsträgers der Deutschen Botschaft in Paris Bräuer
an das Auswärtige Amt**

A 1677 Paris, den 27. April 1939

Pol. IV *2796*

Inhalt: Tätigkeit der tschechoslowakischen Emigration.

Wie die französische Presse berichtet, werden sich auf Anregung der hiesigen tschechoslowakischen Kolonie am 29. und 30. April im Centre National Berthelot. Vertreter der in Frankreich wohnenden Tschechoslowaken zu einem Kongreß versammeln. Auf diesem Kongreß wird der frühere Gesandte Osuský ein „wichtiges" Referat halten.

Weiterhin wird dieser Tage in tschechischer und slowakischer Sprache eine neue Wochenschrift „Die tschechoslowakische Sache" herauskommen. Als Mitarbeiter der ersten Nummer erscheinen die Herren Beneš, Jan Masaryk, Lisický, Fierlinger und Osuský.

Der von letzterem beigesteuerte Artikel wird heute bereits von zahlreichen französischen Blättern veröffentlicht. In diesem Artikel behauptet der Verfasser, daß die Ausrufung des Protektorats auf einem Wortbruch beruhe, gegen den so lange protestiert werden müsse, als die Tschechoslowakei nicht ihre Unabhängigkeit zurückgewonnen habe. Er erklärt dann weiter, daß der Protektoratsvertrag nichtig sei, weil Herr Hácha nach der Verfassung zu seinem Abschluß nicht zuständig gewesen sei. Das Protektorat über Böhmen und Mähren stelle daher juristisch nichts anderes dar, als eine Okkupation, die die souveränen Rechte des tschechoslowakischen Staates unberührt lasse. Diese souveränen Rechte hochzuhalten, sei die Aufgabe der in Frankreich, England, den Vereinigten Staaten und Rußland ansässigen Tschechoslowaken. Ausdruck dieser souveränen Rechte seien die in den genannten Ländern befindlichen Tschechoslowakischen Gesandtschaften und Konsulate. Hieraus folge, daß die genannten Stellen nach wie vor zur Vertretung ihrer Staatsangehörigen, in Frankreich insbesondere zur Beschaffung der Niederlassungs- und Arbeitsgenehmigungen zuständig seien. Falls der Krieg ausbreche, seien die tschechoslowakischen Kolonien berechtigt, sich für die Verteidigung ihres Staates zu organisieren. Was die Slowakei anlange, so könne diese selbständig nicht bestehen. Dies ergebe sich auch aus dem Schutzvertrag vom 23. März, der sie jeder Selbständigkeit beraube.[230] Im übrigen sei dieser Vertrag bereits von Deutschland gebrochen worden, indem es die Slowakei durch Ungarn habe angreifen lassen, und sie gezwungen habe, einen rein slowakischen Gebietsteil an Ungarn abzutreten.

---

[230] Mit dem Schutzvertrag vom 23.3.1939 war die Slowakei als „Schutzstaat" militärisch, wirtschaftlich und außenpolitisch in einem Satellitenverhältnis an Deutschland gebunden.

Der erwähnte Artikel ist im Ausschnitt aus dem „Petit Parisien" beigefügt.[231]

BRÄUER

129

PA/AA, Handelspolitische Abteilung, R 106218

**Aufzeichnung des stellvertretenden Leiters der Wirtschaftspolitischen
Abteilung Clodius**

W.H.A. 722

Im mündlichen und schriftlichen
Verkehr mit Behörden und Privaten soll der Handelspolitische
Ausschuß nicht erwähnt und auf
seine Entscheidungen nicht Bezug
genommen werden.

Nr. 16   Geheim!

Sitzung
des Handelspolitischen Ausschusses
am 28. April 1939.

Anwesend: Für Min.Dir. von Jagwitz Min.Rat Reinhardt.
Für den Vierjahresplan Min.Dir. Gramsch.
Für das Reichsbankdirektorium Rb-Dir. Jost.
Ferner anwesend:
vom R.W.M.: Präsident Kehrl, O.R.R. Janke, O.R.R. von Wedel-
städt, vom Vierjahresplan: R.R. Kadgien.

Protektorat Böhmen und Mähren.

Die in der Sitzung des Handelspolitischen Ausschusses vom 4. April (Nr. 14,
Abschnitt II) aufgestellten Richtlinien für die handelspolitische Eingliederung
des Protektorats Böhmen und Mähren werden wie folgt ergänzt:

1. Die endgültige Eingliederung des Protektorats in das deutsche Wirtschaftsgebiet, d.h. vor allem die Beseitigung der Zollgrenze zwischen dem Protektorat und dem übrigen Reichsgebiet wird voraussichtlich erst am 1. April
1940 erfolgen können. Bei den Verhandlungen mit dritten Staaten ist daher
zunächst eine bis zu diesem Zeitpunkt geltende vorläufige Regelung zu vereinbaren.

2. Für das Verschwinden der Tschechenkrone aus dem internationalen
Verkehr wird der ursprünglich vorgesehene Termin des 30. Juni 1939 nicht
eingehalten werden können. Es soll aber angestrebt werden, die Umstellung
des Zahlungsverkehrs mit dem Ausland auf Reichsmark jedenfalls erheblich

---

[231] Siehe La Tchéco-Slovaquie persiste. In: Le Petit Parisien v. 27.4.1939.

vor dem 1. April 1940 vorzunehmen. Vorläufig kann in Vereinbarungen mit dritten Staaten noch die Tschechenkrone zum alten internationalen Kurs als Grundlage genommen werden. Sollten bestimmten Staaten gegenüber die Kursverhältnisse so gelagert sein, daß die sofortige Umstellung auf Reichsmark zweckmäßig erscheint, so bestehen hiergegen keine Bedenken.

3. Die Vereinbarungen über den Zahlungsverkehr zwischen dem Protektorat und dritten Ländern sollen davon ausgehen, daß dieser Zahlungsverkehr nach Möglichkeit in sich ausgeglichen ist. Hiervon kann abgegangen werden, wenn besondere Umstände dies erfordern. Die Verrechnungskonten sollen vorläufig bei der Nationalbank in Prag geführt werden. Falls besondere Umstände dies zweckmäßig erscheinen lassen oder falls mit dem betreffenden dritten Lande eine andere Regelung nicht zu erzielen ist, kann sogleich die Deutsche Verrechnungskasse Berlin eingeschaltet werden.[232]

4. Im übrigen werden die Verhandlungen gerade in Bezug auf die Regelung des Zahlungsverkehrs nach den besonderen Verhältnissen einzurichten sein, die jedem einzelnen Lande gegenüber bestehen.

Falls bisher freier Devisenverkehr bestanden hat, ist dieser nach Möglichkeit aufrechtzuerhalten, wenn zu erwarten ist, daß er sich in der Zukunft aktiv gestaltet. Ist der freie Devisenverkehr passiv, so ist der Zahlungsverkehr auf ein Verrechnungsabkommen oder Zahlungsabkommen überzuleiten. Nach Möglichkeit ist dabei die Form zu wählen, in der sich bisher der Zahlungsverkehr zwischen dem Deutschen Reich und dem betreffenden Land vollzogen hat.

5. In den Warenabkommen sind für die Zeit bis zum 1. April 1940 getrennte Kontingente für das Protektorat zu vereinbaren. Dies ist vor allem auf der Einfuhrseite nötig. Für die Ausfuhr kann unter Umständen eine Zusammenlegung der Kontingente vorgenommen werden. Ist eine solche Zusammenlegung auch bei der Einfuhr wegen der Haltung des Vertragspartners nicht zu vermeiden, so wird für diesen Fall eine interne Aufteilung in Aussicht zu nehmen sein.

6. Nach Möglichkeit ist schon bei den Verhandlungen über die Übergangsregelung klarzustellen, daß nicht nur das Protektorat, sondern das gesamte deutsche Reichsgebiet nach dem 1. April 1940 die bisher der Tschecho-Slowakei eingeräumten Zollvergünstigungen behalten wird.

7. Verhandlungen über den Kapitalverkehr sind nach Möglichkeit noch zurückzustellen.

Berlin, den 28. April 1939
CLODIUS

---

[232] Über die Konten der Deutschen Verrechnungskasse in Berlin, die 1934 eigens dafür gegründet worden war, mussten alle Zahlungsverpflichtungen aus den Handelsverträgen mit dem Ausland getätigt werden.

130

PA/AA, Politische Abteilung IV, R 103707

**Bericht des Vertreters des Auswärtigen Amtes beim Reichsprotektor
Hencke an das Auswärtige Amt**

Nr. D.Pol.1   Prag, den 28. April 1939
                                            Pol. IV *2833*

Betr.: Tschechische Propaganda gegen Deutschland
Zu Pol. IV 2474 vom 17. April d.J.

Die gegen Deutschland gerichtete Tätigkeit des ehemaligen tschecho-slowakischen Staatspräsidenten Dr. Beneš wird hier eingehend verfolgt. Einen ge-
naueren Überblick über die in Prag vorliegenden Nachrichten hoffe ich dem
Auswärtigen Amt demnächst geben zu können.

Was die Bemerkung des ungarischen Ministers des Auswärtigen anlangt,
wonach sich der Gesandte Krno in Preßburg befinden und angeblich im
Dienste Beneš' tätig sein soll, so ist hierzu folgendes zu bemerken:

Herr Krno ist seit dem Sommer 1938 Vertreter des Außenministeriums gewesen. Nach der Septemberkrise hat er sich – soweit ich das beurteilen kann
– rückhaltlos hinter die von Herrn Chvalkovský verfolgte Politik gestellt. Dabei ist er allerdings als Verhandlungsführer mit Ungarn in erhebliche Meinungsverschiedenheit mit der Regierung in Budapest und insbesondere auch
mit dem hiesigen ehemaligen Ungarischen Gesandten Herrn v. Wettstein geraten. Daraus erklärt sich, daß er in Budapest schlecht angeschrieben ist. Herr
Krno ist im Gegensatz zu der Behauptung des Grafen Csáky seit Monaten
nicht in Preßburg gewesen. Er befindet sich vielmehr in Prag und bemüht
sich um eine Verwendung im tschechischen Innendienst. Obwohl er Slowake
ist, scheint eine Rückkehr nach Preßburg für ihn nicht in Frage zu kommen,
da er sich bei den tschecho-slowakischen Auseinandersetzungen bis zuletzt
für die Aufrechterhaltung der gemeinsamen Republik eingesetzt hatte. Irgendwelche Anzeichen, daß Herr Krno die Beneš-Bewegung unterstützt, sind
hier nicht vorhanden. Seiner bisherigen Einstellung nach erscheint dies zur
Zeit auch wenig wahrscheinlich.

Im Konzept
HENCKE

131

PA/AA, Handelspolitische Abteilung, R 109981

**Aufzeichnung des Leiters der Reichsstelle für den Außenhandel
der Wirtschaftspolitischen Abteilung Wingen**

W III 3841/39

Heute vormittag 11 h fand im Handelsministerium in Anwesenheit der Herren Gesandtschaftsrat Hencke, Attaché von Mitis, Assessor Dr. Köster von

der Dienststelle des Reichswirtschaftsministeriums, Legationsrat Skorkovský, bisheriger Leiter der volkswirtschaftlichen Abteilung und verschiedener Referenten der Abteilung die formelle Schlußsitzung statt.

Nach kurzer Darlegung des mir seinerzeit erteilten Auftrages erklärte ich ihn für durchgeführt und die Auflösung der Abteilung sowie ihre Tätigkeit für beendet. Legionsrat Skorkovský dankte für die verständnisvolle Durchführung der Liquidation.

Mit wenigen Ausnahmen sind die Referenten der volkswirtschaftlichen Abteilung nunmehr im Handelsministerium tätig und stehen dort gemäß der zwischen Herrn Botschafter Ritter und dem Handelsminister Šádek getroffenen Vereinbarung für die Berliner Wirtschaftsverhandlungen zur Verfügung, auch wenn sie ihr bisheriges Länderreferat nicht mehr inne haben.

Die Akten der volkswirtschaftlichen Abteilung sind en bloc an das Handelsministerium abgegeben worden und stehen dort ebenfalls zur Verfügung. Nach einem Jahr soll darüber entschieden werden, ob die Akten noch weiter aufbewahrt werden oder wenigstens teilweise zu vernichten sind. Das aktuelle Vertragsmaterial ist nach Berlin abgegeben worden.

Prag, den 29. April 1939
W[IN]*G*[EN]

132

PA/AA, Politische Abteilung IV, R 103728

Bericht der Deutschen Botschaft in Paris an das Auswärtige Amt

K 8995/155 T allg./39 W/R   Paris, den 29. April 1939
Pol. IV *2900*

In letzter Zeit mehren sich die Fälle, daß ehemals tschechoslowakische Staatsangehörige aus dem einen oder anderen Grunde um die Intervention der Konsulatsabteilung bei französischen Behörden bitten. Da die französische Regierung den von uns bezüglich des Protektorats von Böhmen und Mähren geschaffenen Rechtszustand bisher nicht anerkannt hat und deshalb damit zu rechnen ist, daß französischerseits entweder gar keine Antwort erfolgt oder aber mitgeteilt wird, der Deutschen Botschaft fehle die Aktivlegitimation, für tschechoslowakische Staatsangehörige zu intervenieren, habe ich von derartigen Interventionen bisher abgesehen.

Weiter möchte ich in diesem Zusammenhang von einer Beobachtung Kenntnis geben, die in letzter Zeit mehrfach gemacht worden ist. In der Nähe des Gebäudes der Konsulatsabteilung, vor dem sich ständig aus Gründen der Sicherheit 1 oder 2 französische uniformierte Polizisten befinden, hält sich seit einigen Tagen auch ständig ein französischer Kriminalbeamter auf, der mehrfach Personen, die die Konsulatsabteilung aufsuchen wollten, unter Vorzeigung seines Ausweises als Kriminalbeamter nötigte, mit ihm in ein bereitstehendes Auto zu steigen. Es konnte allerdings in keinem Falle festgestellt werden, welche Staatsangehörigkeit die Betreffenden hatten. Es ist aber denkbar, daß es sich um Tschechen handelte, die man möglicherweise daran hindern wollte, sich loyal als Protektoratsangehörige auf der Botschaft zu melden. Eine etwaige Anfrage beim Außenministerium würde vermutlich dahin beantwortet werden, daß es sich um Maßnahmen handle, die im Interesse des Schutzes der Botschaft und ihrer Angehörigen aus sicherheitspolizeilichen Gründen nötig wären.

Ferner darf ich bei dieser Gelegenheit auch auf den Bericht vom 10. d.M. – K 7000/166-39 – verweisen, wonach den Angaben einiger Tschechen zufolge sie von den französischen Behörden angehalten worden sind, sich im gegebenen Falle für Zwecke der französischen Landesverteidigung zur Verfügung zu stellen.

Angesichts dieser Sachlage wäre ich für eine Weisung dankbar, welche Folgen oder Wirkungen nach dortiger Auffassung die Nichtanerkennung der Schaffung des Protektorats Böhmen und Mähren durch Frankreich, England und die Vereinigten Staaten haben und wie sich dies auf die Vertretung der Interessen der Protektoratsangehörigen in den genannten Ländern auswirkt. Hierbei darf ich zu erwägen geben, ob es nicht gegebenenfalls zweckmäßig sein würde, daß wir grundsätzlich allen tschechoslowakischen Staatsangehörigen tschechischer (nicht slowakischer) Abstammung unseren Schutz verweigern sollten, um auf diese Weise gewissermaßen die Haltung der erwähnten Länder ad absurdum zu führen.

[Unterschrift unleserlich]

133

PA/AA, Handelspolitische Abteilung, R 106218

Aufzeichnung ohne Unterschrift

Pol. IV (E) 2875

Betrifft: Wirtschaftliche Auseinandersetzung zwischen den verschiedenen Teilen der früheren Tschecho-Slowakei.

Niederschrift über die Besprechung der Reichsbehörden
im Auswärtigen Amt am 29. April 1939

Vorsitz: Gesandter Eisenlohr
Teilnehmer: Vertreter waren die aus der Anschrift zu dem Einladungsschreiben ersichtlichen Stellen bis auf das Oberkommando der Wehrmacht. Ein Teilnehmerverzeichnis wird noch nachgesandt werden.

Gesandter Eisenlohr stellt anknüpfend an die Ausführungen des Unterstaatssekretärs Woermann in der Besprechung vom 31. März d.J. fest, daß von den an der Auseinandersetzung zwischen den verschiedenen Teilen der früheren Tschecho-Slowakei sachlich interessierten Reichsbehörden inzwischen nur zum Teil Äußerungen über die ihre Arbeitsgebiete berührenden

Fragen eingegangen seien. Wenn auch bereits ein gewisser Überblick über den zu behandelnden Stoff bestehe, so sei eine eingehende Beschäftigung mit den einzelnen Fragen jedoch erst möglich, wenn das darüber hauptsächlich in den Ministerien der Protektoratsregierung vorhandene Material herangezogen worden sei. Es erscheine daher auch nicht zweckmäßig, jetzt bereits auf Einzelheiten einzugehen. Die Sitzung bezwecke vielmehr, das Arbeitsgebiet gemäß der bereits gewonnenen Übersicht, jedoch vorbehaltlich etwa erforderlich werdender Änderungen aufzuteilen, Ausschüsse für die Behandlung der einzelnen Fragen einzusetzen und festzusetzen, welche Reichsbehörden in diesen Ausschüssen die Führung haben sollten bzw. daran zu beteiligen seien.

Folgende Kommissionen wurden gebildet:

A. Hauptkommission.

Leiter: Gesandter Eisenlohr

Beteiligte Reichsbehörden: Auswärtiges Amt, Reichsministerium des Innern, Reichsfinanzministerium, Reichswirtschaftsministerium, Reichsverkehrsministerium, Reichspostministerium, Reichsministerium für Ernährung und Landwirtschaft, Oberkommando der Wehrmacht, Reichsbankdirektorium, Generalinspektor für das deutsche Straßenwesen, Beauftragter des Gauleiters und Reichsstatthalters für die sudetendeutschen Gebiete.

B. Unterkommissionen:

I. Staatsschulden und Staatseigentum.

Leitung: Reichsfinanzministerium, vorerst vertreten durch Ministerialrat Litter.

Beteiligte Reichsbehörden: Auswärtiges Amt, Reichsministerium des Innern, Reichsfinanzministerium, Reichswirtschaftsministerium, Reichsministerium für Ernährung und Landwirtschaft, Reichsverkehrsministerium (Eisenbahnabteilung), Reichspostministerium, Reichsarbeitsministerium, Reichsministerium für Volksaufklärung und Propaganda, Reichsforstamt, Reichsbankdirektorium.

II. Banken und Versicherungswesen.

Leitung: Reichswirtschaftsministerium, vorerst vertreten durch Ministerialrat Riehle.

Beteiligte Reichsbehörden: Auswärtiges Amt, Reichsministerium des Innern, Reichswirtschaftsministerium, Reichsfinanzministerium, Reichsjustizministerium, Reichsministerium für Ernährung und Landwirtschaft, Reichsbankdirektorium.

III. Soziale Fragen (insbesondere Sozialversicherungen).

Leitung: Reichsarbeitsministerium, vorerst vertreten durch Ministerialrat Dormann.

Beteiligte Reichsbehörden: Auswärtiges Amt, Reichsministerium des Innern, Reichsarbeitsministerium, Reichsfinanzministerium, Reichsverkehrsministerium.

IV. Verkehrswesen.

Leiter: Gesandter Martius, Auswärtiges Amt.

Spezialkommission A) Eisenbahnfragen.
Ministerialdirigent Kittel, Reichsverkehrsministerium.
Spezialkommission B) Post.
Leiter: Postrat Richter, Reichspostministerium.
Spezialkommission C) Luftverkehr.
Leiter: Ministerialrat von Bismarck, Reichsluftfahrtministerium.
Spezialkommission D) Straßenwesen.
Leiter: Oberbaurat Dorsch, Generalinspektor für das deutsche Straßenwesen.

Beteiligte Reichsbehörden: Auswärtiges Amt, Reichsministerium des Innern, Reichsverkehrsministerium, Reichspostministerium, Reichsfinanzministerium, Oberkommando der Wehrmacht, Reichsluftfahrtministerium, Generalinspektor für das deutsche Straßenwesen.

V. Beamte und sonstige öffentliche Bedienstete.
Leitung: Reichsministerium des Innern, vorerst vertreten durch Ministerialrat Paetzold.

Beteiligte Reichsbehörden: Auswärtiges Amt, Reichsministerium des Innern, Reichsverkehrsministerium, Reichspostministerium, Reichsfinanzministerium, Reichsarbeitsministerium, Reichsjustizministerium, Reichsministerium für Ernährung und Landwirtschaft, Reichsforstamt.

VI. Wehrmachtsfragen.
Leitung: Oberkommando der Wehrmacht.

Beteiligte Reichsbehörden: Auswärtiges Amt, Reichsministerium des Innern, Reichsverkehrsministerium, Reichsfinanzministerium, Reichswirtschaftsministerium.

VII. Verschiedenes (insbesondere Rechtsfragen).
Leiter: Vortragender Legationsrat Albrecht, Auswärtiges Amt.

Beteiligte Reichsbehörden: Auswärtiges Amt, Reichsministerium des Innern, Reichsjustizministerium, Reichswirtschaftsministerium, Reichsministerium für Wissenschaft, Erziehung und Volksbildung, Reichsministerium für Ernährung und Landwirtschaft, Geheime Staatspolizei (Hauptamt Ordnungspolizei), Reichsforstamt.

Eine Unterteilung der Kommission VII wird nach Bedarf vorgenommen werden.

Über das Ergebnis der Besprechungen der einzelnen Kommissionen sollen jeweils Niederschriften gefertigt werden, die den Leitern aller anderen Kommissionen und den an den einzelnen Kommissionen beteiligten Reichsbehörden zugehen werden. Das Auswärtige Amt erhält von den Niederschriften je 3 und das Reichsministerium des Innern je 4 Stück. Das Reichsministerium des Innern übernimmt die fortlaufende Unterrichtung des Reichsprotektors und des Reichsstatthalters für die sudetendeutschen Gebiete[233].

---

[233] Konrad Henlein.

Um möglichst bald das bei den Ministerien der Protektoratsregierung vorhandene Material zu erfassen, soll der Reichsprotektor ersucht werden, die infragekommenden Sachbearbeiter der Prager Ministerien beschleunigt nach Berlin zu entsenden, wo sie mit den Leitern der einzelnen Unterkommissionen in Verbindung gebracht werden sollen.

Es handelt sich zunächst um folgende Herren:

Bevollmächtigter Minister Dr. Koukal vom Justizminsterium, Ministerialrat Dr. Slama vom Finanzministerium, Generaldirektor Siman vom Ministerium für Landwirtschaft, Ministerialrat Dr. Cernocký als Leiter der staatlichen Aufsichtsbehörde für privates Versicherungswesen im Innenministerium, die Ministerialräte Zoulek, Kubiesek, Reynek von der Eisenbahnabteilung des Verkehrsministeriums und Dr. Helbling vom Postministerium.

Berlin, den 29. April 1939

134

PA/AA, Dienststelle Ribbentrop, R. 27092

Bericht ohne Unterschrift

Vertraulich

Am Abend des 20.4.39 teilte mir der Parteigenosse Kundt, vormaliger sudetendeutscher Abgeordneter in Prag, mit, daß er aus absolut zuverlässiger Quelle das folgende erfahren habe:

Die polnische Vertretungsstelle in Prag zahle den wehrfähigen Tschechen, die nach Polen ausreisen, um dort in eine „tschechische Legion" einzutreten, Reisezuschuß.[234]

Aus Mährisch-Ostrau sei er, Kundt, dahin informiert worden, daß der noch bis Ende Februar bemerkbare Haß gegen Polen abgeflaut sei. In den tschechischen Gaststätten würden nur polnische Zeitungen gelesen, und zwar solche, die früher dort verboten waren. Auch von Mährisch-Ostrau aus begäben sich junge Leute nach Polen, um dort in die tschechische Legion einzutreten, deren Grundstock aus tschechischen Truppen bestünde, die früher in der Karpatho-Ukraine garnisoniert waren.

Herr Kundt bat mich, diese Information dem Herrn Reichsaußenminister mitzuteilen.

Berlin, den 29. April 1939

L.

---

[234] Nach der Okkupation flüchteten viele Menschen nach Polen, darunter viele Juden, Kommunisten und sudetendeutsche Sozialdemokraten. Später folgten wehrfähige Tschechen und tschechische Militärs, an denen Polen ausgeprägtes Interesse zeigte. Aus ihnen formte General Prchala eine „Tschechoslowakische Revolutionäre Armee", aus der bei Kriegsbeginn durch polnisches Dekret die „Legion der Tschechen und Slowaken" entstand, die aber in die Kriegshandlungen nicht eingreifen konnte, weil sie keine militärische Ausrüstung besaß.

Nachtrag:
Der Staatssekretär im Reichsprotektorat Böhmen, SS-Brigadeführer Frank, bestätigte mir soeben die Richtigkeit der obigen Information. Frank fügte hinzu, daß im Gebiet des Protektorates englische Offiziere am Werk seien, um als Werber ehemals tschechische Offiziere zum Eintritt in die englische Wehrmacht zu werben.

L.

135

PA/AA, Politische Abteilung IV, R 103707

Bericht des Geschäftsträgers der Deutschen Botschaft in Paris Bräuer an das Auswärtige Amt

A 1756   Paris, den 2. Mai 1939
Pol. IV *2870*

Im Anschluß an den Bericht vom 27. April d.J. – A 1677 –[235]
Inhalt: Kongreß der in Frankreich ansässigen Tschechen und Slowaken.

Der Kongreß der in Frankreich ansässigen Tschechen und Slowaken hat hier am 29. und 30. April stattgefunden. Zeitungsnachrichten zufolge nahmen an ihm außer den Mitgliedern der früheren Gesandtschaft der Präsident des Sokols[236] Smutný, der Präsident der früheren tschechoslowakischen Kriegsfreiwilligen Brzický, die Emigrantenschriftsteller Heinrich Mann, Egon Erwin Kisch und Weiskopf sowie unter anderen französischen Persönlichkeiten General Mittelhauser teil.

Das Hauptreferat hielt der frühere Gesandte Osuský; er bemühte sich darin zunächst, mit billigen Scheinargumenten die die Errichtung des Protektorats betreffenden Stellen der großen Reichstagsrede des Führers vom 29. April zu widerlegen.[237] Weiterhin erklärte er, daß im Kriegsfall die in Frankreich ansässigen Tschechen und Slowaken sich wie ein Mann Frankreich zur Verfügung stellen würden. Zum Schluß gab er seiner Dankbarkeit für Frankreich, Großbritannien, die Vereinigten Staaten von Amerika und Rußland dafür zum Ausdruck, daß diese Staaten „die Annektion der Tschechoslowakei" nicht anerkannt hätten. Die Ausführungen Osuskýs beanspruchen insoweit ein gewisses Interesse, als aus ihnen zweifelsfrei hervorgeht, daß seine hiesige Tätigkeit nicht nur die Duldung der französischen Regierung, sondern offensichtlich auch die Billigung und tatkräftige Unterstützung findet.

---

[235] Siehe Dokument Nr. 128.
[236] Der nationalen Turnbewegung Sokol (Falke).
[237] Hier ist offensichtlich Hitlers Reichstagsrede am 28.4.1939 gemeint, in der er die Forderung des amerikanischen Präsidenten Roosevelt vom 14.4.1939 nach der Abgabe von Nichtangriffserklärungen für 31 Staaten vehement zurückgewiesen hatte. Abdruck der Rede in *Domarus* (Hg.): Hitler. Band 2, 1148-1179.

Dem Kongreß ist u.a. auch ein Telegramm des Herrn Beneš zugegangen, in dem dieser die Tschechen und Slowaken zur Einigkeit und zur Hingabe an die sie erwartenden Aufgaben auffordert und schreibt, daß ein Universalorganismus geschaffen und man jederzeit bereit sein müsse, da man nicht wissen könne, was noch bevorstehe. Der Kongreß erwiderte in einem Telegramm, dessen Text aber nicht veröffentlicht worden ist, und schickte weitere Telegramme an den Präsidenten der Republik[238], den Ministerpräsidenten Daladier und an Herrn Roosevelt.

Zwei einschlägige Zeitungsausschnitte sind beigefügt.[239]

BRÄUER

136

PA/AA, Politische Abteilung IV, R 103759

Bericht des Deutschen Generalkonsuls in Kattowitz Nöldeke an das Auswärtige Amt

Tgb.Nr. 845/39

Kattowitz, den 2. Mai 1939
Pol. IV 2877
Pol. *II 1509*

Vertraulich!

Inhalt: Betreuung tschechischer Flüchtlinge durch das Englische Konsulat in Kattowitz.

Aus Anlaß eines Einzelfalles konnte hier festgestellt werden, daß der hiesige englische Vizekonsul Thwaites ein reges Interesse an Persönlichkeiten aus der früheren Tschechoslowakei nahm. Von besonderer Seite wurde mir dann auch vertraulich zur Kenntnis gebracht, daß sich Mr. Thwaites in auffälliger Weise mit der Betreuung ehemaliger tschechischer Staatsangehöriger befaße. Ich habe hierauf Erkundigungen eingezogen, die folgendes ergeben haben:

Mr. Thwaites hat sich, wie ich höre, bereits während der deutsch-tschechischen Krise im Herbst vorigen Jahres nebst einem Angestellten an die polnisch-tschechische Grenze im Olsa-Gebiet[240] begeben und dort tschechische

---

[238] Albert Lebrun.

[239] Siehe Les Tchèques et Slovaques de France et l'indépendance de la Tchéco-Slovaquie. In: Le Petit Parisien v. 1.5.1939 sowie Au Congrès des Tchèques et Slovaques de France. In: L'Ordre v. 1.5.1939.

[240] Das Olsa-Gebiet/Teschener Land hatte bis 1918 zu Österreich-Schlesien gehört. Nach 1918 war das Gebiet durch einen Schiedsspruch der Entente-Mächte zwischen Polen und der Tschechoslowakei aufgeteilt worden, wobei aus der Stadt Teschen eine Zwillingsstadt wurde. Wegen der enormen wirtschaftlichen und strategischen Bedeutung des kleinen Gebietes vor allem für die Tschechoslowakei kam es zwischen beiden Staaten auch nach dem Schiedsspruch wiederholt zu politischen Auseinandersetzungen und Pressepolemiken.

Flüchtlinge empfangen und betreut. In letzter Zeit soll, und zwar auf Veranlassung eines sog. „Britischen Komitees für die Flüchtlinge aus der Tschechoslowakei" im hiesigen Englischen Konsulat eine besondere Abteilung eingerichtet worden sein, die Flüchtlinge aus der Tschechoslowakei empfängt, eingehend vernimmt und – teilweise in geschlossenen Transportern – über Gdingen nach England leitet. So soll z.B. am 26. April ein Transport von 47 Flüchtlingen nach England abgegangen sein. Diese Tätigkeit erfolgt angeblich mit Wissen und im Einvernehmen mit der polnischen Polizei, die auch die Flüchtlinge an das Britische Konsulat verweist. Anzeichen deuten darauf hin, daß erhebliche Geldmittel zur Verfügung stehen. Die Leitung dieser Abteilung soll ehrenamtlich erfolgen und in den Händen einer kürzlich eingetroffenen Angehörigen der Labour Party, Mrs. Robinson (Mädchename Hollingworth), einer früher in Breslau ansässigen Quäkerin, Mrs Villems, sowie einer weiteren Engländerin namens Thomas liegen. Eine ähnliche Tätigkeit soll bei den englischen Vertretungen in Warschau und Gdingen entfaltet werden. Es wird angenommen, daß die Flüchtlinge hier auf Grund einer von einer englischen Stelle in Prag erteilten Anweisung vorsprechen.

Bisher konnte nur die Betreuung tschechischer Flüchtlinge festgestellt werden. Mit den im hiesigen Amtsbezirk ansässigen Personen tschechischen Volkstums hat sich das Englische Konsulat anscheinend bisher nicht befaßt.

Die Botschaft in Warschau hat Durchdruck dieses Berichts erhalten.

NÖLDEKE

137

PA/AA, Rechtsabteilung, R 42802

Aufzeichnung des Referatsleiters Abwicklung der ehemaligen tschechoslowakischen Vertretungsbehörden im Reich in der Rechtsabteilung Schiffner

Berlin, den 3. Mai 1939
R *10974*

Der Abwicklungsstelle der Tschecho-Slowakischen Gesandtschaft in Berlin strömen nun von allen Seiten die Akten der aufgelösten Tschecho-Slowakischen Konsulate im Reich zu. Die der Abwicklungsstelle zugewiesenen Räume in der Jägerstraße langen zur Unterbringung der Akten nicht mehr aus. Nach Schätzung des Leiters der Abwicklungsstelle, Hofrat Meier, wären hierzu noch etwa 40 Zimmer erforderlich. Wie der Leiter der Abteilung Pers. D, Generalkonsul Saller, angibt, können diese Räume in Berlin unmöglich zur Verfügung gestellt werden. Generalkonsul Saller schlägt daher vor, die Abwicklung der größten Vertretungsbehörden, nämlich des Generalkonsulats in Wien mit 2½ Millionen Akten, von denen einige Hunderttausend derzeitig laufen, an Ort und Stelle durchzuführen. Es könnte das in der Weise geschehen, daß in Wien eine eigene Abwicklungsstelle errichtet wird. Zweckmäßiger wäre es aber vielleicht, das Haus-, Hof- und Staatsarchiv damit zu betrau-en,[241] an das ohnedies seinerzeit die Wiener Akten übergeben werden sollen. Der Vorstand des Archivs, Generalstaatsarchivar Dr. Bittner, wäre hierzu vollständig geeignet und würde wohl die Aufgabe unter der Vorraussetzung übernehmen, daß ihm das AA das notwendige Personal zur Verfügung stellt. Es wird somit gegebenenfalls um die Ermächtigung gebeten, die Angelegen-heit mit Generalstaatsarchivar Dr. Bittner zu besprechen und ihn zu diesem Zwecke einzuladen, nach Berlin zu kommen.

Hiermit Herrn Gesandten Schroeder ergebenst vorgelegt.

SCHIFFNER

138

PA/AA, Rechtsabteilung, R 42802

Bericht des Referats Abwicklung der ehemaligen tschechoslowakischen Vertretungsbehörden im Reich in der Rechtsabteilung an das Referat D in der Personalabteilung

Zu Abwicklung Nr. 953

R *11502*

Nachdem mein Antrag auf Raumbeschaffung für die Abwicklungsstelle abge-lehnt worden ist, muß ich zu meinem Bedauern erklären, daß eine ordnungs-gemäße Abwicklung der Geschäfte der ehem. tschecho-slowakischen Aus-landsvertretungen nicht möglich ist.

Was die Abwicklung der Eingänge bei dem Generalkonsulat in Wien an-langt, *so* werden zur Zeit die dringendsten Sachen von einem tschechischen Beamten bearbeitet und unter Fe.Abwicklungsst. weitergeleitet. Sobald die dort befindl. Kommission ihre Tätigkeit einstellt, müssen die laufenden Ak-ten, die für die Bearbeitung der Eingänge erforderlich sind, hierher geschafft werden. In Wien kann nur die Registratur bleiben, die nicht oder nur zum Teil für die Bearbeitung der Eingänge benötigt wird. Diese Registratur wird nach der Vereinbarung mit der deutschen Kommission dem Archiv Wien vorläufig übergeben; ihre spätere Sortierung muß vorbehalten bleiben.

Eine sachliche Bearbeitung der an das Generalkonsulat Wien gerichteten Eingaben durch das W[iene]r Archiv dürfte schon aus formalen Gründen nicht durchführbar sein. Denn ein sachlicher Bescheid auf Eingaben von Pri-vatpersonen und Schreiben von Behörden kann nur vom AA ausgehen. Es müßte also in Wien eine besondere Abwicklungsstelle unter Leitung eines Archivbeamten errichtet werden. Dagegen bestehen m.E. erhebliche sachliche

---

[241] Das österreichische Haus-, Hof und Staatsarchiv war 1749 gegründet worden, um die Akten des Hauses Habsburg aufzunehmen. Im Laufe der Zeit übernahm das Archiv auch die Akten der verschiedenen Verwaltungszentren des österreichisch-ungarischen Kai-serreiches, so u. a. auch aus Prag.

Bedenken. Wie überall so auch in Wien sind die Akten mit tschech. Aufschriften versehen und in tschech. Sprache geführt; ebenso ist ein großer Teil der Eingaben tschechisch geschrieben. Wenn zur Bearbeitung der Eingänge auch zwei ehem. tschech. Beamte des Außendienstes herangezogen werden könnten, so dürfte es doch bedenklich sein, die Leitung dieser Abwicklungsstelle einem Archivbeamten zu übertragen, der weder über den Behördenbetrieb im Reich noch im Protektorat informiert sein wird.

In der Abwicklungsstelle befinden sich etwa 600 Aktenfächer *mit* politischen Akten der deutschen Missionen.

Es sind jetzt ordnungsmäßig untergebracht die Akten der ehemaligen tschech. Vertretungen Berlin, Hamburg, Chemnitz, Dresden; es stehen noch aus und sind unterzubringen die Akten Wien, Köln, München, Stuttgart, Breslau, Magdeburg, Bremen, Stettin, Königsberg, Leipzig. Die letzteren Akten müssen wegen des Raummangels irgendwo aufgestapelt werden. Der größte Teil der vorliegenden 1.000 Eingänge kann nicht erledigt werden, da die Akten nicht greifbar sind.

Protektoratsangehörige und ehem. tschech. Staatsangehörige, die jetzt Reichsdeutsche, Ungarn, Slowaken, Polen geworden sind, werden auf ihre Eingaben *u. Umständen* in etwa 3-6 Monaten Bescheid erhalten können. Bis dahin kann z.B. der Invaliden- oder Sozialrentner keine Bezüge erhalten, weil die Unterlagen für die Festsetzung der Bezüge in den tschechischen Akten liegen. Der Kaufmann der eine eilige Geschäftsreise machen muß, kann seinen Paß oder einen neuen Paß nicht erhalten, weil die erforderlichen Papiere hier liegen usw.

Dies ist ein unhaltbarer Zustand, der vielleicht auch zu Beschwerden der fremden Staaten führen wird, abgesehen von der Anhäufung der Eingänge infolge der fortgesetzten Erinnerungen von Parteien und Behörden und abgesehen davon, daß es einen Prestigeverlust bedeutet, wenn das Reich, das die Auslandsvertretung des tschechischen Staates übernommen hat, es nicht ermöglichen kann, einen ordnungsmäßigen Geschäftsbetrieb aufrechtzuhalten.

Aus Mangel an Zeit kann ich hier nur in großen Zügen klarlegen, daß es nicht angängig erscheint, die an sich schon schwierige Aufgabe der Abwicklung durch ungenügende Zuteilung der erforderlichen Räume zu komplizieren.

Hiermit über Herrn Geheimrat Schiffner bei Pers. D Herrn Gesandten Schubert ergebenst vorgelegt.

[Unterschrift unleserlich]
5/5.39

139

PA/AA, Büro des Staatssekretärs, R 29773
PA/AA, Büro des Unterstaatssekretärs, 29904
BArch, Reichskanzlei, R 43 II/1324

Anweisung des Reichsinnenministers Frick
an die Obersten Reichsbehörden

I BM 379/39 2003   Berlin, den 9. Mai 1939[242]

Betrifft: Protektorat Böhmen und Mähren.

Aus verschiedenen mir zugegangenen Schreiben und Presseveröffentlichungen entnehme ich, daß der Begriff „Protektorat" noch vielfach mißverstanden wird. Unter „Protektorat Böhmen und Mähren" ist nur das Gebiet zu verstehen, das unter Leitung der „Regierung des Protektorats" steht. Dagegen heißt die Behörde des Herrn Reichsministers Freiherr v. Neurath
„Der Reichsprotektor in Böhmen und Mähren".
Die Bezeichnung „Reichsprotektorat" ist dagegen falsch und weder für das Gebiet noch für die Behörde zu gebrauchen.
Ich bitte ergebenst, hierauf insbesondere bei Erlassen und Verordnungsentwürfen zu achten.

Im Auftrag
HERING

140

PA/AA, Büro des Staatssekretärs, R 29773
PA/AA, Büro des Unterstaatssekretärs, R 29904

Telegramm des Vertreters des Auswärtigen Amtes beim Reichsprotektor
Hencke an das Auswärtige Amt

Prag, den 10. Mai 1939   18.45 Uhr
Ankunft: "   "   "   20.10 Uhr

Nr. 166 vom 10.5.   Unter Bezugnahme auf diesseitiges [ein Wort fehlt] Prot. 2 vom 2. Mai.

Reichsprotektor hat mich beauftragt das Auswärtige Amt um Drahtmittlung zu bitten, ob und wann seinem Wunsch, den diplomatischen Vertretungen in Berlin die bevorstehende Aufhebung der Exterritorialität der Mitglieder der ehemaligen diplomatischen Vertretung in Prag zu notifizieren, entsprochen worden ist.
Reichsprotektor hält im Hinblick auf politisch unerwünschte Tätigkeit der noch nicht aufgelösten Prager Gesandtschaft, ferner mit Rücksicht auf Hal-

---

[242] Vierzehn Tage später ging diese Mitteilung durch den Leiter der Personal- und Verwaltungsabteilung Kriebel an alle Arbeitseinheiten und Büros im Auswärtigen Amt.

tung verschiedener ausländischer Regierungen, die den bisherigen tschechoslowakischen Vertreter offiziell anerkannten und schließlich wegen der innerpolitischen Lage im Protektoratsgebiet selbst ... (Gr[uppe] verst[ümmelt]) Exterritorialitätsrechte an ehemalige diplomatische Vertretung nicht länger für tragbar.

HENCKE

141

PA/AA, Büro des Staatssekretärs, R 29773
PA/AA, Büro des Unterstaatssekretärs, R 29904

Anweisung des Reichsinnenministers Frick
an die Obersten Reichsbehörden

Berlin, den 12. Mai 1939[243]

Betrifft: Bezeichnung der Behörde des Reichsstatthalters im Sudetengau.[244]

Zum Zweck einer gleichmäßigen Behandlung habe ich bestimmt, daß die Behörde des Reichsstatthalters im Sudetengau folgende Bezeichnung führt:

a) für die staatliche Verwaltung:
  „Der Reichsstatthalter im Sudetengau";
b) für die Selbstverwaltungskörperschaft:
  „Der Reichsstatthalter im Sudetengau (Gauselbstverwaltung)".

Ich bitte Anordnung zu treffen, daß innerhalb Ihres Dienstbereichs diese Behördenbezeichnungen ebenfalls angewendet werden.

Entsprechendes gilt für die Ostmark. Auf die Behördenbezeichnung für die Reichsstatthalter in der Ostmark im Erlaß des Führers und Reichskanzlers zu § 4 des Ostmarkgesetzes vom 14. April 1939 (RGBl. 1939 I, S. 783) nehme ich Bezug.[245]

In Vertretung
PFUNDTNER

---

[243] Elf Tage später ging diese Mitteilung durch den Leiter der Personal- und Verwaltungsabteilung Kriebel an alle Arbeitseinheiten und Büros im Auswärtigen Amt.

[244] Laut Reichsstatthaltergesetz vom 30.1.1935 diente der Reichsstatthalter als ständiger Vertreter der Reichsregierung. Reichsstatthalter im Reichsgau Sudetenland mit Sitz in Reichenberg war von 1939 bis 1945 Konrad Henlein.

[245] In § 4 des Gesetzes über den Aufbau der Verwaltung in der Ostmark (Ostmarkgesetz) hieß es u. a.: „Die Behörden der Reichssonderverwaltungen in der Stufe des Reichsgaues mit Ausnahme der Reichsjustiz-, Reichsfinanz-, Reichsbahn- und Reichspostverwaltung werden dem Reichsstatthalter angegliedert. Der Reichsstatthalter steht an der Spitze dieser Verwaltungen und wird in ihnen durch deren Behördenleiter vertreten."

142

PA/AA, Rechtsabteilung, R 42802

**Aufzeichnung des Referatsleiters Abwicklung der ehemaligen tschecho-
slowakischen Vertretungsbehörden im Reich in der Rechtsabteilung
Schiffner**

R *11707*   Sofort! Heute!

In der Angelegenheit der Abwicklung des Tschecho-Slowakischen Generalkonsulats in Wien hat sich Nachstehendes ergeben:
Der Generalstaatsarchivar Dr. Bittner hat einen längeren Urlaub angetreten. Es konnte deshalb nur fernmündlich mit ihm verhandelt werden. Er hat
sich bereit erklärt, die Akten des Tschecho-Slowakischen Generalkonsulats in
Wien in das Haus-, Hof- und Staatsarchiv zu übernehmen, sobald sie archivreif gemacht sein werden.
Der Direktor des Instituts für Außenpolitische Forschung Berlin, Dr. Fritz
Berber, ist erkrankt und steht erst Anfang nächster Woche zur Verfügung. Es
wurde mit ihm eine Unterredung für Dienstag, den 16. d.Mts. vereinbart.[246]
Nach der Entscheidung des Herrn Reichsaußenministers soll die Abwicklung des Generalkonsulats in Wien an Ort und Stelle erfolgen. Auch nach
Ansicht des Botschaftsrats Freiherr von Stein ist es wegen der großen Anzahl
der noch zu bearbeitenden Akten des Generalkonsulats praktisch ausgeschlossen, die Abwicklung in Berlin durchzuführen. Er hält es deshalb, um eine
sorgfältige Durchführung zu gewährleisten, für notwendig, daß zum Zwecke
der Abwicklung außer ihm Dr. Langer vorläufig in Wien verbleibt und ein
weiterer Herr, der der tschecho-slowakischen Sprache mächtig ist, zugeteilt
wird. Als solcher käme Dr. Helversen in Betracht, der derzeit in der Rechtsabteilung mit einer größeren Spezialarbeit beschäftigt ist.
Bei dieser Sachlage darf ergebenst anheimgestellt werden:
1.) den Erlaß vom 23. März 1939 – Pers. M DD 2053 – dahin abzuändern,
daß die Abwicklung des Tschecho-Slowakischen Generalkonsulats in Wien
an Ort und Stelle durchzuführen ist,
2.) mit der Abwicklung des Generalkonsulats die mit Erlaß vom 27. März
1939 – Pers. H 6213/1 – eingesetzte Kommission mit der Führung des Herrn
Botschaftsrats Freiherr von Stein zu betrauen,
3.) eine Unterscheidung darüber zu treffen, unter welcher Amtsbezeichnung die Kommission fungieren soll („Kommission zur Abwicklung des

---

[246] Das Deutsche Institut für Außenpolitische Forschung war 1936 gegründet worden, um
die Auslandspropaganda wissenschaftlich zu unterstützen. Im Laufe der Jahre entstanden dementsprechend diverse Veröffentlichungen, Zeitschriftenbeiträge und Broschü-
ren. 1943 musste das Institut wegen zunehmender Bombenangriffe auf die Hauptstadt
nach Thüringen ausgelagert werden. Von einer Tagung des Internationalen Roten Kreuzes in Genf kehrte Friedrich Berber 1944 nicht mehr zurück; er blieb in der Schweiz.
Mit Kriegsende wurde das Institut, das dem Auswärtigen Amt unterstand, aufgelöst.

Tschecho-Slowakischen Generalkonsulats in Wien" oder „Abwicklungsstelle des Tschecho-Slowakischen Generalkonsulats in Wien"?),

4.) Dr. Langer bei der obengenannten Kommission zur Beendigung ihrer Arbeiten zu belassen,

5.) der Kommission weiter Dr. Helversen zuzuteilen, der nach Beendigung seiner Spezialarbeit in der Rechtsabteilung nach Wien abzugehen hätte.

Hiermit Herrn Gesandten Schroeder ergebenst vorgelegt.

Berlin, den 12. Mai 1939
[SCHIFFNER]

143

PA/AA, Büro des Unterstaatssekretärs, R 29904
BArch, Reichskanzlei, R 43 II/1324

Aufzeichnung ohne Unterschrift

R 14616/39 Ang. II   Berlin, den 16. Mai 1939

Bei der am 12. Mai 1939 im Reichsministerium des Innern unter dem Vorsitz des Herrn Ministerialdirigenten Hering stattgehabten Besprechung wurden nachstehende Richtlinien für die Behandlung des Protektorats von Böhmen und Mähren beim Abschluß von Staatsverträgen und anläßlich der Teilnahme an internationalen Veranstaltungen vereinbart:

1.) Die Staatsverträge werden wie bisher von dem Führer und Reichskanzler im Namen des Deutschen Reiches abgeschlossen. Eine Erwähnung des Protektorats im Vorspruch oder in der Form, daß der Führer und Reichskanzler als auch für das Protektorat handelnd bezeichnet wird, ist weder erforderlich noch wünschenswert.

2.) Die seit dem 16. März 1939 abgeschlossenen Staatsverträge gelten auch für das Gebiet des Protektorats. Falls die vertragsschließenden Teile anderen Willens sind, ist dies im Vertrag durch eine besondere Klausel zum Ausdruck zu bringen. Ebenso können in Sonderklauseln abweichende Bestimmungen für das Gebiet des Protektorats vereinbart werden.

3.) Vor Abschluß solcher Staatsverträge, die in die rechtlichen oder wirtschaftlichen Verhältnisse des Protektorats eingreifen, wird unter Beteiligung der Zentralstelle für Böhmen und Mähren der Herr Reichsprotektor ersucht, der Protektoratsregierung Gelegenheit zur Stellungnahme zu geben. Ob bezw. inwieweit diese Stellungnahme zu berücksichtigen ist, bleibt der Beurteilung der Reichsregierung überlassen.

4.) Zu den Verhandlungsdelegationen können auch, falls es die Reichsregierung für zweckmäßig hält, beratende Vertreter der Protektoratsregierung hinzugezogen werden.

5.) Einer Mitwirkung der Protektoratsregierung bei der Ratifikation von Staatsverträgen bedarf es nicht.

6.) Eine Publikation der abgeschlossenen Staatsverträge in der von der Protektoratsregierung herausgegebenen Sammlung der Gesetze und Verordnungen[247] hat nur dann zu erfolgen, wenn dies zur Unterrichtung der Behörden oder der Angehörigen des Protektorats erforderlich ist. Sie wird über den Reichsprotektor veranlaßt. Für den Zeitpunkt des Inkrafttretens im Protektorat ist die Veröffentlichung im Reichsgesetzblatt maßgebend.

7.) Eine selbständige Teilnahme der Regierung des Protektorats an internationalen Konferenzen ist nicht zulässig, selbst dann nicht, wenn sie, wie nach dem Weltpostvertrag, völkerrechtlich ermöglicht werden könnte. Jedoch können Vertreter der Protektoratsregierung im Rahmen der deutschen Delegation erscheinen.

8.) Ebenso ist eine selbständige Vertretung des Protektorats in internationalen Büros und dergleichen unzulässig.

9.) Soweit es sich nicht um internationale Büros auf völkerrechtlicher Basis, sondern um private internationale Vereinigungen handelt, ist über den Reichsprotektor ein Aufgehen der selbständigen Vertretung in der deutschen Vertretung anzustreben.

10.) In der Frage der internationalen Sportbeteiligung erfolgt eine besondere Regelung.

144

PA/AA, Rechtsabteilung, R 42802

Notiz des Referatsleiters Abwicklung der ehemaligen tschechoslowakischen Vertretungsbehörden im Reich in der Rechtsabteilung Schiffner

Berlin, den 16. Mai 1939   R *12143*

Im Sinne der Weisung des Herrn RAM fand heute eine Besprechung mit dem Direktor des Instituts für Außenpolitische Forschung, Dr. Fritz Berber, statt, in der die Frage der Abwicklung des ehemaligen Tschechischen Generalkonsulats in Wien eingehend erörtert wurde. Dr. Berber hält es ebenfalls für zweckmäßig, die Abwicklung an Ort und Stelle durchzuführen und die Akten, nachdem sie archivreif gemacht wurden, an das Haus-, Hof- und Staatsarchiv in Wien abzugeben.

Es wurde festgestellt, daß die politischen Akten des Generalkonsulats bereits in das Politische Archiv des AA abgegeben wurden. Mit besonderem Dank hat Dr. Berber zur Kenntnis genommen, daß die Akten des ehemaligen Tschechischen Generalkonsulats in Breslau wertvolles Material enthalten.

---

[247] Hierbei handelt es sich um die Fortführung der deutschen Ausgabe der „Sammlung der Gesetze und Verordnungen des Čechoslovakischen Staates".

Über Bitte Dr. Berber wurde die Bereitstellung des Materials durch das Politische Archiv des AA, woselbst sich die Akten derzeit befinden, veranlaßt.

I.S.U.
B., d. 19. Mai 1939
SCHIFFNER

145

PA/AA, Rechtsabteilung, R 42802

Aufzeichnung des Referatsleiters Abwicklung der ehemaligen tschechoslowakischen Vertretungsbehörden im Reich in der Rechtsabteilung Schiffner

R *12355*

Aufzeichnung

über den gegenwärtigen Stand der Abwicklung der ehemaligen tschechoslowakischen Vertretungsbehörden im Deutschen Reich.

Dresden:

Die Akten des Generalkonsulats sind an die Abwicklungsstelle abgesandt worden. An Beamten befinden sich noch in Dresden: Generalkonsul Dr. Johann Glos, Konsul Dr. Franz Šefčík und Kanzleioffiziant Franz Šternberk. Es wurde veranlaßt, daß die vom Generalkonsulat in Dresden vom Auswärtigen Amt übernommenen Einrichtungsgegenstände an das Auswärtige Amt gesandt werden. Die angeführten Beamten sind für die Abwicklung nicht mehr erforderlich. Die Kündigung der Mietverhältnisse sowie die Abreise der obengenannten Beamten nach Prag ist für Ende dieses Monats zu erwarten.

Magdeburg

war Wahlkonsulat und ist vollständig abgewickelt.

Leipzig

war Wahlkonsulat und dürfte ebenfalls ganz abgewickelt sein. Der dort vorhandene Beamte Solar ist offenbar schon nach Prag abgereist.

Chemnitz

ist vollständig abgewickelt.

Breslau:

In Breslau befinden sich derzeit noch Konsul Dr. Anton Novotný und der Diener Vlček. Die Akten sind alle übersandt. Die vom Auswärtigen Amt übernommenen Einrichtungsgegenstände sind ebenfalls abgesandt worden. Die beiden oben Genannten dürften in den nächsten Tagen abreisen.

Hamburg:

In Hamburg war das Generalkonsulat in 2 staatseigenen Gebäuden untergebracht. Die Liquidation wird vom Oberaktuarsekretär Cach durchgeführt. Die Aufsicht über die Gebäude führt der Hausmeister Kotraš. Die vom AA übernommenen Einrichtungsgegenstände sind abgesandt worden. Cach wird in den nächsten Tagen abreisen. Die Aufsicht wird weiterhin von Kotraš geführt werden.

Stettin

war Wahlkonsulat und ist vollständig abgewickelt.

Bremen:

In Bremen ist zurzeit noch der Kanzleioberoffizial Kočí anwesend. Sein weiteres Verbleiben in Bremen ist nicht mehr erforderlich.

Königsberg

war Wahlkonsulat und ist vollständig abgewickelt.

Köln

ist vollständig abgewickelt.

Essen

war Wahlkonsulat und ist vollständig abgewickelt.

Düsseldorf

war Wahlkonsulat und ist vollständig abgewickelt.

Memel

war Wahlkonsulat und ist vollständig abgewickelt.

München:

Der Generalkonsul Johann Ziegler ist bereits vor dem 1. Mai abgereist und hat die Restliquidation an den Kanzleiverwalter Wenzel Rešl abgegeben. Die Abwicklung dürfte vollständig durchgeführt sein, auch Rešl dürfte bereits abgereist sein.

Stuttgart

ist vollständig abgewickelt.

Innsbruck

ist vollständig abgewickelt.

Linz

ist vollständig abgewickelt.

Wien:

Die Abwicklung ist noch im Gange. Es sind noch mehrere Beamte tätig. Die weitere Anwesenheit des Kanzleiverwalters Formánek erscheint nicht mehr erforderlich. Seine eheste Abberufung *wird* veranlaßt.

Berlin:

In Berlin sind mit der Abwicklung noch beschäftigt: Legationssekretär Josef Nový, Aktuarsekretär Růžička sowie die beiden Schreibkräfte Maršíková und Klucová. Im Gebäude Rauchstr. 27 befindet sich noch der Hausmeister Bratek sowie der Vertragsangestellte Kouble. Die genannten 6 Personen sind zur weiteren Abwicklung noch erforderlich. Das Gebäude Prinz-Heinrich-Str. 11 wurde dem AA übergeben. Von dem Gebäude Rauchstr. 27 werden 5 Büroräume benutzt. Es arbeiten dort ferner noch der Militärattaché Oberst Hron und der Luftattaché Stabskapitän Malý, denen 2 Zimmer zur Verfügung stehen. In dem Gebäude wohnt außerdem der Hausmeister Bratek, Kouble und der pensionierte Kanzleiverwalter Mašek, der seine Wohnung voraussichtlich in den nächsten Tagen räumen wird. Desgleichen wird Legationsrat Schubert seine Wohnung im Laufe der nächsten Woche räumen.

Hiermit der Pers. H, Pers.D., S.Ges. Rohde zur gefälligen Kenntnis ergebenst vorgelegt.

Berlin, den 20. Mai 1939

SCHIFFNER

146

PA/AA, Büro des Staatssekretärs, R 29773

Telegramm des Reichsaußenministers Ribbentrop an die Deutsche Botschaft in Buenos Aires

Berlin, den 22. Mai 1939
R 12262
12263
12264

Nr. 143   Auf Telegramm Nr. 179 und 180

Es kommt allein darauf an, daß Tschechoslowakei weder in Präambel noch an irgendeiner anderen Stelle des Vertrags erwähnt wird.[248] Wenn neben der Tschechoslowakei andere nichtvertretene Länder gleichfalls gestrichen werden, so bestehen dagegen deutscherseits keine Bedenken. Ich wiederhole aber nochmals, daß deutsche Delegation unter keinen Umständen zeichnen darf, wenn Tschechoslowakei irgendwo in Vertragswerk figuriert. Vorbehalt kommt daher keinesfalls in Frage. Bitte auf befreundete Delegationen einwirken, daß sie ebenso verfahren. Gelingt dies nicht, so unterschreibt deutsche Delegation als einzige nicht.

RAM

147

PA/AA, Büro des Staatssekretärs, R 29773

Aufzeichnung des Leiters der Rechtsabteilung Gaus

Berlin, den 23. Mai 1939

Gestern abend gegen 7 Uhr (hiesiger Zeit) rief mich Botschaftsrat Meynen aus Buenos Aires telefonisch an, um mir mitzuteilen, daß sich in der Frage des Weltpostvertrags[249] die Möglichkeit eines Kompromisses anzubahnen

---

[248] Weltpostvertrag.
[249] Im Weltpostverein wird die internationale Zusammenarbeit der nationalen Postverwaltungen geregelt. Auf dem 11. Weltpostkongress in Buenos Aires wollte das Deutsche Reich unbedingt vermeiden, dass die Tschechoslowakei im Vertragstext weiterhin aufgeführt wird.

scheine, um dessen Zustandekommen sich die argentinische Regierung bemühen wolle. Dieser Kompromiß solle etwa so aussehen: Der Vertragstext
selbst bleibe unverändert, führe also auch die Tschechoslowakei mit auf, da
eine Änderung des Textes geschäftsordnungsmäßig nicht mehr möglich sei.
Es solle aber in einem besonderen Schlußprotokoll, das integrierender Bestandteil des Vertrages sei, festgestellt werden, daß die in dem Vertrage entsprechend der bisherigen Übung aufgeführten, auf dem Kongreß aber nicht
vertretenen Länder nicht als Kontrahenten des Vertrages und nicht als Mitglieder des Weltpostvereins anzusehen seien.

Ich habe Herrn Meynen mit größter Bestimmtheit geantwortet, daß dieser
Kompromiß für uns völlig unannehmbar sei, und habe ihm nachgewiesen,
daß er nur als eine grobe Camouflage angesehen werden könne. Es müsse bei
der ihm erteilten Instruktion bleiben, wonach die deutsche Delegation unter
keinen Umständen zeichnen dürfe, wenn in dem Vertragstext selbst das Wort
Tschechoslowakei irgendwo vorkomme.

Herr Meynen erwiderte, daß er unsere Instruktion und auch meine telefonischen Ausführungen ganz klar verstanden habe und selbstverständlich
danach handeln werde; er habe sich nur für verpflichtet gehalten, uns den
Kompromißvorschlag mitzuteilen, weil die argentinische Regierung, die begreiflicherweise einen politischen Konflikt auf dem Kongreß vermeiden wolle, ihn dringend darum gebeten habe.

Auch dem Führer der deutschen Delegation, Ministerialdirektor Ziegler,
der mir am Telefon nochmals die postalischen Bedenken auseinandersetzte,
habe ich dasselbe gesagt wie Herrn Meynen, und dabei angedeutet, daß es
sich hierbei um eine autoritative Entscheidung handele, an der unter keinen
Umständen etwas geändert werden könne. Herr Ziegler hat das klar verstanden und erklärte, daß er selbstverständlich entsprechend handeln werde.

Herr Meynen sagte mir noch, daß die hier in Berlin mit Herrn Buté verab-
redete Instruktion der italienischen Delegation in Buenos Aires bereits eingetroffen sei; die Italiener würden sich also in ihrem Vorgehen der deutschen
Delegation anschließen, wenn sie auch, ebenso wie andere befreundete Delegationen, stark auf die Annahme des obigen Kompromißvorschlages hin ge-
drängt hätten. Da er sagte, daß die ungarische Delegation auf ihre Rückfragen
in Budapest noch keine Antwort erhalten habe, habe ich nach dem Telefongespräch mit Buenos Aires veranlaßt, daß unsere Gesandtschaft in Budapest
nochmals an die ungarische Regierung herantrete. Aus Budapest ist darauf
die Mitteilung eingegangen, daß die von uns gewünschte Instruktion bereits
nach Buenos Aires abgegangen sei.

Die telefonische Verständigung mit Buenos Aires war so einwandfrei, daß
bei unserer Botschaft und der deutschen Delegation kein Zweifel über die
hier getroffene Entscheidung bestehen kann.

GAUS

148

PA/AA, Rechtsabteilung, R 42802

**Aufzeichnung des Referatsleiters Abwicklung der ehemaligen tschecho-
slowakischen Vertretungsbehörden im Reich in der Rechtsabteilung
Schiffner**

Am 22. Mai 1939 habe ich in Begleitung des VLR Saller vom AA, des Ober-
baurats Listmann von der Reichsbaudirektion und des ORR Montell vom
Reichsfinanzministerium die nachstehenden Gebäude besichtigt, um sie auf
ihre Eignung zur Unterbringung des Gesandten Chvalkovský zu prüfen.
Hierbei hat sich folgendes ergeben:

1.) Das Haus in der Maienstr. 5 kommt wegen seiner äußeren und inneren Ausstattung für ein Gesandtschaftshotel nicht in Betracht.

2.) Das Haus in der Menzelstr. 19 im Grunewald liegt in einer sehr netten
Umgebung; es ist eine hübsche kleine Villa mit ungefähr 14 Räumen und Ga-
rage. Als eigentliches Gesandtschaftshotel kommt es wegen seiner Lage nicht
in Betracht, wäre aber als Wohnvilla für den Gesandten sehr geeignet.

3.) Das Haus in der Reichsstr. 15 wäre als Gesandtschaftshotel deshalb am
besten geeignet, weil es sehr günstig gelegen ist und sehr schön im Stile des
Schlosses von Sanssouci gebaut ist. Für die Zwecke des Büros müßte aber ein
eigenes Nebengebäude errichtet werden. Die hierfür notwendigen Baukosten
könnten durch Abtretung eines Teiles des sehr großen Gartens aufgebracht
werden.

4.) Das Haus in der Davoserstr. 1a wäre als Gesandtschaftshotel etwas weniger geeignet als das Haus in der Reichsstr. 15, weil es inmitten von Miets-
häusern liegt und trotz der sehr großen und teilweise reich ausgestatteten
Räume doch für den beabsichtigten Zweck unvorteilhaft untergeteilt ist.

Wie mir Leg.Rat Schubert von der ehemaligen Tschecho-Slowakischen
Gesandtschaft gesprächsweise mitgeteilt hat, wünscht Gesandter Chvalkovský
eine ruhige Villa in Dahlem oder Nähe mit abgesonderten in der Stadt gelegenen Büroräumen. Von diesem Gesichtspunkte aus wäre das unter 2) genannte Haus in der Menzelstr. 19 am besten geeignet, wenn gleichzeitig für
die Unterbringung des Büros in der Stadt – etwa in einer Mietwohnung –
Vorsorge getroffen würde. An Personal beabsichtigt Gesandter Chvalkovský
2 Konzeptsbeamte, 2 Kanzleibeamte, 2 Schreibfrl. und 1 Diener aus Prag mit-
zubringen, so daß an Büroräumen insgesamt 8 Räume erforderlich wären.

Hiermit bei Herrn Gesandten Rohde ergebenst vorgelegt.

Berlin, den 24. Mai 1939
SCHIFFNER

149

PA/AA, Rechtsabteilung, R 42803

**Aufzeichnung des Referatsleiters Abwicklung der ehemaligen tschecho-
slowakischen Vertretungsbehörden im Reich in der Rechtsabteilung
Schiffner**

Berlin, den 25. Mai 1939

R *13025*

Bei der ehemaligen Tschechoslowakischen Gesandtschaft in Berlin sind derzeit noch folgende Personen beschäftigt:

Legationssekretär Josef Nový

Obcraktuarsekretär Augustin Růžička

Oberkanzleioffiziantin Marie Klucová

Kanzleigehilfin Marie Maršíková

Amtsgehilfe/Vertragsangestellter Miroslav Kouble

Da die ehemaligen tschechoslowakischen Vertretungsbehörden im Reich fast
vollständig aufgelöst sind, besteht nunmehr die hauptsächlichste Tätigkeit
des obengenannten Personals darin, dem Hofrat Meier bei der Abwicklung
der Akten, die sich in der Jägerstraße 12 befinden, behilflich zu sein. Zu diesem Zwecke müssen die zu bearbeitenden Akten jeweils übersandt werden.

Es würde den Geschäftsgang der Abwicklungsstelle wesentlich vereinfa-
chen, wenn es möglich wäre, den obengenannten Personen Arbeitsräume in
dem Gebäude Jägerstraße 12, in dem sich die Abwicklungsstelle befindet, zuzuweisen. Hierdurch würde auch erzielt werden, daß das Gebäude in der
Rauchstraße 27 für die Zwecke des Auswärtigen Amts zur Verfügung stünde,
mit Ausnahme von 2 Räumen, in denen gegenwärtig noch der ehemalige
Tschechoslowakische Militärattaché und der ehemalige Tschechoslowakische
Luftattaché im Auftrag des Oberkommandos der Wehrmacht arbeiten.

Es darf allerdings darauf aufmerksam gemacht werden, daß Gesandter
Chvalkovský den Wunsch ausgesprochen hat, vorher davon verständigt zu
werden, falls die Büros aus dem Gebäude der Rauchstraße 27 verlegt würden,
weil er die Absicht hat, das Gebäude in der Rauchstraße 27 für die Zwecke
seines eigenen Büros zu benützen, bis ihm für letzteres andere Räume zur
Verfügung gestellt sein werden.

Hiermit bei Pers. D ergebenst vorgelegt.

SCHIFFNER

150

PA/AA, Politische Abteilung IV, R 103707

Bericht des Deutschen Botschafters in Paris Welczeck
an das Auswärtige Amt

A 2206   Paris, den 30. Mai 1939
Pol. IV 3373

Tätigkeit des früheren Tschechoslowakischen Gesandten Osuský – *Pol. IV 3139* –

Aus verschiedenen Veröffentlichungen der hier erscheinenden tschechischen Emigrantenpresse sowie aus sonstigen Informationen ergibt sich über die von dem früheren Gesandten Osuský entfaltete Tätigkeit folgendes:

Im engen Einvernehmen mit der französischen Regierung führt Osuský ebenso wie die von seinen Leuten besetzten Konsulate im Lande die Amtsgeschäfte weiter. Er übt daher auch den Schutz über die in Frankreich verbleibenden tschechoslowakischen Staatsangehörigen weiter aus, nimmt somit auch alle konsularischen Amtshandlungen vor, soweit sie sich auf das französische Hoheitsgebiet selbst erstrecken. Die Mittel, die Osuský anwendet, um die hiesigen Tschechen bei der Stange zu halten, sind offenbar folgende: Osuský hat es erreicht, daß seine Anhänger in Frankreich von allen Aufenthalts- und sonstigen Schwierigkeiten verschont bleiben, bei der Verlängerung ihrer Aufenthaltserlaubnis, Pässe, Arbeitskarten usw., also im allgemeinen keinen Schwierigkeiten begegnen, was angesichts der Verschärfung der Fremdengesetzgebung in Frankreich ein nicht zu unterschätzender Vorteil ist.[250] Um jedoch seine Anhänger auch darüber hinaus in der Emigration zu halten und sie über den Wunsch einer baldigen Rückkehr in die Heimat hinwegzutrösten, stellt Osuský, wie sich aus einem kürzlichen Kongreß der tschechoslowakischen Bergarbeiter in Lens ergibt, einen allgemeinen Krieg mit Deutschland als unmittelbar bevorstehend dar. Wenn, so ergibt sich aus dieser raffinierten These, der Krieg, in dem selbstverständlich Deutschland geschlagen und aus dem die Tschechoslowakei als freies Staatsgebilde wieder hervorgehen wird, vor der Tür steht, kann jeder der hiesigen Tschechoslowaken noch die kurze Zeit bis zum Kriegsausbruch in Frankreich abwarten und kann seinen, wenn auch noch so dringenden Wunsch, in die Heimat zurückzukehren, zurückstellen.

Dieser Auffassung stehen allerdings auch zurückhaltendere Urteile gegenüber. So erklärte der ehemalige Tschechische Gesandte in Moskau, Dr. Fier-

---

[250] Frankreich nahm bis 1939 etwa 100.000 Flüchtlinge aus dem Deutschen Reich auf; ein Teil davon begab sich in andere Länder. Die Erlangung einer Arbeitserlaubnis war nach einem Gesetz von Oktober 1933 zum Schutz der französischen Arbeitskräfte nur mit einer Genehmigung des Arbeits- bzw. Landwirtschaftsministeriums möglich. Zahlenangabe nach *Vormeier*, Barbara: Frankreich. In: *Krohn*, Claus-Dieter u. a. (Hg.): Handbuch der deutschsprachigen Emigration 1933-1945. Darmstadt 1998, 213-250, hier 213.

linger, in einem in der tschechischen Emigrantenpresse wiedergegebenen Vortrag, man müsse allerdings auch mit der Möglichkeit rechnen, daß es zu einem allgemeinen Konflikt jetzt noch nicht komme. Das gleiche ergibt sich aus einer Auslassung der tschechischen Emigrantenpresse aus den letzten Tagen, die überschrieben ist: „Wie lange wird der Kampf noch andauern?" und worin wörtlich gesagt ist: „Wir müssen damit rechnen, daß uns ein längerer Kampf bevorsteht. Wir dürfen uns also nicht auf die ausländische Aktion beschränken, sondern müssen mit der Revolution in der Heimat rechnen; ohne Risiko gibt es keine Revolution! Die Kolonisierung der Tschechei durch deutsche Bauern macht Fortschritte." Wie hieraus hervorgeht, beabsichtigt also der Kreis um Osuský auch jede revolutionäre Aktion im Protektorat zu fördern und gegebenenfalls durch Entsendung von Agitatoren zu schüren.

WELCZECK

151

PA/AA, Politische Abteilung IV, R 103728

Bericht des stellvertretenden Leiters der Rechtsabteilung Albrecht

Pol IV 2900
Eilt!

Böhmen und Mähren sind durch die Vereinigung mit dem Reich als Protektorat Reichsgebiet geworden. Nach Art. 2 des Führererlasses vom 16.3.1939 – RGBl. 1939 I, S. 485 –[251] sollen die volksdeutschen Bewohner des Protektorats deutsche Staatsangehörige und die übrigen Bewohner von Böhmen und Mähren Staatsangehörige des Protektorats werden. In der Verordnung über den Erwerb der deutschen Staatsangehörigkeit durch frühere tschecho-slowakische Staatsangehörige deutscher Volkszugehörigkeit vom 20.4.1939 – RGBl. 1939 I, S. 815 – ist zunächst für die deutschen Volkszugehörigen klargestellt, daß „Bewohner" im Sinne des Führererlasses die in einer Gemeinde von Böhmen und Mähren Heimatberechtigten sind. Auf diese Weise haben auch die im Ausland wohnenden Volksdeutschen aus Böhmen und Mähren die deutsche Staatsangehörigkeit erhalten. Voraussichtlich wird auch die Staatsangehörigkeit im Protektorat nicht auf der Grundlage des Wohnsitzes, sondern *auf* der des Heimatrechts geregelt werden, so daß auch im Ausland wohnende frühere tschecho-slowakische Staaatsangehörige mit Heimatrecht im Protektorat die Staatsangehörigkeit des Protektorats erhalten. Diese Regelung ist in dem Runderlaß vom 31. März 1939 – R 8307 – bereits vorweggenommen, indem dort bestimmt ist, daß den früheren tschecho-slowakischen Staatsangehörigen nicht deutscher Volkszugehörigkeit, die am 16. März 1939 ihren Wohnsitz im Protektorat hatten, hinsichtlich der paßtechnischen Be-

---

[251] Siehe Dokument Nr. 1.

handlung solche Personen nicht deutscher Volkszugehörigkeit gleichgestellt werden können, die am 16. März 1939 in einer Gemeinde des Protektorats Böhmen und Mähren das Heimatrecht hatten.

Die Botschaft *bitte ich* bei Anträgen früherer tschecho-slowakischer Staatsangehöriger auf Intervention bei französischen Behörden von den vorstehenden Gesichtspunkten auszugehen und diesen gegenüber französischen Behörden Geltung zu verschaffen.

Hiermit bei Pol. IV ergebenst wiedervorgelegt.

Berlin, den *31.* Mai 1939
ALBRECHT

152

PA/AA, Politische Abteilung IV, R 103707

**Bericht des Deutschen Botschafters in Paris Welczeck
an das Auswärtige Amt**

A 2308 Paris, den 2. Juni 1939
Pol. II *1929*

Inhalt: Schreiben Daladiers an Osuský.

In der hiesigen tschechischen Emigrantenpresse ist der Wortlaut eines Briefes abgedruckt, den Ministerpräsident Daladier an Osuský gerichtet hat. Der Brief lautet folgendermaßen:

„Herr Gesandter! Ich habe den Brief erhalten, in welchem mir im Namen des Kongresses der Tschechoslowaken die Gefühle der Sympathie und der Freundschaft ausgedrückt wurden. Dieser Brief hat mich sehr ergriffen. Ich bitte Sie, Ihren Landsleuten auszurichten, daß die Regierung Frankreichs alle Sorgen und Hoffnungen der Tschechoslowakei als ihre eigenen ansieht, welche Sorgen und Hoffnungen ihr durch Ihren Gruß verdolmetscht worden sind und für welchen Gruß ich Ihnen herzlich danke."

Édouard Daladier.

WELCZECK

153

PA/AA, Politische Abteilung IV, R 103707

Bericht des Geschäftsträgers der Deutschen Botschaft in Washington Thomsen an das Auswärtige Amt

Nr. 1020 Washington, D.C., den 2. Juni 1939
Pol. IV *3576*

Eröffnung des tschechoslowakischen Pavillons auf der Weltausstellung in New York;[252] Ansprache des früheren tschechoslowakischen Staatspräsidenten Dr. Beneš.

Die am 31. Mai erfolgte Eröffnung des tschechoslowakischen Pavillons ist sowohl von amerikanischer Seite als auch, wie nicht anders zu erwarten, von den Herren Beneš und Hurban dazu benutzt worden, um für ihre antideutsche Haltung Reklame zu machen. Schon die äußere Aufmachung der Eröffnungsfeier, wie Ehrenkompanie und Ehren-Salut für Beneš, sollte dem Ganzen den Charakter einer Demonstration für die „vergewaltigte" Tschechoslowakei geben. Dementsprechend sind auch die von Beneš, Hurban, La Guardia und Grover Whalen bei diesem Anlaß gehaltenen Reden nichts anderes als der Ausdruck gemeinschaftlichen Hasses gegen Deutschland. Beneš hat in seiner Rede, in der er wiederholt die Hoffnung für die Wiederherstellung der alten Tschechoslowakei aussprach, es nicht unterlassen, den „Freiheitskampf" seiner tschechoslowakischen Brüder mit dem Kampf der westlichen Demokratien gegen die Willkür und Brutalität der totalitären Regime gleichzusetzen. Herr Beneš weiß aus seinen Erfahrungen während des Weltkrieges nur zu genau, daß solche Gedanken bei dem urteilslosen amerikanischen Publikum eine sehr bereitwillige Aufnahme finden.

Herr La Guardia hat bei diesem Anlaß wieder einmal seine ganze Begeisterung und Rührung für die „vergewaltigte" tschechoslowakische Demokratie zeigen und dabei mit stolzer Befriedigung darauf hinweisen können, daß es ausschließlich der mutigen und idealistischen Politik des State Departments zu verdanken sei, wenn der tschechoslowakische Pavillon trotz aller Schwierigkeiten schließlich doch habe fertiggestellt und eröffnet werden können.

Die amerikanische Presse hat dieser Eröffnungsfeier durch ausführliche Wiedergabe der gehaltenen Reden große Bedeutung beigemessen.

Der Wortlaut der Rede des Herrn Beneš sowie einige Korrespondentenmeldungen über die Eröffnungsfeierlichkeiten werden hiermit eingereicht.

THOMSEN

---

[252] Vom 30.4. bis zum 31.10.1939 fand in New York die Weltausstellung statt. Während Deutschland daran nicht teilnahm, gab es einen tschechoslowakischen Pavillon, obwohl die Tschechoslowakische Republik völkerrechtlich nicht mehr existierte.

154

PA/AA, Büro des Staatssekretärs, R 29773

Bericht des Mitarbeiters des Abwehrbeauftragten des Reichspostministeriums Schuster an den Referatsmitarbeiter Völkerbund, Militärfragen, Rüstungsfragen, Luftverteidigungsangelegenheiten, Landesverteidigung in der Politischen Abteilung Heyden-Rynsch

1022-0   Berlin, den 6. Juni 1939
                                                       Pers. MBD 4417

<u>Vertraulich!</u>

Briefverkehr mit deutschen Wehrmachts- und Zivildienststellen in Böhmen und Mähren.

Verschiedene hierher gerichtete Anfragen lassen erkennen, daß die Einrichtung der „Deutschen Dienstpost Böhmen und Mähren" nicht genügend bekannt, z.T. sogar überhaupt unbekannt ist. Zur sicheren Übermittlung der im Verkehr zwischen den Behörden des Altreichs und den deutschen Dienststellen im Protektorat aufkommenden Verschlußsachen ist aber die Beachtung des vom Reichsminister des Innern an alle Obersten Reichsbehörden versandten Schreibens vom 8. Mai 1939 I BM 384/39 2034 unbedingt erforderlich. Es wird deshalb nochmals darauf hingewiesen, daß gewöhnliche und eingeschriebene Briefsendungen sowie Wertbriefe an und von Wehrmachts-, Zivil- und Parteidienststellen im Protektorat Böhmen und Mähren durch die Deutsche Dienstpost zu befördern sind, daß jedoch Pakete auf diesem Wege vorläufig nicht versandt werden können. Die Anschrift der zugelassenen Sendungen muß neben der Angabe des Empfängers, den Vermerk „Frei durch Ablösung Reich" und dem Abdruck des Dienststempels der absendenden Behörde einen auffallenden Hinweis tragen „Durch Deutsche Dienstpost Böhmen-Mähren". Wenn zur Versendung keine vorgedruckten Briefumschläge verwandt werden, bei denen der Hinweis besonders stark hervortritt, muß er mit Farbstoff geschrieben oder mindestens farbig unterstrichen sein.

Aus Gründen der Abwehr von Spionage bitte ich, die Dienststellen Ihres Bereichs, die im Schriftwechsel mit deutschen Dienststellen des Protektorats stehen, erneut zur Beachtung dieser Vorschrift anzuhalten.

DR. SCHUSTER

155

PA/AA, Büro des Staatssekretärs, R 29854

Schreiben des Deutschen Botschafters in Paris Welczeck an Staatssekretär Weizsäcker

6. Juni 1939

Lieber Weizsäcker,

wie ich Ihnen s.Zt. erzählt habe, ist es mir nach langen Bemühungen gelungen als Ersatz für mir in O.S.[253] enteignete Besitzteile einen Besitz im Sudetengau von einem Nichtarier zu erwerben, der das Pech hatte Tschechoslowake zu sein und in Prag zu sitzen, so daß er den Kaufpreis nach der Besetzung von Prag nicht mehr transferiert erhalten konnte. Vor einiger Zeit hat er sich bedauerlicherweise das Leben genommen und mir durch seine an meinen ehemaligen deutschen Stabsarzt a.D. verheiratete noch in Prag lebende Tochter schreiben lassen, ich wäre an seinem Tod schuld, denn ich hätte ihn durch Vorspiegelung „falscher Tatsachen" zu dem Verkauf verleitet. Ich habe mir in der vergangenen Woche meinen Rechtsberater hierher kommen lassen, doch scheint sich die Sache unter verschiedenen Aspekten in sehr unerfreulicher Weise zu entwickeln, daß ich verschiedene beteiligte Stellen zu einer Sitzung nach Berlin zusammenberufen muß und zwar bald.

Nun sagte mir Stohrer hier auf der Durchreise, er wollte Ihnen vorschlagen mich auf einige Tage nach Berlin einzuberufen zur Teilnahme an der Südamerika-Konferenz, in die auch Spanien hineinspielt, dies in Anbetracht des Umstandes, daß ich über fünfzehn Jahre lang in Spanien und Südamerika gedient habe.[254] Als Stohrer mir dies hier sagte, wußte ich noch nichts davon, daß ich in dringenden privaten Angelegenheiten um einen kurzen Heimaturlaub würde bitten müssen.

Ich wäre Ihnen nach Empfang dieses Briefes für einen gütigen telefonischen Anruf und Abrufung dankbar.[255]

Am Samstag bin ich in Lille zum deutschen Tag[256] der dortigen Ausstellung und Samstag abend wieder hier.

Mit besten Grüßen
Heil Hitler!
Ihr
WELCZECK

---

[253] Welczecks Familie hatte bis zur Abtrennung Oberschlesiens vom Deutschen Reich nach dem Ersten Weltkrieg die Rittergüter Groß Dubensko (Dębieńsko Wielkie) und Petersdorf (Szobiszowice) besessen.

[254] Welczeck war von 1908 bis 1915 Legationssekretär an der Deutschen Gesandtschaft in Santiago de Chile und von 1926 bis 1936 Deutscher Botschafter in Madrid.

[255] Bereits einen Tag später gewährte ihm dies Weizsäcker nach Rücksprache mit Außenminister Ribbentrop.

[256] Im Ausland wurden durch verschiedene Organisationen von Auslanddeutschen so genannte Deutsche Tage veranstaltet, die völkisch und später nationalsozialistisch geprägt waren.

156

PA/AA, Politische Abteilung IV, R 103707

**Bericht des Deutschen Botschafters in Warschau Moltke
an das Auswärtige Amt**

P 22/6.39   Warschau, den 8. Juni 1939
                                                         Pol. IV *3532*

Mit Beziehung auf den Bericht vom 22. März d.Js. – A II 3 n/3.39 – und die
Erlasse vom 17. April – Pol. IV 2474 – und 19. April – Pers. H 6442 –
Inhalt: Die ehemalige Tschechische Gesandtschaft in Warschau und anti-
       deutsche Tätigkeit der tschechischen Emigration.

Der sogenannte interimistische Geschäftsträger der ehemaligen Tschechoslowakei, Legationsrat Zedtwitz, hat sich auch durch die neuerliche Anweisung der Abwicklungsstelle des Prager Außenministeriums (Vgl. die Anlage
zum Erlaß vom 19. April ds.Js. – Pers. H 6442 –) von einer weiteren „Führung der Geschäfte" nicht abhalten lassen. Soweit sich feststellen ließ, wird er
hierbei durch den ehemaligen Gesandtschaftsrat Procházka unterstützt. Ferner hält er offenbar Verbindung mit dem ehemaligen Tschechoslowakischen
Konsul in Krakau, Znojemský, der gleichfalls eine weitere konsularische Tätigkeit in Krakau ausübt. (Vgl. den Bericht vom 2. v.Mts. – A II 3 n/5.39).

Um den Fortbestand der Vertretung auch nach außen zu dokumentieren
ist die ehemalige tschechoslowakische Flagge sowohl am polnischen Natio-
nalfeiertag, dem 3. Mai[257] wie am Todestage des Marschalls Piłsudski[258] auf
dem Gebäude der früheren Tschechoslowakischen Gesandtschaft gehißt worden.

Von polnischer Seite erfreuen sich Herr Zedtwitz und seine Helfer offenbar einer wohlwollenden Duldung. So soll die polnische Regierung schon vor
längerer Zeit für die noch in Warschau befindlichen und das frühere Gesandtschaftsgebäude bewohnenden Angehörigen der ehemaligen Gesandtschaft 50.000,- Zł. in Bargeld zur Verfügung gestellt haben. Angeblich hat sie
dabei die Absicht verfolgt, diese ehemaligen Beamten in die Lage zu versetzen, sich ins dritte Ausland zu begeben. Es dürfte ihr jedoch mit dieser Absicht nicht ernst gewesen sein, da die Betreffenden ihre Tätigkeit weiter un-
gehindert ausüben.

Über die Art dieser Tätigkeit und die Zukunftspläne der tschechischen
Emigration hat soeben ein Mitglied der ehemaligen Gesandtschaft, das nicht
mit Namen genannt wird, einem Vertreter des „Goniec Warszawski" recht

---

[257] Polen hatte sich am 3.5.1791 die erste schriftliche Verfassung Europas gegeben.
[258] Marschall Józef Piłsudski war am 12.5.1935 gestorben, nachdem er von 1918 bis 1922
     polnischer Staatschef war und 1926 ein diktatorisches Regierungssystem errichtet hatte,
     dem er von 1926 bis 1928 sowie 1930 als Ministerpräsident vorgestanden hatte.

offenherzige Erklärungen abgegeben, die ich in der Anlage in deutscher Übersetzung beifüge.[259]

In diesem Interview heißt es u.a., daß die „Gesandtschaft" über Arbeit nicht zu klagen habe. Auch das „Konsulat" in Krakau habe mit Rücksicht auf die Nähe des Protektoratsgebietes viel zu tun. Die größten Schwierigkeiten bereiteten die Emigranten aus dem Protektoratsgebiet. Diese Emigranten würden von Polen so schnell wie möglich über Gdingen nach England und Frankreich weiterbefördert. Eine kleinere Anzahl lasse sich im Krakauer Amtsbereich nieder. Die „Gesandtschaft" stehe mit dem gleichfalls fortbestehenden Vertretungen in Paris und London in Verbindung, während die Verständigung mit Washington wegen der Entfernung erschwert sei. Das Vorgehen dieser „Auslandsvertretungen" werde im gegenseitigen Einvernehmen einheitlich ausgerichtet. Geldmittel fänden sich allmählich ein, wobei die tschechische Kolonie in Amerika am meisten helfe. Was die Verbindungen zum Protektoratsgebiet angehe, so erhalte die „Gesandtschaft" von dort Nachrichten, die freilich nicht immer zuverlässig seien. Die dortige Abwehraktion stehe erst in ihren Anfängen. Die tschechische Nation besitze nicht die gleiche Verschwörerpraxis wie die polnische. Die Tschechen verstünden sich jedoch darauf, passiven Widerstand zu leisten. Von seiten der Emigration werde gegenwärtig eine Propagandaaktion großen Stiles vorbereitet. In den Vereinigten Staaten beständen schon große Propagandabüros; ähnliche würden demnächst auch in Westeuropa eröffnet. Was den Gesandten Slávik angehe, so werde er wohl nach Polen zurückkehren, wenn dafür eine Notwendigkeit bestehe. Auch eine Rückreise Beneš' nach Europa sei demnächst vorgesehen.

Von besonderem Interesse sind ferner die Erklärungen zur Frage der Bildung einer tschechischen Legion. Das Gesandtschaftsmitglied erklärte hierzu, daß die in der Presse über die Legion wiedergegebenen Gerüchte „recht übertrieben" seien. Es werde weder in Polen noch in einem anderen Staat eine besondere Legion aufgestellt. Überall würden nur die neu eingetroffenen Tschechen registriert. Die Bildung einer Legion sei dagegen „gegenwärtig noch nicht aktuell". Die Pressenachrichten, auf die sich das Interview bezieht, waren im Zusammenhang mit dem Eintreffen des Generals Prchala in Polen, das dort bereits aus der Presse bekannt sein dürfte, entstanden. General Prchala hat nach seinem Eintreffen in Warschau polnischen Pressevertretern gegenüber Erklärungen abgegeben, die in der Anlage in deutscher Übersetzung beigefügt sind.[260] General Prchala hat sich darin u.a. mit der Karpatho-Ukraine, den Verhältnissen im Protektorat und den Umständen seiner Ausreise befaßt und weiter erklärt, er beabsichtige in Polen zu bleiben, falls dies möglich sein sollte und wolle hier an die Organisierung einer tschechischen

---

[259] Wie die Tschechen den Kampf um ihre Selbständigkeit organisieren. Übersetzt aus: Goniec Warszawski v. 4.6.1939. Anlage hier nicht abgedruckt.
[260] Hier nicht abgedruckt.

Legion herangehen. Er persönlich halte eine solche Arbeit nicht nur für möglich, sondern auch für sehr notwendig.[261]

Es ist bisher nicht ganz durchsichtig, ob die mehr oder weniger „aktuellen" Pläne General Prchalas und seiner Gesinnungsgenossen die Aufstellung einer tschechischen Legion innerhalb Polens oder die Errichtung eines Rekrutierungsbüros für Armeen im dritten Ausland, insbesondere in Frankreich, zum Ziele haben. In diesem Zusammenhange ist eine Meldung des Konsulats Krakau von Interesse, der zufolge sich am 22. v.Mts. eine Gruppe von 120 Tschechen, nach Abhaltung einer feierlichen Messe in Anwesenheit des früheren Konsuls Znojemský, von Krakau nach Frankreich begeben habe, um mit anderen Landsleuten einer tschechischen Legion bei der französischen Armee beizutreten.

Der Plan der Bildung einer tschechischen Legion in Polen ist kürzlich auch in der englischen Presse erörtert worden. Dem gegenüber hat es die polnische Regierung offenbar für erforderlich gehalten, sich von einem solchen Plane und der Person des Generals Prchala zu distanzieren.[262] In diesem Sinne wird eine Auslassung der Gazeta Polska vom 2. Juni d.Js. zu verstehen sein, in der es heißt, der „Diktator" der Karpatho-Ukraine zur Zeit ihrer „kurzfristigen" Unabhängigkeit sei, wie einige Zeitungen berichteten, kürzlich in Warschau eingetroffen. Er sei von Böhmen nach Polen gekommen und halte sich in Warschau auf der Grundlage des Asylrechts auf. Der ehemalige tschechische General sei eine reine Privatperson; er habe mit keiner offiziellen polnischen Persönlichkeit Fühlung genommen.

Läßt diese Verlautbarung fürs erste auf eine gewisse Zurückhaltung der amtlichen Stellen gegenüber allzu hoch fliegenden Plänen der tschechischen Emigration schließen, so spricht andererseits manches dafür, daß man auf polnischer Seite den Bestrebungen dieser Kreise durchaus positiv gegenübersteht und aus ihnen politisches Kapital zum Nachteil des Reiches zu schlagen hofft. Es ist insbesondere kennzeichnend, daß die polnische Presse in den

---

261 In dem Interview berichtete Prchala offen von der Verschiebung tschechischer Arbeitskräfte und Waren in das Deutsche Reich. Er nannte den Staatspräsidenten Hácha einen „wertlosen Menschen" und die Mitglieder der Protektoratsregierung „Verräter"; vgl. Ich habe mein Vaterland verlassen, weil sich alles in mir empörte, sagt General Prchala. Übersetzt aus: Express Poranny v. 30.5.1939. Fast ebenso ist der Tenor in einem in der deutschen Übersetzung Liquidierung der tschechischen Armee betitelten Interview mit dem Ilustrowany Kurier Codzienny v. 31.5.1939.

262 Dieses offizielle Dementi erfolgte wohl, nachdem Prchala in der polnischen Presse angekündigt hatte, eine tschechische Legion in Polen aufbauen zu wollen, vgl. General Prchala will eine tschechische Legion aufbauen. Übersetzt aus: Ilustrowany Kurier Codzienny v. 1.6.1939. Von der polnischen Regierung erhielt General Prchala Anfang August 1939 die Genehmigung zur Aufstellung einer tschechoslowakischen militärischen Einheit. Osuský und General Ingr boten dagegen erst Ende August 1939 der französischen Regierung die Aufstellung einer Armee aus tschechoslowakischen Staatsbürgern an, die aber der provisorischen tschechoslowakischen Regierung unterstellt werden sollte.

letzten Wochen, offenbar unter amtlicher Regie, fortlaufend ungünstige Meldungen über die Lage im Protektorat bringt, welche die antideutsche Stimmung der Bevölkerung, Sabotageakte der Arbeiterschaft und ähnliche Themen behandeln. Darüberhinaus scheint man neuerdings das Protektoratsgebiet seinerseits mit polnischer Propaganda versorgen zu wollen. So hat der Kattowitzer Sender vor einigen Tagen erstmalig Nachrichten in tschechischer Sprache gebracht. Über diese Sendungen bleibt nach dem Abschluß der erforderlichen Ermittlungen weiterer Bericht vorbehalten.

Die Konsulate in Polen erhalten Durchdruck dieses Berichts ohne seine Anlagen.

MOLTKE

157

PA/AA, Dienststelle Ribbentrop, R 27092
PA/AA, Dienststelle Ribbentrop, R 27093

Bericht ohne Unterschrift

Vertraulich

Reichstagsabgeordneter Ernst Kundt hat am Mittwoch in Stuttgart einigen ihm befreundeten Vertretern der Partei-Presse vertraulich folgendes Bild über die Lage im Protektorats-Gebiet gegeben:

Die Haltung der Tschechen habe sich in den letzten Wochen und Tagen derartig versteift, daß man praktisch vor einer geschlossenen Front des Tschechentums stehe. Der Versuch, mit der Protektoratslösung zu einer Klärung des Verhältnisses mit den Tschechen zu kommen, sei seiner Meinung vollkommen gescheitert. Es gebe überhaupt keinen loyalen Tschechen mehr, selbst die Mitglieder der tschechischen Regierung übten wie alle Tschechen des politischen und wirtschaftlichen Lebens Obstruktion. Die Lage sei so, daß er, Kundt, nur sagen könne, man stehe am Vorabend einer tschechischen Revolution gegen die deutsche Herrschaft. Uniformierte Deutsche könnten nur noch bis Dunkelheit in größeren Gruppen sich auf die Straße wagen. In zahlreichen Gegenden hielten die deutschen Eltern bereits ihre Kinder wie damals während der September-Krise im Interesse ihrer Sicherheit vom Besuch der Schule zurück. Einwandfrei sei statistisch registriert, daß in den letzten Wochen 40.-50.000 tschechische Militärpersonen über die grüne Grenze nach Polen gegangen seien. Private Schätzungen geben sogar 80.-90.000 an. Diese Desertion wird von tschechischen Staatsorganen, vor allem dem Zolldienst, planmäßig unterstützt. Schlimm sehe es in den Škoda-Werken aus, wo nach Ansicht von Kundt Sabotage im großen Umfange getrieben würde, was darauf zurückzuführen sei, daß alle leitenden Beamten der Škoda-Werke nach wie vor Tschechen seien.

Der Vertrauensmann der Dienststelle bei der Gauleitung Nieder-Donau, Pg. Triska, gab bei seinem Aufenthalt in Berlin über die Lage im Protektorat Böhmen-Mähren folgende Darstellung:

Durch die großen Kompetenzschwierigkeiten der einzelnen staatlichen und Partei-Dienststellen im Raum des Protektorats Böhmen und Mähren ergeben sich bedeutende Schwierigkeiten, die die politisch geeinte tschechische Nation sehr gut auszunutzen versteht. Es kann im Überblick gesagt werden, daß das Tschechentum gegenüber dem Deutschtum mehr denn je im Vordringen ist, daß insbesondere ein abgekartetes Zusammenspiel der Juden mit den Tschechen stattfindet; so arisiert man von jüdischer Seite, indem man Gesellschaften gründet, die tschechische Mehrheiten aufweisen.

Es besteht keine einheitliche Führung in der Politik gegenüber den Tschechen von seiten des Reiches insofern, als vier Gauleiter[263] für die Parteiangelegenheiten und damit für die Führung des deutschen Volkes im Gebiet des Protektorats zuständig sind, wogegen der Reichsprotektor als Vertreter der staatlichen Verwaltung mit der Menschenführung der deutschen Reichsbürger nichts zu tun hat. Es ist daher grundsätzlich eine Lücke festzustellen, die durch einen Referenten der Tschechen-Frage sowohl auf dem staatlichen wie auf dem Parteibereich auszufüllen wäre.

Besondere Schwierigkeiten erheben sich heute aus der verschiedenen Auffassung der Dinge von seiten des Reichsprotektors einerseits und seines Staatssekretärs K.H. Frank sowie der Reichenberger Bestrebungen und der Bestrebungen der alten Parteigenossen der NSDAP andererseits.

Von der Gauleitung Nieder-Donau wird es als ein großer Fehler angesehen, den Versuch zu unternehmen, die Tschechen einheitlich nach deutschem Muster zu organisieren, so insbesondere der Versuch der tschechischen Einheitspartei, die unter freimaurerischem und kommunistischem Einfluß steht.

Als besonders schädlich würde es erachtet, eine Art tschechischer DAF zu gründen.

Berlin, am 8. Juni 1939

L.

---

263 August Eigruber (Oberdonau), Konrad Henlein (Sudetenland), Hugo Jury (Niederdonau) und Fritz Wächtler (Bayerische Ostmark).

158

PA/AA, Handelspolitische Abteilung, R 106218

Aufzeichnung ohne Unterschrift

[Anfang Juni 1939]

<u>Voraussetzungen der wirtschaftlichen Entwicklung des Protektorats.</u>

Als der Führer und Reichskanzler mit Erlaß vom 16. März 1939 das Protektorat des Deutschen Reiches auf dem Gebiete Böhmens und des Mährisch-Schlesischen Landes errichtete, erklärte er feierlich, daß dies mit dem ernsten Wunsche geschehe, den wahren Interessen der diesen Lebensraum bewohnenden Völker und dem sozialen Wohl aller zu dienen. Auch der Herr Reichsprotektor hat in seiner programmatischen Antrittserklärung betont, daß er den tiefsten Sinn seiner Sendung in der Förderung des kulturellen und wirtschaftlichen Aufblühens der ihm anvertrauten Gebiete erblickt.

Um dieses erhabene und durch die erfolgten Erklärungen verbindlich gewordene Ziel in weitestem Maße verwirklichen zu können, erscheint es geboten, daß die wirtschaftliche Verwaltung des Protektorats den jeweils geeigneten Weg einschlage unter gewissenhaftester Berücksichtigung alles dessen, was diesem Zweck dienlich sein könnte. Es ist unerläßlich notwendig, auf die grundlegenden wirtschaftlichen und sozialen Bedingungen ängstlich bedacht zu sein, die Jahrhunderte lang die wirtschaftliche Entwicklung dieser Gebiete im Laufe ihrer Geschichte geformt haben, unter den natürlichen Einflüssen, welche, einerseits geophysisch, andererseits durch die soziale Struktur seiner Bevölkerung gegeben erscheinen.

Die Lebenshaltung der Bevölkerung war und ist ziemlich hoch (Tabelle A).

Bei der verhältnismäßigen Beschränktheit des natürlichen Rohstoffreichtums, ist es nur durch zielbewußte Entwicklung und Förderung der natürlichen günstigen Bedingungen der Ausfuhr möglich gewesen, dieses Lebensniveau, das die Einfuhr zahlreicher in dem Gebiete weder vorkommender noch erzeugter Güter erfordert hat, aufrechtzuerhalten, denn nur auf diese Weise konnten die erforderlichen Zahlungsmittel zur Bestreitung der verhältnismäßig hohen Einfuhr für den inneren Verbrauch und die Produktion beschafft werden.

Das Gebiet des Protektorats ist immer in Europa eines der wichtigsten Exportgebiete gewesen und der Wohlstand seiner Bevölkerung blieb immer mit dessen Ausfuhrmöglichkeiten eng verbunden. Alle Konjunkturzyklen, an welchen das Protektoratsgebiet bisher beteiligt gewesen ist, sind in der Aufschwungsperiode immer von einer Ausfuhrbelebung gestützt worden. Im Vergleich mit den Verhältnissen des Deutschen Reiches entfiel z.B. im Jahre 1937 in der gewesenen Tschechoslowakei ein dreifacher Anteil des gesamten Nationalproduktes auf die Ausfuhr (Tabelle B). Diese Tatsache ist umso bedeutsamer, als die Bevölkerungsdichte im Großdeutschen Reich nunmehr etwa 135 Menschen auf 1 km^2, im Protektorat wenigstens 140 auf 1 km^2 beträgt.

Diese lebensnotwendige Abhängigkeit des Protektoratsgebietes vom Export führte zwangsläufig zur Notwendigkeit, die Erzeugung und den Absatz technisch vom Gesichtspunkt der Qualität, Spezialisierung und einer durchdachten Organisation auszubauen, um auf den Auslandsmärkten einer jeden Konkurrenz standhalten zu können; auf dem Gebiet der Arbeitstechnik führte sie im Laufe der Jahrhunderte zu einer fachlichen Schulung, die die Arbeiterschaft zu anerkannten Fachleuten ausbildete; hinsichtlich der Preisgestaltung machte sie das ängstliche Bestreben erforderlich, den Anschluß an das Weltpreisniveau nicht zu verlieren und schließlich vom Standpunkt der handelspolitischen Methode mußte sie den Grundsatz des freien internationalen Warenaustausches fördern.

Und somit besteht eine der Hauptaufgaben des Protektoratsgebietes darin, sich mit eigenen Kräften auch künftighin durch Warenaustausch auf den Weltmärkten soviel Devisen erwirtschaften zu können, als es zur Anschaffung der für die Erhaltung seines Lebensstandards erforderlichen Einfuhr bedarf. Aus dem Erfordernis dieser devisenmäßigen Selbstversorgung ergibt sich allerdings für die innere Wirtschaft die Notwendigkeit, durch alle erreichbaren Methoden und um jeden Preis die heutige Preis- und Lohnbasis der Wirtschaftszahlen im Protektorat aufrecht zu erhalten, nachdem jeder direkte oder indirekte Eingriff, welcher deren Aufstieg zur Folge hätte, automatisch die Exportfähigkeit und folglich auch die Importfähigkeiten schmälern würde, Arbeitslosigkeit in den Exportunternehmen, einen Rückgang der Lebenshaltung der Bewohnerschaft des Protektorats und soziale Unruhe und Unzufriedenheit zur Folge hätte. Gleichzeitig sei auch auf die Vorteile hingewiesen, die sich für den Export aus dem Protektorat ergeben würden, wenn diese Ausfuhr mit einer entsprechenden Ursprungsmarke ausgestattet werden könnte.

Aus diesen Gründen ist es unerläßlich erforderlich, zwischen dem Protektoratsgebiet und dem übrigen Reichsgebiet die bisherige Zoll-, Finanz- und Devisengrenze bestehen zu lassen, da es sonst bei den Umrechnungsrelationen zwischen der Reichsmark und der Krone des Protektorats (1:10), die dem Verhältnis der inneren Kaufkraft beider Währungen, wie aus der Beilage C ersichtlich ist, nicht entspricht, zwangsläufig zu einer Angleichung durch plötzlichen Aufstieg aller Wirtschaftszahlen des Protektorats bis auf das Preisniveau im Reiche führen würde, wodurch die Ausfuhrmöglichkeiten des Protektorats im ganzen Umfange bedroht erscheinen müßten. Diese Zollgrenze ist auch imstande, das Weiterbestehen wertvoller Vorteile bei der Tätigkeit von Einkäufen des Reiches im Protektorat zu gewährleisten. Die gegenwärtige Psychose auf dem Einlagenmarkte geht aus der Befürchtung hervor, daß sich durch die Aufhebung der Zoll- und Devisengrenze ein heftiges Abströmen von Waren aus dem Protektorat ins Reich und ein ebenso jäher Anstieg des hiesigen Preisniveaus ergeben müßte. Auch aus diesem Grunde der notwendigen Bewahrung der Ruhe auf dem Einlagenmarkte ist die Beibehaltung dieser Grenze unerläßlich.

Weiterhin ist es erforderlich, daß Eingriffe in den Erzeugungsapparat, in die Technik des Tauschprozesses, besonders in dem internationalen Verkehr, ferner in die Konsumpolitik, auch künftig mittels <u>eigener Verfügungen der inländischen Organe des Protektorats</u> vollzogen werden, die die Struktur des Protektorats entwicklungsmäßig und von der personellen Seite her gut kennen und beherrschen und bei engster Rücksichtnahme auf die Eigenart der wirtschaftlichen Struktur des Protektorats selbst die nötigen Vorkehrungen treffen können. In dieser Richtung wären direkte Eingriffe reichsdeutscher Stellen in konkrete Angelegenheiten unter Umgehung der Protektoratsämter nicht zu empfehlen.

Mit Rücksicht auf den Exportcharakter des Protektorats ergibt sich daraus namentlich die Notwendigkeit, zu allen handelspolitischen und sonstigen Verhandlungen, die das Deutsche Reich künftig führen wird, falls dieselben auch die Wirtschaft im Protektorat betreffen, <u>einen Vertreter des Protektorats heranzuziehen, der seine Erfahrungen und die in der Eigenart der Wirtschaft des Protektoratsgebietes begründeten Sonderheiten</u>, zur Geltung bringen könnte. Hier muß hervorgehoben werden, daß bei Verhandlungen über Zahlungsabkommen vor allem das Bestreben unterstützt werden müßte, für das Protektorat überall dort den freien Devisenverkehr zu erhalten, wo es bisher geherrscht hat.

Das Wirtschaftsleben des Protektorats beruhte auf einem gesund gegliederten und gesund fundierten Geldwesen, auf einem konsolidierten Geldmarkt, auf einer günstigen Sparkapitalbildung in weiten Kreisen kleiner Sparer, gestützt vom Vertrauen des gesamten Geldwesens in die Währungsbeständigkeit. Dabei ist das Protektorat wirtschaftlich genügend stark, um bei <u>voller Steuerhoheit</u> aus eigenen Steuerquellen das öffentliche Finanzgleichgewicht zu behaupten, selbst wenn es vorübergehend infolge der notwendigen Beamtenrestriktion durch Pensionierung und anderweitig, außerordentlich belastet ist, da andererseits zugleich die Sorgen um die Bestreitung des Aufwandes für die Wehrmacht und die Auslandsvertretung entfallen. Hierzu wäre zu bemerken, daß soweit es sich um die Einziehung der Umsatzsteuer und der indirekten Steuern handelt, die den Großteil des gesamten Steuerertrages bilden, diese Steuereinhebung technisch nur unter der Voraussetzung möglich ist, daß die bisherige Zollgrenze beibehalten wird, was ein Grund mehr ist für die bereits oben genannten Anregungen. Ein besonderes Problem der öffentlichen Verwaltung des Protektorats bildet die Frage der Staatsschuld, die jedoch auf gerechte Weise in dem Sinne lösbar erscheint, daß die Finanzverwaltungen jener Staaten, unter die das Gebiet der gewesenen Tschechoslowakischen Republik aufgeteilt worden ist, den entsprechenden Teil der Staatsschuld übernehmen. Zur Herabminderung der Staatsschuld des Protektorats werden gewiss auch jene Beträge verwendet, die das Deutsche Reich für das übernommene Material, insbesondere das Kriegsmaterial, abrechnen und dem Protektorat bezahlen wird. <u>Die Frage der Staatsschuld, der Wiederaufnahme des Zins- und Amortisationsdienstes und der Erneuerung des Börsenmarktes</u>

von Staatspapieren im Protektorat ist deshalb ungemein wichtig, weil ungefähr 70% (Tabelle D) der Gesamtemission von Staatsschuldverschreibungen sich im Besitz von Geldanstalten befinden und deshalb von der Marktfähigkeit der Schuldverschreibungen die Liquidität der Geldanstalten und somit auch des Einlagenmarktes, abhängt, welche eine unerläßliche Bedingung der erspießlichen Entwicklung der Spartätigkeit im Protektorat darstellt. Und auf der ungestörten Sparkapitalbildung beruht letzten Endes die ganze bisherige wirtschaftliche Kraft des Protektorats.

Das Interesse an der Sparkapitalbildung erheischt auch größte Sorge für die Sicherheit der Einlagen. Diese darf sich nicht nur auf die Sicherung der Liquidität der angelegten Kapitalien erstrecken, sondern muß auch die dauernde Garantie der bisher bestandenen Anonymität der Einlagsbüchel bedenken, die der Einlegerpsychologie der Protektoratsbevölkerung Rechnung trägt und das erwünschte Maximum an Einlagenbildung am besten sicherstellt. Diese Sparkapitalien bilden zum größten Teil die Quelle des Kredites und die Grundlage des Kreditgebäudes des Protektorats; nach Ansicht der Vertreter des Geldwesens und auch sonstiger Wirtschaftskreise sowie der Währungs- und Finanzverwaltung müßte jeder Eingriff in die Anonymität der Spareinlagen nur Schaden verursachen und eine Bedrohung des Finanzsystems bedeuten.

Aus dem grundsätzlichen Bedürfnis nach Erhaltung der Selbstversorgung in devisenwirtschaftlicher Beziehung, aus der Individualität des ganzen Wirtschaftskörpers des Protektorats und namentlich aus der für das Protektorat charakteristischen Problematik des Geld- und Kapitalmarktes ergibt sich die zwingende Notwendigkeit, die Autonomie der Notenbankverwaltung im Protektorat im Rahmen der Nationalbank für Böhmen und Mähren in Prag beizubehalten, was bereits oben betont wurde. Hierfür sprechen nicht nur örtliche, wirtschaftsgeschichtliche Gründe, sondern auch praktische Rücksichten, da die Dezentralisierung der Notenbankverwaltung organisch überall dort am Platze zu sein scheint, wo das Staatsgebiet einen so großen Umfang erlangt hat, daß die strenge Zentralisation der Notenbankverwaltung nur mit einer Schmälerung des Kontaktes zwischen Notenbank und örtlicher Wirtschaft zu erkaufen gewesen wäre, was der Wirtschaft des betreffenden Landes keine Vorteile hätte bringen können. Hierfür gibt es übrigens Beispiele in der Organisation anderer Notenbanken z.B. im Notenbankwesen der Vereinigten Staaten von Amerika, u.zw. in ihrem „Federal Reserve"-System. Das Deutsche Reich selbst hatte früher neben der Reichsbank vier Lokalnotenbanken und für seine Kolonien zwei Kolonialnotenbanken. Ähnliche Protektorats-Kolonial- und Dominien-Notenbanken hat z.B. gegenwärtig auch Frankreich und Großbritannien; auch Japan errichtet solche in den besetzten chinesischen Gebieten. Schon aus dieser kleinen internationalen Übersicht geht hervor, daß in ähnlichen Fällen auch anderswo der Weg der Dezentralisation der Notenbankverwaltung gewählt wurde.

Das äußerlich sichtbare Kennzeichen dieser Notenbankautonomie ist die Notwendigkeit der Belassung der Kronenwährung als lokale Protektoratswährung. Der Kronen-Zahlungsmittelumlauf entspricht nämlich dem System der Wirtschaftszahlen im Protektorat, und dieses System ist heute bei der Produktionskalkulation eingelebt und ebenso für die Erwägungen der Konsumentenkreise richtungsgebend. Die Kronenwährung als Währung mit einer ins kleinste gehenden Teilung der Kaufkraft, das kleinste Zahlungsmittel der Kronenwährung, der Heller, hat nur den zehnten Teil des Wertes des kleinsten Markzahlungsmittels, des Pfennigs, wirkt günstig auf den Preisbildungsprozeß. Die Ausschließlichkeit der Markwährung würde zur Abrundung nach oben, also zu einer technischen Verteuerung führen. Für die Beibehaltung der Kronenwährung sprechen in gleicher Weise auch psychologische Rücksichten, besonders Rücksichten auf den Geld- und Kapitalmarkt, die Sorge um den Schutz der Bildung von Sparkapitalien und die Rücksicht auf die Zahlungsgewohnheiten des breiten Publikums, dem die Markwährung sprachlich unverständlich wäre.

Bei der bisherigen Aufrechterhaltung der Devisengrenze zwischen dem Protektorat und dem Deutschen Reiche und bei Belassung des Clearingsystems für die gegenseitigen Zahlungen zwischen diesen beiden Reichsgebieten kann man dafür einstehen, daß sich der Einfluß des höheren reichsdeutschen Preisniveaus nicht plötzlich auf dem Protektoratsgebiet geltend machen wird und sich somit auf keine ungünstigen Rückwirkungen auf die Exportfähigkeit des Protektoratsgebietes ergeben werden, von denen schon eingangs die Rede war. Freilich wird es notwendig sein, im Protektorat das Devisenregime zu verschärfen und seine Technik im Rahmen der Devisenautonomie auszubauen, um hier auch unter den neuen Verhältnissen die Selbstversorgung in devisenwirtschaftlicher Hinsicht sicherzustellen. Das ist am ehesten unter Mitwirkung der Importeure und Exporteure des Protektorats zu erreichen, da dieser Weg den eingelebten Verhältnissen am besten entspricht und am sichersten zum Ziele führen wird.

Die weitere Wirksamkeit der Notenbankverwaltung des Protektorats ist auch deshalb unerläßlich, weil die Prager Nationalbank für die Besorgung der Zettelbankaufgaben im tschechischen Gebiet auch in sprachlicher Hinsicht entsprechend organisiert ist.

Vom Standpunkt der Regie betrachtet, war die Prager Notenbank eine von jenen Notenbanken in Europa, die sich der sparsamsten Leitung und der geringsten Verwaltungskosten rühmen konnte (Beilage E).

Für den nötigen Kontakt mit der Berliner Währungszentrale kann am besten durch Delegierung reichsdeutscher Berater, aus der Reichsbank und dem Reichswirtschaftsministerium, in die Prager Notenbank gesorgt werden. Zwecks Festigung dieses Kontaktes wäre es sehr zweckmäßig, auch einen bevollmächtigten Vertreter der Nationalbank für Böhmen und Mähren nach Berlin zu entsenden, wo er vielleicht am besten der dortigen Protektoratsgesandtschaft zugeteilt werden und als Verbindung der Prager Notenbank mit den Berliner Währungsstellen wirken könnte.

159

PA/AA, Handelspolitische Abteilung, R 106218

Anweisung des Staatssekretärs Weizsäcker an die Deutsche Botschaft in London

W I 1953   Berlin, den 13. Juni 1939
Luftpost!

In Bestätigung des Telefongesprächs vom 13. Juni 1939.

Nach dem Erlaß des Führers und Reichskanzlers vom 16. März 1939 bildet das Protektorat Böhmen und Mähren einen Bestandteil des Deutschen Reiches; die auswärtigen Angelegenheiten des Protektorats werden vom Deutschen Reich wahrgenommen.[264] Die Tschechoslowakei hatte schon vorher durch die Lostrennung der Slowakei als selbständiger Staat zu bestehen aufgehört.

Bei dieser Sach- und Rechtslage ist es nicht angängig, die Tschechoslowakei bei internationalen Konferenzen oder Abmachungen als noch bestehend zu behandeln. Ich bitte daher, dem deutschen Vertreter im Exekutiv-Komitee des Internationalen Zuckerrates[265] auf seine an das Reichsministerium für Ernährung und Landwirtschaft gerichtete Anfrage mitzuteilen, daß er bei dem Präsidenten der Konferenz unverzüglich Einspruch erheben soll, falls bei den Beratungen die Tschecho-Slowakei als noch bestehendes Staatsgebilde auch nur erwähnt wird. Eine Zustimmung zu Abmachungen oder auch nur die Annahme von Schriftstücken, die dem widersprechen, kommen nicht in Betracht. Auch das von einem Vertreter der englischen Regierung inoffiziell vorgeschlagene Verfahren stillschweigender Duldung kann nicht angenommen werden.

Was die Quotenverteilung anlangt, so kommt selbstverständlich auch die weitere Zuteilung einer Quote an die „Tschecho-Slowakei" nicht mehr in Betracht. Entweder muß lediglich Deutschland eine Quote zugewiesen werden, die auch die Quote des Protektorats umfaßt, oder es werden 2 Quoten festgesetzt, eine für Deutschland und eine für das Protektorat.

Demgegenüber hätte die Slowakei als selbständiger Staat Anspruch auf eine eigene Quote. Um zu erfahren, welche Stellung die slowakische Regierung zu dieser Frage einnimmt, wird sich das Auswärtige Amt unverzüglich mit der slowakischen Regierung in Verbindung setzen. Es muß aber der Slowakei

---

[264] Siehe Dokument Nr. 1.
[265] Deutschland gehörte der Brüsseler Zuckerkonvention seit 1902 an. Diese war ein Rohstoffabkommen, das zur Stabilisierung des Marktes abgeschlossen worden war.

überlassen bleiben zu entscheiden, in welcher Weise sie gegenüber dem Internationalen Zuckerrat ihre Interessen wahrnehmen will.

Die Ausübung der 3 Stimmen der früheren Tschecho-Slowakei im Council wird vom deutschen Vertreter zu beanspruchen sein, solange eine Neuregelung unter Berücksichtigung der Slowakei nicht vorgenommen ist.

I.V.

V. WEIZSÄCKER

160

PA/AA, Büro des Staatssekretärs, R 29773
PA/AA, Büro des Unterstaatssekretärs, R 29904

Aufzeichnung des Leiters der Rechtsabteilung Gaus

Am 9. Mai 1939 ist an die Berliner Missionen derjenigen Länder, die ihre diplomatischen Missionen in Prag bis dahin weder aufgehoben noch in Konsulate umgewandelt hatten, die hier als Anlage 1 beigefügte Zirkularnote gerichtet worden. Darin wurde mitgeteilt:

1.) daß den diplomatischen Vertretern in Prag die Rechte der Exterritorialität nur bis zum 25. Mai d.J. gewährt werden könnten;

2.) daß die Leiter der in Prag zu errichtenden oder dort bereits bestehenden fremden Konsularämter das Exequatur der Reichsregierung benötigen und ihre konsularischen Funktionen einstellen müßten, wenn dieses Exequatur nicht binnen sechs Wochen beantragt worden sei.

Diese Zirkularnote haben u.a. auch die Britische, Französische und Amerikanische Botschaft in Berlin erhalten. Diese haben darauf in folgender Weise reagiert:

1.) Die Französische Botschaft hat in einer Note vom 23. Mai (Anlage 2) ausdrücklich daran erinnert, daß die französische Regierung Mitte März durch ein Aide-Mémoire die Nichtanerkennung des in der Tschechoslowakei geschaffenen neuen Zustands ausgesprochen habe, und hat „unter diesem Vorbehalt" von dem Inhalt der deutschen Zirkularnote Kenntnis genommen. In der französischen Note wurde dann ferner gesagt, daß die französische Regierung sich zur Abberufung ihrer diplomatischen Vertreter aus Prag entschlossen habe, und daß sie sich wegen der Erteilung des Exequaturs an einen Französischen Konsul in Prag eine weitere Mitteilung vorbehalte. Diese weitere Mitteilung ist in der gestern eingegangenen Verbalnote vom 17. Juni (Anlage 3) enthalten, worin die Französische Botschaft unter ausdrücklicher Bezugnahme auf das Aide-Mémoire vom März und auf die Note vom 23. Mai das Exequatur für Herrn Lamarle erbittet.

2.) Die Amerikanische Botschaft hat am 26. Mai eine Note überreichen lassen, in der die Bestellung des Generalkonsuls in Prag und ein späteres Ersuchen um Erteilung des Exequaturs angekündigt wurde (Anlage 4). In der Note ist keinerlei Bezugnahme auf den früheren amerikanischen Protest gegen die Errichtung des Protektorats enthalten.[266] Dagegen hat der amerikanische Geschäftsträger bei der Übergabe der Note mündlich dem Chef des Protokolls erklärt, daß mit dieser Note keine Anerkennung des Reichsprotektorats seitens seiner Regierung beabsichtigt sei; es handele sich um eine rein technische Maßnahme, die in einem ähnlichen Stadium seitens Amerikas auch gegenüber Italien angewendet worden sei. Die in der amerikanischen Note angekündigte Note, in der das Exequatur endgültig erbeten werden sollte, ist bisher nicht eingegangen.

3.) Die Britische Botschaft hat kurz hintereinander die als <u>Anlage 5 und 6</u> beigefügten beiden Noten vom 15. und 16. Juni geschickt. Die letztere Note ist erst heute im Auswärtigen Amt eingegangen. In keiner der beiden Noten ist eine Bezugnahme auf die frühere englische Protestaktion enthalten. Dagegen hat nach dem als <u>Anlage 7</u> beigefügten Telegramm aus London der Unterstaatssekretär Butler in der gestrigen Unterhaussitzung auf Anfrage erklärt, daß das britische Ersuchen um Erteilung des Exequaturs an einen Britischen Konsul in Prag nach Ansicht der britischen Regierung keine Änderung ihres bisherigen Standpunkts bedeute. Die britische Regierung habe den Standpunkt eingenommen, daß sie die deutsche Aktion als jeder Rechtsbasis entbehrend ansehe.[267]

Frankreich, Amerika und England nehmen also, zwar in verschiedener Form, aber der Sache nach übereinstimmend, die Haltung ein, daß sie ein regelrechtes Exequatur für ihre Konsuln in Prag erbitten, daß sie gleichzeitig aber ausdrücklich erklären, ihre Auffassung hinsichtlich der Nichtanerkennung des Protektorats aufrechterhalten zu wollen.

Dazu ist folgendes zu bemerken:

Die Erteilung des Exequaturs an einen fremden Konsul für ein bestimmtes Gebiet ist ein formaler Akt der Souveränität über dieses Gebiet. Wenn eine Regierung an eine andere Regierung das Ersuchen richtet, ein solches Exequatur zu erteilen, so erkennt sie damit an, daß dieser anderen Regierung die Ausübung der Souveränität über das in Frage kommende Gebiet zusteht. Es ist ein eklatanter Widerspruch in sich, eine Regierung um einen Akt der Ausübung ihrer Souveränität zu bitten, gleichzeitig aber dieser Regierung das Recht zur Ausübung dieser Souveränität zu bestreiten. Da das französische Ersuchen und infolge der gestrigen Erklärung Butlers auch das englische Ersuchen mit diesem Widerspruch behaftet ist, kann ihm die deutsche Regierung nicht entsprechen.

---

266 Siehe die Erläuterungen in Dokument Nr. 37 und Nr. 61.
267 Unterstaatssekretär Butler hatte am 19.6.1939 in der Unterhausdebatte ausgeführt, dass ein Ersuchen um Erteilung eines Exequaturs für den Generalkonsul in Prag de facto die Anerkennung des Protektorats bedeute, doch bleibe die britische Regierung trotzdem bei ihrer ablehnenden Haltung gegenüber den politischen Ereignissen in Böhmen und Mähren; vgl. Parliamentary Debates. House of Commons. Volume 348, Column 1786.

Es wird sich empfehlen, das bereits vorliegende britische und französische Ersuchen in diesem Sinne durch eine Verbalnote zu beantworten. Die gleiche Antwort wird, wenn das angekündigte amerikanische Ersuchen eingeht, auch auf dieses zu erteilen sein, sofern die Fassung des amerikanischen Ersuchens oder dabei abgegebene mündliche Erklärungen nicht etwa eine Rückgängigmachung der vom amerikanischen Geschäftsträger bei Überreichung seiner Note vom 26. Mai übergebenen mündlichen Erklärungen enthalten sollten.

Hiermit über St.S. sofort dem Herrn Reichsaußenminister vorzulegen.

Berlin, den 20. Juni 1939

GAUS

161

PA/AA, Büro des Staatssekretärs, R 29773

Aufzeichnung des Staatssekretärs Weizsäcker

St.S. Nr. 502   Berlin, den 20. Juni 1939

Der Nuntius[268] brachte heute bei mir folgendes vor:

Ähnlich wie bei sonstigen provisorischen Verschiebungen der Verwaltungsgrenzen von Diözesen sei beabsichtigt, die Verwaltung der *südlichen* sudetendeutschen Bezirke <u>provisorisch</u> von Budweis abzuzweigen und diese Bezirke den Diözesen Regensburg, Passau, Linz und St. Pölten zuzuweisen. Diese Regelung sei, abgesehen von den Grenzübertrittsfragen, im Protektorat dadurch begründet, daß geographisch die betreffenden Gebiete nach Süden orientiert seien. Ohne durch diese Mitteilung einen Präzedenzfall schaffen zu wollen, bat der Nuntius, von dieser Absicht Kenntnis zu nehmen. Die genauere Zuteilung der Pfarreien unter die oben genannten Bischöfe würde demnächst den Verwaltungsbehörden mitgeteilt werden.

Ich habe die Mitteilungen des Nuntius entgegengenommen und bemerkt, daß Vorgänge ähnlicher Art mir zwar nicht geläufig seien, *ich* möchte jedoch annehmen, daß dieser geplanten Neuregelung keine Bedenken entgegenstünden.

WEIZSÄCKER

[268] Cesare Orsenigo.

162

PA/AA, Büro des Unterstaatssekretärs, R 29904

**Aufzeichnung des Referatsleiters Vatikan
in der Politischen Abteilung Haidlen**

Pol. III 2616

1) Änderungen der Diözesenzirkumskription sind im Bereich des Reichskonkordats an eine Verständigung mit der Reichsregierung gebunden. Ausgenommen hiervon sind kirchliche Grenzverletzungen, die lediglich im Interesse der örtlichen Seelsorge erfolgen (Art. 11 R.K.)[269].

2) Auf den sudetendeutschen Raum finden die Bestimmungen des R.K. keine Anwendung, jedoch dürfte auch hier der allgemeine Grundsatz gelten, daß Änderungen der Diözesengrenzen nur im Benehmen mit der Reichsregierung erfolgen können.

3) An und für sich bestehen – auch nach Ansicht des Reichskirchenministeriums[270] – keine Bedenken gegen den Vorschlag des Nuntius[271], die sudetendeutschen Teile der Diözese Budweis den anstoßenden reichsdeutschen Diözesen zuzuweisen. Dies gilt auch für die Diözesen Brünn und Königgrätz, bei denen die Verhältnisse gleichgelagert sind.

4) Das Kirchenministerium wünscht jedoch, daß der Nuntius sich über die Einzelheiten der Zuweisung vorher mit uns in Verbindung setzt, damit die zweckmäßigste Art der Zuweisung zu den einzelnen Diözesen durch Vereinbarung gefunden werden kann.

5) Das Kirchenministerium hat die Frage aufgeworfen, ob nicht etwa im Interesse der im Protektorat zu verfolgenden Deutschtumspolitik die Belassung

---

[269] Im Reichskonkordat (R.K.) vom 20.7.1933 (RGBl. 1933 II, 679-690) zwischen dem Vatikan und dem Deutschen Reich bestimmte Artikel 11: „Die gegenwärtige Diözesanorganisation und -zirkumskription der katholischen Kirche im Deutschen Reich bleibt bestehen. Eine in Zukunft etwa erforderlich erscheinende Neueinrichtung eines Bistums oder einer Kirchenprovinz oder sonstige Änderungen der Diözesanzirkumskription bleiben, soweit es sich um Neubildungen innerhalb der Grenzen eines deutschen Landes handelt, der Vereinbarung mit der zuständigen Landesregierung vorbehalten. Bei Neubildungen oder Änderungen, die über die Grenzen eines deutschen Landes hinausgreifen, erfolgt die Verständigung mit der Reichsregierung, der es überlassen bleibt, die Zustimmung der in Frage kommenden Länderregierungen herbeizuführen. Dasselbe gilt entsprechend für die Neuerrichtung oder Änderung von Kirchenprovinzen, falls mehrere deutsche Länder daran beteiligt sind. Auf kirchliche Grenzverlegungen, die lediglich im Interesse der örtlichen Seelsorge erfolgen, finden die vorstehenden Bedingungen keine Anwendung. Bei etwaigen Neugliederungen innerhalb des Deutschen Reiches wird sich die Reichsregierung zwecks Neuordnung der Diözesanorganisation und -zirkumskription mit dem Heiligen Stuhl in Verbindung setzen."

[270] Das 1935 gebildete Reichskirchenministerium unterstand Hanns Kerrl. Es hatte u. a. die Gleichschaltung der Evangelischen Kirche in Deutschland zur Aufgabe.

[271] Cesare Orsenigo.

der sudetendeutschen Diözesenteile bei den tschechischen Diözesen erwünscht sei.

Hiermit über Hn. st. Dg. Pol., Hn. U.St.S., Hn. St.S. vorzulegen.

Berlin, den 23. Juni 1939

HAIDLEN

163

PA/AA, Büro des Staatssekretärs, R 29773
PA/AA, Büro des Unterstaatssekretärs, R 29904

Aufzeichnung ohne Unterschrift

[ohne Datum, wahrscheinlich Mitte, Ende Juni 1939]

Die nachstehend genannten Staaten hatten bis zur Errichtung des Protektorats diplomatische Missionen in Prag unterhalten:

Ägypten

Eine Mitteilung über die Umwandlung der Gesandtschaft in ein Konsulat ist bisher nicht erfolgt.

Die Vereinigten Staaten von Amerika

haben ihre Gesandtschaft in Prag aufgehoben und durch ein Generalkonsulat ersetzt (zu Prot.A 3348 VIII 12). Mit der vorläufigen Leitung des Generalkonsulats wurde Herr Kennan betraut. Mit Note vom 26. Mai d.J. hat die Amerikanische Botschaft mitgeteilt, daß sie die Bestallungsurkunde für den zum Generalkonsul in Prag ernannten Generalkonsul J.N. Linnell vorlegen werde. Dies ist bisher noch nicht geschehen (Prot.A 6989 VIII 12).

Argentinien

Die Argentinische Botschaft in Berlin hat dem Auswärtigen Amt mit Note vom 9.6.1939 – Nr. 71 – mitgeteilt, daß der Argentinische Generalkonsul in Antwerpen, Carlos T. Brunel, als Argentinischer Konsul nach Prag versetzt worden ist (Prot.A 7366 II 16 Rossani). Die üblichen Ermittlungen wurden eingeleitet.

Belgien

Die Belgische Gesandtschaft in Prag ist laut Bericht des Reichsprotektors vom 14.4.1939 in ein Generalkonsulat umgewandelt worden. Der bisherige Legationsrat Halot wurde mit der Leitung des Generalkonsulats beauftragt. Ein Exequatur wurde bisher nicht eingeholt (Prot.A 4418 VIII 20).

Bolivien

Die Bolivianische Gesandtschaft in Berlin hat dem Auswärtigen Amt lediglich mit Note vom 19.5.1939 – Nr. 154 – mitgeteilt, daß sie ihre Regierung von der Aufhebung der Exterritorialitätsrechte für die Mitglieder der ehemaligen diplomatischen Missionen in Prag und von der Notwendigkeit der Einholung des Exequaturs für einen neuen Konsul bis zum 20. Juni d.J. benachrichtigt hat (Prot.A 6695 VIII 22).

Brasilien
Brasilien hat mit Noten vom 30. und 31.5.1939 – Nr. 75 und Nr. 76 – Herrn Theodoro Cabral zum Brasilianischen Vizekonsul in Prag ernannt und für ihn das Exequatur beantragt. Vor Erteilung des Exequaturs wurden über Cabral Ermittlungen eingeleitet, die noch nicht abgeschlossen sind (Prot.A 7203 VIII 28).

Bulgarien
Die bulgarische Regierung hat ihre Gesandtschaft in Prag am 1. Juni d.J. aufgelöst und am gleichen Tage ein Konsulat eröffnet. Sie hat um vorübergehende Anerkennung des Konsuls für den bisherigen Geschäftsträger in Prag Christo Minkoff gebeten. Das Auswärtige Amt hat Ermittlungen über Minkoff eingeleitet und die vorläufige Anerkennung und Zulassung veranlaßt (zu Prot.A 7101 VIII 32). Das Exequatur ist bislang noch nicht beantragt worden.

Chile
Die Chilenische Gesandtschaft hat mitgeteilt, daß Herr Gonzalo Montt Rivas zum Chilenischen Konsul in Prag ernannt worden ist und hat um seine vorläufige Anerkennung und Zulassung gebeten. Die baldige Vorlegung der Bestallungsurkunde ist angekündigt worden. Über Montt Rivas wurden die üblichen Ermittlungen eingeleitet (Prot. 7465 II 36 Montt).

China
Über die Errichtung eines Chinesischen Konsulats in Prag liegen noch keine Mitteilungen vor.

Columbien
Bei Pol.IV[272] liegt eine Mitteilung der Botschaft Santiago vor, daß Columbien der chilenischen Regierung bekanntgegeben habe, daß sie das Protektorat nicht anerkenne. – Eine direkte Mitteilung fehlt.

Cuba
Keine Mitteilung.

Dänemark
Die Dänische Gesandtschaft hat am 3. Juni d.J. gebeten, daß dem Dänischen Generalkonsul in Prag Eigil Leth (war früher dort Gesandter) seitens der Reichsregierung vorläufig die Anerkennung erteilt werde. Diesem Wunsche ist entsprochen worden (zu Prot.A 6361 VIII 52). Ein Exequatur ist noch nicht beantragt.

Estland
Die estnische Regierung beabsichtigt die Errichtung eines Konsulats in Prag. Weitere Mitteilung steht noch aus (Prot.A 3345 VIII 68).

---

[272] Im Auswärtigen Amt beschäftigte sich Referat Pol. IV mit den Ländern Albanien, Bulgarien, Griechenland, Italien (Äthiopien, Libyen), Jugoslawien, Rumänien, Slowakei und Ungarn. Vor dem deutschen Einmarsch gehörte auch die Tschechoslowakei zum Aufgabengebiet dieses Referates.

Finnland

Die finnische Regierung hat zum Wahl-Generalkonsul in Prag Herrn Prokop Sedlák und zum Wahlkonsul in Brünn Herrn Konrad Vichr ernannt
und die Erteilung des Exequaturs für die beiden erbeten. Vor Erteilung des
Exequaturs wurden Ermittlungen über die beiden Kandidaten insbesondere
hinsichtlich ihrer rassischen Abstammung und ihrer politischen Einstellung
eingeleitet (Prot.A 7614, Prot.A 7615 VIII 72).

Frankreich

Die Französische Botschaft hat mit der Note vom 17. Juni d.J. das Exequatur für den zum Französischen Generalkonsul in Prag ernannten Botschafts-
sekretär I. Klasse Albert Lamarle beantragt. (Die Französische Botschaft hatte mit Note vom 23. Mai d.J. auf ihr Aide-Mémoire hingewiesen, das am
17. März d.J. dem Auswärtigen Amt überreicht wurde und in dem die Nichtanerkennung der Errichtung des Protektorats ausgesprochen worden war).
(Zu Prot.A 7689 II 76). Vor Erteilung des Exequaturs an Herrn Lamarle werden die üblichen Ermittlungen durchgeführt werden.

Griechenland

Der Griechische Gesandte hat am 25. Mai d.J. mitgeteilt, daß die bisherige
Gesandtschaft in Prag aufgelöst und die Umwandlung in ein Generalkonsulat
oder in ein Konsulat beabsichtigt sei, mit dessen Leitung man den bisherigen,
bei der Gesandtschaft tätig gewesenen Dr. Sourlas in Aussicht genommen
habe, für den man das Exequatur einholen werde. Eine weitere Mitteilung
steht noch aus (Prot.A 6932 VIII 80).

Großbritannien

Die Britische Botschaft hat mit Note vom 15. Juni d.J. davon Mitteilung
gemacht, daß Generalkonsul S.E. Kay zum Generalkonsul in Prag ernannt
worden ist und um seine vorläufige Anerkennung und Zulassung bis zur
Vorlegung der Bestallungsurkunde gebeten (Prot.A 7612 VIII 84).

Iran

Am 26. Mai d.J. hat der bisherige iranische Geschäftsträger in Prag dem
Vertreter des Auswärtigen Amts beim Reichsprotektor mitgeteilt, daß seine
Regierung beschlossen habe, die Gesandtschaft in ein Konsulat umzuwandeln.
Bis zur Ernennung des Konsuls würde der Gesandtschaftssekretär Hairi das
Konsulat leiten (zu Prot.A 6997 VIII 148).

Italien

Die Italienische Botschaft in Berlin hatte bereits am 31. März d.J. dem
Auswärtigen Amt bekanntgegeben, daß die Königlich italienische Regierung
Herrn Caruso zum Generalkonsul in Prag ernannt habe und daß die Bekanntgabe des Zeitpunktes seines Eintreffens in Prag, sowie die Vorlegung
der Bestallungsurkunde zu einem späteren Zeitpunkt erfolgen werde. Eine
weitere Mitteilung steht seither noch aus (Prot.A 3644 VIII 104).

Japan

Der zum Japanischen Generalkonsul in Prag ernannte Herr Kiuchi ist einem Wunsche der japanischen Regierung entsprechend vorläufig anerkannt

und zugelassen worden. Die Bestallungsurkunde wurde bisher noch nicht vorgelegt (zu Prot.A 5842 II 108).

Jugoslawien

Die Jugoslawische Gesandtschaft hat mit Note vom 7. Juni d.J. dem Auswärtigen Amt mitgeteilt, daß Legationsrat Sumenković zum Generalkonsul und Leiter des Jugoslawischen Generalkonsulats in Prag ernannt worden sei und daß die Bestallungsurkunde nach Eingehen dem Auswärtigen Amt unverzüglich überreicht werden würde. Die Vorlegung der Bestallungsurkunde steht noch aus (zu Prot.A 7320 II 180).

Lettland

Die Lettische Gesandtschaft hat mit Note vom 3. Mai d.J. die Absicht ihrer Regierung mitgeteilt, in Prag ein Lettisches Konsulat zu errichten, das durch einen Lettischen Wahlkonsul geleitet werden wird. Als Kandidat für dieses Amt ist der Industrielle Emiljan Svec namhaft gemacht worden. Die Lettische Gesandtschaft hat um Mitteilung gebeten, ob dieser die Anerkennung und Zustimmung der Reichsregierung finden würde. Vor Erteilung einer abschließenden Antwort wurden die üblichen Ermittlungen eingeleitet, deren Ergebnis noch abgewartet wird (Prot.A 5534 VIII 122).

Litauen

Nach Berichten des Vertreters des Auswärtigen Amts beim Reichsprotektor besteht die Absicht der litauischen Regierung, in Prag ein Wahlkonsulat zu errichten. Eine weitere ergänzende Mitteilung steht aus (Prot.A 7032 VIII 116).

Mexiko

Eine Mitteilung liegt nicht vor.

Niederlande

Die Gesandtschaft der Niederlande in Berlin hat lediglich mit Note vom 14. April d.J. (Prot.A 4354 VIII 132) mitgeteilt, daß die niederländische Regierung beabsichtige, das Niederländische Konsulat in Prag und das Konsulat in Brünn der Gesandtschaft in Berlin zu unterstellen. Gleichzeitig hatte die Niederländische Gesandtschaft angefragt, ob die Leiter der Konsulate in Prag und Brünn von der deutschen Regierung anerkannt und zugelassen werden müßten. Auf diese Frage habe das Auswärtige Amt erwidert, daß für die Konsuln im Protektorat Böhmen und Mähren unter Vorlegung ihrer Bestallungsurkunde das Exequatur der Reichsregierung eingeholt werden muß.

Norwegen

Die Norwegische Gesandtschaft hat mit Verbalnote vom 13. Juni unter Vorlegung der Bestallungsurkunde das Exequatur für den Wahl-Generalkonsul Dr. Ringhoffer und für den Wahlkonsul Dr. Hrebik in Prag, sowie für den Wahlkonsul Hauser in Brünn erbeten (Prot.A 7509, 7517, 7518 II 136).

Peru

Keine Mitteilung.

Polen

Die polnische Regierung hat bereits am 20. März d.J. die Gesandtschaft in Prag in ein Generalkonsulat umgewandelt und zum Generalkonsul den Legationsrat Hladki bestellt. Seither ist keine weitere Mitteilung eingegangen. Es wurde weder die vorläufige Anerkennung und Zulassung, noch die Erteilung des Exequaturs für den Leiter des Generalkonsulats in Prag erbeten.

Rumänien

Die Rumänische Gesandtschaft hat mit Verbalnote vom 24. Mai d.J. mitgeteilt, daß die rumänische Regierung anstelle ihrer diplomatischen Vertretung in Prag am 25. Mai ein Berufsgeneralkonsulat errichtet und mit der vorläufigen Leitung des Amtes den Gesandtschaftsrat Stanescu betraut habe. Die Gesandtschaft hatte hinzugefügt, sie werde um die Erteilung des Exequaturs bitten, sobald die Person des Amtsleiters bestimmt sein werde. Eine weitere Mitteilung steht noch aus (Prot.A 6882 VIII 164).

Schweden

Die Schwedische Gesandtschaft hat am 25. März d.J. mitgeteilt, daß der Schwedische Gesandte in Prag abberufen und der Gesandtschaftsattaché Brusewitz mit der Leitung des Schwedischen Konsulats in Prag betraut worden sei. Eine weitere Mitteilung ist bisher nicht eingegangen (Prot.A 3336 VIII 172).

Schweiz

Der Schweizerische Gesandte hatte am 15. April d.J. mitgeteilt, daß der Schweizerische Bundesrat am 14. April beschlossen habe, die Gesandtschaft in Prag aufzuheben und in eine konsularische Vertretung umzuwandeln. Tatsächlich wurde dort ein Generalkonsulat errichtet und der Kanzler der früheren Gesandtschaft Vizekonsul Robert Graeub mit der Leitung des Generalkonsulats provisorisch beauftragt.

Union der Sozialistischen Sowjet-Republiken

Die Botschaft der U.d.S.S.R. hat mit Note vom 25. Mai d.J. mitgeteilt, daß an Stelle der Gesandtschaft in Prag ein Generalkonsulat errichtet worden sei. Darauf ist der Sowjet-Botschaft mündlich eröffnet worden, daß der Errichtung eines Sowjet-Russischen Generalkonsulats in Prag die Zustimmung der Reichsregierung versagt werden müsse (Prot.A 6921 VIII 188).

Spanien

Die Spanische Botschaft hat bereits mit Schreiben vom 24. März d.J. mitgeteilt, daß die Spanische Gesandtschaft in Prag aufgehoben und in ein Konsulat umgewandelt worden sei. Mit der Leitung des Konsulats ist der II. Gesandtschaftssekretär Sanz y Tovar betraut worden. Seither ist keine weitere Mitteilung eingegangen (Prot.A 3533 VIII 192).

Türkei

Eine Mitteilung liegt nicht vor.

Ungarn

Der Ungarische Gesandte hatte bereits im Schreiben vom 19. März d.J. mitgeteilt, daß die ungarische Regierung ihren Gesandten in Prag zurückgerufen und die Gesandtschaft in Prag in ein Generalkonsulat umgewandelt habe. Dem von dem Ungarischen Reichsverweser zum Generalkonsul in Prag ernannten Dr. von Marosy wurde namens der Reichsregierung am 11. Mai 1939 das Exequatur erteilt (Prot.A 5691 II 204).

Uruguay

Über die Errichtung von Konsulaten im Protektorat liegt seitens der uruguayischen Regierung noch keine Mitteilung vor.

Venezuela

Slowakei

Dem von der slowakischen Regierung zum Generalkonsul in Prag ernannten Dr. Karol Josef Bujnák ist seitens des Reiches am 27. Mai 1939 das Exequatur erteilt worden (Prot.A 6799 II 178).

164

PA/AA, Büro des Staatssekretärs, R 29773

Schreiben des Reichsprotektors Neurath an Staatssekretär Weizsäcker

Berlin, den 6. Juli 1939
Persönlich!

Lieber Herr von Weizsäcker!

Anliegend übersende ich Ihnen zu Ihrer persönlichen und vertraulichen Kenntnisnahme einen Bericht über die Lage im Protektorat Böhmen und Mähren, den ich vor einigen Tagen an den Führer erstattet habe. Ich darf Sie bitten, mir den Bericht nach Kenntnisnahme wieder zurückzuschicken.[273]

Mit den besten Grüßen
Ihr
NEURATH

[Anlage: Gesichtspunkte über die Aufgabe des Reichsprotektors in Böhmen und Mähren]

Auswirkungen auf die große Politik

Mit der Übernahme des Protektorats in Böhmen und Mähren sieht sich Deutschland vor politische, kulturelle, wirtschaftliche und administrative Probleme gestellt, von deren Lösung nicht nur die endgültige Eingliederung des böhmisch-mährischen Raums in das Reich abhängt, sondern darüber hinaus die politische Neuordnung der gesamten Ländermasse zwischen Reval und Konstantinopel.

---

[273] Einen Tag später gab Weizsäcker diesen Bericht offiziell mit Dank zurück. Es scheint sich also bei der vorliegenden Anlage „Gesichtspunkte über die Aufgabe des Reichsprotektors in Böhmen und Mähren" um eine inoffiziell entstandene Abschrift zu handeln.

Seit dem Erstarken des Nationalgefühls auch der kleinen Völker in der ersten Hälfte des XIX. Jahrhunderts hat das ganze die Balkanhalbinsel, Polen und die baltischen Randstaaten umfassende Gebiet nebst seinem in den böhmischen Raum vorstoßenden tschechischen Vorposten nie eine befriedigende oder gar festgefügte politische Form gefunden, die es den darin lebenden Völkern ermöglichte, einen über Tagesforderungen und -schlagworte hinausgehenden Beitrag zur europäischen Gesittung zu leisten. Wenn etwas das mangelnde geistige Fundament des 1919 geschaffenen kleinstaatlichen Nationalismus aufgezeigt hat, so ist es der sang- und klanglose Untergang des Tschechoslowakischen Staates in den Märztagen dieses Jahres. Eine umfassende Neuordnung der erwähnten ost- und südosteuropäischen Gebiete ist also vonnöten. Diese Neuordnung muß, wenn sie von Dauer sein soll, das Wohlergehen der davon betroffenen Völker im Auge behalten und darf nicht ausschließlich unter dem Gesichtspunkt eines imperialistischen Machtzuwachses vorgenommen werden, eines Machtzuwachses, der sich im übrigen aus der Befriedung und Stabilität automatisch ergeben würde. Die Nation, der die Inangriffnahme dieser Aufgabe vom Schicksal vorbestimmt erscheint ist Deutschland.

Die Lösung der tschechischen Frage ist in diesem Zusammenhang lediglich ein Auftakt, aber ein Auftakt von symptomatischer Bedeutung. Sie kann daher nur im Hinblick auf die ungeheuren Perspektiven, die sie in sich birgt, in Angriff genommen und <u>aufs Großzügigste – oder gar nicht gelöst werden</u>.

So wenig das Problem räumlich eng zu begrenzen ist, so wenig verträgt es eine zeitliche Begrenzung. Werden wir aus Gründen, die in der krisenhaften Lage Europas zu suchen sind, dazu verführt, mit Monaten und Jahren zu rechnen, statt mit Jahrzehnten, so sind die Aussichten auf eine dauernde Lösung von vornherein gering.

Betrachtet man unter diesen Gesichtspunkten die Lage, in der das Protektorat sich heute befindet, so erheben sich eine Reihe von praktischen Fragen, die nachstehend kurz behandelt werden sollen.

<u>Allgemeine Richtlinien</u>
Alle Einzelgebiete, wie Verwaltung, Wirtschafts- und Kulturpolitik, haben sich den großen Gesichtspunkten, unter denen die Politik des Reichsprotektors in Angriff genommen wird, unterzuordnen. Damit diese Linie gewahrt werden kann, muß die deutsche Verwaltung nach <u>straff zentralistischen</u> Grundsätzen durchgeführt werden, die Einheitlichkeit ihrer Ausrichtung, die einzig und allein vom Reichsprotektor im Auftrag des Führers bestimmt wird, muß nötigenfalls mit <u>drakonischen Maßnahmen</u> auch im internen Dienstbetrieb durchgesetzt werden.

<u>Die 3 Hauptpunkte der politischen Linie</u>
In den drei Hauptpunkten liegt diese Linie heute bereits fest:
  1. Zerschlagung des tschechischen Willens nach Eigenstaatlichkeit.
  2. Erhaltung des tschechischen Volkstums.
  3. Eingliederung des böhmisch-mährischen Raums in das Großdeutsche Reich.

Diese drei Punkte sind vom Führer wiederholt herausgestellt worden und haben somit als Fundament alles politischen Wirkens im Protektorat zu gelten.

Zerschlagung des Willens nach Eigenstaatlichkeit
Das tschechische Streben nach Wiederherstellung der Eigenstaatlichkeit ist naturgemäß und wie die Geschichte lehrt, tief eingewurzelt. Ihm muß mit aller Strenge und Folgerichtigkeit entgegengetreten werden, sei es um noch vorhandenes eigenstaatliches Leben auszumerzen, sei es um sein Wiederaufleben in offener oder versteckter Form zu unterbinden. Wie immer wieder betont werden muß, ist gerade die Folgerichtigkeit des Vorgehens entscheidend. Ein Zickzack-Kurs, wie er vor dem Kriege in Elsaß-Lothringen üblich war, muß unter allen Umständen vermieden werden.

Daneben muß aber auch jeder der in der Protektoratsverwaltung ein Amt bekleidet, sich bewußt sein, daß er ein 80-Millionen-Volk von alter Kultur und zu einer Großmacht zusammengefaßt gegenüber einer zahlenmäßig geringen Volksgruppe ohne staatliches Eigenleben vertritt. Aus diesem Bewußtsein muß er die Würde seines Auftretens schöpfen und sich über jede Politik der Schikane und der Nadelstiche erhaben dünken, die obendrein nur geeignet wäre, den Widerstandswillen des tschechischen Volkes zu beleben.

Erhaltung des Volkstums
Der zielbewußten Zerschlagung des politischen Eigenlebens steht nach dem Geheiß des Führers die Erhaltung des Volkstums gegenüber. Es wird von vornherein darauf zu achten sein, daß an der loyalen, ja großzügigen Durchführung dieses Versprechens kein Zweifel bei den Tschechen aufkommen kann. Kulturelle Bestrebungen dieser Art sollten nicht nur nicht gehemmt, sondern gefördert werden, entsprechende Vereine, Institutionen und Forschungen deutscherseits unterstützt und möglichst unter die Schirmherrschaft des Reichsprotektors gestellt werden. Dem ganzen Gebiet der Volkstumspflege muß deutscherseits der Reiz des Verbotenen und damit der politische Einschlag genommen werden. Es besteht kein Zweifel, daß damit auf die Dauer dieser ganze Bezirk für die tschechischen Irredentisten an Interesse verlieren und allmählich auf das Niveau eines Vereins für Heimatkunde herabsinken würde. Eine interessante Analogie für dieses Vorgehen liefert die Behandlung des bayerischen Partikularismus durch Bismarck!

In diesem Kapitel fällt auch die Sprachenfrage. Je weniger man den Gebrauch der tschechischen Sprache grundsätzlich unterbindet, desto leichter gestaltet sich eine praktische Propaganda für den bevorzugten Gebrauch des Deutschen. Ein Beamter, der ein paar Worte Tschechisch kann und sie gelegentlich anwendet, wird das Minderwertigkeitsgefühl des tschechischen Volkes, aus dem sich leicht eine passive Resistenz entwickelt, die schwer zu bekämpfen ist, bannen. Aus dem Volkstumskampf der deutschen Minderheiten in Polen und Memel ist erwiesen, daß diejenigen polnischen oder litauischen Beamten unsere gefährlichsten Gegner waren, die sich der deutschen Sprache bedienten und deshalb „als nicht so schlimm" galten, auch wenn sie sachlich viel schärfer vorgingen.

Einsetzung einer Studienkommission

Um die Zerschlagung der Eigenstaatlichkeit von der Erhaltung des Volkstums abgrenzen zu können, empfiehlt es sich, unverzüglich eine besondere Studienkommission aus Staatsrechtlern, Historikern und Minderheitsspezialisten in Berlin zusammentreten zu lassen, die ein Gutachten über diesen Fragenkomplex ausarbeitet.

Wirtschaft und soziale Fürsorge

Die Struktur der deutschen Wirtschaftspolitik (Autarkiebestrebungen und Verrechnungsverkehr) einerseits, das Verhältnis des Protektorats zum Reich andererseits bedingen eine, wenn auch nicht sofortige, so doch allmähliche Gleichschaltung der tschechischen Wirtschaftspolitik mit der deutschen. Diese Gleichschaltung wird für die tschechische Wirtschaft gegenüber dem bisherigen Zustand eine Verschlechterung auf dem Gebiet der Devisen- und Rohstoffversorgung mit sich bringen. Damit hieraus nicht eine Verschlechterung auch auf politischem Gebiet entsteht, muß dafür gesorgt werden, daß das Protektorat gegenüber dem Reich in der Frage der Devisenzuteilung und Rohstoffversorgung nicht schlechter gestellt wird und die hiesigen Betriebe mit den gleichen Quoten berücksichtigt werden wie die entsprechenden reichsdeutschen. Es wird ferner erforderlich sein, in regelmäßigen kurzen Abständen Ressortbesprechungen über die wirtschaftliche Gleichschaltung zwischen je einem Vertreter der Berliner Zentralbehörden, der Protektoratsverwaltung und der tschechischen Ministerien abzuhalten.

Aber auch abgesehen von der Devisen- und Rohstoffzuteilung wird der Verlust des wirtschaftlichen Eigenlebens der Bevölkerung des Protektorats große Opfer zumuten. Es wird deshalb besonders darauf zu achten sein, daß für diese Opfer ein sozialer Ausgleich stattfindet, indem den breiten Massen die gleichen Vorteile geboten werden wie im Reich: Hebung ihres sozialen Bewußtseins, ähnliche Organisationen wie im Reich, d.h. tschechische Abarten der Arbeitsfront[274], KdF[275] und NSV[276]. Seitens des Reichsprotektors wird sowohl bei der jeweiligen Regierung darauf zu dringen, als auch in der Presse darauf hinzuweisen sein, daß entsprechende tschechische Organisationen geschaffen werden müssen. Hierbei wird sich die deutsche Mitwirkung ausnahmsweise nicht auf Rat und Kontrolle beschränken dürfen, sondern es werden hierzu auch laufende finanzielle Zuschüsse erforderlich sein. Eine propagandistische Auswertung dieses Vorgehens versteht sich von selbst.

---

[274] Seit ihrer Gründung im Jahre 1933 war die Deutsche Arbeitsfront (DAF) der Einheitsverband der Arbeitnehmer und Arbeitgeber mit 1938 etwa 23 Millionen Mitgliedern. Deutsche Arbeitsfront (DAF). In: *Benz*, Wolfgang/*Graml*, Hermann/*Weiß*, Hermann (Hg.): Enzyklopädie des Nationalsozialismus. München 1997, 418 f., hier 418.

[275] Kraft durch Freude (KdF) war ab 1933 eine politische Organisation mit dem Zweck, die Freizeit der Bevölkerung zu gestalten, zu überwachen und gleichzuschalten.

[276] Die Nationalsozialistische Wohlfahrt (NSV) übernahm seit der Gründung 1933 immer mehr staatliche Aufgaben wie beispielsweise die Kinder- und Jugendarbeit sowie Kinderlandverschickung; am bekanntesten sind jedoch ihre Untergliederungen „Hilfswerk Mutter und Kind" und „Winterhilfswerk".

In diesem Zusammenhang sei darauf hingewiesen, daß eine genaue Kontrolle des tschechischen Staatshaushalts erforderlich ist. Die Ersparnisse auf dem Gebiet des Heereswesens werden, soweit irgendmöglich, der sozialen Fürsorge zuzuführen sein. Etwaige deutsche Abänderungsvorschläge bezüglich der Etatgestaltung müssen den Gesichtspunkt der Propagandawirkung im Auge behalten.

<u>Entscheidende Bedeutung</u> kommt einer <u>großzügigen Stellenvermittlung</u> an die tschechische Mittel- und Oberschicht durch das Reich zu. Es dürfte sich daher empfehlen, in jeder größeren Stadt des Protektorats ein besonderes Büro zu diesem Zweck zu errichten. Vielleicht könnte man sogar mit der Zeit auf alle Großbetriebe im Reich, die nicht unmittelbar mit der Wehrwirtschaft zu tun haben, einen Druck auf Einbau einer bestimmten Anzahl tschechischer Angestellter ausüben. Für das Studium an deutschen Universitäten wären Sondervergünstigungen zu erlassen. Auf die Dauer ließe sich mit diesen Mitteln zweifellos eine starke <u>freiwillige Abwanderung</u> der tschechischen „Intelligenz" ins Reich erzielen, wo sie der Entnationalisierung anheimfallen würden.

<u>Finanzen</u>

Es muß an dieser Stelle nochmals ausdrücklich betont werden, daß das Protektorat aus allgemeinpolitischen Gründen in den Anfangsjahren als ausgesprochenes <u>finanzielles Zuschußgebiet</u> anzusehen sein wird – wie es im übrigen auch jede außereuropäische Kolonie zu Beginn stets gewesen ist und heute sein würde.

<u>Allgemeine Verwaltung</u>

Im Vorstehenden sind bereits gewisse auf die Einzelgebiete bezogene Richtlinien für die Organe des Protektorats aufgestellt worden. Auch ist versucht worden, die Gesamtrichtung ihrer politischen Haltung zu umreißen. Als letzter, aber besonders wichtiger Punkt ist hervorzuheben, daß das Protektorat seiner Natur nach eine Kontrollinstanz und nicht eine Verwaltungsinstanz ist. Der deutsche Beamte in Böhmen und Mähren wird sich daher ständig vor Augen halten müssen, daß er dazu berufen ist, im Protektorat zu wirken und nicht in einem Reichsgau oder einer Provinz, <u>daß er somit Aufsicht führt, nicht aber verwaltet</u>. Jede Ausübung einer unmittelbaren Verwaltungstätigkeit steht zum Geist des Protektorats im Widerspruch.

Die tschechische Verwaltung, fußend auf den Traditionen der alten Monarchie, ist nicht schlecht gewesen; sie sollte daher in ihrem jetzigen, engeren Rahmen bestehen bleiben, schon unter dem Gesichtspunkt eines unbedenklichen Betätigungsfeldes für die eingesessene Oberschicht. Der deutsche Beamte aber, der in diesem Lande zu wirken berufen ist, soll, um einen Vergleich zu gebrauchen, nicht Arbeiter sein, sondern Aufseher.

<u>Endgültige Eingliederung Böhmens und Mährens ins Reich</u>

Die vorstehenden Ausführungen befürworten auf dem Gebiet der Zerschlagung der Eigenstaatlichkeit ein strenges und zielbewußtes Vorgehen, auf allen sonstigen Gebieten (Kultur, Volkstum, soziale Fürsorge, Verwaltung) eine Politik der weichen Hand und des „langen Zügels".

Die breite Schicht jeder Volksgruppe rafft sich nur widerwillig zu einem geschlossenen Abwehrkampf auf – und nur dann, wenn sie von der Verwaltung und Polizei in ihrem engen persönlichen Bezirk schikaniert, im Gebrauch ihrer Muttersprache behindert und in der Bewahrung ihrer volkstümlichen Bräuche (Religionsausübung!) gestört wird. Erst wenn dies alles eintritt, fällt der sogenannte „einfache" Mann der politischen Agitation zum Opfer, läßt man ihm dagegen seine Eigenheiten und zeigt man ihm gleichzeitig die fast unbegrenzten Aufstiege innerhalb der weiten Grenzen des Großdeutschen Reiches, so wird er sich diesen Möglichkeiten zuwenden und das politische Spiel unterlassen. Ist dies Ziel erst einmal bei der großen Mehrzahl der Bevölkerung erreicht unter fortlaufender Abwanderung eines Teils der Oberschicht ins Reich, so wird in unserer schnellebigen Zeit bereits in 1-2 Generationen das tschechische Volkstum zur Bedeutungslosigkeit einer historischen Kuriosität (Bretonen in Frankreich, Wenden in der Lausitz) herabgesunken und die endgültige Eingliederung des böhmisch-mährischen Raums in das Reich vollzogen sein.

165

PA/AA, Büro des Staatssekretärs, R 29773; PA/AA, Büro des Staatssekretärs, R 29829
PA/AA, Büro des Unterstaatssekretärs, R 29904

Aufzeichnung des Staatssekretärs Weizsäcker

St.S. 556   Berlin, den 11. Juli 1939

Der amerikanische Geschäftsträger brachte heute bei mir die Note zur Sprache, in welcher wir einem Amerikanischen Generalkonsul das Exequatur für Prag verweigert haben. Der Geschäftsträger hatte seinerzeit bei dem Nachsuchen um das Exequatur im Auftrag seiner Regierung mündlich erklärt, daß durch dieses Ersuchen die grundsätzliche Stellung der Vereinigten Staaten von Amerika zu der Rechtmäßigkeit des Protektorats nicht geändert werde. Dieser seiner mündlichen Äußerungen wollte der Geschäftsträger heute eine nebensächliche Bedeutung geben und sie nur als eine Klarstellung bezeichnen. Anscheinend habe die deutsche Regierung diese Mitteilung als eine Unfreundlichkeit verstanden, als welche sie nicht gedacht gewesen sei. Herr Kirk bedauerte unsere Antwort, die sich natürlich auch für den Export aus dem Protektorat lästig fühlbar machen müsse, denn bekanntlich verlangten die amerikanischen Einfuhrvorschriften allerhand Formalien, bei welchen der Amerikanische Konsul des Exportlandes mitzuwirken habe. Der Geschäftsträger meinte dann noch, die italienische Regierung habe seinerzeit nach Eingliederung Äthiopiens in der Anerkennungsfrage ein elastischeres Verfahren geübt als wir jetzt im Falle des Protektorats.[277]

---

[277] Im Abessinien-Krieg 1935/36 hatte Mussolini das Land annektiert, um es mit den angrenzenden italienischen Kolonien Eritrea und Somaliland zu vereinen; er träumte von einem neuen Imperium Romanum mit einer Vormachtstellung in Afrika.

Ich habe Herrn Kirk erklärt, wir hätten gewiß gern und ohne Schwierigkeiten einen Amerikanischen Generalkonsul in Prag zugelassen, wenn nicht seine Regierung – ähnlich wie die Englische und Französische – der Erteilung des Exequaturs selbst einen Riegel vorgeschoben hätte. In demselben Atemzuge, in welchem sie von uns das Exequatur erbat, habe sie uns das Recht der Souveränität im Protektoratsgebiet abgesprochen. Die innere Unvereinbarkeit eines solchen Vorbringens sei daran schuld, wenn jetzt eben kein Amerikanischer Generalkonsul in Prag fungieren könne. Auch auf einen modus vivendi, den Herr Kirk erörtern wollte, ließ ich mich nicht ein. Auf seine Frage, mit welchem Datum die amtliche Funktion aller derjenigen fremden Konsuln im Protektorat aufzuhören habe, welchen das Exequatur nicht erteilt wurde, gab ich keine Antwort. Hierüber ist meines Wissens eine Bestimmung noch nicht getroffen.

Zum Schluß machte der Geschäftsträger noch einmal auf die sehr lästigen Konsequenzen auch für das Protektorat aufmerksam, solange diese Vakanz bestehe. Er bat mich, etwaige Weisungen an das Personal des bisherigen Generalkonsulats in Prag jedenfalls über die Amerikanische Botschaft in Berlin zu leiten. Das Letztere sagte ich zu.[278]

WEIZSÄCKER

166

PA/AA, Büro des Staatssekretärs, R 29773

Telegramm des Leiters der Politischen Abteilung Woermann an die Deutsche Botschaft in Washington

Berlin, den 11. Juli 1939
Prot. A 8421 VIII 21

Nr. 185

Hiesige Amerikanische Botschaft hat um Erteilung Exequaturs für Herrn E. Linnell als Generalkonsul in Prag gebeten. Mit Rücksicht auf die Erklärungen des hiesigen amerikanischen Geschäftsträgers, daß mit Ernennung Herrn Linnells Anerkennung Protektorats durch amerikanische Regierung in keiner Weise beabsichtigt sei, wurde Erteilung Exequaturs mit Note vom 30. Juni abgelehnt. Auf etwaige Anfragen und Wünsche betreffend Wahrnehmung

---

[278] Zusatz:

Herrn R.A.M.
Herrn U.St.S.Pol.   )
Herrn Dg. Pol.   )
Herrn U.St.S.R.   ) Bitte um Besprechung.
Herrn Dir. W.   )
Abt. Protokoll   )
Herrn VLR Hewel (über Salzburg)
Abt. Presse

amerikanischer Interessen im Protektorat wäre ablehnend zu antworten. Botschaft soll nicht dazu benutzt werden, diejenigen Geschäfte zu übernehmen, welche zur Zuständigkeit des Generalkonsulats in Prag gehört hätten.

WOERMANN

167

PA/AA, Büro des Staatssekretärs, R 29773

Telegramm des Leiters der Politischen Abteilung Woermann an die Deutsche Botschaft in London

Berlin, den 11. Juli 1939
Prot. A 8419 VIII 22

Nr. 240

Hiesige Britische Botschaft hat für Herrn Sidney Kay um Exequatur als Generalkonsul in Prag gebeten. Mit Rücksicht auf die bekannten Erklärungen des Unterstaatssekretärs Butler im Unterhaus über Nichtanerkennung Protektorats wurde Erteilung des Exequaturs mit Note vom 30. Juni abgelehnt. Auf Anfragen und Wünsche betreffend die Wahrnehmung der britischen Interessen im Protektorat wäre ablehnend zu antworten. Botschaft soll nicht dazu benutzt werden, diejenigen Geschäfte zu übernehmen, welche zur Zuständigkeit des Generalkonsulats in Prag gehört hätten.

WOERMANN

168

PA/AA, Büro des Staatssekretärs, R 29773

Telegramm des Leiters der Politischen Abteilung Woermann an die Deutsche Botschaft in Paris

Berlin, den 11. Juli 1939
Prot. A 8420 VIII 22

Nr. 308

Hiesige Französische Botschaft hat um Exequatur für Herrn Albert Lamarle als Generalkonsul in Prag gebeten und dabei auf ihre Verbalnote vom 23. Mai Bezug genommen, in der sie besonders darauf hingewiesen hatte, daß die französische Regierung die Lage, die in der Tschechoslowakei durch das Eingreifen des Reiches geschaffen wurde, nicht anerkenne. Mit Rücksicht auf diese ausdrückliche Nichtanerkennung Protektorats wurde Erteilung Exequaturs mit Note vom 30. Juni abgelehnt. Auf etwaige Anfragen und Wünsche betreffend Wahrnehmung französischer Interessen im Protektorat wäre ablehnend zu antworten. Botschaft soll nicht dazu benutzt werden, diejenigen

Geschäfte zu übernehmen, welche zur Zuständigkeit des Generalkonsulats in
Prag gehört hätten.

WOERMANN

169

PA/AA, Politische Abteilung IV, R 103707

Bericht des Deutschen Botschafters in Paris Welczeck
an das Auswärtige Amt

A 3013   Paris, den 11. Juli 1939
Pol. IV *4117*

Eilt!
Geheim!

Inhalt: Tschechische Propaganda gegen Deutschland in Frankreich und im
        übrigen Ausland.
Mit Beziehung auf den Erlaß vom 17. April 1939 – Pol. IV 2474 –

I.

Die in Paris erscheinenden Blätter „Československé zprávy" [Tschechoslowa-
kische Nachrichten], „Československý boj" [Der tschechoslowakische Kampf]
und „Nouvelles Tchécoslovaques" geben gewisse Anhaltspunkte darüber, daß
die tschechische nationalistische Propaganda im Ausland, die sich für eine
Wiederherstellung der Tschechoslowakei einsetzt, straff organisiert werden
soll.

Wie die Zeitung „Československé zprávy" in ihrer Nummer 24 vom 17. Juni
1939 meldet, hat die tschechische Kolonie in Paris am 14. Juni die Bildung
eines neuen Kolonieausschusses ins Auge gefaßt. Der Kolonieausschuß wurde am 28. Juni neu gegründet. Zum Vorsitzenden der Kolonie wurde gewählt:
H. Stránský, zum 1. stellvertretenden Vorsitzender H. Milec, zum 2. Stellvertretender H. Simovec, zum 3. Stellvertreter H. Wunsch. In der Funktion des
Sekretärs der Kolonie wurde Hanuš bestätigt: Bibliothekar Vonka, als „Sä-
ckelwarte" Jirkovský und Krátký, als Geschäftsführer des Aktionsausschusses
Fiedler, als Vorsitzender der Finanzkommission Wunsch. Zwar hat es nach
außen hin den Anschein, als ob die Neubildung des Kolonieausschusses nur
eine interne Angelegenheit der in Paris lebenden Tschechen sei. Aus einer
Bemerkung des Sekretärs Hanuš, die in der „Československé zprávy" wieder-
gegeben ist, läßt sich jedoch schließen, daß dem Kolonieausschuß eine weit
größere Bedeutung zukommt. So teilte der Sekretär mit, daß in Paris eine
Zentrale aller Landsleute errichtet werden solle, welche alle tschechischen
Vereine von ganz Europa umfassen solle. Die tschechischen Vereine in der
Schweiz hätten bereits ihre Zustimmung hierzu gegeben, mit den Vereinen in
Jugoslawien und Polen werde noch verhandelt.

Nach Angaben des Blattes sollten am 9. Juli in Bordeaux ein Kongreß der Tschechen und Slowaken aus Südostfrankreich und Versammlungen in Cognac und Grand Combe unter Beteiligung des Gesandten Osuský stattfinden. Es besteht kein Zweifel, daß es sich hierbei um Werbeversammlungen für die tschechische nationalistische Bewegung im Ausland handelt. Ich darf mir hierüber weiteren Bericht vorbehalten.

II.

Nach offenbar zuverlässigen Mitteilungen eines Vertrauensmannes ist man sich im tschechischen Lager über die politische Linie, welche die tschechische Emigration zu verfolgen hat, noch nicht recht einig. Insbesondere sollen in letzter Zeit Streitigkeiten unter der Beamtenschaft der Tschechoslowakischen Gesandtschaft in Paris entstanden sein, die anscheinend auf verschiedene politische Auffassungen zurückzuführen sind. Der Gesandte Osuský kämpfe angeblich für die Wiederherstellung einer Tschechoslowakischen Republik. Er werde angeblich in seinen Plänen augenblicklich nur noch von dem früheren Handelsattaché Wendl rückhaltlos unterstützt. Die Mehrzahl der übrigen Beamten trete mehr oder weniger für den Plan des Expräsidenten Beneš, der die Errichtung eines rein Tschechischen Staates anstrebe, ein.

Osuský hat anscheinend von der französischen Regierung keine finanzielle Unterstützung erhalten, jedoch soll der mit Herrn Osuský eng befreundete Baron Rothschild dem Gesandten materielle Hilfe in Aussicht gestellt haben. Auch wird behauptet, daß Osuský über ein Privatvermögen von etwa 5-8 Millionen Franken verfüge.

Für die Beantwortung der Frage, welche Mittel der tschechischen nationalistischen Propaganda im Ausland zur Verfügung stehen, sind die Angaben des Vertrauensmannes über die materielle Lage der Gesandtschaft von Interesse. Er teilte folgendes mit:

1.) Die Gesandtschaftskasse hatte einen Bestand von etwa 650-700.000 Franken; außerdem bestanden zwei Geheimfonds von 30.000 Dollar und 30.000 Schweizer Franken. Um diese vorhandenen Gelder möglichst lang zu strecken, sind alle Gehälter auf ein Minimum herabgesetzt worden. Die höheren Beamten, angeblich sieben, beziehen einheitlich 3.000 Frs., die Bürobeamten 1.500 Frs und die Amtsgehilfen 1.000 Frs. Auf diese Weise soll der monatliche Etat der Gesandtschaft sich auf etwa 40.000 Frs. stellen. Das Haus war Eigentum der Tschechoslowakischen Republik, Miete muß daher nicht bezahlt werden.

2.) Allen Beamten sind seitens des französischen Staates formelle Zusicherungen gegeben worden, daß sie – falls die Gesandtschaft eines Tages mal aufgelöst werden muß – in der einen oder anderen Form in die französische Verwaltung übernommen würden. Übernommen ist bisher lediglich der Militärattaché, Oberst Kalina, der als „Commandant de Régiment" nach Marokko gegangen ist.

In der Anlage beehre ich mich einige Mitteilungen des „Československé zprávy" über die tschechische Propaganda in Amerika und Polen und deutsche Gegenmaßnahmen, ferner Meldungen über Unstimmigkeiten zwischen dem Reichsprotektor, der tschechischen Regierung und K.H. Frank in Übersetzung vorzulegen.[279]

WELCZECK

170

PA/AA, Büro des Staatssekretärs, R 29773
PA/AA, Büro des Staatssekretärs, R 29829
PA/AA, Büro des Unterstaatssekretärs, R 29904

Aufzeichnung des Staatssekretärs Weizsäcker

St.S. Nr. 567   Berlin, den 14. Juli 1939

Der Britische Botschafter sprach mich, ähnlich wie der amerikanische Geschäftsträger,[280] heute auf die Nichterteilung eines Exequaturs für einen Britischen Generalkonsul in Prag an.

Henderson gab unumwunden die Illogik zu, von uns ein Exequatur zu erbitten und uns gleichzeitig die Souveränität in Prag abzusprechen. Er knüpfte daran aber die Bemerkung, damit würden dann wohl auch unsere Verhandlungen über das tschechische Gold in London zum Stehen kommen.[281] Ich sagte Henderson, das könne ich nicht ändern, die britische Regierung habe eben eine Ungeschicklichkeit gemacht. Man hätte still und mühelos über die Sache hinwegkommen können, wenn Mr. Butler nicht die bewußte Unterhauserklärung abgegeben hätte. Henderson meinte dann, ob etwa die britische Unterschrift unter einem Vertrag über diese tschechischen Goldbestände als eine unschuldige und stillschweigende britische Anerkennung des Protektorats durch seine Regierung zu bewerten wäre, worauf ich ihm erwiderte, daß mir die Verhandlungslage nicht genügend gegenwärtig sei, um mich

---

[279] In der hier nicht abgedruckten Anlage werden u. a. Geldsammelaktionen in den USA zum Aufbau von tschechoslowakischen Legionen in Europa, die Wahl von General Prchala zum Vorsitzenden der Organisation der Tschechen und Slowaken in Polen, der Ausbau der tschechoslowakischen Propaganda in den USA sowie die politischen Auseinandersetzungen zwischen Reichsprotektor Neurath und der Protektoratsregierung bzw. Staatssekretär Frank thematisiert; vgl. Eine große Gabe der amerikanischen Legionäre. Übersetzt aus: Československé zprávy v. 3.6.1939; Eine einheitliche tschechoslowakische Organisation in Polen. Übersetzt aus: Československé zprávy v. 24.6.1939; Deutsche Emissäre nach Amerika. Übersetzt aus: Československé zprávy v. 24.6.1939; Die Spannung zwischen der Regierung und dem Protektor. Übersetzt aus: Československé zprávy v. 28.6.1939.
[280] Siehe Dokument Nr. 165.
[281] Mit der Okkupation waren die tschechischen Goldbestände und Guthaben in Großbritannien durch den Czecho-Slovakia Act vom 27.3.1939 eingefroren worden. Über sie gab es bis zum Beginn des Zweiten Weltkrieges etliche britisch-deutsche Verhandlungen, die aber zu keinem Ergebnis führten.

hierzu zu äußern. Seine Regierung werde gut daran tun, noch einmal zu überlegen, wie sie aus der Sackgasse herauskommen wolle.

Ebenso wie seinerzeit der amerikanische Geschäftsträger behauptet übrigens auch Henderson, die Italiener seien in dem abessinischen Parallelfall weniger starr gewesen als wir. Dies bestritt ich.[282]

WEIZSÄCKER

171

PA/AA, Büro des Staatssekretärs, R 29773
PA/AA, Büro des Unterstaatssekretärs, R 29904

Aufzeichnung des Leiters der Politischen Abteilung Woermann

Berlin, den 15. Juli 1939

Der neue Französische Botschaftsrat, der zurzeit als Geschäftsträger fungiert, fragte mich bei seinem heutigen Antrittsbesuch, ähnlich wie dies bereits der amerikanische Geschäftsträger und der Britische Botschafter beim Herrn Staatssekretär getan hatten,[283] ob wir nicht einen Ausweg in der durch die Nichterteilung des Exequaturs für einen Französischen Konsul in Prag geschaffenen Lage sähen.

Ich habe ihm geantwortet, daß ich einen sehr guten Ausweg sähe, nämlich die Anerkennung des Protektorats. Herr de Saint Hardouin sagte, wir hätten doch bei den Wirtschaftsverhandlungen in Paris selbst darauf gedrungen, eine praktische Regelung für die Einbeziehung des Protektorats in diese Verhandlungen zu finden, wobei die Prinzipienfrage im beiderseitigen Einverständnis herausgeblieben sei. Der beiderseitige Wille, die Wirtschaftsbeziehungen zwischen Frankreich und dem Protektorat zu fördern, könne nicht verwirklicht werden, wenn kein Konsul in Prag sei, da dieser ja die Konsulatsfakturen beglaubigen müßte und dergleichen. Er kam schließlich mit der Frage heraus, ob wir das Exequatur erteilen würden, wenn die Französische Botschaft uns einen neuen Brief schriebe, in dem die Nichtanerkennung nicht erwähnt werde, sondern nur auf irgendwelche derartigen Vorgänge Bezug genommen würde. Ich habe geantwortet, daß mir das nicht ausreichend erscheine und habe die Gegenfrage gestellt, ob die Französische Botschaft nicht einfach ohne irgendwelche Bezugnahme um das Exequatur nachsuchen könne. Ich könne nicht entscheiden, ob das genügen werde, würde aber die An-

---

[282] Zusatz:
Herrn R.A.M.
Herrn U.St.S.Pol.   )
Herrn Dg. Pol.   ) Bitte um Prüfung zwischen den Abteilungen
Herrn stv. Dir. Recht   ) und spätere gemeinsame Besprechung bei mir.
Herrn Direktor W.   ) Auch der italienische Vorgang wäre hierfür nochmals zu
Protokoll   ) prüfen.
[283] Siehe Dokument Nr. 165 und Nr. 170.

gelegenheit hier zum Vortrag bringen. Herr de Saint Hardouin meinte, er müsse auch seinerseits erst in Paris nachfragen.

WOERMANN

172

PA/AA, Büro des Staatssekretärs, R 29773
PA/AA, Büro des Unterstaatssekretärs, R 29904
PA/AA, Handelspolitische Abteilung, R 106218

Aufzeichnung des Leiters der Politischen Abteilung Woermann

Berlin, den 18. Juli 1939

Bekanntlich waren die Gesuche der britischen, französischen und amerikanischen Regierung auf Erteilung eines Exequaturs für einen Generalkonsul in Prag ablehnend beschieden worden und zwar deshalb, weil diese drei Mächte das Gesuch um das Exequatur mit einer ausdrücklichen Erklärung verbunden hatten, daß die Nichtanerkennung des Protektorats aufrecht erhalten werde. Dies war in England durch eine Erklärung im Parlament, von Frankreich durch eine schriftliche Erklärung in der Note, mit der das Exequatur beantragt wurde, und von den Vereinigten Staaten mündlich bei der Einholung des Exequaturs geschehen.

Nunmehr haben die drei Mächte durch Schritte ihrer Vertreter in Berlin zu verstehen gegeben, daß sie einen Ausweg aus der verfahrenen Situation suchen, der ein Entgegenkommen an unseren Standpunkt bedeuten würde. Die Form, in der das Entgegenkommen gezeigt werden soll, steht noch nicht fest. Aus den Besprechungen mit dem Amerikanischen und dem Französischen Geschäftsträger zeichnet sich die Möglichkeit ab, daß sie das Exequatur ohne jede Verbindung mit der Frage der Anerkennung neu einholen. Die britische Regierung scheint bereit zu sein, bei einem Abkommen über das tschechische Gold, über das bereits Vorverhandlungen stattgefunden haben, eine Form zu wählen, die als stillschweigende de facto Anerkennung angesehen werden könnte.

Die amerikanische und die französische Regierung haben sich ferner darauf berufen, daß wir ja den Wirtschaftsverkehr zwischen dem Protektorat und ihren Ländern aufrecht erhalten wollten, dies aber unmöglich sei, wenn in Prag keine Konsuln wären, die die Fakturen beglaubigen müßten usw.

Das wirtschaftliche Interesse ist gegenüber den Vereinigten Staaten zurzeit nicht groß; gegenüber Frankreich und besonders gegenüber England erheblich.

Nach der tatsächlichen Seite liegt die Sache so, daß die Konsulate der drei Mächte auch ohne Erteilung eines Exequaturs an den Behördenleiter zurzeit noch fungieren. Es war jedoch in Aussicht genommen, den drei Mächten eine bestimmte Frist zu stellen, nach der die konsularische Tätigkeit überhaupt einzustellen wäre.

Bei dieser Sachlage wird vorgeschlagen, den drei Mächten mitzuteilen, daß wir angesichts ihrer Bemühungen, die Angelegenheit in Ordnung zu bringen, vorläufig von einer Schließung der Konsulate Abstand nehmen würden. Es wäre ihre Sache, in der Zwischenzeit den geeigneten Weg hierfür zu finden. Dieser würde bei England in dem Abschluß des erwähnten Abkommens, bei Frankreich und den Vereinigten Staaten in der Einholung eines Exequaturs ohne Verbindung mit der Anerkennungsfrage liegen können.

Hiermit dem Herrn Staatssekretär vorgelegt.

WOERMANN

173

PA/AA, Büro des Unterstaatssekretärs, R 29904

Telegramm des Delegationsleiters Wohlthat und des Deutschen Botschafters in London Dirksen an das Auswärtige Amt

London, den 18. Juli 1939   11.59 Uhr
Ankunft: » 19. »   »   2.40 »

Nr. 253 vom 18.7.   Auf Telegramm vom 17. Nr. 251

Auf Wunsch Waleys fand heute nachmittag private Unterredung mit Wohlthat statt.[284] Waleys hat unter Bezugnahme auf Juni-Unterredung mit Wohlthat festgestellt, daß britische Regierung mit Vertreter des Protektorats und deutscher Regierung nur verhandeln und abschließen kann unter de facto-Anerkennung Protektorats. Unter Annahme einer Regierungsvereinbarung über schwebende Fragen hält britische Regierung Ernennung Generalkonsuls als Vertreter in Protektorat für notwendig zur Behandlung aller aus Vereinbarung sich ergebenden Einzelfragen. Nach Äußerung Waleys bedeutete Antrag auf Erteilung des Exequaturs für Generalkonsul in Prag de facto Anerkennung. Erklärung Simons im Unterhaus, daß britische Regierung zu Verhandlungen über Protektoratsfragen bereit sei, hatte gleichfalls zur Vorraussetzung de facto-Anerkennung Protektorats. Nach Ansicht Waleys würde Erteilung des Exequaturs als Wirkung der de facto-Anerkennung zur Folge haben, daß hiesige Tschechische Gesandtschaft endgültig Charakter einer offiziellen Vertretung verliere.

---

[284] Inhalt dieser Unterredung zwischen Hellmuth Wohlthat und Sigismund Waley, Unterstaatssekretär im britischen Finanzministerium, war die Frage der tschechischen Goldreserven bei der Bank of England und die de-facto-Anerkennung durch die britische Regierung sowie die Erteilung des Exequaturs für den Britischen Generalkonsul in Prag.

Wegen Verhandlungstermins betonte Waley wünschenswerten baldigen Beginn, frühestens am 31. Juli, bemerkte aber, daß Verhandlungsergebnis Ratifikation durch Parlament bedürfe. Da Parlament am 4. August vertagt, würde Inkrafttreten einer Vereinbarung jedenfalls bis Wiederzusammentritt Parlaments verzögert. In Anbetracht Waleys Urlaubs möglicher Verhandlungstermin deshalb 3. September. Verhandlungen sollen geführt werden zwischen Regierungsvertretern mit technischer Unterstützung durch Vertreter der Bank von Böhmen und Mähren und der Reichsbank.[285] Antwort auf von mir am 20. Juni überreichte Note erfolgt nach Klärung deutscher Einstellung zu de facto-Anerkennung wie oben ausgeführt.

WOHLTHAT   DIRKSEN

174

PA/AA, Handelspolitische Abteilung, R 109981

Rundschreiben des Leiters der Wirtschaftspolitischen Abteilung Wiehl[286]

Berlin, den 19. Juli 1939
W III 3841

Betrifft: Wirtschaftspolitische Berichterstattung betreffend das Protektorat Böhmen und Mähren.

Da nach Artikel 6 des Erlasses des Führers und Reichskanzlers über das Protektorat Böhmen und Mähren vom 16. März d.J. (Reichsgesetzbl. 1939 I, S. 485) die Auswärtigen Angelegenheiten des Protektorats durch das Reich wahrgenommen werden, fällt auch die Wahrnehmung der wirtschaftspolitischen Belange des Protektorats in den Aufgabenkreis der deutschen Vertretungen im Ausland.[287]

Damit erwächst den deutschen Vertretungen die Aufgabe, bei der wirtschaftspolitischen Berichterstattung auch auf die Interessen des Protektorats Böhmen und Mähren Bedacht zu nehmen.

Der Verkehr mit den Zentralbehörden des Protektorats hat nicht unmittelbar, sondern über das Auswärtige Amt zu erfolgen.

Anfragen wirtschaftlicher Art von Protektoratsangehörigen und von wirtschaftlichen Institutionen im Protektorat können gleicherweise, wie dies hinsichtlich Anfragen aus den übrigen Teilen des Reiches geschieht, unmittelbar beantwortet werden.

---

[285] Nach der Okkupation war die Tschechoslowakische Staatsbank als Nationalbank von Böhmen und Mähren umstrukturiert worden. Ihr Gold wurde hingegen über separate Konten der Deutschen Reichsbank geführt.

[286] Diese Information ging an alle deutschen Missionen.

[287] Siehe Dokument Nr. 1.

Anfragen des Prager Exportinstituts sind, falls nicht im Einzelfall dortseits Bedenken bestehen, unmittelbar zu beantworten; Abschrift der erteilten Auskunft ist der Reichsstelle für den Außenhandel zu überlassen.

Im Auftrag
WIEHL

175

PA/AA, Büro des Staatssekretärs, R 29773
PA/AA, Büro des Unterstaatssekretärs, R 29904

Aufzeichnung des Leiters der Politischen Abteilung Woermann

Berlin, den 20. Juli 1939

Der amerikanische Geschäftsträger suchte mich heute auf und kam auf die Frage der Nichterteilung des Exequaturs für einen Amerikanischen Generalkonsul in Prag zurück. Herr Staatssekretär von Weizsäcker habe in dem letzten Gespräch[288] als ein gravierendes Moment angeführt, daß anscheinend eine konzertierte Aktion zwischen England, Frankreich und den Vereinigten Staaten vorgelegen habe. Er habe nun von seiner Regierung die von ihm erwartete strikte Erklärung, daß keinerlei Vorbesprechungen zwischen den drei Regierungen stattgefunden hätten. Es habe auch gar nicht anders sein können, denn es sei einer der amerikanischen Grundsätze der amerikanischen Außenpolitik, in derartigen Fragen unabhängig von anderen Mächten vorzugehen. Der Kongreß sei in diesem Punkte außerordentlich empfindlich.

Im übrigen denke er dauernd darüber nach, ob sich nicht irgend eine Lösungsmöglichkeit finden lasse. Er sei von seiner Regierung beauftragt, uns nochmals zu bitten, unseren Standpunkt zu revidieren. Er führte dafür folgende Momente an:

Es sei doch immerhin ein Unterschied, ob er bei Einholung des Exequaturs eine ausdrückliche Erklärung der Nichtanerkennung des Protektorats abgegeben hätte, oder ob er, wie das tatsächlich der Fall gewesen sei, nur beiläufig erwähnt hätte, daß sich an dem bekannten amerikanischen Standpunkt nichts geändert habe. Ferner habe der Präsident der Vereinigten Staaten ja bereits früher eine Erklärung abgegeben, daß er die de facto-Herrschaft Deutschlands über das Protektorat anerkenne. Er werde mir diesen Text noch schicken. Ich habe hierauf gesagt, daß es ein großer Unterschied wäre, ob man die de facto-Herrschaft, also etwas rein Tatsächliches, anerkenne, oder ob man die definitive Änderung der Situation anerkenne. Ich glaubte also nicht, daß man mit seiner Erklärung etwas anfangen könne. Ich erwähnte dann, daß der französische Geschäftsträger in die Debatte geworfen habe, ob er nicht eine neue Note schicken könne, die nicht mehr eine direkte Bezugnahme auf die Nichtanerkennung enthalte, und fügte hinzu, daß wir dies si-

---

[288] Siehe Dokument Nr. 165.

cher nicht als ausreichend ansehen würden, daß wir aber unverbindlich und persönlich von der Möglichkeit einer vollkommen vorbehaltlosen neuen Note gesprochen hätten. Herr Kirk meinte hierzu, er habe sich ähnliche Kombinationen durch den Kopf gehen lassen. Auf seinen Fall passe das jedoch schlecht, da er nun einmal eine Erklärung abgegeben habe, die in der Welt sei und nicht rückgängig gemacht werden könne. In der Note selbst sei ja gar nichts derartiges enthalten. Herr Kirk verabschiedete sich mit der Erklärung, daß wir keinen Ausweg gefunden hätten. Er bitte uns doch, die Angelegenheit weiter zu überlegen. Er werde das Gleiche tun.

WOERMANN

176

PA/AA, Büro des Unterstaatssekretärs, R 29904

Anweisung des Reichsinnenministers Frick an die Obersten Reichsbehörden

Berlin, den 20. Juli 1939[289]

Betrifft: Protektorat Böhmen und Mähren.

Durch die Verordnung zum Erlaß des Führers und Reichskanzlers über das Protektorat Böhmen und Mähren vom 22.3.1939 (RGBl. 1939 I, S. 549) ist eindeutig klargestellt, daß der Reichsprotektor in Böhmen und Mähren der alleinige Repräsentant des Führers und der Reichsregierung im Protektorat ist. Aus dieser Bestimmung folgt eindeutig, daß der Protektoratsregierung und allen dieser untergeordneten Dienststellen gegenüber nach außen hin <u>ausschließlich der Reichsprotektor als Träger des Führerwillens in Erscheinung treten soll</u>. Es ist daher selbstverständlich, daß sich die Obersten Reichsbehörden und alle ihr nachgeordneten Dienststellen jedes <u>unmittelbaren</u> Verkehrs mit der Protektoratsregierung oder sonstigen amtlichen oder halbamtlichen Stellen im Protektorat enthalten.

Der Stellvertreter des Führers[290] hat mit Schreiben vom 4.5.1939 (mitgeteilt durch mein Rundschreiben vom 22.5.1939 Nr. I BM 439/39 2016) die Parteidienststellen angewiesen, sich jeglicher Einwirkung auf die Behörden der Eigenverwaltung des Protektorats Böhmen und Mähren zu enthalten.

Der Herr Reichsprotektor hat wiederholt darüber Klage geführt, daß Dienststellen des Reichs mit solchen der Protektoratsregierung Fühlung aufnehmen. Ich bringe daher die oben niedergelegten Grundsätze nochmals eindringlich in Erinnerung.

---

[289] Zwanzig Tage später wurde diese Mitteilung an alle Arbeitseinheiten und Büros im Auswärtigen Amt zur Kenntnis und Beachtung weitergeleitet.
[290] Rudolf Heß.

Verschiedene Einzelfälle geben mir darüber hinaus Veranlassung darauf hinzuweisen, daß auch die amtlichen oder halbamtlichen ständischen Dienststellen im Reich sich jedes unmittelbaren Verkehrs mit den entsprechenden Dienststellen oder Organisationen des Protektorats (z.b. Genossenschaften) zu enthalten haben. Ich bitte die einzelnen Obersten Reichsbehörden, die ihrer Aufsicht unterstellten amtlichen und halbamtlichen Verbände von dem Verbot unmittelbaren Geschäftsverkehrs zu unterrichten.

Der Herr Reichsprotektor wünscht auch, daß die unmittelbare Fühlungnahme ausländischer Dienststellen oder Organisationen mit den entsprechenden des Protektorats unterbunden wird. Soweit daher Verhandlungen ausländischer Dienststellen bekannt werden und eine Einflußnahme möglich erscheint, bitte ich um Einschaltung des Herrn Reichsprotektors.

Ich benutze diese Gelegenheit, noch einmal mit aller Eindringlichkeit auf Ziff. II Abs. 2 der oben genannten Verordnung zum Führererlaß vom 22.3.1939 (RGBl. 1939 I, S. 549) hinzuweisen, nach dem alle Obersten Reichsbehörden sich bei allen wichtigen Maßnahmen, die das Protektorat betreffen, im besonderen bei dem Erlaß von Rechtsvorschriften und bei Organisationsmaßnahmen des vorherigen Einvernehmens der Zentralstelle für Böhmen und Mähren zu vergewissern haben.

In Vertretung
PFUNDTNER

177

PA/AA, Büro des Staatssekretärs, R 29773
PA/AA, Büro des Unterstaatssekretärs, R 29904

Aufzeichnung des Leiters der Politischen Abteilung Woermann

Berlin, den 22. Juli 1939

Der französische Geschäftsträger sagte mir heute, daß seine Regierung damit einverstanden sein würde, wenn die Botschaft in der Frage der Erteilung des Exequaturs uns eine Note ohne Bezugnahme auf die Frage der Anerkennung des Protektorats schicken würde. Er fügte jedoch hinzu, daß dabei Klarheit darüber bestehen müsse, daß die Frage der Anerkennung dadurch ebenso wenig berührt würde wie durch den Abschluß des Wirtschaftsabkommens in Paris. Ich habe ihm geantwortet, daß ich heute zu der Frage noch nicht Stellung nehmen könnte.

WOERMANN

178

PA/AA, Politische Abteilung IV, R 103707

Rundschreiben des Leiters der Politischen Abteilung Woermann[291]

Pol. IV 4226   Berlin, den 26. Juli 1939

Vertraulich!

Die Einstellung der im Ausland lebenden Angehörigen des Protektorats Böhmen und Mähren ist wegen ihrer engen persönlichen und wirtschaftlichen Verbindungen zu ihrer alten Heimat und wegen des Einflusses ihrer Haltung auf die öffentliche Meinung des Gastlandes von besonderer Bedeutung. Das Verhalten der im dortigen Amtsbezirk ansässigen Auslandstschechen, insbesondere etwaige Bestrebungen, die auf Bildung besonderer gegen das Reich gerichteter Gruppen, die Aufstellung tschechischer Legionen, die Unterstellung örtlicher tschechischer oder tschecho-slowakischer Vereine unter protektoratsfeindliche Organisationen, gerichtet sind, sind daher sorgfältig zu verfolgen. Die Beobachtungen bitte ich auch darauf zu erstrecken, ob die im dortigen Amtsbezirk ansässigen Slowaken auch nach der Auflösung des Tschecho-Slowakischen Staates mit den Tschechen in denselben Organisationen, insbesondere solchen deutschfeindlichen Charakters, zusammengeschlossen sind.

Gegen Protektoratsangehörige, die durch Teilnahme an gegen das Reich gerichteten Organisationen, durch Verweigerung der Annahme von Protektoratspässen oder auf sonstige Weise ihre Gegnerschaft zum Ausdruck bringen, ist beabsichtigt, mit besonderen Maßnahmen vorzugehen. Gedacht ist dabei zunächst an Ausbürgerung, Einziehung des Vermögens und, soweit wirtschaftliche Beziehungen mit dem Mutterland bestehen, an Entlassung oder sonstige Entziehung der wirtschaftlichen Grundlage. Ich bitte daher, neben der laufenden Berichterstattung über die Einstellung der dortigen Kolonie und ihrer Organisationen auch über sämtliche Einzelvorfälle zu berichten, die auf gegnerische Haltung von Protektoratsangehörigen schließen lassen, damit gegen sie, sobald die rechtlichen Grundlagen dafür geschaffen sind, entsprechende Maßnahmen ergriffen werden können.

Die unterstellten Berufskonsulate bitte ich, soweit es angezeigt erscheint, von dort aus zu unterrichten.

Im Auftrag
WOERMANN

---

[291] Diese Informationen gingen an sämtliche Missionen sowie die Deutschen Generalkonsulate in Addis Abeba, Batavia, Beirut, Danzig, Hongkong, Jerusalem, Kalkutta, Ottawa, Singapur, Sydney, Tirana und Wellington sowie die Deutschen Konsulate in Colombo, Lourenço-Marques, Luanda-Angola, Manila und Tetuan.

179

PA/AA, Büro des Unterstaatssekretärs, R 29904

**Bericht des Vertreters des Auswärtigen Amtes beim Reichsprotektor
Hencke an das Auswärtige Amt**

Prag, den 1. August 1939[292]

Eilt sehr!

Betr.: Schreiben an den Vertreter des Auswärtigen Amts beim Reichsprotektor in Böhmen und Mähren.

Durch Herrn Gesandten Hemnen wird hier bekannt, daß gemäß einem Haus- oder Runderlaß des Auswärtigen Amts sämtliche für das Amt des Herrn Reichsprotektors bestimmten Schreiben ohne Angabe der sachlich zuständigen Gruppe oder der Sonderbeauftragten zur Absendung gebracht werden sollen.

Ich darf ergebenst darauf aufmerksam machen, daß die Schreiben, die für diese Stelle bestimmt sind, zweckmäßig an den Herrn Reichsprotektor in Böhmen und Mähren mit der Unterangabe „Vertreter des Auswärtigen Amts" gerichtet werden. Die Erfahrung der letzten Wochen hat gezeigt, daß Schreiben des Auswärtigen Amts, die in die Zuständigkeit des Vertreters des Auswärtigen Amts fallen, sofern sie nicht den Zusatz „Vertreter des Auswärtigen Amts" tragen, häufig verspätet hier eingehen oder aber unter Umständen ohne die Beteiligung dieser Stelle bearbeitet werden. Es ist auch vorgekommen, daß zusammengehörige Eingänge bei verschiedenen Sachbearbeitern registriert und bearbeitet werden. Ich darf deshalb empfehlen, die schon fast allgemein gehandhabte Übung, die für diese Stelle bestimmten Schreiben mit einem entsprechenden Zusatz zu versehen, auch durch Runderlaß amtlich zu unterstützen.

HENCKE

180

PA/AA, Büro des Staatssekretärs, R 29773; PA/AA, Büro des Unterstaatssekretärs, R 29904

**Aufzeichnung des Referatsleiters Westeuropa
in der Politischen Abteilung Rintelen**

Der Erste Sekretär der Französischen Botschaft, Herr H a r d o u i n, erkundigte sich bei mir gestern danach, ob wir bereits eine Entscheidung in der Frage der Erteilung des Exequaturs an Herrn Lamarle als Französischen Generalkonsul in Prag getroffen hätten, wobei er auf eine Besprechung des Französischen Botschaftsrats mit Herrn Unterstaatssekretär Woermann, die unlängst erfolgt

---

[292] Dreizehn Tage später ging diese Mitteilung „abschriftlich an sämtliche Arbeitseinheiten im Anschluß an die Hauszirkulare Pers.MBD 4615 vom 19.6.1939 und Pers.H 6826 vom 11.7.1939 zur Kenntnisnahme und mit dem Anheimstellen, die Unterangabe ‚Vertreter des Auswärtigen Amts' nur bei der <u>Innen</u>anschrift zu verwenden".

sei, Bezug nahm.[293] Er warf dabei die Frage auf, ob nicht praktisch eine Lösung der Schwierigkeit dadurch gefunden werden könne, daß unter Verzicht auf weitere Erörterungen über die grundsätzliche Seite der Angelegenheit die Französische Botschaft die Bestallung für Herrn Lamarle im Auswärtigen Amt kurzerhand mit der Bitte um Erteilung des Exequaturs überreiche. Herr Hardouin verwies dabei auf die Notwendigkeit der Anwesenheit eines Französischen Konsulats in Böhmen und Mähren, falls die getroffenen Vereinbarungen über den Handelsverkehr zwischen Frankreich und dem Protektoratsgebiet zur praktischen Anwendung gelangen sollen. Ich habe Herrn Hardouin geantwortet, mir sei die ganze Angelegenheit unbekannt, da ich soeben erst vom Urlaub zurückgekommen sei, so daß ich mich darauf beschränken müßte, seine Anfrage weiterzugeben.

Berlin, den 2. August 1939

RINTELEN

181

PA/AA, Büro des Staatssekretärs, R 29773

Telegramm des Geschäftsträgers der Deutschen Botschaft in Buenos Aires Meynen an das Auswärtige Amt

Buenos Aires, den 4. August 1939   17.13 Uhr
Ankunft: „ „ „   „   23.40 Uhr

Nr. 266 vom 4.8.   Auf Telegramm vom 3. Nr. 204 – Pol. IV 4492 –

Hier keinerlei öffentliche Äußerungen verantwortlicher Persönlichkeiten über Frage Protektorats. Regierung vermied bisher offizielle Anerkennung, aber trägt geschaffenen Zustand als innerdeutsche Angelegenheit stillschweigend Rechnung (vergl. Berichte 1934 vom 8. Juli und 2044 vom 18. Juli).

MEYNEN

182

PA/AA, Büro des Staatssekretärs, R 29773

Telegramm des Deutschen Botschafters in Warschau Moltke an das Auswärtige Amt

Warschau, den 5. August 1939   14.18 Uhr
Ankunft: „ 5.   „   „   15.45 „

Nr. 151 vom 5.8.   Auf Telegramm vom 3. Nr. 206 – Pol. IV 4492 –

Während durch polnische Presse und Rundfunkpropaganda – in letzterem Falle teilweise in tschechischer Sprache – gegen Bestehen des Protektorats

---

[293] Siehe Dokument Nr. 171.

und angebliche deutsche Gewaltherrschaft in Böhmen und Mähren systematische Hetze betrieben wird, haben sich polnische verantwortliche Persönlichkeiten bei öffentlichen Anlässen darauf beschränkt, Verlust der Selbständigkeit der Tschechoslowakei als warnendes Beispiel für Polen anzuführen, ohne jedoch zur Frage der Anerkennung oder Nichtanerkennung dort geschaffenen Zustands Stellung zu nehmen.

MOLTKE

183

PA/AA, Büro des Staatssekretärs, R 29773

Schreiben des Reichsprotektors Neurath an Staatssekretär Weizsäcker

J.Nr. 295 Prag, den 14. August 1939

Lieber Herr von Weizsäcker!

Zur Frage der Zulassung von konsularischen Vertretern Frankreichs, Englands und der Vereinigten Staaten im Protektorat möchte ich Ihnen im Hinblick auf die Schwierigkeiten die gemäß dem Schreiben des Auswärtigen Amts vom 15. Juli d.J. – Prot. A 8513 VIII 22 – wegen der Erteilung eines Exequaturs für die Generalkonsuln dieser Länder bestehen, kurz schreiben. Ich will hierbei nicht auf die Frage der Anerkennung des Protektorats durch diese Länder eingehen, weil diese Frage wegen ihrer allgemeinen politischen Bedeutung in erster Linie vom Auswärtigen Amt entschieden werden muß. Ich möchte aber, falls etwa die Schließung dieser Konsulate wegen einer zur Zeit nicht möglichen befriedigenden Lösung der Anerkennungsfrage erwogen werden sollte, darauf hinweisen, daß ich sehr ernste Befürchtungen wegen der Rückwirkungen einer solchen Maßnahme auf die hiesigen Verhältnisse besonders in wirtschaftlicher Beziehung hege.

Zu den wirtschaftlichen Rückwirkungen ist im einzelnen folgendes zu sagen:

Die Wirtschaft des Protektorates ist, um bei dem begrenzten Inlandsmarkt eine ausreichende Beschäftigung sicherzustellen und insbesondere die notwendigen Rohstoffe aus dem Ausland beschaffen zu können, besonders stark auf den Export angewiesen. Für die Ausfuhr spielen England, Frankreich und die Vereinigten Staaten eine maßgebende Rolle. Die Ausfuhr nach diesen 3 Ländern hat im Januar und Februar 1939 mehr als die Hälfte der gesamten Ausfuhr nach Bardevisenländern ausgemacht. Nach der Errichtung des Protektorates ist dieser Hundertsatz zwar zurückgegangen, insbesondere infolge der Zollmaßnahmen der USA.[294] Die Ausfuhr nach England und Frankreich hat sich jedoch in der letzten Zeit wieder belebt, so daß das Protektorat im

---

[294] Die USA hatten nach Artikel 303 des Tariff Act von 1930 Ausgleichszölle auf importierte Waren aus dem Deutschen Reich und dem Protektorat erhoben.

Warenverkehr mit ihnen aktiv ist. Im Juni 1939 ist etwa die Hälfte der Barde-viseneinnahmen des Protektorates aus diesen drei Ländern gekommen. Eine Schließung der Konsulate von England, Frankreich und den Vereinigten Staaten würde für die Ausfuhr und damit für die ohnehin sehr kritische Devisenlage des Protektorats ernste Gefahren mit sich bringen. Insbesondere würde wahrscheinlich dem erkennbaren Bestreben Frankreichs und Englands, für den Wirtschaftsverkehr mit dem Protektorat zu einem modus vivendi zu kommen, die Grundlage entzogen werden.

1.) Das mit <u>Frankreich</u> getroffene Abkommen vom 29.6.1939 beruht offensichtlich auf dem französischen Wunsch, den Warenverkehr mit dem Protektorat wieder in Gang zu bringen, und ist kontingentmäßig günstig. Technisch muß jede Ausfuhr des Protektorates von einem Ursprungszeugnis begleitet sein, das das Französische Generalkonsulat in Prag mitunterzeichnet. Der Wegfall der konsularischen Vertretung könnte unschwer zum Anlaß genommen werden, jede Ausfuhr zu unterbinden.

2.) <u>England</u> hat bisher für den laufenden Warenverkehr mit dem Protektorat keine behördlichen Einschränkungen verfügt. Bei England müssen aber die Verhandlungen über die Freimachung der in London gesperrten Gold- und Devisenvorräte des Protektorats besonders berücksichtigt werden. Wenn auch bisher englischerseits kein Zugeständnis gemacht worden ist, so besteht doch nach Ansicht der Botschaft in London immerhin die Aussicht, daß wir von den gesperrten rund 15 Mill. £ nach Durchführung gewisser Aufrechnungen 3 bis 4 Mill. £ frei bekommen. Die in London gesperrten Devisenbeträge sind für das Devisenaufkommen des Reichs und des Protektorats von größter Bedeutung. Der Beauftragte für den Vierjahresplan[295] hat daher an einer günstigen Regelung mit England ein besonders lebhaftes Interesse.

3.) Der Warenverkehr mit den <u>Vereinigten Staaten</u> ist durch die Zollmaßnahmen passiv geworden. Bei einer Schließung des Amerikanischen Konsulats wäre zu befürchten, daß die Anstrengungen der Firma Bat'a, von den Strafzöllen befreit zu werden und damit ihren erheblichen Schuhexport nach USA aufrecht zu erhalten, zum Scheitern gebracht würden.

Schließlich muß ich noch darauf hinweisen, daß unter Umständen eine eventuelle Schließung der erwähnten drei konsularischen Vertretungen auch den Wirtschaftsverkehr des Protektorates mit anderen Ländern in Mitleidenschaft ziehen bzw. in Frage stellen würde.

Mit besten Grüßen
Heil Hitler!
Ihr
[NEURATH]

[295] Hermann Göring.

184

PA/AA, Büro des Staatssekretärs, R 29773
PA/AA, Büro des Unterstaatssekretärs, R 29904

Aufzeichnung des Leiters der Wirtschaftspolitischen Abteilung Wiehl

Berlin, den 16. August 1939

Wirtschaftliche Rückwirkungen einer Schließung der Konsulate Englands, Frankreichs und der Vereinigten Staaten von Amerika in Prag.

1) <u>England</u>. Vom 16. März bis 30. Juni 1939 belief sich die Ausfuhr des Protektorats nach England auf 150 Mill. Kč[296], die Einfuhr auf 56 Mill. Kč. Der Handel des Protektorats mit England ist danach noch immer stark aktiv. Dazu kommt, daß die Ausfuhr in freien Devisen bezahlt wird, daß das Protektorat also in diesen 10 Wochen aus dem Handel mit England eine Bardeviseneinnahme von annähernd 100 Mill. Kč gehabt hat. Im Verkehr mit England sind Ursprungszeugnisse nicht notwendig. Das Konsulat wäre danach für die Abwicklung des Handelsverkehrs zwar formal entbehrlich, immerhin trägt es praktisch durch Auskunftserteilung usw. zur Förderung des Warenaustausches mit bei, so daß von einer Schließung eine Verminderung des Warenverkehrs zu erwarten wäre.

   Die brit. Regierung hat ihre Bereitschaft zu Verhandlungen über die Freigabe der von ihr beschlagnahmten tschech. Vermögenswerte in London in Höhe von etwa 15 Mill. RM Devisen mit der Frage der Erteilung des Exequaturs für ihren Generalkonsul in Prag verknüpft. Bei diesen Verhandlungen bestünde die Aussicht, von dem in London beschlagnahmten Golddepot der Prager Nationalbank einen Betrag von mehreren Millionen RM freizubekommen. Ein baldiges Zustandekommen dieser Verhandlungen wäre deshalb dringend erwünscht, würde jedoch durch eine Schließung des Generalkonsulats vereitelt werden.

2) <u>Frankreich</u>. Ausfuhr des Protektorats in der genannten Zeit 65 Mill. Kč, Einfuhr 38 Mill. Kč. Auch hier ist das Protektorat in erheblichem Umfange aktiv. Auf Grund des vom 29. Juni mit Frankreich getroffenen Abkommens wird sich voraussichtlich der weitere Warenaustausch für das Protektorat noch günstiger entwickeln. Für die Ausfuhr nach Frankreich sind Ursprungszeugnisse und Kontingentsbescheinigungen erforderlich, die von dem Handelsattaché des Generalkonsulats mit unterschrieben werden müssen. Eine Schließung des Generalkonsulats würde voraussichtlich den Warenaustausch stark beeinträchtigen, wenn nicht unterbinden.

3) <u>Vereinigte Staaten von Amerika</u>. Ausfuhr des Protektorats in der genannten Zeit 36 Mill. Kč, Einfuhr 167 Mill. Kč. Das Protektorat ist also im Verkehr mit den V.St. stark passiv. Trotzdem ist die Aufrechterhaltung seiner Ausfuhr natürlich von Bedeutung, weil die Einfuhr aus USA aus

---

[296] Koruny české (Tschechische Kronen).

wichtigen Rohstoffen besteht, die in Devisen bezahlt werden müssen, soweit sie nicht durch die Ausfuhr kompensiert werden können. Für die Ausfuhr ist die Beglaubigung durch den Amerikanischen Konsul[297] unerläßlich.

4) <u>Zusammenfassung</u>.

Für die Wirtschaft des Protektorats würde danach die Schließung der Konsulate, insbesondere derjenigen von England und Frankreich, eine empfindliche Schädigung bedeuten, insbesondere unter dem Gesichtspunkt der Devisenlage und der Rohstoffversorgung.

WIEHL

185

PA/AA, Handelspolitische Abteilung, R 106218

Telegramm des Leiters der Wirtschaftspolitischen Abteilung Wiehl an die Deutsche Botschaft in London

Berlin, den 18. August 1939   W VI 2942

Auf Bericht vom 14ten 2739 und mit Beziehung auf Drahtbericht 253.[298]

Bitte ohne Rückfrage bei dortiger Regierung noch um Drahtbericht über folgende Frage:

Erwartet Gegenseite tatsächlich, daß wir <u>vor</u> Aufnahme Verhandlungen Exequatur erteilen? Wir annahmen bisher, daß Gegenseite zu Aufnahme Verhandlungen bereit, sobald wir ihr erklären, daß wir in der Zeichnung eines Abkommens mit Reichsregierung über Tschechenguthaben eine genügende Anerkennung erblicken würden, um daraufhin Exequatur zu erteilen.

WIEHL

186

PA/AA, Büro des Unterstaatssekretärs, R 29904
PA/AA, Handelspolitische Abteilung, R 106218

Aufzeichnung des Leiters der Wirtschaftspolitischen Abteilung Wiehl

<u>Zusatz zu der Aufzeichnung über die Belassung des Britischen Konsulats in Prag.</u>[299]

Am 14. August hat der Sachbearbeiter im Foreign Office einem Mitglied der Botschaft erklärt, daß die britische Regierung die *baldige* Aufnahme der Verhandlungen über die gesperrten Tschechenguthaben – sie schlägt dafür den

---

[297] George F. Kennan.
[298] Siehe Dokument Nr. 173.
[299] Siehe Dokument Nr. 184.

4. September vor – begrüßen würde, weil die Regierung dem Parlament zugesagt habe, ihm nach seinem Zusammentritt am 3. Oktober einen Plan über die Verwertung der Guthaben vorzulegen. Der Sachbearbeiter hatte die früheren britischen Erklärungen dahin wiederholt, daß die Aufnahme der Verhandlungen von der Erteilung des Exequaturs für den Britischen Generalkonsul in Prag abhänge, und hat unsere Entscheidung in dieser Frage angeregt.

Im übrigen hat der Sachbearbeiter erklärt, daß die britische Regierung auch deshalb ein Interesse an den Verhandlungen habe, weil sie mangels einer Einigung mit Deutschland dem Parlament „einen anderen Plan" (d.h. also eine einseitige englische Verfügung über die Guthaben) vorschlagen müsse.

Berlin, den 18. August 1939
W[IEHL]

187

PA/AA, Politische Abteilung IV, R 103708

Bericht des Referatsleiters Politik der Deutschen Botschaft in London Welck an das Auswärtige Amt

A 3139   London, den 18. August 1939
                                                                            Pol. IV *4737*

Auf Erlaß Pol. IV 4300 vom 27. Juli 1939.
Inhalt: Ehemaliger Präsident Dr. Beneš.

Wie sich aus der englischen Presse ergibt, hat der frühere Präsident Beneš am 7. August in Cambridge einen Vortrag gehalten, der sich mit dem Thema „Demokratie und Diktatoren" beschäftigte. Der Vortrag ist von der hiesigen Presse, insbesondere der deutschfeindlichen, ausführlich wiedergegeben und teilweise auch in Leitartikeln behandelt worden. Einige Zeitungsausschnitte werden in der Anlage beigefügt.

Wo sich Beneš augenblicklich aufhält, ist der Botschaft nicht bekannt.

Im Auftrag
Im Konzept gezeichnet:
VON WELCK

188

PA/AA, Handelspolitische Abteilung, R 109981

Anweisung des Leiters der Wirtschaftspolitischen Abteilung Wiehl an den Vertreter des Auswärtigen Amtes beim Reichsprotektor Hencke

Berlin, den *21.* August 1939
W III 3841

Anbei übersende ich ergebenst zur gefl. Kenntnis Abschrift eines an alle deutschen Vertretungen im Ausland ergangenen Erlasses *vom 19. Juli d.J.* – W III

3841 –[300] über die wirtschaftspolitische Berichterstattung betreffend das Protektorat Böhmen und Mähren.

Ich bitte zu veranlassen, daß auch die Zentralbehörden des Protektorats ihrerseits sich nicht unmittelbar an die deutschen Vertretungen im Ausland wenden, wie dies bisher vielfach geschehen ist, sondern daß diese durch Vermittlung des Herrn Reichsprotektors nur über das Auswärtige Amt mit den deutschen Vertretungen im Ausland verkehren. Die gleiche Regelung gilt bekanntlich auch für den Verkehr zwischen den Zentralbehörden des Altreichs und den deutschen Vertretungen *im* Auslande.

i.A.
WIEHL

189

PA/AA, Politische Abteilung IV, R 103708

Bericht des Referatsleiters Politik der Deutschen Botschaft in London Welck an das Auswärtige Amt

A 3005   London, den 22. August 1939
                                                                    Pol. IV 4833

Auf den Erlaß vom 22. Juli d.J. Pol. IV 4064
Inhalt: Tschechischer Goldschatz.

Die angebliche Meldung des ungarischen Militärattachés, daß die englische Regierung den tschechischen Goldschatz, soweit er nicht durch die B.I.Z.[301] an Deutschland überantwortet worden wäre, an den ehemaligen Präsidenten Beneš ausgeliefert habe, ist nicht zutreffend. Die britische Regierung hat die Goldbestände der früheren tschecho-slowakischen Nationalbank in London vorläufig beschlagnahmt, um sie als Pfand für die britischen Forderungen gegen die Tschecho-Slowakei zu benützen. Unter diesen Umständen käme daher die Herausgabe der Goldbestände oder eines Teils nur an Deutschland in Frage. Die Übergabe derselben an Beneš steht außer Frage.[302]

Vielleicht liegt bei der Meldung des ungarischen Militärattachés eine Verwechslung mit der Bereitstellung von 2½ Millionen £ für den tschechischen Flüchtlingsfond vor. Bekanntlich sind nach der Errichtung des Protektorats

---

300 Siehe Dokument Nr. 174.
301 Bank für Internationalen Zahlungsausgleich.
302 Einen Teil der tschechoslowakischen Goldreserven hatte die Bank of England an die Deutsche Reichsbank überwiesen. Die verbliebenen rund 27 Tonnen Gold behielt die Bank, übereignete es jedoch nicht der tschechoslowakischen Exilregierung. Die britische Regierung nahm das Gold als Kompensation für die entstandenen Kosten des Aufenthaltes der tschechoslowakischen Exilregierung und der Ausrüstung und Stationierung des tschechoslowakischen Militärs. Siehe dazu auch die Erläuterungen in Dokument Nr. 86.

sämtliche Forderungen des Protektorats bzw. der Protektoratsangehörigen durch Gesetz beschlagnahmt worden. Darunter befindet sich auch der von der tschechischen Regierung noch nicht in Anspruch genommene Teil (3½ Millionen Pfund des Betrages von 4 Millionen Pfund) den die britische Regierung der Tschecho-Slowakei nach dem Münchener Abkommen ohne Gegenleistung für die Unterstützung der Flüchtlinge zur Verfügung gestellt hatte. Um diese Unterstützung trotz der vorerwähnten Beschlagnahme zu ermöglichen, hat die britische Regierung den Betrag von 2,5 Millionen £ bereitgestellt, welcher später gegen den noch nicht in Anspruch genommenen Betrag von 3½ Millionen £ aufgerechnet werden soll.

Über die Angelegenheit hat die Botschaft am 21. Juli d.J. unter B 2463 und am 4. August unter B 2635 berichtet. Beneš hat übrigens mit der Verwaltung des erwähnten Flüchtlingsfonds nichts zu tun.

Im Auftrag
WELCK

190

PA/AA, Politische Abteilung IV, R 103708

Bericht des Referatsleiters Politik der Deutschen Botschaft in London Welck an das Auswärtige Amt

A 3351 London, den 22. August 1939
Pol. IV *4834*

Inhalt: Tschechische Emigration in London.

Die tschechische Emigration in London feierte am 18. d.M. die 21jährige Wiederkehr der Anerkennung der Tschechen als Alliierte durch die sogenannte Balfour-Deklaration.[303] Von tschechischer Seite sprach der ehemalige Tschechische Gesandte in London, Jan Masaryk. Er beteuerte seinen Glauben an den endgültigen Sieg der tschecho-slowakischen Demokratie und an das Ende des National-Sozialismus.

Von englischer Seite sprach der bekannte Völkerbundsfanatiker Lord Cecil, der sich in den üblichen Angriffen gegen Deutschland und Lobeshymnen auf Tomáš Masaryk und Beneš erging.[304]

---

[303] Die Einheiten der Tschechoslowakischen Legion waren am 29.6.1918 von Frankreich, am 9.8.1918 von Großbritannien und am 2.9.1918 von den USA per Deklaration als „alliiertes und kriegsführendes Heer" anerkannt worden. Deklaration Balfours vom 9.8.1918. In: *Beneš*, Edvard: Aufstand der Nationen. Der Weltkrieg und die tschechoslowakische Revolution. Berlin 1928, 538.

[304] Robert Lord Cecil war seit 1923 Präsident der League of Nations Union. In dieser Eigenschaft hatte er das Münchener Abkommen und die Abtretung des Sudetenlandes an das Deutsche Reich stets abgelehnt. 1937 war ihm für sein Engagement der Friedensnobelpreis verliehen worden.

Bezeichnenderweise war die Versammlung von dem Londoner Zweig der League of Nations Union veranstaltet.[305]

Ein Ausschnitt aus dem „Manchester Guardian" in dem ausführlich über die Feier berichtet wird, ist beigefügt.[306]

Im Auftrag
WELCK

191

PA/AA, Büro des Staatssekretärs, R 29773
PA/AA, Büro des Unterstaatssekretärs, R 29904

Telegramm des Geschäftsträgers der Deutschen Botschaft in London Kordt an das Auswärtige Amt

London, den 22. August 1939
Ankunft: " 23.   "   "   11.30 Uhr

Nr. 312 vom 22.8.   Auf Drahterlaß Nr. 322 vom 18.8. – W VI 2942 –

Britische Regierung hält während Verhandlungen Anwesenheit eines Englischen Generalkonsuls in Prag aus praktischen Gründen für erforderlich. Exequatur für Britischen Generalkonsul in Prag müßte daher wohl mindestens mit Aufnahme der Verhandlungen erteilt werden und vor Aufnahme der Verhandlungen sichergestellt sein.

Bitte mich gegebenenfalls in Rückfrage zu ermächtigen.

TH[EODOR] KORDT

192

PA/AA, Büro des Unterstaatssekretärs, R 29904

Aufzeichnung des Mitarbeiters im Büro Botschafter z.b.V. Ritter Eisenlohr

Betrifft: Wirtschaftliche Auseinandersetzung zwischen den verschiedenen Teilen der früheren Tschecho-Slowakei.
Deutsch-ungarische Regierungsverhandlungen.
Im Anschluß an die Aufzeichnung vom 28.6.39

---

[305] 1923 war die League of Nations Union als eine britische Organisation entstanden, um für eine aktivere Rolle Großbritanniens im Völkerbund einzutreten. Von der Gründung bis 1945 war Lord Cecil ihr Präsident.

[306] Im Geiste der Balfour-Deklaration wurde auf der Veranstaltung eine unabhängige Tschechoslowakei beschworen. Dabei bezeichnete Lord Cecil die deutsche Okkupation als „grave blunder"; vgl. Czechs look forward to a new Independence Day. In: Manchester Guardian v. 19.8.1939.

Der Abschluß des in der vorbezeichneten Aufzeichnung erwähnten Abkommens über die Umwechslung der Banknoten hat sich verzögert, weil die ungarische Delegation zur Abgeltung ihres Anteils an der Gold- und Devisendeckung eine Erhöhung des der Golddeckung entsprechenden Betrages um 50 Millionen Kč (5 Mill. RM) forderten.

Da die Innenressorts, insbesondere der Vertreter des Beauftragten für den Vierjahresplan sämtlich die endgültige Ausräumung der Goldfrage für dringend erwünscht hielten, wurde der ungarischen Delegation mitgeteilt, daß wir, ohne eine bestimmte Zusage zu geben, den Versuch machen wollten, die 5 Millionen RM aufzutreiben.

Durch eine zwischen dem Reichsfinanzministerium, der Reichsbank und den Nationalbanken in Prag und Preßburg getroffene Abrede über die Durchführung der am 14.7.1939 unterzeichneten deutsch-slowakischen Banknotenvereinbarung ist es gelungen, einen Betrag von 2,4 Millionen RM bereitzustellen. Eine Möglichkeit, die fehlenden 2,6 Millionen RM auf ähnliche Weise aufzubringen, besteht nicht.

Es bleibt demnach nur übrig, die erforderlichen 2,6 Millionen RM von dem Reichsfinanzministerium anzufordern; der Entwurf für ein solches Schreiben liegt bei.

Es empfiehlt sich, die wesentlichen Verhandlungen mit Ungarn auf diese Weise zu beenden, weil:

1. die Innenressorts auf die endgültige Bereinigung der Goldfrage entscheidenden Wert legen,

2. es im außenpolitischen Interesse erwünscht erscheint, daß wir nach Abschluß einer Banknotenvereinbarung mit der Slowakei auch ein entsprechendes Abkommen mit Ungarn unterzeichnen und nach außen sagen können, wir haben im Zuge der wirtschaftlichen Auseinandersetzung zwischen dem Protektorat und den Nachfolgestaaten der früheren Tschecho-Slowakei eine der wichtigsten Fragen reibungslos erledigt,

3. für den Fall eines deutsch-polnischen Konflikts es dringend geboten erscheint, daß die bestehenden Differenzen mit den Ungarn bereits ausgeräumt sind.

Ich bitte um Genehmigung, in der vorgeschlagenen Weise verfahren zu dürfen.

Hiermit über Herrn Direktor W und Herrn Staatssekretär dem Herrn Reichsaußenminister vorzulegen.

Berlin, den 28. August 1939
EISENLOHR

[Anlage: Entwurf eines Schreibens an den Reichsminister der Finanzen Schwerin von Krosigk]

Im Zuge der durch die wirtschaftliche Auseinandersetzung der verschiedenen Teile der früheren Tschecho-Slowakei veranlaßten deutsch-ungarischen Regierungsverhandlungen hat sich ergeben, daß zur Abgeltung des ungarischen Auseinandersetzungsanspruchs auf einen Anteil am Goldbestand der Nationalbank für Böhmen und Mähren in Prag ein Betrag von rund 2,6 Millionen Reichsmark erforderlich ist. Die beteiligten Ressorts, insbesondere der Beauftragte für den Vierjahresplan, sind der Auffasung, daß die Erfüllung dieses Anspruchs im politischen Interesse notwendig ist. Es wird ergebenst gebeten, den genannten Betrag dem Auswärtigen Amt außerplanmäßig zur Verfügung zu stellen.

193

PA/AA, Politische Abteilung IV, R 103708

Bericht des Geschäftsträgers der Deutschen Botschaft in Paris Bräuer an das Auswärtige Amt

A 3996   Paris, den 31. August 1939
Pol. IV *4941*

Inhalt: Bildung einer selbständigen tschechoslowakischen Armee für den Konfliktfall.

In der Anlage beehre ich mich, in der Veröffentlichung der Radio-Agentur den Text eines Communiqués der hiesigen Tschechoslowakischen Gesandtschaft sowie ein im „Journal" vom 31. August erschienenes Interview des ehemaligen Tschechischen Gesandten Osuský vorzulegen. In beiden Veröffentlichungen wird betont, daß die in Frankreich lebenden ehemaligen tschechoslowakischen Staatsangehörigen – etwa 50.000 – sich in einer besonderen Lage befänden, die nicht der jener Ausländer entspreche, die von dem französischen Dekret vom 14. April 1939 betreffend die Erstreckung der militärischen Dienstpflicht auf Staatenlose, Heimatlose oder politische Flüchtlinge betroffen werden. Die Tatsache, daß die französische Regierung weder die Besetzung noch die Annexion der Tschechoslowakei anerkannt habe, belasse den ehemaligen tschechoslowakischen Staatsangehörigen ihre Eigenschaft als Staatsangehörige dieses Landes. Da aber die ehemalige Tschechoslowakei mit Frankreich einen Bündnisvertrag habe, würden die ehemaligen tschechoslowakischen Staatsbürger als Verbündete Frankreichs unter ihren eigenen Fahnen kämpfen und eine kleine tschechoslowakische Armee bilden. Dieser würden sich nicht nur die in Frankreich, sondern auch die im sonstigen Ausland Lebenden ehemaligen tschechoslowakischen Staatsbürger anschließen.[307]

---

[307] Der ehemalige tschechoslowakische Diplomat Osuský und General Ingr hatten Ende August 1939 der französischen Regierung die Aufstellung einer Armee aus tschechoslowakischen Staatsbürgern angeboten, die aber der provisorischen tschechoslowakischen Regierung unterstellt werden sollte. Am 2.10.1939 unterzeichneten Osuský und der französische Ministerpräsident Daladier eine Vereinbarung über die Wiedereinführung einer tschechoslowakischen Armee in Frankreich.

Wie bereits gemeldet, hatten bald nach der Errichtung des Protektorats Böhmen und Mähren die ehemaligen Tschechoslowakischen Konsulate in Frankreich begonnen, ein Verzeichnis tschechoslowakischer Freiwilliger vorzubereiten, die als Mitglieder einer schon damals ins Auge gefaßten tschechoslowakischen Armee in Frage kommen könnten. Auf den sich hierauf beziehenden Bericht vom 13. Mai – A 1958 – wird Bezug genommen.

BRÄUER

194

PA/AA, Büro des Staatssekretärs, R 29773
PA/AA, Büro des Unterstaatssekretärs, R 29904

Fernschreiben des Staatssekretärs im Protektorat Frank an Staatssekretär Weizsäcker

15   13   22 Sep   1939
Prag Nr. 25813   22.9.39   1505

An Herrn Staatssekr. v. Weizsäcker, Berlin, Auswärt. Amt, über Gestapa[308] Berlin – Geheim. Dringend – sofort – vorlegen.

Betrifft: Erlaß von Bestimmungen über die Staatsangehörigkeit der Protektoratseinwohner sowie über die Aberkennung dieser Staatsangehörigkeit und die Sequestrierung von Vermögen.
Vorgang: ohne.

Die von Havas u. Reuter in den letzten Tagen in Szene gesetzte Greuelpropaganda zwingt dazu, die Quellen dieser Propaganda zu bekämpfen. Hierzu ist u.a. ein gewisser Druck auf diejenigen Protektoratseinwohner notwendig, die im Ausland leben und in den Diensten der Feindmächte stehen, die aber noch Besitz im Protektorat haben oder deren nächste Anverwandte im Protektorat ansässig sind. Die Aberkennung der Staatsangehörigkeit und die Sequestrierung der Vermögen werden die Propaganda erheblich abschwächen. Die Gesetzentwürfe betr. die Staatsangehörigkeit der Protektoratseinwohner und betr. die Aberkennung dieser Staatsangehörigkeit und die Sequestrierung von Vermögen, liegen derzeit dem Reichsministerium des Innern mit der Stellungnahme des Amtes des Herrn Reichsprotektors vor und sollen in einer gemeinsamen Besprechung mit dem Auswärt. Amt ihrer abschließenden Formulierung zugeführt werden. Ich wäre dankbar, wenn von seiten des Ausw. Amtes veranlaßt würde, daß die Besprechung, die am 23.9.39 stattfinden soll, ehestens zum Abschluß gebracht wird. Das Amt des Herrn Reichsprotektors ist auf die Gesetzesentwürfe dringend angewiesen und es ist insoweit der Me-

---

[308] Geheimes Staatspolizeiamt.

thoden der Propaganda der Feindmächte jeder Tag kostbar. Ich hoffe, keine Fehlbitte getan zu haben und mich Ihrer Unterstützung sicher zu wissen.[309]

Heil Hitler!
FRANK
Staatssekretär

195

PA/AA, Büro des Unterstaatssekretärs, R 29904
PA/AA, Handelspolitische Abteilung, R 106218

Mitteilung des Leiters der Politischen Abteilung Woermann an den Leiter der Wirtschaftspolitischen Abteilung Wiehl

Berlin, den 5. Oktober 1939

Eilt sehr!

Die Protektoratsregierung hat den Reichsprotektor gebeten, seinen Einfluß beim Führer und bei der Reichsregierung dahin geltend zu machen, damit das Teschener Land (Olsagebiet) wieder mit dem Protektorat verbunden werde.

Der Reichsprotektor hat dabei in <u>wirtschaftlicher</u> Hinsicht folgendes ausgeführt:

„Wie groß die wirtschaftliche Bedeutung der Abtretung dieses nur kleinen sogenannten Olsa-Gebietes war, erhellt am besten daraus, daß durch sie die wirtschaftliche Struktur der früheren Tschecho-Slowakei, die damit ihre Hauptsteinkohlenbasis und ihre Steinkohlenautarkie verloren hat, weit mehr verändert wurde, als durch die Abtretung der viel größeren Gebiete an Deutschland. Anstatt der bisherigen Ausfuhr, d.h. einer Aktivität im Werte von 621 Millionen Kronen wurde eine Einfuhr in Höhe von 9 Millionen Tonnen Kohle notwendig, was eine Ausgabe von 1 Milliarde Kronen jährlich bedeutet. Von besonderer Wichtigkeit für das Protektorat ist die Eisenindustrie in Třinec,[310] die ca. 40% von der gesamten Eisenindustrie in der ehemaligen Tschecho-Slowakei, und zwar 45% der gesamten Stahlerzeugung und 31% der gesamten Gußeisenproduktion ausmacht, sowie die Erzeugung von Platinen[311] und Brammen[312] in Třinec für die Karlshütte in Friedeck,[313] welche 100% dieser Halbfabrikate aus Třinec bezog."

---

[309] Aus dieser Besprechung gingen die „Verordnung über die Aberkennung der Staatsangehörigkeit des Protektorats Böhmen und Mähren" vom 3.10.1939 (RGBl. 1939 I, 1997 f.) sowie die „Verordnung über die Einziehung von Vermögen im Protektorat Böhmen und Mähren" vom 4.10.1939 (RGBl. 1939 I, 1998 f.) hervor.

[310] Třinec (Trzynietz) besaß neben einem bedeutenden Eisen- und Stahlwerk noch eine Koksanstalt, eine Chemikalienfabrik sowie eine Ammoniakerzeugung.

[311] Der ungebogene Zustand eines Bleches.

[312] Vormaterial für Bleche und Bänder.

[313] Die Bandeisen- und Blechwalzhütte AG Karlshütte war 1928 in Friedeck gegründet worden.

Hiermit Dir. W mit der Bitte um möglichst umgehende Stellungnahme auch in handels- und zollpolitischer Hinsicht. Ich bitte ferner auch um kurze Beurteilung in verkehrspolitischer Hinsicht (Oderberg usw.).

WOERMANN

196

PA/AA, Büro des Unterstaatssekretärs, R 29904

Bericht des Leiters der Politischen Abteilung Woermann an Staatssekretär Weizsäcker

Berlin, den 12. Oktober 1939

Zum Schreiben des Reichsprotektors vom 3. Oktober – Nr. 427/39 –, betreffend Rückgabe des Teschener Landes an das Protektorat.

Die Politische Abteilung (Anlage 1), die Wirtschaftsabteilung (Anlage 2) und die Volksdeutsche Mittelstelle[314] (Anlage 3) haben sich mit beachtlichen Gründen gegen die Rückgabe ausgesprochen.
    Eine Entscheidung des Führers in diesem Sinne scheint bereits getroffen zu sein.
    Hiermit dem Herrn Staatssekretär vorgelegt.

WOERMANN

197

PA/AA, Büro des Unterstaatssekretärs, R 29904

Mitteilung des Leiters der Politischen Abteilung Woermann an die Protokollabteilung

Prot. A 11487/39 Mob. II

Eilt!

Ich stimme der Vorlage inhaltlich zu, glaube aber, daß die Formulierung noch einer Änderung bedarf. Wir können nicht erklären, daß wir „mit der Übernahme des Schutzes der britischen und französischen Interessen im Protektorat Böhmen und Mähren durch das Amerikanische Generalkonsulat" einverstanden sind. Der Schutz der britischen und französischen Interessen im Protektorat liegt vielmehr bei der Amerikanischen Botschaft in Berlin. Es ist deren Angelegenheit, welcher Konsulate sie sich zu diesem Zweck bedient.
    Hiermit dem Protokoll wiedervorgelegt.

WOERMANN

---

314 Das Hauptamt Volksdeutsche Mittelstelle war zuständig für außerhalb des Deutschen Reiches lebende Volksdeutsche. Im Mittelpunkt stand die Umsiedlung deutscher Volksgruppen, die zwischen 1939 und 1940 unter der Parole „Heim ins Reich" durchgeführt wurde.

198

PA/AA, Büro des Staatssekretärs, R 29773

Rundschreiben des Leiters der Personal- und Verwaltungsabteilung Kriebel[315]

Berlin, den 24. Oktober 1939
MBD 270

Der Grundsatz, daß die Amtssprache der deutschen Auslandsvertretungen die deutsche ist, muß auch für den dienstlichen Verkehr mit den Angehörigen des Protektorats Böhmen und Mähren gelten. Ich bitte, bis auf weiteres nach folgenden Grundsätzen zu verfahren:

1. Es ist unablässig darauf hinzuwirken, daß sich die tschechischen Volkszugehörigen im Verkehr mit den deutschen Auslandsvertretungen an den Gebrauch der deutschen Sprache gewöhnen.

2. Die deutschen Auslandsvertretungen verwenden im schriftlichen Verkehr mit den Protektoratsbehörden und mit Protektoratsangehörigen grundsätzlich die deutsche Sprache.

3. Schriftliche Eingaben in tschechischer Sprache haben die deutschen Auslandsvertretungen von tschechischen Volkszugehörigen entgegenzunehmen und zu bearbeiten.

4. Tschechische Volkszugehörige können sich im mündlichen Verkehr mit den deutschen Auslandsvertretungen der tschechischen Sprache bedienen, wenn sie sich in der deutschen Sprache oder der Sprache des Aufenthaltsstaates nicht verständlich machen können.

5. Soweit den Auslandsvertretungen für die unter Ziffer 3 und 4 bezeichneten Fälle ein sprachkundiger Beamter oder Angestellter nicht zur Verfügung steht, sind die Dienste eines Dolmetschers, möglichst unter Vermeidung von Kosten für die Reichskasse, in Anspruch zu nehmen. Sollte auch dies in Ausnahmefällen nicht möglich sein, so kann im mündlichen Verkehr mit einem tschechischen Volkszugehörigen eine diesem und dem amtierenden Beamten gleichermaßen geläufige andere Sprache verwendet werden.

6. Auf jeden Fall ist zu vermeiden, daß die vorstehenden Grundsätze rein schematisch gehandhabt werden. Das sachliche Interesse an einer beschleunigten und sachgemäßen Erledigung jedes Falles ist voranzustellen. Sollte dieses Interesse es gebieten, daß zum Beispiel einem Bescheid einer Auslandsbehörde eine tschechische Übersetzung beigefügt wird, so können die Auslandsbehörden nach pflichtmäßigem Ermessen so verfahren

Im Auftrag
KRIEBEL

---

[315] Diese Informationen gingen am 15.11.1939 an alle deutschen Auslandsmissionen.

199

PA/AA, Büro des Staatssekretärs, R 29773
PA/AA, Büro des Unterstaatssekretärs, R 29904

Bericht des OKW-Ausland an das Auswärtige Amt

Demonstrationen im Laufe des Nachmittags immer stärker geworden. Höhepunkt gegen 18 Uhr. Um 20 Uhr bei Einsetzen deutscher Polizei vollständig Ruhe. 1 Toter, einige Verletzte. Tschechische Regierung und tschechische Polizei hielten sich anscheinend sehr zurück. Erst als deutsche Polizei eingesetzt wurde, fanden die Demonstrationen um 20 Uhr ihren Abschluß.[316]

Inzwischen neue Meldung

Seit 9.50 Uhr heute vormittag wurde plötzlich der Straßenbahnverkehr in Prag vollkommen stillgelegt. Es wird festgestellt, welche die Ursache dieser Stillegung ist.[317]

Weitere Meldung

Es sind Flugblätter im Protektorat verbreitet, in denen die Eisenbahner aufgefordert werden, Sabotage und Resistenz in großem Umfange durchzuführen. Bestimmte Anweisung, wie das im einzelnen vor sich gehen solle, ist gegeben: Weichenfalschstellung, Güterzüge auf offener Strecke zerreißen, Achsen der Fahrzeuge unbrauchbar machen.

Berlin, den 29.X.39

VON DER HEYDEN-RYNSCH

---

[316] Der Widerstand hatte den 28.10. als Tag der tschechoslowakischen Unabhängigkeit bewusst für Demonstrationen gewählt, um Hitlers Behauptung, im Protektorat herrsche Ruhe und Freude über den neuen Status, ad absurdum zu führen. In Prag war es zu Demonstrationen, Arbeitsniederlegungen und bei den Studierenden zum Boykott der Vorlesungen gekommen. Als sich am Abend immer mehr Menschen den Massenkundgebungen angeschlossen hatten, hatte die deutsche Polizei eingegriffen und dabei einen Arbeiter erschossen sowie 15 Menschen verletzt. Unter den Verwundeten war auch der Student Jan Opletal, der den Folgen der Schussverletzung am 11.11.1939 erlag. Als sein Leichnam vier Tage später durch Prag zum Hauptbahnhof verbracht wurde, um ihn von dort in seinen Heimatort zu überführen, folgte eine große Menschenmenge aus Studierenden und Einwohnern dem Sarg, wobei auch die Nationalhymne gesungen wurde.

[317] Um die Anreise möglicher Demonstranten in das Stadtzentrum zu verhindern, wurde der Straßenbahnverkehr an diesem Tag eingestellt.

200

PA/AA, Politische Abteilung IV, R 103708

Bericht des Deutschen Botschafters in Brüssel Bülow-Schwante
an das Auswärtige Amt

A 1663 Brüssel, den 8. November 1939
Pol. IV *5769*

Betrifft: Tätigkeit der tschechischen Emigration in Frankreich.

Die bisherige Tätigkeit der tschechischen Emigration in Frankreich hat sich seit Kriegsbeginn im Gegensatz zu der der polnischen Scheinregierung[318] verhältnismäßig unbemerkt und ohne größere propagandistische Aufmachung vollzogen. Der hauptsächlichste Unterschied in der Behandlung der Tschechen und der Polen durch die westlichen Demokratien besteht darin, daß ersteren trotz aller ihrer Bemühungen und im Gegensatz zum Weltkrieg bisher die Bildung einer Scheinregierung nach polnischem Muster nicht gestattet worden ist. Die Gründe für diese unterschiedliche Behandlung dürften z.T. in persönlichen Zwistigkeiten innerhalb der tschechischen Emigration, z.T. darin liegen, daß sich England und Frankreich mangels einer rechtlichen Verpflichtung den Tschechen gegenüber in der Frage der Kriegsziele nicht festlegen wollen.

Die Grundlage der Beziehungen zwischen der tschechischen Emigration und den alliierten Regierungen hat sich somit seit Kriegsbeginn nicht verschoben. Sie besteht nach wie vor darin, daß die ehemaligen Tschechischen Gesandten in Paris und London[319] als „offizielle Vertreter des tschechoslowakischen Volkes" anerkannt wurden.[320] In Paris haben diese Beziehungen am 2. Oktober zum Abschluß eines Vertrages geführt, demzufolge die französische Regierung den Tschechen die Bildung eines tschechoslowakischen Heeresverbandes auf französischem Boden gestattet und der für Frankreich vom Ministerpräsidenten Daladier und für die tschechische Emigration von dem ehemaligen Gesandten Osuský unterzeichnet ist. Der Wortlaut dieses Vertrages ist bisher weder im „Journal Officiel" noch in der Presse erschienen, so

---

[318] Die polnische Regierung, der Staatspräsident und die Heeresleitung waren am 17.9.1939 aus Polen nach Rumänien geflüchtet, wo sie von der dortigen Regierung interniert wurden. Daraufhin hatten sie ihre Ämter niedergelegt und das Staatspräsidium Władysław Raczkiewicz in Paris übertragen, der General Władysław Sikorski zum Ministerpräsidenten berief. Diese Exilregierung wurde von Frankreich, Großbritannien und den USA anerkannt.

[319] Jan Masaryk.

[320] Diese Anerkennung beinhaltete jedoch nur das Recht, das tschechoslowakische Volk zu repräsentieren.

daß nicht festgestellt werden kann, ob er bereits in Kraft getreten ist oder nicht.[321]

Sei dem wie auch immer, jedenfalls hat sich die Haupttätigkeit der Tschechen bisher auf den Versuch beschränkt, den im Vertrag vorgesehenen Heeresverband aufzustellen. Als sein Oberbefehlshaber ist Pressenachrichten zufolge der tschechische General Ingr bestimmt worden. Im „Oberkommando" ist außerdem noch der frühere Generalinspektor der slowakischen Armee General Viest tätig. Die Führung einschließlich des Unteroffiziercorps und die Mannschaft des aufzustellenden Heeresverbandes werden ausschließlich aus Tschechen und Slowaken bestehen. Die Rekrutierung des polnischen Heeresverbandes, über den ich in anderem Zusammenhang berichtet habe, erfolgt bekanntlich unter Mitwirkung der französischen Behörden. Diejenige des tschechischen Heeresverbandes beruht dagegen offenbar allein auf der Freiwilligen-Werbung. Anfang Oktober wollte die französische Presse wissen, daß sich bereits 10.000 Freiwillige gemeldet hätten und 500 nach Frankreich geflüchtete Flieger bereit ständen. Es liegt auf der Hand, daß diese Ziffern dem Bereich der Phantasie angehören. Immerhin berichtet die Presse gelegentlich, daß Freiwilligentransporte nach dem tschechischen Ausbildungslager abgegangen seien. So ging Ende Oktober eine Nachricht durch die Zeitungen, wonach „ein 3. Kontingent tschechoslowakischer Soldaten im Alter von 18 bis 40 Jahren aus der Umgebung von Paris" abgefahren sei. Erwähnt sei in diesem Zusammenhange noch, daß sich bei dem Französischen Roten Kreuz ein tschechisches Comité gebildet hat.

Am 7. Oktober ist Herr Beneš, von London kommend, zu einem etwa dreiwöchigen Aufenthalt in Paris eingetroffen und im Hotel Crillon an der Place de la Concorde abgestiegen. In seiner Begleitung befanden sich der erwähnte General Viest und als Finanzexperte ein Herr Outrata. Von der französischen Presse wurde Herr Beneš bei dieser Gelegenheit als „früherer Präsident der tschechoslowakischen Regierung" bezeichnet. Schon daraus ergibt sich, daß Herr Beneš mit hochgespannten Erwartungen nach Paris gekommen sein dürfte. Daß aus der zweifellos von ihm gewünschten und betriebenen Bildung einer tschechoslowakischen Scheinregierung dann nichts geworden ist, dürfte zum Teil auf Quertreibereien des Tschechoslowakischen Gesandten Osuský zurückzuführen sein, der bekanntlich nach München in einen scharfen Konflikt mit Beneš gekommen ist.[322] In Ermangelung einer

---

[321] Das „Journal officiel de la République française" ist eine offizielle staatliche Tageszeitung zur Bekanntmachung sämtlicher Gesetze, Verordnungen und Regulierungen aus dem legislativen Bereich.

[322] Hintergrund dieses Konfliktes war Beneš' Ablehnung einer slowakischen Autonomie. Der Konflikt erreichte Mitte 1940 seinen Höhepunkt. Beneš zog die Nominierung Osuskýs zum Außenminister der provisorischen tschechoslowakischen Regierung in London zurück, nachdem Osuský erklärt hatte, die Verantwortung für deren Politik nicht mehr teilen zu können. Er emigrierte später in die USA und kehrte nicht mehr in die Tschechoslowakei zurück.

fruchtbareren Tätigkeit mußte sich Beneš während seiner Anwesenheit in Paris auf einige propagandistische Erklärungen an die Presse und mehr oder weniger spektakuläre Besuche beschränken. Bei seinen Presseempfängen feierte er hauptsächlich das oben erwähnte Militärabkommen mit Frankreich, wobei er den unbedingten Willen des tschechischen Volkes, seine Unabhängigkeit wiederzugewinnen, unterstrich. Soweit die französische Presse darüber berichtet hat, führten seine Besuche Herrn Beneš u.a. zum französischen Ministerpräsidenten und zum polnischen „Ministerpräsidenten" General Sikorski, der übrigens auch von Herrn Hodža aufgesucht worden ist. Über die Fühlungnahme Beneš' mit österreichischen Legitimisten habe ich am 30. Oktober unter Nr. A 1616 berichtet.[323] Größer aufgemacht wurde schließlich der Besuch Beneš' in dem in der rue Bonaparte gelegenen Hause, wo er während des Weltkrieges amtiert hat,[324] und den im „Cercle Militaire" versammelten tschechischen Offizieren. An dem Empfang durch letztere nahmen von französischer Seite u.a. teil die Generale Mittelhauser als früherer Chef des Generalstabes des tschechoslowakischen Heeres und Faucher als früherer Chef der französischen Militärmission in der Tschechoslowakei.

Nach seiner Abreise aus Paris hat Herr Beneš in der „Oeuvre" den im Ausschnitt beigefügten Aufsatz veröffentlicht, in dem er seine Kriegsziele darlegt. Er fordert darin ein neues Gleichgewicht zwischen den großen Nationen; ein neues System für die friedliche Zusammenarbeit zwischen den Großmächten einerseits und den Klein- und Mittelstaaten andererseits; schließlich ein neues System der kollektiven Sicherheit. Auch hier also stellt Herr Beneš wieder unter Beweis, daß er der Ewiggestrige ist und bleibt.[325]

Zum Schluß darf ich auf die gleichfalls beigefügte Schrift Osuskýs „La Techécoslovaquie renaît" hinzuweisen.[326]

VON BÜLOW-SCHWANTE

[323] Die österreichischen Legitimisten erkannten die Abdankung von Kaiser Karl I. nicht an. Weil diese Position mit den totalitären Ansprüchen des Deutschen Reiches nicht im Einklang stand, wurden die Legitimisten verfolgt, verhaftet und ins Konzentrationslager verbracht. Im Widerstand und im Exil spielten sie eine größere Rolle.

[324] Beneš hatte in der Zeit des Ersten Weltkrieges das Haus in der rue Bonaparte 18 bewohnt. Heute beherbergt das Haus das Centre Tchèque Paris.

[325] Im ersten Aufsatz nach seinem Rücktritt verwies Beneš auf die Wiederholung der Geschichte und forderte eine andere Nachkriegspolitik als nach dem Ersten Weltkrieg, damit sich Locarno nicht wiederhole; vgl. La guerre de 1914 et la guerre de 1939. In: L'Oeuvre v. 27.10.1939.

[326] Am 27.10.1939 hatte Osuský zusammen mit André Bender und André Fribourg die Schrift „La Tchéco-Slovaquie renaît (sa résistance à l'oppression allemande)" publiziert, die sich kritisch mit der Okkupation der Tschechoslowakei auseinandersetzt.

201

BArch, Reichskanzlei, R 43 II/1324b

**Telegramm des Reichsprotektors Neurath
an den Führer und Reichskanzler Hitler**

KR-RBRT Nr. 64 – 9.11.39 – 14.35 Uhr

Auftragsgemäß melde ich, daß gestriger Tag, der als Jahrestag der Schlacht am Weißen Berg[327] zur Wiederholung von deutschfeindlichen Demonstrationen benutzt werden sollte, im ganzen Protektorat ruhig verlaufen ist.

Der Reichsprotektor in Böhmen und Mähren
NEURATH

202

PA/AA, Büro des Staatssekretärs, R 29830

Aufzeichnung des Staatssekretärs Weizsäcker

St.S. Nr. 910   Berlin, den 18. November 1939

Der Russische Botschafter[328] wünschte mich heute nachmittag dringlich zu sprechen. Bei seinem Besuche teilte er mir folgendes mit:

In Prag sei eine antijüdische Kunstausstellung, organisiert von zwei tschechischen Organisationen, angeblich Vlajka und Tábor. Unter den Bildern der Ausstellung sei auch eine ganze Serie solcher mit ausgeprägt antisowjetischen Charakter. Er wolle mir dieses mitteilen mit dem Hinzufügen, daß derartige öffentliche antisowjetische Manifestationen ihm nicht erwünscht erscheinen. Die Ausstellung sei am 22. Oktober eröffnet worden; die beabsichtigte Dauer sei ihm nicht bekannt. Ein Sonderzimmer in der Ausstellung sei diesen antisowjetischen Dingen speziell gewidmet. Der Botschafter führte dann drei Beispiele an:

[327] Von den protestantischen böhmischen Ständen war Kurfürst Friedrich von der Pfalz 1619 zum König von Böhmen gewählt worden. Damit hatten sie dem katholischen Kaiser Ferdinand II. die Thronrechte auf das Land aberkannt, der daraufhin seine Truppen zusammengezogen hatte, um sie gegen den Kontrahenten ins Feld zu führen. Beide Heere waren am 8. November 1620 am Weißen Berg (Bílá hora) vor den Toren Prags aufeinandergetroffen und der Kaiser obsiegte. Nach ihrem Sieg hatten die Kaiserlichen fast die gesamte protestantische Aristokratie und alle nicht katholischen Geistlichen verfolgt. Viele mussten das Land verlassen, viele wurden hingerichtet. Ihr Grundbesitz und Vermögen wurde dem loyalen katholischen Adel zugeteilt.
[328] Alexej Merekalov.

1) Ein Bild von Rotarmisten und einer nackten Frau, der Sinn des Bildes sei unzweideutig.

2) Eine Reihe von Bildern mit unfreundlicher Bedeutung, auf welchen, ohne Beziehung zu dem dargestellten Vorgang, der Sowjetstern, das Staatsemblem, enthalten sei.

3) Auf einem Bild werde der Kopf einer Frau, der vom Körper getrennt sei, von einem Juden auf einem Teller gehalten. Darunter seien die Anfangsbuchstaben der Sowjetunion verzeichnet.

Diesen Beispielen könnten, so meinte der Botschafter, noch viele weitere hinzugefügt werden, denn wohl 25% aller der Bilder hätten antisowjetischen Sinn.

Ich sagte dem Botschafter zu, mich um die Sache alsbald kümmern zu wollen und – wie ich hoffte – mit dem angemessenen Erfolge.

Eine zum Schluß von dem Botschafter hingeworfene Bemerkung, daß die Ausstellung von den deutschen Zensurstellen genehmigt worden sei, wird nachprüfungsbedürftig sein.

WEIZSÄCKER

203

PA/AA, Büro des Staatssekretärs, R 29830

Aufzeichnung des Referatsleiters Osteuropa in der Politischen Abteilung Schliep

Ich habe heute nachmittag weisungsgemäß Herrn Gesandten Ziemke telefonisch von dem Inhalt der Aufzeichnung des Herrn Staatssekretärs vom heutigen Tage, St.S. Nr. 910,[329] Kenntnis gegeben und ihn gebeten, die Beschwerde des Sowjet-Botschafters[330] nachzuprüfen und gegebenenfalls das Erforderliche zu veranlassen. Herr Ziemke wird am 20. November telefonisch berichten.

Hiermit dem Herrn Staatssekretär vorgelegt.

Berlin, den 18. November 1939
SCHLIEP

[329] Siehe Dokument Nr. 202.
[330] Alexej Merekalov.

204

PA/AA, Politische Abteilung IV, R 103708

Bericht des Deutschen Botschafters in Brüssel Bülow-Schwante
an das Auswärtige Amt

A 1712   Brüssel, den 20. November 1939
                                             Pol. IV *5924*

Im Anschluß an den Bericht vom 8. Nov. – A 1663 –[331] und mit Bezug auf den Erlaß vom 8. Nov. – Pol. IV 5646.

Inhalt: Tätigkeit der tschechischen Emigration.
          Bildung eines tschechischen Nationalkomitees.

Durch eine Verlautbarung der Agentur Havas vom 17. Nov. ist bekannt geworden, daß am 13. November der ehemalige Tschechische Gesandte in Paris Osuský der französischen Regierung die Bildung eines „tschechoslowakischen Nationalkomitees" zur Kenntnis gebracht hat. Das Komitee setzt sich zusammen aus dem ehemaligen Staatspräsidenten Beneš, den früheren Ministern Šrámek und Slávik, den Generalen Ingr und Viest, dem Industriellen Outrata, dem Journalisten Ripka und dem Gesandten Osuský selbst. Aus der Verlautbarung ergibt sich weiter, daß die französische Regierung die Bildung des Komitees zur Kenntnis genommen habe und daß es insbesondere dazu berufen sein werde, für die Durchführung des Abkommens vom 2. Oktober über die Aufstellung einer tschechoslowakischen Armee Sorge zu tragen.

Über die Bildung des tschechischen Nationalkomitees und seine angebliche Rechtsgrundlage nach Völkerrecht und tschechoslowakischem Verfassungsrecht ist ein weiteres Communiqué veröffentlicht worden, das im Ausschnitt aus dem „Temps" vom 19. November hier beigefügt ist.[332] In diesem Communiqué heißt es unter Ziffer 9, daß im französisch-tschechischen Abkommen vom 2. Oktober eine provisorische tschechoslowakische Regierung vorgesehen war, unter deren Leitung die Mobilisierung der tschechoslowakischen Staatsangehörigen und die Bildung der Armee erfolgen sollte. Es heißt dann weiter, daß die Bildung der erwähnten provisorischen Regierung „aus verschiedenen Gründen" nicht folgen werde und zwecks Durchführung des Abkommens vom 2. Oktober sich das tschechoslowakische Nationalkomitee gebildet habe, das durch einen Notenwechsel zwischen den Herren Daladier

---

[331] Siehe Dokument Nr. 200.

[332] In diesem Absatz heißt es: „L'accord franco-tchécoslovaque du 2 octobre 1939 portant reconstitution de l'armée tchécoslovaque en France, portait mention d'un gouvernement provisoire tchécoslovaque, sous la direction duquel la mobilisation des citoyens tchécoslovaques serait effectuée et l'armée organisée. Pour différentes raisons, la constitution du gouvernement provisoire tchécoslovaque n'a pas lieu. Cependant, afin de pouvoir mettre en vigueur les dispositions de l'accord du 2 octobre sur la reconstitution de l'armée tchécoslovaque, un comité national tchécoslovaque vient de se constituer à Paris". Le Temps v. 19.11.1939.

und Osuský und der französischen Regierung anerkannt worden sei. Über die Gründe, weshalb es nicht zur Bildung einer tschechoslowakischen Regierung gekommen ist, herrscht noch keine völlige Klarheit. Nach hier vorliegenden Nachrichten sollen hierfür nicht nur die im Vorbericht erwähnten persönlichen Zwistigkeiten zwischen Osuský und Beneš, sondern insbesondere auch die Tatsache maßgeblich gewesen sein, daß bei verschiedenen Mitgliedern des französischen Kabinetts erhebliche Bedenken gegen die Person des Herrn Beneš bestehen. In diesem Zusammenhang wird besondere darauf hingewiesen, daß es diesem während seines 3-wöchigen Aufenthalts in Paris trotz seines lebhaften Wunsches und wiederholter Versuche nicht gelungen ist, vom Ministerpräsidenten Daladier empfangen zu werden. Auf der anderen Seite ist es immerhin als ein gewisser Erfolg seiner und Osuskýs Pariser Tätigkeit zu betrachten, daß in der Antwort des Präsidenten Lebrun auf das Vermittlungsangebot des Königs der Belgier und der Königin von Holland[333] die Wiederherstellung der Tschechoslowakei ausdrücklich als französisches Kriegsziel bezeichnet worden ist.

In tschechoslowakischen Kreisen wird die Bildung des Nationalkomitees, vielleicht voreilig, als erster Schritt zur Bildung einer tschechoslowakischen Regierung nach dem Vorbild der polnischen Scheinregierung des Generals Sikorski bezeichnet. Diese Regierung soll aus 4 Mitgliedern zusammengesetzt werden, und zwar aus den Herren Beneš, Osuský, Ingr und Outrata. Auch das Programm wird bereits erörtert und soll in der Wiedererrichtung einer Tschechoslowakei auf föderalistischer Grundlage bestehen, wobei die Tschechei und die Slowakei je eine autonome Regierung unter einem gemeinsamen Staatsoberhaupt und mit einem gemeinsamen Außenministerium erhalten sollen. Über die Außenpolitik der so wiederhergestellten Tschechoslowakei heißt es, daß sie sich bemühen werde, mit Polen, Ungarn, Österreich und Rumänien einen unabhängigen Staatenblock zu bilden, dessen Mitglieder gegenseitige Hilfeleistungspakte und eine Zollunion abschließen würden.

Über die Aufstellung des tschechoslowakischen Heeresverbandes ist inzwischen hier bekannt geworden, daß diese in einem Lager in Südfrankreich erfolgt. Das Lager steht unter dem Befehl des französischen Generals Mativet. Die Leitung der Ausbildung obliegt einer französischen Militärmission unter dem früheren Chef der französischen Militärmission in der Tschechoslowakei, General Faucher. Dieser hat bekanntlich im Sommer 1938 seinen Abschied aus französischen Diensten genommen, um sich dem tschechoslowakischen Heer zur Verfügung zu stellen. Tschechischer Oberbefehlshaber ist,

---

[333] König Leopold III. und Königin Wilhelmina hatten am 7.11.1939 in einem Friedensappell Großbritannien, Frankreich und Deutschland zu einer Einstellung der Feindseligkeiten aufgefordert und gleichzeitig ihre Vermittlung angeboten. Die britische und französische Regierung hatten daraufhin gefordert, dass das Deutsche Reich zuvor seine Truppen aus Polen und der Tschechoslowakei abziehen müsse. Hitler war dazu nicht bereit gewesen.

wie im Vorbericht gemeldet, General Ingr. Als Kommandeur des 1. Infanterie-Regiments wird ein Oberst Janouch genannt. Die Mehrzahl der bisher im Lager anwesenden Tschechen besteht aus solchen, die in der französischen Fremdenlegion gedient haben. Von Mai bis September d.J. sollen sich ungefähr 1.000 Tschechen dort gemeldet haben. Dabei wurden tschechische Reserveoffiziere als Gefreite, aktive Offiziere als Unteroffiziere eingestellt. Lediglich ein Oberst Hájek, der zuletzt Chef des 2. Büros und vorher in den verschiedenen Ländern Militärattaché gewesen war, erhielt den Rang eines Majors. Die aus der Fremdenlegion in den tschechischen Heeresverband übernommene Abteilung steht jetzt unter seinem Kommando. Wie im Vorbericht erwähnt, hat die Rekrutierung des tschechischen Heeresverbandes bisher auf der Freiwilligenwerbung beruht. Es verlautet nunmehr, daß das Abkommen vom 2. Oktober die zwangsweise Rekrutierung der Tschechen in Frankreich auf Grund der tschechischen Wehrgesetze vorsieht. Da die in Frankreich lebenden Tschechen zahlreich sind, dürfte mit einem ziemlich raschen Anwachsen des Heeresverbandes zu rechnen sein.

VON BÜLOW-SCHWANTE

205

PA/AA, Büro des Staatssekretärs, R 29830

Aufzeichnung des Referatsleiters Osteuropa in der Politischen Abteilung Schliep

Ich habe den Sekretär der Sowjetbotschaft, Herrn Pavlov, weisungsgemäß davon in Kenntnis gesetzt, daß die von dem Sowjet-Botschafter[334] beanstandeten Bilder aus der antijüdischen Ausstellung des Malers Karl Relink in Prag entfernt worden seien.[335] Ich habe hierbei darauf hingewiesen, daß es sich bei der Ausstellung um eine private Veranstaltung des genannten Malers handelt, die ohne amtliche Mitwirkung oder Genehmigung unternommen worden sei. Ich habe ferner erwähnt, daß der Sowjetrussische Generalkonsul in Prag[336] von dem dortigen Vertreter des Auswärtigen Amts informiert worden sei.

Herr Pavlov, dem die Angelegenheit bekannt war, dankte für die Mitteilung und erklärte, sofort seinem Botschafter berichten zu wollen.

Hiermit dem Herrn Staatssekretär vorgelegt.

Berlin, den 22. November 1939
SCHLIEP

---

[334] Andrej Merekalov.
[335] Siehe Dokument Nr. 202.
[336] Sergej Alexandrovskij.

206

PA/AA, Politische Abteilung IV, R 103708

Bericht des Vertreters des Auswärtigen Amtes beim Reichsprotektor Ziemke an das Auswärtige Amt

D.Pol.4.   Prag, den 11. Dezember 1939
                                                           Pol. IV 6212/39

Inhalt: Erklärungen des Vorsitzenden der Protektoratsregierung.
Im Anschluß an das Schreiben vom 7. d.M. – D.Pol.4 –

Nach dem Staatspräsidenten Hácha und den Führern der Nationalen Einheitspartei hat nun auch der Vorsitzende der Protektoratsregierung Ministerpräsident Eliáš das Wort ergriffen und sich über die Einstellung der tschechischen Regierung geäußert. Den Erklärungen ist die Form eines Interviews mit dem hiesigen Vertreter des DNB gegeben worden.

Die drei zuletzt gestellten Fragen nach der Einstellung der tschechischen Regierung zu den Absichten und Zielen der Westmächte, zu der Tätigkeit des Emigranten Beneš und drittens zu den im Ausland jetzt aufgestellten tschechischen Legionen werden eindeutig dahin beantwortet, daß die Regierung Hácha sich unbedingt ablehnend verhält. Eliáš weist darauf hin, daß die „vielen persönlichen Tragödien tschechischer Menschen" zur Betonung dieser Ablehnung auch bei der Mehrheit der Bevölkerung beigetragen haben. Wer die Notwendigkeit dieser ablehnenden Haltung nicht begreifen wolle, müsse sich die strafbaren Folgen vor Augen halten.

Vielleicht ist die zuerst gestellte Frage nach dem Verhältnis der Regierung Hácha zu dem tschechischen Volk die schwierigste. Eliáš spricht in seiner Antwort von einer psychologischen Umwandlung, die das tschechische Volk durchmacht, und er unterstreicht die Schwierigkeiten, die auch deutsche leitende Kreise einsähen. „Der alleinige Inhalt der Tätigkeit der tschechischen Regierung ist das Wohl des tschechischen Volkes". Mit diesen Worten verteidigt Eliáš die Existenzberechtigung der jetzigen Regierung vor der tschechischen Öffentlichkeit.

Auf die Frage, wie die tschechische Regierung das Verhältnis von Prag zu Berlin, also von Volk zu Volk definiert, weist Eliáš auf die „unabänderliche Tatsache" hin, daß 8 Millionen Tschechen neben 80 Millionen Deutschen leben. „An dieser Tatsache kann das Ergebnis keines Krieges etwas ändern." Folglich spekuliere das tschechische Volk nicht auf das Ergebnis des jetzigen Krieges.

Diese Folgerung ist in Wirklichkeit abwegig, da die Mehrheit des tschechischen Volkes die Tatsache des Zusammenlebens durchaus nicht als unabänderlich ansieht und daher im Gegenteil alles von dem Ausgang des Krieges erwartet.

Der Verband für die deutsch-tschechische Zusammenarbeit gründete soeben in Brünn eine Zweigstelle. Es soll also nunmehr größere Aktivität gezeigt werden.

Ein Ausschnitt aus dem „Neuen Tag" Nr. 244 ist beigefügt.

DR. ZIEMKE

207

PA/AA, Inland II (Geheim), R 101108

Bericht des Vertreters des Auswärtigen Amtes beim Reichsprotektor Ziemke an das Auswärtige Amt

Nr. D.Pol.2.g   Prag, den 15. Dezember 1939
81-63 g Rs 15/12 (43 g Rs)

Geheime Reichssache

Mit Beziehung auf den Bericht vom 7. d.M. – D.Pol.4 –
Inhalt: Politischer Bericht.

Der Herr Reichsprotektor war kürzlich vom Führer zur Rücksprache nach Berlin befohlen worden. Wie Freiherr v. Neurath mir streng vertraulich mitteilte, wurden bei der Rücksprache Richtlinien für die nächste Zeit aufgestellt. An eine Aufhebung des Protektorats wird gegenwärtig nicht gedacht, zumal auch für eine unmittelbare Verwaltung nicht genügend deutsche Beamte zur Verfügung stehen. Es wird ferner davon Abstand genommen, das Land in größerem Umfange mit Deutschen zu besiedeln, denn die Verdeutschung des neuen deutschen Ostens ist vordringlich, und schon hierfür reicht die Zahl der deutschen Siedler kaum aus.[337] Die Aufhebung der Zollgrenze soll am 1. April 1940 erfolgen. Auf deutscher Seite soll alles vermieden werden, was Anlaß zu tschechischen Aktionen geben könnte, jedoch sind tschechische Unbotmäßigkeiten mit schärfsten Mitteln im Keime zu ersticken. Die tschechischen Hochschulen bleiben geschlossen, jedoch sollen die angegliederten Institute und Bibliotheken wieder eröffnet werden. Dabei ist Vorsorge zu treffen, daß diese Institute nicht etwa zu illegalen Lehrstätten werden.[338]

---

[337] Neurath und Hitler hatten diese Besprechung am 9.12.1939 gehabt. Über den Inhalt war Staatssekretär Frank einen Tag später von Neurath informiert worden.

[338] Am 3.12.1939 hatte Beneš eine über die BBC ausgestrahlte Rede an das tschechische Volk gerichtet, in welcher es u. a. hieß: „Sie wollen unsere Schulen und Universitäten zerstören, damit nach diesem Krieg keine tschechischen intellektuellen Führer mehr existieren werden, und um dann zu zeigen, dass wir uns selbst nicht regieren können. Sie wollen uns all unseren Reichtum stehlen und uns materiell und geistig zerstören. Nichts wird ihnen aber gelingen. Der Nationalsozialismus ist ein Gift, das den tschechischen Körper nicht vergiftet. Ich weiß, dass ihr in eurem Geiste standhaft bleibt. Lasst euch nicht provozieren, wir werden wieder frei sein." Vgl. *Beneš*, Edvard: Šest let exilu a druhé světové války. Řeči, projevy a dokumenty z r. 1938-1945 [Sechs Jahre Exil und Zweiter

Nach der Rückkehr des Herrn Reichsprotektors aus Berlin war Staatspräsident Hácha nebst Tochter bei ihm zum Frühstück als Gast. Die Einladung wurde in der hiesigen Presse nicht veröffentlicht, jedoch den ausländischen Korrespondenten als Zeichen des guten Einvernehmens zwischen Reichsprotektor und Protektoratsregierung mitgeteilt.

Die Stimmung in der tschechischen Öffentlichkeit hat sich nach außen hin sichtlich gebessert, zumal weite Kreise die Nutzlosigkeit von Widerstandsaktionen eingesehen haben. Man wartet ab und möchte in der Zwischenzeit nichts auf Spiel setzen. Aus diesem Grunde werden auch die Loyalitätserklärungen der Protektoratsregierung und der tschechischen Führer begrüßt, wobei man sich wohl mit dem Gedanken tröstet, daß niemand hierdurch kompromittiert wird, da das Ausland diese Erklärungen als erzwungen ansehen wird. Von Zwang ist jedoch keine Rede, denn diese Erklärungen sind im wohlverstandenen eigenen Interesse tatsächlich freiwillig abgegeben worden.

DR. ZIEMKE

208

BArch, Reichskanzlei, R 43 II/1324b

**Telegramm des Staatspräsidenten Hácha
an den Führer und Reichskanzler Hitler**

Lány,[339] 31. Dezember 1939

Anläßlich der Jahreswende erlaube ich mir, Eurer Exzellenz im eigenen Namen sowie Namen meiner Regierung die herzlichsten und aufrichtigsten Wünsche für ihr Wohlergehen und für die Zukunft des von Ihnen geschaffenen Großdeutschen Reiches zu unterbreiten. Möge der Allmächtige, der die Geschichte der Völker lenkt, das Reich glücklich aus dem gegenwärtigen schweren Ringen herausführen und damit auch unserem Volke, welches Eure Exzellenz unter Ihrem Schutze einen neuen Aufschwung in Aussicht gestellt haben, eine ruhige, segensreiche Zukunft erschließen.

Staatspräsident DR. E. HÁCHA

Weltkrieg. Reden, Kundgebungen und Dokumente aus den Jahren 1938-1945]. 3. Aufl. Praha 1946, 74-77.

[339] Schloss Lány liegt rund zehn Kilometer westlich von Kladno. Seit 1921 ist es der Sommersitz der tschechoslowakischen bzw. tschechischen Staatspräsidenten. In der Anlage befindet sich das Grab des ersten Präsidenten der Tschechoslowakei Tomáš Garrigue Masaryk.

209

PA/AA, Inland II (Geheim), R 101108

**Bericht des Vertreters des Auswärtigen Amtes beim Reichsprotektor
Ziemke an das Auswärtige Amt**

Nr. D.Pol.2.g   Prag, den 11. Januar 1940
                                                      81-63 g Rs 11/1 (22 g Rs)
                                                      <u>Geheime Reichssache</u>
Inhalt: Politische Lage im Protektorat.

Meine an anderer Stelle im Zusammenhang mit der Angelegenheit Pfitzner[340] gebrachte Meldung, daß die tschechischen Faschisten in die Protektoratsregierung eintreten möchten, hat sich bestätigt. Wie ich erfahre, hat Ministerpräsident Eliáš am 9. d.M. dem Reichsprotektor über den Wunsch des Staatspräsidenten Hácha nach einer Umbildung der Regierung unter Aufnahme von mindestens zwei Vertretern der so ziemlich faschistischen Vlajka-Gruppe[341] berichtet. Unter den Kandidaten wurde auch ein gewisser Břetislav Morávek genannt, über den ich eine Aufzeichnung eines seriösen tschechischen Gewährsmannes zur vertraulichen Kenntnis beifüge.

Am Abend des gleichen Tages hielt das aus der Vlajka-Gruppe und einigen tschechischen Rechtsgruppen entstandene tschechische National-Soziale Lager im Lucerna-Saal in Prag eine Kundgebung ab, in der der ehemalige General Dr. Konopásek und der Leiter des tschechischen National-Sozialen Lagers Jan Rys[342] sprachen. Die Redner behandelten den Einfluß und die Vorherrschaft des Judentums in der tschechischen Politik der letzten 20 Jahre und betonten die Notwendigkeit einer Zusammenarbeit mit den Deutschen. Wie der im Ausschnitt beigefügte Artikel des „Neuen Tag" bemerkt, wurde die Forderung nach ehrlichen Führern des tschechischen Volkes und nach dem Rücktritt der tschechischen Regierung mit großem Beifall aufgenommen.[343]

Ich erwähne, wenn es auch selbstverständlich ist, daß es sich um eine von der zuständigen deutschen Stelle vorher in allen Einzelheiten genehmigte Versammlung handelte.

---

[340] Am 23.12.1939 hatte sich der italienische Außenminister Graf Galeazzo Ciano bei Ribbentrop beschwert, weil Pfitzner angeblich anlässlich einer Rede im Deutschen Haus in Prag geäußert hatte, „die norditalienische Ebene" müsse als „ein deutscher Raum" wieder Reichsgebiet werden. Vgl. *Brandes,* Detlef/*Míšková,* Alena: Vom Osteuropa-Lehrstuhl ins Prager Rathaus: Josef Pfitzner 1901-1945. Essen, Praha 2013, 206-213, hier 207.

[341] Die Vlajka (Flagge) war eine faschistische Gruppe, die von Grundsätzen des italienischen Faschismus und der nationalsozialistischen Ideologie ausging und zum Synonym für tschechische Kollaboration wurde. Im Protektorat erreichte diese Gruppe nur geringen Einfluss, zeitweise wurde sie von Heydrich sogar verboten.

[342] Jan Rys war ein Pseudonym von Josef Rozsévač.

[343] Siehe dazu Kundgebung der tschechischen Rechten. In: Der Neue Tag v. 10.1.1940.

Der Herr Reichsprotektor, den ich heute ansprach, äußerte sich etwas skeptisch über die Erfolgsaussichten der Vlajka-Gruppe. Er klärte mich dahin auf, daß die Umbildung der Regierung völlig in der Hand des Staatspräsidenten Hácha läge, der jedoch vorher bei ihm anzufragen hätte, ob die vorgeschlagenen Ministerkandidaten genehm wären.

Für den Verdacht, daß die tschechischen Faschisten Verbindungen mit dem hiesigen italienischen Kreis deutschfeindlicher Prägung hätten, haben sich keinerlei Anhaltspunkte ergeben.

Ich kann nicht übersehen, welche letzten Ziele das National-Soziale Lager verfolgt, wenn auch der Wunsch nach einer deutsch-tschechischen Zusammenarbeit an sich aufrichtig sein mag, wobei es allerdings darauf ankommt, was darunter verstanden wird.

Zur Stimmung der maßgebenden tschechischen Kreise außerhalb der Vlajka-Gruppe bemerke ich, daß sie zum überwiegenden Teil durchaus nicht pro Beneš ist. Was diese Kreise am meisten fürchten, ist ein Wiedereinzug der Beneš-Clique an der Spitze abermaliger Legionäre, die als Helden und Kämpfer hier jeden aus Posten und Machtstellungen verdrängen würden. Auf der Basis dieser Abneigung gegen Beneš, Emigranten und Legionen wäre vielleicht zu gegebener Zeit die Möglichkeit einer effektiven Zusammenarbeit vorhanden.

DR. ZIEMKE

210

PA/AA, Inland II (Geheim), R 101108

Bericht des Vertreters des Auswärtigen Amtes beim Reichsprotektor Ziemke an das Auswärtige Amt

Nr. D.Pol.2.g   Prag, den 15. Januar 1940
81-63 g Rs 15/1 (44 g Rs)

<u>Geheime Reichssache</u>

Inhalt: Beabsichtigte Umbildung der Protektoratsregierung.
Mit Bezug auf den Bericht vom 11. d.M. – D.Pol.2.g –[344]

Der Plan der Umbildung der Protektoratsregierung erklärt sich durch die Notwendigkeit, im deutschen Interesse mindestens zwei Minister auszuwechseln. Der eine, dessen Name mir bisher nicht genannt worden ist, erscheint nicht mehr genehm, weil er durch Bereicherung belastet ist.[345] Der andere, der Landwirtschaftsminister Ladislav F e i e r a b e n d, ist im Zusammenhang mit der

---

[344] Siehe Dokument Nr. 209.
[345] Es handelt sich um den Vorsitzenden der Obersten Preisbehörde, Jaromír Nečas. Dieser war nicht korrupt, sondern die Gestapo hatte ermittelt, dass er die illegalen Tschechoslowakischen Sozialdemokraten in der Widerstandsorganisation „Politické ústředí" (Politisches Zentrum) vertrat, vgl. *Brandes: Die Tschechen.* Band 1, 171 f.

Aufdeckung der tschechischen geheimen Militärorganisation auf das Schwerste kompromittiert. Wegen seiner Verhaftung schweben Erwägungen.[346]

Es steht fest, daß die Vlajka-Gruppe in die Regierung hinein will, doch sollen bestimmte Kandidaten nicht in Vorschlag gebracht worden sein. Einer vertraulichen Unterhaltung mit dem Befehlshaber der Sicherheitspolizei[347] entnehme ich, daß die Persönlichkeiten der Vlajka-Gruppe von ihm als ziemlich brüchig betrachtet werden. Diese Auffassung stimmt mit meiner vorherigen Meldung überein.

Die maßgebenden Persönlichkeiten in Berlin sind von dieser innerpolitischen Angelegenheit seitens der hiesigen zuständigen Stellen unmittelbar unterrichtet. Meine Meldung ist lediglich eine Information für das Auswärtige Amt.

DR. ZIEMKE

211

PA/AA, Rechtsabteilung, R 42804

Aufzeichnung ohne Unterschrift

Aufzeichnung über die am Mittwoch, den 24.1.1940, 16^{30} Uhr im Auswärtigen Amt, Wilhelmstraße 75, III. Stock, Zimmer 358, stattgefundene Besprechung, betr. die Übertragung des Eigentums an den Gebäuden der ehemaligen tschecho-slowakischen Vertretungsbehörden im Auslande auf das Deutsche Reich.

Anwesend waren:

VLR Dr. Albrecht, *Ausw. Amt,*

VLR Dr. Saller, *Ausw. Amt,*

VLR Dr. Schiffner, *Ausw. Amt,*

Kammergerichtsrat Dr. Uppenkamp, *Ausw. Amt,*

RA Dr. Theiss,

Ministerialdirigent Schwandt, Reichsfinanzministerium,

Regierungsrat Hauser, Reichsministerium des Innern.

Einleitend gab Vortragender Legationsrat Dr. Albrecht einen kurzen Überblick über den Stand der Angelegenheit: Die mit Ungarn und der Slowakei stattgefundenen Auseinandersetzungsverhandlungen, in denen grundsätzlich ein Verzicht zugunsten des Deutschen Reichs gefordert worden sei, hätten nur hinsichtlich Ungarns zu einem *Gesamtfragment* geführt: *ein Entwurf ei-*

---

[346] Feierabend hatte sich im Protektorat in der Widerstandsbewegung engagiert. Bevor ihn die Gestapo verhaften konnte, war ihm die Flucht über die Slowakei, Ungarn und Jugoslawien nach Frankreich, später nach Großbritannien gelungen. In der Londoner Exilregierung bekleidete er später den Posten des Finanzministers.

[347] Franz Walter Stahlecker.

ner Vereinbarung ist paraphiert, aber *noch* nicht unterzeichnet. Die slowakische Regierung dagegen habe die Forderung auf Überweisung einiger Gebäude (z.B. in Budapest und Wien) gestellt.

Der Zweck der Besprechung sei die Frage nach Schaffung einer klaren
rechtlichen Grundlage, auf die gestützt, die in ausländischen Staaten belegten
Grundstücke des ehem. tschecho-slowakischen Staates auf das Deutsche
Reich übertragen werden können. Eine Verordnung, wie im Falle des An-
schlusses Österreichs zu erlassen, sei nicht möglich, da die Rechtslage sich
anders darstelle. Der auswärtige Dienst der Tschechoslowakischen Republik
sei nicht auf das Reich übergegangen. Ebensowenig sei das Protektorat
Rechtsnachfolger des tschecho-slowakischen Staats geworden, der den vom
tschechischen Staat übernommenen auswärtigen Dienst dem Deutschen
Reich überwiesen habe.

Ministerialdirigent Schwandt erklärte, daß eine Verordnung des Inhalts,
das dem auswärtigen Dienst der Tschechoslowakei gewidmete Vermögen
gehe auf das Auswärtige Amt über, nur eine innerdeutsche Wirkung auslösen
würde, niemals aber die Grundlage für klare Verhältnisse hinsichtlich der in
ausländischen Staaten gelegenen Geländestücke des ehemaligen tschecho-
slowakischen Staates bilden könne. Der Grundsatz, daß nur die *Gesetze* des
Staates, in dem die betreffenden Grundstücke gelegen seien, maßgebend sei-
en, müsse der Ausgangspunkt für die Beantwortung der Frage nach der Übertragung des Eigentums auf das Deutsche Reich sein. Hier könne aber eine
deutsche Verordnung kein Recht setzen. Nach seiner Ansicht sei eine Verordnung nicht notwendig für Staaten, die uns günstig gesinnt wären, während sie dort, wo sie klare Verhältnisse schaffen solle, nämlich in uns feindlich gesinnten Staaten, wertlos sei. Der Erlaß einer solchen Verordnung habe
weiterhin den Nachteil, daß sie die Gerichte in den ausländischen Staaten
zwinge, zu der Verordnung auch rechtlich Stellung zu nehmen und eine Ablehnung der Anerkennung der Verordnung unsere Stellung nur verschlech-
tern würde. Der Zweck, der durch die Verordnung erstrebt werde, werde also
nicht erreicht.

Diesen Ausführungen schloß sich Regierungsrat Hauser an.

Vortragender Regierungsrat Saller betonte an Hand von Beispielen, daß
eine baldige Regelung der Angelegenheit für die Verwaltung der in Frage
kommenden Grundstücke und Gebäude von großer Wichtigkeit sei.

Das Ergebnis der Besprechung läßt sich dahin zusammenfassen, daß zunächst eine Einigung mit den Nachfolgestaaten der Tschechoslowakei über
die Gebäude erzielt werden muß, der dann eine Vereinbarung zwischen dem
Deutschen Reich und der Protektoratsregierung folgen könnte. Im übrigen
muß nach wie vor bezüglich jedes einzelnen Gebäudes erwogen werden, wie
man zu dessen Übertragung auf das Reich einen unanfechtbaren Titel erhält.

Die überwiegende Meinung ging dahin, daß die Verordnung nur das
Rechtsverhältnis zum Protektorat festlegen kann, nicht aber Recht in den
ausländischen Staaten schafft, so daß ihr Wert mindestens zweifelhaft ist.

Zur Schaffung einer einwandfreien Rechtsgrundlage wäre vielmehr zweckmäßig, zunächst mit tunlicher Beschleunigung die Verhandlungen mit Ungarn und der Slowakei über die Eigentumsverhältnisse an den Gebäuden der ehemaligen tschecho-slowakischen Vertretungsbehörden im Auslande zu Ende zu führen. Nach der seinerzeit getroffenen Geschäftsverteilung fällt der betreffende Fragenkomplex in den Wirkungskreis der Personalabteilung.

212

PA/AA, Inland II (Geheim), R 101108

Bericht des Vertreters des Auswärtigen Amtes beim Reichsprotektor Ziemke an das Auswärtige Amt

Nr. D.Pol.2.g   Prag, den 29. Januar 1940

81-63 g Rs 29/1 (66 g Rs)
<u>Geheime Reichssache</u>

Inhalt: Politische Vorgänge im Protektorat.
Im Anschluß an den Bericht vom 15. d.M. – D.Pol.2.g –[348]

Aus dem beigefügten Zeitungsausschnitt ist ersichtlich, daß Staatspräsident Hácha den Landwirtschaftsminister Dr. Ladislav Feierabend sowie den Vorsitzenden der Obersten Preisbehörde Ing. Jaromír Nečas ihrer Posten enthoben hat.[349] Nečas war bereits vor mehr als 2 Wochen zusammen mit anderen kompromittierten Persönlichkeiten über die slowakische Grenze nach Belgrad geflüchtet. Ob er sich heute noch dort aufhält, ist mir nicht bekannt. Minister Feierabend, über dessen Verhaftung laut meinem Vorbericht Erwägungen schwebten, rettete sich vor 6 Tagen mit Skiern über die slowakische Grenze, nachdem er von irgendwelcher Seite einen Wink über die drohende Gefahr erhalten hatte. Diese Vorgänge stehen in Verbindung mit der Aufdeckung der geheimen tschechischen Militärorganisation.[350]

Die Gestapo erklärte mir auf Befragen, daß die illegale Überschreitung der slowakischen Grenze wegen Mangels an ausreichenden Bewachungsmannschaften nicht verhindert werden könne.

In hiesigen Kreisen zirkuliert das Gerücht, daß Minister Feierabend die bevorstehende Verhaftung geahnt habe, nachdem ihm Gesandter Chvalkovský ernste Vorhaltungen wegen seiner Beteiligung an Umtrieben gemacht haben

---

[348] Siehe Dokument Nr. 210.

[349] Hierbei handelt es sich lediglich um eine kurze Wiedergabe der amtlichen Mitteilung ohne Kommentierung; vgl. Feierabend und Nečas amtsenthoben. In: Der Neue Tag v. 26.1.1940.

[350] Eine Reihe ranghoher tschechischer Offiziere hatte nach der deutschen Besetzung die illegale Militärorganisation Obrana národa (Verteidigung der Nation) gebildet. Diese versorgte die Exilregierung in London mit Informationen und organisierte die Flucht tschechischer Kriegsfreiwilliger.

soll. Ich registriere das von mir nicht nachprüfbare Gerücht lediglich für den Fall, daß die Flucht des Ministers Feierabend irgendwelche Weiterungen zur Folge hat.

Ich hatte noch keine Gelegenheit, dem Herrn Reichsprotektor auf obige Vorgänge anzusprechen.

Vor einigen Wochen meldete der feindliche Rundfunk wiederholt, daß die „gemäßigte Richtung" des Reichsprotektors über die „radikale" des Staatssekretärs Frank gesiegt habe und daß letzterer demissionieren werde. Anscheinend lagen dieser Falschmeldung mißverstandene Indiskretionen über die von mir früher berichteten Weisungen des Führers an den Reichsprotektor über die politische Linie im Protektorat zu Grunde. Die völlige Grundlosigkeit der feindlichen Propagandanachricht wird durch die Ansprache erwiesen, die Staatssekretär Frank am 27. d.M. am Tage der Schutzstaffel auf dem Altstädter Ring vor der versammelten SS gehalten hat. Es heißt darin: „Genau wie alle übrigen Länder des Reiches hat auch das Protektorat jetzt nur die eine Aufgabe, als Teil des Reiches zum Sieg des Reiches beizutragen. Unsere Pflicht ist es, diese Aufgabe in diesem Raume restlos und bis zum Letzten zu lösen. Soweit dafür der Beitrag des Deutschtums geleistet werden muß, wollen wir SS-Männer an der Spitze marschieren und Vorbild sein. Wenn in diesem Kampfe der tschechische Beitrag versagen sollte, oder wir gar auf Widerstand stoßen, wollen wir SS-Männer im Brechen des Widerstandes und in der Vernichtung des Gegners die Härtesten sein."

Die Umbildung der Protektoratsregierung dürfte nunmehr in ein akutes Stadium treten und damit auch die Frage der tschechischen Mitarbeit an der Erringung des Endsieges.

DR. ZIEMKE

213

PA/AA, Inland II (Geheim), R 101108

Bericht des Vertreters des Auswärtigen Amtes beim Reichsprotektor Ziemke an das Auswärtige Amt

Nr. D.Pol.2.g   Prag, den 31. Januar 1940
81-63 g Rs 31/1 (67 g Rs)

Geheime Reichssache

Inhalt: Politische Lage im Protektorat.
Im Anschluß an den Bericht vom 29. d.M. – D.Pol.2.g –[351]

Heute habe ich den Herrn Reichsprotektor in Bezug auf die innerpolitische Lage im Protektorat mit der Bitte um Weisung angesprochen, welche Auskünfte ich dem Auswärtigen Amt geben könnte. Baron Neurath erwiderte

---

[351] Siehe Dokument Nr. 212.

mir, daß Minister Feierabend und Herr Nečas seit längerer Zeit verdächtig gewesen seien. Man habe sie nicht beschuldigt, an der aufgedeckten geheimen Militärorganisation sich beteiligt, sondern von ihrem Bestand gewußt und dies verschwiegen zu haben. Es sei nicht beabsichtigt gewesen, gegen beide ernstere Maßnahmen zu ergreifen. Die beiden Personen schienen Wind davon bekommen zu haben, daß die Aussagen der verhafteten Organisationsteilnehmer sie immer stärker belasteten und zuerst sei Nečas und dann Feierabend geflüchtet. Die Flucht des Ministers Feierabend lege die Vermutung nahe, daß er stärker beteiligt gewesen sei, als man angenommen habe. Es werde jetzt untersucht, ob er in seiner Eigenschaft als Landwirtschaftsminister der geheimen Organisation amtliche Fonds zugewendet habe.

Zur Frage der Ergänzung bezw. Umbildung der Protektoratsregierung äußerte sich der Reichsprotektor dahin, daß es an sich unerheblich sei, ob Feierabend oder ein anderer Tscheche in der Regierung säße. Völlig einwandfreie Ministerkandidaten, auf die man sich verlassen könne, fände man sowieso nicht. Die Ergänzung der Regierung sei Sache der Tschechen, die ihre Vorschläge zu machen hätten. Es sei richtig, daß die Vlajka-Gruppe sowie die tschechischen Faschisten in die Regierung drängten, doch was er bisher von diesen Kandidaten gehört habe, sei recht bedenklich. Es handle sich um nicht gut beleumundete Personen, die zum Teil wegen gemeiner Verbrechen vorbestraft seien.[352]

Der Reichsprotektor berührte alsdann die Verhaftungswelle, die jetzt durch das Protektorat ginge. Die Nervosität unter den Tschechen wachse und die Kluft zwischen Deutschen und Tschechen würde tiefer. Der Reichsprotektor betonte jedoch, daß eine starke Hand unerläßlich sei, denn die Tschechen seien engstirnig und hinterhältig. Nach der Auffassung des Reichsprotektors wird alles ruhig bleiben, da unsere starke militärische und politische Lage die Tschechen nicht ermutige, sich zu ernsthaftem Widerstand zu erheben.

DR. ZIEMKE

---

[352] Sowohl Reichsprotektor Neurath als auch Staatssekretär Frank lehnten die Aufnahme dieser schlecht beleumundeten Mitglieder der Vlajka in die Regierung ab, doch nutzten sie diese als Druckmittel gegen die Regierung und die Nationale Gemeinschaft.

214

PA/AA, Büro des Staatssekretärs, 29832

Aufzeichnung des Staatssekretärs Weizsäcker

St.S. Nr. 104   Berlin, den 31. Januar 1940

Der Ungarische Gesandte[353] sprach mich heute darauf an, daß kürzlich einige namhafte Tschechen aus Prag ausgerückt und in das Ausland geflohen seien.[354] Näheres wußte er nicht auszusagen.
Hiermit Herrn U.St.S.Pol.

WEIZSÄCKER

215

PA/AA, Inland II (Geheim), R 101108

Bericht des Vertreters des Auswärtigen Amtes beim Reichsprotektor Ziemke an das Auswärtige Amt

Nr. D.Pol.2.g   Prag, den 3. Februar 1940
                                                  81-63 g Rs 3/2 (62 g Rs)

Geheime Reichssache

Inhalt: Politische Lage im Protektorat.
Im Anschluß an den Bericht vom 31. v.M. – D.Pol.2.g –[355]

Staatssekretär Frank erklärte mir, daß die Aufnahme von Angehörigen der Vlajka-Gruppe und der tschechischen Faschisten in die Protektoratsregierung vor der Hand nicht in Frage käme. Dieser Personenkreis sei tatsächlich ungeeignet. Staatspräsident Hácha habe neuerdings die Auflösung dieser rechtsradikalen Gruppen verlangt, da es gesetzlich nur eine einzige politische Partei geben dürfe. Es empfehle sich aber, diese Faschistengruppen bestehen zu lassen, da man sie vielleicht eines Tages gebrauchen könne.

Weiter eröffnete mir der Staatssekretär, daß der geflüchtete Landwirtschaftsminister Dr. Feierabend voraussichtlich durch Nikolaus [Mikuláš] Graf Bubna-Litic und der unliebsam gewordene Handelsminister Šádek durch Dr. Jaroslav Kratochvíl ersetzt werden würden. Über die genannten beiden Kandidaten liegt eine Aufzeichnung bei.[356]

---

[353] Döme Szótaj.

[354] Landwirtschaftsminister Ladislav Feierabend sowie der Vorsitzende der Obersten Preisbehörde Jaromír Nečas.

[355] Siehe Dokument Nr. 213.

[356] Diese Aufzeichnung beinhaltete eine private und politische Charakterisierung der beiden Kandidaten: „<u>Nikolaus Graf Bubna-Litic</u> Großgrundbesitzer in Doudleby a/Adler, geboren 1897, verheiratet mit einer Ostmärkerin, Tscheche der besser deutsch spricht, böhmischer Uradel aus dem XIV. Jahrhundert. Hat sich bisher wenig mit Politik befaßt, hauptsächlich infolge des dem Adel in der Bodenreform zugefügten Unrechts. Hat sich

Nach einer zuverlässigen Information sollen in den letzten 24 Stunden allein in Prag 460 Verhaftungen unter jüngeren Leuten stattgefunden haben.

Zu den früher verhafteten Personen gehört im übrigen auch der jetzt 75-jährige Herr Šámal, der ehemalige Chef der Präsidialkanzlei unter Masaryk.

DR. ZIEMKE

216

PA/AA, Inland II (Geheim), R 101108

Bericht des Vertreters des Auswärtigen Amtes beim Reichsprotektor Ziemke an das Auswärtige Amt

Nr. D.Pol.2   Prag, den 5. Februar 1940

81-63 g 5/2 (64 g)

Inhalt: Ergänzung der Protektoratsregierung.
Im Anschluß an den Bericht vom 3. d.M. – D.Pol.2.g –[357]

„Der Neue Tag" vom 4. d.M. bringt jetzt die Ergänzung der Protektoratsregierung, welche durch die Ausbootung des Landwirtschaftsministers Dr. Feierabend und des Handelsministers Dr. Šádek notwendig geworden ist. Nach erfolgter Bestätigung durch den Reichsprotektor hat der Staatspräsident zum Landwirtschaftsminister den Großgrundbesitzer Grafen Nikolaus B u b n a - L i t i c und zum Handelsminister Dr. Jaroslaus K r a t o c h v í l, stellvertretenden Leiter des Verbandes der Grubenbesitzer in Prag, ernannt. Ferner ist intern insofern eine Veränderung innerhalb der Protektoratsregierung eingetreten, als die Funktionen des stellvertretenden Ministerpräsidenten nicht mehr von Verkehrsminister Dr. Havelka, sondern von dem Justizminister Professor Dr. Krejčí wahrgenommen werden.

Zu den neuen Ernennungen heißt es in dem halbamtlichen Pressekommentar, daß die tschechischen Kräfte in die konkreten Interessen des Ganzen eingefügt werden müssen, damit die Tschechen in dem Wettbewerb mit der bewunderungswürdigen Arbeitsanspannung des deutschen Volkes bestehen

---

an der schriftlichen Loyalitätserklärung 1938 für Beneš nach der Sudetenkrise nicht selbst beteiligt, sondern wurde ohne sein Wissen auf die Liste gesetzt. Anständiger Charakter. Persönlich seit Jahren von der Notwendigkeit der Zusammenarbeit mit den Deutschen unter Wahrung der tschechischen Rechte überzeugt. Dürfte früher in keiner politischen Partei gewesen sein, steht doch seit langem dem vernünftigen ‚Národní politika' [Nationale Politik]-Kreis nahe.

Dr. Jaroslav Kratochvíl geboren 1901, verheiratet, wohnhaft Prag XII, Weinbergpl. 12, stellvertretender Leiter des Verbandes der Grubenbesitzer. War früher Nationaldemokrat (Kramář), hat mit Dr. Pusek die Wochenschrift ‚Hospodárská politika' (Wirtschaftsrecht) [richtig: Wirtschaftspolitik] redigiert."

[357] Siehe Dokument Nr. 215.

können. Dem neuen Landwirtschaftsminister wird hauptsächlich die Aufgabe zufallen, die Arbeitsdienstpflicht der vom Militärdienst befreiten Jugend durchzuführen.

Ein Zeitungsausschnitt ist beigefügt.[358]

DR. ZIEMKE

217

PA/AA, Politische Abteilung IV, R 103709

Bericht des Deutschen Botschafters in Brüssel Bülow-Schwante an das Auswärtige Amt

A 314   Brüssel, den 15. Februar 1940
                                                            Pol. IV 593

Inhalt: Erklärungen des früheren Tschechischen Gesandten in London.

Der frühere Tschechische Gesandte in London Masaryk hat am 12. Februar in der Zeitung „L'Ordre" eine Erklärung veröffentlicht. In derselben heißt es u.a., daß nur beschränkte und gefährliche Optimisten der Meinung sein könnten, man könne mit den Deutschen nach Beseitigung „Hitlers, Himmlers und einiger anderer Persönlichkeiten gleicher Ordnung" Frieden schließen. Heute stehe „die erdrückende Mehrheit der Deutschen hinter Hitler und seiner Bande". Infolgedessen müsse der Krieg gegen ganz Deutschland geführt werden.

Die Erklärung ist im Ausschnitt beigefügt.

VON BÜLOW-SCHWANTE

218

PA/AA, Büro des Staatssekretärs, R 29773
PA/AA, Büro des Unterstaatssekretärs, R 29904

Aufzeichnung des Leiters der Politischen Abteilung Woermann

Berlin, den 16. Februar 1940

Geheim!

Ich hörte vom Gesandten Ziemke, daß sich der Herr Reichsprotektor am Sonnabend nach Berlin begibt, um am Montag oder Dienstag vom Führer empfangen zu werden. Es handele sich dabei um einen Vortrag über die gesamtpolitischen Fragen des Protektorats. Der Herr Reichsprotektor sei außerdem der Auffassung, daß die Aufhebung der Zollgrenzen gegenüber dem Protektorat am 1. April eine schwerwiegende Störung der wirtschaftlichen

---

[358] Grundsätzlich wird die Regierungsumbildung im Presseartikel begrüßt; vgl. Krejči Premier-Stellvertreter. In: Der Neue Tag v. 4.2.1940.

Verhältnisse des Protektorats zur Folge haben werde. Es seien Bestrebungen im Gange, die Inkraftsetzung dieser Maßnahme zum mindesten um einige Monate aufzuschieben.

WOERMANN

219

PA/AA, Büro des Staatssekretärs, R 29773
PA/AA, Büro des Staatssekretärs, R 29840
NA, AMV 102-3/1

Telefonat des Vertreters des Auswärtigen Amtes beim Reichsprotektor Ziemke mit dem Auswärtigen Amt

Berlin, den 23. Februar 1940
1 Uhr

<u>Ganz geheim!</u>

Für UStS Woermann (morgen früh vorzulegen)

Im Anschluß an das Telefonat vom 20. d.M.

Ich erfahre zuverlässig, daß oberste Entscheidung von Dienstag gegenüber Reichsprotektor wieder zurückgezogen, nachdem wirtschaftliche Ressorts Gegenvorstellungen erhoben haben.[359] Angeblich hauptsächlich Reichsfinanzministerium. Ressortbesprechung Sonnabend ½12 Uhr im Reichsfinanzministerium anberaumt, worauf endgültige oberste Entscheidung erfolgen soll. Gegenvorstellungen Ressorts mögen teilweise sachlich berechtigt sein, doch müßte, von hier aus gesehen, Entscheidung nach politischer Zweckmäßigkeit erfolgen. Diese Auffassung soll Staatssekretär Frank teilen, der, wie er mir soeben mitteilte, Freitag früh nach Berlin fliegt. Ich nehme an, daß er daher Auffassung von Reichsprotektor bei Führer unterstützen will.

Ich selbst habe diese Fragen hier nicht erörtert, weder mit Reichsprotektor noch mit Staatssekretär. Soweit ich die Dinge beurteile, scheinen die politischen Gründe sämtlich für Hinausschiebung der für April vorgesehenen Maßnahme zu sprechen. Erwünscht ist sicherlich Aufrechterhaltung jetziger Ruhe und Ordnung auch innerhalb der Wirtschaft. Vielleicht ist es auch zweckmäßiger, in Anbetracht des bevorstehenden Jahrestages Protektoratserklärung keine Maßnahme zu treffen, die hier als Einschränkung Autonomie aufgefaßt würde. Es verlautet, daß Hácha andernfalls dieses Mal ernstlich demissionieren will.

Ich melde Vorstehendes wegen außenpolitischer Resonanz.

ZIEMKE

---

[359] Hitler hatte am 15.1.1940 seine Anweisung zur Aufhebung der Zollgrenze zum 1.4.1940 erneuert.

220

PA/AA, Büro des Staatssekretärs, R 29840

Aufzeichnung ohne Unterschrift

Die Aufhebung der Zollgrenze war im November v.J. vom Reichsfinanzministerium und vom Reichsverkehrsministerium für den 1. Dezember 1939 beantragt worden, und zwar aus technischen Gründen: Ersparung von Zollpersonal und Erleichterung der Zugabfertigung. Durch eine Führer-Entscheidung vom Dezember v.J. wurde dann als Termin der 1. April festgesetzt. Diese Hinausschiebung des ursprünglich vorgeschlagenen Termins *war darin* begründet, daß die technischen Vorbereitungen noch nicht weit genug gediehen *waren* und daß bis zum 1. April auch die Angleichung der wirtschaftlichen Verhältnisse des Protektorats (insbesondere der Preise, die unter den Preisen des Reiches liegen) weitere Fortschritte machen würde.

Die technischen Vorbereitungen (Errichtung der Stellen für die Regelung des Außenhandels) sind auch heute noch nicht abgeschlossen. Die Preise sind in der Zwischenzeit wohl gestiegen, sie liegen aber immer noch unter den Preisen des Reiches; die Aufhebung der Zollgrenzen würde daher, wenn sie bereits am 1. April erfolgte, voraussichtlich eine starke Beschleunigung in der Preissteigerung und auch sonstige ungünstige Auswirkungen, insbesondere für den Protektoratshaushalt zur Folge haben, da zwangsläufig eine Erhöhung der Löhne und der Staatsbeamtengehälter notwendig werden würde. Die Bestrebungen des Reichsprotektors wegen Hinausschiebung der wirtschaftspolitischen Eingliederung des Protektorats verdienen daher an sich volle Unterstützung, um so mehr als die noch zur Verfügung stehende Zeit jetzt so knapp geworden ist, daß sie zu den erforderlichen Vorbereitungen (Verhandlungen mit einer Reihe von Staaten, fristgemäße Kündigung von Verträgen) nicht ausreicht.

Eine Hinausschiebung, wie sie der Reichsprotektor im Auge hat, geht allerdings vielleicht zu weit. Der Führererlaß vom 16. März 1939 sieht grundsätzlich eine Eingliederung des Protektorats in das Zollgebiet des Reiches vor,[360] und wenn wir sie ohne Termin vertagen, so könnte das sowohl bei den Tschechen wie auch bei dritten Staaten gegenüber leicht den Eindruck der Schwäche hervorrufen. Dagegen könnte ein Aufschub um etwa 3 Monate nützlich sein. Wir haben dann genügend Zeit, alles vorzubereiten.

Die tschechischen Wünsche gehen natürlich weiter. Man will die Zollunion möglichst überhaupt nicht – ein Standpunkt, bei dem zweifellos nationalistische Momente die Hauptrolle spielen. Der letzte Vorschlag der Tschechen ging dahin, daß man wenigstens den selbständigen Verrechnungsverkehr mit dem Auslande dauernd aufrecht erhält und nach Aufhebung der Zollgrenze eine (tschechische) Kontrolle des Warenverkehrs mit dem Altreich einrichtet. Beides scheint nicht unbedenklich. Die Aufrechterhaltung des Verrechnungs-

---

360 Siehe Dokument Nr. 1.

verkehrs trotz Wegfall der Zollgrenze ist eigentlich ein Widerspruch in sich, und eine tschechische Kontrolle des Warenverkehrs mit dem Altreich würde die wirtschaftliche Grenze unter umgekehrtem Vorzeichen wieder herstellen. Ähnliches ist seinerzeit im Rahmen der österreichisch-ungarischen Monarchie von ungarischer Seite geschehen und hat damals immer wieder zu Mißhelligkeiten Anlaß gegeben.[361]

Wenn die Zollinie aufrecht erhalten bleibt, muß allerdings auf finanziellem Gebiet eine Maßnahme getroffen werden, um die Verpflichtungen, die wir dem Protektorat gegenüber aus wehrwirtschaftlichen Verträgen haben, irgendwie zu stabilisieren. Es handelt sich um eine Schuld von etwa 300 Millionen RM. Es scheint, daß die Nationalbank für Böhmen und Mähren bereit ist, sich einstweilen mit Schatzbons oder Obligationen der Reichsbank abzufinden, die sie als fiktive Erhöhung ihrer Gelddeckung buchen und als Unterlage für die Erhöhung ihres Notenumlaufs verwenden will.

Berlin, den 23. Februar 1940

221

PA/AA, Inland II (Geheim), R 101108

Bericht des Vertreters des Auswärtigen Amtes beim Reichsprotektor Ziemke an das Auswärtige Amt

Nr. D.Pol.3.Nr.7   Prag, den 23. Februar 1940
                                                        81-63 g Rs 23/2 (120 g Rs)

                                                        <u>Geheime Reichssache</u>
Inhalt: Politische Parteien im Protektorat.

Bekanntlich ist der ČNS České Národní souručenství (Tschechische Nationale Einheitspartei) die einzige im Protektorat politisch zugelassene Organisation der Tschechen.[362] Da das Protektorat einen Bestandteil des nationalsozialistischen Großdeutschland bildet, muß sich der ČNS bei seiner politischen Zielsetzung die zwangsläufige Grenze stecken. Zur Zeit beschränkt sich der ČNS auf die Zusammenfassung aller Tschechen auf nationaler Grundlage unter Ausgleichung der früheren Parteigegensätze, auf eine Stärkung und Vertiefung des tschechischen Nationalgefühls, die Belebung und Erhaltung tschechischer Sitten, Gebräuche und Volkstrachten, auf die Förderung und Betonung einer eigenen tschechischen Kultur. Zu diesem Zweck wird die tschechische Bevölkerung nach dem Muster der NSDAP organisiert. Der

---

[361] 1850 war diese Zollgrenze aufgehoben worden, wodurch besonders österreichische Agrarprodukte unter starken Konkurrenzdruck kamen.

[362] Mit der Errichtung des Protektorats waren alle politischen Parteien verboten und durch die ČNS als einzige zugelassene Einheitspartei ersetzt worden. Sie wurde bis 1942 von einem Präsidenten, danach von einem Führer geleitet.

ČNS beginnt, eine Volksgemeinschaft zu werden. Nach der Organisierung der männlichen Bevölkerung und der besonderen Erfassung der Jugend bis zum 24. Lebensjahr wendet der ČNS sich jetzt der Schaffung einer eigenen Frauenschaft zu. Es gibt ferner einen tschechischen Kulturrat innerhalb der ČNS, der im Dezember v.J. einen „Monat des tschechischen Buches" veranstaltet hat, und die ČNS-Presse- und Propagandakommission widmet sich dem Ausbau eines Nachrichtendienstes, der sich wohl hauptsächlich mit der fortlaufenden Beobachtung der deutschen Behörden im Protektorat befaßt.

Dem Versuch einer Lösung des Problems der Eingliederung des Protektorats in den großdeutschen Lebensraum ist der ČNS bisher vorsichtig ausgewichen. Er überläßt dies dem Verband für die deutsch-tschechische Zusammenarbeit, um den es neuerdings wieder ziemlich still geworden ist (vergl. meinen Bericht vom 28. November 1939 – D.Pol.3 Nr.7). Wirklich ernsthafte Bestrebungen dieses Verbandes im Sinne einer tatsächlichen Zusammenarbeit ließen sich bisher nicht erkennen. Wenn die Parole der tschechischen Öffentlichkeit zur Zeit „abwarten" ist, so scheint das Schlagwort der ČNS „Sammlung" zu sein. Der Hauptausschuß der ČNS ist kürzlich durch Ernennung von 16 neuen Mitgliedern auf 92 erhöht worden. Die Hälfte der neuen Mitglieder stammt aus den Reihen der Arbeiterschaft, um die intensiv geworben wird, zumal sie die maßgebliche Schicht wäre, die von deutscher Seite gewonnen werde könnte.

Obwohl der ČNS das Organisationsmonopol besitzt, hat sich teils in ihm, teils außerhalb eine sogenannte Rechtsopposition gebildet, die mit aller Kraft an der Sprengung des ČNS arbeitet. Diese Opposition setzt sich aus folgenden drei Gruppen zusammen:

I. das ČNST (Český národní sociální tábor, Tschechisches nationalsoziales Lager), welches wie folgt zusammengesetzt ist:

a) aus der gewesenen „Vlajka". Die Zeitung dieser Untergruppe ist die „Vlajka". Ihre Führer sind: Architekt Rys, Herr Burda und der eher als Volksdeutscher zu bezeichnende Graf Heinrich Thun-Hohenstein. Ein weiterer Prominenter ist Dr. Josef Viktorin aus Leipnik. Herr Burda und Graf Thun-Hohenstein stehen zusammen in besonders enger Verbindung. Es wird außerdem von ihnen in tschechischen Kreisen behauptet, daß sie jeweils wöchentlich einen großen Bericht an die Reichsführung SS direkt nach Berlin zur Absendung bringen.

b) aus der „Národní arijská kulturní jednota" (Nationale arische Kulturvereinigung). Der Zeitung „Arijská fronta" (Arische Front) erscheint schon unregelmäßig. Diese Untergruppe ist besonders bedeutungslos.

c) die „Národní fašisté" oder „Válovci" (Nationalfaschisten oder Vála-Faschisten). Führer dieser Untergruppe ist der ehemalige Gastwirt Vála aus Brünn. Aus diesem Grunde wird auch von „Mährischen Faschisten" gesprochen. Herr Vála, dessen ehemaliges Gasthaus als Freudenhaus bezeichnet wird, wurde in den letzten Tagen von Herrn Mario,[363] dem Schriftleiter der Zeitung der „Mährischen Faschisten", „Národní tábor" (Nationales Lager) in der Führung dieser Untergruppe abgelöst.

Das ČNST wollte sich nun einen bewaffneten Stoßtrupp schaffen, dessen Kader die seinerzeit unter der Führung von Pořizka (eines ehem. Faschisten) und dessen Vertreter Smeták, stehenden Svatopluk-Garden[364] bilden sollten. Die anfänglich gut vonstatten gehenden Verhandlungen zwischen Rys als dem prominentesten Manne des ČNST einerseits und Pořizka- Smeták andererseits zerschlugen sich jedoch am Ende. Ein Teil der Garden, unter Führung des Fabrikanten Čermák aus Wrschowitz, ging zwar zu Rys über und ließ sich auf diesen vereidigen. Der andere Teil verbleibt jedoch unter der Führung von Pořizka und Smeták, vermehrt um Unzufriedene aus den ČNST, nunmehr in Opposition zum ČNST. Der Kampf der Prominenten um die Vereidigung der Svatopluk-Garden auf ihre Person wirkt, so ernst die Beteiligten ihn nehmen mögen, manchmal recht komisch. Die Uniformierung der Garden stößt überdies auf Schwierigkeiten, da die Punkte der Kleiderkarte geopfert werden müssen. Über den inneren Wert der Garden habe ich noch keine zuverlässige Information.

II. Die „Strana českých fašistu" (Partei der tschechischen Faschisten). Obmann ist Herr Janík, der sich selbst als Stellvertreter des Führers und Reichskanzlers für die Tschechen bezeichnet hat. Er ist ein gewesener Eisenbahnarbeiter aus Kaschau, der offen erklärte, nicht gegen das „Národní souručenství" zu sein, solange er Subsistenzmittel erhalte, die er anscheinend hauptsächlich zur Organisation seiner „Pracovní fronta" (Arbeitsfront) verwendet. Sein Vertreter ist der gewesene Handelsreisende, angeblich ein buntes Strafregister besitzende Herr Drahokoupil. Weiters spielt eine Rolle der Großfleischer Hodek aus den Prager Städtischen Schlachtbänken, dem großer Einfluß auf Janík zugesagt wird, und der Berufskartenspieler Karásek.

III. Die Niemczyk-Faschisten. Der Anführer ist der Obstgroßhändler Niemczyk aus Mährisch-Ostrau, früher Mitglied der zu ČNST gehörenden Vála-Faschisten. In letzter Zeit machte er sich selbständig, hält guten Kontakt mit Janík aufrecht, soll aber andererseits in den letzten Tagen auch eine Vermittlungsaktion zwischen ČNST und Svatopluk-Garden begonnen haben. Niemczyk, der eher als Pole, der mit einer Tschechin verheiratet ist, anzusprechen wäre, wird nachgesagt, daß er seit neuestem bei der Erteilung von Einfuhrbewilligungen bevorzugt wird.

---

[363] Die mährischen Faschisten (Moravští fašisté) standen unter der Führung von František Vocílka, genannt „Mario".

[364] Die Svatopluk-Garden (Svatoplukovy Gardy) waren eine nach dem großmährischen Fürsten aus dem 9. Jahrhundert benannte Vereinigung, die schon 1939 die absolute Kollaboration befürwortete. Die Garden dienten der Vlajka als paramilitärische Formationen; Vorbild war die SA.

Diese Rechtsopposition ist in ihrer Zielsetzung ziemlich einheitlich ausgerichtet, sie ist ziemlich antisemitisch, gibt sich als ausgesprochen deutschfreundlich, manchmal geradezu nationalsozialistisch, sie ist gegen den Masaryk- und Beneš-Kult und kämpft um die Führung des Volkes und der Regierung. Hervorstechend sind ferner andere Gemeinsamkeiten der einzelnen Gruppen: Die führenden Personen – mit Ausnahme der Vlajka – sind zum großen Teil recht anrüchig, sie kämpfen für sich selbst, nicht für eine Idee, und die Gruppen sind durch innere Zerrüttung zersetzt. Um die weitere Zersetzung bemüht sich Verkehrsminister Havelka vom ČNS, der zu diesem Zweck über bedeutende Geldmittel verfügt.

In umgekehrtem Verhältnis zu dem Lärm, den die Rechtsopposition in der Öffentlichkeit veranstaltet, steht ihre zahlenmäßige Schwäche. Ihre Anhänger umfassen höchstens 1½ % der Gesamtbevölkerung.

Die weitere Entwicklung muß noch beobachtet werden.

Ein Zeitungsausschnitt ist beigefügt.[365]

DR. ZIEMKE

222

PA/AA, Rechtsabteilung, R 42804

Notiz des Referatsmitarbeiters Abwicklung der ehemaligen tschechoslowakischen Vertretungsbehörden im Reich in der Rechtsabteilung Saller

R 3042/40

Das A.A. steht auf dem von Herrn Staatssekretär gebilligten Standpunkt, daß das Reich auf den gesamten, dem früheren tschechoslowakischen auswärtigen Dienst dienenden Grund- und Mobiliarbesitz Anspruch erhebt, ohne daß eine Entschädigung zu leisten ist. Ansprüche auf diesen Besitz seitens der Slowakei und Ungarns sind im Wege der Auseinandersetzung zu beseitigen.

Dementsprechend hat das Referat Pers. D mit Zustimmung des Reichsfinanzministeriums den staatseigenen Grundbesitz der ehemaligen tschechoslowakischen Vertretungen an den Orten, an denen es zur Befriedigung des Raumbedarfs der reichsdeutschen Vertretungen erforderlich war, sowie das Mobiliar, soweit es in Besitz genommen werden konnte, in Gebrauch genommen.

Für etwaige Auseinandersetzungsverhandlungen mit den Nachfolgestaaten ist Referat Pers. D nicht zuständig.

Hiermit bei Abteilung R wieder vorgelegt.

Berlin, den *24.* Februar 1940

SALLER

---

[365] Darin werden die Umbildung der Regierung und die Erweiterung des Ausschusses der ČNS thematisiert; vgl. Der Reichsprotektor empfängt die neuen Minister. In: Der Neue Tag v. 9.2.1940.

223

PA/AA, Büro des Staatssekretärs, R 29840
PA/AA, Büro des Unterstaatssekretärs, R 29904

Aufzeichnung des Staatssekretärs Weizsäcker

St.S. Nr. 188   Berlin, den 24. Februar 1940

Vertraulich!

In der heutigen Chefbesprechung über die Frage der Einbeziehung des Protektorats Böhmen und Mähren in das deutsche Zollgebiet sind von den Ressorts überwiegend solche Gründe angeführt worden, die dafür sprechen, die Zollgrenze zwischen dem Protektorat und dem Reich nunmehr zum 1. April d.J. fallen zu lassen. Der Reichsprotektor, der beim Führer bereits eine Verschiebung dieses Termins erwirkt hatte, führte für seine Anschauung hauptsächlich Gründe aus der inneren Protektoratspolitik ins Feld.

Für das Auswärtige Amt habe ich folgendes gesagt:
Jede Verschiebung eines früher bekanntgegebenen Termins dieser Art sei außenpolitisch unerwünscht. Sollten aber die tschechischen Vorbereitungen noch nicht hinreichend gefördert sein – meines Wissens müsse auch noch mit ca. 14 fremden Regierungen wegen der Zollfrage verhandelt werden, – so müsse eine Wiederholung des jetzigen Vorganges vermieden werden, d.h. man dürfe dann nicht wieder einen neuen Termin festsetzen, der abermals nicht innegehalten werden könne. Nach außen hin wäre dann am besten zu erklären, die Zollgrenze werde zu einem von dem Fortgang der technischen Vorbereitungen abhängigen Zeitpunkt fallen.

Voraussichtlich wird Herr von Neurath dem Führer demnächst von neuem Vortrag halten und zwar unter Verwertung des heute zu Tage gekommenen Materials.

WEIZSÄCKER

224

PA/AA, Politische Abteilung IV, R 103709

Aufzeichnung des Leiters der Politischen Abteilung Woermann

Berlin, den 27. Februar 1940
Pol. IV 812/40

Der Italienische Botschaftsrat[366] verlas mir heute Teile eines Telegramms des Italienischen Botschafters in London an den Grafen Ciano. Danach hat der Italienische Botschafter Lord Halifax auf die Bestrebungen Beneš' angesprochen, „den bereits abgestorbenen tschechoslowakischen Mosaikstaat wieder aufzurichten". Lord Halifax habe geantwortet, daß die britische Regie-

---

[366] Massimo Magistrati.

rung mit den Bestrebungen Beneš' nicht übereinstimme. Der Bericht ergab anscheinend nichts darüber, bis zu welchem Grade Lord Halifax von Beneš abgerückt ist.

WOERMANN

225

PA/AA, Büro des Staatssekretärs, R 29773
PA/AA, Büro des Unterstaatssekretärs, R 29904

Aufzeichnung des Leiters der Politischen Abteilung Woermann

Berlin, den 28. Februar 1940

Wie mir Gesandter Völckers mitgeteilt hat, hat der Führer heute entschieden, daß die vorgesehene Aufhebung der Zollgrenze zwischen dem Reich und dem Protektorat bis auf weiteres verschoben wird.[367]
Ein Pressekommuniqué hierüber soll am 29. Februar veröffentlicht werden.

WOERMANN

226

NA, AMV 102-3/1

Bericht des Vertreters des Auswärtigen Amtes beim Reichsprotektor Ziemke an das Auswärtige Amt

Nr. D.Pol.2.g   Prag, den 1. März 1940

Geheime Reichssache

Inhalt: Fortbestand der Zollgrenze des Protektorats mit Deutschland.
Mit Beziehung auf die telefonischen Meldungen an Herrn Unterstaatssekretär Woermann vom 16., 21. und 23. Februar.[368]

Die Entscheidung über die beabsichtigte Aufhebung der Zollgrenze zwischen dem Protektorat und Deutschland zum 1. April 1940 war bereits im Dezember gefallen. Die Protektoratsregierung hatte hiergegen zwar wiederholt ernste Vorstellungen erhoben, doch in allen Fällen ohne jeden Erfolg. In hiesigen deutschen Kreisen wurde die Entscheidung als endgültig und unabänderlich aufgefaßt, und dies war auch wohl die Meinung des Herrn Reichsprotektors, dem anscheinend *erst* vor kurzem ernste Bedenken aufstiegen. Der Widerstand der Protektoratsregierung schien stärker als angenommen, und es verlautbarte, daß Staatspräsident Hácha wirklich demissionieren wollte. Die

---

[367] Erst am 1.10.1940 wurde die Zollgrenze zwischen dem Deutschen Reich und dem Protektorat Böhmen und Mähren aufgehoben.
[368] Siehe Dokumente Nr. 218 und Nr. 219.

tschechische Öffentlichkeit faßte die beabsichtigte Aufhebung der Zollgrenze allgemein als eine Einschränkung der versprochenen Autonomie auf. Die Schwierigkeiten der Bildung einer neuen Regierung ausgerechnet vor dem nahenden Jahrestag der Errichtung des Protektorats (15. März) lagen auf der Hand, und es mußte bei einer Versteifung der Schwierigkeiten unter Umständen mit einer Umformung der Autonomie gerechnet werden, die auch vor der Stellung des Reichsprotektors nicht Halt gemacht hätte.

Baron Neurath begab sich am 16. Februar nach Berlin, um dem Führer seine Bedenken vorzutragen. Wie mir ein zuverlässiger Gewährsmann mitteilt, stimmte der Führer am 20. Februar dem Vorschlag Neuraths auf Vertagung der Maßnahme zu, nachdem Letzterer die Frage, ob die Ressorts einverstanden seien, bejaht haben soll. Dies war, wie Reichsminister Lammers feststellen mußte, tatsächlich nicht der Fall. Insbesondere befürwortete das Reichsfinanzministerium die sofortige Aufhebung der Zollgrenze, wofür die Vorbereitungen bereits getroffen worden waren.

Darauf ordnete der Führer eine erneute Prüfung an. Staatssekretär Frank, der zweimal von hier nach Berlin flog, setzte sich in Unterstützung der Auffassung des Reichsprotektors für einen Aufschub ein, und in diesem Sinne fiel am 28. Februar die Entscheidung, die nach meinem Dafürhalten außerordentlich zu begrüßen ist.

Staatssekretär Frank scheint sich ausschließlich aus außenpolitischen Gründen und zur Vermeidung einer Störung in den für die Wehrwirtschaft arbeitenden Betrieben zu seinem Schritt entschlossen zu haben.

Die Entscheidung wurde hier am 29. Februar in der Fassung der Meldung des DNB bekannt gegeben, die besagt, daß die vorgesehene Aufhebung der Zollgrenze mit Rücksicht auf die noch nicht zum Abschluß gelangten Vorarbeiten bis zum nächstmöglichen Termin verschoben worden ist.

Der Eindruck in der tschechischen Öffentlichkeit ist gut. Ich glaube kaum, daß die ernsthaften tschechischen Kreise den Aufschub als Schwäche, Nachgiebigkeit oder als Anzeichen eines neuen Kurses auslegen werden, denn dazu dürfte sie durch die bisherigen Ereignisse genug gewarnt sein. Sicherlich sind diese Kreise auch über den bei dieser Gelegenheit in Berlin erneut bestätigten Entschluß unterrichtet, bei irgendwelchen Schwierigkeiten oder Widerständen hier ohne Rücksicht mit schärfsten Mitteln vorzugehen.

Ein Zeitungsausschnitt ist beigefügt.

DR. ZIEMKE

227

PA/AA, Büro des Staatssekretärs, R 29773

Aufzeichnung des Chefs des Protokolls Dörnberg

Prot. A 4289 VIII 22

1) Nach Errichtung des Protektorats in Böhmen und Mähren haben sämtliche Staaten ihre diplomatischen Missionen in Prag geschlossen und zum großen Teil dort Konsulatsvertretungen eingerichtet.
   Gegen die Errichtung von Konsulatsvertretungen im Protektorat wurde damals nicht nur kein Einspruch erhoben, vielmehr lag es im besonderen außenpolitischen Interesse des Reiches, daß die Umwandlung der diplomatischen Missionen in Prag in Konsulate rasch erfolge und daß um das deutsche Exequatur für die Leiter der im Protektorat bestehenden oder dort zu errichtenden Konsulate bald nachgesucht werde. In diesem Sinne ist auch mit Verbalnote vom 9. Mai 1939 an die hiesigen diplomatischen Missionen herangetreten worden. Die Erbittung des deutschen Exequaturs wurde als erwünscht angesehen, weil dadurch eine Anerkennung des durch die Errichtung des Protektorates geschaffenen tatsächlichen Zustandes erzielt wurde. Dies kommt auch in den Verbalnoten des Auswärtigen Amts an die Botschaften der Vereinigten Staaten von Amerika, von Frankreich und Großbritannien zum Ausdruck. Diese Mächte hatten zwar ein Exequatur für ihre nach Prag entsandten Konsularvertreter erbeten, gleichzeitig aber ausdrücklich erklärt, ihre Auffassung hinsichtlich der Nichtanerkennung des Protektorates aufrechterhalten zu wollen. In den Antwortnoten des Auswärtigen Amtes an diese Missionen ist ausdrücklich darauf hingewiesen worden, daß es ein offenbarer Widerspruch in sich sei, eine Regierung um einen Akt der Ausübung ihrer Souveränität zu bitten, gleichzeitig aber dieser Regierung das Recht zur Ausübung dieser Souveränität zu bestreiten.

2) Die Rechtslage der fremden Konsulatsvertretungen in Prag stellt sich wie folgt dar:
   a) Das Exequatur des Reichs haben erhalten die Vertreter von:

Argentinien	)
Belgien	)
Chile	)
Italien	)
Japan	)
Jugoslawien	) in Prag
Niederlande (Wahlkonsul Niederländer)	)
Schweden	)
Slowakei	)
Ungarn	)

b) Vorläufig anerkannt und zugelassen sind die Vertreter von:

Brasilien	)
Bulgarien	)
Dänemark	) in Prag
Griechenland	)
Schweiz	)
Türkei	)

c) Die vorläufige Anerkennung und Zulassung oder das Exequatur des Reichs ist beantragt für die Vertreter nachstehender Staaten, wobei die eingeleiteten Ermittlungen noch nicht abgeschlossen sind:

Finnland	)
Lettland	)
Norwegen	) in Prag
Rumänien	)
Spanien	)
Portugal	)

d) Für die Vertreter von:

Iran in Prag
Estland in Prag und Brünn
Rumänien in Brünn
Litauen in Brünn
Schweden in Brünn
Bulgarien in Brünn
Jugoslawien in Mährisch-Ostrau

ist das deutsche Exequatur nicht beantragt worden. Die zuständigen diplomatischen Missionen in Berlin wurden daher um die Schließung dieser Konsulate gebeten. Der Herr Reichsprotektor wurde ersucht, den örtlichen Behörden mitzuteilen, daß diese Konsulate als geschlossen zu betrachten sind.

e) Über die Stellung des Generalkonsulats der Vereinigten Staaten von Amerika ist eine endgültige Entscheidung noch nicht getroffen worden.

f) Der Sowjetunion ist das Generalkonsulat in Prag im Zuge der allgemeinen Regelung der Neuerrichtung Deutscher Konsulate auf dem Gebiete der Sowjetunion und von Sowjetkonsulaten in Deutschland zugestanden worden.

3) Abteilung Protokoll hat in den letzten Monaten, einer Weisung des Herrn Reichsaußenministers folgend, bei Vorschlag von Anwärtern tschechischer Nationalität für Posten eines Wahlkonsuls im Protektorat Böhmen und Mähren den Reichsprotektor jedesmal gefragt, ob ein besonderes Interesse vorhanden sei, welches die Zulassung dieses Anwärters erwünscht erscheinen lasse. Da bisher dieses besondere Interesse in keinem Fall vorgelegen hat, sind bereits die hochstehenden Anwärter,

die entweder tschechischer Nationalität oder Juden oder jüdisch versippt waren, von uns abgelehnt worden:

Bolivien: Karel Petrowsky in Prag (Jude)
Dominikanische Republik: Konsul Nikolas d'Alfonso in Prag
Finnland: Konrad Vichr in Brünn
Guatemala: F.P. Chocholaty in Prag
Jugoslawien: Vladimir Filkuka in Brünn
Lettland: Vladimir Eichler in Brünn
Litauen: Jules Lambert in Prag
Niederlande: F. Oswald in Brünn
Norwegen: Karel Hauser in Brünn
Paraguay: Wahlkonsul Franz Fischer und Konsulatsverweser Dr. Weil in Prag (Juden)

Unter den bisher im Protektorat mit einem Exequatur versehenen oder vorläufig anerkannten und zugelassenen fremden Konsuln befindet sich nur ein Wahlkonsul. Dies ist der Niederländische Konsul in Prag, der die niederländische Staatsangehörigkeit besitzt und als sehr deutschfreundlich gilt.

4) Der Herr Reichsminister des Auswärtigen hat eine Prüfung der Frage angeordnet, in welcher Weise ein allmählicher Abbau dieser Konsulate stattfinden könne und zwar unter Abwägung der politischen und wirtschaftlichen Interessenlage.

5) A. Nach einer Äußerung der Abteilung Recht sind die von der ehemaligen Tschecho-Slowakischen Republik abgeschlossenen Konsularverträge außer Kraft getreten, während die vom Deutschen Reich abgeschlossenen Konsularverträge bisher noch nicht auf das Protektorat Böhmen und Mähren ausgedehnt worden sind. Es gelten zur Zeit im Protektorat die Grundsätze des allgemeinen Völkerrechts, nach denen eine Verpflichtung zur Zulassung von Konsuln nicht besteht. Es wird jedoch danach getrachtet, die für das Deutsche Reich abgeschlossenen Staatsverträge auf das Protektorat auszudehnen und bei neu abzuschließenden Staatsverträgen das Protektorat einzubeziehen. Es geschieht dies schon aus allgemein politischen Erwägungen, um nach außen hin die Einheitlichkeit des Großdeutschen Reiches zu betonen. Es werden daher auch die Konsularverträge des Deutschen Reiches auf das Protektorat ausgedehnt werden müssen. Desgleichen wird es nicht gut möglich sein, bei den neu abzuschließenden Konsularverträgen (zur Zeit wird über den Abschluß eines Konsularvertrages mit Ungarn verhandelt, während der Konsularvertrag mit Jugoslawien noch vor seiner Ratifikation auf das Protektorat Böhmen und Mähren ausgedehnt werden soll) das Gebiet des Protektorates Böhmen und Mähren auszunehmen. Die Konsularverträge enthalten üblicherweise die Verpflichtung zur Zulassung von Konsuln. Doch können bestimmte Orte oder Gebiete ausgenommen werden unter der Voraussetzung, daß an solchen Orten oder in solchen

Gebieten keinem anderen Staate die Erlaubnis zur Errichtung eines Konsulates erteilt wird. Nach Ausdehnung der Konsularverträge auf das Protektorat Böhmen und Mähren würde die Rechtslage die sein, daß die Errichtung von Konsulaten im Protektorat zwar verwehrt werden könnte, aber nur unter der Voraussetzung, daß eine derartige Maßregel auf <u>alle</u> Staaten gleichmäßig angewendet wird.

6) B. <u>Abteilung W</u> hat ausgeführt, daß unser Interesse an der Aufrechterhaltung fremder Konsularvertretungen im Protektorat nicht besonders groß ist, da bei Rohstoffbezügen aus dem Ausland, an denen wir Interesse haben, eine Vermittlung der fremden Konsulate ausscheidet. Abteilung W führt jedoch als Argument für die Aufrechterhaltung der Konsulate an, daß die Beobachtung der Wirtschaftslage an Ort und Stelle günstigere Eindrücke verschaffe und die Berichterstattung klarer und wahrheitsgetreuer gestalte, als die Beobachtung von außerhalb, wie beispielsweise von Berlin aus, wo man sich in Ermangelung authentischer Informationen bei der Berichterstattung über das Protektorat nur auf zugetragene Nachrichten und Gerüchte stützen könne.

Durch die grundsätzlich vorgesehene wirtschaftspolitische Eingliederung des Protektorats in das Reich wird sich, wie die Abteilung W ausführt, die Bedeutung der Konsularvertretungen in Prag zwar verringern, da die bisherige Selbständigkeit des Wirtschaftsverkehrs zwischen dem Protektorat und dem Ausland damit aufhören wird. Doch wird den Konsularvertretungen in Prag auch weiterhin eine größere Bedeutung zukommen, als etwa den Konsularvertretungen in anderen Teilen Großdeutschlands, da dem Protektorat hinsichtlich seiner inneren Wirtschaftspolitik eine gewisse Selbständigkeit gewährt bleiben wird. Die Industriepolitik, die Agrarpolitik, die Sozialpolitik und Finanzpolitik sollen – wenn auch unter Aufsicht des Herrn Reichsprotektors und der Obersten Reichsbehörden – weiterhin durch die Ministerien des Protektorats geführt werden. Ebenso soll auch die Prager Nationalbank für den inneren Verkehr als selbständiges Institut bestehen bleiben.

7) C. Die <u>Politische Abteilung</u> hat zur Erwägung gestellt, daß bei der Verminderung der Zahl der fremden Konsulate im Protektorat allen fremden Staaten gegenüber gleichmäßig verfahren oder daß wenigstens der Schein eines gleichmäßigen Vorgehens gewahrt werden müsse, und daß überdies zu berücksichtigen sei, daß nach dem Grundsatz der Gegenseitigkeit die von uns getroffenen Maßnahmen auch im Ausland gegen uns angewandt werden könnten.

Das Reich hat bereits eine ganze Reihe von fremden Konsuln, darunter auch von befreundeten Mächten wie von Italien, Japan, Ungarn usw. in aller Form anerkannt und zugelassen und bei anderen die vorläufige Anerkennung und Zulassung ausgesprochen. Der Sowjetunion ist im Zusammenhang mit der Neuerrichtung Deutscher Konsulate auf dem Gebiete der Sowjetunion und von Sowjet-Konsulaten in Deutschland die Belassung des Sowjet-Generalkonsulats in Prag zugestanden worden. Da schon mit Rücksicht darauf die Entfernung sämtlicher fremder Konsulate aus dem Protektorat nicht mehr durchführbar ist, bleibt nach Ansicht der Politischen Abteilung nur die Möglichkeit, eine Regelung zu finden, durch die die Zulassung von fremden Konsuln eingeschränkt wird. Die Politische Abteilung hat dazu zwei Vorschläge gemacht, nämlich:

a) die Zulassung von Wahlkonsuln allgemein abzulehnen,

b) in jedem einzelnen Falle die Bedürfnisfrage zu prüfen, nämlich festzustellen, ob die Interessen des zu vertretenden Staates im Protektorat die Errichtung eines Konsulats rechtfertigen.

8) Praktisch hat die Abteilung Protokoll den ersten Vorschlag der Politischen Abteilung bereits dadurch verwirklicht, daß sie alle Anwärter tschechischer Nationalität, bei denen kein besonderes Interesse für die Zulassung vorlag, abgelehnt hat. Auf diese Weise wurden in den letzten Monaten zehn Anwärter für Konsulposten abgelehnt. Die Konsulate, für deren Leitung sie ausersehen waren, sind nicht errichtet worden.

Der zweiten Anregung der Politischen Abteilung folgend, könnte die Bedürfnisfrage jetzt oder im Falle eines Wechsels in der Leitung der in Prag bereits bestehenden konsularischen Vertretungsbehörden oder im Falle der Errichtung eines fremden Konsulats zweifellos angeschnitten werden. Hierbei ist jedoch zu bedenken, daß mit Rücksicht auf die von der Abteilung W herausgestellte tatsächlich vorhandene Autonomie auf dem Gebiete der Finanzpolitik, der Sozialpolitik, der Agrarpolitik usw. gerade die Prüfung der Bedürfnisfrage nicht zu dem gewünschten Ergebnis führen wird. Da wir Wahlkonsuln durch die Ablehnung von Anwärtern tschechischer Volkszugehörigkeit praktisch nur in einer sehr geringen Zahl zulassen, sind zur Zeit in Prag mit einer Ausnahme nur Berufskonsuln tätig. Durch die Entsendung eines Berufskonsuls aber bringt der Entsendestaat eindeutig zum Ausdruck, daß er ein Bedürfnis für die Errichtung eines Konsulats in einer bestimmten Stadt für gegeben erachtet. Es wird schwierig sein, die fremden Staaten zu überzeugen, daß für die Errichtung eines Konsulats in Prag ein geringeres Bedürfnis gegeben ist als beispielsweise für die Errichtung eines Konsularamtes in München oder Köln.

9) Abteilung Protokoll schlägt vor,

I) in Zukunft genau so wie bisher zu verfahren und im Sinne der von dem Herrn Reichsaußenminister erteilten Weisung alle Angehörigen tschechischer Volkszugehörigkeit für den Posten eines Wahlkonsuls im Protektorat abzulehnen, außer es würden besondere Gründe geltend gemacht werden, die eine Zulassung im deutschen Interesse erwünscht erscheinen lassen.

II)fremde Konsulate nur in Prag zuzulassen und in allen übrigen Städten des Protektorats ausnahmslos abzulehnen.

Hiermit Büro RAM mit der Bitte um Vortrag bei dem Herrn Reichsminister des Auswärtigen und Herbeiführung seiner Entscheidung vorgelegt.

Berlin, den 7. März 1940

V. DÖRNBERG

228

PA/AA, Inland II - A/B, R 99237

Bericht des Leiters der Politischen Abteilung Woermann
an Reichsfinanzminister Krosigk

80-52 27/2   Berlin, den 7. März 1940

Betr.: Entwurf eines Gesetzes über die Erhebung einer Sozialausgleichsabgabe.

Gegen die Einführung einer Sozialausgleichsabgabe für den in § 1 des Gesetzentwurfs genannten Personenkreis bestehen seitens des Auswärtigen Amts keine Bedenken. Hinsichtlich der Fassung des Gesetzes möchte ich jedoch auf folgendes hinweisen:

1.) Die in § 1 des Entwurfs zum Ausdruck kommende Gleich- und Nebeneinanderstellung von Polen, Tschechen und Juden würde der feindlichen Propaganda eine bequeme Handhabe bieten, von einer von Deutschland im Protektorat und den besetzten Ostgebieten betriebenen Unterdrückungspolitik zu sprechen. Es wird deshalb gebeten, zu prüfen, ob es nicht möglich ist, den von der Abgabe betroffenen Personenkreis in einer allgemeineren indirekten Formulierung zu umschreiben und die weiteren Einzelheiten den Durchführungsvorschriften zu überlassen.

2.) Sollte dieses nicht angängig erscheinen, so würde es jedenfalls zwecks vorsorglicher Abwehr einer geflissentlichen Mißdeutung durch die gegnerische Propaganda notwendig sein, dem Gesetz einen Vorspruch zu geben, aus dem die Gründe, die die Reichsregierung zur Einführung der Sozialausgleichsabgabe bewogen haben, erkennbar sind.

3.) In jedem Falle bitte ich, in einem besonderen Paragraphen eine Ausnahmebestimmung für Juden ausländischer Staatsangehörigkeit aufzunehmen, um die erfahrungsgemäß zu erwartenden Rückfragen bzw. Interventionen fremder Mächte zu Gunsten ihrer jüdischen Staatsangehörigen zu vermeiden.[369]

---

[369] In § 1 der „Verordnung über die Erhebung einer Sozialausgleichsabgabe" vom 5.8.1940 wurden daher nur Polen mit einer Sozialausgleichsabgabe als Zuschlag zur Einkommensteuer belegt (RGBl. 1940 I, 1077 f.). Ende 1940 wurde dieser Personenkreis in einer Zweiten Verordnung auf Juden (RGBl. 1940 I, 1666) und später auf „Zigeuner" (RGBl. 1942 I, 149) erweitert.

Die Reichskanzlei, der Stellvertreter des Führers[370], der Reichsminister des Innern[371] und der Reichsarbeitsminister[372] haben Abschrift dieses Schreibens erhalten.

In Vertretung des Staatssekretärs
WOERMANN

229

PA/AA, Rechtsabteilung, R 42805

Aufzeichnung ohne Unterschrift

Prot. A 2459 III 322

I. Auf die staatseigenen Grundstücke der ehemals tschechoslowakischen Außenvertretungen erheben Anspruch:

1. das Reich,
2. Ungarn,
3. die Slowakei und
4. das Protektorat.

<u>zu 1.</u> Das Auswärtige Amt hat sich nach der Übernahme des tschechoslowakischen Außendienstes an den Orten, an denen es die Umstände gestatteten, in den Besitz der ehemals staatseigenen Grundstücke des tschechoslowakischen Außendienstes gesetzt. In der Folgezeit hat das Auswärtige Amt entsprechend dem von dem Herrn Staatssekretär gebilligten Standpunkt, daß das Reich auf den gesamten, dem früheren tschechoslowakischen auswärtigen Dienst dienenden Grund- und Mobiliarbesitz Anspruch erhebt, ohne daß eine Entschädigung zu leisten ist, die Gebäude soweit notwendig für dienstliche Zwecke in Benutzung genommen.

Auch das Mobiliar ist, soweit es in Besitz genommen werden konnte, vom auswärtigen Amt in Gebrauch genommen worden.

R 1185/40   <u>zu 2 und 3.</u> Nach der Aufzeichnung der Rechtsabteilung über das Ergebnis der Besprechungen am 24.1.1940 haben die mit Ungarn und der Slowakei geführten Auseinandersetzungsverhandlungen, in denen grundsätzlich ein Verzicht zu Gunsten des Reichs gefordert worden sei, nur hinsichtlich Ungarns zu einem gewissen Ergebnis geführt, indem ein Entwurf zu einer Vereinbarung paraphiert aber

---

[370] Rudolf Heß.
[371] Wilhelm Frick.
[372] Hans Seldte.

noch nicht unterzeichnet worden ist. Die slowakische Regierung dagegen hat die Forderung auf Überweisung einiger Gebäude (z.B. in Budapest und Wien) erhoben.

Die Slowakische Gesandtschaft hat beim Auswärtigen Amt die Überweisung folgender Grundstücke beantragt:

Prot. A 07710
(Pers. D 4509)

a. mit Note vom 10.6.1939 der Grundstücke in Rom, Warschau, London, Belgrad und Wien,

Prot. A 00261/40

b. mündlich bei dem Besuch des Slowakischen Gesandten bei Herrn Gesandten Freiherrn von Dörnberg am 20.12.1939 der Grundstücke in Sofia, Bukarest, Brüssel, Stockholm, Prag, Wien und Hamburg,

Prot. A 02100/40

c. mit Note vom 16.1.1940 des Grundstücks in Brüssel.

Die Note zu a sollte auf Anordnung des Herrn Staatssekretärs durch die politische Abteilung im Sinne der Ziffer 1 vorstehend mündlich beantwortet werden, die Slowakische Gesandtschaft ist jedoch bisher weder auf diese Note noch auf den Antrag b zurückgekommen.

Die Note zu c ist durch Abteilung Protokoll schriftlich dahin beantwortet worden, daß die Tschechoslowakei in Brüssel niemals ein Gesandtschaftsgrundstück besessen habe.

Bisher sind der slowakischen Regierung überlassen worden:

Das Wohngebäude des ehemals Tschechoslowakischen Gesandten in Berlin[373], Großadmiral Prinz Heinrich-Straße 11 und das Gebäude des ehemals Österreichischen Gesandten beim Vatikan in Rom, da das Tschechische Gesandtschaftsgrundstück in Rom für Zwecke der Deutschen Botschaft (Quirinal) in Anspruch genommen werden mußte.

R 3042/40

zu 4. Nach dem Schreiben des Ministeriums für Auswärtige Angelegenheiten in Liquidation in Prag vom 15.1.1940 steht das Ministerium auf dem Standpunkt, daß sowohl die Gebäude als auch das Inventar der ehemaligen tschechoslowakischen Vertretungsbehörden Eigentum des Protektorats verbleiben. Dieser Standpunkt wird offenbar hin-

Pers. D 146/40

sichtlich der Grundstücke des Außenministers[374] und des Außenministeriums in Prag (Palais Czernin und Palais Toscana) vom Herrn Reichsprotektor in Böhmen und Mähren geteilt.

---

[373] Vojtěch Mastný.
[374] František Chvalkovský.

II. Für die weitere Behandlung der Angelegenheit hat die Rechtsabteilung in der vorerwähnten Aufzeichnung vorgeschlagen, zunächst die Verhandlungen mit den Nachfolgestaaten der Tschechoslowakei zur Erzielung einer Einigung über die Gebäude fortzusetzen. Der Einigung mit den Nachfolgestaaten könnte dann eine Vereinbarung zwischen dem Deutschen Reich und der Protektoratsregierung folgen.

III. Referat D ist der Ansicht, daß die Auseinandersetzung mit den Nachfolgestaaten sowie mit der Protektoratsregierung über seine Zuständigkeit hinausgeht und schlägt vor, einen besonderen Kommissar mit der Abwicklung der Angelegenheit zu beauftragen.

Hiermit über F Herrn Gesandten I. Kl. Schroeder mit der Bitte um Entscheidung vorgelegt.

Berlin, den 8. März 1940

230

NA, AMV 102-3/1

**Bericht des Vertreters des Auswärtigen Amtes beim Reichsprotektor
Ziemke an das Auswärtige Amt**

Nr. Prot.2.allg.   Prag, den 9. März 1940

Inhalt: Empfang des ausländischen Konsularkorps durch Staatspräsident Dr. Hácha.

Nach der hiesigen Übung werden die ausländischen Konsularvertreter, sofern sie von der Reichsregierung als Titulare das Exequatur erhalten haben oder als Gerenten anerkannt und zugelassen sind, von dem Vertreter des Auswärtigen Amts zunächst dem Herrn Reichsprotektor und auf Wunsch später dem Staatspräsidenten Dr. Hácha vorgestellt. Dr. Hácha hielt sich jedoch aus Gesundheitsrücksichten gewöhnlich in Lány bei Prag auf und verschob sämtliche Vorstellungen. Im Einvernehmen mit dem Herrn Reichsprotektor sah ich davon ab, Vorstellungswünsche der Konsuln in der Kanzlei des Staatspräsidenten weiter zu verfolgen. Vor einiger Zeit kam der Staatspräsident auf die Angelegenheit von selbst zurück und regte bei mir durch seinen Kabinettschef[375] eine Gesamtvorstellung sämtlicher Konsularvertreter an, soweit sie von dem Herrn Reichsprotektor empfangen worden waren. Wir verständigten uns dahin, daß die Form eines Teeempfangs in der Burg gewählt wurde und nicht nur die zugelassenen Konsuln, sondern auch ihr Personal sowie die

---

[375] Jiří Havelka.

Damen eine Einladung erhielten. Auf die Empfangsliste wurden ferner gesetzt die Herren und Damen der Vertretung des Auswärtigen Amts sowie des Kabinetts des Herrn Reichsprotektors und auf tschechischer Seite Ministerpräsident Eliáš mit den Damen und Herren seines Ministerkabinetts sowie das Kabinett des Staatspräsidenten. Der Herr Reichsprotektor erteilte hierzu seine Zustimmung.

Der Empfang fand am 5. März nachmittags 5 Uhr 30 in den Repräsentationsräumen des Staatspräsidenten in der Burg statt. Ministerpräsident Eliáš stellte meiner Frau und mir die tschechischen Minister mit ihren Damen vor, worauf Staatspräsident Dr. Hácha erschien und sich von mir die Damen und Herren der Vertretung des Auswärtigen Amts vorstellen ließ. Die ausländischen Konsularvertreter führte ich dann mit ihren Damen dem Staatspräsidenten einzeln vor.

Zur Eröffnung der Teetafel führte Staatspräsident Hácha meine Frau, während ich mit der Gattin des Doyens des Konsularkorps folgte. Der Staatspräsident unterhielt sich fast ausschließlich mit meiner Frau und mir bis ich an unseren Tisch auch einzelne ausländische Konsuln heranbrachte, soweit sie den Wunsch hierzu äußerten. Irgendein politisches Thema berührte der Staatspräsident nicht.

Die Veranstaltung nahm einen harmonischen Verlauf und scheint auf die ausländischen Konsuln einen nachhaltigen Eindruck ausgeübt zu haben. Die betonte Freundlichkeit des Staatspräsidenten Dr. Hácha sowie seiner Damen und Herren uns gegenüber dürfte manche Legende zerstört haben, welche sich das ausländische Konsularkorps über die angebliche Gefangenschaft des Staatspräsidenten gebildet haben mag.

DR. ZIEMKE

231

NA, AMV 102-3/1

Bericht des Vertreters des Auswärtigen Amtes beim Reichsprotektor Ziemke an das Auswärtige Amt

Nr. [ohne]   Prag, den 17. März 1940

Inhalt: Jahrstag der Errichtung des Protektorats.

Am 15. März jährte sich zum ersten Mal der Tag der Eingliederung Böhmens und Mährens in das Großdeutsche Reich und der Errichtung des Protektorats. Aus diesem Anlaß erließ die (tschechische) Protektoratsregierung einen Aufruf an das tschechische Volk, der sich in den gewohnten Gedankengängen bewegt, also auf der „Würdigung der Tatsachen" beruht. Es wird das Verdienst des Staatspräsidenten Hácha hervorgehoben, der das tschechische Volk vor der Kriegsgefahr sowie vor blutigen politischen Wirren rettete. Dabei vergißt die Protektoratsregierung nicht den Hinweis, daß der Führer dem tschechischen Volk sein eigenes nationales Sein mit <u>allen</u> Erfordernissen zur Gestaltung seiner eigenen Angelegenheiten und zur Pflege des eigenen nationalen Lebens verbürgt hat. Dieser Hinweis bezweckt zweifellos eine Beruhigung des tschechischen Volkes als auch die Feststellung einer Tatsache und vielleicht auch einer Voraussetzung.

Die weiteren Ausführungen des Aufrufes sind reichlich gewunden. Da das deutsche Volk im schweren Kampfe stehe, müsse die Regierung Hácha selbstverständlich dafür sorgen, daß der würdige Ablauf der Feier nirgends gestört werde. Aus dem nunmehr einjährigen Zusammenleben habe das tschechische Volk schließlich die deutsche Volksgemeinschaft zu würdigen gelernt und es wird aufgefordert, in seiner eigenen Mitte es dem deutschen Volk in dieser Hinsicht gleichzutun.

Nicht so farblos ist die Erklärung der tschechischen Nationalen Einheitspartei (Národní souručenství), die ebenfalls von der staatsmännischen Tat des Präsidenten Hácha und ihren wohltätigen Folgen ausgeht, jedoch noch auf das polnische Schicksal hinweist, das dem tschechischen Volk erspart geblieben ist. Ferner wird der wirtschaftliche Fortschritt und die Lösung der Arbeiterfrage erwähnt. Die positive Bedeutung der Erklärung liegt in der Aufforderung an das tschechische Volk, seinen Beitrag zum Siege des Reiches dadurch zu erbringen, daß es die Ruhe bewahrt, die eigene Scholle bis zur letzten Ausnutzung bebaut und seine Arbeitsleistung vervielfacht.

Wenn sich der Hauptausschuß des Národní souručenství etwas stärker für die Eingliederung einsetzt, so sind die Gründe hierfür wohl in der Sorge um die eigene Stellung zu suchen. Man befürchtet, daß wir die Rechtsopposition gegen die Nationale Einheitspartei ausspielen und daß damit die Gefahr des Verlustes der Posten näherrückt. Die Tschechen haben nun einmal den Sinn für die Realitäten des Lebens.

Ein Vergleich des Telegrammwechsels zwischen Reichsprotektor und Führer einerseits sowie zwischen Hácha und Führer andererseits illustriert vielleicht am besten den wesentlichen Unterschied, da sich in dem ersteren das Wort Treue findet, in dem anderen nicht. Immerhin wünscht Hácha wenigstens den deutschen Waffen den Sieg, und die Antwort des Führers, daß der deutsche Sieg auch dem tschechischen Volk Wohlfahrt und reichen sozialen Nutzen bringen möge, hat hier einen Eindruck hinterlassen.

Zu Ehren des Gedenktages fanden am 15. März in Prag ausschließlich militärische Feiern statt, und zwar um 11 Uhr vormittags eine Parade vor dem Reichsprotektor auf dem Wenzelsplatz und abends ein großer Zapfenstreich vor der festlich erleuchteten Burg. An der Parade nahm auch Präsident Hácha teil, für den sowohl wie für Baron Neurath je ein Stuhl zum Sitzen aufgestellt war. Vor diesen beiden Persönlichkeiten stand der Staatssekretär mit den Spitzen von Wehrmacht, Partei und Staat.

Die Ruhe wurde nirgends gestört. In Prag kam es zu keinerlei Zwischenfällen, zumal die Hochwassernot die Gemüter in eine andere Richtung lenkte.[376] An den deutschen Feierlichkeiten nahm die tschechische Bevölkerung nicht teil und die Straßen schienen ziemlich ausgestorben zu sein.
3 Zeitungsausschnitte sind beigefügt.

DR. ZIEMKE

232

PA/AA, Inland II (Geheim), R 101108
NA, AMV 102-3/1

Bericht des Vertreters des Auswärtigen Amtes beim Reichsprotektor Ziemke an das Auswärtige Amt

Nr. D.Pol.2.g

Prag, den 20. März 1940
81-63 g Rs 20/3 (171 g Rs)

Geheime Reichssache!

Inhalt: Ein Jahr Protektorat.

Die Unterwerfung des Staatspräsidenten Dr. Hácha und der Einmarsch der deutschen Truppen in Prag am 15. März 1939 riefen bei den Tschechen ein lähmendes Entsetzen hervor. Obwohl sie ziemlich einmütig den Entschluß Háchas ablehnten, verfielen sie selbst in völlige Entschlußlosigkeit. Die Regierung stand still, zumal Hácha in Berlin geblieben war,[377] die Minister hatten sich zerstreut, und nur die verläßliche Staatspolizei sorgte für die Aufrechterhaltung der Ordnung.

Diesen Augenblick der Verzweiflung benutzte der bekannte General Gajda zu einem politischen Handstreich. Er rief einen tschechischen Nationalrat zusammen mit dem Ziel, das Volk politisch neu zu organisieren und autoritär auszurichten. Nachdem sich die Minister von dem ersten Schrecken erholt hatten, durchkreuzte der inzwischen zurückgekehrte Hácha den abenteuerli-

---

[376] Seit seiner Gründung war Prag immer wieder von Überflutungen betroffen gewesen. 1890 hatte eine Jahrhundertflut ein Dutzend Menschenleben gekostet, sieben Pfeiler der Karlsbrücke zerstört und den Altstädter Ring geflutet. Im Jahresdurchschnitt fließt die Moldau etwa mit 143 m³/s durch die Stadt, beim Jahrhunderthochwasser 1890 war der Durchfluss 3.700 m³/s, beim Hochwasser 1940 etwa 3.000 m³/s. Vgl. URL: http://www-iksw-mkol.org/uploads/media/IKSE-Elbe-und-ihr-Einzugsgebiet-2005-Kap5-4-pdf sowie URL: http://www.radio.cz7de/rubrik/tagesecho/ueberflutungen-in-der-geschichte (am 25.9.2013).

[377] Háchas Rückkehr am 16.3.1939 war absichtlich bis zum Abend verzögert worden, indem man seinen Zug mehrere Stunden auf freier Strecke stehen ließ. Hitler war derweil mit seinem Sonderzug nur bis zur Grenze gefahren, um dann in einer Kraftwagenkolonne nach Prag zu fahren. Als Hácha schließlich gegen 19 Uhr am Wilson-Bahnhof eingetroffen war, war er von seiner Regierung unter Ministerpräsident Rudolf Beran begrüßt worden. Hitler und Ribbentrop waren da schon auf dem Hradschin.

chen Plan; er verbot sämtliche politischen Parteien und gründete den ČNS, die Tschechische Nationale Einheitspartei.[378] Nach dem deutschen Vorbild wurde zwischen dem Amt des Staatspräsidenten und dem des Führers der Partei Personalunion hergestellt. Im Mai 1939 trat das Kabinett Beran zurück, und der ehemalige Legionär Eliáš präsidierte einem „Kabinett der Fachminister", das mit geringen Veränderungen noch heute im Amte ist.

Auch das tschechische Volk faßte sich wieder, zumal sich die schlimmsten Befürchtungen nicht verwirklichten. Von Einzelfällen abgesehen dachte jedoch niemand an Widerstand, denn der realistisch veranlagte Tscheche fand das Kräfteverhältnis allzu stark zu seinen Ungunsten, und die heroische Eigenschaft seines nationalen Charakters ist wenig entwickelt. Der Tscheche fand sich mit den Tatsachen ab, ohne sie jedoch anzunehmen. Sein Ziel blieb die Wiedererrichtung eines unabhängigen Staates trotz der allgemeinen Unterwerfung und der äußerlichen Unterwürfigkeit. Gewiß wurde ihm klar, daß jede politische Betätigung nunmehr aufhören müßte, aber er kennt auch eine unpolitische Politik, nämlich die Verfolgung eines politischen Zieles mit unpolitischen Methoden. Bald begann die Ära der „Sammlung der nationalen Kräfte" mit unpolitischer Tarnung.

Die tschechische Hoffnung, daß das Protektorat eine vorübergehende Erscheinung sein würde, fußte auf dem blinden Vertrauen zum Auslande, das über kurz oder lang mit Deutschland in Krieg geraten mußte. Der Zusammenbruch des tschechoslowakischen Ideals belebte wieder das alte panslawistische, und der Blick richtete sich auch nach Moskau. Der Abschluß des deutsch-sowjetrussischen Nichtangriffspaktes verursachte daher den zweiten moralischen Zusammenbruch, und die erwartungsvolle Stimmung wich abermals einer schweren Depression.[379] Diese Niedergeschlagenheit überdauerte den Kriegsausbruch, der demzufolge wenig Widerhall fand. Natürlich trug auch der Blitzsieg in Polen zur Fortdauer der Depression bei,[380] während, auf der anderen Seite, den Tschechen seine realistische Denkart damit tröstete, daß eine Unterwerfung unter den Willen des Stärkeren dem Besitzer die ma-

---

[378] Staatspräsident Hácha hatte am 6.4.1939 die Národní souručenství (Nationale Gemeinschaft) proklamiert, die als „einzige politische Vereinigung des tschechischen Volkes" dienen sollte. Unter dem Slogan „Věrni sobě" (Sich selbst treu) vereinte die Partei fortan fast alle Mitglieder der alten tschechischen Parteien vor September 1938. Bis Ende 1939 verzeichnete die Národní souručenství mehr als 4 Millionen Mitglieder. Zitat und Zahlenangabe nach *Oschlies, Wolf:* Das deutsche Protektorat Böhmen und Mähren (1939-1945) und seine tschechischen Kollaborateure. In: Archive.is. URL: http://archive.is/upEHB (am 25.9.2013).

[379] Mit dem deutsch-sowjetischen Nichtangriffspakt vom 23.8.1939 wurde Deutschland die sowjetische Neutralität bei einer Auseinandersetzung mit Polen und den Westmächten garantiert. Dafür wurden Finnland, Estland, Lettland und das östliche Polen sowjetisches Interessengebiet.

[380] Innerhalb weniger Wochen (1.9. bis 6.10.1939) war der Polen-Feldzug durchgeführt worden. Dabei hatte das Deutsche Reich dem Ausland seine militärische Stärke demonstriert.

teriellen Güter des Lebens besser erhält als vergeblicher polnischer Widerstand.

Zwei Umstände trugen dazu bei, den tschechischen Hoffnungen neues Leben einzuflößen. Einmal war man hier zu weit abseits vom Kriege mit allen seinen Auswirkungen einschließlich derjenigen auf dem Gebiete der Ernährung, und dann wirkte die suggestive Kraft der feindlichen Auslandspropaganda.

Der neue Stimmungsumschwung verführte zu verschiedenen Unvorsichtigkeiten. Vor dem Kriege hatte sich die Masse von politischen Demonstrationen zurückgehalten, wenn auch Volksfeiern, kirchliche Veranstaltungen und Wallfahrten einen im Vergleich zu früher unerhörten Zulauf gefunden hatten. Jetzt wagte man sich aber auch ohne Tarnung offen hervor. So fanden statt in Prag: der Straßenbahnboykott vom 30. September, die Demonstration am 28. Oktober anläßlich des Jahrestages der früheren Republik, der tumultuöse Umzug der Studentenschaft am 15. November 1939.

Unsere drakonischen Gegenmaßnahmen – Erschießungen, Massenüberführung in das KZ, Verhaftungen größten Umfangs, Schließung sämtlicher Hochschulen – erstickten jede Lust zu weiteren Demonstrationen.[381] Selbst die Feindpropaganda empfahl nunmehr ruhiges Abwarten.

Die Protektoratsregierung des Staatspräsidenten Hácha spiegelt in ihrem Verhalten Stimmung und Charakter des tschechischen Volkes wider. Auch sie lehnt uns innerlich ab und arbeitet nicht aktiv an der Eingliederung in unseren Lebensraum mit. Unter der äußeren Form der Höflichkeit treibt sie in Wirklichkeit passive Resistenz, allerdings ohne sich so zu kompromittieren, daß zugegriffen werden könnte. Dies besagt aber nicht etwa, daß das Volk hinter dieser Regierung steht, denn sie hatte sich die Aufgabe setzen müssen, den einmütig abgelehnten Schritt Háchas verfassungsmäßig zu decken. Weiter wollen diese Herren, die an ihren Posten kleben, nicht gehen, denn sie brauchen ein Alibi gegenüber dem feindlichen Ausland und eine Rückversicherung im Lande selbst für den Fall, daß der Krieg tatsächlich so ausgeht, wie es von Paris und London aus verkündet wird.

Es fehlt den Tschechen an einer wirklichen Persönlichkeit, welche die Notwendigkeit des Zusammenlebens einsieht und im Stande ist, die öffentliche Meinung umzuschalten. Der völlig unpolitische Hácha ist diese Persönlichkeit nicht. Er wurde seinerzeit zum Staatspräsidenten gewählt, als das Volk der korrupten Politiker müde wurde und jemanden suchte, der sich nicht bereichert und das Gefühl für Gerechtigkeit nicht verloren hatte. Beide Voraussetzungen trafen für den bewährten Verwaltungsjuristen Hácha zu, dem aber sonst jede Eigenschaft zum Führer fehlt. Er bleibt, um Schlimmeres zu verhüten. Über seine politische Einstellung zu Deutschland ist er sich wohl

---

[381] Als Vergeltung für den massiven Widerstand der tschechischen Bevölkerung im Herbst 1939 waren im November des gleichen Jahres die tschechischen Universitäten geschlossen worden.

selbst nicht im Klaren, nach außen gibt er sich loyal, korrekt, höflich und zurückhaltend.

Von dem ČNS, der Einheitspartei mit äußerlich unpolitischer Zielsetzung, läßt sich nur sagen, daß sie noch in den Organisationsarbeiten steckt. Nachdem der Amtswalterapparat aufgezogen wurde, setzte die Werbung der Mitglieder ein, die jetzt über 2 Millionen Männer umfaßt. Ferner wurde die Jugend organisiert, und die Bildung einer Frauenschaft ist im Werden. Das noch nicht veröffentlichte Programm zerfällt gemäß seinem Schlagwort: nationale Gemeinschaft, soziale Gerechtigkeit, christliche Moral, in je einen nationalen, sozialen und kulturellen Teil. Die alten Parteien sind zwar aufgelöst, jedoch nicht abgestorben, sondern sie leben innerhalb des ČNS weiter fort. Nichts geschah, um das Volk innerlich umzustellen, denn das will diese Partei gar nicht. Sie will die tschechische Eigenart fördern, die nationalen Kräfte sammeln und dann abwarten, was geschehen wird. Vor allen Dingen will sie einen Organisationsapparat größten Stils aufziehen, der in der Stunde der Entscheidung in Funktion treten soll. Die Verhaftungswelle hat in die Reihen ihrer Amtswalter breite Lücken gerissen, was am besten die politische Gesinnung dieser Leute veranschaulicht. Gegen uns eingestellt sind der „Sokol" (Falke), der größte tschechische Turnverband mit wohl 1 Million Mitgliedern, der ähnliche Verband „Orel" (Adler), auf katholisch-nationaltschechischer Grundlage, die katholische Kirche, die sich außerordentlich geschickt in das tschechische Volksleben wieder eingeschoben hat, und die tschechische Nationalkirche, deren Deutschfeindlichkeit zu ihrem Entstehungsprogramm gehört.[382] Das gleiche läßt sich von der neuaufgestellten Protektoratstruppe in Stärke von 7.000 Mann sagen, von denen wöchentlich einige Mann zu den tschechischen Auslandslegionen desertieren, sowie von der Staatspolizei, die im übrigen einen vorzüglichen Eindruck macht. Truppe und Polizei werden uns so lange gehorchen, als die Protektoratsregierung die Parole hierzu ausgibt.

Presse, Rundfunk und Film stehen unter deutscher Kontrolle und werden daher ziemlich abgelehnt.

Das tschechische Interesse konzentriert sich auf Theater, Musik und Schrifttum. Die deutsche Kontrolle wirkt sich zwar auch hier aus, jedoch sind nicht die gleichen wirksamen Zugriffsmöglichkeiten gegeben.

Den sichtbaren Organisationen steht die unsichtbare Geheimorganisation „Národní odboj" (Nationale Abwehr) zur Seite, die zentral geleitet wird, in eine politische sowie eine militärische Gruppe zerfällt und eine illegale Zei-

---

[382] Von der Regierung der Ersten Republik war die Tschechoslowakische Hussitische Kirche sofort anerkannt worden, da diese sich uneingeschränkt zur tschechoslowakischen Nation bekannte. Als Ausstattung hatte sie durch den Staat von der katholischen Kirche konfiszierte Gotteshäuser erhalten. Hauptsächlich tschechische Christen, weniger Slowaken, die bei ihrem katholischen Glauben blieben, sowie wenige Deutsche und Ungarn gehörten dieser Kirche an.

tung herausgibt. Sie umfaßt alle Teile des Protektorats und alle Schichten ohne Rücksicht auf Parteischattierungen. Der NO hält Verbindung mit der Auslandsemigration, der feindlichen Propaganda, er vermittelt den illegalen Nachrichtendienst und ist der Träger der sehr ausgebreiteten Flüsterpropaganda. Trotz den Massenverhaftungen durch die Gestapo besteht der NO weiter. Lehrerschaft und Verwaltung stehen uns feindlich gegenüber.

In den Kreisen der Bauernschaft wird gegen uns gewühlt, und der äußerst materialistisch eingestellte Bauer sucht sich durch Einschränkung der Bestellung, Abschlachten von Vieh und Geflügel der Ablieferungspflicht zu entziehen.

Die illegale kommunistische Partei, welcher der deutsch-sowjetrussische Pakt anfänglich den Atem geraubt hatte, betreibt erneut eine systematische Aufhetzung der Arbeiterschaft gegen uns, jedoch bisher ohne wirkliche Erfolge. Der tschechische Arbeiter hat sich bis heute nicht als schwierig erwiesen, und er dürfte an sich zu ehrlicher Zusammenarbeit bereit sein, zumal er unsere sozialen Leistungen und den Wert unserer Volksgemeinschaft durchaus anerkennt. Der ČNS versucht erst jetzt, den Arbeiter zu sich heranzuziehen.

Die Rechtsopposition, die mit uns arbeiten will, fällt bisher nicht ins Gewicht, und zwar wegen ihres geringen Rückhalts im Volke, der zahlenmäßigen Schwäche, innerer Zerrüttung und mangelnder Eignung ihrer Führer.

Von der Wirtschaft soll kurz gesagt werden, daß jede ernste Störung vermieden worden ist und daß sie, immer in Anbetracht des Kriegszustandes, zur Zufriedenheit arbeitet. Die Arbeitslosigkeit ist nahezu beseitigt.[383] Die Vertagung der für den 1. April 1940 vorgesehenen Aufhebung der Zollgrenze hat sich nach jeder Richtung hin wohltätig ausgewirkt. Es ist belanglos, daß die tschechische Flüsterpropaganda dies auf amerikanische, italienische Intervention oder auf die eigene Stärke zurückführt.

Abschließend ist zu bemerken, daß den Tschechen der Wille zur Mitarbeit und andererseits die Neigung zum Widerstand fehlt. Sie haben die Stellung des Abwartens bezogen, da sie überzeugt sind, daß allein der Ausgang des Krieges über ihr endgültiges Schicksal entscheidet.

Von unserer Seite ist alles geschehen, um die Ordnung aufrecht zu erhalten und den ungestörten Ablauf des Wirtschaftslebens zu sichern. Soweit von unserer Seite Eingriffe und manchmal recht harte Eingriffe erfolgten, waren sie im Lebensinteresse des deutschen Volkes notwendig. Es wäre müßig, die

---

[383] Im März 1939 hatte es im Protektorat 92.000 Arbeitslose gegeben. Vgl. *Balcar*, Jaromír/ *Kučera*, Jaroslav: Von der Rüstkammer des Reiches zum Maschinenwerk des Sozialismus. Wirtschaftslenkung in Böhmen und Mähren 1938 bis 1953. Göttingen 2013, 331. Durch das Berufsverbot und/oder die Verhaftung von politischen Gegnern und Juden, die Flucht von arbeitsfähigen Tschechen, die Umstellung der Industrie auf Kriegsproduktion und die Entsendung von Arbeitskräften in das Deutsche Reich sank diese Zahl rasch.

Frage zu untersuchen, wie wir es anders hätten machen sollen, um die Tschechen zu „gewinnen", denn sie waren von Anfang an nicht guten Willens und lehnten die Mitarbeit ab.

Wenn die Tschechen warten können, dann können wir es einstweilen auch.

DR. ZIEMKE

233

PA/AA, Büro des Staatssekretärs, R 29832

Aufzeichnung des Staatssekretärs Weizsäcker

St.S. Nr. 255   Berlin, den 27. März 1940

Der Ungarische Gesandte[384] übergab mir heute die anliegenden Daten über die tschechische Emigration durch die Slowakei nach Ungarn und weiter über Jugoslawien nach Frankreich.

Er bezeichnete die Übergabe dieser Daten als Erfüllung einer UStS Woermann gemachten Zusage.

WEIZSÄCKER

[Anlage: Daten über die tschechische Emigration durch die Slowakei gegen Ungarn und weiter über Jugoslawien nach Frankreich]

Die tschechische Emigration wird von einer Geheimorganisation in Prag geleitet, an deren Spitze der ehemalige General in der gewesenen tschecho-slowakischen Armee, Eliáš, steht. Diese Geheimorganisation hat in fast allen größeren Städten des Protektorats Zweigstellen, so z.B. in Jaroměř, wo der Leiter der ehemalige Leutnant Ladislav Hrdina ist. Die Tätigkeit dieser Organisation wird von den gesellschaftlichen und kulturellen Vereinen im Protektorat (Sokol, Masaryk usw.) sowie von allen antideutschen Elementen der Slowakei unterstützt. So beschäftigt sich die „Legion Bank" in Bratislava mit dem finanziellen Teil der Aktion. Das slowakische „evangelische Bistum" in Bratislava unterstützt die Emigration auch finanziell. Außerdem sind einzelne Personen an der Aktion dadurch beteiligt, daß sie die Emigranten beherbergen, ernähren, ihnen den Weg weisen und anderweitige Ratschläge geben usw.

Über die Tätigkeit dieser Organisationen kann man sich aus dem folgenden konkreten Fall ein Bild machen.

Am 10. Januar 1940 wurde von der Zweigstelle in Jaroměř eine Emigrantengruppe gegen Ungarn mit dem Endziel Frankreich entsandt. Ein Mitglied dieser Gruppe gelangte bis Bratislava, wo er im Hotel „Arion" mit Hilfe des Portiers und mit Zustimmung des Hoteleigentümers 14 Tage lang im geheimen weilte. Die Frau des Hoteleigentümers gab ihm sodann die Weisung, sich zum Direktor der „Legion Bank", Hlousek, zu begeben. Der Letztgenannte gab ihm am 24. und 31. Januar Geld und teilte ihm bei der letzterwähnten Gelegenheit mit, daß er am selben Tage mit

---

[384] Döme Szótaj.

einer Emigrantengruppe weiterfahren sollte. Die Mitglieder dieser neugebildeten Gruppe wurden von Dr. Sztraka, einem Beamten der „Legion Bank", mit Geld und Instruktionen versehen. Sie reisten per Bahn bis Nitra, wo sie beim Direktor des Bauernheimes (Rolnický dom) übernachteten und von ihm weitere Instruktionen erhielten. Am anderen Tag schließen sich noch mehrere Personen der Gruppe an mit der gleichen Absicht, die slowakisch-ungarische Grenze im geheimen zu überschreiten, um sodann zur Französischen Gesandtschaft in Budapest zu gelangen. Die Emigranten reisten von Nitra über Zbehy, Zlaté Moravce bis Zsitva Ujfalu. Hier setzten sie ihren Weg zu Fuß fort, überschritten im geheimen die slowakisch-ungarische Grenze und gelangten bis Léva, wo sie von der ungarischen Polizei festgenommen wurden.

Die Mitglieder dieser Emigrantengruppe erklärten, daß die Geheimorganisation in Bratislava – an deren Leitung auch der in Bratislava wohnende Eisenbahnbeamte Jaroslav Libinger beteiligt ist – solche Emigrantengruppen nicht nur via Zsitva Ujfalu-Verebély, sondern auch via Gyügy (Dudince)-Ipolyság, Tamásfalva (Tomasovce)-Losonc, Hernádkosztolány (Kosztolany nad Hernadom)-Kassa zu der Französischen Gesandtschaft in Budapest dirigiert. Die Emigration via Kassa wird meistens nach Rumänien zur Französischen Gesandtschaft in Bukarest gerichtet.

Den Emigranten wird in Bratislava die Weisung erteilt, sich sobald wie möglich bei der Französischen Gesandtschaft in Budapest mit dem Losungswort „Frank" zu melden. Das Losungswort wird ihnen in Bratislava von dem Bankbeamten Dr. Sztraka mitgeteilt.

234

PA/AA, Inland II (Geheim), R 101108

Bericht des Vertreters des Auswärtigen Amtes beim Reichsprotektor Ziemke an das Auswärtige Amt

Nr. 4039/D.Pol.4   Prag, den 12. April 1940
81-63 12/4

Inhalt: Vollsitzung des Hauptausschusses der tschechischen Einheitspartei.

Die tschechische Einheitspartei ČNS veranstaltete anläßlich des ersten Jahrestages ihrer Gründung am 10. April d.J. eine Vollversammlung des Hauptausschusses, an der auch Staatspräsident Hácha als Chef der Partei teilnahm. Der Vorsitzende des Ausschusses, Nebeský, verlas und erläuterte das bisher nicht veröffentlichte Parteiprogramm, das in seinem nationalpolitischen Teil auch die Zusammenarbeit mit Deutschland behandelt. Der Redner betonte den aufrichtigen Willen des tschechischen Volkes zur Mitarbeit und unterstrich, daß die Tschechen keine Politik des doppelten Gesichts führten und das Schicksal ihres Volkes nicht auf das Spiel setzen wollten. Die Tschechen seien überzeugt, daß das deutsche Volk im Geiste seines Nationalismus auch die Lebensnotwendigkeiten des tschechischen Volkes verstehen werde.

Die erläuternden Ausführungen Nebeskýs über die Eigenständigkeit des tschechischen Volkes fanden besonderen Beifall, während die Äußerungen über die Zusammenarbeit stillschweigend hingenommen wurden. Staatspräsident Hácha wies auf das Beispiel und die Leistung des National-sozialismus hin, den die Tschechen jedoch nicht ohne weiteres nachahmen sollten, da die tschechischen Verhältnisse ihren eigenen Charakter besäßen. Die an dem deutschen Muster gesammelten Erfahrungen würden, wie Hácha weiter ausführte, lehren, welche Grundsätze und Methoden allgemein gültig seien und daher auch für die Tschechen gelten könnten. Hácha bemerkte zum Schluß, daß mit der Aufstellung eines Programms die Arbeit nicht be-reits geleistet sei, sondern daß es sich jetzt darum handle, das Programm durchzuführen und zu vervollkommnen.

Die Ausschuß-Versammlung des ČNS hat im Grunde genommen nichts neues erbracht. Es wird weiter an der Sammlung der nationalen Kräfte gear-beitet und die Politik des Abwartens fortgesetzt. Darüber können auch die Worte über Zusammenarbeit nicht täuschen, denn es sind tatsächlich nur Worte, zumal alle Versicherungen an die Voraussetzung geknüpft sind, daß die Lebensnotwendigkeiten des tschechischen Volkes geachtet werden. Über den Umfang dieser Notwendigkeiten dürften die Meinungen allerdings aus-einandergehen.

Ein Zeitungsausschnitt ist beigefügt.[385]

DR. ZIEMKE

235

PA/AA, Inland II (Geheim), R 101108
NA, AMV 102-3/1

Bericht des Vertreters des Auswärtigen Amtes beim Reichsprotektor Ziemke an das Auswärtige Amt

Nr. 4721/D.Pol.4   Prag, den 29. April 1940
81-63 g 29/4 (233 g)

Geheim

Inhalt: Stimmung im Protektorat.

In mannigfachen Kundgebungen der Protektoratsregierung und der Nationa-len Einheitspartei (ČNS) ist von aktiver Mitarbeit des tschechischen Volkes die Rede gewesen. Es ist jedoch lediglich bei den Worten geblieben. Die Nachrichten aus den verschiedensten Teilen des Protektorats stimmen über-ein, daß das klägliche Ergebnis der amtlichen Metallsammlung der Tsche-

---

[385] In dem Artikel wurde besonders die von der ČNS beschworene Zusammenarbeit zwi-schen Tschechen und Deutschen hervorgehoben, die mit längeren Redeauszügen belegt wurde; vgl. Jubiläums-Sitzung des Národní souručenství. In: Der Neue Tag v. 11.4.1940.

chen[386] sowie die völlige Gleichgültigkeit nahezu des gesamten tschechischen Volkes gegenüber dem Geburtstag des Führers[387] seine absolut ablehnende Gesamthaltung erneut unter Beweis gestellt hat. Die Führung des ČNS hat zwar zur Beteiligung an der Metallsammlung aufgefordert, jedoch lediglich, um das Gesicht zu wahren. In Wirklichkeit wurde passive Resistenz getrieben. In Verbindung mit den feindlichen Falschmeldungen über die norwegischen Vorgänge[388] arbeitete in den letzten Wochen die Flüsterpropaganda mit verstärkter deutschfeindlicher Aktivität. Es mehren sich Einzelfälle provokatorischer Art. Allerdings ist die Meinung der Tschechen über den Kriegsausgang jetzt wieder unsicherer geworden, nachdem das feindliche Radio die ersten Siegesnachrichten nicht bestätigen konnte. Dies hat wieder zu einer gewissen Zurückhaltung geführt, zumal auch die englischen und französischen Funksendungen wieder zur Geduld aufforderten.

Eine Ausnahme macht nach wie vor das Tschechische National-Soziale Lager (ČNST – Vlajka), das an dem deutschen Kurs festhält. Die Zersetzungsbestrebungen des ČNS hatten die Partei allerdings gerade in den letzten Tagen stark erschüttert und zu manchem Abfall abtrünnig gewordener Mitglieder geführt. Das Ergebnis der von der Vlajka durchgeführten Metallsammlung war im Verhältnis zu der geringen Zahl der Anhängerschaft wirklich beachtlich.

Der Führer der Vlajka Jan Rys veranstaltete am 23. April 1940 im Lucerna-Saal in Prag eine Versammlung mit etwa 4.000 Teilnehmern, die als propagandistischer Erfolg gewertet wird. Rys nahm bei Schilderung der letzten außenpolitischen Ereignisse scharf gegen die Westmächte Stellung und griff unter stürmischem Beifall wiederholt die Nationale Einheitspartei und die Protektoratsregierung, insbesondere Ministerpräsident Havelka, an. Rys hob hervor, daß die Anregung zu der tschechischen Metallversammlung von ihm ausgegangen sei und daß sie nach 13monatiger Dauer des Protektorats die erste aktive Beteiligung des tschechischen Volkes am Kampfe des Deutschen Reiches wäre. Dabei kündigte er an, daß er ebenfalls die tschechische Teilnahme an den Sammlungen für das Kriegshilfswerk des Deutschen Roten Kreuzes verlange.[389] Schließlich forderte er für seine Bewegung die Zulassung zum tschechischen Rundfunk sowie die Legalität, also die Ermächtigung für die

---

[386] Um der Rüstungsindustrie dringend benötigtes Metall zuzuführen, hatte Hermann Göring am 23.2.1940 in einem Dekret an die Reichsminister die so genannte Metallspende des Deutschen Volkes angekündigt. Dem war am 23.3.1940 die „Verordnung zum Schutze der Metallsammlung des Deutschen Volkes" (RGBl. 1940 I, 565 f.) gefolgt. Neben Denkmälern, Kirchenglocken, jüdischen metallenen Grabtafeln wurde auch privates Altmetall als „Spende" angenommen und eingeschmolzen.

[387] Hitler war am 20.4. 51 Jahre alt geworden.

[388] Am 9.4.1940 hatte die deutsche Wehrmacht eine Invasion in Norwegen und Dänemark eingeleitet, um in den Besitz der norwegischen Häfen und der Eisenerzvorkommen zu gelangen, die für die deutsche Rüstungsindustrie von eminenter Wichtigkeit waren.

[389] Mit der Gründung des Kriegshilfswerks des Deutschen Roten Kreuzes am 15.4.1940 wurde bis Kriegsende immer wieder zu Spenden aufgerufen.

Vlajka neben dem ČNS als besondere politische Partei zu bestehen. Was die Forderung hinsichtlich des Rundfunks anlangt, so ist diese darauf zurückzuführen, daß die Protektoratsregierung seinen kürzlich angesagten Rundfunkvortrag verboten hat.
Ein Zeitungsausschnitt ist beigefügt.[390]

DR. ZIEMKE

236

PA/AA, Inland II (Geheim), R 101108
NA, AMV 102-3/1

**Bericht des Vertreters des Auswärtigen Amtes beim Reichsprotektor
Ziemke an das Auswärtige Amt**

Nr. 4887/D.Pol.3 Nr.3   Prag, den 3. Mai 1940
                                        D II 81-63 g 3/5 (261 g)

Geheim

Inhalt: Besprechungen des tschechischen Hochadels.

Der Sicherheitsdienst weist in einem geheimen Bericht an das Reichssicherheitshauptamt auf die in den letzten Wochen zunehmende politische Rührigkeit des böhmisch-mährischen Landesadels hin, dessen Geschäftigkeit immer stärker die Züge eines Habsburger-Legitimismus aufweist. Der Adel, insbesondere der Hochadel, scheint sich fester organisieren und im Sinne einer katholischen Föderation orientieren zu wollen. Die führende Rolle scheint der tschechische Zweig der Familie Schwarzenberg zu spielen. Die Beobachtungen lassen darauf schließen, daß der Adel Verbindungen zur Kirche sucht. Die tschechische Presse beschäftigt sich in der letzten Zeit öfters mit dem Adel, dessen nationales Verhalten mit Befriedigung vermerkt wird. Besonders trat dies anläßlich der Hochzeit des Grafen Dohalský mit der Prinzessin Josefine von Thurn und Taxis in Erscheinung. Ich habe hier am 8. April 1940 eine Aufzeichnung verfaßt, die ich dem Sicherheitsdienst und Staatssekretär Frank zusandte. Nachträglich möchte ich diese Aufzeichnung auch dem Auswärtigen Amt vorlegen, da sie vielleicht, insbesondere für Herrn Unterstaatssekretär Habicht, von Interesse sein dürfte. Eine Abschrift der Aufzeichnung liegt bei.

DR. ZIEMKE

---

[390] In dem Artikel wurden die von Rys (ein Pseudonym von Josef Rozsévač) auf der Versammlung im Lucerna-Saal aufgestellten Forderungen lediglich wiederholt, nicht kommentiert; vgl. Forderungen der tschechischen Opposition. In: Der Neue Tag v. 25.4.1940.

[Anlage: Aufzeichnung zur Hochzeit des Grafen Dohalský mit der Prinzessin Josefine von Thurn und Taxis]

Ein Streiflicht auf jene Kreise der neuen tschechischen Gesellschaft, in denen sich die Zentren des geistigen Widerstandes gegen das Reich kristallisieren, warf eine Hochzeit, die am 30. März 1940 in Prag stattfand. Sie zeigt gleichzeitig die enge Verbindung zwischen dem vertschechten Teil des böhmischen Adels und der sogenannten „Burg"-Clique, Beneš' getreuesten Anhängern.

Der Bräutigam, Dr. Georg [Jiří] Graf Bořek-Dohalský, stammt aus einer Familie, die zur Zeit der österreichisch-ungarischen Monarchie durch ihre extrem tschechische Haltung zu vollkommener Bedeutungslosigkeit herabgesunken war und ihre Stellung auch unter den „böhmischen", damals noch durchaus loyal ihre Pflicht erfüllenden Standesgenossen eingebüßt hatte. Nach dem Umsturz 1918 warfen sich die Dohalský in die Arme der republikanischen tschechoslowakischen Richtung und machten durch sie Karriere. Der Vater des Bräutigams, Legationsrat Franz [František] Graf Dohalský, ist der älteste von drei Brüdern. Er ist durch seine Tätigkeit an der Tschechoslowakischen Gesandtschaft in Wien bekannt. Der zweite Bruder, Dr. Anton [Antonín] Graf Dohalský, Domherr bei St. Veit und erzbischöflicher Kanzler (der die Trauung vornahm), war ein bekannter Mittelsmann zwischen klerikalen Kreisen und der „Burg". Anläßlich der Wahl Beneš' zum Staatspräsidenten soll er durch Informierung des Vatikans und Beeinflussung der tschechischen katholischen Volkspartei, die bekanntlich durch ihre Stimmen das Zünglein an der Waage bildete, in hervorragender Weise zum Wahlsieg Beneš' beigetragen haben. Er verdankt seine kirchliche Karriere der ehem. tschechoslowakischen Regierung und ist auch materiell vom ehem. tschechoslowakischen Außenministerium gefördert worden. Ein dritter Bruder, als Journalist in der „Lidové noviny" [Volkszeitung] des Juden und Masaryk-Jüngers Stránský und dem Beneš-Organ „České slovo" [Tschechisches Wort] tätig, war ein fanatischer Anhänger der tschechoslowakischen Nationalsozialisten (d.i. der Beneš-Partei), unternahm Propagandareisen in Gesellschaft der berüchtigten Fráňa Zemínová usw.

Legationsrat Dr. Franz Graf Dohalský ist durch seine erste Gattin, Milada Krafferová (von der der Bräutigam stammt), mit dem ehem. Tschechoslowakischen Gesandten in Brüssel Slavík, der in Brüssel geblieben ist, verschwägert. In zweiter Ehe ist Dohalský mit Věra, geb. Baxantová, verwitw. Vísková, verheiratet, deren erster Gatte ein Bruder des gegenwärtigen Protokollchefs des Staatspräsidenten Hácha, Dr. Vladimír Vísek, ist. Auf diese Weise schließt sich der Ring!

Die Braut, Prinzessin Josefa Thurn-Taxis, ist eine Tochter des Prinzen Erich Thurn-Taxis, von der II. Linie, der gegenwärtig mit seinem Neffen Prinz Ludwig in einem Erbstreit um den böhmischen Besitz (Lautschin[391] usw.) nach dem jüngst verstorbenen Alexander Thurn-Taxis steht. Der Bruder des Prinzen Erich, Alexander jun., ist italienischer Staatsbürger geworden und hat den Namen Principe della

---

[391] Die Herrschaft Lautschin (Loučeň) nordöstlich von Prag gehörte durch Erbschaft seit 1809 der Familie Thurn und Taxis.

Torre e Tasso angenommen; er lebt dzt. in Duino. Dessen Tochter Margarete ist mit Prinz Gaëtan von Bourbon-Parma, einem Bruder der Kaiserin Zita, verheiratet.

Mehrere Diplomaten des ehem. tschechoslowakischen Regimes – selbstverständlich Dr. Vladimír Vísek, ferner der aus den Berichten des Deutschen Gesandten in Sofia bekannte Künzl-Jizerský u.a. – nahmen als Gäste an der Hochzeit teil.

Die politische Bedeutung dieser Hochzeit geht aus den ausführlichen Kommentaren hervor, mit denen sie in der tschechischen Presse bedacht wurde. So schreibt die „Národní politika" (die sich im Untertitel als Organ des Národní souručenství bezeichnet) in Nr. 88 vom 29. März 1940 u.a. folgendes: „... eine Hochzeit, die durch verwandtschaftliche Bande zwei Familien verbinden wird, deren heutige Repräsentanten als bewußte, kompromißlose Tschechen bekannt sind ..." Nach einer Schilderung der Tätigkeit des Legationsrates Franz Dohalský für die tschechische Sache im Chodenland[392] und in Wien, wird das Haus Thurn-Taxis als ursprünglich italienische Familie bezeichnet, die der tschechischen Nation eine Reihe bedeutender Männer geschenkt habe, die als Vertreter der tschechischen Sache unter Österreich antihabsburgische Politik gemacht haben sollen (!)

Die antihabsburgischen Tendenzen, auf die in diesem Zeitungsartikel angespielt wird, sind in Wahrheit antideutsche Tendenzen. Hier zeigt sich eine interessante, in der letzten Zeit von den Tschechen angewandte Taktik. Nach dem Grundsatz: „Die Feinde unserer Feinde sind unsere Freunde" suchen sie ihre Aktion als gegen einen imaginären Dritten gerichtet hinzustellen, um so eine scheinbare gemeinsame Basis mit den Deutschen vorzutäuschen und ihre im Grunde deutschfeindliche Tätigkeit zu immunisieren.

Ein weiterer Zusammenhang verdient erwähnt zu werden: Die Mutter des Legationsrats Dohalský war ein geb. von Hoop. Durch seine Vermittlung war sein Vetter, Dr. von Hoop, als Redakteur in der deutsch geschriebenen, jüdisch-tschechisch geleiteten, offiziellen Zeitung des vergangenen Regimes „Prager Presse" angestellt worden. Dieser selbe Dr. von Hoop sitzt jetzt als Referent in der Gruppe Kulturpolitische Angelegenheiten im Amt des Reichsprotektors.

---

[392] Das Chodenland wurde ursprünglich vom gleichnamigen slawischen Volksstamm im Südwesten des Protektorats rund um die Stadt Taus (Domažlice) bewohnt.

237

PA/AA, Inland II (Geheim), R 101108
NA, AMV 102-3/1

**Bericht des Vertreters des Auswärtigen Amtes beim Reichsprotektor
Ziemke an das Auswärtige Amt**

Nr. 4324/D.Pol.3 Nr.7   Prag, den 6. Mai 1940

D II 81-63 g (271 g)

Geheim

Inhalt: Programm der Tschechischen Einheitspartei.
Im Anschluß an den Bericht vom 12.4.1940 – Nr. 4039/D.Pol.4 –[393]

Der auch jetzt noch nicht veröffentlichte Text des Programms der Tschechischen Einheitspartei (Národní souručenství) – oder „Nationale Gemeinschaft" (NG), der mir zur Einsichtnahme zugeleitet wurde, zerfällt in einen national-politischen, einen sozial-wirtschaftlichen und einen kulturellen Teil.

Der national-politische Teil geht von der nationalen Sendung der tschechischen Nation aus, die ausdrücklich als Volk slawischen Ursprungs und trotz aller Stammeseigenarten als einheitliches Volk bezeichnet wird, dem der von ihm bewohnte Boden als Lebensraum gebührt. Die Nationale Gemeinschaft soll die einzige politische Organisation dieses Volkes sein und zwar im Sinne einer nationalistischen und sozialen Bewegung, die auf jeden Tschechen auch im Ausland Anspruch erhebt. Der Nationalismus ist nach dem Programm ein „neuzeitlicher", so wie ihn unsere eigene Bewegung verkündet hat, woraus gefolgert wird, daß Großdeutschland die tschechische nationale Eigenart und die tschechischen Lebensbedürfnisse achten wird. Daneben wird der Grundsatz der Volksgemeinschaft aufgestellt.

Mit der Eingliederung in den deutschen Lebensraum scheint das Programm wenigstens den Worten nach einverstanden zu sein, jedoch, wie zwischen den Zeilen zu lesen ist, unter der Voraussetzung, daß wir den Weg zu einer Zusammenarbeit finden. Dieses etwas merkwürdige Fassung wird vielleicht noch von dem nächsten Satz übertroffen, daß das tschechische Volk – allerdings im Einvernehmen mit uns! – mit den Nachbarvölkern Frieden und Verständigung sucht.[394]

---

[393] Siehe Dokument Nr. 234.

[394] Genau heißt es im Programm: „Da das deutsche Volk, mit welchem wir seit dem Anfange unserer Geschichte zusammengelebt haben, dem Gedanken des neuzeitlichen Nationalismus, für welchen jedes Volk ein unzerstörbares Ganzes von besonderer Eigenart bildet, den Weg zu allen Völkern erschlossen hat, hoffen wir, daß es die Lebensbedürfnisse des tschechischen Volkes begreifen wird. Deshalb werden wir unser Verhältnis zu ihm auf der Grundlage gegenseitiger Erkenntnis und gegenseitigen Verständnisses regeln in dem Vertrauen, daß auch das deutsche Volk die Mittel und Wege zu einer dauernden, positiven Zusammenarbeit finden wird. Unser Volk wird sich die Bedingungen für seine Entwicklung am besten sichern, wenn es im Einvernehmen mit den Deutschen den Weg zum Frieden und zur Verständigung mit allen Nachbarvölkern suchen wird.

Dies dürfte wohl ausschließlich Sache unserer eigenen Außenpolitik sein, welche die Tschechen selbst nicht führen dürfen.

Der sozial-wirtschaftliche Teil klingt in seinen Worten an wesentliche Programmsätze der NSDAP an, sogar das Schlagwort „Gemeinnutz geht vor Eigennutz" wird übernommen. In theoretischen Ausführungen ist die Rede von der Arbeit als dem Grundpfeiler der Wirtschaft, der Sicherung des sozialen Friedens, dem Schutz der Produktion, der Säuberung der Wirtschaft von rassefremden also vermutlich jüdischen Elementen, auch von solchen, die das Werk der Nationalen Gemeinschaft durchkreuzen wollen (hiermit sind sicherlich die Deutschen gemeint), ferner ist die Rede von dem Recht auf Arbeit u.dgl. Der Aufbau einer ständischen Verfassung wird als der sichtbarste Ausdruck der Volksgemeinschaft hingestellt.[395]

Wie diese Leitsätze mangels einer entsprechenden inneren Ausrichtung des Tschechen praktisch ausgeführt werden sollen, erscheint mehr als nebelhaft.

Der kulturelle Teil ist der wesentliche, einmal, weil er, richtig gesehen, die politisch-nationale Zielsetzung unter kulturellem Mantel tarnt und dann, weil er zwar die Methoden des nationalsozialistischen Erziehungsprogramms annimmt, jedoch seine Grundsätze ablehnt.

Dieser Programmteil geht von dem Christentum als dem Fundament der sittlichen und geistigen Kraft des tschechischen Volkes aus. Ganz ersichtlich suchen die Nachkommen der Hussiten jetzt ihre Hauptstütze in der römisch-katholischen Kirche. Alles weitere, was über Familie, Schulwesen, Jugenderziehung, Wissenschaft, Kunst und nationale Kultur gesagt wird, soll nur dem einen wirklichen, wenn auch unausgesprochenen Ziele dienen: Sammlung der nationalen Kraft des tschechischen Volkes, Erhaltung und Förderung seiner Eigenart.

Das geschilderte Programm wurde zwar in der Jahresfestversammlung der Nationalen Gemeinschaft vom 10. April 1940 verlesen, ist bisher jedoch nicht veröffentlicht worden, da hierzu die Genehmigung des Reichsprotektors noch nicht erfolgt ist.

Das eine ist klar, daß die Nationale Gemeinschaft zwar das tschechische Volk einigen will, jedoch keineswegs die Absicht hat, es in unsere Linie zu bringen. Da die Nationale Gemeinschaft die alleinige politische Partei im Protektorat sein will, würde die formelle und letzte Bestätigung ihres Programms durch den Reichsprotektor der Protektoratsregierung die gesetzliche Hand-

---

Die Wiedereingliederung des tschechischen Lebensraumes in den weiteren Rahmen des Lebensraumes des Großdeutschen Reiches stellt uns diese Aufgabe und erleichtert ihre Erfüllung. Das tschechische Volk ist sich ebensowohl der Vorteile als auch der Pflichten bewußt, welche sich aus dieser Gestaltung der Dinge ergeben."

[395] Darüber hinaus wurde unmissverständlich gefordert: „Die Wirtschaft muß sowohl von allen rassenfremden Elementen und jenen Einflüssen, die sie zu Gunsten antisozialer Interessen mißbrauchen wollten, als auch von solchen Elementen und Einflüssen gesäubert werden, welche ihrer Sendung vom Standpunkt der Gesamtheit aus betrachtet zuwiderlaufen."

habe geben, die bisher noch geduldeten rechtsoppositionellen Gruppen – das nationalsozialistische Lager, insbesondere die Vlajka – als illegal zu verbieten. Ein solches Verbot müßte sich gegen uns auswirken, da es uns die Möglichkeit nähme, der Nationalen Gemeinschaft Gegengewichte in die Waagschale zu werfen.

Die Satzungen („vorl. Organisations-Ordnung") sind von Hácha bereits am 7. April v.J. genehmigt worden. Soweit mir bekannt ist, hat der Reichsprotektor gegen sie keinen Einspruch erhoben.

Die Satzung geht vom Führerprinzip aus und hat hinsichtlich Organisation, Erfassung und Betreuung der Parteimitglieder äußerlich vieles der Organisation der NSDAP entlehnt.

Eine von der Nationalen Gemeinschaft gefertigte deutsche Übersetzung des Parteiprogramms ist beigefügt.[396]

Über den Fortgang der Angelegenheit werde ich berichten.

DR. ZIEMKE

238

PA/AA, Inland II (Geheim), R 101108
NA, AMV 102-3/1

**Bericht des Vertreters des Auswärtigen Amtes beim Reichsprotektor
Ziemke an das Auswärtige Amt**

Nr. 4959/D.Pol.4   Prag, den 6. Mai 1940
D I 81-63 g Rs 6/3 (278 g Rs)

<u>Geheime Reichssache</u>

Inhalt: Deutschfeindliches Verhalten der Tschechen.

Der flüchtige Student Smudek, der unlängst in Taus einen deutschen Beamten der Gestapo niederschoß und dann zwei deutsche Zollbeamte ermordete, ist bisher nicht gefaßt worden, obwohl er sich in Prag selbst verborgen halten dürfte. Dies beweist, daß die tschechische Bevölkerung ihm Beistand leistet und daß auch die tschechische Staatspolizei nicht den ernstlichen Willen hat, sich an seiner Ergreifung wirksam zu beteiligen.

Das schlechte Beispiel hat leider Schule gemacht. Am 2. d.M. wurde der Deutsche Ernst Leimer am hellen Tage vor den Augen seiner Familie am Moldau-Ufer in Prag von einem Tschechen mit einem Revolver tödlich niedergestreckt, als er den Tschechen wegen Abreißens der amtlichen Bekanntmachung über die Metallspende zur Rede stellte. Dieses Mal wurde der Mörder gefaßt.

---

[396] Dieser hier nicht abgedruckten Anlage entstammen die Zitate in den beiden vorangehenden Fußnoten.

Am Tage darauf warfen unbekannte Täter in das Deutsche Theater in Brünn während einer Nachmittagsvorstellung für die HJ eine Brandbombe, die infolge Zufalls nur geringen Sachschaden anrichtete.

Allgemein wird das Benehmen der Tschechen ständig provokatorischer.

Die Vermutung ist nicht von der Hand zu weisen, daß eine geheime Terror-Organisation besteht, die sich in Versuchen dieser Art übt und daß es sich um Anfänge einer planmäßigen Aktion gegen uns handelt, obwohl die „offizielle" Direktive bisher ständig den Tschechen geduldiges Ausharren zwecks Vermeidung deutscher Gegenmaßnahmen empfiehlt.

Es dürften voraussichtlich von unserer Seite aus Sanktionen erfolgen. Erwogen wird anscheinend auch die Auflösung der Sokol-Verbände, möglicherweise verbunden mit einer Beschlagnahme des Vermögens. Ich würde dies für die wirksamste Antwort halten.

Die Entscheidung erfolgt von höchster Stelle aus Berlin.

DR. ZIEMKE

239

PA/AA, Inland II (Geheim), R 101108
NA, AMV 102-3/1

Bericht des Vertreters des Auswärtigen Amtes beim Reichsprotektor Ziemke an das Auswärtige Amt

Nr. 4980/D.Pol.4   Prag, den 7. Mai 1940
D II 81-63 g 7/5 (259 g)

Geheim

Inhalt: Tschechische Terroraktionen.
Im Anschluß an den Bericht vom 6.5.1940 – Nr. 4959/D.Pol.4 –[397]

Der Tscheche Josef Čech, der am 2. Mai 1940 in Prag den Volksdeutschen Leimer, der ihn wegen der Beschädigung eines Aufrufes der Protektoratsregierung zur Metallspende feststellen wollte, hinterlistig erschoß und auf der Flucht auf verfolgende deutsche Soldaten mehrere Schüsse abgab, wurde am 6. d.M. von dem Sondergericht Prag zweimal zum Tode verurteilt und heute hingerichtet. Da der Mörder unerlaubter Weise eine Schußwaffe bei sich geführt hatte, hat der Reichsprotektor die Bestimmungen über den Waffenbesitz verschärft. Nach der neuen Verordnung vom 6. Mai 1940 wird mit dem Tode bestraft, wer vorsätzlich und unerlaubt eine gebrauchsfähige Schußwaffe oder Sprengstoffe oder Munition besitzt. In leichteren Fällen kann auf Zuchthaus erkannt werden. Fahrlässigkeit zieht Gefängnis oder Geldstrafe nach sich. Die Verordnung ist mit der Verkündung durch den Rundfunk in Kraft getreten.[398]

---

[397] Siehe Dokument Nr. 238.
[398] Dieses Verbot und seine Sanktionen finden sich in § 1 der „Bekanntmachung des Reichsprotektors".

Über Sanktionen ist noch nichts bekannt geworden.
3 Zeitungsausschnitte sind beigefügt.[399]

DR. ZIEMKE

240

NA, AMV 102-3/1

**Bericht des Vertreters des Auswärtigen Amtes beim Reichsprotektor
Ziemke an das Auswärtige Amt**

Nr. 4979/D.Pol.4   Prag, den 8. Mai 1940

<u>Geheim</u>

Inhalt: Havas-Meldung über Schließung tschechischer Hochschulen.
Auf den Erlaß vom 3.5.1940 – Nr. Pol. IV 912 g –

Zunächst beziehe ich mich auf meinen Bericht vom 29. April 1940 – Nr. 4603/
D.Pol.4 – an die Informationsabteilung des Auswärtigen Amts, in welchem
zu einer ähnlichen Havas-Meldung Stellung genommen ist.

Die Meldung geht wohl von der aus den bekannten Gründen unsererseits
verfügten Schließung der tschechischen Hochschulen für die Dauer von drei
Jahren aus. Die hierzu gebrachten Einzelheiten sind sämtlich falsch.

Es trifft nicht zu, daß tschechische Bücher verbrannt und irgendwelche
Exemplare aus der Bibliothek nach Deutschland verbracht wurden. Die angeführten Bildergalerien sind sämtlich geöffnet. Die Meldung über die Karlini-
sche Universitätsbibliothek in Prag zeugt von einer gewissen Unkenntnis der
hiesigen Verhältnisse, denn es gibt hier nur eine National- und Universitätsbibliothek, die beiden Universitäten – also der deutschen und der tschechischen – gemeinsam ist. Hieraus allein folgt, daß sie nicht geschlossen oder
geplündert sein kann.

Da die tschechische Universität für drei Jahre geschlossen ist, wurden ihre
Gebäude einstweilen für andere Zwecke verwandt. In die philosophische Fa-
kultät ist das Rektorat der Deutschen Karls-Universität und in die juristische
die SS-Standortkommandantur eingezogen.[400]

DR. ZIEMKE

---

[399] Alle drei Artikel befassen sich detailliert mit dem Mord an Ernst Karl Leimer sowie der
Verurteilung und Hinrichtung seines Mörders Josef Čech; vgl. u. a. Der Mord an Leimer. In: Der Neue Tag v. 7.5.1940.

[400] Nach der Teilung der Karl-Ferdinands-Universität in eine deutsche und eine böhmische Universität im Jahre 1882 waren die klinischen und wissenschaftlichen Institute
sowie die Bibliothek gemeinsam genutzt worden. Nachdem die 1920 umbenannte böhmische Karls-Universität nach Studentenunruhen am 17.11.1939 mit allen anderen
tschechischen Hochschulen geschlossen worden war, verblieb nur die Deutsche Universität bis Kriegsende. Zahlreiches Material und auch Gebäude wurden ihr übereignet.

241

PA/AA, Inland II (Geheim), R 101108

**Bericht des Vertreters des Auswärtigen Amtes beim Reichsprotektor
Ziemke an das Auswärtige Amt**

Nr. 5382/D.Pol.3 Nr.7   Prag, den 16. Mai 1940
                                                         D III 81-63 g 16/5 (287 g)

Inhalt: Programm der Tschechischen Einheitspartei.

Im Anschluß an den Bericht vom 6. Mai d.J. – Nr. 4324/D.Pol.3 Nr.7 –[401]

Der Herr Reichsprotektor hat am 10. Mai dem Staatspräsidenten Hácha gegenüber erklärt, daß er zu dem vorgelegten Satzungsentwurf der Nationalen
Gemeinschaft weder Stellung nehmen wolle noch könne, da ihm durch die,
ohne seine Billigung erfolgte Verlesung durch den Ausschußvorsitzenden
Nebeský in der Jahresfestversammlung der NG hierzu die Möglichkeit genommen sei.

Immerhin hat Freiherr von Neurath dabei noch angedeutet, daß der Inhalt
des Entwurfes der Satzungen nicht annehmbar ist.

Über den Fortgang der Angelegenheit werde ich berichten.

DR. ZIEMKE

242

PA/AA, Inland II - A/B, R 99636

**Bericht des Vertreters des Auswärtigen Amtes beim Reichsprotektor
Ziemke an das Auswärtige Amt**

Nr. 5202/B. Außenmin.   Prag, den 18. Mai 1940
                                                         D III 83-76 *Allg. 18/5*

Betreff: Aberkennung der Protektoratsangehörigkeit; Maßnahmen gegen widersetzliche Beamte des ehemaligen tschecho-slowakischen auswärtigen Dienstes.

Anläßlich der vorbereitenden Verhandlungen über die Ausbürgerung jener
ehemals tschecho-slowakischen diplomatischen und konsularischen Beamten, die ihr Amt nicht übergeben haben oder im Ausland verblieben sind und
sich dort reichsfeindlich betätigen (Verordnung vom 3. Oktober 1939, RGBl.
1939 I, S. 1997),[402] wurde die Frage aufgeworfen, ob die Beamten slowakischer Volkszugehörigkeit die Protektoratsangehörigkeit nach der Regierungsverordnung vom 11.1.1940, Nr. 19 S.d.G.u.V. des Protektorats, erworben haben.

---

[401] Siehe Dokument Nr. 237.

[402] „Verordnung über die Aberkennung der Staatsangehörigkeit des Protektorats Böhmen
und Mähren" vom 3.10.1939 (RGBl. 1939 I, 1997).

Zunächst handelt es sich um folgende Personen:
1) Ministerialrat Vladimír Hurban, ehem. Gesandten in Washington,
2) Sektionschef Juraj Slávik, ehem. Gesandten in Warschau,
3) Ministerialoberkommissär Dr. Vladimír Palic, ehem. Gesandtschaftssekretär in Paris,
4) Sektionsrat Dr. Jan Papánek, ehem. Konsul in Pittsburgh,
5) Kanzleioberoffizial Jan Liška des ehem. Konsulats in Cleveland,
6) Kanzleioberoffiziantin Teresia Janovljaková des ehem. Konsulats in Cleveland und
7) Štefan Osuský, ehem. Gesandten in Paris.

Das Ministerium für auswärtige Angelegenheiten i.L. vertritt die Auffassung, daß die unter 1) bis 6) Genannten nach dem slowakischen Verfassungsgesetz vom 25. September 1939[403] (dessen Inhalt mir nicht näher bekannt ist) mit dem 14. März 1939 die slowakische Staatsangehörigkeit erworben haben. Diese Auffassung begründet das Ministerium i.L. damit, daß sie am 30. Oktober 1918 das Heimatrecht auf dem Gebiete des jetzigen slowakischen Staates besaßen, der spätere Erwerb eines anderen Heimatrechtes durch Antritt eines öffentlichen Amtes nach dem slowakischen Verfassungsgesetz den Verlust des ursprünglichen Heimatrechtes nicht nach sich zieht und daher der Erwerb der Protektoratsangehörigkeit nach § 1 der Regierungsverordnung vom 11. Januar 1940 nicht in Frage kommen kann.

Anders liegt die Sache bei Štefan Osuský, der zwar einst in der Slowakei heimatberechtigt war, das Heimatrecht jedoch lange vor dem 30. Oktober 1918 durch Einbürgerung in den Vereinigten Staaten von Amerika verloren hat. Die tschecho-slowakische Staatsbürgerschaft wurde ihm im Jahre 1933 oder 1934 durch eine Sonderverfügung des Ministeriums des Innern verliehen, ohne daß er zugleich in den Verband einer tschecho-slowakischen Gemeinde aufgenommen worden wäre. Daher kann er nach Ansicht des Ministeriums für auswärtige Angelegenheiten i.L. auch die Protektoratsangehörigkeit nach § 1 der Regierungsverordnung vom 11. Januar 1940 nicht erworben haben und ist als staatenlos anzusehen. Diese Auffassung wird von mir nicht geteilt, denn als pragmatischer Beamter des ehemaligen tschecho-slowakischen auswärtigen Dienstes dürfte Osuský nicht nur den fiktiven Wohnsitz, sondern nach Aufnahme in den tschecho-slowakischen Staatsverband von Gesetzes wegen auch das Heimatrecht in Prag besessen haben.

Wegen Klärung dieser Fragen habe ich mich mit der zuständigen Gruppe im Amt des Reichsprotektors in Verbindung gesetzt.

---

[403] Im Verfassungsgesetz über die Verfassung der Slowakischen Republik vom 21.7.1939 (sic!) bestimmte § 3 lediglich: „1. Die Staatsangehörigkeit ist einzig und einheitlich. 2. Die Bedingungen ihres Erwerbens und Verfalls bestimmt ein separates Verfassungsgesetz." URL: http:// www.verfassungen.eu/sk/verf.39.htm (am 14.9.2013).

Sicherstellung des Vermögens und Sperrung der Bankguthaben der oben erwähnten Beamten wurde veranlaßt.

Weiteren Bericht behalte ich mir vor.

DR. ZIEMKE

243

NA, AMV 102-3/1

Bericht des Vertreters des Auswärtigen Amtes beim Reichsprotektor Ziemke an das Auswärtige Amt

Nr. 5580/D.Pol.4 Prag, den 20. Mai 1940

Geheime Reichssache

Inhalt: Tschechische Presse.

Die tschechische Presse ist im politischen Sinne ohne Einfluß und Wirkung und zwar im Protektorat selbst als auch im Ausland. Der Tscheche und der Ausländer unterstellt, daß der politische Teil der Presse unter Zwang geschrieben wird und daher nicht als die Wiedergabe der Überzeugung des tschechischen Verfassers gelten kann. Aus den Kreisen der tschechischen Schriftleiter verlautet auch manchmal, daß sie kommandiert werden und ihre Artikel entsprechend zu bewerten sind.

Soweit ich habe beobachten können, dürfte es zutreffen, daß die Presse von der Kulturpolitischen Gruppe im Amt des Reichsprotektors zwar im durchgreifenden Umfang angewiesen und kontrolliert, jedoch keineswegs richtig ausgenutzt wird. Dies ist bedauerlich, da die tschechische Presse eine außenpolitische Propagandawaffe von beachtlicher Bedeutung sein dürfte, zumal auch über sie Nachrichten gebracht werden könnten, deren deutscher Ursprung völlig verborgen bliebe. Aber es liegt auf der Hand, daß Behörden mit innerpolitischer Schulung nicht ohne weiteres außenpolitisches Verständnis aufbringen.

Für unsere Zwecke würde es sich darum handeln, persönlichen Kontakt mit den Schriftleitern zu gewinnen, ihre Stellung gegenüber den meistens reaktionären Zeitungsbesitzern zu festigen, die kleinen Schreiber, die jetzt aus ihrer untergeordneten Stellung nicht herauskönnen, zu fördern und beide Kategorien uns gegenüber zu verpflichten. Meine Ausführungen gelten in erster Linie für die sogenannte Regierungspresse, wobei auch für uns in Frage käme, die bestehenden Auseinandersetzungen zu unserem Vorteil auszunutzen. Ich hätte weniger im Sinne, die rechtsoppositionelle Presse (Vlajka) zu fördern, zumal für diese das Geldbedürfnis der wichtigste Punkt wäre. Jedoch ließen sich über die Vlajka-Presse vorzüglich Artikel lancieren, welche die Tschechen demoralisieren, und es kommt gerade darauf an, dies zu tun, d.h. ihnen den Glauben an sich, an ihre jetzige Führung und an die tschechische Zukunft zu nehmen.

Ich wäre bereit zu versuchen, in dieser Richtung zu wirken, nachdem ich mir einige Verbindungen erworben habe und auch glaube, einen Stützpunkt in der Kulturpolitischen Gruppe zu besitzen. Eine Verstärkung meines Personals wäre kaum erforderlich, jedoch sind einige Geldmittel unerläßlich (vielleicht jährlich 20.000,- RM).

Prüfung und Weisung, gegebenenfalls im Benehmen mit der Informationsabteilung darf ich anheimgeben.

DR. ZIEMKE

244

PA/AA, Inland II - A/B, R 99636

Aufzeichnung des Referatsleiters Staats- und Verwaltungsrecht, Staatsangehörigkeitsfragen, Strafrecht usw. in der Rechtsabteilung Siedler

D III 83-76 Allg. 18/5

Äußerung von R III

I. Hinsichtlich der im Schreiben des Reichsprotektors vom 18.5.40[404] unter Nr. 1 bis 6 aufgezählten Personen (Hurban, Slávik, Palic, Papánek, Liška und Janovljaková) *wird mit Recht* anzunehmen sein, daß diese Personen heute nicht im Besitze der Protektorats-, sondern der slowakischen Staatsangehörigkeit sind. Entscheidend dürfte in diesen Fällen sein, daß die in Betracht kommenden Personen bei Entstehung der Tschechoslowakei das Heimatrecht in einer Gemeinde des jetzigen slowakischen Staates besaßen. Der Antritt eines öffentlichen Amtes außerhalb dieser Heimatgemeinde zieht weder nach dem früheren noch nach dem heutigen für das slowakische Staatsgebiet geltenden Recht den Verlust des einmal erworbenen Heimatrechts nach sich. Grund hierfür ist die Tendenz, die Amtsübertragung nicht als Grund für den Erwerb der Staatsangehörigkeit und demnach auch nicht als Grund für den Verlust des Heimatrechts anzuerkennen. Da die unter Nr. 1 bis 6 genannten Personen als ehemals tschecho-slowakische Staatsangehörige mit Heimatrecht in der Slowakei nach dem slowakischen Verfassungsgesetz vom 25.3.39 ipso jure als slowakische Staatsangehörige gelten und da gemäß § 1 der RegierungsVO des Protektorats vom 11.1.40 in diesen Fällen ein Erwerb der Protektoratsangehörigkeit nicht stattfindet, können die genannten Personen auch nicht als Doppelstaatler angesehen werden.

II. Der im Schreiben des Reichsprotektors unter Nr. 7 genannte ehemalige Tschechoslowakische Gesandte Štefan Osuský ist wahrscheinlich auf Grund des § 17 des ungarischen Staatsangehörigkeitsgesetzes vom 20.12.79 in der Tschecho-Slowakei eingebürgert worden. Dieses ungarische Gesetz galt

---

[404] Siehe Dokument Nr. 242.

auch noch im tschecho-slowakischen Staat, freilich nur für den ehemals ungarischen Gebietsteil (§ 3 des tschecho-slowakischen Verfassungsgesetzes vom 9.4.20).[405] Daß die Einbürgerung auf Grund dieser gesetzlichen Bestimmung erfolgt ist, muß deshalb angenommen werden, weil nach tschecho-slowakischen Recht die Amtsübertragung als Erwerbsgrund der Staatsangehörigkeit ausscheidet (Leske-Loewenfeld VII, S. 246 ff.)[406] und weil ferner das für Mähren-Schlesien oder auch das für die ganze Tschechoslowakei in Geltung gewesene Recht eine erleichterte Einbürgerung nicht kennt (Leske-Loewenfeld a.a.O. S. 251).

§ 17 Abs. 2 des erwähnten ungarischen Gesetzes bestimmt nun, wenn der wegen besonderer Verdienste Eingebürgerte noch nicht um Aufnahme in den Verband einer inländischen Gemeinde nachgesucht habe, so sei „seine Zuständigkeitsgemeinde vorläufig Budapest". Diese Bestimmung *war*, nachdem der slowakische Gebietsteil aus dem ungarischen Staate entnommen und dem tschecho-*slowakischen* Staate einverleibt worden *war*, praktisch unanwendbar geworden. Die alte Bestimmung kann auch kaum dahin umgedeutet werden, daß – wie früher Budapest als Hauptstadt Ungarns – so neuerdings Prag als Hauptstadt der Tschechoslowakei für den gemäß § 17 des ungarischen Gesetzes eingebürgerten heimatzuständig sei.

Wesentlich erscheint zunächst folgendes: Der auf Grund des § 17 des genannten ungarischen Gesetzes erfolgte Staatsangehörigkeitserwerb erfolgte zugleich auf Grund des tschecho-slowakischen Verfassungsgesetzes vom 9.4.20, da § 3 des letztgenannten Gesetzes als Rahmenbestimmung auch die für das slowakische Gebiet geltenden früheren ungarischen Bestimmungen über die Staatsangehörigkeit als ausfüllende Normen in das tschecho-slowakische Verfassungsgesetz *aufgenommen hat.* Anwendbar sind demnach auch die §§ 13 ff. dieses Verfassungsgesetzes. § 13 bestimmt, daß grundsätzlich die alten Bestimmungen über das Heimatrecht (also auch die §§ 5-18 des ungarischen Gemeindegesetzes vom 27.6.1886) in Kraft bleiben. § 14 des Verfassungsgesetzes betont aber sodann, daß Personen, die nach den Bestimmungen des Verfassungsgesetzes tschechoslowakische Staatsbürger geworden sind oder noch werden und innerhalb der Tschecho-Slowakischen Republik keine Heimatgemeinde besitzen, in derjenigen Gemeinde Heimatrecht erwerben, die zuletzt ihre Heimatgemeinde war. Osuský dürfte demnach das Heimatrecht der slowakischen Gemein-

---

[405] § 3 „Verfassungsgesetz vom 9. April 1920 mit welchem die bisherigen Bestimmungen über den Erwerb und Verlust der Staatsbürgerschaft und des Heimatrechtes in der Čechoslowakischen Republik ergänzt wird" bestimmte: „Die bisherigen Bestimmungen über den Erwerb und Verlust der Staatsbürgerschaft bleiben, soweit sie nicht durch dieses Gesetz abgeändert werden, weiterhin in Geltung." URL: http://www.verfassungen.net/cssr/gesetz236-20.htm (am 14.9.2013).

[406] Dazu vgl. *Leske*, Franz/*Loewenfeld*, William (Hg.): Die Rechtsverfolgung im internationalen Verkehr. Das Recht der Staatsangehörigkeit der europäischen und der außereuropäischen Staaten. Band 7. Berlin 1934.

de, in der er geboren oder zuletzt ansässig war, zurückerworben haben und demnach ebenso wie die unter Nr. 1-6 genannten Personen heute ausschließlich slowakischer Staatsangehöriger geworden sein.

Die Voraussetzungen des § 15 des Verfassungsgesetzes, die in gewisser Weise dem § 17 Abs. 2 des oben erwähnten ungarischen Staatsangehörigkeitsgesetzes entsprechen und für gewisse Auslandsbeamte die Zuständigkeit der Prager Gemeinde begründen, liegen hier nicht vor. § 15 bezieht sich nur auf diejenigen Auslandsbeamten, die gemäß § 1 Ziff. 4 des Verfassungsgesetzes ipso jure die tschechoslowakische Staatsangehörigkeit erworben haben. Als typische Ausnahme- und Übergangsbestimmung kann § 15 nicht auf Fälle ausgedehnt werden, in denen eine außergewöhnliche Einbürgerung und anschließende Amtsübertragung stattgefunden hat.

Dem Standpunkt des tschechoslowakischen Ministeriums für auswärtige Angelegenheiten i.Liqu., das alle 7 Personen als slowakische Staatsangehörige ansieht, dürfte demnach beizupflichten sein.

Mit den Vorgängen hiermit bei Abt. Deutschland erg[ebenst] wieder vorgelegt.

Berlin, den *25.* Mai 1940

[SIEDLER]

245

PA/AA, Inland II - A/B, R 99237
NA, AMV 102-3/1

Bericht des Vertreters des Auswärtigen Amtes beim Reichsprotektor Ziemke an das Auswärtige Amt

Nr. 5995/D.Pol.4

Prag, den 29. Mai 1940
D III *81-63 29/5*

Inhalt: Ansprache des Primators Klapka.

Reichsleiter R o s e n b e r g , der hier am 25. Mai anläßlich des von der NSDAP veranstalteten Gaukulturmonats einen Vortrag über „Krieg und Kultur" hielt, wurde u.a. auch im Altstädter Rathaus von dem Primator (Oberbürgermeister) Klapka begrüßt. Herr Klapka gehört zu der Klasse der vorsichtigen und nach ihrer eigenen Auffassung loyalen Tschechen, die sich recht und schlecht dem Gebot der Stunde sowie dem Zwang der Verhältnisse beugen und sich von Verschwörungen und Geheimorganisationen möglichst entfernt halten. Mir gegenüber versicherte Herr Klapka stets seine Bereitschaft zur Zusammenarbeit, klagte jedoch über mangelndes Verständnis auf unserer Seite.

Die Ansprache des Herrn Klapka ist eigenartig und kennzeichnend für die Denkart der Tschechen. Seine Ausführungen beginnen mit der bekannten tschechischen Auffassung über das deutsch-tschechische Verhältnis: Der Reichsleiter werde sicherlich den Eindruck gewonnen haben, „daß die tschechische Bevölkerung real denkt, richtig den Ernst der Stunde einzuschätzen weiß und den ihr durch diese Zeit auferlegten Pflichten nachkommt". Dieser Satz heißt in klarem Deutsch, daß der Tscheche sich dem Zwange fügt und die zwangsläufigen Pflichten erfüllt.

Klapka unterläßt nicht, auf die im Protektorat herrschende Ruhe und Ordnung hinzuweisen, auch preist er die Disziplin der Tschechen, was für ihre hohe kulturelle Entwicklung spreche, die auch im laufenden „Mai der tschechischen Tonkunst" zum Ausdruck komme. Der allzu bekannte Artikel im „Schwarzen Korps"[407] vom 21. März d.J. über die wünschenswerte deutschtschechische Verständigung wird zitiert und daneben, nach tschechischer Art, das Antworttelegramm des Führers an Hácha anläßlich des Jahrestages der Errichtung des Protektorats ausgelegt (vgl. Bericht vom 17.3.1940 – Nr. D.Pol.2 –).

Zum Schluß spricht Klapka die Bitte aus, der Reichsleiter möge im Interesse der Erhaltung der hohen Kulturstufe der Tschechen seinen Einfluß für die Wiedereröffnung der tschechischen Hochschulen verwenden.

Es ist immer das Gleiche, was wir zu hören bekommen: Wir begehen angeblich den Fehler, die hohe tschechische Kultur zu übersehen und wir sind nicht zu einer Zusammenarbeit bereit, so wie die Tschechen sie auffassen.

Die nicht veröffentlichte Rede ist kühn und taktlos. Abschrift des mir von einem Gewährsmann besorgten Textes füge ich bei.

Reichsleiter Rosenberg sprach übrigens in seinem Vortrag, der nur vor Deutschen stattfand, den Gedanken aus, daß es für ein kleines Volk keinen Ehrverlust bedeutet, sich unter den Schutz der Großdeutschen Nation zu stellen.

DR. ZIEMKE

[Anlage: Ansprache des Primators Klapka am 25. Mai 1940]

Herr Reichsleiter!

Ich beehre mich, Sie in Prag, wo ich bereits mehrere hervorragende Persönlichkeiten aus dem Reiche begrüßen konnte, willkommen zu heißen. Ich gebe der Hoffnung Ausdruck, daß auch Sie so wie die vorhergegangenen geschätzten Besucher in Prag den Eindruck gewinnen werden, daß die tschechische Bevölkerung real denkt, richtig den Ernst der Stunde einzuschätzen weiß und den ihr durch diese Zeit auferlegten Pflichten nachkommt.

Herr Reichsleiter, ich gestatte mir, Sie in Prag im Altstädter Rathaus zu begrüßen. Es ist dies ein historischer, für das tschechische Volk ganz besonders bedeutungsvoller Boden. Es ist nicht umsonst, daß das Prager Stadtwappen die Losung „Praha matka měst", das ist „Prag, die Mutter der Städte", trägt. Prag ist für die tschechischen Städte das Vorbild. Alles was in der Geschichte Prags geschah, fand in

---

[407] „Das Schwarze Korps" war ein Kampf- und Werbeblatt der SS, das ab 1935 wöchentlich erschien.

den anderen Städten seinen Abglanz. Prag und das Altstädter Rathaus ist ein Boden, der überaus empfindlich ist. Denn die Geschicke Prags und des Altstädter Rathauses fanden immer mächtigen Widerhall im ganzen Volke, das einen hochentwickelten Sinn für Gerechtigkeit und Recht besitzt.

Herr Reichsleiter, ich bitte Sie, Ihre geschätzte Aufmerksamkeit den hiesigen Verhältnissen zu widmen.

Mehr als seit Jahresfrist arbeiten wir Tschechen und Deutsche an dieser Stätte, beseelt vom Streben, die Verwaltung dieser wunderschönen Stadt auf das beste zu gestalten. Es ist begreiflich, daß ich als tschechischer, von tschechischen Eltern abstammender und aus der tschechischen Gemeinschaft hervorgegangener Mann mich stolz zu meinem Volke bekenne und seine Interessen mit meinen besten Kräften vertrete. Und gerade deshalb bringe ich den gleichen, von der anderen Seite kommenden Bestrebungen vollstes Verständnis entgegen in der festen Überzeugung, daß dieser Wettstreit in Arbeit und Leistung beiden Nationen zum Wohl gereichen muß. Die Zeitschrift „Das schwarze Korps" vom 21. März 1940 erwähnte in einem ausführlichen Artikel über die Zusammenarbeit der Deutschen und Tschechen die tschechische Losung: „Já pán – ty pán", das ist „Ich Herr – Du Herr", und „Svůj k svému", das ist „Jedem das Seine",[408] und bezeichnete dieselben als goldene Worte einer tiefen Volksweisheit, die seit je alle gesunden Kräfte umspannten und auf denen allein eine wirkliche Zusammenarbeit möglich sein kann. Ja, ich wiederhole, nicht ein gekrümmtes Rückgrat, sondern ein gerades und ehrliches Volksbewußtsein weisen uns beiden, Tschechen und Deutschen, den Weg des Zusammenschlusses und der Verständigung. In demselben Artikel schreibt der reichsdeutsche Autor weiter: „So wollen wir Leid und Streit der letzten Jahre vergessen sein lassen und jedem ehrlichen Tschechen und damit dem ganzen tschechischen Volk die Hand entgegenstrecken." Das entspricht auch dem Wunsche, den der Führer vor kurzem in seiner Antwort auf das Glückwunschtelegramm unseres Staatspräsidenten aussprach.

Als einen der hervorragendsten Männer des deutschen Volkes bitte ich Sie, zur Erlangung von dauerndem Frieden, Wohlfahrt und reichem sozialen Nutzen unserer Bevölkerung mitzuwirken. Dies entspricht dem Grunderlaß, durch welchen der Führer und Reichskanzler dem tschechischen Volke die Selbstverwaltung und volle Entfaltung seines nationalen und kulturellen Lebens verbürgt hat.

Das tschechische Volk und die Stadt Prag erfüllen ihre Verpflichtungen, die ihnen die schwere Kriegszeit auferlegt. Die in Prag herrschende Ruhe und Ordnung wurzelt vor allem in der verständigen Disziplin der tschechischen Bevölkerung, die politisch entwickelt und kulturell hochstehend ist, was der soeben stattfindende „Mai der tschechischen Tonkunst" beweist, dessen Veranstaltungen den ganzen Mai andauern und sich eines zahlreichen Besuches auch seitens Reichsdeutscher, insbesondere Wehrmachtsangehöriger, erfreuen.

---

[408] Angemessener ist die Übersetzung: Jeder halte zu den Seinen!

Die hohe Kulturstufe des tschechischen Volkes hat den reichsdeutschen Autor, den ich bereits erwähnte, veranlaßt, zu erklären: „Wir wünschen, daß jeder Tscheche sein Haupt frei und stolz tragen möge."

Im Interesse der Erhaltung dieser hohen Kulturstufe gestatte ich mir, Herr Reichsleiter, Ihnen eine Bitte vorzubringen: Durch Ihren großen Einfluß darauf hinzuwirken, daß die tschechischen Hochschulen wiedereröffnet und in diese unsere Hochschulstudenten wieder zurückgeführt werden.

Für meine Person kann ich Ihnen versichern, daß ich es als meine heiligste Aufgabe betrachte, im Sinne von Recht und Gerechtigkeit für beide Nationen die Geschicke unserer teuren Stadt zu leiten und unermüdlich auf die Verwirklichung des Friedens, der Wohlfahrt und des sozialen Nutzens aller seiner Bewohner hinzuarbeiten.

Herr Reichsleiter, ich gestatte mir, Sie in Prag und im Altstädter Rathaus herzlich willkommen zu heißen. Ich gebe dem Wunsche Ausdruck, Ihr Besuch möge Ihnen reiche Gelegenheit allseitigem Erkennen der hiesigen Verhältnisse bieten. Ich bin überzeugt, daß dies auch der tschechischen Bevölkerung zum Wohle gereichen wird.

Ich wünsche Ihnen, Herr Reichsleiter, daß der Aufenthalt in Prag in Ihnen die besten Erinnerungen hinterläßt.

246

PA/AA, Inland II - A/B, R 99237
NA, AMV 102-3/1

Bericht des Vertreters des Auswärtigen Amtes beim Reichsprotektor Ziemke an das Auswärtige Amt

Nr. 6184/D.Pol.4   Prag, den 1. Juni 1940
Pol. IV *1793*
D II *81-63 1/6*

Inhalt: Stimmung im Protektorat.

Unsere militärischen Erfolge im Westen haben die Tschechen nachdenklich gemacht, zumal die Kapitulation Belgiens wie ein Schock über sie kam. Umgeschwenkt sind sie jedoch noch nicht, ihre Wunschträume befassen sich mit dem Eingreifen der Vereinigten Staaten von Amerika und der Sowjetunion, auch hoffen sie auf das Wunder, das die Feindmächte retten wird. Immerhin fängt man an, den deutschen Sieg wenigstens als Möglichkeit in Rechnung zu stellen. Ich merke dies auch an dem Bestreben führender Persönlichkeiten, die Fühlung mit mir als eine Art Rückversicherung enger zu gestalten. Im Ministerratspräsidium wird die Reorganisation des Hauptausschusses der Nationalen Einheitspartei betrieben, um zu gegebener Zeit das Einschwenken dieser Partei in die deutsche Linie vorzubereiten und um eine Auflösung zu verhindern, die nach der hiesigen Meinung von uns vorgenommen werden wird, sobald an dem Kriegsausgang nicht mehr zu zweifeln ist. Ein neues Schlagwort scheint hinter den Kulissen geprägt zu werden: Aktive Loyalität!

Im Gegensatz zu der jetzigen offiziellen Passivität. In diesem Sinne ist das Hilfsangebot zu bewerten, das Ministerpräsident Eliáš, dessen enge Verflechtung mit der Maffie[409] uns hinlänglich bekannt ist, am Tage der belgischen Kapitulation[410] an den Reichsprotektor gerichtet hat. Das Angebot betrifft die Ausrüstung eines Sanitätszuges, Bereitstellung von Ingenieuren, Post- und Eisenbahnbeamten u.dgl. mehr.

Das infolge der Verhaftung seines Haupttreibers Procházka in den Hintergrund getretene Nationale Aktionskomitee[411] beginnt sich wieder zu regen. Offiziell werden dabei ehemalige Faschisten und Angehörige der Vlajka herausgestellt, jedoch verbleiben die alten Politiker wie Beran, Gajda und Hampl im Hintergrund als Reserve.

Siegen die Deutschen, dann möchte das Komitee Herrn Gajda als Ministerpräsidenten und Rys als Innenminister präsentieren. Für den anderen Fall halten sich Beran und Hampl bereit, um die ungeschwächte Lauterkeit der tschecho-slowakischen Gesinnung unter Beweis zu stellen.

Es ist verständlich, daß die Rechtsopposition unter diesen Umständen etwas an Boden gewinnt. Ich möchte noch dahingestellt sein lassen, ob eine weitere Entwicklung in dieser Richtung tatsächlich in unserem Gesamtinteresse liegt.

DR. ZIEMKE

247

PA/AA, Inland II - A/B, R 99237
NA, AMV 102-3/1

Bericht des Vertreters des Auswärtigen Amtes beim Reichsprotektor Ziemke an das Auswärtige Amt

Nr. 6401/D.Pol.4   Prag, den 7. Juni 1940
Pol. IV *1886*
D II *81-63 7/6*

Inhalt: Die Tschechen und der deutsche Sieg.
Im Anschluß an den Bericht vom 1.6.1940 – Nr. 6184/D.Pol.4 –[412]

Unter dem Eindruck unseres Sieges im Westen steigert sich die Nachdenklichkeit der Tschechen. Staatspräsident Hácha richtete aus freien Stücken an den Führer ein Telegramm, in welchem er ihm die herzlichsten Glückwün-

---

[409] Im Ersten Weltkrieg hatte Beneš zusammen mit anderen die tschechisch-nationalistische Unabhängigkeitsbewegung „Maffie" (Mafia) mit der Zielsetzung gegründet, einen tschechoslowakischen Staat zu begründen.

[410] 28.5.1940.

[411] Das antisemitische Nationale Aktionskomitee, in dem neben Procházka auch der Historiker Professor Jan Vrzalík, der Vlajkist war, eine bedeutende Rolle spielte, fusionierte 1940 mit der Antijüdischen Liga.

[412] Siehe Dokument Nr. 246.

sche und die aufrichtige Bewunderung ausspricht. Er versichert, daß das tschechische Volk den weiteren Siegesmarsch der deutschen Truppen mit vollster Anteilnahme begleitet und, soweit seine Möglichkeiten reichen, zur tatkräftigsten Unterstützung bereit ist.

Ohne den Vorbehalt der tschechischen „Möglichkeiten" würde das Telegramm uns mehr zusagen.

Die Protektoratsregierung ihrerseits hat für 8 Tage die Beflaggung der öffentlichen Gebäude angeordnet und die Bevölkerung aufgefordert, sich an dieser Ehrung der deutschen Wehrmacht zu beteiligen. Ferner verfügten die Konsistorien der katholischen Kirchen Glockenläuten von 12-13 und 17-18 Uhr.

Soweit sich feststellen ließ, hat jedoch kaum ein tschechischer Privatmann geflaggt. Es fehlt die innere Anteilnahme und der Wille; das Gefühl ist auf der anderen Seite. Die Tschechen überlassen die Kundgebungen für uns ihrer Regierung, als dem zuständigen Organ, das berufen ist, zu lavieren und sich zu kompromittieren, ohne die tschechische Nation selbst bloßzustellen.

Zwei Zeitungsausschnitte sind beigefügt.[413]

DR. ZIEMKE

248

PA/AA, Inland II - A/B, R 99237

Bericht des Reichsinnenministers Frick an den Reichsprotektor Neurath

I e 5217 II/40 5000 BM   Berlin, den 10. Juni 1940
                                                                                      D II *180*

Betr.: Verhältnis des Protektorats zum Großdeutschen Reich.
Auf die Schreiben vom 26. Januar 1940 – KVI E II 1199/40 – und vom 20.II.1940 – I 3 a – 25078/39 –

Da das Protektorat Böhmen und Mähren integrierender Bestandteil des Großdeutschen Reichs ist, ist es ebenso wie andere Teile des Reichs als Inland anzusehen. Wenn in Rechtsvorschriften des Reichs, die seit der Errichtung des Protektorats erlassen worden sind, vom Inland die Rede ist, ist daher darunter auch das Protektorat zu verstehen, sofern nicht ein besonderer Vorbehalt gemacht ist; umgekehrt beziehen sich die seit diesem Zeitpunkt ergangenen für das Ausland geltenden Rechtsvorschriften nicht auf das Protektorat. Ob ältere Rechtsvorschriften, die das In- oder Ausland betreffen, ebenso auszulegen sind,

---

413 Nachdem Hácha in seinem Glückwunschtelegramm an Hitler diesem überschwänglich zur Einnahme von Dunkerque (Dünkirchen) durch deutsche Truppen gratuliert hatte, ordnete die Protektoratsregierung eine Beflaggung an. Die näheren Umstände wurden in der Presse ausgeführt; vgl. Glückwunschtelegramm Dr. Háchas an den Führer. In: Der Neue Tag v. 6.6.1940 sowie Protektoratsregierung ordnet Beflaggung an. In: Der Neue Tag v. 6.6.1940.

läßt sich nicht mit Sicherheit übersehen. Die Entscheidung wird im Einzelfall so getroffen werden müssen, wie sie den deutschen Interessen entspricht.

Betreffen Rechtsvorschriften, die seit der Errichtung des Protektorats von Ihnen oder der Protektoratsregierung erlassen worden sind, das Ausland, so ist darin das Großdeutsche Reich nicht mit einbegriffen. Ob sich aber umgekehrt solche Rechtsvorschriften, wenn darin vom Inland die Rede ist, auch auf das Großdeutsche Reich außerhalb des Protektorats beziehen, erscheint mir nicht zweifelsfrei. Man kann der Auffassung sein, daß als Inland nur das Gebiet anzusehen ist, das der Rechtsetzungsbefugnis des Gesetzgebers unterliegt; Inland wäre in diesem Falle bei von Ihnen oder der Protektoratsregierung erlassenen Rechtsvorschriften nur das Protektorat. In solchen Vorschriften würde daher zur Vermeidung von Zweifeln zweckmäßig nicht die Bezeichnung „Inland", sondern „Großdeutsches Reich" zu wählen sein, wenn auch die Gebiete außerhalb des Protektorats einbezogen werden sollen. Sprechen Rechtsvorschriften, die vor der Errichtung des Protektorats ergangen sind und dort noch heute Geltung haben, vom Inland oder Ausland, wird nach den Umständen des Falles entschieden werden müssen, ob die außerhalb des Protektorats liegenden Teile des Großdeutschen Reichs mit betroffen sein sollen oder nicht. Ausschlaggebend sind auch hier die deutschen Interessen an dieser oder jener Entscheidung.

Daß deutsche Staatsangehörige, die ihren Wohnsitz im Protektorat haben, dort nicht Ausländer, sondern Inländer sind, ergibt sich eindeutig aus § 3 der Verordnung vom 20. April 1939 (RGBl. 1939 I, S. 815). Aber auch andere deutsche Staatsangehörige müssen im Protektorat als Inländer angesehen werden, da es nicht angängig ist, deutsche Staatsangehörige in irgendeinem Teile des Großdeutschen Reichs als Ausländer zu behandeln. Sie unterliegen daher auch nicht irgendwelchen für Ausländer geltenden Rechtsvorschriften des Protektorats.

Umgekehrt genießen Protektoratsangehörige im Großdeutschen Reich außerhalb des Protektorats nicht immer Inländerbehandlung. Ich beziehe mich insoweit auf mein Schreiben vom 14. Februar 1940 – I e 5463/39 – 5000 BM –, in dem zu dieser Frage nähere Ausführungen gemacht sind.

Allgemein bemerke ich zu den behandelten Fragen noch folgendes: Nach Lage der rechtlichen, der politischen und der übrigen tatsächlichen Verhältnisse erscheint mir eine starre Festlegung, in welcher Weise die Begriffe Inland und Inländer sowie Ausland und Ausländer in den einzelnen Rechtsvorschriften auszulegen sind, nicht zweckmäßig, soweit sie über meine vorstehenden grundsätzlichen Ausführungen hinausgeht. In zweifelhaften Fällen muß oberster Grundsatz für die Auslegung sein, daß die Entscheidung den deutschen Interessen entspricht. Dagegen erscheint es mir nicht angängig, bei der Auslegung dem Grundsatz der Gegenseitigkeit besondere Bedeutung beizumessen. Bei der Auslegung zweifelhafter Fälle bitte ich mich als Zentralstelle für das Protektorat Böhmen und Mähren zu beteiligen.

Abschrift dieses Schreibens, das im Einvernehmen mit dem Auswärtigen Amt und dem Herrn Reichsminister der Justiz ergeht, habe ich den übrigen Obersten Reichsbehörden übersandt.

Abschrift übersende ich ergebenst zur gefl. Kenntnis. Abschrift meines Schreibens vom 14. Februar 1940 – I e 5463/39-5000 BM – ist beigefügt. Soweit in Ihrem Geschäftsbereich die Auslegung zweifelhafter Fälle in Frage kommt, bitte ich, mich zur Wahrung der Einheitlichkeit, als Zentralstelle für das Protektorat Böhmen und Mähren jeweils zu beteiligen.

In Vertretung
DR. STUCKART

249

PA/AA, Inland II (Geheim), R 101108
NA, AMV 102-3/1

Bericht des Vertreters des Auswärtigen Amtes beim Reichsprotektor Ziemke an das Auswärtige Amt

Nr. 6651/D.Pol.4   Prag, den 13. Juni 1940
                                              81-63 g 13/6 (383 g)

                                              <u>Geheime Reichssache</u>

Inhalt: Erklärung des Dr. Zástěra.

Der tschechische Politiker Dr. Zástěra, eine umstrittene Persönlichkeit mit bewegter und nicht ganz einwandfreier Vergangenheit, ist Mitglied des Verbandes für die Zusammenarbeit mit den Deutschen und des Hauptausschusses der Nationalen Einheitspartei. Er gehörte früher auch zu der Rechtsopposition, während seine jetzige Aufgabe darin besteht, im Dienste der Einheitspartei und zwar mit geldlicher Unterstützung des Ministers Havelka, die rechtsoppositionellen Gruppen zu zersetzen und zu zerschlagen. Dr. Zástěra gibt sich deutschfreundlich, doch ist er im Grunde genommen ein unzuverlässiger Opportunist. Als Herausgeber der deutschfreundlich getarnten Zeitung „Nástup červenobílých" (Vormarsch der Rotweißen) ist er in ständiger Geldnot. Unsere Erfolge im Westen scheinen Dr. Zástěra nachdenklich gemacht zu haben, und er sucht stärkeren Anschluß an uns. Seine Haltung hat bei Minister Havelka den Verdacht erregt, daß Dr. Zástěra sich tatsächlich uns verkaufen wolle.

Dr. Zástěra versuchte, von mir empfangen zu werden. Ich habe ihn an einen meiner Herren verwiesen, den er gesellschaftlich bereits kennt, und mein Sachbearbeiter hat sich von ihm vortragen lassen, was er mir erzählen wollte. Da seine Äußerungen ein charakteristisches Bild über die Stimmungen in den tschechischen politischen Gruppen geben, beehre ich mich die von meinem Sachbearbeiter gefertigte Aufzeichnung beizufügen.

Der Befehlshaber der Sicherheitspolizei,[414] mit dem ich öfters derartiges Material austausche, hat ebenfalls eine Abschrift der Aufzeichnung erhalten.

DR. ZIEMKE

[Anlage: Vermerk des Mitarbeiters der Dienststelle VAA Zaremba]

Am 7. Juni 1940 empfing ich im Auftrage des Herrn Gesandten Dr. Ziemke Herrn Dr. Zástěra. Über den Grund seines Besuches befragt, erklärte Dr. Zástěra, es läge ihm daran, die deutschen Stellen objektiv zu informieren, da diese von Elementen, die unlautere Nebenabsichten haben, falsch informiert würden. Die Unterhaltung mit Dr. Zástěra bewegte sich hauptsächlich um das Thema der außerhalb des Národní souručenství stehenden Rechtsopposition. Dr. Zástěra beklagte sich über die Unklarheit der Stellungnahme der deutschen Stellen zur Vlajka; diese werde offiziell vom Reichsprotektor nicht anerkannt, ihre Funktionäre verhandelten jedoch mit einzelnen Persönlichkeiten aus dem Amt des Herrn Reichsprotektors und leiteten daraus die Mutmaßung ab, daß sie deutscherseits gefördert würden. Die verschiedenen rechtsextremen Gruppen und Grüppchen treten insbesondere als Schützlinge des Herrn Übelacker vom DNB[415] in Erscheinung, unter dessen Patronanz sie sich auch zu versammeln pflegen. Es handle sich insbesondere um die Vlajka und die Svatopluk-Garden (Svatoplukovy gardy), geführt vom Tierarzt Smeták, die tschechischen Faschisten (deren Führer Janík bereits verhaftet sei), das Nationale Aktionskomitee NAK (Národní akční komité) – auch Gajda-Faschisten genannt –, deren Funktionär Baron Procházka gleichfalls verhaftet ist, die mährischen Faschisten (Moravští fašisté) – unter Führung von Vocílka, genannt „Mario", und die Vála-Faschisten. Die Aufsicht über alle diese Gruppen führe Dr. Morávek, Mitglied des Ausschusses des Národní souručenství und Beamter im Ministerratspräsidium. Mit diesem arbeitete Dr. Drda, früher gleichfalls in einem Ministerium tätig, zusammen. General Bláha, vom Verband für die Zusammenarbeit mit den Deutschen,[416] organisiere den Frontkämpferverband angeblich in enger Verbindung mit der Vlajka. Im Sinne dieser verschiedenen oppositionellen Gruppen betätige sich auch der jüdische Mischling Dr. Maximilian Passer, der mit Dr. Smíchovský, dem ehemaligen Konzipienten des Dr. Branžovský zusammenarbeite. Es handele sich durchwegs um zweifelhafte Elemente. Dr. Zástěra hält die Vlajka-Anhänger, über deren Persönlichkeit die Polizei- und Strafakten Auskunft geben könnten, für Konjunkturpolitiker. Die Zahl der Anhänger der Vlajka schätzt Dr. Zástěra auf 4-500.000. Diese würden mit Versprechungen für den Zeitpunkt der Übernahme der Macht durch die Vlajka, die ihnen angeblich von den Deutschen versprochen sei, geworben. Dr. Zástěra sprach den

---

[414] Franz Walter Stahlecker.
[415] Deutsches Nachrichtenbüro.
[416] Durch eine Kollaboration versprach sich der Tschechische Verband für die Zusammenarbeit mit den Deutschen (Český Svaz pro spolupráci s Němci) Vorteile für Wirtschaft und Handel. 1943 wurde dieser Verband aufgelöst.

Verdacht aus, daß die Arbeitsfront der Vlajka (Führer Dr. Jílek und Dr. Viktorin) mit der Komintern in Verbindung stehe.

Die scheinbar deutschfreundliche Einstellung der Vlajka hält Dr. Zástěra für ein Tarnungsmanöver. Die wahre Gesinnung der Anhängerschaft der Vlajka komme bei deren Versammlungen zum Ausdruck. So seien in einer am 6. Juni d.J. auf der Sofien-Insel abgehaltenen Versammlung der Vlajka-Anhänger Rufe gegen Minister Havelka „Pověste zaprodance" – „Hängt den Söldling" (der Deutschen) – gefallen, woraus ersichtlich sei, daß dem Minister seine positive Einstellung zum Reich zum Vorwurf gemacht werde.

Dr. Zástěra machte ferner Mitteilung von Verhandlungen zwischen der Vlajka und dem Národní souručenství. Die Forderungen der Vlajka für die Aufgabe ihrer oppositionellen Stellung seien:

Ernennung von 31 Mitgliedern der Vlajka in den Ausschuß des Národní souručenství,

5 Millionen Kronen für die Finanzierung der Zeitschrift „Vlajka" und

Bezahlung ihrer Schulden.

Rys habe bereits früher einmal eine Abfertigung für den Fall verlangt, daß er sich nicht mehr mit Politik beschäftigen werde. Burda habe damals die Bewilligung zur Wiedereröffnung seines Wettbüros „Sposák" verlangt. Diese Forderungen seien von Minister Havelka abgelehnt worden. Die Vlajka hatte bereits seinerzeit ihre Vertreter in das Národní souručenství entsendet gehabt. Von diesen befinde sich Herr Pecháček im KZ. Sousedík sei gleichfalls verhaftet gewesen, Vetchý sei abberufen worden und Vrzalík sei aus der Vlajka ausgetreten und im Národní souručenství verblieben.

In diesem Zusammenhang erwähnte Dr. Zástěra auch die angeblich bevorstehenden Veränderungen in der Zusammensetzung des Národní souručenství. Der Staatspräsident solle den Ausschuß des Národní souručenství auflösen und am selben Tage neu ernennen. Die Regierung sei bereit, die Liste der neu zu ernennenden Ausschußmitglieder vorher dem Herrn Reichsprotektor vorzulegen, um zu vermeiden, daß unerwünschte Personen in denselben aufgenommen würden. Hiermit hoffe man zu erreichen, daß die derzeit herrschende Unruhe und Unsicherheit aufhöre. Die Zahl der Mitglieder würde hierbei von 100 auf 150 erhöht werden.

Dr. Zástěra bezeichnete sich als Sprecher des starken aktivistischen Flügels des Národní souručenství. Neben diesem gebe es eine neutrale Gruppe und eine Gruppe, die Dr. Zástěra als „phantastische Leute" bezeichnete (offenbar Beneš-Anhänger oder überhaupt Personen, die ihre Hoffnungen auf einen Umsturz oder unglücklichen Ausgang des Krieges setzen).

Dr. Zástěra versicherte seine Loyalität und sprach die Meinung aus, es wäre im Interesse des Reiches, wenn dieses das Národní souručenství benützen würde. Er hält es für gefährlich, daß einerseits gesagt werde, die Ordnung der tschechischen Angelegenheiten – die Liquidierung der Opposition – sei eine innere Angelegenheit des tschechischen Volkes, daß aber andererseits die oppositionellen Gruppen sich auf maßgebliche Persönlichkeiten vom Amte des Herrn Reichsprotektors zu berufen in der Lage seien. Die Vlajka stelle hierbei gleichzeitig einen Umsturz und die Absetzung Háchas in Aussicht.

Schließlich sprach Dr. Zástěra den Wunsch aus, andere maßgebende deutsche Persönlichkeiten informieren zu dürfen.

Nach meinen Informationen ist Dr. Zástěra ein Gegner des Beneš-Systems und überzeugter Antisemit. Diese seine Überzeugung soll er bereits lange vor der Eingliederung des Protektorats in das Großdeutsche Reich bekundet haben. Er machte auch keinen Hehl aus seiner Bewunderung für den Nationalsozialismus und den Faschismus. Ein charakteristisches Merkmal seiner politischen Laufbahn sollen die finanziellen Schwierigkeiten sein, in die er immer wieder gerät. Es scheint auch erwiesen, daß Dr. Zástěra in engen Beziehungen zu Minister Havelka steht. Er bat aus meiner Kanzlei die Kanzlei des Staatspräsidenten anrufen zu dürfen, um eine Besprechung mit Dr. Kliment, dem politischen Referenten des Staatspräsidenten, zu vereinbaren. Es scheint also, daß er Wert darauf legte, daß uns diese seine Beziehungen bekannt seien.

Herrn Minister gehorsamst vorgelegt.

Prag, den 7. Juni 1940

VON ZAREMBA

250

PA/AA, Inland II - A/B, R 99237
NA, AMV 102-3/1

**Bericht des Vertreters des Auswärtigen Amtes beim Reichsprotektor
Ziemke an das Auswärtige Amt**

Nr. 6655/D.Pol.3 Nr.7

Prag, den 13. Juni 1940
Pol. IV *1932*
D II *81-63 13/6*

Inhalt: Tschechische Parteiversammlung in Prag.

Am 4. Juni d.J. hielt die rechtsoppositionelle tschechische Partei „Vlajka" eine ihrer Monatsversammlungen auf der Sofien-Insel ab. Auf dieser sprach Rys, einer der bekanntesten Vertreter dieser Gruppe, über das Thema: „Der deutsche Sieg." Die Kundgebung war außergewöhnlich stark besucht. Für tschechische Verhältnisse war die Veranstaltung auch gut organisiert (Ordner in weißem Hemd und schwarzem Schlips). Bemerkenswert war die Reaktion der Zuhörerschaft bei den einzelnen Ausführungen Rys'. Dieser schilderte die Art und Weise, wie der Führer die günstigen Vorbedingungen für den jetzigen Krieg schuf. Der Führer hat, sagte Rys, indem er im Jahre 1938 die Tschechoslowakei beseitigte (hier wurde der Redner mit großem Applaus unterbrochen), die Rückenfreiheit für das Deutsche Reich geschaffen. Rys streifte weiter den 18tägigen Polen-Feldzug.[417] Diese Ausführungen wurden mit eisigem Stillschweigen hingenommen – bezeichnend für die polenfreundliche Hal-

---

[417] Tatsächlich hatte der Polen-Feldzug vom Einmarsch der deutschen Wehrmacht in Polen am 1.9.1939 bis zur Kapitulation der letzten polnischen Feldtruppen am 6.10.1939 sechsunddreißig Tage gedauert.

tung dieser tschechischen Gruppe. Dagegen wurden die Schilderungen der großen deutschen Erfolge in Norwegen, Holland, Belgien und Frankreich stark akklamiert.[418]

Die Kundgebung schloß mit einer begeistert aufgenommenen Aufforderung Rys', sich freiwillig zum Kampf Schulter an Schulter mit der deutschen Wehrmacht gegen die Plutokratien des Westens zu melden.

Am Ende der Versammlung wurde Rys von der begeisterten Menge unter anhaltendem Applaus auf den Schultern aus dem Versammlungssaal getragen.

Die „Vlajka" unter Führung des Herrn Rys macht jetzt verstärkte Anstrengungen, Sitze im Hauptausschuß der Nationalen Einheitspartei zu erlangen, während Rys sich seinerseits um einen Ministerposten bemüht. Diese Bestrebungen scheinen Aussicht auf Erfolg zu haben.[419]

Ich bemerke weiter, daß die „Vlajka" sich sehr deutschfreundlich gibt, was jedoch nicht mißdeutet werden darf. Sie geht etappenweise mit uns mit, ob das Endziel aber mit dem unsrigen zusammenfällt, wage ich zu bezweifeln.

DR. ZIEMKE

251

NA, AMV 102-3/1

Bericht des Vertreters des Auswärtigen Amtes beim Reichsprotektor Ziemke an das Auswärtige Amt

Nr. 6851/D.Pol.3 Nr.7   Prag, den 15. Juni 1940

Inhalt: Tschechischer Verband für die Zusammenarbeit mit den Deutschen. Reorganisierung.
Im Anschluß an den Bericht vom 28.11.1939 – Nr. D.Pol.3 Nr.7 –

Staatspräsiden Hácha führte in diesen Tagen eine Reorganisierung des Tschechischen Verbandes für die Zusammenarbeit mit den Deutschen durch, die schon vor einiger Zeit angekündigt worden war. Den Grund zu dieser Maßnahme bildete die Kritik, die von einsichtigen tschechischen Kreisen an der mangelnden Initiative der bisherigen Führung des Verbandes geübt worden war. Es verlautet auch, der abtretende Vorsitzende, Dr. Ing. Sýkora, habe tschechischerseits nicht jenes Vertrauen genossen, das eine ersprießliche Tätigkeit ermöglicht hätte. Das Mitglied des Vorstandes, Ing. Havlena, scheidet gänzlich aus. Ein weiteres charakteristisches Merkmal der vorgenomme-

---

[418] Im April 1940 wurden Dänemark, im Mai 1940 die Niederlande, Belgien und Luxemburg, im Juni 1940 Norwegen und Frankreich besetzt.

[419] Jan Rys – oder richtig: Josef Rozsévač – wurde kein Minister, da Neurath und Frank stets die Beteiligung der Vlajka an der Regierung ablehnten. Wegen seiner ständigen Propagandaangriffe auf die Protektoratsregierung wurde Rys 1942 nach dem Verbot der Vlajka zusammen mit anderen Funktionären in das Konzentrationslager Dachau deportiert.

nen Reorganisierung ist die Zweiteilung des Verbandes in eine böhmische und eine mährische Gruppe. In Hinkunft wird der Zentralausschuß neben dem Vorsitzenden aus 50 Persönlichkeiten – und zwar 25 aus Böhmen und 25 aus Mähren – bestehen.

Zum Vorsitzenden des Zentralausschusses und zugleich Vorsitzenden der böhmischen Gruppe wurde Jan Fousek, zum Vorsitzenden der mährischen Landesgruppe und zugleich Vorsitzenden-Stellvertreter des Zentralausschusses Graf Karl Belcredi ernannt.

Fousek, der im Weltkrieg auf österreichischer Seite gekämpft hatte und mit dem Maria-Theresia-Orden ausgezeichnet worden war,[420] erfreut sich allgemeiner Achtung und es ist mir in politischer Beziehung nichts Nachteiliges über ihn bekannt geworden. Graf Belcredi wurde mir als nicht eben deutschfreundlich bezeichnet, auf jeden Fall ist er staatsfeindlich eingestellt.

Von den weiteren Ausschußmitgliedern, deren Liste ich beilege, wären zu erwähnen: General i.R. Otto Bláha, sehr aktiv und, soweit ich übersehen kann, loyal, hat wiederholt mit mir und anderen deutschen Stellen Fühlung genommen. Graf Alfons Kinský gehört zu dem betont tschechischen Zweig dieses Hauses. Die loyale Einstellung des Primators der Hauptstadt Prag, Dr. Klapka, und des General-Direktors Dr. Ing. Kruliš-Randa ist dem Auswärtigen Amt bekannt. Sektionsrat Dr. Morávek steht mit den oppositionellen Rechtsgruppen („Vlajka" usw.) in Verbindung.

Als Vertreter einer analogen, aber auf dem Boden des Národní souručenství stehenden Richtung gehört der stark umstrittene Dr. Zástěra (vgl. Bericht vom 13. Juni 1940 – Nr. 6651/D.Pol.4)[421] dem Ausschuß an. Kanonikus Dr. Stanovský, aus einer halb deutschen Familie stammend, verhielt sich stets ablehnend zum Beneš-Regime; im Gegensatz zu anderen hohen kirchlichen Kreisen ist an seiner positiven Einstellung zum Reich nicht zu zweifeln.

Dem Ausschuß gehört auch Dr. Keller als Vertreter des tschechischen Turnerverbandes „Sokol" an, einer Organisation, die gewiß nicht als deutschfreundlich gelten kann.

Der bedeutendste Kopf des Ausschusses der mährischen Gruppe ist wohl Graf Hugo Strachwitz, der, leider, wie manch anderer Angehöriger des hohen mährischen Adels sich trotz deutscher Herkunft als Tscheche gibt.

Der Zentralvorsitzende Jan Fousek ernannte zu Mitgliedern des Zentralvorstandes: den General der Gendarmerie i.R. O. Bláha und Prof. Dr. J. Šusta als Vorsitzender-Stellvertreter, Prof. Dr. J. Mertl als Zentral-Geschäftsführer, Generaldirektor i.R. G. Domin als Zentral-Kassier und Dozent T. Krejčí als Generalsekretär.

---

[420] Der Maria-Theresia-Orden war von 1757 bis 1931 ein österreichischer Militärorden für hervorragende Verdienste im Kriege, der in drei Klassen verliehen wurde. In diesem Zeitraum hatten lediglich 1.243 Personen diese Auszeichnung erhalten. Siehe URL: http://de.wikipedia.org/wiki/milit%C3%A4r-Maria-Theresia-Orden (am 23.9.2013).
[421] Siehe Dokument Nr. 249.

Die Vorsitzenden der Landesgruppen ernannten dann die Funktionäre der verschiedenen Sektionen und Referate, wobei die Funktionäre der Zentrale automatisch Funktionäre der böhmischen Landesgruppe werden. Hier verdient die Ernennung Dr. Moráveks zum Referenten für besondere Aufgaben Erwähnung.

Es wäre noch zu bemerken, daß für die Geschäftsführung des Verbandes das autoritäre Prinzip gilt.

Meine frühere Beurteilung des Verbandes ist die gleiche geblieben. Wie ich zuverlässig höre, wünscht weder die Protektoratsregierung noch die Nationale Gemeinschaft eine wirkliche Tätigkeit des Verbandes, vor allem nicht auf politischem Gebiet. Wenn überhaupt, soll er lediglich die kulturellen Beziehungen vertiefen. An einen „Austausch" haben wir aber kein Interesse, sondern ausschließlich an der Verbreitung der <u>deutschen</u> Kultur, nicht der tschechischen. Ferner soll, wie ich weiter höre, die Aufnahme neuer Mitglieder verhindert werden.

Der Verband bleibt also eine Tarnung.

DR. ZIEMKE

252

NA, AMV 102-3/1

Bericht des Vertreters des Auswärtigen Amtes beim Reichsprotektor Ziemke an das Auswärtige Amt

Nr. 6814/D.Pol.4   Prag, den 17. Juni 1940

<u>Geheime Reichssache</u>

Inhalt: Möglichkeiten einer Auslandspropaganda vom Protektorat aus.

Die Eingliederung von Böhmen und Mähren ist staatsrechtlich seit dem 15. März 1939 vollzogen, innerpolitisch und geistig aber noch nicht. Es wird wohl noch eine geraume Zeit nötig sein, um dieses Problem zu lösen.

Von dieser Feststellung ausgehend glaube ich nicht fehlzugehen, wenn ich kurzweg alles, was Erziehung, Beeinflussung und Information der tschechischen öffentlichen Meinung anbelangt, vom deutschen Standpunkte aus als <u>Auslandspropaganda</u> bezeichne. Es mag jedoch zweifelhaft sein, ob dies eine Angelegenheit des Auswärtigen Amts ist. Doch dürfte dies fraglos für die Tätigkeit zutreffen, die in Prag entfaltet wird und dazu bestimmt ist,

a) das Ausland über die Vorgänge im Protektorat zu unterrichten und

b) die im Ausland lebenden Tschechen zu beeinflussen bzw. die Emigrantentätigkeit abzuwehren.

Abgesehen von Film und Kurzwellensender (das tschechische Pressebüro sei hier nicht erwähnt, da es ja nur zur Übermittlung von DNB-Nachrichten dient) stehen hierfür zwei Instrumente – diese aber von hervorragender Bedeutung – zur Verfügung.

1. Centropress (Ceps)
(Abkürzung für „Central European Press") Nachrichten GmbH
2. Orbis Verlags- und Druckerei AG

1.) Centropress
Die Agentur besteht seit dem Jahre 1923. Sie gibt 6 verschiedene Bulletins heraus:

a) tschechisch, für 71 Tageszeitungen im Protektorat, täglich;
b) tschechisch für Amerika, wird an 69 Zeitungen in Südamerika und in den USA verschickt, 1 mal wöchentlich;
c) französisches Bulletin, geht an 155 namhaftere Zeitungen und Nachrichtenagenturen des neutralen Auslandes, 2 mal wöchentlich;
d) bulgarisches Bulletin, für 40 bulgarische Tageszeitungen, täglich;
e) serbo-kroatisches Bulletin in 44 Exemplaren, täglich, und
f) rumänisches Bulletin in 122 Exemplaren, 3 mal wöchentlich.

Ferner wird aus dem tschechischen Bulletin ein Auszug in deutscher Sprache angefertigt, der jedoch nur für den Dienstgebrauch deutscher Stellen bestimmt ist.

Im tschechischen Bulletin wird das Hauptgewicht auf politische Nachrichten gelegt und in erster Linie werden ausländische Pressestimmen ausgewertet und Kommentare und Glossen zu Auslandsnachrichten gebracht.

Ausgehend davon, daß es vor allem und unter allen Umständen darauf ankommt, die Grundfesten der bisherigen Ansichten der Tschechen zu erschüttern, werden in diesem Teil des Bulletins Nachrichten und Auswertungen, die kritisch das beleuchten, was bisher dem Tschechen hoch und heilig war, bevorzugt:

sein ehemaliges eigenes Staatsgebilde,
frühere tschechische Politiker,
England, Frankreich.

Der zweite Teil des tschechischen Bulletins ist tschechischen kulturellen Belangen gewidmet.

Im dritten Teil erscheinen Nachrichten und Artikel über das Reich und Wirtschaftsnachrichten.

Im vierten Teil werden Informationen meistens ausländischen Ursprungs gegeben, die den Redaktionen Material zur Belebung der Zeitung bringen, angefangen vom Wunderkind, bis zur Besprechung wichtiger Erfindungen und dergleichen.

Auch die deutsche Presse übernimmt häufig Ceps-Material, das vom Landesdienst Böhmen und Mähren an das Deutsche Nachrichten-Büro weitergegeben wird.

Im April d.J. wurden von der tschechischen Tagespresse insgesamt 105.794 Zeilen Ceps-Material abgedruckt, davon:

Politisches Material 40%
Wirtschaftsnachrichten 13%

Kulturelle Nachrichten 32%

Verschiedenes 13%

In dieser Statistik sind jedoch nur 39 bedeutendere Tageszeitungen des Protektorats erfaßt, während Ceps-Material in jeder einzelnen der zahlreichen Provinzzeitungen und Zeitschriften abgedruckt wird.

Hinsichtlich der Auslandsbulletins verfügen wir über keine zuverlässigen statistischen Angaben, um ziffernmäßig belegen zu können, in welchem Umfange Ceps-Material in der ausländischen Presse abgedruckt wird, da Belegexemplare ausländischer Zeitungen seit Kriegsausbruch nicht oder nur unregelmäßig ankommen. Nichtsdestoweniger steht fest, daß die Auslandspresse, wenn sie objektive Nachrichten über das Protektorat bringt, meistens Ceps-Meldungen veröffentlicht.

Es bot sich sogar wiederholt Gelegenheit, Ceps-Meldungen selbst in der deutschfeindlichen tschechischen Presse der USA vorzufinden, u.a. letzthin die Botschaft des Reichsprotektors in Böhmen und Mähren zum Jahrestage des 15. März.

Abgesehen von diesen positiven Erfolgen stellen die Ceps-Nachrichten eine wirksame Abwehr der feindlichen Propaganda dar. Dort wo sie nicht abgedruckt werden, werden sie dennoch gelesen. Die Sachlichkeit des Materials, aus dem vor allen Dingen hervorgeht, daß im Protektorat Ruhe und Ordnung herrscht und gearbeitet wird, muß notwendigerweise zu Vergleichen mit den vom Ausland verbreiteten Tendenznachrichten führen.

Aus diesem Grunde wird auch in den Auslandsbulletins von der Verwertung von Propagandaartikeln abgesehen und eine Beschränkung auf die Wiedergabe von Pressestimmen und von Kursnachrichten über das tägliche Leben im Protektorat in allen seinen Auswirkungen bevorzugt: Soziale Fragen, Erziehung und Religion, Kunst, Theater, Wissenschaft, tschechisches Eigenleben usw.

Centropress angeschlossen ist Foto-Centropress. Diese Abteilung befaßt sich mit dem Bilder-Vertrieb. Hier ist es gelungen, dem Material, das Zeugnis ablegt von der Stärke und von den Erfolgen der deutschen Waffen, immer mehr und mehr Zutritt in die tschechische Tagespresse und in Zeitschriften zu verschaffen.

In einzelnen Fällen, insbesondere wenn es gilt ausländischen Tendenzmeldungen gegenüberzutreten, werden den oben angeführten ausländischen Bulletins Photos beigefügt. In Anbetracht der hieraus entstehenden bedeutenden Kosten konnte jedoch von diesem Propagandamittel nur in Ausnahmefällen Gebrauch gemacht werden.

Der Ausgabenetat der Centropress-Agentur beträgt monatlich Kč 170.000,- und wird zur Gänze von der tschechischen Regierung bestritten.

2.) Orbis

Diese Gesellschaft war bis zur Schaffung des Protektorats vornehmlich ein Propagandainstrument des ehemaligen tschechoslowakischen Außenministeriums. Die tschechische fremdsprachige Propaganda wurde ebenfalls ausschließlich von Orbis vertrieben. Gleich zu Beginn der deutschen Leitung der Orbis AG wurde mit der Veröffentlichung populärer politischer Aufklärungsschriften begonnen, die in der Schriftenreihe „Am Rande einer neuen Zeit" herausgegeben werden. Bis jetzt sind 6 Bände erschienen:

1. „Was geschieht mit Frankreich"[422], W. Ziegler;
2. „Gespräche mit der Geschichte", K. Lažnovský;
3. „Über die Juden", Frhr. von der Goltz und Seraphim;
4. „Hunger in England", Viscount Lymington;
5. „Die Emigranten sind schuld", B.M. Roello;
6. „Die Front lügt nicht", W. Picht.

Während früher im Orbis-Verlag erschienene Propagandaschriften von dem ehemaligen tschechoslowakischen Außenministerium finanziert wurden, hat die Orbis die Ausgabe der obengenannten Schriftenreihe auf eigenes Risiko unternommen.

Centropress und Orbis haben in der Leitung eine deutsche Personalunion. Der deutsche Leiter[423] arbeitet außerdem gleichzeitig in der Presseabteilung der Kulturpolitischen Gruppe im Amt des Reichsprotektors. Mit dieser Gruppe stehe ich in ausgezeichneter, laufender Verbindung, so daß ich ständig Gelegenheit habe, Gesichtspunkte für die Führung der Auslandspropaganda zur Geltung zu bringen. Soweit die Durchführung meiner Anregungen Mittel erfordert, deren Aufbringung als reine Auslandspropaganda dem Auswärtigen Amt zur Last fallen müßte, wären sie wohl für folgende Punkte zu verwenden:

1.) Beschleunigung der Zustellung der französischen Bulletins durch Versand per Flugpost;
2.) Versand von Bildmaterial aus dem Protektorat;
3.) Zuschuß zu einer verbilligten Volksausgabe der Schriftenreihe „Am Rande einer neuen Zeit" zwecks Verwertung im Auslande;
4.) Finanzierung der kostenlosen Verteilung tschechischer Aufklärungsschriften.

Auf die Angelegenheit werde ich mir erlauben, bei meinem nächsten Besuch in Berlin mündlich zurückzukommen.

DR. ZIEMKE

---

[422] Korrekter Titel: *Ziegler*, Wilhelm: Was wird mit Frankreich? Ein weltgeschichtliches Bild. Berlin 1939.
[423] Friedrich Rudl.

253

PA/AA, Inland II - A/B, R 99237
NA, AMV 102-3/1

**Bericht des Vertreters des Auswärtigen Amtes beim Reichsprotektor
Ziemke an das Auswärtige Amt**

Nr. 6812/D.Pol.4   Prag, den 17. Juni 1940

D II *81-63 17/6*

Inhalt: Der deutsche Sieg und die Tschechen.

Mit Bezug auf den Bericht vom 7.6.1940 – Nr. 6401/ D.Pol.4 –[424]

Der Führer hat dem Staatspräsidenten Hácha für sein Glückwunschtelegramm anläßlich des siegreichen Abschlusses der Flandernschlacht drahtlich herzlichst gedankt. In seiner Antwort betont der Führer, daß der heutige Kampf Deutschlands in seinem Ergebnis dem ganzen Reich einschließlich des Protektorats zugutekommen werde, und der Führer schließt mit den bedeutungsvollen Worten, daß er sich freuen werde, wenn sich diese Erkenntnis auch im tschechischen Volk vertieft.

Die politisch führenden Kreise der Tschechen bemühen sich weiter, ihre Loyalität uns gegenüber zu betonen. Der Kriegseintritt Italiens,[425] der bei den Tschechen eine unfaßbare Niedergeschlagenheit hervorrief, bewog sogar die Nationale Gemeinschaft (die einzige legale politische Partei), am 11. Juni einen Aufruf an das tschechische Volk zu erlassen, in dem es heißt, daß das tschechische Volk nach mehrfacher Äußerung des Führers an den Vorteilen des deutschen Endsieges teilhaft werde und daß es daher bereit sei, alle Opfer und Aufgaben, die der Krieg mit sich bringe, zu erfüllen. Die Anspielung auf das obige Führer-Telegramm ist allzu deutlich. Noch immer begnügen sich die Tschechen mit Worten, doch erwarten sie hierfür als Belohnung einen Anteil an unserem Siege, falls dieser entgegen ihrer heimlichen Hoffnung doch eintreten sollte.

Die Eroberung von Paris veranlaßte Hácha zur abermaligen Absendung eines Glückwunschtelegramms im Namen „seines ganzen Volkes" an den Führer.[426]

Die Flüsterpropaganda der Tschechen ist noch immer eifrig am Werk, so daß die Verhaftungen durch die Gestapo sich fortsetzen. Die Hoffnungen richten sich weiter auf die Sowjetunion und den ersehnten Kriegseintritt der Vereinigten Staaten, während der italienische Verbündete für uns als wertlos, ja als eine militärische und wirtschaftliche Belastung bezeichnet wird. Italien

---

[424] Siehe Dokument Nr. 247.

[425] Am 10.6.1940 hatte Mussolini den Kriegseintritt Italiens verkündet, es trug zum Ausgang der Kämpfe in Frankreich aber kaum bei.

[426] Neun Tage nach dem Einmarsch der deutschen Truppen in Frankreich war Paris am 14.6.1940 kampflos besetzt worden. Während in Teilen Frankreichs noch gekämpft wurde, fand am Arc de Triomphe bereits eine Siegesparade statt.

hat sich jetzt den Haß der Tschechen zugezogen. Auf der anderen Seite erfüllt der gefürchtete deutsche Endsieg die Herzen mit Sorge. Man fürchtet als Folge des deutschen Sieges eine Germanisierung des Protektorats verbunden mit rücksichtsloser Aussiedelung der Tschechen. Selbst der Führer der Rechtsopposition, Rys, teilt diese Furcht; wie er vertraulich erklärte, werde vor allem die tschechische Intelligenz und dann auch der Arbeiter von der Germanisierung betroffen werden, während der Bauer am ehesten der Entnationalisierung widerstehen werde. Nach seiner Auffassung sei die Vlajka am besten geeignet, der Germanisierung entgegenzutreten, da sie eine deutschfreundliche Haltung eingenommen habe.

Hieraus geht schlagend hervor, daß diese deutschfreundliche Haltung nichts weiter als Taktik ist. Im Grunde genommen bezweckt auch die Rechtsopposition lediglich, die tschechische Position zu halten.

Zwei Zeitungsausschnitte sind beigefügt.[427]

DR. ZIEMKE

254

PA/AA, Inland II - A/B, R 99237
PA/AA, Inland II - A/B, R 99435

Bericht des Vertreters des Auswärtigen Amtes beim Reichsprotektor Ziemke an das Auswärtige Amt

Nr. 6631/D.Pol.3 Nr.5   Prag, den 19. Juni 1940
                                                D III 83-26 19/6

Inhalt: Rechtsstellung der Juden im öffentlichen Leben im Protektorat. Im Anschluß an den Bericht vom 23. Mai d.J. – 5114/D.Pol.3 Nr.1 –

Der Reichsprotektor hat der Protektoratsregierung zu der Regierungsverordnung vom 24. April 1940 betreffend die Rechtsstellung der Juden folgende Ausführungsleitsätze auferlegt:

Anträge der Protektoratsregierung auf Befreiung von den Rechtswirkungen der Verordnung bedürfen der Zustimmung des Reichsprotektors.

Die Verordnung soll keine biologische Lösung des Judenproblems bedeuten, zumal an Maßnahmen gegen die Juden zu Gunsten des <u>tschechischen</u> Volkes kein unmittelbares Reichsinteresse vorhanden ist.

Dagegen besteht ein Interesse, daß die Regelung der Judenfrage nicht überstürzt wird, damit die Ausschaltung der Juden ohne Nachteile für die Allgemeinheit erfolgen kann. Diese soll daher stufenweise und planmäßig erfolgen.

---

[427] In dem kurzen Zeitungsausschnitt aus Der Neue Tag vom 16.6.1940 ist der Wortlaut des Telegramms von Staatspräsident Hácha an Hitler abgedruckt, das lautet: „Ich bitte Euer Exzellenz zum siegreichen Einzug der von Ihnen geführten unüberwindlichen deutschen Truppen in die Hauptstadt Frankreichs die aufrichtigsten Glückwünsche meines ganzen Volkes entgegennehmen zu wollen."

Dieses Vorgehen, das aus rein wirtschaftspolitischen Gründen für zweckmäßig gehalten wird, darf nicht dazu mißbraucht werden, um die Ausschaltung der Juden lässig zu betreiben.

Damit eine entsprechende Berücksichtigung der deutschen Volkszugehörigen gewährleistet wird, hat die Protektoratsregierung bei der Besetzung der durch Ausscheiden der Juden freigewordenen Stellen die Zustimmung des Reichsprotektors einzuholen.

DR. ZIEMKE

255

PA/AA, Inland II - A/B, R 99237

Rundschreiben des Referatsleiters Arbeitsrecht, Gewerberecht, Polizei, Paßrecht usw. in der Rechtsabteilung Roediger[428]

R 62554 Ang. II   Berlin, den 19. Juni 1940

Betreff: Paßtechnische Behandlung der aus dem Protektorat Böhmen und Mähren stammenden Juden.

In letzter Zeit haben mehrfach Auslandsvertretungen beim Auswärtigen Amt angefragt, ob die für Juden geltenden Vorschriften über die Kennzeichnung der Pässe durch ein „J" und die Führung eines zusätzlichen Vornamens auch bei der Ausstellung von Protektoratspässen zu beachten seien. Diese Anfragen sind wie folgt beantwortet worden:

„Durch die Verordnung über den Paß- und Sichtvermerkszwang sowie über den Ausweiszwang vom 10. September 1939 (RGBl. 1939 I, S. 1739) sind die deutschen Paßvorschriften und damit auch die Vorschriften über die Kennzeichnung der Pässe für Juden im Protektorat Böhmen und Mähren eingeführt worden. Die Frage, ob diese Regelung auch bezüglich der im Ausland lebenden protektoratsangehörigen Juden gelten soll, wird dahin beantwortet, daß die Kennzeichnung der Pässe solcher Juden durch ein „J" in der gleichen Weise zu handhaben ist, wie dies bei reichsangehörigen Juden geschieht (vgl. Runderlaß v. 11. Okt. 38 – R 20952 –). Die Führung eines zusätzlichen Vornamens kommt dagegen für protektoratangehörige Juden nicht in Betracht. Was die Ausstellung von Protektoratspässen an frühere tschechoslowakische Staatsangehörige nichtdeutscher Volkszugehörigkeit (Juden) anlangt, so ist diese Frage bereits durch Abschnitt II des Runderlasses vom 31. März 1939 – R 8307 – beantwortet."

Es wird gebeten, auch dort entsprechend zu verfahren.

Im Auftrag
ROEDIGER

---

[428] Diese Informationen gingen an alle deutschen Auslandsmissionen, außer nach Pressburg, Triest, Basel und Saloniki.

256

PA/AA, Inland II - A/B, R 99237
NA, AMV 102-3/1

**Bericht des Vertreters des Auswärtigen Amtes beim Reichsprotektor
Ziemke an das Auswärtige Amt**

Nr. 6987/D.Pol.4   Prag, den 20. Juni 1940
                                                    D II 23
Inhalt: Rundfunkansprache des Staatspräsidenten Hácha.

Anläßlich des deutschen Sieges über Frankreich hielt Staatspräsident Dr. Hácha
gestern eine Rundfunkansprache an das tschechische Volk, wobei er folgendes ausführte:

Das Waffenstillstandsersuchen des Marschalls Pétain gebe ihm Gelegenheit, an seine tschechischen Mitbürger offene Worte zu richten, denn er wisse
sehr wohl, daß sein Entschluß vom 14. März 1939 von manchem Tschechen
mit Zweifel aufgenommen worden sei. Die Entwicklung habe bewiesen, daß
er richtig gehandelt habe. Die geschichtliche Sendung gebiete den Tschechen
die Freundschaft mit dem deutschen Volke, mit dem es eine jahrhundertelange Verbindung und eine gemeinsame kulturelle und wirtschaftliche Entwicklung besitze. Für dieses Land gebe es nur ein Ziel: den vollkommensten
Teil des Großdeutschen Reiches zu bilden. Die Belohnung werde nicht ausbleiben, zumal auch der Führer für den siegreichen Ausgang des Krieges dem
tschechischen Volk eine glückliche Zukunft verheißen habe.

Hácha rückte ferner von den tschechischen Emigranten ab, deren Absichten der großen Mehrheit des tschechischen Volkes völlig fremd wären. Ein
zweitesmal betont Hácha, daß die Neugestaltung Europas, die durch den
deutschen Endsieg hervorgerufen werde, den Tschechen zum Vorteil gereichen werde. Jeder Einzelne könne dazu beitragen, nämlich durch das Streben
nach bestem Zusammenleben mit den deutschen Mitbürgern und durch ehrliche Arbeit in seinem Berufe.

Die Ansprache schließt mit dem festen Vertrauen auf eine glückliche Zukunft des tschechischen Volkes.

Die Tschechen fangen übrigens jetzt an, zu flaggen.

Wie ich vertraulich höre, hat Hácha bei dem Herrn Reichsprotektor angefragt, ob und welche Kabinettsminister ausgebootet werden sollen. Eine Antwort ist hierauf noch nicht erfolgt.

Ein Zeitungsausschnitt ist beigefügt.

DR. ZIEMKE

257

NA, AMV 102-3/1

Bericht des Vertreters des Auswärtigen Amtes beim Reichsprotektor Ziemke an das Auswärtige Amt

Nr. 7010/D.Pol.3 Nr.7   Prag, den 21. Juni 1940

Inhalt: Reorganisierung der Nationalen Gemeinschaft.

Im Anschluß an den Bericht vom 16.5.1940 – Nr. 5382/D.Pol.3 Nr.7 –[429]

Der Hauptausschuß der Nationalen Gemeinschaft (NG – Národní souručenství) zählte in seiner letzten Zusammensetzung 100 Mitglieder, deren Zahl sich durch Todesfälle und Verhaftungen auf 93 verminderte. Die Mitglieder waren den führenden Männern der aufgelösten Parteien entnommen und zwar nach dem Parteienschlüssel des früheren tschechischen Parlaments, so daß der Hauptausschuß als eine Art Fortsetzung dieses Parlaments angesehen werden konnte. Die zum überwiegenden Teil deutschfeindlichen Ausschußmitglieder besaßen keine bestimmte Funktion, sie waren tatsächlich Abgeordnete der Nation, getarnte Parlamentarier.

Wie ich öfters berichtete, betrieb die NG die Sammlung der tschechischen nationalen Kräfte, leistete gegen uns passiven Widerstand und förderte die deutschfeindliche Propaganda.

Der Zusammenbruch Frankreichs zwang jetzt auch hier zum Einlenken, und zwar um so mehr, als die Rechtsopposition immer stürmischer an die Einlaßtür zum Hauptausschuß hämmerte und 30 Sitze verlangte. Auf einen Wechsel wirkten ferner beschleunigend die hinter den Kulissen geführten Abmachungen zwischen der ehemaligen Agrar-Partei (Beran) und der ehemaligen Sozialdemokratie (Hampl) ein.

Staatspräsident Hácha löste am 19. Juni dieses hundertköpfige Gremium auf und ernannte einen vorläufigen Ausschuß von 9 – ursprünglich sollten es sogar nur 5 sein – Mitgliedern und zwar wiederum unter der Führung des wendigen Herrn Nebeský. Die Zusammensetzung ergibt sich aus der Anlage. Die Parteizugehörigkeiten der neuen Ausschußmitglieder spiegeln die Zusammenarbeit Beran-Hampl wider; der jetzige Ausschuß hat eine agrarmarxistische Färbung. Die Rechtsopposition hat nichts erreicht und ist nicht vertreten. Jetzt wird ein Teil der ausgeschlossenen Ausschußmitglieder versuchen, mit dieser Opposition gemeinsame Sache zu machen.

Die plötzliche Auflösung rief bei dem Hauptausschuß völlige Ratlosigkeit und große Gedrücktheit hervor; in der öffentlichen Meinung glaubt man, daß der Schritt Háchas auf deutschen Druck erfolgte, was keineswegs der Fall ist. Hácha unternahm die Aktion, um die NG als Partei zu retten, aber ich bezweifele, ob dies auf die Dauer von Erfolg sein wird.

---

[429] Siehe Dokument Nr. 241.

Nunmehr soll jedes der neuen Ausschußmitglieder eine bestimmte Aufgabe erhalten und in seinem Wirkungskreis autoritär und führend entscheiden. Für jeden dieser Aufgabenkreise wird eine Art Unterausschuß oder Kommission gebildet werden.

Man hat ferner die Absicht, die Parteisekretäre einer Prüfung zu unterwerfen, und wer die Prüfung nicht besteht, muß als Sekretär ausscheiden. Da die Mehrzahl dieser Parteisekretäre uns gegenüber belastet ist, werden wohl viele diese Prüfung nicht bestehen, damit nach außen hin ein angeblicher Kurswechsel bewiesen werden kann.

Das bereits vor einiger Zeit dem Herrn Reichsprotektor vorgelegte Parteiprogramm der NG hat keinerlei Aussicht auf Genehmigung.

Ein Zeitungsausschnitt ist beigefügt.

DR. ZIEMKE

[Anlage: Namensliste der Mitglieder des Hauptausschusses der Nationalen Gemeinschaft]

Nebeský, Josef	wie bisher Vorsitzender.
Kaplan, Franz	Bergarbeiter aus Mähr. Ostrau, polnischer Herkunft, früherer Marxist.
Votík, Josef	Elektromonteur, Mitglied des Betriebsausschusses der Škoda-Werke in Pilsen, früherer führender Marxist.
Pospíšil, Jaroslav	Metalldreher, Arbeitervertreter der Brünner Waffenwerke, früherer führender Marxist.
Zelenka	Vorsitzender des Zentralverbandes der tschechischen Gewerkschaften, Marxist.
Fousek, Josef	Kleinbauer, jetzt auch Vorsitzender des Tschechischen Verbandes für die Zusammenarbeit mit den Deutschen, ist der einzige Tscheche, der im Weltkrieg den Maria-Theresia-Orden erhalten hat, war 13 mal verwundet, wird von maßgebenden tschechischen Stellen als die starke Persönlichkeit betrachtet, die in der Lage ist, dem Neuaufbau der NG ein entsprechendes Gesicht zu geben. Fousek spielte bisher keine Rolle, er wurde von den Tschechen erst kürzlich wegen seiner einwandfreien militärischen Vergangenheit herausgestellt und dürfte zur ehemaligen Agrar-Partei hinneigen.
Hlavnička, Josef	Direktor der Exportabteilung der Baťa-Werke in Zlin, ehemalige Agar-Partei.
Dr. Berounský, Stanislav	Beamter des Statistischen Zentralamtes in Prag, war bereits im Hauptausschuß der NG, zuletzt Leiter der Propaganda-Kommission, ehemalige Agrar-Partei.

Dr. Morávek, Břetislav   Sektionsrat im Ministerratspräsidium, gehört der Mährischen Richtung der Agrarier an, hat ausgezeichnete Beziehungen zu der tschechischen Rechtsopposition, erscheint politisch nicht belastet.

258

PA/AA, Inland II (Geheim), R 101108

Bericht des Vertreters des Auswärtigen Amtes beim Reichsprotektor Ziemke an das Auswärtige Amt

Nr. 7124/D.Pol.2.g   Prag, den 22. Juni 1940
                                  D II *439 g*

Geheime Reichssache

Inhalt: Verhaftung der früheren Mitglieder des ehemaligen Tschechoslowakischen Generalkonsulats in München.
Mit Bezug auf den Bericht vom 25.12.1939 – D.Pol.2.g –

Im Zusammenhange mit dem gegen den Führer gerichteten Attentat in München sind seinerzeit sämtliche Mitglieder des ehemaligen Tschechoslowakischen Generalkonsulats in München verhaftet worden.[430] Als verantwortlicher Leiter des liquidierenden tschechischen Außenministeriums stand ich dieserhalb mit der Geheimen Staatspolizei in laufender Verbindung. Ich darf abschließend berichten, daß die Verhafteten im Laufe der Zeit nach und nach entlassen worden sind.

                                       DR. ZIEMKE

259

PA/AA, Inland II - A/B, R 99237
NA, AMV 102-3/1

Bericht des Vertreters des Auswärtigen Amtes beim Reichsprotektor Ziemke an das Auswärtige Amt

Nr. 7360/D.Pol.4   Prag, den 28. Juni 1940
                                    D II 69

Inhalt: Äußere Loyalität der Tschechen.

Zum Inkrafttreten des Waffenstillstandes mit Frankreich übersandte Staatspräsident Hácha dem Führer abermals ein Telegramm, das die ehrerbietigen

---

[430] Im Bürgerbräu-Keller in München hatte am 8.11.1939 ein Attentat auf Hitler stattgefunden. Weil er jedoch seine durch den Rundfunk übertragene Rede eine halbe Stunde früher beendet hatte, schlug der durch Johann Georg Elser verübte Bombenanschlag fehl. Trotz der schnellen Erkenntnis, dass er ein Einzeltäter war, waren etliche Personen verhaftet worden.

Glückwünsche „seines Volkes" ausspricht. Es heißt ferner darin, daß das tschechische Volk als erstes die Größe des Führers und die Tatsache erkannt hat, daß unter seiner Führung eine neue Zeit für Europa angebrochen ist. Hácha versichert zum Schluß, daß er und seine Regierung in wahrhafter Treue zum Führer stehen.

Das Wort „Treue" ist hiermit zum erstenmal von tschechischer Seite gefallen.

Ministerpräsident Eliáš hielt im tschechischen Rundfunk eine Ansprache, in welcher er den deutschen Sieg über Frankreich würdigte. Auf dem westlichen Kriegsschauplatz, sagte er u.a., habe der Geist des Nationalsozialismus gesiegt. Neben den sonst üblichen Redensarten fehlt nicht die Wendung von der lebhaftesten Anteilnahme der Tschechen an dem deutschen Sieg. Neu im Munde des Herrn Eliáš ist die Ausführung, daß das tschechische Volk vom Westen irregeführt und verraten worden sei. Die Ansprache schloß mit der Aufforderung zum Vertrauen, daß dem tschechischen Volk in einem neuen Europa und im Rahmen des Großdeutschen Reiches ein Aufstieg winkt.

Die Nationale Gemeinschaft (also die einzige legale Einheitspartei) wollte jetzt nicht mehr zurückbleiben. Am 27. Juni veranstaltete sie im größten Saale Prags eine Kundgebung, auf welcher ihr Leiter Nebeský das Wort ergriff. Auch hier hörte man das stets Gesagte – die blinde Einseitigkeit der Beneš-Politik und die staatsmännische Weisheit von Hácha –, aber er brach daneben eine Lanze für die Nationale Gemeinschaft, deren Auflösung bekanntlich wegen ihrer ablehnenden Haltung befürchtet wird. Durch seine Rede klang ständig die Formel von der „Sendung des tschechischen Volkes" durch, die allerdings im edlen Wettstreit mit den Deutschen gedacht ist.

So mehren sich die Bekundungen der „äußeren" Loyalität, doch fehlt noch immer die Umstellung der Gesinnung, auch wenn unter sanftem Druck der Protektoratspolizei die tschechischen Hausbesitzer nunmehr anfangen zu flaggen. Die Flüsterpropaganda läßt aber Hoffnungen auf ein Eingreifen der Sowjetunion erwecken und der englische Rundfunk gibt immer noch die Zielsetzung.

Mit der äußeren Loyalität glaubt man schon ein Anrecht auf Belohnung erworben zu haben, z.B. auf die Wiedereröffnung der tschechischen Hochschulen, die geflissentlich als bevorstehend verbreitet wird. Dies dürfte wohl ein Wunschtraum sein.

Von den seinerzeit in das KZ abgeführten 1.200 Studenten sind bisher zahlreiche Häftlinge nach und nach entlassen worden, so daß z.Zt. die größere Hälfte, etwa 750, in Haft verblieben.

Drei Zeitungsausschnitte sind beigefügt.

DR. ZIEMKE

260

PA/AA, Inland II – A/B, R 99636

Bericht des Vertreters des Auswärtigen Amtes beim Reichsprotektor Ziemke an das Auswärtige Amt

Nr.7435/B. Außenm. Prag, den 1. Juli 1940

D III 447

Betreff: Aberkennung der Protektoratszugehörigkeit, Maßnahmen gegen widersetzliche Beamte des ehem. tschecho-slowakischen auswärtigen Dienstes.

Mit Schreiben vom 20. Juni 1940 hat der Herr Reichsprotektor mitgeteilt, daß der Auffassung des Ministeriums für auswärtige Angelegenheiten i.L., daß die in meinem Bericht vom 18. Mai 1940 – Nr. 5202/B. Außenm. –[431] aufgezählten sieben Personen die Protektoratsangehörigkeit nicht erlangt haben, unter der Voraussetzung beigetreten wird, daß eine Entscheidung der zuständigen slowakischen Behörden über den Besitz der slowakischen Staatsangehörigkeit herbeigeführt wird. Sofern diese Personen die slowakische Staatsangehörigkeit nicht erworben haben, wird daran festgehalten, daß sie Protektoratsangehörige geworden sind; dies deshalb, weil für den Erwerb der Protektoratsangehörigkeit durch frühere tschecho-slowakische Staatsangehörige auf Grund der Verordnung vom 11. Januar 1940, Slg.d.G.u.Vdg. Nr. 19/1940, der Besitz eines Wohnsitzes am 16. März 1939 im Gebiete des Protektorats Böhmen und Mähren genügt; diese Voraussetzung trifft für Angehörige des früheren tschecho-slowakischen auswärtigen Dienstes auch dann zu, wenn sie einer Auslandsvertretung zugeteilt sind.

Auf Grund des Aktenmaterials des Ministeriums für auswärtige Angelegenheiten i.L. führe ich nachfolgend die Personaldaten an und bitte um Feststellung in Preßburg, ob die slowakische Staatsangehörigkeit anerkannt wird.

Ich darf bemerken, daß sich die Angaben der Aufstellung über die Heimatzuständigkeit auf den 30. Oktober 1918 beziehen.

1) Ministerialrat Vladimír Hurban, ehem. Gesandter in Washington, geboren am 4. April 1883 in Turčiansky Sv. Martin, Heimatzuständigkeit in Turčiansky Sv. Martin.

2) Sektionschef Juraj Slávik, ehem. Gesandter in Warschau, geboren am 28. Januar 1890 in Dobrá Niva, Heimatzuständigkeit nach den Personalakten nicht feststellbar.

3) Ministerialoberkommissär Dr. Vladimír Palic, ehem. Legationssekretär der Gesandtschaft in Paris, geboren am 7. Feber 1906 in Kochanovice, Bezirk Trentschin, heimatzuständig in Ratková, Bezirk Revúca.

---

[431] Siehe Dokument Nr. 242.

4) Sektionsrat Dr. Jan Papánek, ehem. Konsul in Pittsburgh, geboren am 24. Oktober 1896 in Brezová, Bezirk Myjava, heimatzuständig in Brezová, Bezirk Myjava.

5) Kanzleioberoffizial Jan Liška, ehem. Konsulat in Cleveland, geboren am 30. August 1897 in Blatnica, Bez. Turč. Sv. Martin, heimatzuständig in Blatnica, Bez. Turč. Sv. Martin.

6) Kanzleioberoffiziantin Teresia Janovljaková, ehem. Konsulat in Cleveland, geboren am 2. September 1891 in Bobrov, heimatzuständig in Bobrov.

7) Sektionschef Štefan Osuský, ehem. Gesandter in Paris, geboren am 31. März 1889 in Brezová, Bez. Myjava, ursprünglich heimatberechtigt in Brezová, Bez. Myjava, verlor dort das Heimatrecht vor dem 30. Oktober 1918 durch Einbürgerung in den Vereinigten Staaten von Amerika.

DR. ZIEMKE

261

PA/AA, Inland II (Geheim), R 101108
NA, AMV 102-3/1

Bericht des Vertreters des Auswärtigen Amtes beim Reichsprotektor Ziemke an das Auswärtige Amt

Nr. 7617/D.Pol.4 Prag, den 5. Juli 1940

D II *453 g Rs*

Geheime Reichssache

Inhalt: Tschechische Widerstandsgruppe.

Einem Geheimbericht des Sicherheitsdienstes entnehme ich folgende Angaben über die illegale tschechische Widerstandsgruppe „Národní odboj", welche bekanntlich alle aktiven und verfügbaren Kräfte des tschechischen Volkes für die Stunde der Befreiung organisiert und mobilisiert:

Der aktive Teil der Widerstandsgruppe wird ausschließlich von ehemaligen tschechischen Offizieren geleitet, während die politische Gruppe, also die Intelligenz-Gruppe, unter der Führung ehemaliger Mitglieder der verschiedenen jetzt aufgelösten tschechischen Parteien steht. In Prag ist es der Gestapo gelungen, in die Landesleitung Groß-Prag mit Erfolg einzudringen. Es wurde dabei festgestellt, daß Groß-Prag aus 5 Kreisen bestand, von welchen 2 Kreise auf Prag-Land ostwärts und westwärts der Moldau entfielen. Dabei wurden auch Verbindungen mit dem tschechischen Zivilen Luftschutz aufgedeckt, so daß führende Luftschutz-Funktionäre, darunter ein ehemaliger Oberstleutnant, verhaftet werden mußten. In Mähren sind im Rahmen der Aktion gegen die Militärgruppe bis Mitte Juni insgesamt 612 Personen festgenommen worden, wobei es sich auch hier fast ausschließlich um frühere aktive Reserveoffiziere handelt. Von der politischen Gruppe wurden im Bereiche Mähren 18 Personen verhaftet, dazu kommen noch 1.225 Angehörige der illegalen Kommunistischen Partei, die gleichzeitig als Funktionäre der Widerstandsgruppe tätig waren.

In diesem Zusammenhang ist durch den Zugriff der Gestapo auch die illegale Kommunistische Partei durch Zerschlagung ihres Organisationsapparats stark erschüttert worden.[432] Die Unterlagen über die Organisation der Partei im gesamten Protektorat fielen der Gestapo in die Hand. Es wurden 97 Militärinstrukteure festgestellt, welche insbesondere die deutsche Wehrmacht zersetzen sollten. Das illegale Zentralorgan „Rudé právo" [Rotes Recht] kann z.Zt. wegen Geldmangels nicht mehr erscheinen.

DR. ZIEMKE

262

NA, AMV 102-3/1

Bericht des Vertreters des Auswärtigen Amtes beim Reichsprotektor Ziemke an das Auswärtige Amt

Nr. 7614/D.Pol.4   Prag, den 5. Juli 1940

Inhalt: Tschechische Presse.

Die nach Errichtung des Protektorats unter deutsche Kontrolle gestellte und, wenigstens äußerlich, auf unsere Linie ausgerichtete tschechische Presse hat sich bisher recht widerwillig unserer Leitung gefügt. Wie bei der Protektoratsregierung und der Nationalen Gemeinschaft (also der einzigen legalen tschechischen Einheitspartei) konnte man auch hier von einer passiven Resistenz oder, was in diesem Falle das gleiche ist, von einer passiven Loyalität sprechen. Die Presse brachte das, was sie bringen mußte, fügte jedoch aus eigenem Antrieb nichts hinzu, und ihre Schriftleiter gaben sich den Anschein, als machtlose Opfer unter Zwang zu handeln. Wo sie konnten, brachten sie nach bewährter tschechischer Art getarnte Angriffe gegen uns, so daß von Zeit zu Zeit Beschlagnahmen, Verwarnungen und Verhaftungen nötig wurden.

Auch die Presse führte den Kampf gegen die deutsche Linie mit unpolitischen Mitteln, da sie andere nicht verwenden darf. Sie unterstützte die Parole der „Sammlung der nationalen Kräfte" und lenkte nach bestem Können die Aufmerksamkeit ihrer Leser auf die kulturellen, wirtschaftlichen und sozialen Belange des Tschechentums. Diesen Teil der Zeitung las der Tscheche mit

---

[432] 1921 war die Kommunistische Partei der Tschechoslowakei nach Abspaltung eines großen Teils des linken Flügels der Tschechoslowakischen Sozialdemokratischen Partei gegründet worden. Sie wurde bereits in der Zweiten Republik nach dem Münchener Abkommen verboten und folgte nach Errichtung des Protektorates Böhmen und Mähren während der Dauer des deutsch-sowjetischen Paktes den Weisungen der Kommunistischen Internationale. Erst nach dem deutschen Angriff auf die UdSSR 1941 begann die Partei, zunehmend mit dem nationalen, bis dahin als „bourgeois" abgelehnten Widerstand im In- und Ausland zu kooperieren.

Gefühl und Interesse, während er den politischen Abschnitt als deutsches Diktat teils ablehnte, teils nicht glaubte. Unter dem Eindruck der französischen Waffenstreckung hat sich nun der größte Teil der Presse bewogen gefühlt, die Tonart zu ändern, um sich aus Furcht vor den Folgen des deutschen Sieges ein Alibi für den Fall zu schaffen, daß die Prophezeiungen des Herrn Beneš wider alle Hoffnung sich doch nicht erfüllen sollten.

Hinzu kam, daß unter der Wucht der gewaltigen Tatsachen das tschechische Interesse erwachte, sich über die Ereignisse im Westen, so wie sie sich tatsächlich abspielten, zu unterrichten. Fast schlagartig gaben die Zeitungen ihre betonte Zurückhaltung auf und brachten von sich aus Betrachtungen der politischen und militärischen Lage. Die Zeitschriften stellten Bildreportagen und Bildberichte von der Front mehr in den Vordergrund. Eindringlicher wird die Notwendigkeit einer Zusammenarbeit mit den Deutschen und der ideologischen Umstellung der Tschechen betont. Eine Gruppe junger tschechischer Schriftleiter fordert sogar in recht zahlreichen Blättern energisch die Ausschaltung der alten Parteipolitiker und ihren Ersatz durch neue Führerpersönlichkeiten. Ferner erschienen vereinzelt auch Artikel über die Judenfrage im antisemitischen Sinne. Ziemlich abseits steht allerdings noch die vielgelesene „Národní listy" [Nationalblatt].

Wir wollen den Wechsel der Gangart nicht überschätzen, denn es ist zu allererst die Sorge um den eigenen Vorteil, die Furcht vor deutscher Vergeltung wegen der bisherigen Passivität, die hier die Feder geführt hat. Trotzdem wäre es festzustellen, daß es Tatsachen von solcher Durchschlagskraft gibt, deren Wirkung sich nicht einmal die tschechische Presse entziehen konnte.

Ich bitte einen Durchschlag der Informationsabteilung zuzuleiten.

DR. ZIEMKE

263

NA, AMV 102-3/1

Bericht des Vertreters des Auswärtigen Amtes beim Reichsprotektor Ziemke an das Auswärtige Amt

Nr. 7615/D.Pol.3 Nr.1   Prag, den 5. Juli 1940

Inhalt: Das Deutschtum im Protektorat.

Nach einer amtlichen Übersicht des Reichsprotektors betrug die Zahl der Volkszugehörigen, die sich zum Deutschtum bekannt haben, am 1. März 1940 204.194, die sich auf 2.367 von insgesamt 7.728 Gemeinden des Protektorats verteilen. Lediglich im Oberlandratsbezirk Mährisch-Ostrau erreicht das Deutschtum den Anteil von 10% der Gesamtbevölkerung; es folgen dann die Bezirke Brünn mit rund 8%, Olmütz 7%, Iglau 6% und Budweis 5%. An absoluter Stärke führt das Deutschtum im Bezirk Brünn mit 52.235, dann reihen sich an die Bezirke Mährisch-Ostrau mit 33.012 und Prag mit 27.540.

Nimmt man die Städte allein in Betracht, also nicht die Oberlandratsbezirke, dann weist Brünn mit 46.670 die stärkste deutsche Gruppe auf. Die weitere Reihenfolge ist: Prag mit 26.313, Mährisch-Ostrau 24.691, Olmütz 12.172, Iglau 11.907, Budweis 6.298 und Pilsen 3.562. Allein in diesen Städten wohnen 70% des gesamten bisher erfaßten Deutschtums.

An der Deutschen Karls-Universität in Prag betrug die Zahl der Studierenden im Jahre 1940 1.408 männliche und 394 weibliche Hörer, der an der Deutschen Technischen Hochschule in Prag 375 männliche und 29 weibliche, an der Deutschen Technischen Hochschule in Brünn 611 männliche und 29 weibliche Hörer. Einbegriffen in dieser Zahl sind ausländische Studierende mit folgenden Ziffern: 172, 153 und 208.

Die Bekenntnislisten zum Deutschtum sind nicht geschlossen, sie bleiben einstweilen ohne Frist offen. Einige zehntausend wirklich deutsche Volksgenossen haben sich bisher nicht gemeldet, teils weil sie staatsfeindlich eingestellt sind oder als Streudeutsche in sonst rein tschechischen Gemeinden für ihre wirtschaftliche Existenz fürchten oder weil sie in Mischehen leben und unter dem Druck des anderen Ehepartners stehen.

Dagegen haben sich aus mannigfachen Gründen Volltschechen als Deutsche bekannt, darunter auch eine Anzahl unerwünschter Elemente. Es gibt Deutsche, die kein Wort deutsch sprechen. Schwankend ist die sogenannte völkische Zwischenschicht, die nicht recht weiß, zu welchem Volkstum sie eigentlich gehört. Zu dieser Schicht gehören auch die Teile von Mischehen und ihre Nachkömmlinge. Durch manche Familien geht ein völkischer Trennungsstrich, je nach dem Bekenntnis auch nahester Familienmitglieder. Kennzeichnend ist die Teilung namentlich des Hochadels in eine deutsche und eine tschechische Linie. Träger alter deutscher Adelsnamen haben sich als Tschechen bekannt, so gilt z.B. ein Prinz Schwarzenberg als der ungekrönte tschechische König Böhmens.

Germanisierungsversuche finden nirgends statt, selbst Deutsche werden nicht zum Bekenntnis gezwungen, das bei seiner Ablegung aus dem Protektoratsangehörigen einen Reichsangehörigen macht.

Das Deutschtum ist also zahlenmäßig so schwach, daß es aus eigener Stärke weder führen noch den Ausschlag geben kann. Es setzt daher die Autorität von Partei und Staat ein, um den Deutschen die gebührende Stellung zu verschaffen und sie vor Benachteiligungen durch die tschechischen, ausnahmslos deutschfeindlichen Behörden zu schützen.

Hinsichtlich Unterrichtswesen und Gerichtsbarkeit sind die Deutschen autonom, also der tschechischen Willkür entzogen, die Oberaufsicht über die einzelnen Bezirke, in welche das gesamte Protektorat eingeteilt ist, führen die deutschen Oberlandräte.

DR. ZIEMKE

264

NA, AMV 102-3/1

**Bericht des Vertreters des Auswärtigen Amtes beim Reichsprotektor
Ziemke an das Auswärtige Amt**

Nr. 7616/D.Pol.4   Prag, den 5. Juli 1940

Inhalt: Panslawische Tendenzen im Protektorat.

Keine Beteuerung der Loyalität von irgendeiner tschechischen Stelle darf darüber hinwegtäuschen, daß sich die innere Einstellung von Volk, Regierung und Nationaler Gemeinschaft (Einheitspartei) nicht geändert hat. Die mannigfachsten Einzelereignisse beweisen, daß der Tscheche uns feindlich gegenübersteht. Erklärlicherweise bewegt die Gemüter am meisten die Sorge um das eigene völkische Schicksal für den Fall des deutschen Sieges, der auch den Tschechen fast unabwendbar erscheint. Es legt sich jeder die Frage vor, ob in diesem Falle zwangsweise germanisiert oder ausgesiedelt werden wird, entweder in Kolonien oder nach Rußland.

Zur Zeit bleibt eigentlich die Sowjetunion die letzte Hoffnung und der sowjetrussische Einmarsch in Bessarabien[433] hat die schlummernde panslawische Idee stärker entfacht. Tschechische Wunschträume malen den unvermeidlichen deutsch-russischen Waffengang aus, der letzten Endes doch unsere Niederlage zur Folge haben müßte und damit, zwar nicht die Auferstehung der Tschechoslowakei, so doch wenigstens ihre Befreiung von Deutschland und den Anschluß an den großen slawischen Bruder in Moskau. Die Flüsterpropaganda verbreitet Gerüchte über beiderseitige Zusammenziehungen von Truppen an der deutsch-russischen Grenze und über drohenden Einmarsch der Russen in die ungarische Karpatho-Ukraine. Besonders rührig zeigte sich die illegale Kommunistische Partei, deren Apparat allerdings durch die jüngsten Eingriffe der Gestapo außerordentlich stark erschüttert wurde.

Die Hoffnungen auf den sowjetrussischen Erlöser scheinen führende Funktionäre der Nationalen Gemeinschaft zu der Auffassung zu bewegen, daß es eigentlich verfrüht sei, schon jetzt diese Partei in die Front der äußeren Loyalität gegenüber Deutschland vorzuschicken. Die Kundgebung der Nationalen Gemeinschaft vom 27. Juni – Bericht vom 28.6.1940 – Nr. 7360/D.Pol.4 –[434] wird daher vielfach als Fehler des Ausschußvorsitzenden Nebeský getadelt. Es sei ein unverzeihlicher Mißgriff gewesen, die Nationale Gemeinschaft als einzige Repräsentantin des tschechischen politischen Wollens in einen Huldigungsakt an die feindliche (deutsche) Macht hineinzuziehen.

---

[433] Nach der Kapitulation Frankreichs hatte die Sowjetunion von Rumänien die Rückgabe Bessarabiens gefordert und war am 28.6.1940 einmarschiert. Im Geheimen Zusatzprotokoll des Hitler-Stalin-Paktes von 1939 hatte das Deutsche Reich das sowjetische Interesse an Bessarabien anerkannt.

[434] Siehe Dokument Nr. 259.

Für das slawische Solidaritätsgefühl ist in diesem Zusammenhang die tschechische Anteilnahme an dem polnischen Geschick kennzeichnend, obwohl die Polen selbst im Laufe der letzten 20 Jahre nichts getan hatten, was ihnen die tschechische Sympathie verdient hätte. So läßt sich z.b. in der tschechischen Presse, es sei denn unter Zwang, nichts unterbringen, was auf Polen Bezug hat (polnische Greuel und unsere Maßnahmen zur Abwehr der Feindpropaganda). Das zur Verfügung gestellte Material wird unbeachtet gelassen.

Die Bulgaren betrachten an sich die Tschechen als den minderwertigsten, als einen entarteten Rasseverwandten, soweit sich beide Teile nicht im kommunistischen Gedankengange zusammentreffen. Aber der Tscheche will auch hier die Verbindung aufnehmen. Seit kurzem erscheint wieder die der tschechisch-bulgarischen Zusammenarbeit dienende Zeitschrift „Česko-bulharské vzájemnosti" [Tschechisch-bulgarisches Miteinander], über die nähere Beobachtungen noch nicht gemacht werden konnten.

Eine Einflußnahme des hiesigen sowjetrussischen Generalkonsuls auf die tschechische Geheimpropaganda habe ich bisher nicht bemerkt.

DR. ZIEMKE

265

NA, AMV 102-3/1

Bericht des Vertreters des Auswärtigen Amtes beim Reichsprotektor Ziemke an das Auswärtige Amt

Nr. 7759/D.Pol.2.Rumänien.g   Prag, den 8. Juli 1940

<u>Geheime Reichssache</u>

Inhalt: Waffenlieferungen aus dem Protektorat nach Rumänien.

Der hiesige rumänische Generalkonsul[435] teilte mir beiläufig mit, daß am Tage des sowjetrussischen Einmarsches nach Bessarabien die Lieferungen von Kriegsgerät seitens Škoda[436] und der Brünner Waffenwerke[437] nach Rumänien eingestellt wurden. Die *Stockung* habe jedoch nur einen Tag gedauert und dann sei Anweisung gekommen, die Lieferungen beschleunigt fortzusetzen.[438] Ich habe diese Mitteilung selbstverständlich nicht nachgeprüft, da Anweisungen dieser Art nur von Berlin kommen können und dort bekannt

---

[435] Stanescu.

[436] Škoda gehörte ab 1939 zu den Reichswerken Hermann Göring und stellte vor allem in Pilsen Kanonen und Panzer her.

[437] Aus der Československá zbrojovka Brno (Tschechoslowakischen Waffenfabrik Brünn) wurden mit Errichtung des Protektorates die Waffenwerke Brünn, die genau wie Škoda an die Reichswerke Hermann Göring angegliedert worden waren. Sie produzierten vor allem Pistolen, Gewehre und Maschinengewehre.

[438] Mit dem Beitritt zum Dreimächtepakt am 23.11.1940 wurde Rumänien Bündnispartner des Deutschen Reiches.

sind. Ich stelle anheim, mich mit einer persönlichen Information zu versehen, falls dies für erforderlich gehalten wird.

DR. ZIEMKE

266

NA, AMV 102-3/1

Bericht des Vertreters des Auswärtigen Amtes beim Reichsprotektor Ziemke an das Auswärtige Amt

Nr. 7760/D.Pol.2.g   Prag, den 8. Juli 1940

<u>Geheime Reichssache</u>

Inhalt: Zukunft des Protektorats.

Nach meinem Eindruck scheint sich bei den aktiven Führern des Deutschtums die Überzeugung zu festigen, daß das Protektorat nach Kriegsende umzugestalten wäre. Maßgebend dürften vielleicht folgende Erwägungen gewesen sein:

1.) Die Erkenntnis von der Unbelehrbarkeit der Tschechen, die ihre ablehnende Einstellung nicht ändern und daher ständig eine Zelle der Zersetzung im Großdeutschen Raum bilden werden.

2.) Hinzu kommt die Untunlichkeit einer Aussiedlung nach Polen oder Rußland, da wir sonst diesen beiden Ländern eine ebenso rührige als gefährliche Intelligenz und Mittelschicht zuführen würden, die ihnen bisher fehlt.

3.) Das Aufleben der panslawischen Tendenzen und damit auch die Wegbereitung für den Kommunismus.

4.) Die unsichere Zukunft der benachbarten Slowakei, die als kommunistisch verseucht erscheint, andererseits als teilweise tschechophil gilt.

5.) Der unfruchtbare Dualismus in der Verwaltung: Amt des Reichsprotektors mit großem deutschen Beamtenapparat und Protektoratsregierung, die autonom sein soll, in Wirklichkeit jedoch Befehle auszuführen hat und trotzdem gegen uns arbeitet.

6.) Die angebliche Tatsache, daß der Reichsprotektor von seinen großen Vollmachten nicht den notwendigen Gebrauch machte.

7.) Die Schwierigkeiten einer Germanisierung, da einerseits das Deutschtum zahlenmäßig viel zu schwach ist und deutsche Siedler von außerhalb kaum in genügender Anzahl zur Verfügung stehen.

Infolgedessen wird folgenden Gedanken nähergetreten:

I. Zerschlagung des Protektorats in die beiden historischen Teile Mähren (Markgrafschaft) und Böhmen (Königreich), und zwar müßte Mähren ein unmittelbarer Reichsgau mit unmittelbarer deutscher Verwaltung werden. Die Mährer und die Böhmen sollen sich wieder auseinanderleben, um getrennt besser beherrscht und aufgesaugt werden zu können.

Die Begriffe einer tschechischen völkischen Eigenständigkeit und einer tschechischen Kultur würden verschwinden und das Deutschtum würde sich in Mähren völlig durchsetzen können, zumal es mit über 45.000 Volksgenossen in der Hauptstadt Brünn schon jetzt stark ins Gewicht fällt.

II. Herstellung von Böhmen durch Wiedervereinigung mit dem Sudetenland, um dadurch dem deutschen Element die Vorherrschaft zu sichern. Für eine Übergangszeit, die bis zum Abschluß der Germanisierung zu dauern hätte, wäre eine besondere Verwaltung zu schaffen.

III. Beseitigung des Amtes des Reichsprotektors und der autonomen Regierung, dafür deutsche, autoritäre Verwaltung, die einstweilen noch mit dem tschechischen Beamtenapparat zu arbeiten hätte, ihn jedoch lückenlos in unserem Sinne lenkte.

Ich glaube zuverlässig zu wissen, daß es sich lediglich um Gedanken handelt, die nirgends irgendwie erörtert worden sind – übrigens auch selbstverständlich niemals mit mir – und daß sie sich weder zu schriftlichen Fixierungen geschweige denn zu Vorschlägen verdichtet haben. Dem Reichsprotektor dürften diese Ideen völlig fremd sein.

Nachdenkliche Tschechen scheinen etwas zu ahnen, denn ab und zu werden geheime Befürchtungen lautbar, daß wir daran denken, nach Beendigung des Krieges das Protektorat aufzuheben und das Land in zwei Reichsgaue zu zerschlagen.

Meine Ausführungen sind lediglich referierend und ausschließlich für die Unterrichtung des Auswärtigen Amts bestimmt.

DR. ZIEMKE

267

PA/AA, Inland II - A/B, R 99237
NA, AMV 102-3/1

Bericht des Vertreters des Auswärtigen Amtes beim Reichsprotektor Ziemke an das Auswärtige Amt

Nr. 7808/D.Pol.4 Nr.2   Prag, den 10. Juli 1940
                                         D II *131*
                                       D II *489 g*

Inhalt: Verhaftung des Primators Klapka.

Der Primator (1. Bürgermeister) von Prag, Dr. Klapka, wurde gestern von der Geheimen Staatspolizei verhaftet. Klapka wurde 1891 geboren, studierte Jura und begann seine Laufbahn als Rechtsanwalt in Prag. 1935 wählte ihn die Nationalsoziale Partei zum Abgeordneten in das frühere tschechoslowakische

Parlament.[439] Auch in dieser Eigenschaft beschäftigte er sich vorwiegend mit Fragen der öffentlichen Verwaltung und des Budgetrechts, auch verfaßte er eine Reihe von verwaltungsrechtlichen Schriften. Klapka ist Mitglied des Internationalen Instituts für Verwaltungsrecht.

Dr. Klapka bezeichnete sich selbst als loyalen und zur Mitarbeit mit uns bereiten Tschechen, wobei er allerdings unsere angeblichen Fehler bedauerte, darunter unseren angeblichen Mangel an Verständnis für die Eigenart des tschechischen Volkes. Er suchte wiederholt mit mir Verbindung aufzunehmen, doch ließ ich in der letzten Zeit den Abstand größer werden, da seine Einstellung uns gegenüber sichtlich immer ablehnender wurde. Auch sein Verhalten gegenüber Reichsleiter Rosenberg, den er auf die Wiedereröffnung der geschlossenen tschechischen Hochschulen ansprach, blieb mir unverständlich (Bericht vom 29. Mai d.J. – Nr. 5995/D.Pol.4).[440] In den politischen tschechischen Kreisen galt er vielfach als der kommende Mann, also als Nachfolger von Ministerpräsident Eliáš.

Die letzten Gründe seiner Verhaftung sind mir noch nicht bekannt.

DR. ZIEMKE

268

NA, AMV 102-3/1

Bericht des Vertreters des Auswärtigen Amtes beim Reichsprotektor Ziemke an das Auswärtige Amt

Nr. 7957/D.Pol.4   Prag, den 11. Juli 1940

Inhalt: Besuch dänischer Journalisten in Prag.

Am 8. Juli trafen zu einem zweitägigen Besuch in Prag 12 dänische Schriftleiter ein, die von dem Presseattaché unserer Gesandtschaft in Kopenhagen, Herrn Frielitz, betreut wurden und bereits eine mehrtägige Deutschlandfahrt hinter sich hatten. Unterstaatssekretär Dr. von Burgsdorff gab den Herren am 9. Juli ein Abendessen im größeren Kreise unter Beteiligung tschechischer Minister, Schriftleiter und sonstiger Persönlichkeiten. Auf seine völlig unpolitische Begrüßungsansprache erwiderte der dänische Schriftleiter Hansen in der gleichen Weise, wobei er, wie es in solchen Fällen üblich ist, die beiden dänisch-tschechischen Berührungspunkte hervorhob, nämlich die dänische Königin Dagmar, von Geburt böhmische Prinzessin des 13. Jahrhunderts, und den in Prag verstorbenen dänischen Astronomen Tycho de Brahe.[441] Zum

---

[439] Klapka war 1929 für die Československá strana národně socialistická (Tschechoslowakische National-Sozialistische Partei) ins Parlament eingezogen.

[440] Siehe Dokument Nr. 245.

[441] Der dänische Astronom Tycho de Brahe war der bedeutendste beobachtende Astronom vor der Erfindung des Fernrohrs; er hatte u. a. einen neuen Stern in der Cassiopeia ent-

Schluß trank Herr Hansen auf das Wohl des schönen Landes Böhmen und Mähren und seiner Bewohner, was nun einmal einem Trinkspruch auf die Tschechen gleichkommt. Korrekterweise müßte des Protektorats und seines großdeutschen Beschützers gedacht werden. Irgendeine Absicht lag dem dänischen Trinkspruch selbstverständlich nicht zu Grunde.

Am nächsten Tag veranstaltete Ministerpräsident Eliáš in den Räumen des Verkehrsministeriums einen Frühstücksempfang, an welchem neben der Kulturpolitischen Gruppe im Amt des Reichsprotektors eine Anzahl tschechischer Minister und Beamter teilnahmen. Ich selbst war bei beiden Veranstaltungen zugegen.

Soweit ich feststellen konnte, haben die Dänen einen sehr günstigen Eindruck von hier mitgenommen, zumal sie sich die Verhältnisse, wie sie mir offen erklärten, ganz anders vorgestellt hatten. Herr Hansen war sehr erstaunt, als ich ihm auf eine Frage antwortete, daß auch gesellschaftliche Verbindungen zwischen Deutschen und Tschechen beständen und daß es gerade letztere seien, welche diese Verbindungen suchten.

Zwei Zeitungsausschnitte sind beigefügt.

DR. ZIEMKE

269

PA/AA, Inland II - A/B, R 99237
NA, AMV 102-3/1

Bericht des Vertreters des Auswärtigen Amtes beim Reichsprotektor Ziemke an das Auswärtige Amt

Nr. 7958/D.Pol.4 Nr.2   Prag, den 11. Juli 1940
D II 481 g
D II 241
Vertraulich

Inhalt: Verhaftung des Primators Klapka.
Im Anschluß an den Bericht vom 10.7.1940 – Nr. 7808/D.Pol.4 Nr.2 –[442]

Die Verhaftung des Primators Klapka erfolgte auf Grund eines kriegsgerichtlichen Haftbefehls und zwar wegen landesverräterischer Beziehungen zum Ausland. Dem Vernehmen nach handelt es sich sowohl um Verbindungen mit der geheimen Widerstandsgruppe als auch mit der tschechischen Emigration im Auslande. Es soll sich um aktive Unterstützung handeln.[443] Das Vorgehen gegen Klapka ist auf Veranlassung des Staatssekretärs Frank zurückzuführen.

---

deckt. Sein von ihm entwickeltes Tychonisches System sah die Erde als ruhendes Zentrum der Welt. 1599 war er nach Prag gekommen, wo er zwei Jahre später starb.

[442] Siehe Dokument Nr. 267.

[443] Seit Februar 1939 war Otakar Klapka Primator von Prag gewesen. In dieser Eigenschaft hatte er den Abbau von Denkmälern, die Umbenennung von Straßen und die Einfüh-

Der Vorgang hat bei der Protektoratsregierung und der Bevölkerung einen sehr nachhaltigen Eindruck hinterlassen.

Ministerpräsident Eliáš, der mich in dieser Hinsicht ansprach, zeigte sich sehr beeindruckt, zumal er selbst bekanntlich mindestens ebenso belastet ist als Klapka. Vielleicht mag ihn der Umstand trösten, daß Klapka als sein Nachfolger für den Fall galt, daß er selbst (Eliáš) verhaftet werden sollte.[444]

Dem Vernehmen nach soll wieder ein Tscheche die Stelle des Primators erhalten und nicht etwa der jetzige Primator-Stellvertreter, der aus einem anderen Anlaß bekannte Professor Pfitzner, aufrücken.[445]

Ein Zeitungsausschnitt ist beigefügt.[446]

DR. ZIEMKE

270

PA/AA, Rechtsabteilung, R 42804

**Bericht des Kommissionsleiters des Auswärtigen Amtes
für die Abwicklung des ehemaligen Tschechoslowakischen
Generalkonsulats in Wien Stein an das Auswärtige Amt**

Wien, den 15. Juli 1940
R 15145

Auf den Erlaß vom 28. v.M. – R 13162 –

Die Räume des Gebäudes des ehemaligen Tschecho-Slowakischen Generalkonsulats in Wien – des sogenannten Palais Cumberland –, Penzinger Straße 11/13, sind, soweit sie nicht noch von der Kommission des Auswärtigen Amts für die Abwicklung des ehemaligen Tschecho-Slowakischen Generalkonsulats in Wien benötigt werden, der Bezirksleitung XXI des Reichsar-

---

rung von Deutsch als Amtssprache verzögert sowie den Widerstand finanziell unterstützt. Am 4.10.1941 wurde er in Prag hingerichtet.

[444] Alois Eliáš war seit April 1939 Ministerpräsident und bis Juni 1939 auch Innenminister des Protektorates. Nach Heydrichs Amtsantritt als Stellvertretender Reichsprotektor wurde Eliáš verhaftet und wegen Unterstützung der tschechischen Exilregierung in London angeklagt. Am 19.6.1942 wurde er in Prag hingerichtet.

[445] Seit März 1939 war der Universitätsprofessor Josef Pfitzner stellvertretender Primator in Prag. Er war gleichfalls ein überzeugter Nationalsozialist und ein sudetendeutscher „Patriot". Wegen „der fehlenden Erfahrung [Pfitzners] in der Kommunalverwaltung" sowie aufgrund „eine[r] persönlichen Aversion" versuchte Heydrich später, den auch bei anderen deutschen Dienststellen im Protektorat nicht sonderlich beliebten Pfitzner aus der Position des 2. Bürgermeisters der Stadt Prag zu entfernen, vgl. *Brandes/Mišková*: Vom Osteuropa-Lehrstuhl ins Prager Rathaus, 205-215, hier 215 und 205.

[446] Der kurze Zeitungsartikel enthält lediglich die amtliche Mitteilung von der Festnahme des Prager Primators Klapka, deren Gründe Ziemke in seinem Bericht bereits nennt; Dr. Klapka festgenommen. In: Der Neue Tag v. 11.7.1940.

beitsdienstes für die weibliche Jugend übergeben worden. Die Bezirksleitung
hat am Freitag, den 12. d.M., mit dem Einzug in die Räume begonnen.

STEIN

271

PA/AA, Inland II - A/B, R 99636

**Bericht des Referatsleiters Information der Auslandsvertretungen
über wichtige innerpolitische Vorgänge, Judenfrage, Rassenpolitik usw.
in der Abteilung Deutschland Rademacher an die Deutsche Gesandtschaft
in Pressburg**

[Berlin,] den 17. Juli 1940
D III 447

Abschriftlich der Deutschen Gesandtschaft in Preßburg mit der Bitte übersandt, die gewünschten Erhebungen anzustellen.

Das Auswärtige Amt hat in diesen Fällen wie folgt Stellung genommen[447]:

„... unter Nr. 1 bis 6 aufgezählten Personen (Hurban, Slávik, Palic, Papánek,
Liška und Janovljaková) wird mit Recht anzunehmen sein, daß diese Perso-
nen heute nicht im Besitze der Protektorats-, sondern der slowakischen
Staatsangehörigkeit sind. Entscheidend dürfte in diesen Fällen sein, daß die
in Betracht kommenden Personen bei Entstehung der Tschechoslowakei das
Heimatrecht in einer Gemeinde des jetzigen slowakischen Staates besaßen.
Der Antritt eines öffentlichen Amtes außerhalb dieser Heimatgemeinde zieht
weder nach dem früheren noch nach dem heutigen für das slowakische
Staatsgebiet geltenden Recht den Verlust des einmal erworbenen Heimatrechts nach sich. Grund hierfür ist die Tendenz, die Amtsübertragung nicht
als Grund für den Erwerb der Staatsangehörigkeit und demnach auch nicht
als Grund für den Verlust des Heimatrechts anzuerkennen. Da die unter
Nr. 1 bis 6 genannten Personen als ehemals tschechoslowakische Staatsangehörige mit Heimatrecht in der Slowakei nach dem slowakischen Verfassungsgesetz vom 25.3.39 ipso jure als slowakische Staatsangehörige gelten und da
gemäß § 1 der Regierungsverordnung des Protektorats vom 11.1.40[448] in diesen Fällen ein Erwerb der Protektoratsangehörigkeit nicht stattfindet, können
die genannten Personen auch nicht als Doppelstaatler angesehen werden.

Der im nebenbezeichneten Schreiben unter Nr. 7 genannte ehemalige
Tschechoslowakische Gesandte Štefan Osuský ist wahrscheinlich auf Grund
des § 17 des ungarischen Staatsangehörigkeitsgesetzes vom 20.12.[18]79 in
der Tschecho-Slowakei eingebürgert worden. Dieses ungarische Gesetz galt
auch noch im tschecho-slowakischen Staat, freilich nur für den ehemals un-

---

447 Siehe zu den folgenden Abschnitten Dokument Nr. 244.
448 Siehe die Sammlung der Gesetze und Verordnungen des Čechoslovakischen Staates,
   Nr. 19/1940 Slg., 19 f., hier 19.

garischen Gebietsteil (§ 3 des tschecho-slowakischen Verfassungsgesetzes vom 9.4.20).[449] Daß die Einbürgerung auf Grund dieser gesetzlichen Bestimmungen erfolgt ist, muß deshalb angenommen werden, weil nach tschecho-slowakischem Recht die Amtsübertragung als Erwerbsgrund der Staatsangehörigkeit entscheidet (Leske-Loewenfeld VII S. 246 ff.) und weil ferner das für Mähren-Schlesien oder auch das für die ganze Tschechoslowakei in Geltung gewesene Recht eine erleichterte Einbürgerung nicht kennt (Leske-Loewenfeld a.a.O. S. 251).

§ 17 Abs. 2 des erwähnten ungarischen Gesetzes bestimmt nun, wenn der wegen besonderer Verdienste eingebürgerte noch nicht um Aufnahme in den Verband einer inländischen Gemeinde nachgesucht habe, so sei „seine Zuständigkeitsgemeinde vorläufig Budapest". Diese Bestimmung war, nachdem der slowakische Gebietsteil aus dem ungarischen Staate entnommen und dem tschecho-slowakischen Staate einverleibt worden war, praktisch unanwendbar geworden. Die alte Bestimmung kann auch kaum dahin umgedeutet werden, daß – wie früher Budapest als Hauptstadt Ungarns – so neuerdings Prag als Hauptstadt der Tschecho-Slowakei für den gemäß § 17 des ungarischen Gesetzes Eingebürgerten heimatzuständig sei.

Wesentlich erscheint zunächst folgendes: Der auf Grund des § 17 des genannten ungarischen Gesetzes erfolgte Staatsangehörigkeitserwerb erfolgte zugleich auf Grund des tschecho-slowakischen Verfassungsgesetzes vom 9.4.20, da § 3 des letztgenannten Gesetzes als Rahmenbestimmung auch die für das slowakische Gebiet geltenden früheren ungarischen Bestimmungen über die Staatsangehörigkeit als ausfüllende Normen in das tschecho-slowakische Verfassungsgesetz aufgenommen hat. Anwendbar sind demnach auch die §§ 13 ff. dieses Verfassungsgesetzes. § 13 bestimmt, daß grundsätzlich die alten Bestimmungen über das Heimatrecht (also auch die §§ 5-18 des ungarischen Gemeindegesetzes vom 27.6.1886) in Kraft bleiben. § 14 des Verfassungsgesetzes betont aber sodann, daß Personen, die nach den Bestimmungen des Verfassungsgesetzes tschecho-slowakische Staatsbürger geworden sind oder noch werden und innerhalb der Tschecho-Slowakischen Republik keine Heimatgemeinde besitzen, in derjenigen Gemeinde Heimatrecht erwerben, <u>die zuletzt ihre Heimatgemeinde war</u>. Osuský dürfte demnach das Heimatrecht der slowakischen Gemeinde, in der er geboren oder zuletzt ansässig war, zurückerworben haben und demnach ebenso wie die unter Nr. 1-6 genannten Personen heute ausschließlich slowakischer Staatsbürger geworden sein.

Die Voraussetzungen des § 15 des Verfassungsgesetzes, die in gewisser Weise dem § 17 Abs. 2 des oben erwähnten ungarischen Staatsangehörigkeitsgesetzes entsprechen und für gewisse Auslandsbeamte die Zuständigkeit

---

[449] Siehe „Vertragsgesetz vom 9. April 1920, mit welchem die bisherigen Bestimmungen über den Erwerb und Verlust der Staatsbürgerschaft und des Heimatrechtes in der Čechoslowakischen Republik ergänzt werden (Gesetz Nr. 236/1920)".

der Prager Gemeinde begründen, liegen hier nicht vor. § 15 bezieht sich nur
auf diejenigen Auslandsbeamten, die gemäß § 1 Ziff. 4 des Verfassungsgesetzes ipso jure die tschecho-slowakische Staatsangehörigkeit erworben haben,
als typische Ausnahme- und Übergangsbestimmung kann § 15 nicht auf Fälle
ausgedehnt werden, in denen eine außergewöhnliche Einbürgerung und anschließende Amtsübertragung stattgefunden hat.

Dem Standpunkt des tschecho-slowakischen Ministeriums für auswärtige
Angelegenheiten i.Liqu., das alle 7 Personen als slowakische Staatsangehörige
ansieht, dürfte demnach beizupflichten sein.“

Im Auftrag
RADEMACHER

272

PA/AA, Inland II - A/B, R 99237
NA, AMV 102-3/1

**Bericht des Vertreters des Auswärtigen Amtes beim Reichsprotektor
Ziemke an das Auswärtige Amt**

Nr. 8284/D.Pol.4 Nr.2   Prag, den 18. Juli 1940

D II *241*

Inhalt: Besetzung des Primator-Postens in Prag.
Im Anschluß an den Bericht vom 11.7.1940 – Nr. 7958/D.Pol.4 Nr.2 –[450]

Der Landespräsident in Prag hat nach Einholung der Zustimmung des Reichsprotektors den Landesvizepräsidenten Dr. Alois Říha vorläufig mit der kommissarischen Wahrnehmung der Geschäfte des Primators (1. Bürgermeisters)
der Stadt Prag betraut. Dr. Říha war bereits außer Dienst, und bei der damaligen Versetzung in den Ruhestand erhielt er den Ehrentitel eines Landesvizepräsidenten. Amtsgeschäfte waren damit nicht verbunden. Der Genannte gilt
als eine politisch nicht belastete Persönlichkeit.

Die tschechische Flüsterpropaganda verbreitet, daß die Verhaftung des
Primators Klapka nur ein Vorwand sei, um die schon länger geplante Verdeutschung des Prager Magistrats schneller durchsetzen zu können. Außerdem wird behauptet, daß ursprünglich beabsichtigt gewesen sei, die durch die
Verhaftung freigewordene Stelle des Primators mit einem Deutschen zu besetzen, und daß die jetzt erfolgte Ernennung eines Tschechen auf die energi-
sche Intervention des Staatspräsidenten Hácha beim Reichsprotektor zurückzuführen sei. Beide Annahmen sind irrig. Als die Verhaftung durchgeführt
wurde, standen bereits vier von deutscher Seite ausgewählte tschechische Persönlichkeiten für die Besetzung des Postens zum Vorschlag. Richtig ist, daß

---

[450] Siehe Dokument Nr. 269.

jetzt aus dem Magistrat verschiedene Tschechen ausschieden und durch Deutsche ersetzt wurden.

Ein Zeitungsausschnitt ist beigefügt.[451]

DR. ZIEMKE

273

PA/AA, Politische Abteilung IV, R 103709

**Bericht des Deutschen Konsuls in Cleveland Kapp
an die Deutsche Botschaft in Washington**

Cleveland, d. 20. Juli 1940

Betr.: Jan Masaryk in Cleveland.

Jan Masaryk, Sohn des verstorbenen Präsidenten Masaryk und ehemaliger Tschechischer Gesandter in London, hat am 19. d.M. vor etwa 1.000 Tschechen in Cleveland gesprochen und die Grüße von Edvard Beneš überbracht. Ziel seiner Reise ist offenbar, für die Wiedererrichtung eines selbständigen tschecho-slowakischen Staates und gleichzeitig für die Unterstützung Englands durch die hiesigen Tschechen und, im weiteren Sinne, durch die Vereinigten Staaten zu werben. Seine Ausführungen enthalten nichts Neues, doch wurde sein Erscheinen und seine Rede, wie zu erwarten, in der Presse ausführlich behandelt.

Am gleichen Tage hielt sich zufällig der finnische Gesandte in Washington, Herr Procope, auf einer Dienstreise in Cleveland auf, was den Zeitungen Gelegenheit gab, Masaryk und Procope zusammen als Vertreter tapferer, kleiner Demokratien zu preisen.

Zeitungsausschnitte sind in der Anlage beigefügt.[452]

KAPP

---

[451] In diesem Ausschnitt wurde die Übernahme des Postens durch Říha und dessen beruflicher Werdegang behandelt; vgl. Komm. Wahrnehmung der Primatorengeschäfte durch Dr. Říha. In: Der Neue Tag v. 12.7.1940.

[452] Diese Zufälligkeit wurde genutzt, beide Repräsentanten, sowohl den Finnischen Gesandten in Washington, Hjalmar J. Procope, als auch den tschechoslowakischen Politiker Jan Masaryk, als europäische Vertreter für Freiheit und Demokratie hervorzuheben. Im gleichen Artikel gab es außerdem eine Vorankündigung der tschechoslowakischen Versammlung in der Bohemian National Hall; vgl. City is host to Procope, Finnish Minister, and Masaryk, Czecho-Slovakian Leader. In: Cleveland News v. 19.7.1940. In der Versammlung sprach Masaryk von Großbritannien als letztem demokratischem Bollwerk in Europa und warnte vor den Folgen seines Falls. Zur Verkürzung des Krieges und zur Befreiung der Tschechoslowakei plädierte er für eine amerikanische Unterstützung; vgl. Back Britain, Masaryk pleads in talk before 1,500 here. In: Cleveland News v. 20.7.1940 sowie Masaryk puts his faith in Britain. In: Cleveland Plain Dealer v. 20.7.1940.

274

PA/AA, Politische Abteilung IV, R 103709
NA, AMV 102-3/1

**Bericht des Vertreters des Auswärtigen Amtes beim Reichsprotektor
Ziemke an das Auswärtige Amt**

Nr. 8698/D.Pol.4   Prag, den 27. Juli 1940
                                                    Pol. IV *2501*

Inhalt: Aufruf gegen die tschechische Emigranten-Regierung in London.

In Paris befand sich die geistige Zentrale der tschechischen Emigration unter Führung des rührigen Osuský, von dort liefen die Fäden nach hier zu der geheimen Widerstandsgruppe. Mit der Einnahme der französischen Hauptstadt durch unser Heer wurde diese Pariser Organisation zunächst zerschlagen, bis die vom Winde Verwehten sich wieder in London sammelten. Die Anerkennung einer provisorischen tschechoslowakischen Regierung durch Churchill soll die Voraussetzung für die Bildung einer neuen Zentrale schaffen; die Entwicklung der Ereignisse scheint ferner zu einer Zusammenarbeit zwischen Beneš und Osuský geführt zu haben.[453]

Der englische Schritt wurde hier sofort bekannt, noch ehe er durch den deutschen Rundfunk verbreitet wurde. Dem Geist der Ablehnung und Widersetzlichkeit wurde dadurch im Protektorat neuer Auftrieb gegeben, die niedergeschlagenen Gemüter beleben sich wieder.

Gegen die Emigranten-Regierung hat die Protektoratsregierung am 25. Juli eine in der Presse veröffentlichte Erklärung abgegeben, welche „die unveröffentlichte Tätigkeit einiger tschechischer Emigranten in Übereinstimmung mit dem ganzen Volk (?) scharf verurteilt". Die Bildung einer sogenannten tschechoslowakischen Regierung in London wird als ein Schritt bezeichnet, der jeder Grundlage entbehrt und von vornherein zum Mißlingen bestimmt ist, da es nur ein verfassungsmäßiges Organ gibt: Hácha mit seiner Protektoratsregierung.

Das tschechische Volk werde, so schließt die Erklärung dem Sinne nach, treu seine Pflichten gegen Deutschland erfüllen, nicht ausländischen Verlockungen unterliegen, sondern im Bewußtsein seiner „Sendung" fest auf die Worte des Führers bauen und an seine glückliche Zukunft glauben.

Der reichlich anonyme Aufruf – er trägt nämlich keine Unterschrift, weder Hácha noch Eliáš noch sonst eine Unterschrift –, den die halbamtliche deutsche Zeitung „Der Neue Tag" noch dazu als von einer „tschechischen" Regierung erlassen bezeichnet – klingt ausgesprochen lau. Zum mindesten hätten

---

[453] Eine Anerkennung als provisorische Exilregierung hatte Beneš seitens Großbritanniens am 21.7.1940 erhalten, jedoch erfolgte die de-jure-Anerkennung seitens Großbritanniens und der UdSSR erst am 18.7.1941. Dreizehn Tage später erhielt die tschechoslowakische Exilregierung auch von den USA die vorläufige und im Oktober 1942 die volle Anerkennung.

Beneš und Osuský mit Namen genannt werden müssen, ferner unbedingt auch die von hier geflüchteten Protektoratsminister Feierabend und Nečas.

So reiht sich diese Kundgebung den früheren an: Man fügt sich dem Zwang der Verhältnisse und tut das, was sich nicht vermeiden läßt, ohne sich wirklich festzuliegen.

Ein Zeitungsausschnitt ist beigefügt.[454]

DR. ZIEMKE

275

PA/AA, Politische Abteilung IV, R 103709

Telegramm des Deutschen Botschafters in Madrid Stohrer an das Auswärtige Amt

Madrid, den 1.8.40   Pol. IV *2538*
Ankunft » 1.8.40   20.40 Uhr

Nr. 2625 vom 1.8.40

Nach einem Telegramm des Spanischen Botschafters in London hat er Lord Halifax seine Verwunderung ausgesprochen, daß die englische Regierung eine tschechoslowakische Regierung in England anerkannt habe. Der englische Außenminister hat erwidert, daß dies geschehen sei, weil tschechoslowakische Truppen auf Seiten Englands gekämpft, daß England aber hinsichtlich tschechoslowakischen Gebiets keinerlei Garantie gegeben habe.

STOHRER

276

PA/AA, Inland II (Geheim), R 101108

Anweisung des Ministers und Chefs der Reichskanzlei Lammers an die Obersten Reichsbehörden

Nr. 483 B g   Berlin, den 6. August 1940
D III 105

Geheim

Betrifft: Protektorat Böhmen und Mähren.

Der Herr Reichsprotektor in Böhmen und Mähren hat in einem dem Führer vorgelegten Bericht ausgeführt, daß er eine gewisse Gefahr für die einheitli-

---

[454] Hierbei handelt es sich um den Abdruck einer Erklärung der Protektoratsregierung, die sich entschieden gegen die Bildung einer tschechoslowakischen Regierung in London verwahrte, da sie für diese keine Legitimation sehe; vgl. Anmaßende Emigranten. Erklärung der Protektorats-Regierung zu einem schlechten Scherz in London. In: Der Neue Tag v. 26.7.1940.

che Ausrichtung der deutschen Politik im Protektorat darin sehe, daß – besonders in letzter Zeit – verschiedene deutsche Stellen in- und außerhalb des Protektorats sich mit der künftigen Gestaltung des böhmisch-mährischen Raumes befaßten und Planungen vornähmen; die Tschechen verstünden es, jede Schwächung der Zentralgewalt seiner Behörde volkstumspolitisch auszunutzen.

Ich darf auf diese Ausführungen des Herrn Reichsprotektors hinweisen.

DR. LAMMERS

277

PA/AA, Inland II (Geheim), R 101108
NA, AMV 102-3/1

Bericht des Vertreters des Auswärtigen Amtes beim Reichsprotektor Ziemke an das Auswärtige Amt

Nr. 9211/D.Pol.4 Prag, den 8. August 1940

D II 728 g

Geheim

Im Anschluß an den Bericht vom 27.7.1940 – Nr. 8698/D.Pol.4 –[455]
Inhalt: Lage im Protektorat.

Die Kundgebung der Protektoratsregierung gegen die in London gebildete „tschechoslowakische Regierung" hat in der Bevölkerung keinerlei Beachtung gefunden. Auf der anderen Seite ist die Auswirkung der Londoner Maßnahme auf die Stimmung im Protektorat erstaunlich groß. In den Kreisen der Beamtenschaft und der Regierung soll eine ernste Beunruhigung entstanden sein. Staatspräsident Hácha berührte diesen Punkt in seiner mit dem Herrn Reichsprotektor unter vier Augen geführten Unterhaltung am 2. August. Wie ich streng geheim erfahre, gab er seiner „Angst" über die Stimmung Ausdruck.

Ein kennzeichnendes Licht über die hiesigen Zustände wirft die am 6. d.M. erfolgte Schließung der Prager Kreisleitung der Nationalen Gemeinschaft im Zusammenhang mit der Festnahme des Kreisleiters Dr. Nestával.

Vorhergegangen waren die Schließung der Kreisleitung in Olmütz sowie des Landessekretariats in Brünn und verschiedene Festnahmen von Partei-Funktionären in der Provinz. Diese Organisation bedeutet nun einmal nichts anderes als die Sammelstelle aller Widerstandskräfte des tschechischen Volkes, und manche ihrer Parteistellen kehren ihre deutschfeindliche Gesinnung zu stark heraus. Die vorgesehene endgültige Bildung des Hauptausschusses der Nationalen Gemeinschaft hat bisher von Staatspräsident Hácha infolge verschiedenster Widerstände nicht vorgenommen werden können. In tsche-

---

[455] Siehe Dokument Nr. 274.

chischen Kreisen glaubt man jetzt allgemein, daß eine völlige Auflösung der Nationalen Gemeinschaft in Kürze bevorsteht. Soweit ich unterrichtet bin, dürfte diese Maßnahme zur Zeit nicht erwogen werden.

Die frühere Charakterisierung der Nationalen Gemeinschaft als der einzigen legalen politischen Partei der Tschechen trifft jetzt im Grunde genommen nicht mehr zu, nachdem ihre Satzung nicht die Billigung des Herrn Reichsprotektors gefunden hat. Sie kann nur noch als eine bis auf Widerruf geduldete Organisation bezeichnet werden.

Ein Zeitungsausschnitt ist beigefügt.

DR. ZIEMKE

278

PA/AA, Inland II – A/B, R 99237; NA, AMV 102-3/1

Bericht des Vertreters des Auswärtigen Amtes beim Reichsprotektor Ziemke an das Auswärtige Amt

Nr. 9421/D.Pol.4   Prag, den 13. August 1940

D II 667 g

Geheim

Inhalt: Lage im Protektorat.

Im Anschluß an den Bericht vom 8. August d.J. – 9211/D.Pol.4 –[456]

Die Schließung der Prager Kreisleitung der Nationalen Gemeinschaft ist von der Flüsterpropaganda als Vorbote der völligen Auflösung dieser Organisation (Národní souručenství) gewertet worden. Die vorsichtigen Elemente rückten in der Öffentlichkeit sofort von der kompromittierten Partei ab. Die Abzeichen verschwanden von den Kragenaufschlägen, sodaß die Presse auf amtliche Anregung eine Notiz brachte, wonach diese Abzeichen wie bisher getragen werden dürfen.[457]

Auch ein Teil der tschechischen Presse fand es taktisch für zweckmäßig, sich von der Tschechischen Einheitspartei zu distanzieren. Bisher hatten sämtliche Blätter – mit Ausnahme der rechtsoppositionellen „Vlajka" – als Untertitel den Zusatz „Blatt des Národní souručenství" geführt; nunmehr lassen einige Tageszeitungen diesen Zusatz fort.

Die Tätigkeit der Partei selbst scheint zurzeit ziemlich zu ruhen; die Funktionäre wagen einstweilen nicht, sich irgendwie zu betätigen.

Die rechtsoppositionelle Gruppe der Vlajka hielt die Zeit für gekommen, einen Vorstoß gegen die Protektoratsregierung zu unternehmen. Am 8. und 9. August kam es zu einigen Demonstrationen in den Straßen Prags, gegen die seitens der tschechischen Staatspolizei reichlich rücksichtslos eingeschrit-

---

[456] Siehe Dokument Nr. 277.

[457] Siehe dazu Abzeichen Národní souručenství kann getragen werden. In: Der Neue Tag v. 8.8.1940.

ten wurde. Es erfolgten gegen 250 Verhaftungen, auch durchsuchte die Polizei das Zentralbüro der Vlajka.

Die deutschen Behörden hielten sich gegenüber dieser innertschechischen Auseinandersetzung völlig zurück, doch dürfte einem zu scharfen Vorgehen der Protektoratregierung gegen ihre inneren Widersacher Einhalt geboten werden. Man rechnet mit sofortiger Freilassung der Verhafteten und der Einstellung des gegen sie mit erstaunlicher Schnelligkeit eingeleiteten Gerichtsverfahrens.

Zum ersten Mal kam es u.zw.[458] aus obigem Anlasse zu ganz kurzen Streiks in drei Prager Betrieben, die noch dazu der Wehrwirtschaft dienen. Die anscheinend von seiten der Nationalen Gemeinschaft aufgehetzten Arbeiter nahmen gegen das Vorgehen der Vlajka Stellung. Hier griff die Geheime Staatspolizei ein und nahm zahlreiche Verhaftungen vor. Die Arbeit wurde überall unverzüglich aufgenommen. Übrigens liegt für die Arbeiterschaft nicht der geringste Grund vor, sich für die Nationale Gemeinschaft einzusetzen, da diese auf sozialen Gebieten bisher nichts geleistet hat.

Zwei Zeitungsausschnitte sind beigefügt.

DR. ZIEMKE

279

PA/AA, Inland II (Geheim), R 101108
NA, AMV 102-3/1

Bericht des Vertreters des Auswärtigen Amtes beim Reichsprotektor Ziemke an das Auswärtige Amt

Nr. 9472/D.Pol.2.g   Prag, den 14. August 1940
                                              D II *729* g

                                              Geheime Reichssache!

Inhalt: Ministerpräsident Eliáš.

Wie verlautet wird dem verhafteten Primator Klapka u.a. auch zur Last gelegt, städtische Mittel unter getarnten Titeln für staatsfeindliche Zwecke verwandt zu haben und zwar in recht erheblichem Umfang. Die gegen ihn geführte Untersuchung dürfte noch einen weiteren Personenkreis belasten. Hierzu scheint auch der jetzige Ministerpräsident Eliáš zu gehören, dessen geheime illegale Tätigkeit übrigens den höchsten Stellen in Berlin bekannt ist. Ich hatte hierüber bereits an anderer Stelle berichtet. Die jetzt zu Tage geförderte Belastung soll angeblich so groß sein, daß eine Verhaftung nicht mehr zu vermeiden ist. Die Entscheidung hierüber kann allerdings nicht von Prag allein aus erfolgen.

---

[458] U[nd] zw[ar].

Herr Eliáš scheint etwas zu ahnen; zu meinem Begrüßungsabend für den Japanischen Gesandten Kawai sagte er in letzter Stunde wegen plötzlicher Erkrankung ab, so daß Frau Eliášová allein an dem Essen teilnahm.

DR. ZIEMKE

280

NA, AMV 102-3/1

Bericht des Vertreters des Auswärtigen Amtes beim Reichsprotektor Ziemke an das Auswärtige Amt

Nr. 9567/D.Pol.2.g   Prag, den 15. August 1940

<u>Geheime Reichssache!</u>

Inhalt: Zollgrenze des Protektorats.

Die Zollgrenze zwischen dem Protektorat und dem Altreich wird voraussichtlich zum 1. Oktober aufgehoben. Soweit ich unterrichtet wurde, hat der Herr Reichsprotektor sich schließlich hiermit einverstanden erklärt, nachdem er die Verlegung des Termins vom 1. September um einen Monat erreicht hat. Die Protektoratsregierung wird entsprechend verständigt werden. Dem Vernehmen nach erfolgt die Aufhebung der Zollgrenze auf Drängen des Reichsfinanzministers und der deutschen Wirtschaft; letztere strebte mit allen Kräften die baldige Verwirklichung des großdeutschen Wirtschaftsraumes an. Dieses Endziel muß selbstverständlich eines Tages restlos erreicht sein.

Dem Fall der Zollgrenzen werden weitere damit zwangsläufig verbundene Maßnahmen vorhergehen oder beschleunigt nachfolgen müssen, wie u.a. die Angleichung der Löhne, Preise und Steuern. In gewissen deutschen Kreisen wird bezweifelt, ob dies ohne Schwierigkeiten möglich sein wird. Insbesondere dürfte die Erhöhung der niedrigeren Protektoratslöhne in vielen Fällen über die Kräfte der beteiligten Betriebe gehen. Hier befürchtet man, daß etwaige Rückschläge vornehmlich die noch nicht genügend gefestigten deutschen Betriebe treffen werden, während die tschechischen, die einen stärkeren Rückhalt besitzen, sich widerstandsfähiger zeigen dürften. Sollten die Löhne nicht der Preiserhöhung und der Verteuerung der Lebenshaltung folgen können, dann wird eine erhebliche Abwanderung tschechischer Arbeiter in das Altreich erwartet.

Die tschechische Öffentlichkeit hat auf die bevorstehende Maßnahme bisher noch nicht reagiert, zumal sie zur Zeit neben anderen innerpolitischen sich vornehmlich mit Wirtschaftssorgen befaßt. Seit kurzem machen sich nämlich im Protektorat Mangelerscheinungen auf dem Gebiete der Ernährung bemerkbar, insbesondere was die Versorgung mit Fett, Fleisch und Kartoffeln anlangt. Der Flüsterpropaganda bietet sich hier ein weiteres Feld zur Steigerung der Unzufriedenheit.

Ich bin nicht orientiert, ob das Auswärtige Amt mit der vorliegenden Frage befaßt worden ist. Vielleicht darf ich auf folgende Gesichtspunkte hinweisen:

Das Protektorat gilt im Ausland als Musterbeispiel für unsere Behandlung der angegliederten oder besetzten Gebiete. Es fragt sich, ob es, außenpolitisch gesehen, zweckmäßig ist, eine Maßnahme von solch einschneidender Wirkung schon während des Kriegszustandes vorzunehmen. Die Prüfung dieser Frage entzieht sich selbstverständlich meiner Beurteilung.

DR. ZIEMKE

281

NA, AMV 102-3/1

Bericht des Vertreters des Auswärtigen Amtes beim Reichsprotektor
Ziemke an das Auswärtige Amt

Nr. 9522/Pers.R.1   Prag, den 16. August 1940

<u>Streng vertraulich</u>

Inhalt: Einzelheiten aus dem Haushaltsplan des Protektorats.

Für eine streng vertrauliche Information des Auswärtigen Amts sind mir folgende Angaben aus dem Haushaltsplan für das Protektorat zur Verfügung gestellt worden:

1) Der Haushalt 1940 ist vom Reichsprotektor noch nicht genehmigt wegen einer Reihe offener grundsätzlicher Fragen.

   Die Kabinettsvorlage der Protektoratsregierung schließt auf der Ausgabenseite mit .... 9,2 Mrd. Kč
   und einer Einnahme von .... 7,8 Mrd. Kč
   Die Einnahmen werden tatsächlich jedoch rund 9 Mrd. Kč betragen.

   Inzwischen sind aber auch erhebliche Verschlechterungen auf der Ausgabenseite eingetreten. Neben einem Investitionsprogramm von rund 700 Mio. Kč belastet z.B. die letzte Gehaltserhöhung ab 1. April 1940 den Haushalt um rund 400 bis 500 Mio. Kč.

2) Der erste Matrikularbeitrag der Protektoratsregierung an das Reich ist mit 2 Milliarden festgesetzt worden. Dieser tritt zu den genannten Ausgaben noch hinzu.

3) Das „Nationalverteidigungsministerium i.L." ist, da es inzwischen aufgelöst ist, nicht mehr etatisiert. Die gesamten Militärpensionen sind mit insgesamt 250 Mio. Kč präliminiert. Hiervon erhält die Protektoratsregierung rund 100 Mio. Kč vom Reiche erstattet. Für die Regierungstruppe sind 240 Mio. Kč eingesetzt.

4) Was durch die Schließung der tschechischen Hochschulen tatsächlich eingespart wird, läßt sich nicht ohne weiteres auf Grund des Haushalts

angeben, da eine Reihe von Posten trotz der Schließung weiterlaufen (Gehälter des Verwaltungspersonals, Gebäudeunterhaltung usw.). Eine nennenswerte Ersparung tritt im wesentlichen nur bei den Sachfonds ein. Da jedoch die medizinischen Institute in Betrieb sind, die die höchsten Sachfonds haben, kommen für die Einsparung nur die sonstigen wissenschaftlichen Institute in Frage, deren Sachfonds nicht übermäßig zu Buche schlagen.

DR. ZIEMKE

282

NA, AMV 102-3/1

Bericht des Vertreters des Auswärtigen Amtes beim Reichsprotektor Ziemke an das Auswärtige Amt

Nr. 9628/D.Kult.4   Prag, den 16. August 1940

Inhalt: Besetzung der Erzbistümer und Bistümer im Protektorat Böhmen und Mähren.

Im Anschluß an den Bericht vom 16. August 1940 – 9592/D.Kult.4 –

Anliegend überreiche ich die von meinem kirchlichen Vertrauensmann aufgestellte Aufzeichnung, deren Ergebnis mit meinen eigenen Feststellungen zusammentrifft. Mein Vertrauensmann nimmt lediglich Erzbischof Skrbenský, der 1919 in Olmütz resignierte,[459] für das Deutschtum in Anspruch. Nach erneuter Prüfung komme ich zum Schluß, daß Skrbenský als Deutscher angesehen werden muß. Jedenfalls steht folgendes Resultat fest: Sowohl 1914 als auch 1918 waren je drei der sechs Diözesen mit Deutschen besetzt, während wir heute nur einen deutschen Bischof in Leitmeritz haben. Rechnen wir Skrbenský richtiger als Deutschen, so waren sogar 1918 vier Deutsche auf den Bischofsstühlen.

Ich gebe noch folgenden historischen Rundblick:

Bis zum Zusammenbruch der k.u.k. Monarchie stand das Recht der Ernennung der Erzbischöfe und Bischöfe dem Kaiser in Wien zu, während der Vatikan nur das Konfirmationsrecht besaß.[460] Nach der Auffassung des Vatikans war das Ernennungsrecht des Hauses Habsburg nicht auf die Nachfolgestaaten übergegangen, so daß von 1918 bis 1929 ein vertragloser Zustand existierte. Die Ernennungen wurden zwischen dem Vatikan und der tschechoslowakischen Regierung ausgehandelt. 1929 trat der Modus vivendi in

---

[459] Leo Skrbenský von Hříště war von 1916 bis 1920 Erzbischof von Olmütz.

[460] Die Übertragung eines Kirchenamtes, insbesondere des Bischofsamtes, erfolgt in der katholischen Kirche normalerweise nach vorausgegangener Wahl und Prüfung des Wahlvorgangs und der Eignung des Kandidaten. Dem Papst bleibt aber im Anschluss das Recht der Bestätigung; diese kann er aber auch verweigern.

Kraft, der mit der Errichtung des Protektorats erloschen ist. Es besteht also wiederum ein vertragloser Zustand.

Weihebischöfe wurden bisher stets vom Vatikan selbständig ohne Rückfrage in Prag ernannt.

DR. ZIEMKE

[Anlage: Aufzeichnung zur Besetzung der Erzbistümer und Bistümer im Protektorat]

I. Bei einem Rückblick auf die frühere Besetzung dieser Erzbistümer und Bistümer muß in Betracht gezogen werden, daß – besonders im 19. Jahrhundert – viele Erzbischöfe und Bischöfe aus dem Adel genommen wurden, der in dieser Zeit vielfach kein klares nationales Gepräge (tschechisch oder deutsch) trug. Er hatte großenteils einfach die Haltung eines gewissen böhmischen Landespatriotismus und arbeitete – ohne Bekenntnis zu einer bestimmten Nationalität – mit den Deutschen deutsch und mit den Tschechen tschechisch. Trotzdem kann – unter diesem Vorbehalt – für die einzelnen Diözesen etwa folgendes gesagt werden:

1.) <u>Prag</u>: Von 1700 an gesehen bis 1810 fast völlig deutsch. Von 1810 bis 1900 Adelige mit überwiegend deutschem Einschlag. Von 1899 bis 1916 Kardinal Skrbenský, der von manchen als Tscheche, von anderen als Deutscher angesprochen wurde. 1916 bis 1918 Huyn, Deutscher. Nach dem Umsturz zwei Tschechen: Kordač und Kašpar.

2.) <u>Olmütz</u>: Seit 1700 bis zum Umsturz fast durchweg deutsch. Seit dem Umsturz zwei Tschechen: Stojan und Prečan.

3.) <u>Brünn</u>: Von Anfang an fast durchweg deutsch. Nach dem Umsturz: ein tschechischer Bischof.

4.) <u>Budweis</u>: 1785 bis 1885 Deutsche und Tschechen wechselnd, aber mit tschechischem Übergewicht. Seit 1885 lauter Tschechen.

5.) <u>Königgrätz</u>: Seit 1664 Deutsche und Tschechen wechselnd, 1832 bis 1874 der letzte deutsche Bischof, seitdem nur noch Tschechen.

6.) <u>Leitmeritz</u>: Gegründet 1655, ausschließlich deutsch besetzt mit Ausnahme eines Tschechen, des Bischofs Vahala 1866 bis 1877. Allerdings gilt auch hier die Bemerkung über die Volkszugehörigkeit der Angehörigen des böhmischen Hochadels, die jedoch seit 1815 nicht mehr auf dem Bischofsstuhl von Leitmeritz zu finden waren.

II. Nach dem Umsturz von 1918 blieben die Diözesen Budweis und Königgrätz, die bereits in tschechischer Hand waren, unberührt. Der Prager Erzbischof, der Deutsche Huyn, sah sich zur Flucht und Resignation genötigt und wurde durch den Tschechen Kordač ersetzt. Der Olmützer Kardinal Erzbischof Skrbenský, der von manchen als Deutscher angesehen wurde, erlitt 1920 einen Autounfall, bei dem er beide Beine brach. Er trat zurück und die Gelegenheit wurde benützt, um den früher fast stets von Deutschen besetzten Erzbischofsstuhl mit dem Tschechen Stojan zu besetzen. Der Brünner Bischof Klein, Deutscher, hielt auf seinem Posten trotz vielerlei Schwierigkeiten bis 1926 (1931?) aus. Dann trat er zurück und wurde durch den Tschechen Kupka (nicht Krupka) ersetzt.

Im großen und ganzen kann für die Vorgänge nach 1918 gesagt werden: man vermied tschechischerseits im allgemeinen äußerlich nachweisbare Gewalt, strebte aber mit allen Kräften darauf hin, alle in deutscher Verwaltung stehenden Bischofs-stellen in tschechische Hand zu bekommen. Dies gelang bei Prag und Brünn, in gewissem Sinn auch bei Olmütz.

Der 1931 tschechischerseits gemachte Versuch, nach dem Tode des Bischofs Gross das Leitmeritzer Bistum in tschechische Hand zu bekommen, scheiterte an der Festigkeit des Vatikans. So erteilte die Regierung dem deutschen Kandidaten Weber schließlich ihr Placet.

283

PA/AA, Inland II (Geheim), R 101108; NA, AMV 102-3/1

Bericht des Vertreters des Auswärtigen Amtes beim Reichsprotektor Ziemke an das Auswärtige Amt

Nr. 9714/D.Pol.4   Prag, den 19. August 1940

D II 55 g *Rs*

Geheim

Inhalt: Zukunft des Protektorats.

Die Pläne für die Umgestaltung des Protektorats haben sich verdichtet. So-weit ich mich habe unterrichten können, soll Gauleiter Jury in etwa 5 Wo-chen dem Führer folgenden Plan unterbreiten:

Das Protektorat wird in 5 Teile zerschlagen, und zwar:

1) Mährisch-Ostrau mit dem schlesischen Teil kommt zum Bezirk Katto-witz,

2) Böhmen wird mit Sudetengau vereinigt und wird mit der Hauptstadt Prag ein Reichsgau,

3) ein Teil wird der Bayrischen Ostmark zugeteilt,

4) der Bezirk Budweis wird mit dem Gau Oberdonau und

5) Mähren (Brünn) mit dem Gau Niederdonau vereinigt.

Mit der Autonomie verschwindet also nicht allein Hácha samt der Protekto-ratsregierung, sondern auch das Amt des Reichsprotektors. An ihre Stelle tritt in sämtlichen 5 Teilen die unmittelbare Reichsverwaltung. Die Tschechen werden ferner sowohl von den Mähren abgespalten als auch selbst auseinan-dergerissen. Der böhmisch-mährische Wirtschaftsraum verschwindet und Prag wird eine Provinzstadt.

Da ich von einer amtlichen Seite bisher nicht mit diesen Fragen befaßt worden bin, und da ich glaube, auch meinerseits nicht aus der Reserve her-austreten zu sollen, habe ich mich lediglich unter der Hand über die hiesige Stellungnahme erkundigt, soweit mir dies möglich war. Nach meinen Fest-stellungen ist der Reichsprotektor, der sich übrigens heute noch auf Urlaub befindet, völlig gegen diesen Plan. Baron Neurath soll an einer Denkschrift für den Führer arbeiten, die sich für die Aufrechterhaltung des Protektorats ausspricht, und zwar vom Gesichtspunkt der erfolgreichen Durchführung des Volkstumskampfes aus.[461]

Auch Staatssekretär Frank dürfte ein Gegner der Juryschen Vorschläge sein. Seine Gedankengänge – ich selbst habe nicht mit ihm gesprochen – scheinen sich in folgenden Bahnen zu bewegen:

a) Aufrechterhaltung des Protektorats für eine Übergangszeit von 2-3 Jahren,

b) alsdann Aufhebung des Amts des Staatspräsidenten und der Protektoratsregierung; an ihre Stelle tritt der Reichsprotektor mit seinem Amt. Der tschechische Beamtenapparat wird beibehalten, nur die führenden Stellen werden mit Deutschen besetzt,

c) Verdeutschung durch Einführung der Einsprachigkeit (Deutsch) und der deutschen Sprache als ausschließliche Unterrichtssprache in den Schulen,

d) Entnationalisierung der Tschechen verbunden mit Kaltstellung ihrer bisherigen Führer- und Intelligenzschicht.

Soweit ich persönlich die hiesigen Dinge beurteilen kann, trete ich den Auffassungen des Reichsprotektors und des Staatssekretärs Frank bei. Dabei weise ich auf folgende Gesichtspunkte hin:

I. Die Entnationalisierung der Tschechen und die Verdeutschung des böhmisch-mährischen Wirtschaftsraumes ist zweckmäßig zentral von Prag aus durchzuführen.

II. Prag ist das Wirtschaftzentrum für den Südosten. So lange wir aktive Südost-Politik führen, erscheint es richtiger, der Hauptstadt Prag diese Bedeutung zu erhalten und die Südost-Zentrale nicht nach einer anderen Stadt außerhalb des Großdeutschen Raumes zu verlagern.

Die Neuordnung des Südostens müßte schließlich abgewartet werden, bevor die böhmischen Fragen endgültig gelöst werden. Es scheint mir, als ob es wirklich begrüßt würde, wenn in diesen Fragen mit Rücksicht auf den Südosten das Auswärtige Amt und nicht das Reichsinnenministerium die Feder führt.

Eine nichtamtliche deutsche Persönlichkeit von Rang hat die Absicht, diese Fragen mit mir durchzusprechen.

Ich bitte, vorstehenden Bericht als eine vorläufige und unverbindliche Information zu betrachten, die ausschließlich für das Auswärtige Amt selbst bestimmt ist.

DR. ZIEMKE

---

461 Neurath übermittelte am 31.8.1940 seine Denkschrift und die Denkschrift Franks an den Chef der Reichskanzlei Lammers. Neurath optierte für eine Assimilierung des tschechischen Volkes sowie die Ausschaltung der tschechischen Intelligenz und anderer Gruppen durch Ausweisung. Staatssekretär Frank ging mit Neuraths Vorschlägen weitgehend konform, doch plädierte er dafür, gegen oppositionelle Tschechen mit so genannter Sonderbehandlung, also Exekutionen ohne Gerichtsverfahren, vorzugehen.

284

NA, AMV 102-3/1

Bericht des Vertreters des Auswärtigen Amtes beim Reichsprotektor Ziemke an das Auswärtige Amt

Nr. 9729/D.Pol.3 Nr.7   Prag, den 19. August 1940

Inhalt: Neuer Ausschuß der Nationalen Gemeinschaft.
Mit Bezug auf den Bericht vom 21. Juni – Nr. 7010/D.Pol.3 Nr.7 –[462]

Staatspräsident Hácha hat den vorläufigen Ausschuß der Nationalen Gemeinschaft aufgelöst und einen neuen, den endgültigen, durch Ernennung von 64 Mitgliedern eingesetzt. Den Vorsitz führt wieder der rührige Herr Nebeský, den der Londoner Rundfunk kürzlich als verhaftet gemeldet hatte. Nur ganz wenige gehörten dem früheren Ausschuß an, den der „vorläufige" vorübergehend abgelöst hatte. Der überwiegende Teil der jetzigen Mitglieder besteht aus neuen, angeblich unkompromittierten und in der Regel ziemlich unbekannten Personen. Hervorzuheben ist die Berufung einiger namhafter „loyaler" Schriftleiter und die stärkere Berücksichtigung von Vertretern aus den arbeitenden Kreisen.

Die tschechische Öffentlichkeit steht dem neuen Ausschuß mit erstaunlicher Gleichgültigkeit gegenüber und die deutsche mit großer Skepsis, was nach den bisherigen Erfahrungen nicht Wunder nehmen kann.

Dem neuen Ausschuß hat Dr. Hácha Richtlinien für die Arbeit mitgegeben. Danach soll er in erster Linie Mittler zwischen Staatspräsident und Protektoratsregierung einerseits und dem Volke andererseits sein; ferner hat er die Aufgabe, die Wünsche und Vorschläge des Volkes an die Protektoratsregierung heranzubringen. Die Erfüllung beider Aufgaben setzt eine enge Fühlungnahme mit der tschechischen Öffentlichkeit und den einzelnen Schichten des tschechischen Volkes voraus.

Die neuen Männer sollen an der Umschulung des tschechischen Volkes im Sinne der Absichten des Staatspräsidenten Hácha arbeiten, der ja nun einmal und für immer die Geschicke des Protektorats in die Hand des Führers gelegt hat. Schließlich soll mehr Gewicht als bisher auf die soziale Wirksamkeit gelegt werden.

Von tschechischer Seite möchte man gern die NG als ein Abbild der NSDAP hinstellen; von diesem Tarnungsmanöver können wir uns jedoch nicht beeindrucken lassen. Die NG, der auch jede weltanschauliche Unterlage fehlt, ist nicht organisch aus dem Volk herausgewachsen, sondern aus politischen Zweckmäßigkeitsgründen von oben herab angeordnet worden, und der jetzige Ausschuß verdankt sein Bestehen und seine Zusammensetzung Verhandlungen zwischen Dr. Hácha und den führenden Vertretern der früheren, jetzt aufgelösten politischen Parteien. Wir haben wirklich kein Interesse und

---

[462] Siehe Dokument Nr. 257.

auch keinen Anlaß, die NG als tschechische Kopie der nationalsozialistischen Bewegung zu bewerten.

Ein amtlich inspirierter Artikel im „Neuen Tag" bringt unsere Stellungnahme, die ein vorsichtiges Abrücken, eine Warnung und das Versprechen einer abwartenden Haltung bedeutet, klar zum Ausdruck. In dem Artikel wird mit Recht unterstrichen, daß die ureigenste Aufgabe der NG nicht auf dem Gebiete der Politik, sondern der Arbeit liegt. Mit Deutlichkeit wird betont, daß es Sache der Tschechen ist, sich für das Hineinwachsen in das Reich selbst zu erziehen. Die Worte müssen schließlich mit den Taten übereinstimmen, und mit dem bisherigen System der Abgabe von Loyalitätserklärungen allein wird es nicht getan sein können, sondern jetzt haben die Tschechen, meiner Auffassung nach, die letzte Möglichkeit, den Boden für eine ehrliche Zusammenarbeit zu bereiten.

Eine Würdigung der neuen Ausschußmitglieder behalte ich mir vor. 2 Zeitungsausschnitte sind beigefügt.[463]

DR. ZIEMKE

285

PA/AA, Inland II - A/B, R 99237; NA, AMV 102-3/1

Bericht des Vertreters des Auswärtigen Amtes beim Reichsprotektor Ziemke an das Auswärtige Amt

Nr. 9713/D.Pol.4   Prag, den 19. August 1940
D II 685 g
D II 838

Geheim

Inhalt: Innerpolitische Fragen im Protektorat.
Im Anschluß an die Berichte vom 13. August – Nr. 9421/D.Pol.4 –[464] und 14. August – 9472/D.Pol.2.g –[465]

Die Frage der etwaigen Verhaftung des Ministerpräsidenten Eliáš ist noch im Stadium der Erwägung, da die Folgen abgewogen werden müssen.[466] Es handelt sich nicht allein um die Beseitigung einer Person und ihre Ersetzung durch eine andere – hierfür stände voraussichtlich Innenminister Ježek zur Verfügung –, sondern auch um das Ende eines Systems. Vielleicht müßten in diesem Zusammenhang noch folgende Maßnahmen ergriffen werden:

---

[463] Zum einen wird lediglich die Umbildung thematisiert, vgl. Die Reorganisierung des ‚NS'. In: Der Neue Tag v. 18.8.1940. Zum anderen werden diese Umbildung und die zukünftige Arbeit pessimistisch bewertet, vgl. Zur Neubildung des ‚NS'-Ausschusses. In: Der Neue Tag v. 18.8.1940.
[464] Siehe Dokument Nr. 278.
[465] Siehe Dokument Nr. 279.
[466] Die Verhaftung des Ministerpräsidenten Eliáš erfolgte erst am 27.9.1941.

1) völlige Umwandlung der Protektoratsregierung,
2) Verhaftung sämtlicher ehemaligen Legionäre, deren Haupt eben dieser Eliáš ist,
3) Auflösung der Nationalen Gemeinschaft (Národní souručenství).

Einstweilen bekriegen die Tschechen sich gegenseitig. Es sind noch immer gegen 200 Vlajkisten in Haft und die Protektoratsregierung möchte ihnen durchaus den Prozeß machen. Wir selbst halten uns ziemlich zurück, um uns nicht dem Vorwurf der Parteinahme und der Torpedierung der Nationalen Gemeinschaft auszusetzen und dann auch, weil eine tatkräftige Unterstützung der Vlajka uns letzten Endes ebenfalls nicht weiterbringen würde. Kratzt man dem Vlajkisten ein wenig Tünche ab, kommt doch der Original-Tscheche vom Typ der Nationalen Gemeinschaft zum Vorschein. Aus diesem Grunde hat Staatssekretär Frank auch dem Innenminister Ježek die Ermächtigung zum Erlaß eines Uniformverbotes erteilt, das sich vornehmlich gegen die Rechtsopposition richtet. Auch dürfen von jetzt ab nicht mehr Hakenkreuzfahnen von tschechischen Faschisten durch die Straßen geführt werden. Immerhin wird von uns noch schützend die Hand über die Vlajka gehoben, da es zweckmäßig erscheint, für die Nationale Gemeinschaft ein Schreckgespenst in Bereitschaft zu halten.

Ein Zeitungsausschnitt ist beigefügt.[467]   DR. ZIEMKE

286

NA, AMV 102-3/1

Bericht des Vertreters des Auswärtigen Amtes beim Reichsprotektor Ziemke an das Auswärtige Amt

Nr. 9828 g   Prag, den 21. August 1940

                                                        Geheime Reichssache

Inhalt: Zollgrenze des Protektorats.

Von Seiten des Herrn Staatssekretärs Frank wird mir mitgeteilt, daß laut gestriger Entscheidung des Führers die Zollgrenze zwischen dem Protektorat und dem Reich ab 1. Oktober ds.Js. aufgehoben wird. Die Entscheidung ist noch geheim. Ich bin lediglich ermächtigt, die Entscheidung dem Auswärtigen Amt vertraulich weiterzugeben.

                                                        DR. ZIEMKE

---

[467] Darin wird das Uniformverbot behandelt, das für die Mitglieder tschechischer Vereine, Körperschaften oder Gruppen galt. Ausgenommen von diesem Verbot waren u. a. die Uniformen der Freiwilligen Feuerwehren, der Samariterverbände und der Sportvereine. Des Weiteren wurde das Tragen der Reichs- und Nationalflagge, reichsdeutscher Fahnen, Standarten und sonstiger Symbole bei Kundgebungen, Umzügen usw. untersagt, vgl. Tschechisches Uniformverbot. In: Der Neue Tag v. 17.8.1940.

287

NA, AMV 102-3/1

Bericht des Vertreters des Auswärtigen Amtes beim Reichsprotektor Ziemke an das Auswärtige Amt

Nr. 9883/D.Pol.3 Nr.7 Prag, den 22. August 1940

Inhalt: Neuer Ausschuß der „Nationalen Gemeinschaft".
Im Anschluß an meinen Bericht vom 19. August – Nr. 9729/D.Pol.3 Nr.7 –[468]

Anliegend überreiche ich die deutsche Übersetzung der Erklärung des Staatspräsidenten Hácha nebst einer Liste der jetzigen Ausschußmitglieder.

Die Erklärung ist in der Form eines Handschreibens an Nebeský, den Vorsitzenden des Ausschusses, gehalten. Das Schreiben unterstreicht die Verschiedenheit der Aufgaben des ersten und des jetzigen Ausschusses. Bei seiner Begründung sollte nämlich der erste Ausschuß die tschechische politische Vergangenheit liquidieren und eine neue Organisation für das politische Denken schaffen, während es sich jetzt darum handelt, Mittler zwischen Regierung und Volk zu sein und die Tschechen nach dem Vorbild des NSDAP umzuerziehen.

Es sei sogleich gesagt, daß der erste Ausschuß zwar eine neue „politische" Organisation geschaffen, doch in keiner Weise die politische Vergangenheit ausgelöscht hat. Diese ist noch in den Köpfen der ehemaligen Parteiführer lebendig.

Aufmerksamkeit verdient die Absicht des Staatspräsidenten, die „politischen Arbeiter", also die Parteifunktionäre, aus verschiedenen Fachgebieten auszuwählen, so daß den Einzelnen ihnen vertraute Arbeitsgebiete zugewiesen werden können. Dies wird in der Praxis schwerlich eine Entpolitisierung des Parteiapparates zur Folge haben, sondern im Gegenteil die Durchtränkung der spezialisierten Arbeitsgebiete der „Nationalen Gemeinschaft" mit politischem Denken.

Für die deutsche Auffassung wirkt es befremdlich, daß das Handschreiben von „politischer Repräsentation", „unsere Politik", „politische Zusammenarbeit" und „politischen Arbeitern" spricht. Überhaupt stört die Häufung des Wortes „Politik", die nicht mehr zur Aufgabe der Tschechen gehört. Auch der Hinweis auf die als selbstverständlich vorausgesetzte nationale Entfaltung ist bezeichnend. An solcher dürften wir nun wirklich kein Interesse besitzen.

Der Staatspräsident sagt nicht, welches Ziel seine „angestrengten Bemühungen" eigentlich haben und was unter „im Geiste dessen, was die Zeit von uns verlangt" wirklich und ehrlich zu verstehen ist. Folgende Begriffe fehlen in dem Schreiben: Führer, Großdeutschland, Protektorat, Zusammenarbeit, der deutsche Abwehrkrieg, das Vertrauen auf den Führer, auf den deutschen Sieg und auf die großdeutsche Zukunft.

---

[468] Siehe Dokument Nr. 284.

Für die tschechische Mentalität ist die Erklärung also sozusagen nicht kompromittierend, für die unsrige ausweichend, farblos, inhaltslos, wenn man will sogar recht zweideutig, z.b. was den Schluß anlangt „erfolgreiche Sendung zu Frommen unserer Länder und des Volkes, das in ihnen lebt". Von den 64 Ausschußmitgliedern sind 20 Akademiker, 14 aus den arbeitenden Kreisen, 6 Schriftleiter (einer hat bereits resigniert) und 6 Grundbesitzer. Unter Letzteren befindet sich nur noch ein Vertreter des Hochadels, nämlich Graf Hugo Strachwitz.

DR. ZIEMKE

[Anlage: Erklärung des Staatspräsidenten Hácha]

Am 17. August 1940 gab der Herr Staatspräsident folgendes Handschreiben heraus:
Herrn Josef Nebeský, Direktor des Zentralverbandes der Rübenbauern in Prag.
Ich ernenne Sie zum Leiter des Ausschusses der Nationalen Gemeinschaft.
Zu Mitgliedern dieses Ausschusses folgende Personen:
(Es folgen die Namen dieser Personen.)
Indem ich diese Mitglieder des neuen Ausschusses der Nationalen Gemeinschaft ernenne, gebe ich dem neuen Ausschuß folgende Richtlinien auf den Weg; ich wünsche, daß er sich von diesen Richtlinien bei seiner künftigen Tätigkeit leiten lasse.

Zum Unterschied zum ersten Ausschuß, der hauptsächlich zur Aufgabe hatte, die Vergangenheit, die Art der vergangenen politischen Arbeit bei uns zu liquidieren und eine neue Organisation der politischen Repräsentation des tschechischen Volkes zu begründen, kann der heutige Ausschuß geradewegs zum Kern seiner eigenen Aufgaben übergehen. Es liegen im Wesen zwei große Tätigkeitsbereiche vor. Vor allem der Mittler des Staatspräsidenten und der Regierung in deren Beziehungen zur tschechischen Öffentlichkeit zu sein, insbesondere soweit es sich um die führenden Gedanken der neuen tschechischen Politik handelt, und damit, wie ich schon an anderer Stelle sagte, zur Umerziehung des tschechischen Denkens beizutragen. Ich zögere dabei nicht, neuerdings nachdrücklich zu betonen, daß der grundlegende Weiser der Richtlinien unserer Politik der Nationalsozialismus ist, welcher das Großdeutsche Reich, deren Bestandteil wir sind, zu einer noch nie dagewesenen Entfaltung gebracht hat.

Die zweite wichtige Aufgabe des Ausschusses der Nationalen Gemeinschaft besteht darin, als unmittelbarer Kenner der Bedürfnisse und Wünsche der breitesten Schichten unseres Volkes aus allen, oft widersprechenden Wünschen und Anregungen diejenigen Dinge herauszunehmen, welche im allgemeinen Interesse des Ganzen liegen, und diese dann den führenden Faktoren als eigene Anregungen vorzutragen.

Solche Anregungen werden immer sorgfältig erwogen werden, wenn auch diese Art politischer Zusammenarbeit mit der Regierung auch nicht im geringsten eine wie immer geartete Analogie zu früheren Regimes bedeuten soll.

Ich führe nur an, was für eine große Aufmerksamkeit der neue Ausschuß den wirksamen Sozialmaßnahmen wird widmen müssen, welche allen Gliedern des

Volkes einen gerechten Anteil an der nationalen Entfaltung und an dem nationalen Einkommen verbürgen. Hier wird es Aufgabe der Nationalen Gemeinschaft sein, alles zu tun, daß solche Maßnahmen in der tschechischen Öffentlichkeit auch weiterhin ständig mehr Zustimmung und freiwillige Mitarbeit erfahren und daß immer mehr in dieser Hinsicht an freiwillige Disziplin und an Verständnis appelliert werden könne.

Den so aufgefaßten Aufgaben muß allerdings unbedingt der ganze Organisationsaufbau der Bewegung entsprechen, und insbesondere muß ihnen die Arbeitsmethode der Nationalen Gemeinschaft angepaßt werden. Deswegen erachte ich es für nötig, bei der Ernennung des neuen Ausschusses einerseits Personen zu ernennen, die die Verhältnisse der einzelnen Landschaften kennen, anderseits Personen, denen Arbeitsausschnitte anvertraut werden würden, von denen zu erwarten ist, daß sich in ihnen die Tätigkeit des neuen Ausschusses entfalten wird. Damit meine ich den Weg der Spezialisierung der Aufgaben seiner einzelnen Mitglieder zu beschreiten und einen dementsprechenden Umbau des Sekretärapparates in Angriff zu nehmen. Ich behalte mir daher vor, Ihnen noch genauere Richtlinien zur Kenntnis zu bringen, soweit es sich um die Einreihung der einzelnen Ausschußmitglieder handelt.

Durch die Einberufung einer so beträchtlichen Anzahl ganz neuer Personen gebe ich auch dem Gedanken Ausdruck, daß die Ablösung der politischen Arbeiter im öffentlichen Leben durch neue Leute ein wichtiges Mittel zur Aufdeckung neuer Talente ist, denen so Gelegenheit zur Geltendmachung geboten wird.

Ich muß nicht betonen, daß meine angestrengten Bemühungen nichts nütze wären, wenn nicht auch weiterhin in allen unseren Elementen bedingungslose nationale Zucht bewahrt würde, zu welcher ich neuerdings alle tschechischen Menschen aufforderte.

Ich glaube, daß der neue Ausschuß mit Unterstützung der Regierung und ihrer Organe im Geiste dessen, was die Zeit von uns verlangt, seine Sendung erfolgreich und zu Frommen unserer Länder und des Volkes, das in ihnen lebt, erfüllen wird.

DR. E. HÁCHA

288

PA/AA, Inland II (Geheim), R 101108
NA, AMV 102-3/1

Bericht des Vertreters des Auswärtigen Amtes beim Reichsprotektor Ziemke an das Auswärtige Amt

Nr. 10.034/D.Pol.4.g   Prag, den 26. August 1940
                                                   D II *56 g Rs*

<u>Geheime Reichssache!</u>

Inhalt: Der Reichenberger Plan.

Eine deutsche Persönlichkeit außerhalb des Protektorats, die anscheinend an der rechtzeitigen Unterrichtung des Auswärtigen Amtes interessiert ist, gab mir Einblick in den streng geheimen und vertraulichen Plan, oder vielmehr in den Entwurf eines solchen Planes, der sich mit der Zukunft des Protektorats befaßt. Ich möchte diesen Entwurf den Reichenberger Plan nennen. Folgende Notizen habe ich mir gemacht:

Die zwischen dem Sudetenland und dem Protektorat gezogene Grenze ist zwar die deutsch-tschechische Volkstumsgrenze, jedoch durchschneidet sie landschaftlich, raumpolitisch, verkehrsmäßig und wirtschaftlich einheitliche Gebiete, so daß sich die Frage einer richtigeren Raumlösung stellt. Erforderlich erscheint die Neugliederung des Sudetengaus, der seine bisherige Berechtigung nur aus seiner politischen Funktion als Angriffsbasis gegen den tschechischen Volksboden herleitet. Dabei wird bemerkt, daß sein böhmisches Rundstück nach dem Innern Böhmens ausgerichtet ist, während das gebietsmäßig bereits losgelöste Ost-Sudetenland einerseits sowohl dem Oder-Raum, andererseits dem March- und Donau-Raum angehört.

Gelegentlich dieser einleitenden Bemerkungen werden anderweitige Bestrebungen gestreift, nämlich:

1) Teilung des Gaues Schlesien durch Bildung eines eigenen oberschlesischen Industrie-Gaues unter Einbeziehung der schlesischen Teile des Ost-Sudetenlandes und des korrespondierenden Industriegebietes des Protektorats.

2) Der Gau Niederdonau erhebt die Forderung auf die Angliederung zumindest des Brünner Gebiets.

3) Die Forderung auf Errichtung eines eigenen mährischen Gaues.

Grundgedanken der Neugliederung des Sudetenlandes

1) Die Neugliederung ist nur möglich im Zuge einer Bereinigung der Frage des Protektorates.

2) Notwendigkeit ist die Zerstörung der Fiktion von der Einheit der historischen Länder Böhmen und Mähren.

3) Man muß gerecht werden der volkstumspolitischen, wirtschaftlichen und verkehrsmäßigen Struktur des böhmisch-mährischen Raumes und davon ausgehen, daß das deutsche Siedlungsgebiet des Sudetenlandes die Funktion einer Übergangsstellung zum tschechischen Siedlungsgebiet hatte. Da die Aussiedlung der Tschechen nicht möglich erscheint, wird erforderlich ihre Verteilung auf mehrere Gaugebiete unter Wahrung eines bestimmten Verhältnisses zwischen der deutschen und der tschechischen Bevölkerung.

4) Abgelehnt wird die Aufteilung des Sudetengaues auf die Gaue: Bayrische Ostmark, Sachsen, Schlesien. Dies würde die Abwendung von der Funktion der Angriffsbasis bedeuten.

5) Ost-Sudetenland ist keine räumliche Einheit, seine Zuteilung an einen eigenen Gau: Schlesisches Industriegebiet verkennt den raumpolitischen Charakter Mährens. Entweder wird das nordmährische Marchgebiet mit dem Mittelpunkt Olmütz eine selbständige mährische Einheit oder es muß nach dem March-Donau-Raum orientiert werden.

Vorschlag für die Neugliederung des böhmisch-mährischen Raumes
Lösung I.
Der Grundgedanke ist die Bildung je eines Gaues Böhmen und Mähren bzw. statt Mähren eines kleineren Gaues March-Land und, in allen Fällen, die Angliederung der Ostgebiete an die benachbarten Gaue.

a) Böhmen: Das kulturelle Antlitz Böhmens zerfällt in eine nördliche und südliche Hälfte. Westen, Nordwesten und Norden ist entwicklungsfähiger deutscher Siedlungsstreifen, folglich muß der Gau Böhmen auf die nördliche Hälfte verlagert werden. Hierzu hätten folgende Angliederungen zu geschehen:
1) Gebiet von Waldsassen-Tirschenreuth (Teil des geschichtlichen Egerlandes),
2) Amtshauptmannschaft Zittau des Landes Sachsen,
3) Grafschaft Glatz.

Dieser Gau Böhmen zählte 6 Millionen Einwohner, davon 3,6 Millionen Tschechen.

Die südliche Hälfte Böhmens käme zu gleichen Teilen an die Bayrische Ostmark, mit Schüttenhofen und Klattau, sowie an den Gau Oberdonau mit Budweis. Von den 1,4 Millionen Bewohnern der südlichen Hälfte wären etwa 1 Million Tschechen.

Der Gau Böhmen soll streng dezentralisiert werden, damit die Wirkung der Hauptstadt Prag als tschechisches Siedlungszentrum aufgehoben wird. Andererseits müssen die volkspolitischen Kräfte des geschlossenen deutschen Siedlungsraumes gesammelt und aktiviert werden. Folglich wird die Untergliederung des Gaues in verwaltungsmäßig geschlossene Teile gefördert. Diese wären:
1) Pilsen 920.000 Einwohner, davon 250.000 Tschechen,
2) Aussig 1 Million Einwohner, davon 300.000 Tschechen,
3) Reichenberg 930.000 Einwohner, davon 333.000 Tschechen,
4) Königgrätz mit Glatz 1 Million Einwohner, davon 650.000 Tschechen,
5) Prag 2 Millionen Einwohner mit nur 60.000 Deutschen.

Der Verwaltungsbezirk Prag im Gau Böhmen wäre also das sogenannte Rückzugsfeld der Tschechen.

b) Mähren: Dieser neue Gau wäre das Zwischenstück zwischen dem schlesischen und dem ostmährischen Siedlungsboden, und zwar der Gebiete, in welchen bereits die weiteste Durchdringung des Deutschtums und des Tschechentums stattgefunden hat. Die deutschen Volksinseln Iglau, Brünn, Olmütz, Wischau und Brodek sind die Pfeiler dieser deutschen Siedlungsbrücke, durch den Ausbau dieser Pfeiler werden die Tschechen abgeriegelt und isoliert.

Für die Neugestaltung des mährischen Raumes werden zwei Vorschläge präsentiert:
I. Ein wirklicher Gau Mähren mit Olmütz, Brünn, Iglau und Ungarisch-Hradisch mit zusammen 2.920.000 Einwohnern, von denen 2.200.000 Slawen wären. Der Mittelpunkt dieses Gaues wäre Brünn.

II. Es wird nur ein Gau March-Land gebildet, dessen Gebiet aus dem Bezirk Olmütz besteht. Die Zahl der Bewohner wäre 1.100.000, zu denen 670.000 Slawen gehörten.

Die Vorteile des kleineren Gaues werden wie folgt geschildert:

Er besitzt eine größere wirtschaftliche und verkehrsmäßige Ausgeglichenheit, eine größere volkspolitische Schlagkraft. Olmütz ist hier unbestrittener Mittelpunkt, steht also nicht im Wettbewerb mit Brünn. Der kleinere Gau wäre das geeignete Verbindungsglied zu den Gauen Wien, Schlesien, Oberschlesien, Nieder- und Oberdonau.

Bei dieser Lösung müßten die Gebiete von Brünn, Iglau und Ungarisch-Hradisch an Niederdonau fallen.

Lösung II.

Dieser Vorschlag sieht die Bildung eines Gaues Böhmen wie bei Lösung I, jedoch unter Einbeziehung des Gebietes von Olmütz vor. Die nicht berücksichtigten Teile Mährisch-Schlesiens werden an die schlesischen Gaue und an Niederdonau abgegeben. Die Angliederung des Bezirkes Olmütz an den neuen Bezirk Böhmen erhöht dessen volkspolitische Aktivität und schafft ein Ausfalltor gegen den Osten.

Lösung III.

Bildung eines Gaues Böhmen und Aufteilung des gesamten mährisch-schlesischen Gebietes an die schlesischen Gaue und an den Gau Niederdonau.

Olmütz müßte dann aus volkspolitischen Gründen an Niederdonau fallen, obwohl dies für letzteren eine Belastung bedeutete, da seine eigene Aktivität nur für Brünn und Iglau ausreicht.

Es ist hier niemandem bekannt, daß mir der eben skizzierte Plan, der noch der Entwurf eines Referenten ist, zugänglich wurde. Andererseits weiß ich selbst nicht, ob man hier in Prag diesen Referentenentwurf kennt.

Mein Bericht ist mithin lediglich referierend und ausschließlich für die streng geheime Unterrichtung des Auswärtigen Amts bestimmt.

DR. ZIEMKE

289

NA, AMV 102-3/1

Bericht des Vertreters des Auswärtigen Amtes beim Reichsprotektor Ziemke an das Auswärtige Amt

Nr. 10.033/D.Pol.4　　　　　　　　　　　　　Prag, den 26. August 1940

Inhalt: Erklärung des Vorsitzenden des Tschechischen Verbandes für die Zusammenarbeit mit den Deutschen.

Herr Johann Fousek, der Hauptvorsitzende des Tschechischen Verbandes für die Zusammenarbeit mit den Deutschen, hat anläßlich der Eröffnungssitzung der Prager Bezirksgruppe am 20. August eine Erklärung abgegeben, die zum hauptsächlichen Thema die Unerläßlichkeit der nationalen Verständigung hat. Aus der tschechischen Zeitung „Polední list" [Mittagsblatt] vom 24. August gebe ich in Übersetzung folgenden Auszug aus der Erklärung wieder:

„Der Tschechische Verband für die Zusammenarbeit mit den Deutschen bemüht sich offen und menschlich um die Schaffung einer aufrichtigen Freundschaft mit dem großen, starken und kulturell hoch entwickelten deutschen Volke, mit welchem in ewiger Gemeinschaft zu leben die Vorsehung uns bestimmt hat. Vollkommen ehrlich und aufrichtig begreifen wir diese Aufgabe und wollen sie als unsere völkische (nationale) und sittliche Sendung erfüllen. Das Bemühen um eine Verständigung, Annäherung und Zusammenarbeit mit dem deutschen Volke ist die Äußerung unseres Gewissens und unserer Überzeugung, daß wir unserem Volke einen guten Dienst erweisen. Wir sind und bleiben aufrichtige Tschechen, aber wir erinnern und werden mit allen Mitteln unsere tschechischen Seelen erinnern an die Unerläßlichkeit der nationalen Verständigung und des freundschaftlichen Zusammenlebens mit dem deutschen Volke. Dazu ist es notwendig, daß wir Tschechen erst selbst lernen, uns untereinander zu vertragen, daß wir unsere nationale Disziplin und eine aufrichtige Volksgemeinschaft erlernen, ohne welche wir kein verläßlicher und wertvoller Partner sein können.

Es gibt Menschen und es gibt Gruppen von Querulanten, die immer nur fruchtlos kritisierten und verurteilten oder immer nur wühlten, wühlen und wühlen werden. Diese können weiter anonym schreiben und das Dunkel für ihre Maulwurfsarbeit suchen. Wir werden öffentlich diejenigen rufen und organisieren, welche unter allen Umständen das Positive suchen, die Kräfte vereinigen, aufbauen und das Bewußtsein schaffen wollen, daß wir nur durch eine außerordentliche Leistungsfähigkeit, Tüchtigkeit und Ordnung das Morgen und die Zukunft diszipliniert vorbereiten und sicherstellen können.

Ich bitte Sie alle, Träger der Gedanken dieser aktiv schöpferischen nationalen und völkischen Verträglichkeit zu werden und glaube, daß es uns so gelingen wird, die höchste Entwicklung unserer nationalen Kräfte sicherzustellen und dem Vaterlande Heil! (Vlasti zdar!)"

Herr Fousek hat vielleicht das gemeint, was er gesagt hat. Irgendein Programm scheint er auch nicht zu besitzen. So lange dieser Verband sich übrigens aus im wesentlichen deutschfeindlichen Elementen zusammensetzt, dürfte seine Tätigkeit von vornherein zur Unfruchtbarkeit bestimmt sein.

DR. ZIEMKE

290

PA/AA, Inland II (Geheim), R 101108
NA, AMV 102-3/1

Bericht des Vertreters des Auswärtigen Amtes beim Reichsprotektor
Ziemke an das Auswärtige Amt

Nr. 10.035/D.Pol.4.g　　　　　　　　　　　Prag, den 30. August 1940
　　　　　　　　　　　　　　　　　　　　　　D II *57* g *Rs*

　　　　　　　　　　　　　　　　　　　Geheime Reichssache!

Inhalt: Zukunft des Protektorats.

Mit Bezug auf den Bericht vom 26. August 40 – 10.034/D.Pol.4.g –[469]

Es dürfte feststehen, daß es bestimmte Strömungen gibt, die in Richtung „Zukunft des Protektorats" fließen. Auch scheinen diese Absichten sich bereits zu Plänen verdichtet zu haben. Die Quellen dieser Strömungen entspringen ausnahmslos Gebieten außerhalb des Protektorats.[470] Wahrscheinlich existieren z.Zt. mehrere Pläne, die noch untereinander in Einklang gebracht werden müssen, bevor sie als Vorschlag dem Führer unterbreitet werden. Soweit ich mich unterrichten konnte, liegt allen diesen Erwägungen eine gemeinsame Basis zu Grunde, nämlich:

a) die Notwendigkeit einer Neuordnung des böhmisch-mährischen Raumes und zwar ausgehend von der Forderung einer Neugliederung des Sudetenlandes, die aber zwangsläufig mit einer Umgestaltung des Protektorats verbunden ist;

b) die Ansicht, daß unser Endziel, die Verdeutschung des böhmisch-mährischen Raumes, die Aufhebung des Protektorats zur Voraussetzung hat.

Diesen Grundgedanken werden folgende Erklärungen gegeben:

Zu a) Die Abtretung des Sudetenlandes aus dem böhmischen Raum auf Grund des Münchener Abkommens war eine kampfgeborene Notlösung, die sicherlich als zeitlich begrenzt gedacht wurde. Mit der später erfolgten Errichtung des Protektorats beendigte das Sudetenland seine politische Mission als Angriffsbasis gegen den tschechischen Volksboden. Jetzt bedarf die damalige, nur aus außenpolitischen Gründen geschehene Grenzziehung, die zusammengehörige Teile des böhmischen Raumes zerschnitt, einer landschaftlich, raumpolitisch, verkehrsmäßig, wirtschaftlich und – das ist nahezu das wichtigste – einer volkspolitisch bedingten endgültigen Berichtigung.

Zu b) Weder die Protektoratsregierung noch das tschechische Volk wollen sich auf unsere Linie ausrichten und in unseren Lebensraum eingliedern. Folglich hat die Autonomie keine Berechtigung, sie erscheint, auf Dauer gesehen, politisch unzweckmäßig.

---

[469] Siehe Dokument Nr. 288.

[470] Gemeint waren die Gaue Ober- und Niederschlesien, Nieder- und Oberdonau sowie die Bayerische Ostmark, deren Gauleiter Ansprüche auf böhmische und mährische Gebietsteile erhoben.

Die weiteren Begründungen skizziere ich wie folgt:

Ist es richtig, daß der Sudetengau nur eine Übergangsstellung von dem deutschen zum tschechischen Siedlungsgebiet bildet, und der zerschnittene böhmisch-mährische Raum einheitlicher zusammengefaßt werden muß, so ist es andererseits wiederum eine politische Notwendigkeit, die Fiktion von der Einheit der historischen Länder Böhmen und Mähren zu zerstören. Was einmal früher war, kann nicht wieder hergestellt, sondern es muß etwas Neues geschaffen werden. Demnach ist der böhmisch-mährische Raum unter Einbeziehung des Sudetenlandes in 2 Gaue zu teilen, wobei die nicht berücksichtigten Restgebiete auf die benachbarten Gaue Schlesien, Bayrische Ostmark, Ober- und Niederdonau zu verteilen sind. So entstehen die Gaue Böhmen und Mähren. Der Gau Böhmen würde rund 6 Millionen Einwohner, darunter etwa 3,6 Millionen Tschechen, der Gau Mähren rund 3 Millionen Einwohner mit etwa 2¼ Millionen Slawen (Tschechen, Mährer, Slowaken, Polen u.dgl.) zählen. Der Gau Mähren hat die Bedeutung einer deutschen Volksbrücke von Schlesien zur Ostmark; er riegelt die Tschechen im Gau Böhmen nach außen ab. Mähren ist völlig deutsch zu durchdringen und die deutschen Volksinseln von Iglau über Brünn nach Olmütz sind als Grundpfeiler dieser deutschen Siedlungsbrücke fest zu untermauern und auszubauen.

Wenn ich jetzt den außenpolitischen Einschlag des Planes berühre, so ist mir bewußt, daß ich in die Gleichung zwei unbekannte Größen einsetzen muß:

I. Hier ist nicht die endgültige Linie bekannt, die gegenüber den Tschechen gezogen werden soll. Die beiden Extreme gehen von der völligen Enttschechisierung des böhmisch-mährischen Raumes, also von „Aussiedlung" bis zur sogenannten „Versöhnung", wobei letzterer Ausdruck nicht mißverstanden werden darf. Bei beiden Lösungen ist das Endziel das gleiche: die Verdeutschung des Raumes entweder durch „Ausrottung" oder durch „Aufsaugung" der Tschechen.

II. Hier ist nicht bekannt, ob es einen politischen Grundsatz gibt, der gegenüber den besetzten oder angegliederten Ländern gemeinsam zur Anwendung gebracht werden soll, wobei ich summarisch aufzähle: Polen, Holland, Belgien, Luxemburg, Norwegen, Dänemark, Frankreich usw.

Der neue Plan hat etwas Bestechendes: Die Vergangenheit wird ausgelöscht, das Tschechentum gespalten, der gesamte Siedlungsboden für die Durchführung des Volkstumskampfes aufgeteilt und vorbereitet. Auf der anderen Seite sehe ich jedoch ernste Gefahren, wenn schon jetzt, nach meiner Auffassung verfrüht, an die Ausführung, die eine Frage der Zeit und auch der Methode ist, herangegangen wird.

1) Zweifellos werden die Tschechen, nachdem sie auf mindestens 5 Gaue (Böhmen, Mähren, Schlesien, Bayrische Ostmark, Niederdonau) verteilt worden sind, einem härteren volkspolitischen Druck ausgesetzt, doch gerade ihre Verteilung gibt ihnen die Ausweichmöglichkeiten. Gewiß, wir zerstören Prag

als Zentrum des politischen Tschechentums, doch wir müssen dann einen neuen Mittelpunkt für die einheitliche Ausrichtung unserer Tschechen-Politik in 5 Gauen schaffen. Diese neue Zentralleitung hätte unter ungünstigeren Bedingungen zu arbeiten als das mit großer Machtbefugnis ausgestattete Amt des Reichsprotektors.

2) Den bedenklichsten Ausweichraum können wir nicht ohne weiteres versperren: die Slowakei. Der Neugestaltung des böhmisch-mährischen Raumes geht also zweckmäßig die Lösung der slowakischen Frage voran.

3) Die panslawische Tendenz wird verstärkt, wenn die endgültige Vernichtung jeder tschechischen Hoffnung auf Erhaltung des Volksbodens die Erwartung zielbewußter auf die Erlösung und Befreiung durch den sowjetrussischen Bruder lenkt. Noch haben wir es in der Hand, falls es notwendig werden sollte, den Besitzenden, den Bauer, eine bestimmte Intellektuellenschicht und vielleicht auch den Arbeiter durch Aufklärung über die wirklichen Folgen einer bolschewistischen Befreiung (Baltische Länder, Polen, Bessarabien) aus den panslawistischen Träumen zu schrecken. Aus der jetzigen Abneigung gegen uns wird später aber fanatischer Haß, und dieser macht blind gegen jede Aufklärung, die heute noch zentral gelenkt und einheitlich ausgerichtet einsetzen kann.

4) Ist eine Aussiedlung weder möglich, noch zweckmäßig, dann wird in irgendeiner Form doch die Politik der „Versöhnung" anzuwenden sein, der aber vorher nicht der Boden entzogen werden darf. Ich denke, daß wir unser Endziel der Verdeutschung des Raumes, also die völkische Assimilierung des Tschechen, über die rein politische erreichen können. Die vorläufige Beibehaltung des Protektorats ist hierzu eine Vorbedingung.

5) Es mag fraglich sein, ob es zweckmäßig ist, der Stadt Prag ihre Bedeutung für unsere Aktivität im Südosten zu nehmen und sie auf den Stand einer reinen Provinzstadt herabzudrücken.

6) Zu prüfen wäre, ob die brüske Aufhebung des Protektorats außenpolitisch tragbar erscheint. Eine solche Maßnahme wird als ein Unrecht angesehen werden, da eine aktive Auflehnung der Tschechen, die eine sofortige Vernichtung der Autonomie bedingte, ja nicht stattgefunden hat. Gewiß, die Tschechen wollen sich innerlich nicht umstellen und sie konspirieren. Doch herrscht im Protektorat nach wie vor Ruhe, Ordnung und äußerlich erschöpft sich die Protektoratsregierung in Beteuerungen der Loyalität.

7) Vielleicht werden neue Protektorate geschaffen werden müssen. Möglicherweise ist es taktisch ratsamer, das vertragsmäßig errichtete tschechische Protektorat nicht schon jetzt zu annullieren.

8) Noch sind wir im Krieg und noch hat der Tscheche seine eigene nationale Regierung, die immerhin eine Parole ausgibt und über eine bestimmte Autorität verfügt, deren wir uns bedienen können. Beseitigen wir sie, dann verlagern wir die Paroleaufgabe völlig an die Emigrantenregierung.

Gegenüber dem Herrn Reichsprotektor habe ich die schwebenden Pläne kurz berührt und lediglich meine zu 1) und 4) hervorgehobenen Bedenken erwähnt. Baron Neurath zeigte sich dabei völlig meiner Auffassung.

Staatssekretär Frank, der meine obigen Argumente billigt, sie vielleicht noch ernster hervorgehoben sehen möchte, ist ebenfalls ein Gegner einer jetzigen Änderung des Status quo des Protektorats.

Selbstverständlich sind weder der Herr Reichsprotektor noch der Herr Staatssekretär der Meinung, daß das Protektorat in seiner heutigen Gestaltung für immer unantastbar sein soll.

Die Frage der Zukunft des Protektorats dürfte dem Vernehmen nach in einigen Wochen akut werden. Der Herr Reichsprotektor glaubt allerdings nicht, daß die skizzierten Bestrebungen den gewünschten Erfolg erzielen.

DR. ZIEMKE

291

NA, AMV 102-3/1

Bericht des Vertreters des Auswärtigen Amtes beim Reichsprotektor Ziemke an das Auswärtige Amt

Nr. 10.420/D.Pol.4   Prag, den 4. September 1940

Inhalt: Ansprache des Reichsprotektors an die deutschen und tschechischen Schriftleiter.

Anläßlich des Jahrestages der britischen Kriegserklärung empfing der Reichsprotektor die deutschen und tschechischen Schriftleiter im Czernin-Palais. Es handelte sich um den ersten gemeinsamen Empfang.

Aus der Ansprache des Reichsprotektors hebe ich folgende Gedanken heraus:

Gewisse tschechische Kreise wollen eine besondere Eigenständigkeit der tschechischen Kultur konstruieren, wobei sie vergessen, daß der Tscheche stets zum deutschen Kulturkreis gehört hat und auch nicht mit dem Westen oder Osten verbunden ist.

Diese Erklärung richtet sich vorzüglich gegen die Bestrebungen der „Nationalen Gemeinschaft", die auf kulturellem Gebiet das tschechische von dem deutschen Volk absondern möchte. Es war notwendig, daß von höchster Stelle im Protektorat eine deutliche Warnung ausgesprochen wurde.

Die Aufgabe der Presse ist erzieherisch, folglich ist es Pflicht der tschechischen Schriftleiter, sich gegen die Flüsterpropaganda zu wenden, denn Völker, die sich in trügerischen Hoffnungen wiegen und Juden sowie Emigranten folgen, erhalten eine furchtbare Belehrung durch die Wirklichkeit.

Die deutschen Schriftleiter erhalten den Dank ausgesprochen; hinsichtlich der tschechischen stellt der Reichsprotektor mit Befriedigung fest, daß der

größte Teil seine bedeutungsvolle Arbeit mit Geschick und Verantwortungs-
gefühl gelöst hat.

Ein Zeitungsausschnitt ist beigefügt.

DR. ZIEMKE

292

PA/AA, Inland II – A/B, R 99237
NA, AMV 102-3/1

Bericht des Vertreters des Auswärtigen Amtes beim Reichsprotektor
Ziemke an das Auswärtige Amt

Nr. 10.692/D.Pol.4 Prag, den 10. September 1940
D II 838

Inhalt: Die „Vlajka".

Mit Bezug auf den Bericht vom 19. August – Nr. 9713/D.Pol.4 –[471]

Die sozusagen neutrale Haltung, welche das Amt des Reichsprotektors zu den
Auseinandersetzungen zwischen der Rechtsopposition („Vlajka") und der
Regierungspartei einnahm, verführte die Männer hinter der „Nationalen Gemeinschaft" und der Protektoratsregierung zu Trugschluß und verfrühtem
Jubel. Sie glaubten, daß wir die „Vlajka" völlig fallen ließen und sie selbst freie
Hand erhielten, den letzten Schlag gegen sie zu führen. Da wenigstens die
äußere Parole der „Vlajka" die Deutschfreundlichkeit ist, so würde ihre Zerschlagung in den Augen des noch immer haßblinden tschechischen Volkes
keinen anderen Eindruck hervorrufen als den, daß letzten Endes doch Beneš
siegen werde.

Der deutsch-amtlich inspirierte Artikel „Eiserne Garde" im „Prager Abend"
vom 4. September brachte eine jähe Ernüchterung. In dem Artikel wird eine
Parallele gezogen zwischen Rumänien und dem Protektorat, Titulescu und
Beneš, „Eiserner Garde" und „Vlajka". Es heißt darin: „Mit Staunen muß jeder Deutsche im Protektorat jedenfalls feststellen, daß in letzter Zeit eine wahre Persekutionswelle gegenüber derartigen Erneuerungsbestrebungen, wie sie
z.B. von der „Vlajka" verkündet werden, im Gange ist."[472]

Die Brünner „Volksdeutsche Zeitung" übernahm in ihrer Ausgabe vom
5. September diesen Artikel unter der Überschrift: „Chauvinistischer Terror
gegen tschechische Vlajka-Bewegung", wobei sie Terrorakte der Tschechen
gegen die „Vlajka" mit Einzelfällen belegte. Die Verfolgung deutschfreundli-
cher Tschechen durch ihre Landsleute wird hier zum ersten Mal öffentlich
angeprangert.[473]

---

[471] Siehe Dokument Nr. 285.
[472] Eiserne Garde. In: Prager Abend v. 4.9.1940.
[473] Chauvinistischer Terror. In: Volksdeutsche Zeitung v. 5.9.1940.

Der Prager „Neue Tag" vom 5. September setzte die Linie des Artikels „Eiserne Garde" seiner Abendausgabe des vorhergehenden Tages fort. „Unsterblicher Chauvinismus" lautet dieses Mal die Überschrift. Die „Vlajka"-Gruppe, „die aus ihrer Deutschfreundlichkeit nie ein Hehl gemacht hatte", wird als Erneuerungsbestrebung hingestellt, gegen welche chauvinistische Tschechen, angestachelt durch den Londoner Rundfunk, Sturm laufen. Es heißt darin: „Diese Vorgänge, deren wir in Prag Zeugen waren, müssen als Beweise reinsten Chauvinismus bezeichnet werden, der gerade in diesem Raume und auch gerade zu dieser Zeit höchst unzeitgemäß ist."[474]

„Die Zeit" nimmt in dem Artikel „Videant Consules!" vom 6. September die Frage noch einmal auf. In dem Schlußsatz heißt es: „Sollten die Tschechen nicht erkannt haben, daß es für sie hoch an der Zeit wäre, sich vom unzeitgemäßen Chauvinismus der Beneš-Ära endlich frei zu machen?"[475]

Die Wirkung dieser Artikelreihe auf das Regierungslager ist völlige Ratlosigkeit. Man wirft uns vor, daß wir mit der Protektoratsregierung ein Spiel trieben, sie absichtlich über unsere Pläne im unklaren ließen, um das Tschechentum dann mit solchen Überraschungstricks zu zermürben.

Die „Vlajka"-Gruppe, deren Anhängerschaft sich bedenklich gelichtet hatte, schöpft neuen Mut. Die Mitglieder strömen ihr wieder zu. Ihr Führer Rys tritt noch leidenschaftlicher gegen die autonome Regierung auf. Die Zeitung „Vlajka", die ihr Erscheinen wegen fehlender Mittel bereits eingestellt hatte, erscheint wieder. Rys hat nunmehr für alle Mitglieder „den Gruß der arischen Völker" durch Erheben der rechten Hand eingeführt. Die dabei zu sprechenden Worte „Vůdci zdar!" d.i. „Heil dem Führer!" beziehen sich nach einer Erklärung von Rys eindeutig auf unseren Führer. Zu den am 7.9. festgesetzten Gerichtsverhören erschien übrigens niemand der wegen öffentlicher Ruhestörung angeklagten Vlajkisten.

4 Zeitungsausschnitte sind beigefügt.

Ich komme auf weitere Auswirkungen noch zurück.

DR. ZIEMKE

---

[474] Unsterblicher Chauvinismus. In: Der Neue Tag v. 5.9.1940.
[475] Videant consules! In: Die Zeit v. 6.9.1940.

293

NA, AMV 102-3/1

Bericht des Vertreters des Auswärtigen Amtes beim Reichsprotektor Ziemke an das Auswärtige Amt

Nr. 10.440/D.Pol.3 Nr.7   Prag, den 10. September 1940

Betr.: Beschlagnahme des Archivs des Tschechischen Nationalrats.[476]

Bereits anfangs Juni d.J. wurde von der Geheimen Staatspolizei die Bibliothek und das Archiv des Tschechischen Nationalrats in Prag beschlagnahmt und sichergestellt. Dieses Archiv enthält den Schriftverkehr des Nationalrats vom Jahre 1909 bis zur heutigen Zeit. Bei der jetzigen Durchsuchung konnte festgestellt werden, daß die interessantesten Akten fehlen. Zu den vermißten Akten gehören vor allem jene, die die Tätigkeit der Auslandssektion, die Verbindungen zu ihr, die Eingaben des Nationalrates an Lord Runciman sowie die Tätigkeit der tschechischen Minderheitenvereine in deutschen Gebieten beinhalten. Das Personal erklärte hierzu, daß ein Großteil dieses Materials bereits im September 1938, also vor dem 15. März 1939, verbrannt worden ist. Es besteht jedoch der Verdacht, daß Aktenmaterial auch noch nachher abhanden gekommen ist. Dies festzustellen, wird das Ziel weiterer Untersuchungen sein.

Das Aktenmaterial gibt ein klares Bild über die Art der Tätigkeit dieser ausgesprochen deutschfeindlichen Organisation und läßt deutlich erkennen, daß auch weiterhin die durch lange Jahre bewährten Arbeitsmethoden verfolgt werden.

Weiteren Bericht behalte ich mir gegebenenfalls vor.

Eine Aufzeichnung über den Nationalrat liegt bei.

DR. ZIEMKE

[Anlage: Der tschechische Nationalrat]

Im Jahre 1900 traten in Prag die Spitzenvertreter des tschechischen Volkslebens sowie die Sprecher aller Parteien und politischer Richtungen zusammen, um als Antwort auf die vorher erlassene Sprachenverordnung des ehemaligen österr.-ungarischen Ministerpräsidenten Dr. Koerber die allvölkische und überparteiliche Spitzenorganisation für das gesamte tschechische Kulturleben und Volkstum, den „Tschechischen Nationalrat" zu gründen.

Dieser Nationalrat setzte sich aus den tschechischen Schutz- und Volkstumsverbänden (Jednoty und Matice), aus hervorragenden Wissenschaftlern, aus Männern, die sich um das tschechische Volkstum verdient gemacht hatten und bis zum Sep-

---

[476] Im Jahre 1900 war der Tschechische Nationalrat als wichtiges politisches Organ von Funktionären tschechischer Organisationen und Parteien gegründet worden, um die tschechischen Interessen angemessen vertreten zu können.

tember des Jahres 1938 auch aus den Vertretern sämtlicher tschechoslowakischer Parteien und halbpolitischer Organisationen, wie Legionärsverbänden, Sokol, Orel usw., zusammen. Er bildete eine völkische Selbsthilfezentrale aller Tschechen und Slowaken im In- und Auslande.

Aus arbeitstechnischen Gründen wurden folgende Fachausschüsse begründet:

1.) für nationale Fragen und Selbstverwaltung,
2.) für Volkswirtschaft und Finanzen,
3.) für soziale und humanitäre Fragen,
4.) für Schul- und Bildungswesen,
5.) für das gemischtsprachige Gebiet (Tschechisierung),
6.) für Presse und Propaganda und
7.) für Auslandsfragen.

Das Aufgabenfeld des Nationalrates lag auf volks- und kulturpolitischem Gebiet. Die von ihm erarbeiteten und herausgegebenen Richtlinien waren bindend für Politiker, Volkswirtschaftler und Kulturarbeiter.

Obwohl die offizielle Tätigkeit des Prager Nationalrates während des ganzen Weltkrieges ruhte, gelang es einigen seiner Mitglieder ins Ausland zu fliehen und in Paris als Repräsentanten des tschechischen Volkswillens 1915 einen zweiten Nationalrat zu gründen. Dieser stellte die Vertretung des sich bildenden tschechoslowakischen Staates dar; ihm gehörten u.a. an: Masaryk, Beneš und Osuský. Er stand in Verbindung mit dem Národní výbor (Nationalausschuß), der eigentlichen Weltkriegsmaffia im ehemaligen Österreich. Die Leiter dieser Maffia waren: Dr. Kramář, Rašin, Švehla, Dr. Soukup, Stříbrný und andere, denen es nicht gelungen war in das Ausland zu fliehen und ihre illegale Tätigkeit in Österreich fortzusetzen [sic!].

Nach der Gründung des tschechoslowakischen Staates am 28. Oktober 1918 wurde die neue Regierung aus dem Pariser Nationalrat gebildet. Aus den Ortsgruppen des Nationalausschusses (Prager Nationalrat) entstand das vorläufige Parlament. Während also der Pariser Nationalrat vollkommen in der neuen Regierung aufging, blieb der Prager Nationalrat bestehen und erlangte einen maßgeblichen Einfluß auf alle Einrichtungen und Ämter sowie Verbände der Tschechoslowakischen Republik. Seine wichtigste Aufgabe während der Nachkriegsjahre bestand im Kampf gegen das Deutschtum, wobei er als Hauptwaffe die Bodenreform benützte. Nach Durchführung derselben geriet der Nationalrat vorübergehend ins Hintertreffen und bekümmerte sich lediglich um die tschechischen Minderheiten in den deutschsprachigen Gebieten der ehemaligen Tschechoslowakischen Republik, um deren Schulwesen und wirtschaftliches Fortkommen sowie um die Tschechen im Auslande. Die innerpolitischen Machtkämpfe, vor allem aber der Tod Masaryks machte 1937 eine Neuorganisation notwendig. Mit Ausnahme der Kommunisten, Faschisten und der katholischen slowakischen Volkspartei (L'udová strana) waren nach dieser Reorganisation alle tschechischen Parteien nach dem üblichen Parteienschlüssel im Nationalrat vertreten. Nach dem Einmarsch der deutschen Truppen in Böhmen und Mähren stellte der Nationalrat seine Kräfte dem aus rechtsoppositionellen Kreisen gegründeten tschechischen Nationalausschuß zur Verfügung. Als dieser aufgelöst wurde, lenkte der Nationalrat in die Nationale Gemeinschaft ein, um mit Hilfe dieser seine ehemalige politische Spitzenstellung wieder zu erlangen, was nur mittels einer neuerlichen Umgestaltung möglich war, da durch die Änderung der staatsrechtlichen Verhältnisse große Arbeits- und Aufgabengebiete, wie Auslandspropaganda, Schul- und Bodenfragen, Tschechisierung zum Großteil verloren gegangen waren.

Zunächst wurden Mitte April 1939 die tschechischen Verbände der Jednoty und Matice, deren Dachorganisation der Nationalrat war, und die nach der Eingliederung des Sudetenlandes ihr Wirken aufgeben mußten, in einen einzigen „Zentralschulverein beim Nationalrat" (Ústřední Matice při Národní radě české) zusammengefaßt und dem Nationalrat unterstellt. Leiter dieses Zentralvereins ist der derzeitige Vorsitzende des Nationalrats, Minister für Schulwesen und Volkskultur Dr. Jan Kapras.

Ein weiterer Fortschritt zur Neugestaltung des Nationalrates war die Ernennung eines neuen zwanziggliedrigen Vorstandes für den Nationalrat durch den Staatspräsidenten Dr. Emil Hácha.

Auffallend groß ist die Zahl der Universitätsprofessoren (6), wie Wissenschaftler überhaupt.

Durch die Neuernennungen sind die Verbindungen des Nationalrates zu anderen halbpolitischen und kulturellen Organisationen der Tschechen teils neu geschaffen beziehungsweise weiter ausgebaut worden, so vor allem zur Nationalen Gemeinschaft selbst.

Soweit die Neuorganisation des Nationalrats derzeit abgeschlossen ist, gliedert sich der verjüngte Nationalrat in folgende Abteilungen bzw. Kommissionen für:
1.) für kulturelle Fragen,
2.) Frauenprobleme,
3.) Wirtschaftsfragen,
4.) humanitäre Angelegenheiten,
5.) Angelegenheiten der Legionäre,
6.) Tschechen im Ausland,
7.) Presse und Propaganda.

Diese arbeits- und aufgabenmäßige Verteilung wurde im Zusammenhang mit den maßgebenden Stellen der Nationalen Gemeinschaft getroffen, die dem Nationalrat die Lösung und Bearbeitung obiger Angelegenheiten und Fragen übertrug.

Die Tätigkeit der Sektion „Tschechen im Auslande" wurde im Sommer 1939 über Einschreiten deutscher Behörden eingestellt. Danach beschäftigte sich die Sektion vorübergehend noch mit der Betreuung der Tschechen in der Slowakei. Doch auch diese Tätigkeit ist heute eingestellt worden. Der Leiter der Abteilung, Oberstaatsanwalt Dr. Mejstřík wurde ungefähr Mitte Juni im Zusammenhang mit Rašín[477] verhaftet.

Über das zukünftige Aufgaben- und Arbeitsgebiet des neugestalteten Nationalrates wird folgende amtliche Meldung zitiert:

---

[477] Ladislav Rašín, der Sohn des weiter oben im Dokument erwähnten Maffie-Protagonisten Alois Rašín.

„Der Nationalrat soll im nationalen Leben der Tschechen ein Hilfsmittel für die Koordinierung und zweckmäßige Arbeitsteilung auf allen Gebieten des <u>unpolitischen Vereinswesens</u>, der Institutionen und einzelnen nationalen Gliederungen sein. Damit ist auch sein Verhältnis sowohl zur Nationalen Gemeinschaft gegeben, das die politische Führung des tschechischen Volkes in allen Fragen darstellt, wie auch zu den Institutionen der öffentlichen Verwaltung, denen auch weiterhin die gesamte exekutive Wirksamkeit beibehalten bleibt."

Auf Grund seiner engen Zusammenarbeit mit der Nationalen Gemeinschaft bezw. anderer nationaler Verbände und Vereine gelingt es dem Nationalrat das gesamte tschechische kulturelle Leben zu beaufsichtigen und in die von ihm gewünschten Bahnen zu führen. Schon rein aus der personellen Zusammensetzung des Vorstandes des Nationalrates und der ihm angeschlossenen Verbände geht hervor, daß die verschiedenen Veranstaltungen und Aktionen, trotz dem die betont kulturell aufgezogen sind, immer wieder politische Färbung aufweisen und mehr oder minder versteckt Anlaß zu deutschfeindlichen Aktionen sind.

Allein in der letzten Zeit trat der Nationalrat – sei es allein oder in Verbindung mit seinen Verbänden – mit verschiedenen Aktionen an die Öffentlichkeit. So wurden veranstaltet: „Das Volk seinen bildenden Künstlern", „Der Monat des tschechischen Buches", „Der Musikmai" und zuletzt die „Filmernte in Zlin".

Mit einer großzügig angelegten Propaganda wurde für die Veranstaltungen des tschechischen Musikmais im gesamten Gebiet des Protektorats geworben, bedeutende Persönlichkeiten des tschechischen Lebens zur Mitarbeit und zur festlichen Ausgestaltung des Programms herangezogen. Infolge der Teilnahme des Vorsitzenden des tschechischen Nationalrates, Schulminister Dr. Jan Kapras, erhielt die ganze Aktion des Musikmai einen offiziellen Charakter, so daß die jeweiligen Veranstaltungen tschechisch nationale Färbung erhielten und nicht nur die Tschechen in ihrem Nationalbewußtsein ermunterten, sondern auch in ihrer nationalen Widerstandsbewegung gegen alles Deutsche stärken konnten.

Eine weitere Aktion, bei der auch der Nationalrat wesentlich beteiligt war, ist die „Filmernte in Zlin", in der Zeit vom 3.-7. Juli. Den Ehrenvorsitz hatte der Handelsminister Kratochvíl und andere offizielle Persönlichkeiten des tschechischen Lebens.

Aus der derzeitigen Arbeit des Nationalrates ist zu entnehmen, daß er seine bereits durch lange Jahre bewährten Arbeitsmethoden wieder mit Erfolg anwendet.

Prag, den 10. September 1940

294

NA, AMV 102-3/1

**Bericht des Vertreters des Auswärtigen Amtes beim Reichsprotektor
Ziemke an das Auswärtige Amt**

Nr. 10.776/D.Pol.3 Nr.5   Prag, den 12. September 1940

Inhalt: Antijüdische Weltliga.

Mit Bezug auf den Erlaß vom 21. Mai – Partei 4242/40 –

Das Amt des Reichsprotektors ist erneut mit dem Plan der Gründung einer Zweigstelle der Antijüdischen Weltliga in Prag befaßt worden.[478] Gegen diese Gründung bestehen bei der genannten Behörde keine grundsätzlichen Bedenken. Diese Auffassung soll der autonomen Protektoratsregierung, welche die Genehmigung für die Gründung zu erteilen hat, zum Ausdruck gebracht werden, jedoch unter folgenden Bedingungen:

Da der Herr Reichsprotektor für die gesamte politische Führung im Protektorat verantwortlich ist und eine einheitliche und ungestörte Führung auch in der Behandlung der Judenfrage unbedingt erforderlich erscheint, so möchte sich das Amt des Reichsprotektors später die ausdrückliche Zustimmung zur Satzung der Prager Zweigstelle und das Recht vorbehalten, jederzeit die Abberufung besonders der leitenden Personen zu verlangen. Der gesamte Schriftverkehr zwischen der Antijüdischen Weltliga in Nürnberg und der Zweigstelle Prag müßte ferner ausnahmslos über das Amt des Reichsprotektors geleitet werden.

Entsprechende Verfügungen werden dem Befehlshaber der Sicherheitspolizei[479] und mir zur Mitzeichnung vorgelegt. Der Befehlshaber der Sicherheitspolizei hat die Mitzeichnung mit folgender Begründung abgelehnt:

„An einer Aufklärung der tschechischen Judengegner, weder der zufriedenen, noch weniger der unzufriedenen, wie es der Zweck des Vereins sein soll, besteht keinerlei Interesse. Zum anderen aber auch wegen der Zweigstelle der Antijüdischen Weltliga in Prag selbst, deren Personenzusammensetzung mir außerordentlich bedenklich erscheint."

Zu dem letzteren Bedenken kann ich keine Stellung nehmen, da die Beurteilung der Personen ausschließlich zur Zuständigkeit der Sicherheitspolizei gehören dürfte. Ob an einer Aufklärung der Tschechen in der Judenfrage ein Interesse besteht, läßt sich erst abwägen, wenn überhaupt feststeht, ob die Tschechen in unserem Sinn ausgerichtet werden sollen. Hierzu ist eine maß-

---

[478] Die „Antijüdische Weltliga" war mit der antisemitischen Zeitung „Der Stürmer" personell und organisatorisch eng verbunden und diente dazu, mit Übersetzern die Weltpresse zum Thema auszuwerten und Kontakte aufzubauen sowie Aktionen durchzuführen. Im Sommer 1940 kam es zu einer engeren Beziehung des „Judenreferates" des Auswärtigen Amtes und der „Antijüdischen Weltliga", da diese dem Außenministerium ihr Nachrichtenmaterial zur Verfügung stellte.

[479] Franz Walter Stahlecker.

gebliche Entscheidung bisher nicht ergangen. Ich kann mich also auch zu diesem Punkt nicht äußern.

In einem anderen Zusammenhang möchte ich aus einem Geheimbericht der Sicherheitspolizei folgende Meldungen anführen:

Danach besteht die Vermutung, daß die Prager Liga ein Sammelbecken für enttäuschte und abgekämpfte tschechische Faschisten und Rechtsoppositionelle werden soll. Die Nationale Gemeinschaft, die um ihren Bestand fürchtet, soll daran denken, für den Fall ihrer Auflösung diese Liga neben dem Verband für die Zusammenarbeit mit den Deutschen als eine zweite Rumpforganisation bereit zu halten. (Über die Nationale Gemeinschaft und den Verband habe ich wiederholt fortlaufend berichtet.)[480] Der Geheimbericht spricht ferner davon, daß sich politisch oder charakterlich zweifelhafte Männer unter äußerer Betonung eines Antisemitismus in die Liga hineindrängen wollen. Besonders ungünstig wird Břetenáč beurteilt, der unter dem Einfluß unzuverlässiger Minister der Protektoratsregierung stehen soll und unter dem Deckmantel der Liga die tschechische Rechtsopposition, die von uns von Zeit zu Zeit gestützt wird, unterminieren möchte. Dem Genannten wird auch zur Last gelegt, mit seinen zweifelhaften panslawischen Beziehungen nach Jugoslawien und der Slowakei ein äußerst bedenkliches Spiel zu treiben.

Bei dieser Sachlage möchte ich davon absehen, über die Frage der Mitzeichnung selbständig zu entscheiden. Wenn ich auch den Bedenken der Sicherheitspolizei an sich zustimme, so frägt es sich andererseits, ob der Nürnberger Liga hier tatsächlich ein Tätigkeitsfeld versperrt werden soll. Vielleicht empfiehlt es sich, grundsätzlich zuzustimmen, jedoch die praktische Ausführung von der Erfüllung der Voraussetzungen abhängig zu machen, welche das Amt des Reichsprotektors, wie oben skizziert, gestellt hat.

Ich bitte um beschleunigte Prüfung und Weisung.

DR. ZIEMKE

295

NA, AMV 102-3/1

Bericht des Vertreters des Auswärtigen Amtes beim Reichsprotektor Ziemke an das Auswärtige Amt

Nr. 10.779/D.R.6 — Prag, den 12. September 1940

Inhalt: Auflösung des Tschechischen Roten Kreuzes.

Das Tschechische Rote Kreuz ist durch Verordnung des Reichsprotektors vom 5. August aufgelöst worden, weil es sich unter betonter Vorschützung rein karitativer Aufgaben aktiv für die tschechische Widerstandsbewegung

---

[480] Siehe u. a. Dokumente Nr. 232, Nr. 237, Nr. 259, Nr. 264 und Nr. 293.

eingesetzt hat.[481] Einem Geheimbericht der Sicherheitspolizei entnehme ich hierzu noch folgende Angaben:

Schon bald nach seiner Gründung verfolgte das Tschechische Rote Kreuz nationale Tendenzen, wobei es seitens der amtlichen tschecho-slowakischen Stellen volle Unterstützung erhielt. Die Arbeitsausrichtung im Sinne des Beneš-Systems war schon durch den Vorsitz der Tochter des ersten Staatspräsidenten, Dr. Alice Masaryková, gegeben. Das Tschechische Rote Kreuz nahm in der früheren Zeit wiederholt und demonstrativ Stellung gegen Führer und Reich, wobei selbst Verdächtigungen und Verleumdungen übelster Art gebraucht wurden. Nach der Abtretung des Sudetenlandes betreute die Gesellschaft vornehmlich die tschechischen Flüchtlinge und Rückwanderer. Seit Errichtung des Protektorats ging das Tschechische Rote Kreuz zu verstärkter reichsfeindlicher Tätigkeit über, die nach den ersten Kriegsmonaten in einer planmäßigen Unterstützung der tschechischen Widerstandsbewegung offenbar wurde. Aus dem umfangreichen Bestand an Sanitätsmaterial wurden in voller Kenntnis des Zwecks größere Mengen für illegale Arbeit abgeführt. Die Gesellschaft bemühte sich ferner, tschechische Pflegerinnen den deutschen Militärbehörden zur Verfügung zu stellen, und zwar zu Zwecken des Nachrichtendienstes und der Zersetzung in den Lazaretten. In der gleichen Absicht bot das Tschechische Rote Kreuz, wie ich einmal berichtet hatte, dem Reichsprotektor auch die Stellung eines tschechischen Sanitätszuges für unsere Front an.[482] Die Aufdeckung dieser Machenschaften führte bereits im Frühjahr zur Verhaftung des Vizevorsitzenden, General Haering, und mehrer hoher Funktionäre. Jetzt ist durch die Auflösung der Schlußstrich unter die Tätigkeit gesetzt worden.

DR. ZIEMKE

296

PA/AA, Inland II - A/B, R 99435

Bericht des Vertreters des Auswärtigen Amtes beim Reichsprotektor Ziemke an das Auswärtige Amt

Nr. 10.707/D.Pol.3 Nr.5   Prag, den 13. September 1940
                                                     D III *3278*

Inhalt: Ausländische Juden im Protektorat.

Gelegentlich eines Einzelfalles hat mir das Amt des Reichsprotektors folgende Auskunft über die Rechtslage der jüdischen Ausländer im Protektorat erteilt:

---

[481] Mit der Begründung des Widerstands wurden neben dem Tschechischen Roten Kreuz auch die nationale Turnbewegung Sokol, der katholische Turnverein Orel und die Pfadfinderorganisation Junák verboten.
[482] Siehe Dokument Nr. 246.

„Das Entjudungsreferat II,1 Jd beim Amt des Reichsprotektors – Referats-leiter Regierungsrat Dr. Stier im Senat – hat entschieden, daß grundsätzlich sämtliche jüdischen Rechtsvorschriften sich auch auf ausländische Juden be-ziehen.[483]

Lediglich die Bestimmungen des Fünften Durchführungserlasses zur Ver-ordnung über das jüdische Vermögen vom 2. März 1940 (§ 6) stellen aus-drücklich fest, daß Juden ausländischer Staatsangehörigkeit nicht der Depot-pflicht unterliegen.

Mit Rücksicht darauf, daß im Fünften Durchführungserlaß ausländische Juden ausdrücklich von der Depotpflicht freigestellt worden sind, ist zu schließen, daß die Entscheidung des Entjudungsreferates zutreffend ist, daß die Juden also den übrigen Rechtsvorschriften und Verordnungen unterlie-gen.

Soweit möglich, wird jedoch den Anträgen ausländischer Juden im Interes-se des guten Einvernehmens mit den Staaten ihrer Angehörigkeit beschleunigt und großzügig entsprochen. So wird z.B. ausländischen Juden keine Abgabe berechnet, wenn sie in ihr Heimatland auswandern."

Ich werde nach wie vor Anträge hiesiger Konsulate auf Befreiung ihrer jü-dischen Staatsangehörigen von den hier geltenden Juden-Vorschriften nur dann unterstützen, wenn nach Lage des Falles ein besonderes Interesse vor-liegt. Gegebenenfalls darf ich eine grundsätzliche Weisung an mich anheim-stellen.

DR. ZIEMKE

297

NA, AMV 102-3/1

Bericht des Vertreters des Auswärtigen Amtes beim Reichsprotektor Ziemke an das Auswärtige Amt

Nr. 11.023/D.Pol.4 Prag, den 16. September 1940

Inhalt: Die Aufgabe der tschechischen Intelligenz.

Die Abordnung führender tschechischer Künstler, Schriftleiter und Verleger ist von ihrer 11tägigen Informationsreise durch Deutschland nach Prag zu-rückgekehrt. In Berlin wurden die Herren von Reichsminister Goebbels emp-fangen, der ihnen klar auseinandersetzte, daß es mit der äußeren Loyalität, mit der sich die Tschechen bisher uns gegenüber begnügten, nicht getan sei.

---

[483] In der Protektoratsverwaltung waren der Gruppe VII „Gewerbliche Wirtschaft" unter ihrem Leiter Erich von Wedelstädt alle Aufgaben der „Entjudung" der Wirtschaft über-tragen worden, die in einem eigens dazu gebildeten Referat VIIa unter der Leitung von Rudolf Stier durchgeführt wurden. Fortan war ausschließlich dieses Referat für die Übernahme jüdischen Eigentums zuständig.

Dr. Goebbels verlangte eine ehrliche Loyalität und forderte die tschechische Intelligenz auf, in diesem Sinne führend mitzuarbeiten.[484]

Staatssekretär Frank knüpfte bei seinem Empfang der Abordnung an diese Rede an; er sprach von der Klarheit über den geistigen Weg.

Der „Neue Tag" faßt in dem amtlich inspirierten Artikel „Die Entwöhnungskur" vom 15. September d.J. die Mahnungen dem Sinne nach wie folgt zusammen:

Den Tschechen steht noch eine kurze Frist zur Umstellung von der äußeren auf die innere (ehrliche) Loyalität zur Verfügung.

Die tschechische Intelligenz trägt die schwerste Verantwortung und sie selbst wird in erster Linie getroffen, falls sie weiterhin das arbeitsame und sparsame tschechische Volk hindert, sich auf die Wirklichkeit einzustellen.

3 Zeitungsausschnitte sind beigefügt.

DR. ZIEMKE

298

NA, AMV 102-3/1

Bericht des Vertreters des Auswärtigen Amtes beim Reichsprotektor Ziemke an das Auswärtige Amt

Nr. 10.976/D.Pol.4   Prag, den 16. September 1940

Inhalt: Die „Vlajka".

Im Anschluß an den Bericht vom 10.9.1940 – Nr. 10.692/D.Pol.4 –[485]

In der Anlage überreiche ich den Artikel des Prager Zeitungsdienstes „Vlajka" und „Národní souručenství", der von einem großen Teil der tschechischen Presse abgedruckt worden ist. Auch bei diesem Artikel handelt es sich um eine deutsche Aktion zum Schutz der „Vlajka" gegen Übergriffe der Protektoratsregierung.

Der Artikel gibt einen Überblick über die Entwicklung der „Vlajka", die am 7. März 1930, also 9 Jahre vor Errichtung des Protektorats, ins Leben gerufen wurde. Interessant ist, daß die „Vlajka" schon zur früheren Zeit eine positive Einstellung zum nationalsozialistischen Deutschland anstrebte und deswegen von der damaligen tschecho-slowakischen Regierung verfolgt wurde. Der Artikel schließt mit der Warnung, daß weitere Verfolgungen der

---

[484] Über diesen Termin vermerkte Goebbels am 12.9.1940 in seinem Tagebuch: „Mit Gregory Lage im Protektorat besprochen. Im Ganzen gut. Ich spreche vor einem größeren Kreis tschechischer Künstler und Journalisten. Verlange Loyalität gegen Loyalität. Ich glaube, mit großem Erfolg. Die Tschechen schenken mir ein Bild von Prag zum Andenken. Die Tagung war ein großer Erfolg und wird sich auswirken." *Fröhlich*, Elke (Hg.): Die Tagebücher von Joseph Goebbels. Teil I: Aufzeichnungen 1924-1941. Band 8. München 1998, 321.

[485] Siehe Dokument Nr. 292.

Vlajkisten durch die Nationale Gemeinschaft auf die Dauer für die deutsche Seite schwer tragbar seien, obwohl es sich um eine innertschechische Angelegenheit handelt.

DR. ZIEMKE

299

NA, AMV 102-3/1

Bericht des Vertreters des Auswärtigen Amtes beim Reichsprotektor Ziemke an das Auswärtige Amt

Nr. 10.978/D.Pol.1.g   Prag, den 16. September 1940

Inhalt: Aufhebung der Zollgrenze des Protektorats.
Im Anschluß an den Bericht vom 30.8.1940 – Nr. 10.137/D.Pol.1.g –

Die hiesige Presse gibt jetzt bekannt, daß die Zollgrenze zwischen dem Protektorat und dem Reich mit Wirkung vom 1. Oktober 1940 aufgehoben wird. Dabei wird betont, daß die Einbeziehung des Protektorats in das deutsche Zollgebiet am Verwaltungsaufbau des Protektorats nichts ändert. Soweit infolge der Aufhebung der Zollgrenze eine Gefährdung durch den Wettbewerb des Altreichs möglich wäre, sind von den beteiligten Industriekreisen Abkommen über die Marktregelung getroffen worden, um beiden Seiten den Übergang zu erleichtern. Es wird ferner darauf hingewiesen, daß mit den ausländischen Staaten Abkommen geschlossen sind, welche die besonderen Interessen des Protektorats auch nach dem 1. Oktober 1940 sicherstellen. Soweit die deutschen Zollsätze für Einfuhrwaren höher sind als die früheren tschechischen, werden für eine Übergangzeit Zollnachlässe möglich sein, um der Industrie die Umstellung zu gestatten. Der Auslandskurs der Krone wird ebenfalls auf das Verhältnis 1 RM = 10 Kč gebracht; soweit den Exporteuren dadurch Kursverluste entstehen, werden ihnen diese unter bestimmten Bedingungen vergütet. Auf dem Gebiet des Steuerwesens findet ebenfalls eine Angleichung statt. Demzufolge werden die Bestimmungen des deutschen Umsatz- und Verbrauchssteuerrechts auch im Protektorat eingeführt.

Die Polizeigrenze bleibt bestehen. Ein- und Ausreise ist mithin wie früher an den Besitz eines Durchlaßscheines gebunden.

Ein Zeitungsausschnitt ist beigefügt.

DR. ZIEMKE

300

PA/AA, Inland II - A/B, R 99237
NA, AMV 102-3/1

**Bericht des Vertreters des Auswärtigen Amtes beim Reichsprotektor
Ziemke an das Auswärtige Amt**

Nr. 11.073/D.Pol.4.g   Prag, den 17. September 1940

D II *984*

Vertraulich

Inhalt: Vlajka und Nationale Gemeinschaft.
Im Anschluß an den Bericht vom 16.9.1940 – Nr. 10.976/D.Pol.4 –

Staatssekretär Frank verneinte sehr bestimmt meine Frage, ob unsererseits
eine ernsthafte Absicht bestände, auf die Vlajka zu setzen. Es habe sich lediglich darum gehandelt, die Protektoratsregierung an einer völligen Vernichtung ihres gefährlichsten innerpolitischen Gegners zu hindern. Die Stützung
der Vlajka durch uns erfolgt mithin nur aus taktischen Erwägungen, ohne ein
Endziel zu sein. Wir haben kein Interesse, die Nationale Gemeinschaft durch
die Vlajka zu ersetzen, womit wir keineswegs weiterkämen.

In seiner jüngsten Unterhaltung mit Staatspräsident Hácha hat Staatssekretär Frank ersterem klar eröffnet, daß die Nationale Gemeinschaft nunmehr
endlich an die praktische Arbeit gehen und ein wirkliches Programm für die
allgemeine Umschulung des tschechischen Denkens aufstellen müsse.

Die Nationale Gemeinschaft scheint dieser Forderung einige Beachtung zu
schenken. Am 13. September 1940 trat der neue Ausschuß zur ersten Vollsitzung zusammen. Der Vorsitzende gedachte des Führers und richtete an
Hácha ein Telegramm mit der Bitte, die aufrichtige Ehrerbietung dem Führer
zu übermitteln, unter dessen Schutz das tschechische Volk eine glückliche
Zukunft im Rahmen des Reichs aufbauen wolle. Die Arbeitsmethoden im
Ausschuß sollen ferner grundlegend geändert werden.

Bei den führenden deutschen Persönlichkeiten bin ich einer starken Skepsis begegnet, die ich teile.

Ein Zeitungsausschnitt ist beigefügt.[486]

DR. ZIEMKE

---

[486] Dieser Artikel befasst sich mit der Vollsitzung der Einheitspartei; vgl. Der neue Ausschuß des Národní souručenství. In: Der Neue Tag v. 14.9.1940.

301

PA/AA, Inland II (Geheim), R 101108
NA, AMV 102-3/1

Bericht des Vertreters des Auswärtigen Amtes beim Reichsprotektor Ziemke an das Auswärtige Amt

Nr. 11.075/D.Pol.2.g   Prag, den 17. September 1940

D II 65 g Rs

<u>Geheime Reichssache</u>

Inhalt: Denkschrift des Staatssekretärs Frank an den Führer über Zukunft des Protektorats.

Mit Beziehung auf verschiedene von mir berichtete Bestrebungen einiger Gauleiter und Reichsstellen, das Protektorat aufzuheben und den böhmisch-mährischen Raum zu zerteilen, hat Staatssekretär Frank eine Denkschrift über die Behandlung des Tschechenproblems und die zukünftige Gestaltung des böhmisch-mährischen Raumes verfaßt. Die Denkschrift, welche die Billigung des Herrn Reichsprotektors fand, hat dem Führer bereits vorgelegen. Es ist zu erwarten, daß der Führer Reichsprotektor und Staatssekretär in Kürze zum Vortrag befehlen wird. Der Reichsprotektor rechnet hiermit für die ersten Tage des Oktobers.

Die Denkschrift des Staatssekretärs nimmt gegen die Aufteilungspläne Stellung und setzt die Absicht voraus, Raum und Menschen im Protektorat germanisieren zu wollen. Abgelehnt wird demnach der Gedanke einer totalen Deklassierung des tschechischen Volkes, die für undurchführbar gehalten wird; es wird dagegen eine individuelle Deklassierung als besondere Methode einer Sonderbehandlung nicht assimilierbarer Elemente, hauptsächlich der unbelehrbaren Führerschicht in Rechnung gestellt. Der Grundgedanke der Denkschrift ist: Das Endziel ist die echte Umvolkung, also die Verdeutschung der Tschechen, die über die politische zu einer völkischen Assimilierung des tschechischen Volkes führt. Für eine gewisse Übergangszeit, innerhalb welcher der Umvolkungsprozeß einheitlich in vollem Gang gebracht werden muß, ist die territoriale Einheit des Protektoratsgebietes aufrecht zu erhalten. Später steht dann einer Aufteilung auf das Reich oder der Schaffung neuer Reichsgaue nichts mehr im Wege.

Die einzelnen Gedankengänge der Denkschrift gebe ich dem Sinne nach wie folgt wieder:

<u>Die Natur des tschechischen Problems.</u>

Das tschechische Volk liegt im deutschen politischen und völkischen Lebensraum. Diese Raumlage verbietet eine politische Selbständigkeit, so daß das Großdeutsche Reich unbedingt über Raum und Bewohner politisch verfügen muß. Hieraus ergibt sich die Frage nach dem Schicksal des tschechischen Volkes und der staatsrechtlichen Form seiner Einverleibung in das Reich.

Die tausendjährige Zugehörigkeit der Tschechen zum alten Reich hat auch die rassische Struktur des tschechischen Volkes weitgehend verändert. Von Anfang an vollzog sich eine deutsch-tschechische Blutmischung. Erst Ende des 18. Jahrhunderts hat sich das Verhältnis zwischen Deutschen und Tschechen von 5:3 in das Gegenteil von 3:5 verkehrt, was nur durch eine stille Umvolkung Deutscher zu Tschechen erklärt werden kann. Andererseits ist, vorzüglich im Laufe des 19. Jahrhunderts, eine Eindeutschung zahlreicher Tschechen erfolgt. Das Ergebnis dieser Blutmischung ist eine weitgehende rassische Niveaugleichheit beider Völker. Dieses Ergebnis erklärt das hohe Kulturniveau im Protektorat, ein Niveau, dessen Träger nur deutsche Volkszugehörige sein können, auch wenn sie sich heute als Tschechen fühlen.

Mit dieser Begründung, welche die ganze Denkschrift durchzieht, wird die Basis für die geforderte Germanisierung des Tschechen gelegt.

Das tschechische Volk befindet sich heute in einer seelisch-politischen Krise, da der Zusammenbruch zu plötzlich kam. Es ergibt sich folgende geistig-seelische Verfassung des tschechischen Volkes:

1.) Die Nutznießer des früheren Regimes und der Großteil der zu stark aufgeblähten Intellektuellenschicht hofft auf unsere Niederlage und ist unversöhnlich.

2.) Daneben besteht und zwar auch in Kreisen der älteren Intelligenz, eine Schicht, die auch in der Tschecho-Slowakei Zweifel an der Haltbarkeit der Ordnung von 1918 hegte. Diese Schicht kann gewonnen werden.

3.) Die dritte Schicht, die von uns noch nicht genügend bearbeitet ist, setzt sich aus Bauer, Arbeiter und Kleinbürger zusammen. Diese Leute haben kein ausgeprägtes Nationalbewußtsein und sie werden einer geschickten deutschen Führung folgen, wenn die Verhetzung durch die Intellektuellen aufhört.

Analyse des heutigen Protektorats.

Die Errichtung des Protektorats bedeutet nicht die endgültige staatsrechtliche Form und das tschechische Problem ist damit noch nicht gelöst. Es handelt sich erst um die Einleitung eines Prozesses, auf den der Krieg stark eingewirkt hat, einerseits beschleunigend, weil ein Teil außenpolitischer Rücksichten vom März 1939 weggefallen ist, andererseits hemmend, weil die Aufrechterhaltung des Wirtschaftsfriedens im Protektorat einen Angriff gegen das tschechische Volkstum für die Dauer des Krieges verbietet. (Anm.: Dieser letztere Gedanke erscheint eindrucksvoll und spricht für die Aufrechterhaltung des Status quo während des Krieges.)

Richtig erscheint die Einsetzung einer nur dem Führer unterstellten zentralen Reichsgewalt. Unter der Führung des Reichsprotektors haben die Tschechen, teils zur Erhaltung ihrer Autonomie, teils aus Furcht vor Strafe ihren Beitrag zu den Arbeitsaufgaben des Reichs ohne größere Sabotageakte auch im Kriege geleistet. Die vom Reichsprotektor kontrollierte und gesteuerte tschechische Verwaltung funktioniert und arbeitet unter entsprechendem deutschem Druck ohne größere Störungen.

Aus dieser Stillhaltepolitik, also aus der jetzigen passiven Haltung müssen wir eines Tages heraustreten und gegen Raum und Volk zum Angriff übergehen.

<u>Stellungnahme zu verschiedenen Plänen.</u>

1.)Die Pläne einzelner Gauleiter betreffend die Reform ihrer Gebiete (Sudetengau, Niederdonau, Oberdonau, Schlesien usw.).

2.)Staatsrechtliche Erwägungen einiger Reichsstellen über die Reichsreform und die Neuordnung des kommenden Reichs (Innenministerium, Stab Heß).

3.)Gewisse wirtschaftliche und finanzielle Interessen Berliner Reichsressorts (Wirtschafts-, Finanz-, Ernährungs-, Post- und Verkehrsministerium).

Die Denkschrift lehnt diese Aufteilungspläne insbesondere die der Gauleiter aus folgenden Gründen ab:

1.)Es handelt sich um die endgültige Lösung der Tschechenfrage, also um Reichs- und nicht um Gau-Interessen, auch wenn letztere noch so berechtigt erscheinen.

2.)Die Meinung, durch Aufteilung der Tschechen rascher germanisieren zu können, ist irrig, weil:

  a) die erste Reaktion eine neue Politisierung der Tschechen wäre, während ihre Entpolitisierung erwünscht ist;

  b) Verwaltungsgrenzen ein einheitliches Volkstum nie zerstören können;

  c) einem einheitlich bleibenden tschechischen Volkstum keine einheitliche Reichsgewalt, sondern eine Anzahl verschiedener experimentierender Gauämter gegenüberstünde;

  d) eine solche Teilung eine scharfe außenpolitische Gegenwirkung bringt und die Großraumpolitik des Reichs im Südosten stört.

<u>Eigene Stellungnahme.</u>

Die totale Aussiedlung von 7,2 Millionen Tschechen wird als undurchführbar abgelehnt.

Die einzige Möglichkeit besteht in der Umvolkung der Tschechen, die mit einer systematisch durchgeführten Entpolitisierung beginnt und über eine zunächst politische (geistige) Assimilierung zu einer völkischen gelangt. Dieser Prozeß wird sowohl im Protektorat als im binnendeutschen Raum vor sich gehen müssen. Dabei schlägt die Denkschrift verschiedene Methoden für die einzelnen Schichten vor, für den Arbeiter (Hebung des Lebensstandards), für den Bauern (Vorteile der deutschen Agrarpolitik), für den Bürger (materielle Förderung, gesellschaftliche Vorteile), für die Jugend (Einführung der deutschen Unterrichtssprache). Diese Methoden setzen voraus sowohl den Kampf gegen die tschechische Sprache, die als Amtssprache vollständig verschwinden muß, als auch eine Revision der jetzigen Ehepolitik, die eine Vermischung der Deutschen und Tschechen verhindert.

Diese Methoden haben nur dann Aussicht auf Erfolg, wenn eine einzige zentrale Reichsgewalt mit einem Mann an der Spitze Planung, Lenkung und

Durchführung bestimmt. Dem Tschechen imponiert nur der unmittelbare Einsatz der Reichsgewalt.

Die Aufteilung des Protektorats unter verschiedene Gauleiter und die Schaffung eines tschechischen Reservats mit der Hauptstadt Prag ist absolut unmöglich. Bei seinem politischen Geschick und seiner in Jahrhunderten geschulten Taktik wird der Tscheche in Prag sich das politische Gehirn der gesamten Nation schaffen und die Zentralleitung für Prag wird sich in der Sowjetunion befinden.

Die Denkschrift empfiehlt:

1.) Die Aufrechterhaltung der territorialen Einheit des Protektorats, wobei kleinere Grenzberichtigungen jederzeit möglich sind (Pilsen, Mähr. Ostrau, Neuhaus usw.).

2.) Die Aufrechterhaltung einer zentralen Reichsgewalt in Prag mit einem Mann an der Spitze, der dem Führer unmittelbar unterstellt und mit allen notwendigen Vollmachten für Germanisierung ausgestattet ist.

3.) Den stufenweisen Abbau der Autonomie, beginnend bei den Obersten Behörden, aber Erhaltung des tschechischen Beamtenapparats und zwar, weil wir an geeigneten Beamten Mangel haben, weil der tschechische Apparat unter der deutschen Faust gut funktioniert und weil es genügt, mit einem kleinen, aber gut geschulten deutschen Beamtenkörper die wichtigen Schlüsselstellungen zu besetzen.

Den oben skizzierten Ausführungen trete ich voll und ganz bei.

Der Staatssekretär hat mir seine Denkschrift zur strengsten persönlich dienstlichen Information überreicht. Ich darf betonen, daß mein Bericht mithin nur für die ausschließliche Unterrichtung des Auswärtigen Amts bestimmt ist.

DR. ZIEMKE

302

NA, AMV 102-3/1

Bericht des Vertreters des Auswärtigen Amtes beim Reichsprotektor Ziemke an das Auswärtige Amt

Nr. 11.074/D.Pol.4   Prag, den 17. September 1940

Inhalt: Die Tschechen im neuen Europa.
Im Anschluß an die Berichte vom 4. und 16.9.1940 – Nr. 10.420 und 11.023/ D.Pol.4 –[487]

Der „Prager Zeitungsdienst", dem die tschechische Presse einen Teil ihres Materials, insbesondere solchen erzieherischen Inhalts entnimmt, faßt Absicht und Ziele der drei Ansprachen zusammen, die in Abständen vom Reichs-

---

[487] Siehe Dokumente Nr. 291 und Nr. 297.

protektor, Reichsminister Goebbels und Staatssekretär Frank vor tschechischen Schriftleitern gehalten worden sind. Den Tschechen soll die vielleicht letzte Möglichkeit geboten werden, sich unter Führung ihrer Intelligenz eine Anteilnahme an den Segnungen der neuen europäischen Ordnung zu sichern. In dem Artikel heißt es, daß die politische Eingliederung des böhmisch-mährischen Raumes ebenso abgeschlossen sei wie der wirtschaftliche Einbau (mit Fortfall der Zollgrenze am 1. Oktober 1940) und daß jetzt nur noch das dritte Teilproblem zu lösen sei: die Rückgliederung in den ursprünglich deutschen Kulturbereich. Wenn dabei bemerkt wird, daß die politische Eingliederung von dem tschechischen Volk als eine geschichtlich begründete Tatsache anerkannt wird und daß letzteres selbst heute politisch vernünftig geworden sei, so handelt es sich hierbei um eine erzieherische Warnung, keineswegs um die Feststellung einer in Wirklichkeit nicht vorhandenen Tatsache.

Die tschechische Presse hat die beiden letzteren Ansprachen in großer Aufmachung wiedergegeben und als bedeutsame Ereignisse gewertet. Die Zeitungen schreiben von der schicksalhaften Wahl der tschechischen Intelligenz, welcher die große Aufgabe zufalle, zum Reich das Verhältnis ehrlicher Loyalität zu schaffen. Wenn eine Zeitung aus der Rede des Reichspropagandaministers besonders hervorhebt, daß die Deutschen kein Interesse haben, die kulturellen Eigenheiten des tschechischen Volkes zu verletzen, so ist dabei nicht genügend in Rechnung gestellt, daß die kulturelle Rückgliederung des hiesigen Raumes in den deutschen Kulturbereich in vorderster Linie steht und daß die Schonung der von den Tschechen so oft und gern betonten Eigenständigkeit der tschechischen Kultur von der Erfüllung dieser Vorbedingung abhängig ist.

Wie ich mich an zuständiger Stelle erkundigt habe, entspringen die drei Kundgebungen keinem besonderen Anlaß; es lag vielmehr in der allgemeinen Linie, die Tschechen wegen der Kürze der Zeit, die für die Neuordnung Europas zur Verfügung steht, noch einmal eindringlich zu belehren, daß sie sich restlos umzustellen haben. Ernsthafte Anzeichen hierfür sind allerdings bis heute nicht bemerkbar.

Abschrift des Artikels „Die Tschechen im neuen Europa" ist beigefügt.

DR. ZIEMKE

303

NA, AMV 102-3/1

**Bericht des Vertreters des Auswärtigen Amtes beim Reichsprotektor
Ziemke an das Auswärtige Amt**

Nr. 11.197/D.Kult.4   Prag, den 19. September 1940

<u>Geheime Reichssache</u>

Inhalt: Besetzung des Bistums Budweis.

Ich bestätige dem Sinne nach folgende fernmündliche Mitteilung des Auswärtigen Amts vom heutigen Tage:

„Der Vatikan hat bisher auf den Vorschlag des Auswärtigen Amts betreffend unsere Zustimmung zur tschechischen Besetzung des Bistums Budweis
unter der Bedingung, daß später für das Erzbistum Prag ein deutscher Kandidat genehm ist, keine Antwort erteilt. Es ist nicht anzunehmen, daß der
Vatikan entsprechend dem Vorschlag des Auswärtigen Amts Stellung nehmen wird. Aus diesem Grunde wird im Einvernehmen mit dem Reichskirchenministerium beabsichtigt, nur einer deutschen Besetzung des Bistums
Budweis zuzustimmen und, falls der Vatikan dies nicht annehmen sollte, das
Bistum einstweilen vakant zu lassen.[488] Es wird um die Stellungnahme des
Amtes des Reichsprotektors gebeten."

Staatssekretär Frank erklärte mir auf Befragen zu meiner geheimen persönlichen Information, daß er eine Differenz mit Reichsleiter Bormann habe,
der ihm Vorwürfe gemacht hätte, weil von hier aus einer tschechischen Besetzung des Bistums Budweis zugestimmt worden sei. Bevor diese Differenz
aus der Welt gebracht sei, möchte sich der Staatssekretär an der vorliegenden
Frage überhaupt desinteressieren.

Wie ich erklärend bemerkte, ist es nach hiesiger Auffassung bequemer,
staatspolizeilich, wenn es erforderlich sein sollte, gegen einen tschechischen
als gegen einen deutschen Bischof vorzugehen. Im übrigen sind wirklich geeignete deutsche Kandidaten für die Besetzung der Bistümer nicht in genügender Anzahl vorhanden.

Der Staatssekretär hat nichts einzuwenden, daß dem jetzigen Vorschlag des
Auswärtigen Amts seitens des Amtes des Reichsprotektors zugestimmt wird.

Den Herrn Reichsprotektor werde ich gelegentlich meines nächsten Vor-
trages entsprechend informieren. Die zuständige Gruppe Kultus und Unter-
richt im Amt des Reichsprotektors habe ich in geeigneter Weise bereits informiert.

DR. ZIEMKE

---

[488] Nach dem Tod des Bischofs Šimon Bárta 1940 konnten sich Vatikan und Reichskirchenministerium nicht auf einen Kandidaten einigen, da von deutscher Seite die Einsetzung eines deutschen Bischofs verlangt wurde, was Rom allerdings ablehnte. Nachdem
der vom Vatikan ernannte Weihbischof Antonín Eltschkner keine Zustimmung fand,
blieb der Bischofsstuhl in Budweis während der Protektoratszeit unbesetzt.

304

PA/AA, Inland II (Geheim), R 101108
NA, AMV 102-3/1

Bericht des Vertreters des Auswärtigen Amtes beim Reichsprotektor Ziemke an das Auswärtige Amt

Nr. 11.663/D.Pol.2.g   Prag, den 27. September 1940

D II 66 g *Rs*

<u>Geheime Reichssache</u>

Inhalt: Zukunft des Protektorats.

Meine fernmündliche Meldung vom 25. September d.J. wiederhole ich wie folgt:

Der Führer hat am 23. September 1940 den Reichsprotektor sowie Staatssekretär Frank empfangen. Beide Herren kehrten bereits am folgenden Tage nach Prag zurück. Wie mich Staatssekretär Frank wissen ließ, hat der Führer entschieden, daß während des Kriegszustandes eine Änderung an dem Status des Protektorats unterbleibt. Der von Staatssekretär Frank entwickelten Auffassung soll sich der Führer angeschlossen haben.[489]

Ich komme auf die Angelegenheit zurück, sobald ich mich mit Reichsprotektor und Staatssekretär persönlich unterhalten habe.

DR. ZIEMKE

305

NA, AMV 102-3/1

Bericht des Vertreters des Auswärtigen Amtes beim Reichsprotektor Ziemke an das Auswärtige Amt

Nr. 11.664/D.Pol.2.g   Prag, den 27. September 1940

Inhalt: Aufhebung der Zollgrenze des Protektorats.

Anläßlich der Eingliederung des Protektorats in das Zollgebiet des Deutschen Reichs hat der Staatspräsident und die Protektoratsregierung nachstehende Kundgebung erlassen:

„Die Zolleingliederung unserer Länder in das Deutsche Reich, die am 1. Oktober 1940 in Kraft tritt, bedeutet einen neuen gewaltigen Schritt, mit dem die dauernde Verbindung unseres Volkes mit dem deutschen Volke zum Ausdruck kommt. Nach der staatsrechtlichen Eingliederung von Böhmen und Mähren als Protektorat in das Großdeutsche Reich kommt es nunmehr zur engeren Verbindung mit dem Reiche in wirtschaftlicher Beziehung. Wir werden derart aller Vorteile teilhaftig, die der große Raum des Deutschen Reiches seinen Angehörigen bietet. Die Seehäfen Deutschlands werden nunmehr auch

---

[489] Zur Auffassung des Staatssekretärs Frank siehe Dokument Nr. 301.

unsere Häfen sein, die Alpen der Ostmark werden wir auch unsere Berge nennen können und die neuen Gebiete, die das Deutsche Reich nach seinem siegreichen Kampfe erlangen wird, werden auch unserer Wirtschaft Vorteile bringen.

Die großen Ereignisse der letzten Zeit zeigen, daß die souveränen Staaten der kleinen Völker definitiv der Vergangenheit angehören. An Stelle der kleinen nationalen Splitterstaaten sind große territoriale Einheiten der führenden Völker getreten, welche die kleinen Völker unter ihren Schutz nehmen. Unser Volk war das erste, das diese geschichtliche Tatsache erfaßt und sich vorbehaltlos als Glied des Großdeutschen Reiches bekannt hat, mit dem es jahrhundertelange wirtschaftliche und kulturelle Beziehungen verbinden. Wir wissen, daß die Zeit des Krieges für die endgültige Lösung jener ungeheuren Aufgaben nicht geeignet ist, die das deutsche Volk in Europa zu erfüllen haben wird, wir sind aber fest davon überzeugt, daß mit dem herannahenden siegreichen Frieden auch der Grundsatz zur vollständigen Geltung kommen wird, daß sich das Protektorat Böhmen und Mähren als eine Einheit mit Eigenleben durch seine eigenen Organe verwaltet und daß dem tschechischen Volke im Rahmen des Großdeutschen Reiches ein völkischer Aufschwung und in wirtschaftlicher und kultureller Beziehung eine ungeahnte Entfaltung winken wird.

Das tschechische Volk meldet sich freiwillig und aufrichtig zur Teilnahme an dem Aufbau der neuen europäischen Ordnung und hat sich von seinen früheren Anschauungen über die politische Entwicklung der Dinge bereits abgewendet. Es lehnt das Vorgehen der tschechischen Emigration entschieden ab, die sich immer wieder auf die früheren tschechoslowakischen Verhältnisse beruft und dabei vergißt, daß die beiden Volksstämme der Tschechen und Slowaken, die im ehemaligen tschechoslowakischen Staate gelebt haben, heute ihre eigenen Wege gehen. Das tschechische Volk ist für immer auch von allen leeren Hoffnungen geheilt, die sich an den Osten geklammert haben, denn der gesunde Sinn unseres Volkes hat eingesehen, daß es das Verderben des tschechischen Volkes bedeuten würde, wenn es seine Kultur, deren stärkste Quelle in Deutschland gelegen war, der ihm fremden Kultur des Ostens unterordnen würde.

Der Staatspräsident hat die Geschicke des tschechischen Volkes mit klarer Entschiedenheit und mit Wirklichkeitssinn geleitet. Die Ereignisse haben dem Staatspräsidenten in jeder Richtung Recht gegeben. Vertraut deshalb auch in Zukunft Eurem Staatspräsidenten und seiner Regierung, die allein Eure berechtigten Vertreter sind und Eure Lebensinteressen in Eurem Vaterlande wahren.

Der Staatspräsident und die Regierung des Protektorates Böhmen und Mähren fordern Euch auf, Ihr möget nicht bloß Eure Pflichten dem Reiche gegenüber erfüllen, sondern Ihr möget treue Bürger des Reiches sein, das Euch früher nie dagewesene Möglichkeiten bietet. Seid gute Tschechen, seid aber auch verläßliche Angehörige des Reiches, das Euer Reich ebenso ist, wie das Reich der Deutschen."

Ich mache auf die merkwürdige Stelle in dieser Kundgebung aufmerksam, in der es heißt, daß mit dem Frieden der Grundsatz zur <u>vollständigen</u> Geltung kommen wird, daß sich das Protektorat als eine Einheit mit Eigenleben durch seine eigenen Organe verwaltet (!). Diese Bemerkung hat in deutschen Kreisen allgemeines Erstaunen hervorgerufen. Die deutsche Presse im Protektorat hat die Kundgebung nicht wiedergegeben.

DR. ZIEMKE

306

PA/AA, Inland II (Geheim), R 101108
NA, AMV 102-3/1

Bericht des Vertreters des Auswärtigen Amtes beim Reichsprotektor Ziemke an das Auswärtige Amt

Nr. 12.065/D.Pol.2.g   Prag, den 5. Oktober 1940
D II 72 g Rs

<u>Geheime Reichssache!</u>

Inhalt: Die Entscheidung des Führers.
Im Anschluß an den Bericht v. 27. September 1940 – Nr. 11.663/D.Pol.2.g –[490]

Über den Empfang des Reichsprotektors und des Staatssekretärs Frank durch den Führer erfahre ich von authentischer Seite folgendes:

Reichsjustizminister Gürtner hielt einleitend einen Vortrag über die tschechische Widerstandsbewegung, wobei er ausführte, daß in der nächsten Zeit der erste Prozeß gegen die vier Hauprädelsführer vor dem Volksgerichtshof stattfinden werde.

Der Führer wandte sich gegen diese Ausführungen und erklärte, daß für tschechische Aufrührer und Rebellen Exekutionskommandos genügten. Es sei falsch, durch Gerichtsurteile Märtyrer zu schaffen, was Beispiele von Andreas Hofer und Schlageter bewiesen.[491] Die Tschechen würden jedes Urteil als Unrecht empfinden. Da die Sache nun einmal auf das gerichtliche Geleise gebracht sei, solle es damit sein Bewenden haben. Die Prozesse seien bis zum Friedensschluß zu vertagen, und später, im Lärm der Siegesfeiern, würden die Gerichtsverhandlungen ungehört verhallen. Die Urteile könnten nur auf Tod

---

[490] Siehe Dokument Nr. 304.
[491] Andreas Hofer, 1809 Führer der Tiroler Aufstandsbewegung, agierte mit habsburgtreuen Insurgenten zeitweise siegreich gegen französische und bayerische Truppen, wurde dann aber durch Verrat gefangen genommen und von einem Kriegsgericht zum Tode verurteilt. Der von den Nationalsozialisten zum nationalen Märtyrer stilisierte Albert Schlageter hatte illegal gegen die Ruhrbesetzung nach dem Ersten Weltkrieg gekämpft und war nach seiner Verhaftung von einem französischen Kriegsgericht zum Tode verurteilt worden.

lauten, doch würde dann eine Begnadigung zu lebenslanger Festungshaft oder Deportation erfolgen.

Zur Frage der Zukunft des Protektorats streifte der Führer folgende drei Möglichkeiten:

1.) Belassung einer tschechischen Autonomie, wobei die Deutschen im Protektorat als gleichberechtigte Mitbürger lebten. Diese Möglichkeit scheidet aber aus, da immer mit tschechischen Umtrieben gerechnet werden müsse.

2.) Die Aussiedlung der Tschechen und die Verdeutschung des böhmisch-mährischen Raumes durch deutsche Siedler. Auch diese Möglichkeit käme nicht in Frage, da ihre Durchführung 100 Jahre beanspruche.

3.) Die Verdeutschung des böhmisch-mährischen Raumes durch Germanisierung der Tschechen, d.h. durch ihre Assimilierung. Letztere wäre für den größeren Teil des tschechischen Volkes möglich. Von der Assimilierung seien auszunehmen diejenigen Tschechen, gegen welche rassische Bedenken beständen oder welche reichsfeindlich eingestellt seien. Diese Kategorie sei auszumerzen.

Der Führer entschied sich für die dritte Möglichkeit; er ordnete über Reichsminister Lammers an, daß der Vielheit der Pläne über die Aufteilung des Protektorats Einhalt geboten werde. Der Führer entschied ferner, daß im Interesse einer einheitlichen Tschechen-Politik eine zentrale Reichsgewalt in Prag für den gesamten böhmisch-mährischen Raum verbleibt.

Es verbleibt somit bei dem bisherigen Status des Protektorats.

Die Entscheidung des Führers erfolgte im Sinne der vom Reichsprotektor und von Staatssekretär Frank vorgelegten Denkschriften.[492]

DR. ZIEMKE

307

PA/AA, Inland II (Geheim), R 101108
NA, AMV 102-3/1

Bericht des Vertreters des Auswärtigen Amtes beim Reichsprotektor Ziemke an das Auswärtige Amt

Nr. 12.257/D.Pol.4.g   Prag, den 8. Oktober 1940
                                                    D II *932* g
                                            <u>Geheime Reichsache</u>

Inhalt: Aushebung der illegalen Zeitschrift „V boj".

Einem Geheimbericht der Sicherheitspolizei zufolge ist es der Geheimen Staatspolizei gelungen, der tschechischen Widerstandsbewegung einen ent-

---

[492] Zu Neuraths Aufzeichnung vom 31.8.1940 und Franks Aufzeichnung vom 28.8.1940 siehe Der Prozeß gegen die Hauptkriegsverbrecher vor dem Internationalen Militärgerichtshof. Nürnberg, 14.11.1945-1.10.1946. Band 33, Dokument 3859-PS. Hg. v. *Internationalen Militärgerichtshof*. Nürnberg 1948, 252-271.

scheidenden Schlag durch die Aushebung der illegalen Zeitschrift „V boj" (In den Kampf) zu versetzen. Diese Hetzschrift konnte bis zur Nr. 36 des zweiten Jahrgangs erscheinen und kam in einer Auflage von mindestens 1.800 Stück heraus. Die Herstellung erfolgte in den Kellerräumen des „Instituts für soziale und wirtschaftliche Planung" in Prag, das als eine Nachfolgeinstitution des ehemaligen Militärwissenschaftlichen Instituts der tschechoslowakischen Armee ins Leben gerufen wurde. Die Finanzierung des Planungsinstituts dürfte aus Mitteln der ehemaligen tschechischen Armee bestritten worden sein.

Durch Aufräumung der gesamten Organisation an Hand eines Verteilerschlüssels konnten bisher über 100 Personen festgenommen werden.[493] Wenige Tage nach diesem Zugriff wurde auch eine zweite Ausgabe der Zeitschrift „V boj", die seit längerem in kleinerer Auflage und abgewandelter Form erschien, sichergestellt. Die Hersteller wurden gleichfalls festgenommen.

DR. ZIEMKE

308

PA/AA, Inland II - A/B, R 99636

Bericht des Mitarbeiters der Sicherheitspolizei und des SD Rüstner an den Abteilungsleiter Deutschland Luther

I A 3 Nr. 2586 II/40-212 Berlin, den 11. Oktober 1940

D III *4671*

Betr.: Einziehung von Vermögen des ehemaligen Tschecho-Slowakischen Gesandten in Paris.

Zur Einziehung des im Protektorat Böhmen und Mähren vorhandenen Vermögens des ehemaligen Tschechoslowakischen Gesandten in Paris Štefan Osuský beabsichtige ich, im Einvernehmen mit dem Reichsprotektor in Böhmen und Mähren auf Grund des § 1 Abs. 2 der Verordnung über die Einziehung von Vermögen im Protektorat Böhmen und Mähren vom 4.10.1939 (RGBl. 1939 I, S. 1998) festzustellen, daß die Bestrebungen des Genannten reichsfeindlich sind.

Das Vermögen des Osuský besteht aus einer Bankeinlage von 5.000 Kč, einem Kontokredit von 3.240 Kč, 300 Aktien einer Bank und einem Landgrundstück in Smiřice.

Da die reichsfeindliche Betätigung des Osuský bekannt ist, glaube ich, insoweit von weiteren Ausführungen absehen zu können.

---

[493] „V boj" war eines der wichtigsten Widerstandsorgane im Protektorat, das von führenden tschechischen Intellektuellen betrieben wurde, darunter der Grafiker und Illustrator Vojtěch Preissig, die Reporterin Irena Bernášková und die Schriftstellerin Milena Jesenská. Etliche der Verhafteten starben später in Konzentrationslagern.

Wie mir der Reichsprotektor in Böhmen und Mähren mitteilt, war beabsichtigt, dem Osuský auf Grund der Verordnung über die Aberkennung der Staatsangehörigkeit des Protektorats Böhmen und Mähren vom 3.10.1939 (RGBl. 1939 I, S. 1997) die Protektoratsangehörigkeit abzuerkennen und sein Vermögen als dem Reich verfallen zu erklären. Da Osuský jedoch slowakischer Volkszugehöriger ist, erscheint es dem Reichsprotektor zweifelhaft, ob er überhaupt die Protektoratsangehörigkeit erlangt hat.

Ich bitte um Stellungnahme, ob gegen die Feststellung der Reichsfeindlichkeit Bedenken bestehen.

i.A.

RÜSTNER

309

PA/AA, Inland II (Geheim), R 101108
NA, AMV 102-3/1

Bericht des Vertreters des Auswärtigen Amtes beim Reichsprotektor Ziemke an das Auswärtige Amt

Nr. 12.387/D.Pol.2.g

Prag, den 11. Oktober 1940

D II 73 g Rs

<u>Geheime Reichssache</u>

Inhalt: Die Entscheidung des Führers.
Im Anschluß an den Bericht vom 5.10.1940 – Nr. 12.065/D.Pol.2.g –[494]

Die Entscheidung des Führers, welche Reichsminister Dr. Lammers auftragsgemäß an die Reichsstatthalter gerichtet hat, besitzt folgenden Wortlaut:

„Aus Anlaß einiger Vorkommnisse hat der Führer erneut die Weisung gegeben, daß während des Krieges alle Wünsche auf Änderung der gegenwärtigen Grenzen der Gaue und Provinzen grundsätzlich zurückzustellen sind, und zwar sowohl im Verhältnis zu anderen Gauen und Provinzen als auch im Verhältnis zu den besetzten Gebieten. Der Führer wünscht um jede Beunruhigung zu vermeiden auch keine vorbereitenden Maßnahmen oder Äußerungen über etwa beabsichtigte künftige Gebietsänderungen. Das gilt auch im Verhältnis zum Protektorat Böhmen und Mähren und zum Generalgouvernement. Im Auftrage des Führers gebe ich hiervon mit der Bitte um Beachtung Kenntnis."

Eine ähnliche Verfügung an die Parteidienststellen ist vom Stab Heß erfolgt.

DR. ZIEMKE

[494] Siehe Dokument Nr. 306.

310

PA/AA, Inland II (Geheim), R 101108
NA, AMV 102-3/1

Bericht des Vertreters des Auswärtigen Amtes beim Reichsprotektor Ziemke an das Auswärtige Amt

Nr. 12.486/D.Pol.2.g   Prag, den 14. Oktober 1940
                                                    D II *77* g *Rs*

<u>Geheime Reichssache</u>
<u>Ganz geheim!</u>
<u>Nur zur streng persönlichen Information!</u>

Inhalt: Die Entscheidung des Führers.
Im Anschluß an den Bericht vom 11.10.1940 – Nr. 12.387/D.Pol.2.g –[495]

Staatssekretär Frank hat am 12. Oktober d.J. noch mal mit dem Führer ge-sprochen. Nach der Schilderung des Staatssekretärs billigt der Führer völlig die Gedankengänge der bekannten Denkschrift. Es bleibt also, zum mindes-ten für die Kriegsdauer, bei der Aufrechterhaltung des Protektorats ein-schließlich des Amtes des Reichsprotektors, andererseits soll die in Aussicht genommene Verdeutschung des Raumes und der Menschen vorbereitet wer-den. Die Regierung des Ministerpräsidenten Eliáš wird weiter geduldet; die Abrechnung mit der Widerstandsbewegung und den kompromittierten tsche-chischen Persönlichkeiten erfolgt später.

Der Führer hat ferner entschieden, daß Staatspräsident Hácha nicht auf ihn vereidigt wird, da ein solcher Eid mehr ihn selbst als den Dr. Hácha ver-pflichten würde.[496]

Staatssekretär Frank wird in 2-3 Wochen Richtlinien für die spätere Durch-führung der Denkschrift aufstellen lassen.

DR. ZIEMKE

---

[495] Siehe Dokument Nr. 309.
[496] Eine Grundlage gab es dafür nicht, da das „Gesetz über die Vereidigung der Beamten und Soldaten der Wehrmacht" vom 20. August 1934 (RGBl. 1934 I, 785) eine solche Vereidigung von Staatspräsidenten nicht vorsah. Nur als öffentlicher Beamter des Deut-schen Reiches hätte sein Diensteid nach § 2 gelautet: „Ich schwöre: Ich werde dem Füh-rer des Deutschen Reiches und Volkes Adolf Hitler treu und gehorsam sein, die Gesetze beachten und meine Amtspflichten gewissenhaft erfüllen, so wahr mir Gott helfe."

311

PA/AA, Inland II - A/B, R 99435
NA, AMV 102-3/1

Bericht des Vertreters des Auswärtigen Amtes beim Reichsprotektor Ziemke an das Auswärtige Amt

Nr. 12.533/D.Pol.3 Nr.5   Prag, den 15. Oktober 1940

D III *4528*

D III *4835*

Inhalt: Die Judenfrage im Protektorat.

Der Tscheche hat es bisher abgelehnt, von sich aus das jüdische Problem anzufassen. Mit Ausnahme der Angehörigen gewisser rechtsoppositioneller Gruppen war er judenfreundlich eingestellt, wenn auch vielfach nicht aus Neigung, sondern aus politischen Gründen. Unser Feind ist sein Freund, und unser Vorgehen gegen den Juden gilt dem Tschechen als Vorbote seiner späteren eigenen Behandlung durch uns. Soweit im Protektorat Maßnahmen gegen den Juden ergriffen wurden, erfolgten sie auf unsere Anweisung oder unmittelbar durch das Amt des Reichsprotektors.

Im Zuge der beginnenden äußeren Umstellung auf die deutsche Linie hat der Vorsitzende des Ausschusses der Nationalen Gemeinschaft sämtliche Mitglieder zum sofortigen Abbruch der gesellschaftlichen Beziehungen zu Juden verpflichtet. Diese Aufforderung entsprang der eigenen Initiative des Herrn Nebeský, der mit diesem Schritt die Loyalität der tschechischen Einheitspartei unter Beweis stellen möchte. In den Kreisen dieser Partei wird sein Entschluß als übereilt und unnötig verurteilt; die Tschechen glauben, daß es sich auch hier um eine Liebedienerei auf deutschen Druck hin handelt. Einen wirklichen Erfolg dürfte die Maßnahme bis auf weiteres kaum zeitigen.

„Der Neue Tag" nimmt hierzu in dem amtlich inspirierten Artikel „Warum so spät?" Stellung. Dem Tschechen wird die Fragestellung nicht gefallen, da hier der Punkt auf das i gesetzt wird, nämlich: Nach dem Endsieg wird auch der Tscheche Rechenschaft darüber abzulegen haben, in welchem Ausmaß er dazu beigetragen hat. An sein Verhalten während des Kampfes wird alsdann die Sonde gelegt werden. Der Schritt des Herrn Nebeský ist vielleicht schon zu spät!

Die Protektoratsregierung ihrerseits bereitet ein Gesetz zum Schutz der tschechischen Ehre und des tschechischen Blutes vor, das wohl die Nürnberger Gesetze kopieren soll. Die tschechische Tageszeitung „Venkov" [Das Land] bemüht sich in einem Leitartikel nachzuweisen, daß die angekündigte gesetzliche Regelung einer historisch nachweisbaren inneren Einstellung des tschechischen Volkes entspricht. Die deutsche Presse des Protektorats hat den Gesetzentwurf bisher ignoriert.

Beigefügt sind 2 Zeitungsartikel und das deutsche Bulletin Nr. 10 der Centropress.

DR. ZIEMKE

312

PA/AA, Büro des Staatssekretärs, R 29860

Aufzeichnung des Staatssekretärs Weizsäcker

St.S. Nr. 770   Berlin, den 16. Oktober 1940

Zu dem Telegramm Nr. 47 von Herrn Ziemke aus Prag betreffend Reise des Staatssekretärs Frank nach Ungarn hat mich heute der Herr Reichsprotektor telefonisch gefragt, ob eine solche Reise im jetzigen Augenblick eigentlich opportun sei.

Ich habe mir eine Rückantwort vorbehalten, um zunächst einmal bei dem Ungarischen Gesandten festzustellen, welche Bewandtnis es mit dieser ganzen Einladung hat. Ein Anruf bei Herrn Sztójay ergab zunächst, daß dieser von der ganzen Sache nichts wußte. Er will sich in Budapest erkundigen und dann wieder bei mir darauf zurückkommen.

WEIZSÄCKER

313

PA/AA, Büro des Staatssekretärs, R 29860

Aufzeichnung des Staatssekretärs Weizsäcker

St.S. Nr. 773   Berlin, den 17. Oktober 1940

Die in meiner Aufzeichnung Nr. 770[497] erwähnte Frage einer Reise prominenter Persönlichkeiten aus dem Protektorat nebst einer Anzahl Journalisten nach Ungarn hat folgenden Fortgang genommen:

Der Ungarische Gesandte[498] hat mir mitgeteilt, der Ungarische Konsul in Prag[499] habe an sich mit Zustimmung der ungarischen Regierung gehandelt, jedoch seien seine Gespräche wegen einer Reise von Protektoratspersönlichkeiten nach Ungarn nur als eine Sondierung gedacht gewesen. Auch sollte die Reise wegen der schwebenden ungarisch-rumänischen Streitfrage nicht weiter als nach Budapest und Umgebung gehen.[500] Der Ungarische Gesandte will demnächst bei mir auf die Zweckmäßigkeit der Ausführung dieser Reise im jetzigen Zeitpunkt zurückkommen.

Von Vorstehendem habe ich dem Herrn Reichsprotektor telefonisch unterrichtet und ihm gesagt, ich würde dem Ungarischen Gesandten, wenn er die Sache bei mir demnächst anschneidet, nahelegen, die Einladung noch etwas zurückzustellen. Die Reise werde dann also zunächst nicht stattfinden.

---

[497] Siehe Dokument Nr. 312.

[498] Döme Szótaj.

[499] Marosy.

[500] Im Zweiten Wiener Schiedsspruch war Rumänien am 30.8.1940 durch das Deutsche Reich und Italien gezwungen worden, einen Teil Siebenbürgens an Ungarn abzutreten. Diese Entscheidung stellte beide Seiten nicht zufrieden.

Ich bemerke noch, daß Herr von Neurath den Gesandten Ziemke als den Inspirator des ganzen Planes bezeichnete.

WEIZSÄCKER

314

PA/AA, Inland II - A/B, R 99237; NA, AMV 102-3/1

**Bericht des Vertreters des Auswärtigen Amtes beim Reichsprotektor
Ziemke an das Auswärtige Amt**

Nr. 13.275/D.Pol.4   Prag, den 29. Oktober 1940
D II *1477*
Inhalt: Der 28. Oktober im Protektorat.

Für den 28. Oktober, dem Jahrestag der Errichtung der früheren Tschechoslowakischen Republik, waren in Prag umfangreiche Vorkehrungen getroffen, um jeden etwaigen Demonstrationsversuch im Keime ersticken zu können. Der Tag verlief jedoch in Prag und im gesamten übrigen Protektorat in voller Ruhe und Ordnung. Entsprechend den Aufforderungen des Londoner Rundfunks verhielten sich die Tschechen durchwegs äußerst zurückhaltend. Gasthäuser und Vergnügungsstätten waren vielfach schwächer besucht als sonst, auch der Straßenverkehr war im allgemeinen geringer. Als einzige sichtbare Demonstration kann gewertet werden, daß die Straßenpassanten vielfach sonntägliche Kleidung trugen.

Von kommunistischer Seite waren im Widerspruch zu dem Londoner Rundfunk Aktionsparolen für den 28. Oktober herausgegeben worden, die jedoch durchwegs nicht befolgt wurden, auch nicht von der Arbeiterschaft. Dies ist umso bemerkenswerter, als die kommunistische Agitation gerade in letzter Zeit besonders aktiv geworden ist und ihre feindliche Einstellung gegen den Nationalsozialismus stärker als je herauskehrt.

DR. ZIEMKE

315

PA/AA, Inland II - A/B, R 99435
NA, AMV 102-3/1

**Bericht des Vertreters des Auswärtigen Amtes beim Reichsprotektor
Ziemke an das Auswärtige Amt**

Nr. 13.142/D.Pol.3 Nr.5   Prag, den 29. Oktober 1940
D III *4835*
Inhalt: Die Judenfrage im Protektorat.
Im Anschluß an den Bericht vom 15.10.1940 – Nr. 12.533/D.Pol.3 Nr.5 –[501]
Der Reichsprotektor hat an den Ministerpräsidenten das Ersuchen gerichtet, den öffentlichen Bediensteten im Protektorat sowie den Angehörigen der

---

[501] Siehe Dokument Nr. 311.

Regierungstruppe, der Gendarmerie, der Polizei und des Zolldienstes den Verkehr mit Juden zu verbieten. Der Ministerpräsident hat von seinen hierzu getroffenen Verfügungen Kenntnis zu geben. Abschrift des Ersuchens des Reichsprotektors ist beigefügt.[502]

Der Vorsitzende des Ausschusses der Nationalen Gemeinschaft hat jetzt Durchführungsbestimmungen zu seinem früheren Erlaß betreffend Abbruch der gesellschaftlichen Beziehungen zu Juden gegeben. Es heißt darin, daß Juden nicht Mitglieder der Nationalen Gemeinschaft sein können. Der Begriff „Jude" wird näher bestimmt. Zu dem Verkehrsverbot wird hinzugefügt, daß die Nichtbefolgung mit dem Ausschluß aus der Nationalen Gemeinschaft bestraft wird. Über dienstlichen und geschäftlichen Verkehr mit Juden werden nähere Erläuterungen gegeben.

Ein Zeitungsausschnitt zu diesen Ausführungsbestimmungen ist beigefügt.

Diese Anordnung hat in führenden tschechischen Kreisen verschiedentlich ziemliche Unruhe hervorgerufen. Vertreter maßgeblicher tschechischer Organisationen wie Sokol, Kulturrat sprachen bei Protektoratsministern vor und protestierten gegen diese freiwillige Verschärfung der hier geltenden Judengesetzgebung. Sie erklärten, daß das tschechische Volk ungefähr 250.000 Anhänger verlieren würde, wenn diese Verordnung von der Regierung zum Gesetz erhoben würde. Dabei wiesen sie hin, daß es sich vorwiegend um wirtschaftlich gut gestellte Personen handelt, und daß das Vordringen des deutschen Besitzes z.B. an Boden dadurch erleichtert würde.

Die weitere Entwicklung bleibt abzuwarten.

DR. ZIEMKE

316

PA/AA, Inland II (Geheim), R 101108
NA, AMV 102-3/1

Bericht des Vertreters des Auswärtigen Amtes beim Reichsprotektor Ziemke an das Auswärtige Amt

Nr. 13.538/D.Pol.2.g   Prag, den 5. November 1940
                                                         D II *84* g
                                                     <u>Geheime Reichssache</u>

Inhalt: Die Lage im Protektorat.

Im tschechischen politischen Leben sind drei Faktoren festzustellen: die Nationale Gemeinschaft (NG), die rechtsoppositionelle Gruppe Vlajka und der „Tschechische Verband für die Zusammenarbeit mit den Deutschen". Aller-

---

[502] Neurath hatte in seinem hier nicht abgedruckten Schreiben an Eliáš vom 23.10.1940 den Umgang von Beamten des Reichsprotektorats mit Juden scharf mit den Worten gerügt: „Ein solches Verhalten entspricht nicht den besonderen Pflichten des Beamten und seiner Stellung in der autonomen Verwaltung." Darum ordnete er unmissverständlich an, dass „allgemein ein derartiger Verkehr zu unterbleiben" habe.

dings sind diese drei Gruppen weder führend noch bestimmend, denn die
politische Haltung und Meinung der Tschechen wird von ganz anderer Seite
dirigiert: von dem Londoner Radio, den unpolitisch getarnten sowie den illegalen (geheimen) Organisationen.[503] Gemeinsam ist sämtlichen drei politischen Verbänden demnach ihre tatsächliche Einflußmöglichkeit, auf der anderen Seite besitzen sie eine gewisse Bedeutung dadurch, daß sie <u>Organisati-
onen</u> darstellen, die zu gegebener Zeit als solche benutzt werden können. Ein
weiteres gemeinsames Kennzeichen liegt in ihrer Zielsetzung; sie sind Sammelbecken für die tschechischen Beharrungskräfte zwecks Erhaltung der
tschechischen Eigenart. Sie wünschen also das zu konservieren, was wir beseitigen wollen.

Die Vlajka wird stark vom Londoner Rundfunk angegriffen, der die Vlajkisten als Verräter des tschechischen Volkes und als Schrittmacher der Germa-
nisierungspolitik hinstellt. Die Mehrheit der Tschechen nimmt dieser
Rechtsopposition gegenüber die gleiche feindliche Haltung ein. In Wirklichkeit sind die Vlajkisten keineswegs Werkzeuge in deutscher Hand, einmal,
weil wir sie gar nicht zu diesem Zweck benutzen und sie selbst sich auch nicht
hierzu hergeben wollen. Auch die Vlajka erstrebt die Aufrechterhaltung der
tschechischen Autonomie, allerdings unter ihrer Führung. Wir stützen sie
gelegentlich nach dem Grundsatz: Teile um zu herrschen. Um diesen unbe-
quemen Konkurrenten auszuschalten, hatte die NG mit der Vlajka Verhandlungen eingeleitet, die eine politische Einheitsform bezweckten. Die Bereitschaft zum Ausgleich erlahmte jedoch bald auf beiden Seiten. Immerhin hat
die NG der Konkurrenz ziemlich Wind aus den Segeln genommen, indem sie
die beiden klarsten Parolen des gegnerischen Programms selbst übernahm:
den Antisemitismus und die Deutschfreundlichkeit. Ernst gemeint ist dies
natürlich nicht, es handelt sich um ein taktisches Manöver. Die finanziellen
Schwierigkeiten der Vlajka werden immer größer, so daß sie die Herausgabe
der eigenen Zeitung „Vlajka" vor kurzem einstellen mußte.

Der Tschechische Verband für die Zusammenarbeit mit den Deutschen
schiebt sich in letzter Zeit mehr in den Vordergrund. Mit Ausnahme der
Städte Prag und Pilsen beschränkt sich seine Tätigkeit allerdings zunächst auf
Gründungsversammlungen neuer Ortsgruppen. In Prag selbst werden deutsche Sprachkurse eingerichtet und einige Bemühungen getan, um die Tschechen mit der deutschen Umwelt zu befreunden. Es wird sogar an die Herausgabe einer eigenen Zeitschrift gedacht. Zur richtigen Einschätzung dieser Bestrebungen braucht nur erwähnt werden, daß der Geldgeber hierfür Graf
Belcredi sein soll, der wirklich nicht als deutschgesinnt gelten kann. Der Verband ist durch die Person seines Vorsitzenden Pusek eng mit der NG verbunden; jetzt erfolgte noch dazu die führungsmäßige Unterstellung unter die

---

[503] Über die BBC wandte sich ab 1939 die Londoner Exilregierung in ihrer Sendung „Hlas
svobodné republiký" (Stimme der freien Republik) auf Tschechisch und Slowakisch all-
abendlich an die Menschen im Protektorat und in der Slowakei.

Kanzlei des Staatspräsidenten. Es sind also sämtliche Hemmungen eingeschaltet, die verhindern, daß seine Tätigkeit nicht etwa in eine wirkliche Zusammenarbeit ausartet.

Über die antisemitische Schwenkung der NG und ihre Bemühungen zur
Ausrichtung der Tschechen auf den Reichsgedanken hatte ich berichtet. In
diesem Zusammenhang wird interessieren, daß der zweite stellvertretende
Vorsitzende, Rolek, vor einigen Wochen im Zuge einer Aktion gegen die illegale Kommunistische Partei von der Gestapo verhaftet werden mußte. So
sehen die NG-Leute, welche den Reichskurs proklamieren, in Wirklichkeit
aus.

Die deutschfeindliche Gesamthaltung der Tschechen hat sich unter dem
Einfluß des englischen Rundfunks und der Stellungnahme der Vereinigten
Staaten wieder versteift, wenn auch die Unsicherheit über den Kriegsausgang
noch besteht.[504] Es muß ständig wiederholt werden: alle tschechischen Loyalitätserklärungen, von welcher Seite sie auch kommen mögen, alle Versuche
der Umerziehung auf den Reichsgedanken – die teils völliger Ablehnung, teils
gänzlicher Interesselosigkeit begegnen – sind ausschließlich zu werten als
Alibi für den gefürchteten Fall eines deutschen Endsieges und als Vorsichts-
maßnahme für die Zwischenzeit bis zur Kriegsentscheidung.

DR. ZIEMKE

317

NA, AMV 102-3/1

**Bericht des Vertreters des Auswärtigen Amtes beim Reichsprotektor
Ziemke an das Auswärtige Amt**

Nr. 13.537/D.Pol.2.g

Prag, den 5. November 1940

Geheime Reichssache

Inhalt: Katholische Propaganda.

Anliegend überreiche ich eine von Pater Mitnacht gefertigte Aufzeichnung
über die Durchführung einer Auslandspropaganda, welche Nachrichten über
das kirchliche Leben in Deutschland in einem uns günstigen Sinne bringen
soll. Ich bemerke, daß ich den Pater gelegentlich zur Mitarbeit heranziehe, ich

---

504 In seiner „Stab-in-the-Back"-Rede am 10.6.1940 an der Universität von Virginia in
Charlottesville hatte sich Roosevelt offen zu den Alliierten bekannt und angekündigt,
diesen die materiellen Ressourcen der USA zur Verfügung zu stellen. Er führte weiter
aus, dass er gewaltsame territoriale Veränderungen in Frankreich nicht anerkennen
werde, genauso, wie er jedwede territoriale Veränderung unter Ausnutzung des Kriegszustandes nicht anerkennen werde. Die Rede ist abgedruckt unter URL: http://
millercenter.org/president/speeches/detail/3317 (am 25.9.2013). Vgl. dazu auch: *Toppe,*
Andreas: Militär- und Kriegsvölkerrecht. Rechtsnorm, Fachdiskurs und Kriegspraxis in
Deutschland 1899-1940. München 2008, 409.

halte ihn für verläßlich und staatsbejahend, natürlich mit einem gewissen Vorbehalt, denn letzten Endes ist er katholischer Geistlicher.

Pater Mitnacht möchte für die angeregte Propaganda entweder das gesamte kirchliche Leben in Großdeutschland, die evangelische Kirche eingeschlossen, auswerten oder, wenn dies von Prag aus nicht gehen sollte, sich auf das Protektorat beschränken.

Dem größeren Plan möchte ich nur zustimmen, wenn er nicht von Berlin aus durchgeführt werden könnte, denn Prag ist schwerlich die Zentrale für die Auswertung des kirchlichen Lebens in Deutschland. Auch würde die Ausführung dieses Planes erhebliche Mittel beanspruchen, z.B. für den Bezug sämtlicher kirchlichen Zeitungen und Zeitschriften in Großdeutschland, die Einrichtung eines besonderen Büros usw. Wenn also überhaupt diesen Gedanken näher getreten werden sollte, so wäre es mir sympathischer, wenn sich Pater Mitnacht ausschließlich auf das Protektorat beschränkte. In diesem Falle wäre die Aufbringung der notwendigen Mittel ganz erheblich bescheidener, vielleicht 1-200 RM im Monat.

Die Errichtung eines besonderen Korrespondenzbüros halte ich nicht für erforderlich. Die einzelnen Nachrichten könnte ich entweder unmittelbar an die Deutschen Gesandtschaften versenden oder aber sie einem bestehenden Korrespondenzbüro anhängen, vielleicht dem Südostdienst. Auch das Auswärtige Amt könnte schließlich die Weiterleitung veranlassen. Die hiesige Nachrichtenagentur Central European Press käme aus verschiedenen Gründen nicht in Frage.

Ich stelle Prüfung und Weisung anheim.

DR. ZIEMKE

[Anlage: Durchführung einer Auslandspropaganda]

Bei meiner Reise in die Slowakei in der ersten Septemberhälfte drückte der Pressebeirat der Deutschen Gesandtschaft in Preßburg den Wunsch aus, ob ich nicht auf irgendeine Weise zu Händen der Deutschen Gesandtschaft Preßburg bzw. für die slowakischen Zeitungen regelmäßige Nachrichten über das Leben des Katholizismus in Deutschland und im Protektorat Böhmen und Mähren verschaffen könnte. Es sei dies aus politischen Gründen wünschenswert, da viel antideutsche Propaganda mit vielfach erlogenen Nachrichten über die Unterdrückung der katholischen Kirche im besonderen, des gesamten kirchlichen Lebens im allgemeinen gestützt wird. Es wurde dabei die Ansicht ausgesprochen, daß ja in gewissem Grade solche Nachrichten über positives kirchliches und speziell katholisches Leben in Deutschland bestimmt auch im Protektorat verwertet werden können. Dahingestellt blieb, ob die Sammlung entsprechender Nachrichten nicht auch noch für Belgien und Holland, eventuell auch fürs Generalgouvernement ausgewertet werden könnte. So könnte die Mühe, die im Interesse der politischen Lage in der Slowakei dringend notwendig aufgewandt werden müßte, auch nach anderer Richtung hin Frucht bringen.

Dasselbe Verlangen nach reichlichen und regelmäßig dargebotenem Stoff über kirchliches Leben in Deutschland und im Protektorat Böhmen und Mähren, vor allem über katholisches Leben, wurde an mich gerichtet von einer Reihe slowakischer Persönlichkeiten, so von Innenminister Mach, vom Sekretär des Staatspräsidenten Dr. Murin, von Bischof Msg. Buzalka (an den mich der Propagandachef der slowakischen Regierung Murgaš hatte weisen lassen) und vom Chef der katholischen Sektion im Schulministerium Monsig. Dr. Körper. Übereinstimmend erklärten die slowakischen Herren, daß sie mich dringend um Vermittlung solcher Nachrichten bitten, da ihnen bis jetzt die Möglichkeit fehle, einer auf katholischer Basis aufbauenden antideutschen Propaganda entgegenzutreten. Diese Propaganda sei sehr stark. Man führte sie teils auf tschechoslowakisch gesinnte Kreise, teils Arbeit des Intelligence Service, teils auf kommunistische (sowjetrussische) Einflüsse zurück. Selbst konnte ich beobachten, daß auch slowenische (jugoslawische) katholische Presseerzeugnisse und Korrespondenznachrichten nicht ohne Einfluß auf die mit der kirchenfeindlichen Haltung Deutschlands operierende antideutsche Propaganda in der Slowakei sind.

Um die erwünschten Nachrichten liefern zu können, wäre eine systematische Auswertung der im Gebiete des Großdeutschen Reiches erscheinenden Ordinariatsblätter, Bistumsblätter, Kirchenblätter und religiösen Fachzeitschriften notwendig. Wenn dabei in erster Linie an die Bedienung des Slowakei gedacht werden sollte, könnte die Sache wohl am leichtesten vom Protektorat aus gemacht werden, weil hier die Bedürfnisse des slowakischen katholischen Volkes noch von früherer Zeit her am besten bekannt sind. Dabei wäre es möglich, manche der anfallenden Nachrichten, speziell solche, die das Gebiet Böhmens und Mährens angehen, auch für die hier erscheinenden, speziell auch in Italien, Spanien und Belgien verwerteten Auslandsbulletins zu benützen.

Sollen die Nachrichten ihren Zweck erfüllen, so müßten sie wohl etwa wöchentlich einmal zur Verfügung gestellt werden können. Eine selbständige finanzielle Lebensfähigkeit könnte man allerdings von einem solchen Nachrichtendienst nicht erwarten. Er müßte daher entweder einem anderen, finanziell lebensfähigen Nachrichtendienst angeschlossen oder in irgend anderer Weise finanziert werden.

Prag, den 3.11.1940

318

NA, AMV 102-3/1

Bericht des Vertreters des Auswärtigen Amtes beim Reichsprotektor Ziemke an das Auswärtige Amt

Nr. 13.726/Prot.5   Prag, den 8. November 1940

Inhalt: Besuch des Reichsministers Dr. Goebbels in Prag.

I. Das Programm

Am 5. November traf Reichsminister Dr. Goebbels zu einem dreitägigen Besuch in Prag ein.[505] Er nahm Quartier in der Burg, die nach der Übersiedlung

---

[505] Über diesen Besuch notierte Goebbels in seinem Tagebuch:

„6. November 1940 (Mi.)
Gestern: 10 h an Prag. Großer Empfang. Bevölkerung noch sehr kühl. Fahrt durch das herrliche Prag, das eine ganz deutsche Stadt ist. Alle Gebäude, Brücken und Türme zeugen davon.
Besuch im Kreishaus. Herrlich an der Moldau gelegen. Henlein trägt mir die Sorgen des ringenden Deutschtums vor. Die Sudetendeutschen sehen hier wohl noch eine Idee zu scharf. Sie sind mit Recht noch voll von Ressentiments. Ich verspreche Hilfe, wo ich kann. Die Prager tschechische Presse begrüßt mich auf das wärmste.
Ich wohne auf der Burg: ein herrliches Gebäude mit einem wundervollen Blick auf das im Sonnenschein liegende alte Prag. Besuch bei Neurath: auch er trägt mir ausführlich seine Sorgen vor. Die Stimmung ist hier seit meiner Rede zwar viel besser geworden, läßt aber immer noch sehr viel zu wünschen übrig. Im übrigen schimpft sich Neurath einmal richtig über Ribbentrop aus, den er mit Recht nur hassen und verachten kann. Ein Kerl mit flegelhaften Manieren.
Rede vor den deutschen Kulturschaffenden in Prag im Czernin-Palais über ihre deutsche Mission auf diesem so heißumkämpften Boden. Ich esse bei Neuraths, die sehr nett sind und besonders attraktiv und repräsentabel wirken. Hier die richtigen Leute am richtigen Platz. [...]
Abends ins Ständetheater. Letzter Akt von „Kabale und Liebe". Das Theater ist wirklich entzückend. Ein reizender Raum, noch aus Mozarts Zeiten. Gespielt wird ausgezeichnet, nur eine Idee zu laut. Aber das gibt sich ja noch. Sonst macht Walleck hier seine Sache offenbar sehr gut.
Essen von Frank im Hotel Alcron. Mit herzlicher Begrüßungsansprache. Viele Menschen kennengelernt. Noch lange mit deutschen Schauspielern palavert, die hier für die Bavaria einen Film drehen. Spät ins Bett.
7. November 1940 (Do.)
Gestern: Regen und Nebel. Prag hängt grau in grau.
Die Stadt besichtigt. Welch ein Schmuckstück. Veitsdom mit all seinen Schätzen. Die alten herrlichen Bauten, Straßen und Plätze. Der Blick über die Moldau. Ein unvergeßlicher Anblick. Ich bin ganz verliebt in diese Stadt. Sie atmet deutschen Geist aus und muß auch wieder einmal deutsch werden.
Empfang im Rathaus. In einem sehr schönen Saal. Lange Reden. Ich sage auch ein paar freundliche Worte. Die Hiesigen reißen immer wieder alte Wunden auf und schlagen den Tschechen mit dem Knüppel auf den Kopf. Das ist keine gute Propaganda. Ich versuche, das wiedergutzumachen.

Besichtigung der Burg. Sehr eindrucksvoll. Hier war der Fenstersturz von Prag.
Besuch bei Hácha. Mit allem feierlichen Zeremoniell. Hácha ist ein netter, etwas müder
alter Herr. Ich bin auch sehr liebenswürdig zu ihm. Er wollte eigentlich garnichts mit
Politik zu tuen haben. Sieht aber jetzt ein, daß sein historischer Entschluß weise und
richtig war. Er beklagt sich über mancherlei Kleinigkeiten, die vielen Verhaftungen und
Schließung der Universität. Ich werde ihm helfen, wo ich nur kann. Aber sonst ist er
wohl loyal. Er steht auf dem Boden meiner Rede vor den tschechischen Intellektuellen,
die er genau kennt und billigt. Ich glaube, mein Besuch war sehr fruchtbar. Ich kann gut
mit alten Herren umgehen. Jedenfalls habe ich den Eindruck, daß er mich ins Herz geschlossen hat.
Bei Neuraths zu Mittag. Auch sie beklagen sich über die Holzhammermethoden vieler
Überradikaler. Und die wilden Verhaftungen seitens der S.S. Das muß etwas abgestoppt
werden. Zu mir sind Neuraths, mit denen ich allein zu Mittag rührend nett [!]. Frau v.
Neurath zeigt mir noch im Malteserhaus wunderbare alte Gobelins, die ich gerne kau-
fen möchte. Sie sind nur so rasend teuer. [...]
Bei Franks zu Abend. Frau Frank ist eine junge, liebenswerte Frau. Wir unterhalten uns
lange über die Taktik den Tschechen gegenüber. Ich vertrete den Standpunkt: hart, wo
Härte angebracht, mild, wenn es um Nebensächlichkeiten geht. Und im übrigen erhal-
ten kleine Geschenke die Freundschaft.
In der Nationaloper. Ein sehr schönes, aber etwas verwahrlostes Haus. „Verkaufte
Braut". Glänzend gesungen und gespielt. Unter dem wunderbaren Dirigenten Talich.
Die Ausstattung ist sehr primitiv. Hácha ist mit mir da. Er gibt sich riesige Mühe und
läßt es an keinen Aufmerksamkeiten fehlen. Das Publikum ist sehr höflich und respekt-
voll. Ich lerne eine Unmenge von tschechischen Ministern und Würdenträgern kennen.
Es ist kein Einziger darunter, der mir auffiele. Dutzendware und Mittelformat. Aber das
ist sehr gut so.
Lange noch mit meinen Leuten oben auf der Burg palavert. Sie sind alle begeistert von
dem Besuch und seinen Erfolgen. [...]

8. November 1940 (Fr.)
Gestern: [...] Morgens Sudetendeutsches Orchester angehört. Es ist doch unter Keilberth schon recht gut geworden. Nur sind die Streicher noch etwas spröde. Das aber
läßt sich beheben. Keilberth macht sich gut.
Besuch auf dem Barandow. Filmateliers besichtigt. Groß, modern und weitsichtig ange-
legt. Sie gehören zu 51% uns. Aufnahmen zum Carl Peters-Film. Mit Albers. Daraus
wird etwas. 100 Neger aus der Gefangenschaft wirken daran mit. Die armen Teufel stehen angetreten und zittern vor Angst und Kälte.
Ich sehe Muster zum Peters-Film. Selpin macht da eine gute Arbeit.
Essen mit den Filmleuten. Fast nur Organisationsherren. Höchst langweilig.
Kurze Rundfahrt durch Prag. Welch eine bezaubernde Stadt.
Auf der Burg Arbeit. Ribbentrop hat mir wieder zwei freche Briefe geschrieben. Ich
schenke ihnen keine Spur von Beachtung und ärgere mich auch nicht darüber. Der
muß ignoriert werden.
Abends konzertiert Furtwängler mit den Berliner Philharmonikern. „Moldau", „Die
Streiche des Eulenspiegels" und die 7. Beethoven. Eine festliche Sache mit Hácha, Neuraths und der ganzen tschechischen Regierung. Alles was in Prag Rang und Namen hat,
ist vertreten. „Moldau" unbeschreiblich schön. „Eulenspiegel" interessant. Die VII. ein
grandioses Meisterwerk. Hinreißend gestaltet. Das Publikum rast. Hácha sehr nett.

des Reichsprotektors in das Czernin-Palais dem Staatspräsidenten Dr. Hácha als Wohnung dient. Der Besuch galt in erster Linie der Informierung des Reichsministers über die Leistungen der Kulturpolitischen Abteilung im Amt des Reichsprotektors, die mithin im Vordergrund des Programms stand. Im Czernin-Palais empfing der Reichsminister die deutschen Kulturschaffenden, an die er eine Ansprache richtete. Der Reichsprotektor gab zu Ehren des Gastes ein Frühstück für 24 Personen. Am Nachmittag fand eine Großkundgebung der NSDAP in der Messehalle statt, in deren Verlauf Dr. Goebbels ebenfalls das Wort ergriff. Er sprach von der allgemeinen Lage, dem Krieg gegen England und der Neuordnung Europas. Im Verlauf der Rede richtete er einen Appell an die kleinen Nationen im allgemeinen und an die Tschechen im besonderen, sich der deutschen Führung unterzuordnen und mitzumachen. Dies sei keine Unehre. Die Ansprache des Reichsministers wurde mit großer Begeisterung aufgenommen. Am Abend wohnte der Reichsminister in Begleitung des Staatssekretärs Frank dem Schlußakt von „Kabale und Liebe" im Deutschen Ständetheater bei. Nach der Vorführung veranstaltete Staatssekretär Frank im Hotel Alcron ein Abendessen für 50 Personen.[506]

Am 6. November besichtigte Dr. Goebbels die Sehenswürdigkeiten der Stadt Prag, wurde im Rathaus empfangen und besuchte Staatspräsident Dr. Hácha in der Burg. Der Besuch wurde durch Kartenabgabe erwidert. Der Abend brachte im tschechischen Nationaltheater die Aufführung der Oper „Verkaufte Braut" von Smetana. Dr. Goebbels saß in der Loge des Staatspräsidenten. Der Reichsprotektor war nicht anwesend, dagegen Staatssekretär Frank sowie die vollzählige Protektoratsregierung. Die Zuhörer bestanden aus Deutschen und Tschechen. Es war die erste amtliche deutsche Veranstaltung im tschechischen Nationaltheater.[507]

Am 7. November besichtigte Dr. Goebbels die Filmateliers auf dem Barrandov, wo z.Zt. mit Hans Albers der Carl-Peters-Film gedreht wird.[508] Den

---

Kurz noch bei einem Empfang der deutschen Künstler. Viele Debatten. Spät in der Nacht in den Zug." *Fröhlich* (Hg.): Die Tagebücher von Joseph Goebbels. Teil I. Band 8. München 1998, 407-409.

[506] Bereits seit seiner Eröffnung im Jahre 1932 war das in einer Seitenstraße des Wenzelplatzes liegende luxuriöse und elegante Hotel Alcron ein sehr beliebter Ort, der gerne für Aufenthalte und Feste genutzt wurde.

[507] In Prag existieren drei Opernhäuser: Das Ständetheater, in welchem ab 1862 ausschließlich deutschsprachige und ab 1920 hauptsächlich tschechischsprachige Aufführungen stattfanden, das Nationaltheater, in dem ab Fertigstellung 1881/1883 vorwiegend tschechische Opern und Schauspiele zur Aufführung kamen, sowie das Neue Deutsche Theater/Deutsche Oper, welche ab Fertigstellung im Jahre 1888 überwiegend deutsche Stücke aufführte.

[508] Der von Herbert Selpin in den Filmstudios in Prag produzierte Propagandafilm „Carl Peters" zeigt das Leben und Wirken des Kolonialpioniers und Afrikaforschers Carl Peters (1856-1918). Hierbei handelt es sich um ein antibritisches Werk mit kolonialen deutschen Ambitionen und antiparlamentarischen Akzenten. In den Hauptrollen spielen Hans Albers, Karl Dannemann und Fritz Odemar.

Höhepunkt des Besuches bildete im Deutschen Opernhaus ein Festkonzert der Berliner Philharmoniker mit Furtwängler. An dem Konzert nahmen sowohl der Reichsprotektor als auch der Staatspräsident Dr. Hácha mit den Mitgliedern der Protektoratsregierung teil.

Ich selbst beteiligte mich an folgenden Veranstaltungen: Großkundgebung der NSDAP, Abendessen des Staatssekretärs Frank sowie an den drei Theateraufführungen. Während des Besuches am Barrandov vertrat mich meine Frau.

Einige Ausschnitte aus der Zeitung „Der Neue Tag" sind beigefügt.

II. Würdigung des Besuches

Man muß zwischen Schein und Wirklichkeit unterscheiden.

Die tschechische Presse brachte zur Begrüßung seitenlange Artikel über die Person und die Leistungen des Reichsministers Dr. Goebbels, die allerdings weder ganz freiwillig noch ernst gemeint sind, mithin wegen ihrer Wirkungslosigkeit für uns keine besondere propagandistische Bedeutung besitzen. Den amtlichen Pressebericht über diese Begrüßungsstimmen füge ich bei.

Die Nationale Gemeinschaft richtete an Dr. Goebbels eine Begrüßungsadresse im Sinne positiver Mitarbeit.

Der wirkliche Eindruck des Appells von Dr. Goebbels an die kleinen Nationen auf die tschechische Öffentlichkeit ist verschieden: die einen legen den Appell als deutsche Schwäche aus, während die anderen der Meinung sind, daß Dr. Goebbels ein besonderer Gönner der Tschechen sei, weil er sie zur Mitarbeit heranziehen wolle.

Von den tschechischen Pressestimmen zur Rede des Reichsministers wird insbesondere das Hauptorgan der Nationalen Gemeinschaft, „Národní listy", zitiert. In dem Leitartikel heißt es, Dr. Goebbels habe die Wege klar vorgezeichnet, auf denen heute das siegreiche Deutschland marschiert, um Europa eine neue Ordnung, allerdings ohne und gegen England, zu geben. Die Worte über die Mitarbeit der kleinen Völker richteten sich unmittelbar an die Tschechen; es handle sich um einen Appell, den Dr. Goebbels (der bereits einmal in Berlin zu den tschechischen Kulturschaffenden gesprochen hat)[509] jetzt wiederhole. Dieser Appell sei von den Tschechen verstanden worden. Sie begriffen vollkommen und nüchtern die Tatsachen, und der Appell habe in der Seele des tschechischen Volkes den richtigen Widerhall gefunden. Die Tschechen hätten sich entschlossen, aktiv an der Neugestaltung mitzuwirken, in dem Bewußtsein, daß nur so dem ewigen Krieg in Europa ein Ende gesetzt werden könne.

In ähnlichen Gedankengängen schreibt das „České slovo", welches meint, es sei gewiß kein Zufall, daß die Rede gerade in Prag gehalten worden sei. Dieser Umstand scheine besonders symbolisch zu sein. Das Blatt erinnert

---

509 Siehe Dokument Nr. 297.

schließlich daran, daß bereits einmal im Mittelalter das Deutsche Reich die Funktion eines Ordnungsträgers in Europa inne hatte. Das Blatt betont ganz richtig, aus den Worten des Dr. Goebbels habe die klare und kompromißlose Aufforderung an die kleinen Völker geklungen mit der Tendenz: Der richtige Zeitpunkt ist gekommen.

Nach der Zeitung „Národní střed" [Nationales Zentrum] verdiene die Rede die besondere Aufmerksamkeit des tschechischen Volkes. Niemand könne sich der Dynamik des Nationalsozialismus entziehen und das neue Europa werde ein Europa ohne England sein. Es sei widersinnig, sich einer naturnotwendigen Entwicklung entgegenzustellen. Diese Worte möge jeder Tscheche erwägen und entsprechend handeln.

Nach dem Korrespondenzdienst des Ministerratspräsidiums habe das tschechische Volk auf die Aufforderung zur Zusammenarbeit mit einem klaren ja geantwortet.

Von zuverlässiger Seite erfahre ich zu der Unterhaltung zwischen Dr. Goebbels und Dr. Hácha, daß nach dem Eindruck des Reichsministers der Staatspräsident loyal zum Führer und zum Reichsgedanken hält und daß mit Dr. Hácha bei geeigneter Behandlung die gezogene deutsche Linie befriedigend fortgesetzt werden kann. Der Staatspräsident seinerseits äußerte zu Dr. Goebbels, er habe nach seiner Überzeugung das Beste für das tschechische Volk getan und er hoffe, daß, wenn er stürbe, ihm nicht die Flüche des tschechischen Volkes in das Grab nachgeschleudert würden.

Die Aufnahme des Reichsministers durch den Staatspräsidenten, die Protektoratsregierung und die sonstigen amtlichen tschechischen Kreise war in jeder Hinsicht wirklich erfreulich. Die Protektoratsminister haben sich Dr. Goebbels gegenüber zur positiven Mitarbeit bereit erklärt. Das ganze Programm hat sich ohne jede Störung, ohne jeden Mißklang, harmonisch abgewickelt. Auch die Veranstaltung im tschechischen Nationaltheater verlief durchaus mustergültig.

Dr. Goebbels dürfte einen guten Eindruck aus Prag mitgenommen haben.

Einen inneren Anteil an dem Besuch hat das tschechische Volk allerdings nicht genommen.

DR. ZIEMKE

319

NA, AMV 102-3/1

Bericht des Vertreters des Auswärtigen Amtes beim Reichsprotektor Ziemke an das Auswärtige Amt

Nr. 13.678/D.Pol.1.g   Prag, den 8. November 1940
                                                    Geheim

Inhalt: Auslandspropaganda.

Die Propaganda gehört zu einem meiner wichtigsten Referate. Hierunter fällt:
I. die aktive Propaganda und zwar:
  a) Meldungen über den Fortgang des normalen Lebens und der deutschen Aufbauarbeit im Protektorat, wobei für die Verteilung verschiedene Wege und Methoden in Frage kommen;
  b) Beeinflussung der tschechischen Auslandskolonien durch Herausgabe und Verteilung geeigneter Bücher und Druckschriften in tschechischer Sprache;
  c) Orientierung der öffentlichen Meinung in den Südostländern durch Veröffentlichungen in den Landessprachen;
  d) ständige Unterstützung der Kulturpolitischen Abteilung im Amt des Reichsprotektors im Sinne einer Unterrichtung und Ausrichtung der öffentlichen Meinung im Protektorat nach Maßgabe unserer außenpolitischen Erfordernisse.
II. die Abwehr der Feindpropaganda im Zusammenwirken mit der Kulturpolitischen Abteilung, der Gestapo und der Abwehr.

Ob sich in diesem Zusammenhange hier eine Zentralstelle für die Koordinierung der Kontrolle der Auslandstschechen, ihrer Organisationen sowie ihrer Verbindungen nach dem Protektorat schaffen ließe, verdiente einer besonderen Prüfung. Ich streife diesen Punkt, weil sich diese Stelle sicherlich mit dem Referat Propaganda vereinigen ließe.

Die Propagandaarbeit erfordert eine Auswertung der tschechischen Presse sowie der sonstigen im Protektorat erscheinenden periodischen Druckschriften, eine Beobachtung der kulturellen und ähnlichen Organisationen des Tschechentums, die Verfolgung der feindlichen Rundfunkmeldungen und die laufende Fühlungnahme mit den maßgebenden deutschen Stellen in Prag. Die Beamten der Vertretung sind mit anderen Aufgaben mehr als ausreichend belastet, so daß sie für den vorliegenden Zweck nicht in Frage kommen. Ich habe daher diese zusätzliche Arbeit bis jetzt persönlich bewältigen müssen, benötige jedoch zu meiner Entlastung sowie zwecks notwendiger Vertiefung und Intensivierung eine Hilfskraft, die unter meiner unmittelbaren Leitung das Referat Propaganda zu führen hätte. Dieser Beamte müßte Initiative besitzen, von rascher Auffassung und wendig sein. Er müßte auch über die Gabe verfügen, Empfindlichkeiten solcher Personen im Amt des Reichsprotektors zu schonen, die leicht den Verdacht fassen, als ob wir mit unserer Arbeit ihre eigene in den Schatten stellen wollen. An Ort und Stelle lassen sich bei dem Mangel an Deutschen im Protektorat überhaupt keine Kräfte finden. In Frage käme lediglich eine Zuteilung aus Berlin. Sollte der Anwärter nicht über tschechische Sprachkenntnisse verfügen, so wäre ich notfalls noch zu ermächtigen, mich hier nach einem Übersetzer umzusehen, falls meine eigenen Angestellten hierzu nicht in der Lage wären. Dies würde sich im Laufe der ersten Wochen herausstellen.

Das Monatsgehalt des angeforderten Beamten hätte mit Rücksicht auf den von ihm zu pflegenden Verkehr mindestens RM 800,- zu betragen; für sachliche Ausgaben einschließlich der Kosten für Übersetzungen wären monatlich ferner weitere RM 800,- erforderlich.

Ich bitte um Prüfung und Weisung.

DR. ZIEMKE

320

PA/AA, Inland II - A/B, R 99435

Telegramm des Vertreters des Auswärtigen Amtes beim Reichsprotektor Ziemke an das Auswärtige Amt

Prag Nr. 3534, den 8. November 1940	16.00 Uhr	
Ankunft den 8. November 1940	17.38 Uhr	

Nr. 67 vom 8.11.

Der Reichsprotektor hat Verordnung betr. Verbot der Aufnahme jüdischer Schüler in Schulen mit tschechischer Unterrichtssprache erlassen.[510] Mir ist nicht bekannt, wie im Reich ausländische Juden in Sachen Schulbesuch behandelt werden. Drahtweisung erbeten, ob wegen unbedingter Anwendung obiger Verordnung gegen ausländische Juden Bedenken bestehen oder etwaige Anträge solcher Juden nach Lage des Einzelfalles behandelt werden können.[511]

Der Vertreter des Auswärtigen Amts
ZIEMKE

---

[510] Ab 1939 wurden die Nürnberger Rassegesetze im Protektorat angewendet, die den Zugang von jüdischen Schülern in das Bildungswesen erheblich erschwerten, doch hing die Ausgliederung vom Schultyp und der Unterrichtssprache ab. Die vollständige Aufhebung der Schulpflicht für jüdische Schüler erfolgte im Sommer 1942.

[511] Das Reichsministerium für Wissenschaft, Erziehung und Volksbildung ließ daraufhin am 2.12.1940 wissen: „Auch ausländische Juden werden in den deutschen Schulen im Reich nicht aufgenommen." In: PA/AA Inland II – A/B, R 99435.

321

NA, AMV 102-3/1

**Bericht des Vertreters des Auswärtigen Amtes beim Reichsprotektor
Ziemke an das Auswärtige Amt**

Nr. 13.820/Prot.5   Prag, den 11. November 1940

Inhalt: Besuch des Reichspropagandaministers Dr. Goebbels in Prag.
Mit Bezug auf den Bericht vom 8.11.1940 – Nr. 13.726/Prot.5 –[512]

Reichspropagandaminister Dr. Goebbels war bekanntlich auch im Altstädter Rathaus empfangen worden. Zunächst hielt der tschechische Primator Říha eine farblose Ansprache, worauf auch der deutsche Primator-Stellvertreter Dr. Pfitzner das Wort ergriff. Pfitzner sprach u.a. von dem Terror, dem die Deutschen zur tschechischen Zeit ausgesetzt waren. Dr. Goebbels ging in seiner Erwiderung hierauf nicht ein, sondern erklärte, daß die alten Wunden vernarben sollen und daß er hierher gekommen sei, um die moralischen Voraussetzungen für eine Zusammenarbeit zu schaffen.

DR. ZIEMKE

322

PA/AA, Inland II - A/B, R 99636

**Bericht des Vertreters des Auswärtigen Amtes beim Reichsprotektor
Ziemke an das Auswärtige Amt**

Nr. 13.670/B. Außenmin.   Prag, den 11. November 1940
                                                          D III *5265*

Betreff: Einziehung des Vermögens des ehem. Tschecho-Slowakischen Gesandten in Paris, Dr. Štefan Osuský.
Auf den Erlaß vom 30.X.1940 – D III 4671 –

Die Verordnung über die Einziehung von Vermögen im Protektorat Böhmen und Mähren vom 4. Oktober 1939 läßt die Staatsangehörigkeit der Person, die reichsfeindliche Bestrebungen gefördert hat, außer Betracht. Daher könnte das im Protektorat befindliche Vermögen Osuskýs auch dann eingezogen werden, wenn ihm etwa die slowakische Staatsangehörigkeit zuerkannt wird. Trotzdem darf ich anheimstellen, wegen eines einheitlichen Vorgehens gegen die im Bericht vom 1. Juli 1940 – Nr. 7435/B. Außenmin. –[513] erwähnten sieben Personen das Ergebnis der Erhebungen der Deutschen Gesandtschaft in Preßburg abzuwarten.

In diesem Zusammenhang möchte ich darauf hinweisen, daß die slowakische Staatsbürgerschaft des ehem. Tschecho-Slowakischen Gesandten in War-

---

[512] Siehe Dokument Nr. 318.
[513] Siehe Dokument Nr. 260.

schau, Juraj Slávik, (im Bericht vom 1. Juli 1940 unter Nr. 2 angeführt) feststeht, sofern die Nachricht der Prager Tageszeitung „Der Neue Tag" vom 6. November 1940 der Tatsache entspricht, daß die Preßburger Kommission zur Überprüfung des Vermögens politischer Funktionäre den Bodenbesitz Sláviks beschlagnahmt hat.

DR. ZIEMKE

323

PA/AA, Inland II (Geheim), R 101108

Bericht des Chefs der Sicherheitspolizei und des Sicherheitsdienstes Heydrich an Reichsaußenminister Ribbentrop

IV D 1 b – B. Nr. 834/40 g Rs – 180 –   Berlin, den 11. November 1940

D II *26* g *Rs*

Geheime Reichssache

Betr.: Tschechen im Ausland.

Als Anlage übermittele ich einen Bericht über die Tätigkeit der Tschechen im Ausland, ihre Beziehungen untereinander und Zusammenhänge mit dem Protektorat. Der Bericht ist der erste Versuch einer systematischen Zusammenstellung der durch nachrichtendienstliche Tätigkeiten im Ausland gewonnenen Meldungen, ergänzt durch Berichte deutscher Auslandsvertretungen und der Abwehrstelle Prag.

Die Ausarbeitung soll in erster Linie Auswertungszwecken dienen und eine systematische Exekutivarbeit erleichtern, weiterhin aber auch zu zielbewußter Beobachtung anregen.[514]

HEYDRICH

---

[514] Dieser rund 80 Seiten umfassende Bericht „Tschechen im Ausland" vom 1.10.1940 beinhaltet alle zusammengetragenen „Informationen" zu tschechischen Kolonien, Gruppen und Einzelpersonen im Ausland, aufgeschlüsselt nach Staaten, sowie zur Exilregierung in London. Es ging dabei u. a. um die Einstellung zu Deutschland, die Ausprägung einer oppositionellen Betätigung sowie die Verbindungen zu Einzelpersonen und Unternehmen im Protektorat.

324

PA/AA, Inland II (Geheim), R 101108

Bericht des Referatsleiters Verkehr zwischen dem Auswärtigen Amt und den Dienststellen des Reichsführers SS in der Abteilung Deutschland Picot an den Vertreter des Auswärtigen Amtes beim Reichsprotektor Ziemke

D II 84 g Rs   Berlin, den 13. November 1940

Geheime Reichssache

Auf den Bericht vom 5. d.M. – Nr. 13.538/D.Pol.2.g –[515]

Unter Bezugnahme auf die laufende Berichterstattung über die innere Lage und die Zukunft des Protektorats wäre ich für Bericht dankbar, ob und inwieweit nach dortiger Kenntnis der Befehlshaber der Sicherheitspolizei und des SD in Prag[516] an der Beschaffung des Berichtmaterials beteiligt ist und ob vorausgesetzt werden darf, daß dieser seinen vorgesetzten Dienststellen in entsprechender Weise Bericht erstattet.

Im Auftrag
PICOT

325

NA, AMV 102-3/1

Bericht des Vertreters des Auswärtigen Amtes beim Reichsprotektor Ziemke an das Auswärtige Amt

Nr. 13.929/D.Pol.4.U   Prag, den 13. November 1940

Inhalt: Ukrainische Presse im Protektorat.

Zur Störung des deutsch-sowjetischen Verhältnissees brachte das Londoner Radio vor einigen Tagen die Meldung, daß in Prag eine ukrainische Zeitung erscheint, welche sowjetfeindliche Artikel schreibt und die großukrainische Idee propagiert. Zur Richtigstellung bemerke ich folgendes:

In Prag erscheinen z.Zt. die beiden ukrainischen Zeitungen „Probojem" (Durchbruch) und „Nastup" (Angriff). Herausgeber und Hauptschriftleiter ist Dr. Stefan Rozsocha, früherer Kulturreferent der ehemaligen karpathoukrainischen Regierung. Er gilt als der markanteste Vertreter der ukrainischen Freiheitsbewegung innerhalb der jüngeren ukrainischen Generation. Der „Probojem" erscheint monatlich als Organ der ukrainischen Vereinigung Uno und ist augenblicklich als reine Kulturzeitschrift anzusprechen. Der „Nastup" erscheint jetzt im dritten Jahrgang, wöchentlich, und zwar ebenfalls als Organ der Uno. Die Auflage dieser bisher politischen Zeitschrift beträgt

---

[515] Siehe Dokument Nr. 316.
[516] Franz Walter Stahlecker.

etwa 5.000 Stück, wovon 3.000 verkauft werden; der Rest dient Werbungszwecken. Es ist richtig, daß der „Nastup" wiederholt sowjet- und übrigens auch ungarnfeindliche Artikel gebracht hat, da er nun einmal die ukrainische Befreiungsidee vertritt. Der Herausgeber ist jedoch im September verpflichtet worden, sich einer zeitgemäßen Berichterstattung zu befleißigen und Angriffe gegen die Sowjetunion zu unterlassen. Diese Verpflichtung schließt den Verzicht auf die Propagierung der ukrainischen Befreiungsidee ein. Der „Nastup" hat ferner die Auflage erhalten, in Zukunft nur als internes Mitteilungsblatt der Uno-Mitglieder zu erscheinen. Zur Umstellung ist eine Übergangsfrist bis 31. Dezember d.J. bewilligt worden.

Der „Probojem" und der „Nastup" unterliegen der Vorzensur.

Beide Zeitungen erscheinen unregelmäßig. Es wird damit gerechnet, daß der „Nastup" Ende des Jahres überhaupt eingestellt wird.

DR. ZIEMKE

326

PA/AA, Inland II (Geheim), R 101108

Aufzeichnung des Referatsleiters Verkehr zwischen dem Auswärtigen Amt und den Dienststellen des Reichsführers SS in der Abteilung Deutschland Picot

D II 84 g Rs

Geheime Reichssache

Herr Gesandter Ziemke rief aus Prag an, um auf die kürzliche Anfrage, inwieweit der dortige Befehlshaber der Sicherheitspolizei und des SD[517] beim Zustandekommen seiner Berichte über die innere Lage im Protektorat beteiligt sei, zu antworten.[518] Gesandter Ziemke teilte mit, daß diese Berichte in keinem Falle auf irgendwelchen Meldungen seitens der Dienststellen der Staatspolizei beruhten. Er bat ferner, daß die ihm von höchster Stelle im Auswärtigen Amt gemachte Zusicherung, daß die fraglichen Berichte nur zur Kenntnis des Herrn Reichsaußenministers bzw. der zuständigen Sachbearbeiter im Auswärtigen Amt gelangten, dagegen nicht aus dem Hause gegeben würden, strengstens eingehalten würde. Er stellte außerdem schriftliche Beantwortung der Anfrage in Aussicht.

Berlin, den 15. November 1940

[PICOT]

---

[517] Franz Walter Stahlecker.
[518] Siehe Dokument Nr. 323.

327

PA/AA, Inland II (Geheim), R 101108

Bericht des Vertreters des Auswärtigen Amtes beim Reichsprotektor Ziemke an das Auswärtige Amt

Nr. 14.195/D.Pol.2.g   Prag, den 16. November 1940

D II *87 g Rs*

<u>Geheime Reichssache</u>

Auf den Erlaß vom 13.11.1940 – Nr. D II 84 g Rs –[519]
Inhalt: Behandlung der politischen Berichte des Vertreters des Auswärtigen
  Amts.

Die Berichterstattung des Befehlshabers der Sicherheitspolizei[520] an seine
vorgesetzten Dienststellen ist mir nicht bekannt. Auf Anordnung des Obergruppenführers Heydrich werden mir die Tages- und Monatsberichte des
Befehlshabers der Sicherheitspolizei über die innere Lage zur Kenntnis zugeleitet. Ich glaube, daß meine eigenen Feststellungen im wesentlichen mit diesen Berichten übereinstimmen. Sofern ich diese Berichte selbst auswerte, geschieht dies mit Angabe der Quelle.

Ich habe keine Kenntnis darüber, ob der Befehlshaber der Sicherheitspolizei über das Thema unterrichtet ist, das ich in meinen Berichten über die Zukunft des Protektorats behandelt habe.

Nach der getroffenen Abrede sind meine Berichte ausschließlich für die
Unterrichtung des Herrn Reichsaußenministers und des Auswärtigen Amts
bestimmt. Ich darf bitten, sie unter keinen Umständen außerhalb des Hauses
zu verwerten.

DR. ZIEMKE

328

NA, AMV 102-3/1

Bericht des Vertreters des Auswärtigen Amtes beim Reichsprotektor Ziemke an das Auswärtige Amt

Nr. 14.254/D.Pol.1   Prag, den 18. November 1940

Inhalt: Die tschechische Presse im Protektorat.

Nach der Errichtung des Protektorats hat die tschechische Tagespresse einen
erheblichen Rückgang zu verzeichnen. Die Gründe hierfür sind erklärlich:
das Verschwinden der Tschecho-Slowakei als außenpolitischer Faktor, die
Verkleinerung des Umlaufgebietes durch die Abtrennung der Slowakei und
des Sudetengaues, ferner gewisse Ermüdungserscheinungen auf Seiten der

---

[519] Siehe Dokument Nr. 323.
[520] Franz Walter Stahlecker.

tschechischen Leserschaft. Immerhin haben manche Zeitungen noch eine recht beträchtliche Aufgabenhöhe. In der Anlage füge ich eine Aufstellung bei, welche einen Vergleich über die Auflagenhöhen ab 20. Januar 1939 bis 15. September 1940 gibt. Diese Aufstellung bitte ich <u>vertraulich</u> zu behandeln, da ich sie nicht einmal der Presseabteilung im Amt des Reichsprotektors bekanntgegeben habe, um nicht meine Informationsquelle zu kompromittieren.

In den letzten Wochen gestaltet sich die Lage im tschechischen Zeitungswesen noch etwas schwieriger.

Die einzige Zeitung, die unter deutschem Einfluß steht, ist die in Brünn erscheinende Tageszeitung „Lidové noviny".

Im übrigen gebe ich folgende Übersicht über die tschechische Tagespresse:

Melantrich-Verlag: „České slovo"
    (Prag)   „Večerní České slovo" [Tschechisches Wort am Abend]
              „A-Zet ranní" [A-Zet am Morgen]
              „A-Zet večerní" [A-Zet am Abend]
    Brünn: „Moravské slovo" [Mährisches Wort]
              „Večerní Moravské slovo" [Mährisches Wort am Abend]
    Mährisch-Ostrau: „České slovo"
              „Polední České slovo" [Tschechisches Wort am
              Mittag]
              „Telegraf"
Der Melantrich-Verlag,[521] der größte Zeitungskonzern der ehem. Republik, diente seinerzeit den Interessen der Tschechischen Nationalsozialisten und war nach der Linie ausgerichtet, die man im allgemeinen als Beneš-Politik bezeichnet. Nach der Errichtung des Protektorats erschienen alle Blätter des Verlages mit dem Untertitel „Blatt der Nationalen Gemeinschaft" (Národní souručenství), welche Bezeichnung heute jedoch nicht mehr verwendet wird.[522] Das Hauptblatt des Verlages „České slovo" trägt jetzt den Untertitel „Blatt für Volk und Sozialismus". Die Grundhaltung dieses Blattes ist eher gegen die innere Trägheit der NG gerichtet.

Tempo-Verlag: „Polední list"
              „Pražský list" [Prager Blatt] (Sonntag: „Nedělní
              list" [Sonntagsblatt])
              „Expres" [Express]
Stand in der ehem. Tschechoslowakei im Dienst der „Nationalen Liga" (Stříbrný) und wurde als oppositionelle Presse bezeichnet. Da aber der Charakter dieser Blätter durchaus boulevardmäßig war und Stříbrný selbst aus

---

[521] Der Verlag Melantrich bestand seit 1897 und war der größte tschechische Buch- und Zeitschriftenverlag, der in seinen Druckerzeugnissen das tschechische Nationalgefühl zum Ausdruck brachte.
[522] Siehe Dokument Nr. 278.

geschäftlichen Erwägungen über ein gewisses Maß nicht hinausging, muß die oppositionelle Haltung als schwach bezeichnet werden.

Heute erscheinen alle Blätter des Verlages mit dem Untertitel „Blatt der Nationalen Gemeinschaft" (Národní souručenství).

Novina-Verlag: „Venkov"
                        „Večer" [Der Abend]
                        „Lidový deník" [Volks-Tageszeitung]

Ehemals Blätter der Republikanischen Partei, kurzweg auch als tschechische Agrarier bezeichnet (Beran, Hodža, Malypetr). Als Blätter der stärksten tschechischen Partei, deren Grundhaltung vor allem gegen Kommunismus und Bolschewismus gerichtet war, hatten sie auch eine entsprechende außenpolitische Bedeutung. „Lidový deník" erschien in der ehemaligen Republik noch nicht, ist erst eine spätere Gründung.

Noch heute vertreten die Blätter die Interessen des Bauerntums und des landwirtschaftlichen Sektors überhaupt. Auch haben sie vor kurzem den Untertitel „Blatt des Nationalen Gemeinschaft" abgelegt und tragen von da ab folgende Unterbezeichnung:

„Venkov": Blatt des tschechischen landwirtschaftlichen Volkes;

„Večer": Volk und Arbeit;

„Lidový deník": Blatt des tschechischen Dorfes.

Hervorzuheben ist, daß der „Večer" in seiner Grundhaltung gegen die NG gerichtet ist.

„Národní politika": In der ehem. Tschechoslowakei unabhängig von politischen Parteien als Blatt des Bürgertums bezeichnet. Auch heute noch eines der meist gelesenen Blätter mit gesundem politischen Realismus.

„Národní listy", „Večerník Národních listů" [Abendausgabe der Nationalen Blätter]: Ehemals Blatt der National-Demokraten Kramář-Partei (Panslawismus), jedoch antibolschewistisch, oppositionell (Kramář contra Masaryk), später wie die Blätter des Tempo-Verlages in der Nationalen Liga. Heute Blatt der NG.

„Lidové noviny" (Brünn): Ehemals Blatt der tschechischen Nationalsozialisten (Dr. Stránský) als Sprachrohr des Außenministeriums bezeichnet. War eines der politisch stärksten Blätter Beneš'. Heute Blatt der NG.

„Lidové listy" [Volksblätter]: Blatt der ehem. Volkspartei (Christlich-soziale). Vertritt auch heute noch die Interessen der Katholiken, ist jedoch der neuen Zeit entsprechend in seiner Bedeutung als politisches Blatt stark zurückgegangen. Mittagsausgabe und Montagsausgabe eingestellt.

Die katholischen Interessen vertritt ferner der „Našinec" [Der Unsrige] (Olmütz).

„Národní střed": Blatt der ehemaligen tschechischen Gewerbepartei. Vertritt auch heute als Blatt der NG die Interessen der Gewerbetreibenden. Ebenso „Nový deník" [Neues Tagblatt] und „Nový večerník" [Neues Abendblatt].

„Národní práce"[Nationale Arbeit]: kann als Nachfolgerin des tschechischen sozialdemokratischen Blattes „Právo lidu" [Recht des Volkes] bezeichnet werden. Bezeichnet sich heute im Untertitel als Zentralblatt der nationalen Fachangestellten-Zentrale. „Večerník Národní práce" [Abendblatt der Nationalen Arbeit] (dasselbe).

Als bedeutendere Provinzblätter wären noch zu nennen:

„Český deník" [Böhmisches Tagblatt] (Pilsen): ehemals nationaldemokratisch;

„Nová doba" [Neue Zeit] (Pilsen): ehemals sozialdemokratisch;

„Moravské noviny" [Mährische Zeitung] (Brünn): Globus-Verlag;

„Moravská orlice" [Mährischer Adler] (Brünn): Globus-Verlag;

„Moravský deník" [Mährisches Tagblatt] (Olmütz);

„Moravský večerník" [Mährisches Abendblatt] (Olmütz);

„Obzor" [Horizont] (Prerau).

Alle letztgenannten Provinzblätter sind Blätter der Nationalen Gemeinschaft. Das Verhältnis der als Blätter der NG bezeichneten Zeitungen zu den anderen beträgt etwa 3:4 zugunsten der Nationalen Gemeinschaft.

DR. ZIEMKE

329

PA/AA, Inland II - A/B, R 99435

Bericht des Vertreters des Auswärtigen Amtes beim Reichsprotektor Ziemke an das Auswärtige Amt

Nr. 14.169/D.Kult.12 Nr.4   Prag, den 26. November 1940

D III *6062*

Betreff: Terra-Film „Jud Süß".[523]

Auf den Runderlaß vom 7.11.40 – Kult.K 10.541 –

Am 21. November 1940 fand im größten Prager Kino vor geladenen Gästen die Festaufführung des Films „Jud Süß" statt. Die Aufführung, der zahlreiche Vertreter von Staat, Partei und Wehrmacht beiwohnten, wurde von musikalischen Darbietungen der tschechischen Philharmonie umrahmt. Ab 22. November 1940 ist der Film der breiten Öffentlichkeit zugänglich.

Den beigefügten Pressestimmen ist zu entnehmen, daß die Bedeutung des Films im Hinblick auf die Veranschaulichung der zersetzenden Tätigkeit des Judentums auch im Protektorat vollkommen gewürdigt wird. Doch auch die Aufnahme durch die Öffentlichkeit ist eine außerordentlich günstige. Wiewohl der Film nunmehr den fünften Tag läuft, ist das Haus täglich ausver-

---

[523] Der von Veit Harlan 1940 produzierte Propagandafilm „Jud Süß" stellt das Leben und Ende des Joseph Süß Oppenheimer dar, der mit antisemitischen Klischees und rassistischen Stereotypen arbeitet. Goebbels zeigte sich von seinem Auftragswerk begeistert und verfügte die großangelegte Verbreitung des Films.

kauft und es wird damit gerechnet, daß das Interesse auch in nächster Zeit nicht nachlassen wird, so daß er ohne Unterbrechung etwa drei Wochen wird vorgeführt werden können. Dies wäre eine Höchstdauer, die bisher keine deutsche Filmuraufführung in Prag aufweisen kann.[524]

DR. ZIEMKE

330

PA/AA, Büro des Staatssekretärs, R 29773

Aufzeichnung des Staatssekretärs Weizsäcker

St.S. Nr. 871   Berlin, den 5. Dezember 1940

Streng vertraulich

Ich habe heute der Weisung des Herrn Reichsaußenministers vom 22. Oktober entsprechend den in Berlin anwesenden Reichsprotektor in der Sache Ziemke befragt. Das Ergebnis war folgendes:

1.) Der Reichsprotektor kam auf seinen früheren Wunsch, die Stelle von Herrn Ziemke in Prag ganz eingehen zu lassen, nicht mehr zurück.

2.) Gegen die Person von Ziemke brachte der Reichsprotektor zweierlei vor:

    a) Er fasse seine Stellung nicht richtig auf. Er benehme sich gegenüber den Tschechen und im Verkehr mit den in Prag verbliebenen Konsuln so, als wäre er gewissermaßen Gesandter des Reichs am Ort, wodurch die unbedingte Zugehörigkeit des Protektorats zum Reich nicht gefördert, sondern gestört werde.

    b) Das persönliche Verhalten des Ehepaars Ziemke (alkoholische Exzesse in Gegenwart Dritter u.ä., Schädigung des Ansehens des Auswärtigen Amts durch diese Vertretung) mache einen Wechsel in der Person notwendig.

Ich glaube, daß man hinsichtlich der Person von Ziemke dem Ersuchen des Reichsprotektors nicht widersprechen kann, sondern einen neuen Vertreter des Amtes für diese Stelle suchen muß.

Hiermit dem Herrn Reichsaußenminister.

WEIZSÄCKER

---

524 Diese Einschätzung stammte aus den Presseerzeugnissen „Landesdienst Böhmen-Mähren des Deutschen Nachrichtenbüros", Centropress, Národní politika, Národní střed und Večer.

331

PA/AA, Büro des Staatssekretärs, R 29860

Aufzeichnung des Staatssekretärs Weizsäcker

zu St.S. Nr. 773 vom 17.10.40   Berlin, den 6. Dezember 1940

Ich habe Herrn von Neurath auf die in St.S. Nr. 770[525] und 773[526] behandelte Frage heute nochmals angesprochen. Er ist der Auffassung, daß für eine Reise von Protektoratspersönlichkeiten nach Ungarn der geeignete Moment noch nicht gekommen sei.

WEIZSÄCKER

332

PA/AA, Inland II - A/B, R 99435

Bericht des Vertreters des Auswärtigen Amtes beim Reichsprotektor Ziemke an das Auswärtige Amt

Nr. 13.630/14.376/14.511/14.687/14.766/D.Pol.3 Nr.5

Prag, den 9. Dezember 1940
D III *6036*

Inhalt: Behandlung ausländischer Juden im Protektorat.

Einer Stellungnahme des Befehlshabers der Sicherheitspolizei entnehme ich, daß über die Frage der Anwendung der Judengesetzgebung auf Juden ausländischer Staatsangehörigkeit zur Zeit zwischen dem Auswärtigen Amt und dem Reichsminister des Innern[527] verhandelt wird und daß demnächst eine grundsätzliche Entscheidung erfolgen soll. Dem Vernehmen nach steht das Auswärtige Amt auf dem Standpunkt, daß nur Juden mit der Staatsangehörigkeit der Sowjetunion, der USA und der südamerikanischen Staaten eine Ausnahmestellung eingeräumt werden soll. Dagegen braucht auf Juden ungarischer, slowakischer, rumänischer Staatsangehörigkeit sowie auf Juden, die die Staatsangehörigkeit der Feindstaaten besitzen, keine Rücksicht genommen zu werden.

Im wesentlichen habe ich bisher bei Anfragen der inneren Stellen die gleiche Auffassung vertreten allerdings mit der Maßgabe, daß die wenigen italienischen Juden im Protektorat, für die sich der hiesige Italienische Generalkonsul[528] stets verwendet, ebenfalls bevorzugt behandelt werden.

[525] Siehe Dokument Nr. 312.
[526] Siehe Dokument Nr. 313.
[527] Wilhelm Frick.
[528] Caruso.

Mit Rücksicht auf gewisse Anfragen des Ungarischen und des Jugoslawischen Generalkonsulats erscheint eine grundsätzliche Entscheidung zweckmäßig. Es handelt sich dabei insbesondere um die Rechtsstellung der Juden im öffentlichen Leben wie z.B. um die Ausübung des Anwalts- oder ärztlichen Berufes durch einen jüdischen Ausländer, die Entjudung des jüdischen Besitzes einschließlich des Grundbesitzes, die Unterwerfung der ausländischen Juden unter verschiedene polizeiliche Anordnungen wie z.B. Verbot der Straßenbahn, Verbot des Besuches von Theatern usw., Verbot des Aufenthalts auf Straßen nach 8 Uhr abends u.dgl.

Hinsichtlich einer jugoslawischen Staatsangehörigen, die Jüdin ist, habe ich den vorläufigen Standpunkt vertreten, daß sie wie eine inländische Jüdin von der Ausübung des zahnärztlichen Berufes ausgeschlossen werden kann.

Ich bitte um Erlaß, welche Entscheidung das Auswärtige Amt im Benehmen mit dem Reichsminister des Innern gefällt hat. Gegebenenfalls wäre ich für einen Zwischenbescheid über den Stand der Angelegenheit dankbar.

DR. ZIEMKE

333

NA, AMV 102-3/1

Bericht des Vertreters des Auswärtigen Amtes beim Reichsprotektor Ziemke an das Auswärtige Amt

Nr. 15.185/Pers.Pol.1   Prag, den 10. Dezember 1940

Inhalt: Aufgabenkreis des Vertreters des Auswärtigen Amts in Prag.

In der Anlage überreiche ich eine Aufzeichnung über meinen Aufgabenkreis.

DR. ZIEMKE

[Anlage: Aufgabenkreis des Vertreters des Auswärtigen Amts in Prag]

1.) Betreuung des Konsularkorps
Abgesehen von der eigentlichen Betreuung handelt es sich um die staatspolizeiliche Überwachung im Benehmen mit der Gestapo sowie der Abwehr und um einen informatorischen Zwecken dienenden gesellschaftlichen Verkehr.

2.) Liquidierung des ehemaligen Außenministeriums
Am 31. Dezember 1940 erfolgt die völlige Auflösung, worauf ein umfangreicher Abschlußbericht zu erstatten ist. Auch später werden Fragen zu behandeln sein, für welche die hier erworbene Sachkenntnis unentbehrlich ist.

3.) Vertretung der Auslandsbelange der Protektoratsangehörigen
In Frage kommen hauptsächlich: Schutz im Auslande, Schadensersatzansprüche, Reklamationen, Interzessionen, Ermittlungen, Nachforschungen, Ausweisungen, Heimschaffungen, Unterstützungen u.dgl. Die Arbeit wird zweckmäßig hier und nicht in

Berlin geleistet, da ich über tschechisch sprechende, mit den hiesigen Verhältnissen vertraute Hilfskräfte verfüge und die Verbindungen mit dem Amt des Reichsprotektors und der Protektoratsregierung kürzer sind.

4.) <u>Einschaltung in alle Fragen von außenpolitischem Einschlag</u>
(persönliche Anordnung des Herrn Reichsaußenministers)
In Frage kommen: Wirtschaftspolitische und sonstige Verhandlungen des Reichs mit dem Auslande, an welchen das Protektorat beteiligt ist.

Vorbereitung und Durchführung verschiedener Verträge (Siedler, Abwanderer usw.), die von dem Reich für das Protektorat mit Ungarn und der Slowakei geschlossen wurden und noch geschlossen werden.

Behandlung bestimmter Fragen, die mit der Slowakei zu regeln sind, z.B. tschechische Beamte usw. in der Slowakei, Austausch der Bevölkerung, Ausweisungen u.dgl.

Der gesamte Geschäftsverkehr mit den ausländischen Konsulaten, die sich aus politischen Gründen nicht an tschechische Behörden wenden sollen.

Rechtshilfeersuchen, soweit nicht unmittelbarer Verkehr mit den deutschen Behörden im Protektorat zwischenstaatlich vereinbart ist.

Behandlung der Ausländer, insbesondere der ausländischen Juden im Protektorat.

Die russische und sonstige Emigration im Protektorat.

Zwischenstaatliche Organisationen im Protektorat.

Kulturelle Einrichtungen des Auslandes im Protektorat.

Einreise ausländischer Persönlichkeiten, auch Journalisten, in das Protektorat.

Kundgebungen, Reden, Veröffentlichungen mit außenpolitischem Einschlag (vgl. den sog. Fall Pfitzner[529]).

Liquidation der tschechischen Auslandsschulen.

Kulturelle, sportliche und sonstige Veranstaltungen von Protektoratsangehörigen im Ausland und umgekehrt.

Herstellung und Export tschechischer Filme.

Ausfuhr tschechischer Zeitungen und Zeitschriften.

Flagge, Nationalhymne, Erwähnung des Protektorats in Vorträgen des Reichs, Teilnahme des Protektorats an Veranstaltungen im Auslande.

Schriftverkehr des Amtes des Reichsprotektors mit den deutschen Auslandsvertretungen.

Auflösung der Auslandsbeziehungen des Protektorats.

Zusammenarbeit mit der Geheimen Staatspolizei und der Abwehr in allen Fragen, die Fäden zum Auslande haben.

5.) <u>Der Verkehr der autonomen Protektoratsbehörden mit dem Ausland</u>
Der gesamte Schriftverkehr mit den deutschen Auslandsvertretungen, mit ausländischen Stellen, mit Behörden, Stellen und Personen im Auslande ist über mich zu leiten.

---

[529] Vgl. Dokument Nr. 209.

6.) <u>Genehmigung von Auslandsreisen von Beamten und öffentlichen Bediensteten</u>
Das Auswärtige Amt hat zur Vereinfachung die Genehmigung mir delegiert.

7.) <u>Informierung des Auswärtigen Amts</u>
Es handelt sich um laufende Berichterstattung über sämtliche Fragen, die den Bereich des Auswärtigen Amts berühren, u.a.: Maßnahmen des Amtes des Reichsprotektors, die Zukunft des Protektorats, die innere Lage und Stimmung, das Verhalten der Protektoratsregierung, das Parteiwesen, illegale Bewegungen und illegale Auslandsbeziehungen, staatspolizeiliche Maßnahmen mit Rückwirkung auf das Ausland, panslawische und kommunistische Bewegung, die Haltung des Hochadels und der katholischen Kirche, tschechische Kulturpolitik, das Deutschtum und die deutsche Sprache, die Judenfrage, Abwehr der Feindpropaganda.

8.) <u>Verbindung zwischen dem Auswärtigen Amt und dem Amt des Reichsprotektors</u>
Das Auswärtige Amt nimmt meine Vermittlung in Fragen mannigfachster Art in Anspruch zwecks Feststellung der Auffassung des Reichsprotektors und seines Amtes, ferner zur Feststellung von Tatbeständen, die für das Auswärtigen Amt von Interesse sind.

9.) <u>Auslandspropaganda</u>
Sammlung sämtlichen Nachrichtenmaterials über den Fortgang des normalen wirtschaftlichen, kulturellen und sozialen Lebens im Protektorat sowie über die hier geleistete deutsche Aufbauarbeit, ferner auf dem gleichen Gebiete, die Beschaffung tschechischer Originalartikel für unsere Auslandspropaganda.

Propaganda unter den tschechischen Auslandskolonien (Druck und Verbreitung von Propagandaschriften in tschechischer Sprache, Belieferung mit tschechischen Zeitschriften).

Enge Zusammenarbeit mit der Kulturpolitischen Abteilung im Amt des Reichsprotektors.

10.) <u>Archiv</u>
Das Archiv und der größere Teil der Aktenbestände des ehemaligen Außenministeriums in Prag sind von mir übernommen worden. Es erfolgt Sichtung, Erforschung und Behandlung laufender Angelegenheiten. In dem Archiv gehört eine Bibliothek von 80.000 Bänden.

334

NA, AMV 102-3/1

Bericht des Vertreters des Auswärtigen Amtes beim Reichsprotektor Ziemke an das Auswärtige Amt

Nr. 15.187/D.Pol.4   Prag, den 10. Dezember 1940

Inhalt: Die Nationale Gemeinschaft.

Der Hauptausschuß der Nationalen Gemeinschaft hat kürzlich mit Billigung des Staatspräsidenten Hácha aus seiner Mitte heraus eine Führungsgruppe gebildet, der die Aufgabe zufallen soll, die Tätigkeit der einzelnen Abteilungen zu koordinieren, Meinungsverschiedenheiten auszugleichen, vordringliche Fragen zu erledigen und Initiativanträge auszuarbeiten. Einen Zeitungsausschnitt füge ich bei. Unter den Mitgliedern dieser Führungsgruppe befinden sich Vertreter aller früheren Parteien bei einem starken Übergewicht der ehemaligen Bürgerlichen Mitte Parteien. So sind die Nationaldemokraten, die Gewerbepartei, die ehemaligen Faschisten, die Nationalsozialisten, die Sozialdemokraten und die Klerikalen vertreten.

Es bietet sich bei allen politischen Willensäußerungen der Tschechen stets das gleiche interessante Bild, daß die Wortführer der aufgelösten Parteien am politischen Steuerruder bleiben. Man hat den Eindruck, daß die Tschechen ihre Parteien für spätere Zwecke konservieren wollen.

Man vermutet, daß die Nationale Gemeinschaft sich umbenennen möchte, etwa in Tschechische Nationalsozialistische Arbeiterpartei. Vielleicht glauben die verantwortlichen Männer in der Führung der Nationalen Gemeinschaft, daß sie uns damit den Entschluß über die Auflösung, die sie seit einiger Zeit befürchten, erschweren. Aus dem gleichen Grunde wird auch verbreitet, daß die Nationale Gemeinschaft das volle Vertrauen der deutschen Behörden, der Protektoratsregierung und des ganzen tschechischen Volkes genieße. Demgegenüber steht jedenfalls das eine mit Gewißheit fest, daß von deutscher Seite der Nationalen Gemeinschaft nicht das geringste Vertrauen entgegengebracht wird.

Wenn ich früher berichtete, daß die Nationale Gemeinschaft aus taktischen Gründen sowohl den Antisemitismus als auch die Deutschfreundlichkeit (Umstellung auf den Reichsgedanken) in ihr Tätigkeitsprogramm aufgenommen hatte, so ist diese Aktion teils zurückgenommen, teils versandet. Diejenigen Kräfte in der Nationalen Gemeinschaft, die nicht einmal einen rein äußeren Loyalitätskurs einschlagen wollen, haben den Sieg davongetragen. Die Durchführungsbestimmungen zu den früheren Juden-Erlassen der Nationalen Gemeinschaft wurden wieder aufgehoben. Hierzu trugen zahlreiche Proteste der Spitzen tschechischer Verbände, wie Sokol, Kulturrat usw. bei, ferner ein persönliches Schreiben des Kardinalerzbischofs Kašpar an die Nationale Gemeinschaft und die Protektoratsregierung; schließlich hatte sich auch Staatspräsident Hácha zu einem persönlichen Eingreifen gezwungen gesehen, indem er die Demission des Schriftleiters Krychtálek, des Urhebers der Juden-Erlasse, annahm. Es wird nach diesem vergeblichen Anlauf also auch in der Judenfrage so ziemlich alles beim Alten bleiben.

Die Propagierung des Reichsgedankens entwickelt sich zu einem reinen Leerlauf. Die verschiedenen Kundgebungen wirken unglaubhaft und widerwillig. Irgendeine wirkliche Resonanz läßt sich in der tschechischen Öffentlichkeit nirgends feststellen.

Man nimmt diese Aktion eben als eine solche hin, die veranstaltet werden muß, weil deutscherseits sonst vorgegangen werden würde.

In der gleichen Linie laufen Bestrebungen, den Tschechischen Verband für die Zusammenarbeit mit den Deutschen in die Nationale Gemeinschaft einzubauen. Was die Nationale Gemeinschaft tatsächlich bezweckt und betreibt, ist ausschließlich die Aufrechterhaltung einer inneren tschechischen Einheitsfront. Alles andere ist Taktik.

DR. ZIEMKE

335

PA/AA, Inland II (Geheim), R 101108

Schreiben des Chefs der Sicherheitspolizei und des Sicherheitsdienstes Heydrich an den Reichsminister und Chef der Reichskanzlei Lammers

III B 14 Bö./Lg. *V.A. 340/40*   Berlin, den 12.12.1940

D II 1565 g

Geheim

Betr.: „Tschechisches Haus" in Berlin.
Vorg.: Ohne.

Sehr verehrter Herr Reichsminister!
Einer vorliegenden Meldung zufolge hat sich der Vorsitzende der Protektoratsregierung[530] in einem Schreiben an den Reichsprotektor gewandt und diesem von der Absicht der tschechischen Regierung, in Berlin „ein tschechisches repräsentatives Zentrum" zu schaffen, Mitteilung gemacht.

Dieses tschechische Zentrum soll in der Errichtung eines „Tschechischen Hauses" bestehen, welches die Aufgabe haben soll, der tschechischen Öffentlichkeit das Kennenlernen des neuen Deutschlands zu ermöglichen. Zu diesem Zwecke sollen in dem zu errichtenden Hause „die einschlägigen sachlichen und gesellschaftlichen Voraussetzungen" konzentriert werden. Daneben soll ein Studieninstitut zum Studium der öffentlichen Einrichtungen sowie der sozialen, kulturellen, wirtschaftlichen und technischen Angelegenheiten errichtet werden.

Der Staatspräsident H á c h a hat von den Absichten der Regierung Kenntnis und unterstützt sie, wie es in dem Briefe heißt, warm.

Zu dem Projekt der tschechischen Regierung muß ein ablehnender Standpunkt eingenommen werden.

Das Protektorat besitzt in Berlin einen eigenen Gesandten, der die Belange des Protektorates im Reiche in geeigneter Weise zu vertreten imstande ist.

---

[530] Alois Eliáš.

Von diesem kann auch das Studium des neuen Deutschlands für die interessierten und von maßgebenden deutschen Stellen hierzu geeignet befundenen Tschechen in die Wege geleitet werden.

Es ist daher nicht einzusehen, warum ein eigenes, dem Protektorat gehörendes Gebäude als „repräsentatives Zentrum" errichtet werden soll.

Es muß vielmehr angenommen werden, daß ein solches Institut rasch zum Sammelpunkt der tschechischen Interessen aller im Reiche verstreut lebenden tschechischen Volksangehörigen wird und allenfalls auch noch die geschlossen wohnenden Minderheiten im Sudetengau und Wien vertreten zu müssen glaubt.

Der Vorsitzende der Regierung des Protektorates führt in seinem Schreiben bei der Schilderung der Art des künftigen Institutes an, daß er ein „ähnliches Zentrum im Auge habe, wie es bereits einige andere Nationen in Berlin besitzen".

Neben einem Prestigeverlust für das Reich würde die Genehmigung dieses Vorschlages evtl. eine Brüskierung derjenigen souveränen Nationen bedeuten, die ähnliche Institutionen in der Reichshauptstadt unterhalten. Darüber hinaus kann es für die künftige Politik im Protektorat angesichts der Planung über Raumgewinn und Rückdeutschung verloren gegangenen Volkstums nur unerwünscht sein, wenn eine tschechische Zentrale in der Reichshauptstadt etwa initiativ das Verhältnis zum deutschen Volke zu bestimmen versucht.

Es ist anzunehmen, daß Dr. Chvalkovský von seiner Regierung bereits Weisungen zur Verwirklichung des geschilderten Vorhabens erhalten hat und entsprechende Schritte unternimmt.

Im Hinblick auf die Dringlichkeit der Angelegenheit dürfte eine baldige Entscheidung notwendig sein.

Ich darf bitten, mich von dem Veranlaßten zu unterrichten.

HEYDRICH

336

PA/AA, Rechtsabteilung, R 42805

Aufzeichnung ohne Unterschrift

Aufstellung der von den ehemals tschecho-slowakischen Vertretungsbehörden benutzten staatseigenen Grundstücke und Gebäude mit Angaben über ihre Verwendung.

Stand vom 1. Dezember 1940.

Im Reich:		
	Berlin	
	1. Gesandtenwohnhaus Großadmiral Prinz Heinrichstraße 11	Das Gebäude ist dem Slowakischen Gesandten[531] in Berlin überlassen worden.
	2. Kanzleigebäude der Gesandtschaft u. des Generalkonsulats Rauchstraße 27	Das Gebäude ist vom AA für dienstliche Zwecke in Benutzung genommen worden.

Hamburg
1. Wohngebäude des Generalkonsuls
Feldbrunnenstraße 17
2. Kanzleigebäude des Generalkonsulats
Abteistraße 57

Zu 1 und 2. Die Gebäude sind dem Oberfinanzpräsidenten in Hamburg übergeben worden.

Wien
Konsulatsgebäude (Palais Cumberland)
Penzingerstraße 11-13

Das Gebäude wird z.Zt. vom AA für dienstliche Zwecke benutzt (Abwicklungsstelle).
Wegen des starken Raumbedarfs innerdeutscher Verwaltungsstellen *soll* – mit Zustimmung des Herrn St.S.Pol. – das Gebäude der slowakischen Regierung überlassen werden.
Das Gebäude ist inzwischen vom RFinMin. mit Erl. v. 28.6.40, O 4428-1853 IV Lie dem Reichsarbeitsdienst für die weibliche Jugend zur einstweiligen Benutzung zur Verfügung gestellt worden.

Schweiz: **Bern**
Gesandtschaftsgebäude

Das Gebäude ist von der Deutschen Gesandtschaft in Bern für dienstliche Zwecke in Benutzung genommen worden.

---

531 Štefan Polyák.

	Zürich Konsulatsgebäude	Das Gebäude wird vom Deutschen Generalkonsulat in Zürich für Dienstwohnungszwecke benutzt. Auf dem Grundstück lastet eine zu 4% jährl. verzinsliche Darlehenshypothek von 150.000,- SFR.
Jugoslawien:	Belgrad Gesandtschaftsgebäude	(((
	Zagreb Konsulatsgebäude	(((
Ungarn:	Budapest Gesandtschaftsgebäude	(Die Gebäude werden von den (deutschen Vertretungen an (den genannten Orten für (dienstliche Zwecke benutzt. (
Rumänien:	Bukarest Gesandtschaftsgebäude	(((
	Galatz Konsulatsgebäude	((
Holland:	Den Haag 1. Gesandtenwohnhaus 2. Kanzleigebäude	Zu 1 und 2. Die Gebäude werden vom Reichskommissar für die besetzten niederländischen Gebiete benutzt.
Türkei:	Ankara Gesandtschaftsgebäude	Das Gebäude wird von der Deutschen Botschaft in Ankara für dienstliche Zwecke benutzt.
Italien:	Rom Gesandtschaftsgebäude (Qui)	Das Gebäude ist von dem Deutschen Botschafter in Rom während der Zeit des Umbaus der Botschaftervilla als Behelfswohnung benutzt worden. Nach

dem kürzlich erfolgten Umzug des Botschafters steht das Haus leer. Es ist vorgeschlagen worden, das Gebäude gegen ein Grundstück in Hamburg auszutauschen.

Dem Slowakischen Gesandten in Rom ist das Gebäude der ehemals Österreichischen Gesandtschaft (Vat) in Rom überlassen worden. Auf dem Grundstück der ehemals Österreichischen Gesandtschaft beim Vatikan in Rom lastet eine zu 4% jährlich verzinsliche, amortisierbare Darlehenshypothek von ursprünglich 250.000,- Lire, die bis zum 30. Juni 1940 nach dem Amortisierungsplan bis auf 220.560,71 Lire getilgt war. Die Jahreszahlungen an Zinsen, Tilgungsraten und staatlichen Abgaben betragen rund 15.250,- Lire und sind bisher vom AA getragen worden. Nach endgültiger Überlassung des Grundstücks an den Slowakischen Staat wird dieser die Lasten zu übernehmen haben.

Bulgarien:	Sofia Gesandtschaftsgebäude	Das Gebäude ist von der Deutschen Gesandtschaft in Sofia für dienstliche Zwecke in Benutzung genommen worden.
Albanien:	Tirana Bauplatz	Das Grundstück ist an die italienische Gouvernementsverwaltung in Tirana verkauft worden. Der Verkaufserlös von 25.000 albanischen Franken ist an die Deutsche Botschaft (Qui) in

Rom überwiesen worden und
steht dort mit 156.250,- Lire (etwa 20.470,- RM) zur Verfügung.

<u>Polen:</u>		<u>Warschau</u>
		1. Gesandtenwohnhaus			Zu 1 und 2. Die Gebäude sind
								dem Generalgouverneur bezw.
								dem Chef des Distrikts War-
								schau zur Benutzung überlassen
								worden.
		2. Kanzleigebäude

<u>Frankreich:</u>	<u>Paris</u>
		1. Gesandtschaftsgebäude		Das Gebäude wird von der
								Deutschen Botschaft in Paris für
								dienstliche Zwecke benutzt (In-
								formationsstelle VLR Rahn).
		2. Kolonieheim				Das Gebäude ist von der Deut-
								schen Botschaft in Paris über-
								nommen worden. Das Kolonie-
								heim befindet sich im I. Stock.
								Die übrigen Räume sind vermie-
								tet.

<u>England:</u>	<u>London</u>					(
		1. Gesandtenwohnhaus			(
		2. Kanzleigebäude			(Diese Gebäude konnten bisher
								(nicht übernommen werden.
								(
<u>Ver. Staaten:</u>	<u>Washington</u>				(
		Gesandtschaftsgebäude			(

								Berlin, den 19. Dezember 1940
										H

337

PA/AA, Inland II (Geheim), R 101108

Telegramm des Abteilungsleiters Deutschland Luther
an den Vertreter des Auswärtigen Amtes beim Reichsprotektor Ziemke

Berlin, den *24.* Dezember 1940   D II *1565 g*
Nr. *70*

Geheim

Für Herrn Gesandten Ziemke.

Nach einer Meldung des Chefs der Sicherheitspolizei und des SD[532] hat sich Vorsitzender der Protektoratsregierung[533] schriftlich an den Herrn Reichsprotektor gewandt und diesem von der Absicht der tschechischen Regierung, in Berlin „ein tschechisches repräsentatives Zentrum" zu schaffen, Mitteilung gemacht.[534] Dieses Zentrum soll in der Errichtung eines „tschechischen Hauses" bestehen, in dem „die einschlägigen sachlichen und gesellschaftlichen Voraussetzungen" konzentriert werden sollen und neben dem ein Studieninstitut zum Studium der öffentlichen Einrichtungen sowie der sozialen, kulturellen, wirtschaftlichen und technischen Angelegenheiten errichtet werden soll.

Erbitte umgehend Fernschreiben, was dort über die Angelegenheit bekannt ist, welchen Standpunkt der Herr Reichsprotektor dazu einnimmt und welche Antwort er zu erteilen beabsichtigt.

LUTHER

338

PA/AA, Inland II (Geheim), R 101108

Notiz des Abteilungsleiters Deutschland Luther

D II *1565 g*
D II *1581 g*

Betrifft: Gründung eines tschechischen Hauses in Berlin.

Gesandter Ziemke ruft aus Prag an, um mitzuteilen, daß der Reichsprotektor von Neurath die Genehmigung zur Gründung eines tschechischen Hauses in Berlin versagen wird, da die Tschechei kein souveräner Staat ist.

Berlin, den 27. Dezember 1940
Abteilung Deutschland
LUTHER

---

[532] Reinhard Heydrich.
[533] Alois Eliáš.
[534] Siehe Dokument Nr. 334.

339

NA, AMV 102-3/1

Bericht des Vertreters des Auswärtigen Amtes beim Reichsprotektor Ziemke an das Auswärtige Amt

Nr. 16.018/D.Pol.4   Prag, den 27. Dezember 1940

Inhalt: Kundgebung des Reichsprotektors.

Im Dezember-Heft der Zeitschrift „Böhmen und Mähren"[535] ist unter der Überschrift „Das Protektorat Böhmen und Mähren im Kriegsjahr 1940" ein Artikel des Herrn Reichsprotektors erschienen. Dieser Rückblick auf das verflossene Jahr enthält folgende bedeutungsvolle Sätze:

1.) Das Protektorat hat die ihm zufallenden Aufgaben gelöst, zumal die feindliche Propaganda an der deutschen Wachsamkeit und an dem nüchternen Tatsachensinn der Masse des tschechischen Volkes gescheitert ist.

2.) Die Wirtschaft und der Verwaltungsapparat haben im Großen und Ganzen ihre Belastungsprobe bestanden.

3.) Mit wenigen Ausnahmen hat die tschechische Presse ihre Aufgabe erkannt, auch haben die maßgebenden Journalisten eine erfreuliche Initiative gezeigt.

4.) Lediglich gewisse Kreise, insbesondere die Schicht der Intellektuellen, haben sich der neuen Lage nicht anpassen können.

5.) Die verantwortlichen tschechischen Kreise und Organisationen sind ihrer Aufgabe, die in der Erziehung des tschechischen Volkes zum Reichsgedanken besteht, nicht gerecht geworden.

6.) Diese Organisationen werden aufmerksam gemacht, daß ein dankbares Feld ihrer Tätigkeit in der Erziehung des tschechischen Volkes zur Disziplin in den Fragen der Lebensmittelbewirtschaftung ist.

7.) Die kulturelle Betätigung des tschechischen Volkes erfreut sich der weitestgehenden deutschen Förderung, doch muß darauf hingewiesen werden, daß die tschechische Kultur auf eine gemeinsame Wurzel mit der deutschen zurückgeht.

8.) Das Deutschtum im Protektorat hat sich von den schweren Schädigungen der letzten Jahrzehnte nur langsam und allmählich erholen können.

Die Kundgebung liegt in der allgemeinen Linie, die immer wieder von den verantwortlichen deutschen Stellen im Protektorat und in Berlin gezogen worden ist, auch finden sich ihre Gedankengänge in der bekannten Denkschrift, die dem Führer bei seiner Entscheidung über die Zukunft des Protektorats vorgelegen hatte.

---

[535] Die Zeitschrift „Böhmen und Mähren. Blatt des Reichsprotektors von Böhmen und Mähren" war ein nationalsozialistisches Propagandablatt, als dessen Herausgeber Staatssekretär Frank fungierte.

Mit bewußter Schärfe und Deutlichkeit wendet sich der Reichsprotektor gegen die Unbelehrbarkeit der tschechischen Intellektuellen, während die gesunde Denkart der Masse des tschechischen Volkes anerkannt wird, ferner gegen die Hohlheit und Unaufrichtigkeit sämtlicher tschechischen Aufrufe und Veranstaltungen, mögen sie von der Protektoratsregierung, der Nationalen Gemeinschaft oder von dem tschechischen Verband für die Zusammenarbeit mit den Deutschen stammen. Auch die von den tschechischen Organisationen mit Lärm und mit absichtlichem politischen Nebenzweck in Szene gesetzten kulturellen Bestrebungen erhalten einen Dämpfer, indem klar ausgesprochen wird, daß die tschechische Kultur aus der deutschen entsprossen ist, mithin eine Eigenart nicht besitzt.

In den tschechischen Kreisen ist man über die Schärfe des Tones überaus betroffen, man fürchtet, daß es sich nicht mehr um eine Warnung, sondern um die Ankündigung eines bereits beschlossenen Programms handelt.

Ein Zeitungsausschnitt ist beigefügt.

DR. ZIEMKE

340

PA/AA, Inland II (Geheim), R 101108

**Schreiben des Staatssekretärs im Protektorat Frank
an den Reichsminister und Chef der Reichskanzlei Lammers**

St.S. 649/40   28. Dezember 1940

Sehr verehrter Herr Reichsminister!

Auf Ihr an den Herrn Reichsprotektor gerichtetes Schreiben vom 15. d.Mts. – Zeichen Rk. 18670 B, betr. die Errichtung eines tschechischen Hauses in Berlin, darf ich im Hinblick auf die Abwesenheit des Herrn Reichsprotektors wie folgt selbst antworten: Es ist Tatsache, daß sich Ministerpräsident Eliáš unlängst mit der Mitteilung an das Amt des Reichsprotektors gewandt hat, es bestände bei der Protektoratsregierung die Absicht, in Berlin „ein tschechisches repräsentatives Zentrum" zu schaffen. Vom Amt des Reichsprotektors ist daraufhin der Bescheid erteilt worden, eine derartige Absicht könne nicht gebilligt werden. Es bestände zunächst kein Bedürfnis nach der Errichtung eines tschechischen repräsentativen Zentrums in Berlin. Darüber hinaus erscheine es vom Standpunkt der Förderung des Reichsgedankens aus angezeigt, wenn das Kennenlernen des neuen Deutschlands durch die tschechische Öffentlichkeit auf dem Wege der Inanspruchnahme der bereits vorhandenen deutschen Einrichtungen erfolge. Ich glaube, daß damit die Angelegenheit als erledigt angesehen werden kann, um so mehr als eine Rückäußerung von Ministerpräsident Eliáš bis zur Stunde nicht erfolgt ist.

Heil Hitler!
Ihr
FRANK

341

PA/AA, Inland II (Geheim), R 101108

Bericht des Vertreters des Auswärtigen Amtes beim Reichsprotektor Ziemke an das Auswärtige Amt

Nr. 16.145/D.Pol.2.g   Prag, den 31. Dezember 1940

D II *305* g

<u>Geheim</u>

Inhalt: Tschechisches repräsentatives Zentrum in Berlin.
Auf Telegramm Nr. 70 vom 24.12.1940 – *D II 1565 g* –[536]

Wie ich bereits fernmündlich berichtete,[537] ist die Stellungnahme des Herrn Reichsprotektors zu dem Schreiben des Ministerpräsidenten Eliáš betreffend die Schaffung eines tschechischen repräsentativen Zentrums in Berlin ablehnend. Diese Ablehnung ist in einem Schreiben zum Ausdruck gebracht worden, das Staatssekretär Frank vor einigen Wochen an Herrn Eliáš richtete. Abschrift eines weiteren Briefes, den Reichsminister Lammers in der gleichen Angelegenheit von Staatssekretär Frank erhalten hat, ist beigefügt.[538]

Die Protektoratsregierung ist nicht mehr auf diese Angelegenheit zurückgekommen.

DR. ZIEMKE

342

NA, AMV 102-3/1

Bericht des Vertreters des Auswärtigen Amtes beim Reichsprotektor Ziemke an das Auswärtige Amt

Nr. 39/41/D.Pol.2.g   Prag, den 3. Januar 1941

<u>Geheime Reichssache</u>

Inhalt: Neujahrsglückwünsche des Staatspräsidenten Hácha.

Staatspräsident Dr. Emil Hácha hat zum Neuen Jahr an den Führer ein Telegramm gerichtet, in welchem er für sich und die Protektoratsregierung die allerbesten Wünsche für das persönliche Wohlergehen des Führers ausspricht. Gleichzeitig verleiht er der Überzeugung Ausdruck, daß unsere Wehrmacht den Krieg erfolgreich beendigt und dem Großdeutschen Reiche damit die Grundlagen für den Neuaufbau Europas schafft. Schließlich spricht Dr. Hácha von der Vorsehung, welche der Verwirklichung der großzügigen weltpolitischen Ideen des Führers ihren Beistand angedeihen lassen wird.

---

[536] Siehe Dokument Nr. 337.
[537] Siehe Dokument Nr. 338.
[538] Siehe Dokument Nr. 340.

Der Glückwunsch des Staatspräsidenten ist zweifach bemerkenswert:
Dr. Hácha spricht außer für sich selbst nur noch im Namen der Protektoratsregierung, nicht etwa auch für das tschechische Volk, als dessen Führer er sich in anderen Kundgebungen ständig bezeichnet. Es ist nicht so, als ob Herr Hácha es dem Reichsprotektor überlassen wollte, für die Tschechen zu sprechen, denn Baron Neurath überbringt in seinem 24 Stunden früher veröffentlichten Telegramm, wie im Vorjahre, ausschließlich die Wünsche der deutschen Volksgenossen in Böhmen und Mähren.

Der Schwerpunkt des Telegramms liegt nicht in dem Glückwunsch, sondern in der damit verbundenen Forderung. Der Staatspräsident erwartet nämlich, daß das tschechische Volk, wie der Führer es angeblich in Aussicht gestellt habe, einen neuen Aufschwung erlebe. Diese Formulierung bedeutet nichts anderes, als die Forderung nach einer Erhaltung und Befestigung der Autonomie, nach einer Konservierung und Förderung der tschechischen Eigenart, während wir dagegen uns um die Umstellung der Tschechen auf den Reichsgedanken bemühen.

Die Worte des Staatspräsidenten sind überlegt und gewollt. Vielleicht steht der Text des Glückwunsches mit der Tatsache in Verbindung, daß die von Dr. Hácha zuerst vorgelegte Weihnachtsansprache an „sein" Volk des pessimistischen Tones wegen hat umgeändert werden müssen. Auch hier fehlte der Reichsgedanke.

Ich habe im übrigen den Eindruck einer allgemeinen Versteifung der tschechischen Haltung.

2 Zeitungsausschnitte sind beigefügt.

DR. ZIEMKE

343

PA/AA, Inland II - A/B, R 99435

Bericht des Vertreters des Auswärtigen Amtes beim Reichsprotektor Ziemke an das Auswärtige Amt

Nr. 16.135/ D.Pol.3 Nr.5 — Prag, den 4. Januar 1941
D III *83*

Inhalt: Behandlung ausländischer Juden im Protektorat.
Im Anschluß an den Bericht vom 9.12.1940 – Nr. 14.766/D.Pol.3 Nr.5 –[539] und das Fernschreiben Nr. 67 vom 8. November 1940.[540]

Im Vorbericht hatte ich gebeten, mich zu gegebener Zeit über die Entscheidung zu verständigen, die dem Benehmen nach gemeinsam mit dem Reichsminister des Innern[541] über die Frage der Anwendung unserer Judengesetz-

---

[539] Siehe Dokument Nr. 332.
[540] Siehe Dokument Nr. 320.
[541] Wilhelm Frick.

gebung auf Juden ausländischer Staaten erfolgen soll. In diesem Zusammenhang darf ich auf mein angezogenes Fernschreiben aufmerksam machen, in welchem ich über die Anwendung der Schulverbote auf ausländische Juden angefragt habe. Ich nehme an, daß auch diese Frage in Berlin grundsätzlich behandelt wird und daß eine Entscheidung erfolgt.

DR. ZIEMKE

344

NA, AMV 102-3/1

Bericht des Vertreters des Auswärtigen Amtes beim Reichsprotektor Ziemke an das Auswärtige Amt

Nr. 127/D.Pol.g   Prag, den 6. Januar 1941

Inhalt: Neujahrsglückwünsche des Staatspräsidenten Hácha.
Im Anschluß an den Bericht vom 3. Januar 41 – Nr. 39/41/D.Pol.2.g –[542]

In der Anlage überreiche ich die deutsche Übersetzung der Weihnachtsansprache, die Staatspräsident Dr. Hácha im tschechischen Rundfunk am Heiligen Abend gehalten hat. Es handelt sich um den zweiten, umgeänderten Text, da der erste, wie ich im Vorbericht ausführte, nicht hat genehmigt werden können.

Das deutsche Volk wird nur in einem Zusammenhang erwähnt: Dr. Hácha ersucht die Tschechen, mit der unabwandelbaren Treue zum tschechischen Volksganzen ein friedliches und fruchtbares Zusammenleben mit dem deutschen Volke zu verbinden und zwar mit Rücksicht auf die geographische Lage und die tausendjährige Geschichte.

Der Grundgedanke des Aufrufs ist die Volksgemeinschaft. Dr. Hácha bemerkt noch, daß der bisherige Weg gut war, da er den Tschechen die Grundlagen des nationalen Daseins erhalten hat. Zum Schluß wird ein tschechischer Schriftsteller zitiert, nach dessen Ausspruch alle tschechischen Schritte von der Liebe zum Volk und zu seinem Glück geleitet sein müssen.

Auf den Glückwunsch des Dr. Hácha hat der Führer mit einem Telegramm geantwortet, in welchem er seinen Dank mit aufrichtigen Wünschen für das persönliche Wohl des Staatspräsidenten und für die glückliche Zukunft des tschechischen Volkes verbindet.

Der offiziöse deutsche Kommentar zu dem Telegrammwechsel betont deutlich und klar, daß nicht wir, sondern daß die Tschechen eine Verpflichtung besitzen. In der Auslassung des Prager Zeitungsdienstes vom 3. Januar heißt es wörtlich: „Die deutsche Wehrmacht hat das Protektorat nicht nur davor bewahrt, Kriegsschauplatz zu sein, sondern kämpft bei der Neugestaltung Europas auch für die glückliche Zukunft des tschechischen Volkes in

---

[542] Siehe Dokument Nr. 341.

einem neuen Europa. Dies verpflichtet das tschechische Volk, seine Kräfte und Leistungen auf dem Gebiet der Wirtschaft, der Industrie und Landwirtschaft für die gemeinsamen Reichsinteressen einzusetzen, um seinen Anspruch auf die Segnungen der kommenden europäischen Neuordnungen zu erwerben."

DR. ZIEMKE

345

NA, AMV 102-3/1

Bericht des Vertreters des Auswärtigen Amtes beim Reichsprotektor Ziemke an das Auswärtige Amt

Nr. 295/41-D.Pol.3 Nr.1   Prag, den 9. Januar 1941

Inhalt: Öffentliche Bedienstete der autonomen Protektoratsverwaltung. Abbau.

Mit der Verordnung vom 30. Dezember 1940 hat der Herr Reichsprotektor einschneidende Bestimmungen über den Abbau der öffentlichen Bediensteten der autonomen Protektoratsverwaltung erlassen. Danach dürfen Staatsbeamte und andere öffentliche Bedienstete, zwingende Gründe ausgenommen, bis Ende 1942 nicht neu eingestellt werden. Die Altersgrenze für den Anspruch eines Bediensteten auf Versetzung in den dauernden Ruhestand wegen Dienstunfähigkeit, sofern keine Aussicht auf deren Behebung vorliegt, wird bei Männern vom 55. auf das vollendete 50. und bei Frauen vom 53. auf das vollendete 48. Lebensjahr herabgesetzt. Von Amts wegen ist der Bedienstete mit vollendetem 55. bezw. 50. – bisher 60. bezw. 55. – Lebensjahr zu pensionieren. Die Pensionierung kann jedoch von Amts wegen, auch wenn kein Anspruch auf den vollen Ruhegenuß besteht, ohne Nachweis der Dienstunfähigkeit bereits mit vollendetem 45. bezw. 43. – bisher 55. bezw. 53. – Lebensjahr erfolgen. Andererseits ist die Erstreckung des aktiven Dienstes aus außerordentlichen dienstlichen Gründen bis zum vollendeten 64. – bisher zum 62. – Lebensjahr zulässig. Diese Verordnung ist mit dem 30. Dezember 1940 in Kraft getreten und verliert am 31. Dezember 1942 ihre Wirksamkeit.

Die Bestimmungen werden sich in mehrfacher Beziehung auswirken. Einmal ist die autonome Verwaltung mit Beamten derart übersetzt, daß ein Abbau unbedingt erfolgen muß. Zum zweitenmal wird die Möglichkeit geboten, die Pensionierung ungeeigneter Elemente gesetzlich zu unterbauen, dies ist besonders bezüglich jener Bediensteten von Bedeutung, die die deutsche Sprachprüfung (vgl. Bericht vom 26. Februar 1940 – Nr. 14.606/D.Kult.13 –) nicht bestehen. Praktisch wird damit erzielt, daß die höheren Stellen von unzuverlässigen Beamten gesäubert und die Tschechen auf niedere Stellen zurückgedrängt werden, immerhin jedoch alte bewährte Beamte, insbesondere jene, die bereits zur Zeit der ehemaligen österreichisch-ungarischen Monarchie im Staatsdienst waren und daher vielfach zwar loyal, doch ohne sondere Sympathien der früheren Tschechoslowakei gegenüberstanden, außerdem die deutsche Sprache beherrschen, soweit sie uns gegenüber loyal eingestellt sind, trotz Erreichung der Altersgrenze wenigstens vorübergehend im Protektoratsdienst gehalten werden können.

Ich werde auch über weitere Maßnahmen, die etwa in Kraft gesetzt werden, fortlaufend berichten.

DR. ZIEMKE

346

PA/AA, Büro des Staatssekretärs, R 29773

Bericht des Reichsprotektors Neurath an Staatssekretär Weizsäcker

Nr. RPr. 1755/40   Prag, den 10. Januar 1941

Vor einigen Tagen erhielt ich von dem Befehlshaber der Sicherheitspolizei[543] in Prag die Meldung, daß in den Weihnachtstagen die zu dem Besitz des Malteser-Ritterordens im Protektorat gehörigen wertvollen Gobelins aus dem Malteser-Palais mit Gewalt entfernt und auf Lastwagen nach Berlin in das Auswärtige Amt transportiert worden seien.[544] Zu diesem Zweck habe sich ein Attaché Bancke (?) des Auswärtigen Amtes bei dem Leiter der Staatspolizeileitstelle Prag,[545] dem von hier aus die Verantwortung für die Sicherheit der Gobelins übertragen worden war, gemeldet und erklärt, er sei vom Auswärtigen Amt beauftragt, die Gobelins abzuholen und nach Berlin zu bringen. Zu diesem Zweck habe er Arbeiter und 2 Lastwagen mitgebracht. Die Abnahme der außerordentlich großen und sehr haltbar im Palais befestigten Gobelins habe 8 Stunden in Anspruch genommen.

Gegen dieses Vorgehen muß ich aufs schärfste Verwahrung einlegen. Die Frage der Behandlung des Besitzes des Malteser-Ritterordens im Protektoratsgebiet ist ausschließlich meine Angelegenheit. Nur insoweit die internationale Behandlung der Rechtsstellung des Malteser-Ritterordens in Frage steht, ist das Auswärtige Amt zuständig. Für das Gebiet der Ostmark ist von seiten des Auswärtigen Amtes zur Betreuung des dortigen Besitzes ein Treuhänder eingesetzt, der aber im Protektoratsgebiet nichts zu sagen hat. Ich bitte demnach zu veranlassen, daß die Gobelins wieder nach Prag zurückgeführt werden.[546]

NEURATH

---

[543] Franz Walter Stahlecker.

[544] Während des Nationalsozialismus waren dem Malteser-Orden Aktivitäten in Deutschland und in den besetzten Gebieten untersagt, und das Eigentum zum Teil eingezogen. Mit dem Verbot erfuhr der Orden einen starken Verlust an Mitgliedern, Spitälern und Ordensbesitzungen, vor allem in Mittel- und Osteuropa.

[545] SS-Standartenführer Dr. Hans-Ulrich Geschke.

[546] Bei seinem Besuch in Prag Anfang November 1940 hatte sich Reichspropagandaminister Goebbels sehr für diese Gobelins interessiert, hatte diese jedoch aus finanziellen Gründen nicht erwerben können; siehe Dokument Nr. 318. Bei seiner Vernehmung vor dem Nürnberger Prozeß gegen die Hauptkriegsverbrecher am 25.6.1946 erwähnte Reichs-

Dem Herrn Reichsaußenminister mit anliegender Darstellung des Sachverhalts und der Rechtslage, betreffend den Abtransport von Gobelins aus dem Malteser-Palais in Prag vorgelegt.

Ich halte die von dem Chef des Protokolls (vgl. Anlage 5) angeregte persönliche Aufklärung bei dem Herrn Reichsprotektor für zweckmäßig und würde im Falle des Einverständnisses des Herrn Reichsaußenministers dem Reichsprotektor entsprechend antworten.

Berlin, den 28. Januar 1941

[WEIZSÄCKER]

347

PA/AA, Inland II (Geheim), R 101109
NA, AMV 102-3/1

**Bericht des Vertreters des Auswärtigen Amtes beim Reichsprotektor
Ziemke an das Auswärtige Amt**

Nr. 326/41-D.Pol.2.g   Prag, den 10. Januar 1941

D II *147* g

Geheim

Inhalt: Die tschechischen Legionäre.
Mit Bezug auf den Bericht vom 27.12.1940 – Nr. 16.018/D.Pol.4 –[547]

Staatssekretär Frank hat für das demnächst erscheinende Januar-Heft der Zeitschrift „Böhmen und Mähren" einen Aufsatz „Irrtum im Grundsätzlichen" geschrieben, aus dem der „Neue Tag" vom 9. d.M. einen (vom gleichen Verfasser) kommentierten Auszug veröffentlicht (gez. Dr. K.H.). Die Überschrift dieses Aufsatzes gibt die „grundsätzliche" Forderung des Aufsatzes wieder: „Die Legionärsclique ist untragbar."

Die Ausführungen des Staatssekretärs sind eine abgestimmte Fortsetzung der Neujahrs-Kundgebung des Reichsprotektors, die im Dezember-Heft der erwähnten Zeitschrift erschienen war. Die Feststellung des Reichsprotektors über die negative Einstellung der tschechischen Intellektuellen erfährt jetzt eine ernste Auslegung. Die vom Reichsprotektor bemängelte ablehnende Haltung wird mit dem verderblichen Einfluß der Legionäre begründet, denen bei der Schaffung der ehemaligen Tschechoslowakischen Republik von dem Beneš-Regime ein Mythos angedichtet wurde, um die dunkelste Periode der tschechischen Geschichte zu heroisieren.

---

protektor Neurath die Entfernung der Gobelins aus dem Malteser-Palais, sah aber keinen Zusammenhang zu Goebbels Erwerbsbemühungen nur wenige Wochen zuvor; vgl. Der Prozeß gegen die Hauptkriegsverbrecher vor dem Internationalen Militärgerichtshof. Nürnberg, 14.11.1945-1.10.1946. Band 17. Hg. v. *Internationalen Militärgerichtshof.* Nürnberg 1948, 15.

[547] Siehe Dokument Nr. 338.

Der Staatssekretär stellt eindeutig fest, daß diese Legionäre, die verhätschelten Werkzeuge des ausgelöschten Regimes, auch heute noch die gesunden Instinkte der tschechischen Masse nachteilig beeinflussen, daß sie die Träger der Flüsterpropaganda sind und nach wie vor die wichtigen Positionen inne haben. Es wird nunmehr ihre Entfernung aus dem öffentlichen Dienst und ihre Aussonderung aus dem schaffenden Leben des tschechischen Volkes gefordert. Die Ankündigung dieser Forderung ist im Hinblick auf die Persönlichkeit, die sie aufgestellt hat, gleichbedeutend mit ihrer baldigen Verwirlichung. Der Eindringlichkeit wegen schließt der Zeitungsartikel mit dem Hinweis, daß Lauheit und Schwäche Vokabeln sind, die im nationalsozialistischen Wörterbuch fehlen.

Die Ausmerzung der Legionäre soll die Schaffung eines harmonischen, ungetrübten Verhältnisses zwischen dem deutschen und dem tschechischen Volke fördern.

Mit Bezug auf den Vorbericht darf ich bemerken, daß es sich um die Fortsetzung der bereits gezogenen Linie handelt, die für die Zukunft des Protektorats festgelegt worden ist. Staatssekretär Frank kündigt den ersten Schritt an, der zur allmählichen Ausmerzung der reichsfeindlich gesinnten Schichten führen soll, denen endgültig eine Sonderbehandlung zugedacht ist (vgl. Bericht vom 5.10.1940 – Nr. 12.065/D.Pol.2.g).[548] Aus Gründen politischer Taktik bemerkt der Staatssekretär schließlich, daß eine Ablehnung des Legionärtums nicht gleichbedeutend ist mit einer Verfolgung wahrhaft tschechischen nationalen Empfindens. Dieses „wahrhaft tschechische nationale Empfinden" wird späterhin allerdings noch einer Interpretation bedürfen.

Die Wirkungen werden nachhaltig sein, da der Anhang der Legionäre bis hinauf in den höchsten Staatsstellungen sitzt. Der frühere Legionär Ministerpräsident Eliáš wird von der angekündigten Maßnahme nicht berührt, da er aus anderen Gründen noch gehalten werden soll.

Der nächste Schritt ist voraussichtlich ein Schlag gegen den Sokol, und zwar in der Form, daß keine allgemeine Auflösung erfolgt, sondern gegen die einzelnen lokalen Sokol-Vereinigungen nach und nach vorgegangen wird. Alles dient dem Endziel: Der Verdeutschung des Raumes und der Menschen.

Ich berichte weiter.

Ein Zeitungsausschnitt ist beigefügt.[549]

DR. ZIEMKE

---

[548] Siehe Dokument Nr. 306.

[549] Hierbei handelt es sich um den bereits angesprochenen Artikel „Die Legionärsclique ist untragbar". In: Der Neue Tag v. 9.1.1941.

348

PA/AA, Inland II (Geheim), R 101109

Bericht des Staatssekretärs im Reichsinnenministerium Pfundtner an den Reichsminister und Chef der Reichskanzlei Lammers

I BM 1240/40   Berlin, den 13. Januar 1941
                                              D II *139* g

Betr.: „Tschechisches Haus" in Berlin.
Zum Schreiben vom 15.12.1940 – Rk. 18670 B. –

Gegen die Schaffung eines „tschechischen repräsentativen Zentrums" durch Errichtung eines „Tschechischen Hauses" werden auch von hier die stärksten Bedenken geltend gemacht. Es erscheint aus allgemein politischen wie insbesondere aus volkstumspolitischen Gründen unerwünscht, daß sich in Berlin unter tschechischer Initiative ein Mittelpunkt zur Betreuung aller im Reiche lebenden tschechischen Volkszugehörigen entwickelt, der bei diesen das Bewußtsein der Zugehörigkeit zu einem staatlichen Sondergebilde aufrechterhält, den Zusammenhalt der Tschechen im Reich fördert und außerdem in der Lage ist, eine empfindliche Störung und Erschwerung der volkspolitischen Absichten und Maßnahmen des Reiches herbeizuführen. Auch rein kulturelle Betreuungsmaßnahmen – wie sie etwa schon jetzt bei tschechischen Arbeitslagern im Reich durch die Deutsche Arbeitsfront durchgeführt werden – sollten aus naheliegenden Gründen ausschließlich in den Händen deutscher Instanzen verbleiben.

Die angeführten Bedenken bestehen allerdings nicht nur gegenüber der Errichtung eines „Tschechischen Hauses", sondern sie gelten auch gegenüber der etwaigen Absicht, den repräsentativen Mittelpunkt des Tschechentums im Reich nicht in einem „Tschechischen Hause", sondern beim Gesandten des Protektorats zu schaffen; einer Aktivierung und Intensivierung der Arbeit der Gesandtschaft des Protektorats in dieser Richtung muß daher m. E. mit größtem Mißtrauen begegnet, und sie sollte unterbunden werden, soweit sie nicht unmittelbar mit der im Führererlaß vom 16.3.1939 niedergelegten Aufgabe des Gesandten[550] („Vertretung bei der Reichsregierung") vereinbar ist.[551]

Der Reichsminister des Auswärtigen und der Reichsprotektor in Böhmen und Mähren, der Chef der Sicherheitspolizei und des Sicherheitsdienstes[552] sowie der Stellvertreter des Führers[553] haben Abschrift dieses Schreibens erhalten.

Abschrift mit der Bitte um Kenntnisnahme.

                                          In Vertretung
                                          PFUNDTNER

---

[550] František Chvalkovský.
[551] Siehe Dokument Nr. 1.
[552] Reinhard Heydrich.
[553] Rudolf Heß.

349

NA, AMV 102-3/1

**Bericht des Vertreters des Auswärtigen Amtes beim Reichsprotektor
Ziemke an das Auswärtige Amt**

Nr. 530/41-D.Pol.2.g   Prag, den 15. Januar 1941

<u>Geheime Reichssache</u>

Inhalt: Regierungskrise.
Mit Bezug auf die Berichte vom 9.1.1941 – Nr. 295/41-D.Pol.3 Nr.1
(Pensionsgesetz) –[554] und 10.1.1941 – Nr. 326/41-D.Pol.2.g –[555]

Der „Neue Tag" vom 12. d.M. bringt einen weiteren Artikel zur Legionärsfrage. Noch einmal werden die Legionäre als minderwertige Emporkömmlinge bezeichnet, denen zur Verschleierung der Ausbeutung des tschechischen Volkes der Mantel des Heldentums umgehängt und eine Befreiungslegende angedichtet wurde. Andererseits greift der Artikel die Zusicherung des Staatssekretärs Frank ausführlicher auf, daß das Vorgehen gegen die Legionäre nichts mit dem tschechischen Nationalismus zu tun habe und keine Verfolgung des tschechischen Patriotismus bedeute. Es heißt weiter, daß derjenige national denkt, der seinem Volk zu nützen trachtet, während die Legionäre die Legende gegen das Reich wühlen, obwohl sie wissen, daß sie ihrem Volk dadurch Schaden zufügen.

Der Herr Reichsprotektor bemerkte zu mir heute, daß der Artikel des Staatssekretärs zur Legionärsfrage n i c h t mit ihm vorher abgestimmt worden sei und daß er sein zeitliches Zusammentreffen mit dem neuen Pensionsgesetz nicht für glücklich halte. Dieses Gesetz böte nach Auffassung des Herrn Reichsprotektors eine Handhabe, die Legionäre auszuschalten, ohne ihnen ausdrücklich den Kampf anzusagen.

Größere Schichten des tschechischen Volkes begrüßen das Vorgehen gegen die Legionäre, die sich damals zu aufdringlich an die Staatskrippe drängten, aber es ist auch eine Beunruhigung entstanden, die vorweg in den Kauf genommen werden mußte. Die Protektoratsregierung befürchtet, daß das neue Pensionsgesetz in erster Linie zur Ausschaltung der Legionäre aus dem Staatsdienst angewandt werden wird. Am 11. d.M. bot Ministerpräsident Eliáš dem Staatspräsidenten Hácha seine Demission an, wohl mehr, weil er glaubte, daß sein Rücktritt erwartet würde, denn Herr Eliáš ist viel zu weich, zu passiv und zu ängstlich, als daß er es wagte, demonstrative Gesten zu machen. Der Vorfall wurde sozusagen amtlich nicht zur Kenntnis genommen, so daß die Regierungskrise sich wieder verflüchtigte. Einstweilen bleibt alles beim alten, allerdings hat sich Herr Eliáš krank gemeldet. Es ist möglich, daß er ersetzt

---

[554] Siehe Dokument Nr. 345.
[555] Siehe Dokument Nr. 347.

wird. Amtliche Verlautbarungen sind nicht erfolgt, die Presse bringt hierüber nichts.[556]

Aus anderen Anlässen habe ich den Eindruck, daß Herr Eliáš völlig kopfscheu geworden ist.

Die Versteifung der allgemeinen tschechischen Haltung dauert an, wofür die italienischen Ereignisse[557] und die Roosevelt-Rede[558] den Nährboden abgeben.

Ein Zeitungsausschnitt ist beigefügt, ferner der „Prager Zeitungsdienst" vom 10. d.M. mit einigen tschechischen Pressestimmen.

DR. ZIEMKE

350

NA, AMV 102-3/1

Bericht des Vertreters des Auswärtigen Amtes beim Reichsprotektor Ziemke an das Auswärtige Amt

Nr. 548/41-D.Pol.3 Nr.1   Prag, den 16. Januar 1941

Inhalt: Öffentliche Bedienstete der autonomen Protektoratsverwaltung. Abbau.

Im Anschluß an den Bericht vom 9.1.1941 – Nr. 295/41-D.Pol.3 Nr.1 –[559]

Der Herr Reichsprotektor hat mir die anliegend beigefügte Abschrift seines Schreibens vom 9. d.M. an Ministerpräsident Eliáš übermittelt, in welchem die Veranlassung zu der Pensionsverordnung und ihre Durchführung behandelt wird. In dem Schreiben betont der Reichsprotektor, daß er selbst die Verord-

---

[556] Ministerpräsident Eliáš wurde am 27.9.1941 wegen seiner Zusammenarbeit mit dem tschechischen Widerstand verhaftet.

[557] Für Italien war die militärische Lage in Libyen immer bedrohlicher geworden. Auf Drängen Mussolinis hatte Hitler daraufhin am 11.1.1941 die Aufstellung eines deutschen Panzerverbandes befohlen, um diesen nach Afrika zu verbringen. Das so genannte Afrikakorps unter General Erwin Rommel kämpfte fortan bis zu seiner Kapitulation am 13.5.1943 gegen die britische 8. Armee.

[558] Präsident Roosevelt hatte vor dem Kongress am 6.1.1941 die amerikanische Politik mit den „vier Freiheiten" verkündet: „Die erste Freiheit ist die Freiheit der Rede und der Meinungsäußerung – überall in der Welt. Die zweite Freiheit ist die Freiheit eines jeden, Gott auf seine Weise zu dienen – überall in der Welt. Die dritte Freiheit ist Freiheit von Not. Das bedeutet, gesehen vom Gesichtspunkt der Welt, wirtschaftliche Verständigung, die für jede Nation ein gesundes, friedliches Leben gewährleistet – überall in der Welt. Die vierte Freiheit ist die Freiheit von Furcht. Das bedeutet, gesehen vom Gesichtspunkt der Welt, weltweite Abrüstung, so gründlich und so weitgehend, dass kein Volk mehr in der Lage sein wird, irgendeinen Nachbarn mit Waffengewalt anzugreifen – überall in der Welt." Vgl. den originalen Wortlaut unter URL: http://voicesofdemocracy.umd.edu/fdr-the four-freedoms-speech-text (am 14.9.2013).

[559] Siehe Dokument Nr. 345.

nung habe erlassen müssen, da die Protektoratsregierung es abgelehnt hatte, von sich aus die Initiative zu dem erforderlichen Abbau der Beamtenschaft zu ergreifen. Dieser Abbau ist nach Auffassung des Reichsprotektors in Anbetracht der Überbesetzung vordringlich.

Für die Durchführung werden folgende Richtlinien gegeben:

Die autonome Protektoratsverwaltung wird von den Legionären gesäubert. Die Sperre für Neueinstellung und Beförderung tschechischer Beamter wird aufrechterhalten. Deutsche Protektoratsbeamte werden dagegen von der Sperre nicht betroffen. Für letztere gilt die für Reichsbeamte festgesetzte Altersgrenze von 65 Jahren. Die Besoldung der Beamten der autonomen Verwaltung wird nach durchgeführtem Abbau den Teuerungsverhältnissen angepaßt werden. (Die deutschen Beamten der Protektoratsverwaltung erhalten bereits seit 1. Juli 1940 eine Ausgleichungszulage aus Reichsmitteln.)

Einen Kommentar des „Neuen Tag" (Prag) vom 16. Januar 1941 füge ich zur Kenntnis bei.

DR. ZIEMKE

[Anlage: Schreiben des Reichsprotektors Neurath an Ministerpräsident Eliáš]

Nr. I 1 c – 5635   Prag, den 9. Januar 1941

Sehr geehrter Herr Ministerpräsident!

Die autonome Protektoratsregierung hat es mit dem von Ihnen unterzeichneten Schreiben vom 6.12.1940 – Nr. 46.057/40 ME – abgelehnt, meinem Wunsche bezüglich der Änderung der Regierungsverordnung Nr. 379/1938 vom 21.12.1938 zu entsprechen.

Bei dieser Sachlage habe ich selbst eine Verordnung gleichen Inhalts erlassen müssen. Abdruck dieser Verordnung füge ich bei.

Die von Ihnen so lebhaft bestrittene personelle Überfüllung innerhalb der autonomen Protektoratsverwaltung steht für mich fest. Aus dem eindeutigen Zahlenmaterial über die aus der ehem. tschechischen Wehrmacht überführten und über die aus den früher tschecho-slowakischen, heute nicht zum Protektorat gehörigen Gebieten zurückgewanderten öffentlichen Bediensteten ist das Maß der personellen Überfüllung leicht abzulesen. Überdies ist mir bekannt, daß schon in der ehem. Tschecho-Slowakischen Republik mit Rücksicht auf die dort bestehende Parteienmißwirtschaft zum Teil eine erhebliche Übersetzung bestand.

Allgemein gehe ich für die Lösung der sehr schwierigen und auch von mir mit aller Verantwortung empfundenen Frage des Beamtenabbaues von folgenden Erwägungen aus: Jeder Staat und jedes sonstige öffentliche Gebilde hat nach einem Zusammenbruch oder nach einer sonstigen grundsätzlichen staatsrechtlichen Umwälzung die Pflicht, seinen Beamtenapparat durch Abbau und andere geeignete Maßnahmen in Ordnung zu bringen, die Zahl der öffentlichen Bediensteten auf das notwendige Maß herabzusetzen und dadurch den geänderten Verhältnissen gerecht zu werden. Diese Pflicht traf auch das Protektorat, das insoweit die – allerdings schwere – Erbschaft der ehem. tschecho-slowakischen Republik zu übernehmen hatte. Der Protektoratsregierung kam es dabei zu, diese Aufgabe als eine der vordringlichsten im Rahmen der Autonomie, d.h. unter eigener Verantwortung und im eigenen Wirkungskreise durchzuführen. Von meiner Behörde wurde dazu seit Sommer 1939 jede Unterstützung in Aussicht gestellt. Leider habe ich bisher jedes eigene initiative Vorgehen der Protektoratsregierung vermissen müssen, so daß mir, um nicht unhaltbare Zustände einreißen zu lassen, nichts anderes übrig blieb, als selbst zu handeln. Allein die Tatsache, daß beinahe die Hälfte des Haushaltes des Protektorats aus Personalausgaben besteht, spricht eine beredte Sprache. Die Personalverhältnisse in den einzelnen Ämtern der autonomen Verwaltung sind mir zudem hinlänglich bekannt. Bei den gegebenen Verhältnissen kann die Lösung des Problems nicht länger hinausgeschoben werden. Da die Beschlußfassung über eine Abbauverordnung offensichtlich mit Schwierigkeiten für die Protektoratsregierung verbunden gewesen wäre, habe ich es auf mich genommen, eine derartige Verordnung selbst zu erlassen. Ich hoffe damit gegenüber der Protektoratsregierung, die von der Notwendigkeit eines Abbaues auch selbst überzeugt sein muß, besonderes Entgegenkommen bewiesen zu haben. Wichtig ist in diesem Zusammenhang insbesondere auch der Umstand, daß der autonome Beamte tschechischer Volkszugehörigkeit nach Aufhebung der Zoll- und Währungsgrenze zum übrigen Reichsgebiet und nach Angleichung der Löhne und Preise hinlänglich bezahlt werden muß. Ich bin fest entschlossen, eine solche Bezahlung in der Praxis durchzusetzen. Erste Voraussetzung dafür ist aber die Durchführung des notwendigen personellen Abbaues in der trostlos überfüllten autonomen Protektoratsverwaltung.

Zur Durchführung meiner Verordnung vom 30.12.1940 bitte ich daher, in allen Zweigen der öffentl. Verwaltung einschl. der Selbstverwaltung jeder Art vorerst folgende Maßnahmen bis zum 31.3.1941 durchzuführen.

1) Der Möglichkeit der wahlweisen Pensionierung der über 45 Jahre alten Beamten sind zunächst <u>sämtliche Legionäre</u> zu unterwerfen. Kündbare Kräfte im öffentlichen Dienst, die Legionäre sind, sind zum nächstmöglichen Kündigungstermin, spätestens jedoch zum 31.3.1941, zu entlassen. Dabei gehe ich davon aus, daß der Begriff „Legionär" gesetzlich feststeht und aus jedem einzelnen Personalakt ersichtlich ist. Ausnahmen vom Abbau der über 45 Jahre alten Legionäre können nur in ganz besonders gelagerten Einzelfällen in Betracht gezogen werden. Die Genehmigung behalte ich mir für jeden Ausnahmefall vor.

Ich bitte mir zur Kontrolle bis 15.2.1941 eine Aufstellung vorzulegen, aus welcher die Gesamtzahl der Legionäre im öffentlichen Dienst und ihre Aufgliederung nach den einzelnen Beamtenkategorien und Ressorts ersichtlich ist. Die Verwaltungszweige bitte ich nach Behördenstufen zu unterteilen.

2) Die obligatorische Pensionierung wird <u>grundsätzlich bei allen</u> über 55 Jahre alten Bediensteten durchgeführt.

Vor der Pensionierung jener Beamtenkategorien der Altersstufen über 55 Jahre, für welche meiner Behörde ein <u>Fragebogen</u> entsprechend meinem Schreiben vom 20.6.1940, I 1 d – 308, 29.6.1940, I 1 d – 308, 3.7.1940, I 1 d – 308, 12.9.1940, I 1 c – 5517, und 21.12.1940, I 1 c – 5517, vorzulegen ist (leitende Bedienstete), bitte ich im

Einzelfall die Zustimmung meiner Behörde einzuholen. Ich bitte, mir ehestens ein ressortmäßig gegliedertes Verzeichnis dieser Beamten vorzulegen. Die Pensionierung darf erst nach Eintreffen der Zustimmung meiner Behörde ausgesprochen werden. Bis dahin bleibt der Bedienstete im Amt.

3) Für Protektoratsbeamte <u>deutscher Volkszugehörigkeit</u> ist die Rechtslage folgende:

a) Wie mit meinem Schreiben vom 19.4.1940, I 1 d – 656, und vom 28.8.1940, I 1 c – 656, festgelegt wurde, bezieht sich die Einstellungssperre nicht auf deutsche Volkszugehörige. Das gleiche gilt hinsichtlich der Beförderungssperre. Im übrigen verweise ich auf meinen Erlaß vom 13.9.1940, I 1 c – 869, wonach Ausnahmen von der Einstellungs- und Beförderungssperre nur in den von mir angeregten Fällen zugestanden werden.

b) Hinsichtlich der Pensionierung von deutschen Protektoratsbediensteten ist mein Erlaß vom 16.10.1939, I 1 d – 8560, sinngemäß anzuwenden. Danach verbleiben deutsche Protektoratsbeamte grundsätzlich bis zur Vollendung des 65. Lebensjahres im Dienste. Vor der beabsichtigten Pensionierung deutscher Beamter bitte ich, mir in jedem Falle, auch bei dauernder Dienstunfähigkeit, eigenen Antrag usw., rechtzeitig Mitteilung zu machen. Die Pensionierung darf erst beim Vorliegen meiner Zustimmung vorgenommen werden.

Mit vorzüglicher Hochachtung
FRHR. VON NEURATH

351

NA, AMV 102-3/1

**Bericht des Vertreters des Auswärtigen Amtes beim Reichsprotektor
Ziemke an das Auswärtige Amt**

Nr. 623/41-D.Pol.4   Prag, den 17. Januar 1941

<u>Vertraulich!</u>

Inhalt: Erklärung über die Ernährungslage im Protektorat.

Im Auftrage des Reichsprotektors hat Staatssekretär Frank am 15. Januar an die Mitglieder der Protektoratsregierung eine Ansprache gerichtet, welche die Ernährungslage im Protektorat behandelt. Aus der Ansprache werden folgende Punkte hervorgehoben:

Die Ernährungslage im Protektorat ist sehr ernst, so daß das Reich, da die Länder Böhmen und Mähren sich aus eigenen Beständen nicht versorgen können, wiederholt mit erheblichen Mengen geholfen hat. Die tschechische Flüsterpropaganda behauptet allerdings das Gegenteil, und dunkle Elemente schädigen die Ernährungslage durch Schleichhandel und Sabotageaktionen. Obwohl der Reichsprotektor öfters die Protektoratsregierung auf diese Mißstände des Wirtschaftslebens aufmerksam gemacht hat, handelten die tschechischen Behörden immer erst auf deutschen Druck und mit Einzelmaßnahmen. Der Schleichhandel hält unvermindert an. Niemals hat die Protektoratsregierung ihre ganze Autorität aufgeboten, weder um den Schleichhandel zu bekämpfen, noch um die Tschechen aufzuklären, daß nicht das Protektorat für die Ernährung der Bevölkerung im Altreich aufkommt, sondern daß das Altreich mit starken Kontingenten dem Protektorat hilft. Auch die „Nationale Gemeinschaft", hinter der angeblich 90% der Bevölkerung stehen, ist niemals für die Zwecke der Bekämpfung des Schleichhandels und der Aufklärung der Bevölkerung eingesetzt worden.

Falls die Produzenten nicht die Erfüllung der ihnen auferlegten Lieferungen sicherstellen, wird das Reich künftighin dem Protektorat nicht mehr mit Zusatzkontingenten aushelfen, das Reich wird ferner die Versorgung der deutschen Bevölkerung selbst in die Hand nehmen und die Versorgung der tschechischen der Protektoratsregierung überlassen.

In sachlicher Hinsicht regt der Staatssekretär die Bildung eines Ausschusses an, der dem Innenministerium angegliedert wird und dem Vertreter der beteiligten Zentralbehörden zuzuweisen sind.

Der Staatssekretär macht die Mitglieder des Kabinetts in ihrem eigenen Interesse persönlich für eine sofortige und durchgreifende Abhilfe verantwortlich.

Die Ansprache wird wegen der Schärfe des Tones und wegen der offenen Darlegung über die Ernährungslage nicht veröffentlicht. Den Wortlaut füge ich bei.

Ferner liegt ein Ausschnitt aus dem „Neuen Tag" bei.

DR. ZIEMKE

352

PA/AA, Inland II - A/B, R 99435

Bericht des Vertreters des Auswärtigen Amtes beim Reichsprotektor Ziemke an das Auswärtige Amt

Nr. 362/41-D.Pol.3 Nr.5   Prag, den 23. Januar 1941
D III 675

Betr.: Verordnung des Reichsprotektors in Böhmen und Mähren über das jüdische Vermögen vom 21. Juni 1939.
Auf den Erlaß vom 4.1.1941 – Nr. D III 6533 –

Auftragsgemäß überreiche ich in je zwei Stück die Hefte des Verordnungsblatts des Reichsprotektors in Böhmen und Mähren, welche die Verordnung über das jüdische Vermögen vom 21. Juni 1939 und die Durchführungserlasse enthalten.[560] Es fehlt vorläufig nur der Fünfte Durchführungserlaß vom 2. März

---

560 Diese so genannten Hefte enthalten die „Verordnung des Reichsprotektors in Böhmen und Mähren über das jüdische Vermögen" vom 21.6.1939 (Verordnungsblatt des Reichsprotektors in Böhmen und Mähren/VBlRProt. Nr. 6/1939, 45), den „Zweiten Durch-

1940 nebst Bekanntmachung vom gleichen Tage, da das gegenständliche Heft des Verordnungsblatts zur Zeit vergriffen ist. Sobald es nachgedruckt wird, werde ich es nachreichen.

Die Kosten für die Beschaffung der Verordnungsblätter in der Höhe von Kč 83,- = RM 8,30 werden unter Bezugnahme auf den nebenbezeichneten Erlaß und den vorliegenden Bericht als Auftragszahlung in der amtlichen Abrechnung für Januar 1941 in Ausgabe nachgewiesen werden.

DR. ZIEMKE

führungserlass des Reichsprotektors in Böhmen und Mähren zur Verordnung über das jüdische Vermögen" vom 8.12.1939 (VBlRProt. Nr. 39/1939, 318), die „Verordnung des Reichsprotektors in Böhmen und Mähren zur Ausschaltung der Juden aus der Wirtschaft im Protektorat" vom 26.1.1940 (VBlRProt., Nr. 7/1940, 41), den „Ersten Durchführungserlass zur Verordnung des Reichsprotektors in Böhmen und Mähren zur Ausschaltung der Juden aus der Wirtschaft im Protektorat" vom 26.1.1940 (VBlRProt. Nr. 7/1940, 43), den „Dritten Durchführungserlass des Reichsprotektors in Böhmen und Mähren zur Verordnung über das jüdische Vermögen" vom 26.1.1940 (VBlRProt. Nr. 7/1940, 44), den „Vierten Durchführungserlass des Reichsprotektors in Böhmen und Mähren zur Verordnung über das jüdische Vermögen" vom 7.2.1940 (VBlRProt. Nr. 7/1940, 46), den „Zweiten Durchführungserlass zur Verordnung des Reichsprotektors in Böhmen und Mähren zur Ausschaltung der Juden aus der Wirtschaft im Protektorat" vom 19.3.1940 (VBlRProt. Nr. 14/1940, 80), den „Sechsten Durchführungserlass des Reichsprotektors in Böhmen und Mähren zur Verordnung über das jüdische Vermögen" vom 29.3.1940 (VBlRProt. Nr. 16/1940, 146), den „Siebenten Durchführungserlass des Reichsprotektors in Böhmen und Mähren zur Verordnung über das jüdische Vermögen" vom 10.7.1940 (VBlRProt. Nr. 30/1940, 299), die „Verordnung über die Rechtsstellung jüdischer Angestellter im Protektorat Böhmen und Mähren" vom 14.9.1940 (VBlRProt. Nr. 39/1940, 475), den „Achten Durchführungserlass des Reichsprotektors in Böhmen und Mähren zur Verordnung über das jüdische Vermögen" vom 16.9.1940 (VBlRProt. Nr. 43/1940, 507), den „Neunten Durchführungserlass des Reichsprotektors in Böhmen und Mähren zur Verordnung über das jüdische Vermögen" vom 21.10.1940 (VBlRProt. Nr. 46/1940, 545), den „Dritten Durchführungserlass zur Verordnung des Reichsprotektors in Böhmen und Mähren zur Ausschaltung der Juden aus der Wirtschaft im Protektorat" vom 10.1.1941 (VBlRProt. Nr. 2/1941, 13). Der Erste und der Fünfte Durchführungserlass des Reichsprotektors in Böhmen und Mähren zur Verordnung über das jüdische Vermögen wurden später übermittelt.

353

NA, AMV 102-3/1

**Bericht des Vertreters des Auswärtigen Amtes beim Reichsprotektor
Ziemke an das Auswärtige Amt**

Nr. 869/41-D.Pol.4 Prag, den 23. Januar 1941

Inhalt: Propaganda.
Mit Bezug auf einen Drahterlaß.

Für die Abwehr der Feindpropaganda über die besetzten Gebiete gebe ich
zunächst in der Anlage eine Aufzeichnung über die hiesigen Verhältnisse zur
Klärung der Lage. Diese Aufzeichnung enthält eingestreut auch vertrauliches
informatorisches Material, das nicht propagandistisch ausgewertet werden
kann, sondern lediglich dem Verständnis dient.

Wie ich im Vorbericht vom 20. Januar 1941 – Nr. 779/41-D.Pol.4 – bemerkte, lasse ich jetzt sogenannte Bilanzartikel über das Jahr 1940 schreiben,
welche einen Rückblick auf die deutsche Aufbauarbeit und den Fortgang des
Gesamtlebens im Protektorat bringen.

Konkrete Greuelnachrichten, die nachprüfbare Tatsachen enthalten, werde
ich stets sofort dementieren. Dagegen ist es schwierig, auf eine allgemein gehaltene Feindpropaganda mit Gegenartikeln zu antworten, da sich gewisse
Tatsachen nicht abstreiten lassen.

DR. ZIEMKE

[Anlage: Aufzeichnung zur allgemeinen Feindpropaganda über die besetzten
Gebiete]

I. Ernährungslage

Im Protektorat gelten für die Versorgung der Bevölkerung und zwar ohne
Unterschied ihrer Volkszugehörigkeit, für Deutsche und Tschechen gemeinsam, im großen und ganzen die gleichen Vorschriften wie im Reich. Es werden im Protektorat Lebensmittelkarten, Kleiderkarten sowie Bezugsscheine
für Lederwaren ausgegeben.[561] Die zugeteilten Mengen sind ungefähr in gleicher Höhe wie im Reich. Die Durchführung der Vorschriften liegt zunächst
in der Hand der autonomen, also der tschechischen Behörden. Den Verbrau-
cher schützen Höchstpreise für die Gegenstände des täglichen Bedarfs, die
sowohl den Produzenten, vornehmlich den Landwirt, als auch den Wieder-
verkäufer binden. Flüchtige Besucher des Protektorats nehmen gewöhnlich
den Eindruck mit, daß die Ernährungslage unvergleichlich günstiger ist als
im Reich, da sie glauben, auch ohne Lebensmittelkarten auszukommen. Dies

---

[561] Im Deutschen Reich waren bereits im September 1939 alle wichtigen Lebensmittel rati-
oniert und für den Erwerb Lebensmittelkarten ausgegeben worden.

liegt zum Teil daran, daß in den Gaststätten kartenfreie Lebensmittel, vor allem Geflügel und Fische, reichlich zu haben sind.

Das Protektorat ist vor einem Ausverkauf durch Private im Reich und im Auslande durch sogenannte Verbringungsverbote geschützt, die nahezu jeden Gegenstand, der dem täglichen Verbrauch dient, betreffen. Es ist strengstens verboten, diese Gegenstände auszuführen. Die Beachtung dieser Verbote wird durch lückenlose Kontrollmaßnahmen erzwungen.

Es ist ferner falsch, daß Vorräte aus dem Protektorat in das Reich zur Verbesserung der Versorgung der deutschen Bevölkerung oder des deutschen Militärs gebracht werden. Das Protektorat war und ist im Gegenteil vielmehr ein Zuschußgebiet, das sowohl auf Zufuhren aus den Südostländern als auch aus dem Reich angewiesen ist. Die Südostländer liefern vor allem Fleisch, Butter und Fette, zumal die Molkereien des Protektorats nicht zur Verbutterung der Milch ausreichen. Das Reich selbst liefert auch jetzt in Kriegszeiten dem Protektorat erhebliche Zuschüsse, damit die Versorgung der Zivilbevölkerung gesichert bleibt. Es wird daran erinnert, daß tausende von Tonnen dänischen Bacons, die für England bestimmt waren und bei der Besetzung Dänemarks vorgefunden wurden, nach hier geschafft worden sind, als vorübergehend eine gewisse Knappheit an Fleisch einsetzte.

Die Ernährungslage im Protektorat ist bedeutend schlechter als im Reich und muß als sehr ernst bezeichnet werden. Dies liegt daran, daß, wie eben ausgeführt, das Protektorat auf Zuschüsse aus dem Ausland und dem Reich angewiesen ist. Wenn auch diese Zuschüsse weiter andauern, so sind die Schwierigkeiten in der Verteilung beachtlich. Der Landwirt treibt passive Resistenz, um seine Erzeugnisse nicht zu den festgesetzten Höchstpreisen abliefern zu müssen. Die Handhabung der Rationalisierungsvorschriften durch die tschechischen Behörden ist lax, und der Schleichhandel hat unerhörte Formen angenommen. Von Zeit zu Zeit treten daher bedenkliche Mangelerscheinungen an Kartoffeln, Brot, Fetten und Fleisch auf. Aus diesem Grunde hat sich das Amt des Reichsprotektors genötigt gesehen, der Protektoratsregierung ernste Vorstellungen zu machen. Die Protektoratsregierung wird aufgefordert, die Bevölkerung dahin aufzuklären, daß das Reich nicht das Protektorat ausraubt, sondern es im Gegenteil beliefert, ferner soll die Protektoratsregierung der passiven Resistenz und dem Schleichhandel energisch entgegentreten.

Die Erfolge auf diesem Gebiete bleiben abzuwarten.

Unter diesen Umständen ist es schwierig, der Feindpropaganda in vollem Umfange entgegenzutreten. Obige Ausführungen deuten an, auf welche Punkte das Hauptgewicht zu legen ist. Abschließend wird bemerkt, daß irgendwelche Epidemien nicht vorgekommen sind.

II. Verhaftungen und Erschießungen

Erschießungen finden überhaupt nicht statt. Die regelmäßig in der Presse veröffentlichten Hinrichtungen erfolgen in Ausführung der einschlägigen deutschen Gesetze gegen die Gewaltverbrechen. Es handelt sich um gemeine

Delikte, deren strengste Bestrafung auch von der tschechischen Öffentlichkeit gefordert wird. Der Prozentsatz der Hinrichtungen dürfte nicht höher sein als im sonstigen Reichsgebiet.

Verhaftungen finden allerdings statt, jedoch ausschließlich auf Grund der allgemeinen strafrechtlichen Bestimmungen. Sie stehen im Zusammenhang mit unserem Kampf gegen die unterirdische Maffia, also die sogenannte illegale Widerstandsorganisation, die in allen Teilen und bei allen Schichten des Protektorats verzweigt ist, ferner stehen sie im Zusammenhang mit unserer Gegenaktion gegen die kommunistische Propaganda. Die Zahl dieser Verhaftungen kann im letzten Jahre die Zahl 3.000 überschritten haben. Soweit in letzter Zeit katholische Geistliche verhaftet worden sind, handelt es sich in der Regel um sittliche Verfehlungen.

Von einer riesigen Verhaftungswelle ist keine Rede.

III. Sabotageakte der Bevölkerung und deutsche Repressalien

Das wirtschaftliche Leben nimmt im Protektorat seit seiner Errichtung einen ungestörten Fortgang. Die für die Kriegsführung wichtigen Betriebe arbeiten mit Hochbetrieb und zur vollsten Zufriedenheit. Abgesehen von belanglosen Einzelfällen haben sich niemals irgendwelche Sabotageakte ereignet, und diese Bemerkung gilt gleichfalls für das öffentliche Verkehrswesen, insbesondere die Eisenbahnen. Diese Zustände sind hier so bekannt, daß die gegenteiligen Greuelnachrichten der Feindpropaganda selbst von der uns gegenüber feindlich eingestellten Flüsterpropaganda als störend empfunden werden.

Die obenerwähnte illegale Widerstandsorganisation sowie die kommunistische Propaganda betreibt durchaus keinen aktiven Widerstand, sondern vorbereitende Maßnahmen für den Fall einer Wendung der Kriegslage. Im wesentlichen handelt es sich dabei um organisatorische Bestrebungen zur Erfassung und Stärkung der tschechischen Widerstandskraft sowie um ausgesprochene Zersetzungspropaganda. Diesen Bewegungen wird mit voller Schärfe und mit sichtlichem Erfolg entgegengetreten. Diese illegalen Organisationen sind bereits zum größten Teil zerschlagen, während sich die führenden Anhänger in Kraft befinden. Eine Störung des allgemeinen Lebens wurde dadurch nicht hervorgerufen.

Da nirgends aktiver Widerstand geleistet wird und allgemeine Sabotageakte sich nicht ereignen, war kein Anlaß, deutscherseits mit Repressalien vorzugehen.

IV. Anzeichen für Unruhen

Es ist festzustellen, daß im vergangenen Jahre bis jetzt keinerlei Unruhen, nicht einmal Demonstrationen irgendwelcher Art, stattgefunden haben. Niemals wurde von deutscher Seite Militär, Polizei, SS oder eine sonstige deutsche Formation eingesetzt. Die Aufrechterhaltung der öffentlichen Ordnung lag und liegt ausschließlich in der Hand der tschechischen Polizei. Auch das Protektoratsheer wurde niemals eingesetzt.

Demgegenüber ist festzustellen, daß der überwiegende Teil der tschechischen Bevölkerung uns feindlich gesinnt ist und dann eine passive Resistenz treibt, wenn es mangels Faßbarkeit straflos geschehen kann. Lediglich offene Widersetzlichkeit findet nicht statt. Infolge der italienischen Ereignisse und der Haltung Roosevelts hat sich die tschechische Haltung erheblich versteift. Trotzdem sind keinerlei Anzeichen für irgendwelche Unruhen bemerkbar.

Zur Aufklärung wird noch folgendes bemerkt:

Am 30. Dezember 1940 hat der Reichsprotektor eine Verordnung erlassen, welche durch vorzeitige Pensionierungen einen Abbau des völlig übersetzten tschechischen Beamtenkörpers anordnet. Bereits die frühere Tschechoslowakei arbeitete mit einer an Zahl überhöhten Beamtenschaft, die schlecht bezahlt und folglich korrupt war. Nach der Verkleinerung des Staatsgebietes kamen aus den abgetrennten Provinzen noch 75.000 öffentliche Bedienstete hinzu. Die Personallasten, welche dem Protektorat dadurch aufgebürdet werden, sind so hoch, daß es nur zwei Möglichkeiten gab, nämlich einmal, die Steuerlasten weiter zu erhöhen, oder aber die Beamtenschaft abzubauen und sie auf ein vernünftiges und normales Maß zu reduzieren. Diesen Weg hat der Herr Reichsprotektor gewählt. Sämtliche Beamte über 55 Jahre sind sofort zu pensionieren, solche über 45 Jahre können pensioniert werden. Bei der letzteren Kategorie sollen die unerwünschten und unzuverlässigen Elemente ausgeschaltet werden, ferner vorzugsweise die Legionäre. In einem Zeitungsartikel hat Staatssekretär Frank die restlose Ausschaltung der Legionäre aus dem öffentlichen Leben gefordert. Da die frühere Tschechoslowakei mit diesen Legionären einen förmlichen Kult betrieb und sie in alle wichtigen Positionen des öffentlichen Lebens einsetzte, hat diese Forderung in tschechischen Kreisen naturgemäß erhebliches Aufsehen erregt. Auch die Feindpropaganda hat sich dieser Tatsache bemächtigt, denn die Legionäre sind auch heute noch das zersetzende Element und in ihren Kreisen sind die Keimzellen des Widerstandsgeistes. Der Staatssekretär hat dabei in seinem Artikel ausdrücklich bemerkt, daß die Ausschaltung der Legionäre nicht gleichbedeutend sein soll mit einer Verfolgung des tschechischen Patriotismus und des tschechischen Nationalgefühls. Es wird lediglich von deutscher Seite eine Bereinigung des tschechischen öffentlichen Lebens im Interesse eines gedeihlichen deutsch-tschechischen Zusammenlebens zum Vorteile des tschechischen Volkes selbst erstrebt.

354

PA/AA, Inland II (Geheim), R 101108

Bericht des Abteilungsleiters Deutschland Luther
an den Reichsminister und Chef der Reichskanzlei Lammers

Berlin, den *28. Januar 41*[562]

D II 1581 g

Geheim

Auf das Schreiben vom 15. d.M. – Rk. 18670 B –

Betr.: Einrichtung eines „Tschechischen Hauses" in Berlin.

Die Bedenken, die der Chef der Sicherheitspolizei und des SD, SS-Gruppenführer Heydrich, in seinem dorthin gerichteten Schreiben vom 12. d.M. – III B 14 Bö./Lg. V.A. 340/40 –[563] gegen die von tschechischer Seite beabsichtigte Einrichtung eines „tschechischen Hauses" in Berlin zum Ausdruck gebracht hat, teile ich vollinhaltlich.

Wie der Vertreter des Auswärtigen Amtes bei dem Reichsprotektor in Böhmen und Mähren auf Anfrage mitteilt, wird auch der Herr Reichsprotektor die Genehmigung zur Gründung eines tschechischen Hauses in Berlin versagen, da das Protektorat kein souveräner Staat ist.

Im Auftrag

LUTHER

355

PA/AA, Büro des Staatssekretärs, R 29773

Schreiben des Staatssekretärs Weizsäcker
an den Chef des Protokolls Dörnberg

Berlin, den 4. Februar 1941

Lieber Baron Dörnberg!

Der Reichsaußenminister hat sich in der bewußten Gobelinfrage damit einverstanden erklärt, daß Sie nach Ihrer Wiederherstellung bei dem Reichsprotektor vorsprechen und ihn über die Sachlage persönlich aufklären.[564] Dabei ist es der Wunsch von Herrn von Ribbentrop, daß die Angelegenheit ohne weitere Reibung erledigt wird. Es könne gesagt werden, der Herr Reichsaußenminister habe von dem Abtransport der Gobelins nichts gewußt und es sei auch wohl versäumt worden, den Herrn Reichsprotektor vorher rechtzeitig zu unterrichten. Der Herr Reichsaußenminister bittet das Gespräch im übrigen so zu füh-

---

[562] Ursprünglich war dieser Brief für den Dezember 1940 vorgesehen, weshalb sich Luther im Verlauf mit „d.M." auf ein Schreiben vom Dezember 1940 bezieht.

[563] Siehe Dokument Nr. 334.

[564] Dieses Schreiben war an die Deutsche Gesandtschaft in Pressburg gerichtet, weil sich Dörnberg in der Slowakei zu einer Kur aufhielt.

ren, daß dabei das Generaleinverständnis des Reichsprotektors auch für die Zukunft herauskommt, mit den Vermögenswerten und Gegenständen des Malteser-Ordens nach Entscheidung des Reichsaußenministers auch dann zu verfahren, wenn es sich um die Verbringung von Werten dieser Art aus dem Protektorat heraus handelt. Die Argumente hierfür wären aus den Ihnen bekannten Vorgängen, soweit erforderlich, zu entnehmen.

Ich beabsichtige, dem Herrn Reichsprotektor Ihren Besuch anzukündigen und ihm hierzu einen Brief zu schreiben, von dem ein Entwurf hier beigefügt ist. Ich bitte Sie, an das Protokoll drahtlich mitzuteilen, ob Sie zu dem Entwurf noch etwa Abänderungsvorschläge zu machen haben.

Beste Wünsche für Ihren weiteren Kuraufenthalt!

Heil Hitler!

wie stets der Ihre

WEIZSÄCKER

Durchdruck nebst Vorgängen an P r o t o k o l l mit der Bitte, mich von der obenerwähnten drahtlichen Äußerung des Chefs des Protokolls baldmöglichst in Kenntnis zu setzen.

Berlin, den 4. Februar 1941

WEIZSÄCKER

356

PA/AA, Inland II (Geheim), R 101109

Bericht des Vertreters des Auswärtigen Amtes beim Reichsprotektor Ziemke an das Auswärtige Amt

Nr. 1526/Prot.2.Griechenland   Prag, den 7. Februar 1941

D II *700* g

Geheim

Inhalt: Griechisches Generalkonsulat in Prag.

In der Anlage übersende ich Abschrift des mir vom Oberkommando der Wehrmacht zugegangenen vertraulichen Berichts des Griechischen Generalkonsulats in Prag vom 4. Januar 1941 an das griechische Außenministerium. Zu dem Bericht bemerke ich folgendes:

Es ist richtig, daß die tschechische Haltung sich uns gegenüber immer mehr versteift. Die angeblichen Verhaftungen von Bauern aus Mähren sind allerdings Erfindungen, zumal hier weder deutsche Flüchtlinge aus Polen noch aus Bessarabien angesiedelt werden.

Richtig ist, daß sich noch gegen 800 Studenten in den Konzentrationslagern befinden. Ihre Entlassung ist entgegen einem Antrage einstweilen abgelehnt worden. Dagegen sind die weiter gemeldeten Sabotageaktionen reine Erfindungen.

Wie ich an anderer Stelle ausführlich berichtet habe, ist die Ernährungslage im Protektorat ernst. Die Meldungen sind richtig.[565]
Der Verbrauch von Benzin wird weiter eingeschränkt.
Über die Tätigkeit des Generalkonsuls Aniasas, der sich sehr zurückhält, habe ich sonst nichts näheres erfahren können.

DR. ZIEMKE

[Anlage: Bericht des Griechischen Generalkonsulats in Prag]

Ich beehre mich Ihnen mitzuteilen, daß die innere tschechische Reaktion anfängt, sich immer stärker gegen die Tätigkeit der deutschen Behörden zu richten. Schon vor den Weihnachtsfeiertagen fanden zahlreiche Verhaftungen und Arrestierungen von Bauern aus Mähren statt, da sie ihre Güter nicht gegen Mark den deutschen Flüchtlingen, die aus Polen und Bessarabien kommen, überlassen wollen.

Weiters hatte der Reichsprotektor in Prag, Herr von Neurath, versprochen, daß alle die bei den vorjährigen Studentenunruhen verhafteten tschechischen Studenten anläßlich der Weihnachtsfeiertage frei gelassen würden. Von den 800 in Konzentrationslagern festgehaltenen Studenten wurden nur zweihundert entlassen. Es fanden ebenfalls Aktionen gegen die Industrie statt und Sabotageakte in bestimmten Teilen von Mähren (Olmütz, Brünn, Mährisch-Ostrau), wo sich große Industrieunternehmungen, Kohlenbergwerke, Eisen- und Stahlindustrien befinden.

Weiters wurden für den laufenden Monat die Lebensmittelkarten und besonders die Mengen für Butter, Milch, Reis und Tee gekürzt. Es wurden Karten zum Bezug von Obst eingeführt und der Verbrauch von Äpfeln bleibt nur den Kranken und Krankenhäusern vorbehalten.

Besonders verkürzt wurde der Verbrauch pro Monat für Benzin. Vor einigen Tagen fanden im Rathaus von Prag, wo die Verteilung von Benzinkarten vorgenommen wird, Protestkundgebungen statt von seiten der Geschäftsinhaber und Speditionsfirmen, an die Karten zum Bezug von nur 70 Liter Benzin für den Bedarf im Monat Januar verteilt wurden.

---

565 Zu Beginn des Protektorats hatten diverse „Hamsterwellen" (beispielsweise bei der Okkupation und der Einführung von Lebensmittelkarten) zu einer Verknappung und Verteuerung der Lebensmittel geführt. Trotz steigender Löhne waren den Arbeitern oftmals Waren des täglichen Lebens verwehrt. So war es ab August 1939 zu einem Mangel an Fett, Seife und Kohle sowie ab Spätsommer 1940 auch an Brot, Fleisch, Milch, Zucker, Kartoffeln und Eiern gekommen. Diese Situation begünstigte den „Schleichhandel", der zwar mit drakonischen Strafen geahndet wurde, aber dennoch ein permanentes Problem im Protektorat darstellte.

357

PA/AA, Inland II (Geheim), R 101108
NA, AMV 102-3/1

**Bericht des Vertreters des Auswärtigen Amtes beim Reichsprotektor
Ziemke an das Auswärtige Amt**

Nr. 18/41 g   Prag, den 11. Februar 1941

D II *33 g Rs*

Geheime Reichssache

Inhalt: Die Lage im Protektorat.

Die sogenannte Kabinettskrise ist endgültig beigelegt, Ministerpräsident Eliáš bleibt, d.h. bis auf weiteres, nämlich solange er im Amt belassen wird.

Die Pensionsverordnung des Reichsprotektors ist in der Durchführung begriffen. Von der zwangsweisen Pensionierung werden nur diejenigen Legionäre verschont, deren Entfernung Störungen des Geschäftsbetriebes hervorrufen würde, z.B. im öffentlichen Verkehrswesen. Allerdings ergreift die Verordnung nur öffentliche Bedienstete vom 45. Lebensjahr ab, so daß eine recht erhebliche Anzahl von jüngeren Legionären sowie sämtliche nichtbeamteten Legionäre nicht betroffen werden.

Die Forderung des Staatssekretärs Frank geht weiter, da sie sich gegen jeden Legionär richtet ohne Rücksicht auf sein Alter und seine Beamteneigenschaft. Der Staatssekretär verlangt die restlose Ausschaltung der Legionäre aus dem Gesamtleben des tschechischen Volkes, da sie unbestritten die Träger des Widerstandsgeistes sind. Wie ich höre, hat der Reichsprotektor die von dem Staatssekretär zunächst vorgeschlagene Entfernung der Legionäre aus den wirtschaftlichen Positionen bis Mitte März zurückgestellt.

Die tschechische Haltung versteift sich zusehends; der überwiegende Teil der Tschechen ist jetzt von der Wendung des Krieges zu unseren Ungunsten überzeugt und stellt sich entsprechend ein. Passivität ist das Kennzeichen der Protektoratsregierung, der Nationalen Gemeinschaft und des Tschechischen Verbandes für die Zusammenarbeit mit den Deutschen. Es ist still geworden mit sämtlichen Aktionen zwecks „Umstellung auf den Reichsgedanken". Die Bekämpfung des Schleichhandels und die Erziehung der Tschechen zur Disziplin in der Lebensmittelversorgung macht keine Fortschritte. Die Ernährungslage nähert sich übrigens dem kritischen Punkt, so daß in diesen Tagen von hier aus ein Vorstoß in Berlin bei dem Reichsernährungsministerium gemacht werden muß.

Die tschechische Presse bietet einen unerfreulichen Eindruck. Die Provinzzeitungen leben fast ausschließlich von Schere und Kleistertopf, sie übernehmen Artikel und Nachrichten, ohne eigene Initiative zu entwickeln, aus Furcht, sich für später wegen Aktivität zu kompromittieren. Was sie aus Eigenem bringen, ist uns nicht gerade erwünscht, nämlich die Betonung des Nationaltschechischen und, soweit sie katholischer Richtung sind, eine manchmal provokatorische Hervorhebung kirchlicher Betrachtungen.

Die Aktivität der hauptstädtischen Presse läßt nach; auffällig erscheint die Häufung von Meldungen aus der Sowjetunion, ein gewisser panslawischer Unterton, ebenfalls das Hervorkehren einer kirchlichen Tendenz sowie die Besinnung auf tschechische Tradition und Kultur.

Die weitere Entwicklung im Protektorat bedarf einer genauen Beobachtung.

DR. ZIEMKE

358

PA/AA, Rechtsabteilung, R 42805

Bericht des Reichsprotektors Neurath an den Reichsfinanzminister Krosigk

Nr. II/8 – 120-2-406/41   Prag, den 13. Februar 1941

Betrifft: Vermögen des ehem. tschechoslowakischen Staates, hier: bewegliches Eigentum in den früheren auswärtigen Vertretungen.

Bei Auflösung der Tschecho-Slowakischen Republik sind die Einrichtungsgegenstände (Möbel, Silber usw.) in den Gebäuden der damaligen auswärtigen Vertretungen zu einem Teil von deutschen Auslandsvertretungen übernommen worden. Die übrigen Gegenstände sind nach Prag geschafft worden.

In der bevorstehenden allgemeinen Auseinandersetzung zwischen Reich und Protektorat über Vermögen und Schulden der ehem. Tschecho-Slowakischen Republik wird nach dem beabsichtigten Entwurf eines Abkommens das Eigentum der ehem. Tschecho-Slowakischen Republik, das sich am 1.10.1938 im Ausland befand, mit rückwirkender Kraft Eigentum des Deutschen Reiches werden. Darunter fallen beide genannten Gruppen. Die in Prag befindlichen Sachen haben aufgehört, Zwecken des auswärtigen Dienstes zu dienen.

Ich werde sie deshalb im einzelnen feststellen lassen und in die Verwaltung meines Amtes nehmen.[566]

FREIHERR VON NEURATH

---

[566] Zusatz für den Vertreter des Auswärtigen Amtes beim Reichsprotektor Janson: Abschrift zur Kenntnis. Ich bitte eine Aufstellung über die in Ihrem Gewahrsam befindlichen und an dritte Personen ausgeliehenen Gegenstände vorzulegen; außerdem sicher zu stellen, daß über die jetzt im Gewahrsam der Protektoratsregierung befindlichen Gegenstände (Toscana-Palais usw.) vorläufig nicht verfügt wird.

359

PA/AA, Büro des Staatssekretärs, R 29773
PA/AA, Büro des Staatssekretärs, R 29860

Aufzeichnung des Staatssekretärs Weizsäcker

St.S. No. 164   Berlin, den 11. März 1941

Ich habe vor einiger Zeit dem Herrn Reichsprotektor für Böhmen und Mähren gesagt, in dem Falle des Ablebens des Erzbischofs in Prag müsse wegen einer deutschen Nachfolgeschaft verhältnismäßig schnell Stellung bezogen werden, um ein Vorgehen der Kurie zu verhindern, das zu unfruchtbaren Erörterungen führe.[567]

Hiermit Herrn U.St. Woermann mit Rücksicht auf unser kürzliches Gespräch wegen der späteren Neubesetzung des erzbischöflichen Stuhles in Prag.

WEIZSÄCKER

360

PA/AA, Inland II – A/B, R 99636

**Bericht des Mitarbeiters der Behörde des Reichsprotektors Mokry
an den Vertreter des Auswärtigen Amtes beim Reichsprotektor Ziemke**

I 3 b – 1498   Prag, den 12. März 1941

Betrifft: Maßnahmen gegen Beamte des tschecho-slowakischen auswärtigen
        Dienstes; Aberkennung der Protektoratsangehörigkeit.
Auf das Schreiben vom 4.3.1941, Nr. 2303/41 B. Außenmin.

Die Verbalnote des slowakischen Außenministeriums in Preßburg an die Deutsche Gesandtschaft in Preßburg vom 23.1.1941, Nr. 50843/41-III/Adm., ist sowohl ihrer Ausdrucksweise als auch ihrem Inhalt nach höchst unklar. Soweit ich die Verbalnote richtig verstehe, sind die unter den Ziffern 1-6 genannten früheren Beamten des tschecho-slowakischen auswärtigen Dienstes unter der Voraussetzung als slowakische Staatsangehörige anerkannt worden, daß sie in der Zeit vom 30. Oktober 1918 bis 14. März 1939 ununterbrochen einer Gemeinde der jetzigen Slowakischen Republik das Heimatrecht besessen haben (So sind offenbar die Worte: „Inwiefern in den geführten Gemeinden waren wirklich vom 30.10.1918 ununterbrochen bis 14.3.1939 heimatzuständig" aufzufassen). Ob diese Voraussetzung allerdings erfüllt ist, ist aus der Verbalnote mit Sicherheit nicht zu entnehmen. Der letzte Absatz der Verbalnote schafft in dieser Beziehung nicht restlose Klarheit, da die Worte „betreffend Aberkennung der slowakischen Staatsbürgerschaft den Obenge-

---

[567] Der Erzbischof von Prag, Karel Kašpar, starb am 21.4.1941; danach blieb das Amt bis 1946 vakant.

nannten" sich sehr wohl nur auf den unter Ziffer 7 behandelten Sektionschef Štefan Osuský beziehen können.

Wäre nicht aus einer Zeitungsnotiz im „Völkischen Beobachter", Berliner Ausgabe, vom 23.2.1941 bekannt, daß Osuský die slowakische Staatsangehörigkeit aberkannt worden ist, könnte auch die aus der Verbalnote mit Sicherheit nicht entnommen werden.

Ich darf bitten, im Wege der Deutschen Gesandtschaft in Preßburg die notwendigen Klarstellungen bezüglich der unter den Ziffern 1-6 genannten Personen vom slowakischen Außenministerium einzuholen. Von dem Ergebnis Ihrer Ermittlungen bitte ich mich baldmöglichst zu unterrichten.

Im Auftrag
DR. MOKRY

361

PA/AA, Büro des Staatssekretärs, R 29773

Schreiben des Reichsprotektors Neurath an Staatssekretär Weizsäcker

Rpr. 350/41   Prag, den 17. März 1941

Lieber Weizsäcker!

Wir haben bei meiner letzten Anwesenheit in Berlin über die Frage der Besetzung des hiesigen Erzbischofstuhls, wenn dieser frei wird, gesprochen.[568] Vor einigen Tagen ist mir nun das in Abschrift beifolgende Schreiben des Prälaten von Grimmenstein zugegangen, in dem der Vorschlag gemacht wird, eintretendenfalls die Wiedereinsetzung des früheren Erzbischofs von Prag, des Patriarchen Graf Huyn von der Kurie zu verlangen. Graf Huyn ist seinerzeit auf tschechisches Betreiben wegen seines Deutschtums von hier abberufen worden.[569] Es würde selbstverständlich für ihn und für das Deutschtum hier eine außerordentliche Genugtuung sein und außerdem die veränderten Verhältnisse auch nach außen stark unterstreichen, wenn er wieder nach Prag zurückkehren würde. Von meiner Seite bestehen dagegen keine Bedenken. Ich weiß aber nicht, wie die Kurie sich dazu stellt. Es ist mir nur bekannt, daß Graf Huyn einmal nicht gerade Persona grata war. Am besten wird darüber der Botschafter von Bergen Bescheid wissen.

---

[568] Siehe Dokument Nr. 358.
[569] Paul Graf von Huyn war am 4.10.1916 zum Erzbischof von Prag nominiert und rund zwei Monate später inthronisiert worden. Mit der Auflösung des österreichisch-ungarischen Vielvölkerstaates im Zuge des Ersten Weltkrieges war der deutschstämmige Huyn am 6.9.1919 zurückgetreten. Wegen innerkirchlicher Differenzen war ihm eine weitere wichtige Verwendung verwehrt geblieben, so dass er seit den 1920er Jahren bei Bozen lebte; mit 78 Jahren starb er dort am 1.10.1946.

Inwieweit Sie von der eventuellen Kandidatur des Grafen Huyn dem dortigen Nuntius[570] gegenüber Gebrauch machen wollen, falls er wieder auf die Angelegenheit der Besetzung des Budweiser Bischofstuhls zurückkommt,[571] stelle ich Ihrem Ermessen anheim. Jedenfalls wollte ich nicht verfehlen, Ihnen von dem Schreiben des Prälaten von Grimmenstein Kenntnis zu geben, das jedenfalls nicht ohne Wissen des Grafen Huyn geschrieben worden ist.

Mit bestem Gruß und Heil Hitler!
Ihr
NEURATH

[Anlage: Schreiben von Josef Freiherr v. Grimmenstein]

Euer Exzellenz! Herr Reichsprotektor.

Da ich Euer Exzellenz nicht ganz unbekannterweise die nachstehende Angelegenheit unterbreiten möchte, so erlaube ich mir zu erwähnen, daß ich bis nach dem Weltkriege dem Olmützer Metropolitenkapitel als infulierter Domprälat und Senior des Kapitels angehört habe.

Balde nach Gründung des tschechoslowakischen Staates mußte ich – die Gründe sind mir niemals mitgeteilt worden – über Veranlassung der kirchlichen Behörde Olmütz und zugleich auch meine reich dotierte Stelle verlassen.

Daß meine Entfernung ein kirchliches Entgegenkommen gegenüber dem neuen Staate bildete haben alle jene die mich kannten, noch auch ich selbst, in Zweifel ziehen zu müssen geglaubt. Beweisen kann ich es nicht und bleibt es nur Tatsache, daß ich dem neuen Staate eine sehr unliebsame Persönlichkeit war.

Balde nach dem erzwungenen Verlassen meiner Stellung in Olmütz übersiedelte ich über Veranlassung meines Jugendfreundes und Studiengenossen, des jetzigen Patriarchen Paul Grafen von Huyn, nach Rom.

In Rom wurde ich in den letzten Jahren meines dortigen Aufenthaltes zum römischen Prälaten ernannt, was wohl als eine Wiedergutmachung an mir begangenen Unrechtes zu betrachten ist, und als solche betrachtet werden muß. Vor dieser Ernennung erging an mich von kirchlicher Seite die Anfrage, ob ich damit einverstanden sein würde.

Ich lebte in Rom bis Mitte des Jahres 1939 und mußte Rom sodann verlassen, da ich nach Errichtung der kommissarischen Verwaltung im Sudetengau, der Kapitelforste des Olmützer Metropolitenkapitels, keine Devisen mehr nach Rom überwiesen erhielt.

---

[570] Cesare Orsenigo.

[571] Nach dem Tod des Bischofs Šimon Bárta am 2.5.1940 war der Budweiser Bischofsstuhl unbesetzt geblieben, da die deutsche Besatzungsmacht den vom Vatikan ernannten Prager Weihbischof Antonín Eltschkner nicht akzeptierte. Rom weigerte sich jedoch, den Bischofsstuhl mit einem deutschstämmigen Bischof zu besetzen, weshalb das Bistum bis nach dem Krieg nur von einem Generalvikar verwaltet wurde.

Seither lebe ich in Innsbruck und schmeichle mir mit der Überzeugung, daß eine Anfrage über mich weder bei der hiesigen kirchlichen Behörde, noch ebenso gewiß nicht bei der politischen Behörde, eine ungünstige Antwort zur Folge haben würde.

Die Sache, in der ich mich nun an Euer Exzellenz zu wenden erlaube, betrifft jedoch nicht mich, sondern obenerwähnten und Euer Exzellenz von Rom aus wohlbekannten früheren Erzbischof von Prag und jetzigen Patriarchen Paul Grafen Huyn.

Huyn mußte nach dem Weltkriege dem tschechischen Terror in Prag weichen und seinen erzbischöflichen Sitz in Prag verlassen. Ein anderer Grund lag nicht vor und konnte nicht vorliegen.

Er erhielt aus Rom einfach die Mitteilung, daß seine Resignation angenommen sei – eine Resignation die niemals überreicht wurde.

Ein ganz ähnlicher Fall ereignete sich ja später gleichfalls in Prag. Aber mit dem Unterschiede, daß Huyn es verschmähte, sich in Tagesblättern darüber auszulassen.

Mit dieser Entfernung Huyns von dem Prager erzbischöflichen Stuhle, wurde ihm ein schweres Unrecht zugefügt.

Daß er Deutscher war und seine deutsche Gesinnung auch in seiner früheren langjährigen Stellung in Brünn nicht verleugnet hatte, wußte man schon zu jener Zeit, da er nach Prag berufen wurde. Aber man wollte eben dem tschechischen Terror huldigen und ihm diesen Triumph und das Opfer von Huyn gönnen. Die radikalste tschechische Partei war ja damals an der Macht.[572]

Euer Exzellenz werden erraten haben, warum ich gerade gegenwärtig, da die natürliche Entwicklung die Erledigung des erzbischöflichen Stuhles von Prag vielleicht schon in nahe Zeit rückt, die hohe Aufmerksamkeit Euer Exzellenz auf die Person des gegenwärtig in Bozen lebenden Patriarchen Paul Huyn zu lenken mir ehrerbietigst erlaube.

Es kann für die Tschechen vor allem kein Unrecht darin liegen, wenn in Prag wieder ein deutscher Mann zum Erzbischof ernannt wird. Müssen sich nicht die rein- und urdeutschen Sudetengauer noch immer die kirchliche Regierung von Bischöfen tschechischer Nationalität gefallen lassen?

Es ist eine alte Tradition, daß der erzbischöfliche Stuhl in Prag immer mit einem gemäßigten deutschen Manne besetzt werde, der beide Sprachen vollkommen beherrscht und der gegen beide Nationen gleich gerecht ist. Alle diese Bedingungen erfüllt Huyn auf das Genaueste.

Sowohl in seiner langjährigen Tätigkeit in Brünn als Bischof, als auch in Prag, war Huyn immer peinlichst gerecht gegen beide Nationen.

Er beherrscht auch beide Sprachen vollkommen.

Aber dazu kommt, daß auch diese Ernennung einen Mann auf seine frühere Stellung wieder zurückbringen würde, die ihm unter schwerem Unrecht seinerzeit ent-

---

572 Die tschechoslowakische Nationaldemokratische Partei hatte von November 1918 bis Juli 1919 mit Karel Kramář den Ministerpräsidenten gestellt. Zusammen mit seinem Außenminister Beneš hatte er an der Pariser Friedenskonferenz teilgenommen, bei der der Tschechoslowakei die überwiegend deutsch besiedelten Randgebiete der böhmischen Länder und die Karpatho-Ukraine zugesprochen worden waren.

zogen wurde, der die erforderliche Erfahrung in seinem Amte und in der gleichen Stellung mitbringen würde.

Das schwere Unrecht würde gleichfalls gesühnt werden.

Wenn Huyn heute freilich an Jahren nicht mehr jung ist, so spielt dies im Vergleiche mit der Sühne, die ihm gebührt, keine ausschlaggebende Rolle – und dies umso weniger, als weder seine körperlichen noch auch seine geistigen Kräfte nicht im geringsten den Jahren gewichen sind.

Ich erlaube mir noch eine ergebenste Bemerkung beizufügen: Ich hatte zur Zeit, da der Hl. Vater Pius XII. noch Kardinal und Staatssekretär war und Huyn schon von Rom nach Bozen übersiedelt war, wiederholt Gelegenheit mit Seiner Eminenz über den Patriarchen Huyn und dessen damalige Angelegenheit, über die ich auch bereit wäre, mündlich zu berichten, zu sprechen, und glaube nicht, daß von dieser Seite mit schwerem Widerstand zu rechnen sein wird. Besonders dann nicht, wenn diese Ernennung als ganz bestimmter Wunsch der deutschen Regierung zum Ausdruck kommen würde.

Genehmigen Euer Exzellenz noch die ergebenste Bitte, mir gütigst die vorliegenden Zeilen sowie meine Freiheit zu verzeihen.

Heil Hitler!

GRIMMENSTEIN

Innsbruck, den 10.3.41

362

PA/AA, Büro des Staatssekretärs, R 29773

Bericht des Referatsleiters Vatikan in der Politischen Abteilung Haidlen an den Leiter der Politischen Abteilung Woermann

Pol. III 540

Ich habe weisungsgemäß Ministerialrat Krüger vom Stab Heß fernmündlich gebeten, seine uns kürzlich angedeutete Auffassung über die weitere Behandlung der Bistümer Prag und Budweis schriftlich mitzuteilen. Herr Krüger hatte kürzlich anläßlich einer Besprechung mit Herrn Unterstaatssekretär Woermann sich dahin ausgesprochen, daß die Neubesetzung der Bistümer von Budweis und (eintretendenfalls) von Prag nicht eilig sei, sondern zweckmäßigerweise zunächst dilatorisch behandelt werden sollte.

Ministerialrat Krüger hat die erbetene schriftliche Mitteilung zugesagt. Hiermit über Hn. Dg. Pol. Herrn Unterstaatssekretär Woermann vorgelegt.

Berlin, den 18. März 1941

HAIDLEN

363

PA/AA, Büro des Staatssekretärs, R 29773

Schreiben des Staatssekretärs Weizsäcker an den Reichsprotektor Neurath

Berlin, den 21. März 1941

Vertraulich!

Sehr verehrter Herr Reichsprotektor!
Auf Ihr Schreiben vom 17. März – Rpr. 350 –[573] möchte ich heute vorläufig folgendes vertraulich *mitteilen:*
Weil der von Ihnen erwähnten [mehrere handschriftliche Wörter unleserlich] bisher die inneren Stellen einheitlich den Standpunkt vertraten, daß das Erzbistum Prag nach dem Ableben des jetzigen Erzbischofs[574] deutsch zu besetzen sei, hat der Sachbearbeiter für die kirchlichen Angelegenheiten im Stab des Stellvertreters des Führers hier kürzlich mündlich gebeten, die Fragen Prag und Budweis bis auf weiteres *zurückhaltend* zu behandeln. Er hat dies u.a. damit begründet, daß interne Erwägungen im Gange *seien,* ob nicht vielleicht eine Besetzung des Erzbistums Prag durch einen Tschechen aus bestimmten Gründen die bessere Lösung sei. Der Sachbearbeiter ist gebeten worden, diese Mitteilung schriftlich zu bestätigen. Solange dies nicht erfolgt ist, *darf ich bitten,* von *dieser* Mitteilung keinen *weiteren* Gebrauch zu machen.
Unter diesen Umständen kann eine Kandidatur wie die des Grafen Huyn jedenfalls zurzeit *noch* nicht betrieben werden. Wenn es einmal so weit ist, müssen wir uns jedenfalls vorher bei den in Frage kommenden inneren Stellen vergewissern, wie diese zu einer solchen Kandidatur stehen würden.

Mit verbindlichsten Grüßen und
Heil Hitler!
Euer Exzellenz
sehr ergebener
WEIZSÄCKER

364

PA/AA, Büro des Staatssekretärs, R 29773

Schreiben des Reichsprotektors Neurath an den Staatssekretär Weizsäcker

Nr. Rpr. 350/41

Prag, den 25. März 1941

Geheim!

Lieber Weizsäcker!
Der Inhalt Ihres Briefes vom 21. ds.Mts.[575] hat mich etwas in Erstaunen gesetzt. Bisher war von der Partei der Standpunkt vertreten worden, daß das

---

[573] Siehe Dokument Nr. 360.
[574] Karel Kašpar.
[575] Siehe Dokument Nr. 363.

Prager Erzbistum im Falle des Freiwerdens von einem Deutschen besetzt werden müsse. Wie Sie sich erinnern, habe ich die Ansicht vertreten, daß es mit Rücksicht auf die erheblichen Widerstände, die ein deutscher Erzbischof beim tschechischen Klerus finden würde, wahrscheinlich besser wäre, einen allerdings nicht nationalistisch tschechisch eingestellten Erzbischof hier zu haben. Es wäre mir aber interessant zu erfahren, welche Gründe die Partei zu ihrem Stellungswechsel veranlaßt haben. Falls Sie dies erfahren könnten, würde ich für eine Mitteilung dankbar sein.

Mit bestem Gruß und
Heil Hitler!
Ihr
NEURATH

365

PA/AA, Büro des Staatssekretärs, R 29773

Schreiben des Staatssekretärs Weizsäcker an den Reichsprotektor Neurath

Berlin, den 27. März 1941
Streng vertraulich und persönlich

Sehr verehrter Herr Reichsprotektor!

Ich erhielt Ihre Zeilen vom 25. März – Nr. 350/41 –[576] und muß gestehen, daß ich über die Nachricht, daß nun von seiten der Partei der Gedanke einer tschechischen Besetzung des Erzbistums Prag erwogen werde, zunächst ebenso erstaunt war wie Sie. Ich habe das Gespräch in dieser Frage nicht selbst geführt, mir ist aber berichtet worden, daß dabei folgende etwas komplizierte Gedankengänge entwickelt wurden:

Der Führer habe bekanntlich die verschiedenen, besonders von den benachbarten Gauleitern kommenden Pläne auf Abänderung des jetzigen Status des Protektorats Böhmen und Mähren für den Augenblick abgelehnt und eine Entscheidung über die Zukunft des ganzen Gebiets auf die Zeit nach dem Krieg zurückgestellt. Die Frage entziehe sich deshalb jetzt der Erörterung. Immerhin müsse die Frage des Erzbistums Prag so behandelt werden, daß künftige Entscheidungen dadurch nicht präjudiziert würden. Zu den möglichen Lösungen der tschechischen Frage gehöre auch die einer Germanisierung. Diese könne z.B. sich in der Form vollziehen, daß die Randgebiete zu den benachbarten Reichsgauen kämen und das Kerngebiet durch Siedlung deutschen Bauerntums vielleicht gleichzeitig mit der Zerstreuung des nicht assimilierbaren Tschechentums zu deutschem Volksboden gemacht werde, wobei deutsch-tschechische Mischehen in den Fällen zugelassen würden, wo dies blutsmäßig möglich erscheine. Würde in einer solchen Periode ein tschechischer Erzbischof in Prag sitzen, so wäre der Kampf um die Eindeutschung des Landes gleichzeitig ein Kampf gegen die katholische Kirche, wäh-

---

[576] Siehe Dokument Nr. 364.

rend im umgekehrten Fall, also bei einem deutschen Erzbischof, die Kirche sich, wie sie dies in anderen Gebieten des Volkstumskampfs getan habe, leicht zu einer Art Führerin aufwerfen könne, was durchaus unerwünscht sei.

Diese Gedankengänge sind hier mit der ausdrücklichen Bitte vorgebracht worden, sie nicht etwa als solche amtlicher Stellen zu behandeln oder zu bewerten, zumal da die Erwägungen darüber noch in keiner Weise abgeschlossen seien. Der einzige Grund, warum uns diese Mitteilung gemacht werde, sei der Wunsch, daß auch vom Auswärtigen Amt aus nichts präjudiziert werde. Ich würde Ihnen unter diesen Umständen dankbar sein, wenn Sie diesen Brief vernichten und die erwähnten Gedankengänge in keiner Weise verwerten würden.

Mit verbindlichsten Grüßen und
Heil Hitler!
Eurer Exzellenz
WEIZSÄCKER

366

PA/AA, Inland II - A/B, R 99435

**Bericht des Ministerialdirigenten im Reichsinnenministerium Hering
an das Auswärtige Amt**

1 e 11/41 5012   Berlin, den 27. März 1941
D III *2841*

Betrifft: Behandlung von Juden ausländischer Staatsangehörigkeit.
Auf die Schreiben vom 8.11. und 24.12.40, 27.1.41 – D III 83/41 Ang. II –
Die Behandlung von Juden fremder Staatsangehörigkeit im alten Reichsgebiet ist bisher sehr unterschiedlich geregelt. Aus den in Frage kommenden Vorschriften geht die Geltung für fremde Staatsangehörige jeweils hervor, wobei für die Entscheidung dieser Frage die von Ihnen mitgeteilten außenpolitischen Rücksichten maßgebend gewesen sind.

Da das Protektorat Böhmen und Mähren Bestandteil des Großdeutschen Reiches ist, kann m.E. nur eine gleichartige Handhabung wie im übrigen Reich in Frage kommen. Es ist nicht vertretbar, daß z.B. ein Jude fremder Staatsangehörigkeit zur Ausübung eines Berufes zugelassen wird, der den Juden schlechthin durch die Nürnberger Gesetze und deren Ausführungsverordnungen verschlossen ist. U.a. gelten z.B. die Vorschriften der 4. Verordnung vom 25.7.1938 (RGBl. 1938 I, S. 969),[577] der 5. Verordnung vom 27.9.1938 (RGBl.

---

[577] In der „Vierten Verordnung zum Reichsbürgergesetz" war die Approbation von jüdischen Ärzten geregelt. Ihnen war die ärztliche Behandlung von „Ariern" im Deutschen Reich ab dem 30.9.1938 untersagt; nur die eigene Familie und jüdische Patienten durften behandelt werden.

1938 I, S. 1403)[578] und der 8. Verordnung vom 17.1.1939 (RGBl. 1939 I,
S. 47)[579] zum Reichsbürgergesetz gegen die Juden ohne Rücksicht auf ihre
Staatsangehörigkeit. In demselben Umfang gelten auch die Bestimmungen der
Verordnung über den Einsatz jüdischen Vermögens vom 3.12.1938 (RGBl.
1938 I, S. 1709)[580] hinsichtlich der Entjudung der Gewerbebetriebe und des
Vermögens, während die in derselben Verordnung enthaltenen Bestimmungen
über den Depotzwang für Wertpapiere und das Veräußerungsverbot für Juwelen, Schmuck- und Kunstgegenstände nicht auf Juden ausländischer Staatsangehörigkeit Anwendung finden. Auch das von Ihrem Vertreter beim
Reichsprotektor in seinem Bericht erwähnte Verbot des Aufenthaltes auf Straßen zu bestimmten Tageszeiten gilt im Altreich aus ausschließlich außenpolitischen Gründen nicht für Juden fremder Staatsangehörigkeit, während die
Sonderregelung auf dem Gebiete der Lebensmittelversorgung für Juden nach
dem im Einvernehmen mit Ihnen ergangenen Erlaß des Herrn Reichsministers
für Ernährung und Landwirtschaft[581] vom 6.12.1940 – II C 1 – 5600 – für nahezu alle jüdischen Angehörigen der europäischen Staaten gilt.

Mit Rücksicht auf diese höchst unterschiedliche Regelung halte ich es für
zweckmäßig, daß die Entscheidung über die Behandlung ausländischer Juden
im Protektorat auf den einzelnen Gebieten zunächst unter Anlehnung an die
im Altreich bestehende Regelung erfolgt.

Um aber eine weitere Ausdehnung der Unübersichtlichkeit zu vermeiden,
halte ich die Prüfung der Frage für dringend geboten, ob und wie bei künftigen Maßnahmen gegen die Juden die Personengruppe der Juden fremder
Staatsangehörigkeit nach einheitlichen Grundsätzen behandelt werden kann.

Für eine Besprechung der einschlägigen Fragen steht mein Sachbearbeiter
Regierungsrat Dr. Feldscher zur Verfügung.

Ich bitte mir Ihre Stellungnahme möglichst bald zukommen zu lassen.

Im Auftrag
HERING

---

[578] Jüdischen Rechtsanwälten war die Ausübung ihres Berufes im Deutschen Reich und in
Österreich mit der „Fünften Verordnung zum Reichsbürgergesetz" bis spätestens zum
Ende Februar 1939 verboten worden.

[579] Gleiches was jüdischen Ärzten widerfahren war, galt durch die „Achte Verordnung zum
Reichsbürgergesetz" nun auch für jüdische Zahnärzte, Tierärzte und Apotheker. Ihre
Approbation war zum 31.1.1939 erloschen und ihnen war lediglich erlaubt, die Familie
und jüdische Patienten bzw. deren Tiere zu behandeln.

[580] Juden war in der „Verordnung über den Einsatz jüdischen Vermögens" auferlegt worden, ihre Gewerbebetriebe zu verkaufen oder abzuwickeln, ihren Grundbesitz zu veräußern und ihre Devisenpapiere bei einer Devisenbank zu hinterlegen. Außerdem durften
sie Juwelen, Edelmetalle und Kunstgegenstände nicht mehr frei veräußern.

[581] Richard Walther Darré.

367

PA/AA, Inland II - A/B, R 99435

**Bericht des Leiters der Abteilung IV im Reichssicherheitshauptamt Müller
an das Auswärtige Amt**

IV D 1 a – B.Nr. 892/40   Berlin, den 19. April 1941
                                                                            D III *3381*

Betr.: Behandlung ausländischer Juden im Protektorat.
Bezug: Dortiges Schreiben vom 24.12.1940 – Nr. D III 6036 –

Ich stimme der dortigen Auffassung zu, daß aus außenpolitischen Gründen
lediglich bei Juden mit sowjetischer Staatsangehörigkeit und vorläufig noch
mit der USA-Staatsangehörigkeit entsprechend vorsichtig vorgegangen werden soll. Ich werde bei staatspolizeilichen Maßnahmen gegen Juden mit sowjetischer oder der USA-Staatsangehörigkeit sofort Mitteilung geben, damit
von dort gegebenenfalls auf Anfrage der diplomatischen Vertretungen eine
Antwort erteilt werden kann. Die Stapo-Leitstellen Prag und Brünn wurden
von mir angewiesen, bei Vornahme staatspolizeilicher Maßnahmen zu berichten.[582]

Im übrigen bin ich in Übereinstimmung mit dem Reichsminister des Innern[583] der Ansicht, daß für sämtliche anderen Juden ausländischer Staatsangehörigkeit nur eine gleichartige Handhabung wie im Reich in Frage kommen kann.

In Vertretung
MÜLLER
Brigadeführer

---

[582] Die Geheime Staatspolizei (Gestapo) gehörte als Abteilung IV zum Reichssicherheitshauptamt (RSHA) und war für die so genannte Gegnerbekämpfung zuständig. Neben
der Bekämpfung von Regimekritikern hatte sie ebenso die Aufgabe, gegen Juden,
Homosexuelle sowie so genannte „Asoziale" und „Arbeitsscheue" vorzugehen. Die Leit-
stelle der Geheimen Staatspolizei in Prag unterstand Hans-Ulrich Geschke; in der Son-
deraktion Prag am 17.11.1939 war sie für die Zerschlagung des tschechischen Hoch-
schulsystems verantwortlich gewesen. In Brünn unterstand diese Dienststelle Wilhelm
Nölle. Beide Stapo-Leitstellen waren ebenso mit der Deportation von Juden aus dem
Protektorat befasst.
[583] Wilhelm Frick.

368

PA/AA, Inland II - A/B, R 99435

Bericht des Vertreters des Auswärtigen Amtes beim Reichsprotektor Janson an das Auswärtige Amt

Nr. 4650/41 D.Pol.3 Nr.5 Prag, den 22. April 1941

D III *3385*

Betrifft: Verordnung des Reichsprotektors in Böhmen und Mähren über das jüdische Vermögen vom 21.6.1939.

Zum Erlaß vom 4.1.1941 – D III 6533 – und im Anschluß an den Bericht vom 23.1.1941 – Nr. 362/41 D.Pol.3 Nr.5 –[584]

Den fehlenden Fünften Durchführungserlaß des Reichsprotektors vom 2. März 1940 überreiche ich in einem Stück zur Kenntnis.[585] Weitere Abdrucke des Erlasses konnten nicht beschafft werden, da das gegenständliche Heft des Verordnungsblattes vergriffen ist und in nächster Zeit nicht nachgedruckt werden dürfte.

JANSON

369

PA/AA, Büro des Staatssekretärs, R 29773

Aufzeichnung des Leiters der Politischen Abteilung Woermann

Berlin, den 23. April 1941

Generalkonsul Janson rief aus Prag an und teilte mit, daß morgen, den 24. April, zwei Feiern für den verstorbenen Erzbischof[586] stattfinden und zwar:

1. 8 Uhr 30 feierlicher Gottesdienst im St. Veits Dom und
2. 8 Uhr 55 kleine, kurze Feier im Fürstbischöflichen Palais.

Der Reichsprotektor werde sich bei der ersten Feier nicht vertreten lassen, dagegen zu der zweiten Feier den Gesandten Völckers als Vertreter entsenden.

Herr Janson fragte, ob er an der ersten Feier teilnehmen solle.

Ich habe ihm gesagt, wenn er nichts anderes höre, solle er dies nicht tun. Da der Reichsprotektor sich nicht vertreten lasse, würde sein Erscheinen eine Vertretung des Auswärtigen Amts bedeuten, wozu keine Veranlassung vorliege.

Hiermit dem Herrn Staatssekretär.

WOERMANN

---

[584] Siehe Dokument Nr. 351.
[585] „Fünfter Durchführungserlass des Reichsprotektors in Böhmen und Mähren zur Verordnung über das jüdische Vermögen" vom 2.3.1940 (VBlRProt. Nr. 12/1940, 81).
[586] Karel Kašpar.

370

PA/AA, Inland II (Geheim), R 101109

Bericht des Vertreters des Auswärtigen Amtes beim Reichsprotektor Janson an das Auswärtige Amt

Nr. 69 g

Prag, den 24. April 1941

D II 1153

<u>Geheim</u>

Betrifft: Gefahr einer Kabinettskrise der Protektoratsregierung.

Die Kulturpolitische Abteilung des Reichsprotektors hatte auf Auftrag des Promi[587] bei Beginn der jugoslawischen Krise versucht, durch einen wenn auch nicht sehr geeigneten Mittelsmann deutschfreundliche Interviews von tschechischen Ministern zu erhalten.[588]

Während ein Teil der Minister sich zunächst nicht abgeneigt zeigte, erfolgte, nachdem die Angelegenheit im Ministerrat zur Sprache gekommen war, auf den Einfluß der negativ eingestellten Kabinettsmitglieder und wohl vor allem auf das Drängen des bösen Geistes der Regierung, des Verkehrsministers Havelka, hin eine gleichmäßige Ablehnung aller Mitglieder der Regierung.

Die Entwicklung der Dinge trieb während der Oster-Abwesenheit des Reichsprotektors einer Regierungskrise zu.

Um diese zu vermeiden, wurde gleich nach der Rückkehr des Reichsprotektors durch eine persönliche Aussprache und Vereinbarung zwischen Herrn v. Neurath und Dr. Hácha die Angelegenheit auf der Basis bereinigt, daß der Staatspräsident auf den Vorschlag, sich des Dr. Havelka als seines Chefs der Staatskanzlei – eine Funktion, die er neben der des Verkehrsministers, die er weiter beibehält, ausübte – zu entledigen, eingegangen ist.

Der Führer ist über den Gang der Dinge durch ein Schreiben des Reichsprotektors in Kenntnis gesetzt, das, um anderer Berichterstattung zuvorzukommen, heute durch Sonderflugzeug überbracht werden soll.

JANSON

---

587 Ministerium für Volksaufklärung und Propaganda.

588 Mittels eines 11 Tage dauernden Blitzkrieges hatte die deutsche Wehrmacht mit 15 Divisionen, darunter starken Panzerverbänden, am 17.4.1941 die Kapitulation Jugoslawiens erreicht. In der Folge dieses Krieges hatte sich Kroatien für unabhängig erklärt.

371

PA/AA, Inland II (Geheim), R 101109

Bericht des Vertreters des Auswärtigen Amtes beim Reichsprotektor Janson an das Auswärtige Amt

Nr. 70 g   Prag, den 25. April 1941

D II 1161 g

Unter Bezugnahme auf den Bericht v. 24. April 41 – 69 g –[589]

Bei einem zweiten Besuch des Staatspräsidenten bei Herrn von Neurath wurde, um weiteren Drängen die Spitze abzubiegen, Einigkeit dahin erzielt, daß Dr. Havelka nicht nur als Chef der Staatskanzlei, sondern auch als Verkehrsminister ausscheidet.

Dr. Havelka wird daraufhin seiner beiden Ämter enthoben werden.

Zum Verkehrsminister wird der Eisenbahntechniker Kamenický, zum Chef der Staatskanzlei der bisherige langjährige Sektionschef in der Staatskanzlei Popelka ernannt werden.

Staatssekretär Frank kehrt heute aus Wien, wo er den Reichsführer SS Himmler getroffen haben soll, nach Prag zurück.

JANSON

372

PA/AA, Inland II (Geheim), R 101109

Bericht des Vertreters des Auswärtigen Amtes beim Reichsprotektor Janson an das Auswärtige Amt

Nr. 64/41 g   Prag, den 3. Mai 1941

D II 1220 g

Geheim

Betrifft: Vorgänge in der Vlajka-Bewegung.[590]

Als Anlage übersende ich eine mir von zuverlässiger Seite zur Verfügung gestellte Aufzeichnung, die die derzeitigen Zustände in der Vlajka schildert.

Staatssekretär Frank, den ich gelegentlich einer Vorsprache nach unserem derzeitigen Verhältnis zur Vlajka befrug, verneinte ein deutsches Interesse an einem an sich leicht zu erzielenden Großwerden dieser Bewegung, da andern-

---

[589] Siehe Dokument Nr. 370.

[590] Die Vlajka, die sich seit der Vereinigung mit zahlreichen faschistischen Gruppen am 11.10.1939 Český národně socialistický tábor – Vlajka (Tschechisches nationalsozialistisches Lager – Vlajka) nannte, war ein ausgeprägter Gegner von Staatspräsident Hácha und der Národní souručenství (Nationalen Gemeinschaft). Trotz dieser Gegnerschaft wurde die Vlajka lange Jahre von der Protektoratsregierung geduldet, doch führten massive politische Diskrepanzen Ende 1942 zur zwangsweisen Auflösung der Partei und zur Verbringung von deren Führern ins Konzentrationslager Dachau.

falls eine starke rein tschechische Organisation geschaffen würde, die durch ihre Geschlossenheit Gefahren mit sich bringen könnte.

JANSON

[Anlage: Vorgänge in der Vlajka-Bewegung]

Etwa seit Anfang März 1941 macht sich unter den führenden Persönlichkeiten des „Tschechischen Nationalsozialistischen Lagers – Vlajka" ein Gärungsprozeß bemerkbar, der seinen Ausdruck vor allem darin gefunden hat, daß sechs Angehörige des Führungsrates dieser Organisation ihre Funktionen niedergelegt haben. Während diese Vorgänge von der jetzigen Führung (Rys und Burda) als Weg zur Konsolidierung bezeichnet werden, führen die sechs zurückgetretenen Funktionäre zur Begründung ihres Schrittes eine Reihe von Tatsachen, Beobachtungen und Vermutungen an, durch die ihr Vertrauen zur jetzigen Führung, insbesondere zu dem von Parteiführer Jan Rys zu seinem Stellvertreter eingesetzten Direktor Burda, schwer erschüttert worden sei.

Nach der Errichtung des Protektorats im März 1939 stellte sich die Vlajka in bewußten Gegensatz zur Tschechischen Einheitspartei, da sie zu deren Politik gegenüber dem Deutschen Reich kein Vertrauen hatte. Der Führer der Vlajka, Jan Rys, soll wiederholt erklärt haben, daß seine Bewegung auf deutscher Seite moralischen Kredit besitze und daß dort mit ihr gerechnet werde. Die heute in Opposition stehenden Mitglieder behaupten nun, daß Burda von deutschen Stellen als führende Persönlichkeit der Vlajka abgelehnt werde. Ihre diesbezüglichen Einwendungen wurden jedoch von Burda persönlich, als auch von Rys, der ihn immer deckte, durch nachstehende Behauptungen widerlegt:

1. Burda habe bereits in der Zeit des Weimarer Deutschlands in enger Fühlung mit der Spandauer SA gestanden;
2. bereits in der ehemaligen tschecho-slowakischen Republik habe Burda den Beschluß gefaßt, unter den Tschechen nach dem Vorbild der NSDAP zu arbeiten, und sei deshalb in die Vlajka eingetreten;
3. er besitze auf deutscher Seite gute Beziehungen und Freunde;
4. im Sommer 1940 sei ihm von maßgebenden deutschen Stellen versprochen worden, man werde ihm den Transfer einer Hypothek auf seinen Berliner Hausbesitz zugunsten der Vlajka gestatten;
5. alle gegen Burda erhobenen Beschuldigungen seien von einem hohen reichsdeutschen Funktionär überprüft worden, der Burda dann als „einwandfrei" erklärt habe;
6. in der nächsten Zeit werde Burda durch eine schriftliche Erklärung von neun hochstehenden Funktionären der NSDAP endgültig rehabilitiert werden.

Im Laufe der Zeit wuchs der Einfluß Burdas in der Vlajka immer stärker: er wurde Direktor des Blattes und verstand es besonders, die notwendigen Geldmittel auf die verschiedenste Art zu beschaffen. Dadurch gerieten die Bewegung und ihr Führer Rys in immer stärkere Abhängigkeit von Burda, der seinen Einfluß schließlich nicht nur in wirtschaftlichen, sondern auch in politischen, taktischen und sogar weltanschaulichen Fragen geltend machte. Als später auch führende Stellen außerhalb Prags ihre Unzufriedenheit mit Burda bekanntgaben, wobei sie besonders auf dessen etwas dunkle Vergangenheit als Boxmanager und Inhaber eines Wettbüros im früheren jüdisch-liberalistischen Deutschland hinwiesen, und als angeblich auch von deutscher Seite zu verstehen gegeben wurde, daß Burda keine geeignete Führerpersönlichkeit für die Vlajka sei, fassten die eingangs erwähnten sechs Funktionäre den Beschluß, von Rys die Beseitigung Burdas und gleichzeitig das engste Zusammengehen mit der NSDAP zu fordern, um die Vlajka von der Tschechischen Einheitspartei und den übrigen tschechischen Stellen völlig unabhängig zu machen, von denen in der letzten Zeit Bestrebungen ausgingen, die Bewegung in Mißkredit zu bringen.

Rys weigerte sich jedoch, Burda fallen zu lassen, und als sich dieser dann noch mit einer Reihe von Personen dunkler Herkunft umgab, legten mehrere führende Persönlichkeiten ihre Funktionen nieder oder traten aus. Rys schlug daraufhin einen schärferen nationalen Kurs ein. Von den Angehörigen der Opposition wurde behauptet, daß sie Saboteure seien, die entweder von der Tschechischen Einheitspartei bezahlt würden oder auf Weisung deutscher Stellen aus der Vlajka ausgeschlossen wurden. Von anderen wiederum wurde behauptet, daß sie sich um die deutsche Staatsangehörigkeit bewerben oder daß sie einen fetten Posten in der Staatsverwaltung anstreben. Von manchen wurde schließlich auch gesagt, sie seien Defraudanten[591], litten an Krankheiten oder hätten sich sittliche Verfehlungen zuschulden kommen lassen.

Unter den Geldgebern der Vlajka spielten früher Fürst Karl Schwarzenberg und der Sekretär des Industrieverbandes Miloš Hlávka, angeblich Mitglied des Rotary-Clubs, eine gewisse Rolle. Im Frühjahr 1939 bot sich ein gewisser Dr. Vítek an, der Vlajka Geld für die Herausgabe einer Tageszeitung zu leihen. Er wurde von Rys als Verlagsleiter eingesetzt. Später zeigte es sich jedoch, daß Dr. Vítek versuchte, die Vlajka ins Schlepptau der Tschechischen Einheitspartei zu bringen. Als ihm dies nicht gelang, trat er aus der Bewegung aus. Seit dieser Zeit wurde Burda immer mehr zum unbeschränkten Herrn des Parteiblattes und der Finanzgebarung überhaupt. Er gewann starken Einfluß auf den Parteiführer Rys, dem er angeblich 28.000 Kronen zur Beschaffung einer Wohnungseinrichtung lieh und der auch sonst immer stärker in finanzielle Abhängigkeit von Burda geraten sei. In der letzten Zeit wird von Rys behauptet, daß er sich des öfteren betrinke und Autofahrten im Wagen eines aus der Vlajka ausgeschlossenen Mitglieds unternehme.

Alle diese Erscheinungen hatten einen starken Mitgliederschwund vor allem außerhalb Prags zur Folge. Der Mitgliederstand der Vlajka könne gegenwärtig mit höchstens 5.000 Personen angegeben werden. Das Niveau der Bewegung verfalle immer mehr. Zum Herausgeber der Parteikorrespondenz soll Rys einen Minderjährigen namens Pravoslav Wilt ernannt und diesen auch mit seiner Vertretung in der Schriftleitung betraut haben. Außerdem soll Wilt beauftragt sein, namens der Vlajka mit deutschen Stellen in Verbindung zu treten. Die Führerschule der Svatopluk-Garde, einer uniformierten Parteiformation, die früher etwa 100 Schüler

---

[591] Betrüger.

aufwies, werde gegenwärtig nur von 13 minderwertigen Personen besucht. Die einzelnen Gliederungen der Vlajka, so z.B. die Tschechische Arbeitsfront und die Jugendbewegung, hören auf zu arbeiten. Auch die Versammlungen seien sehr schwach besucht. Die Schulden der Partei können auf etwa 1,3 Millionen Kronen geschätzt werden. Wie es heißt, fordern mehrere Mitglieder ihre der Vlajka gewährten Darlehen zurück. Unter der Mitgliedschaft mache sich zwar kein offener Widerstand gegen die Parteileitung bemerkbar, aber es kann festgestellt werden, daß das Verhältnis der Parteimitglieder zur Führung immer gleichgültiger wird.

373

PA/AA, Inland II (Geheim), R 101108

Aufzeichnung des Referatsleiters Verkehr zwischen dem Auswärtigen Amt und den Dienststellen des Reichsführers SS in der Abteilung Deutschland Picot

D II 84 g Rs
D II 87 g Rs
(Veranlassung: D II 1220 g)

Der anliegende Bericht des VAA beim Reichsprotektor in Böhmen und Mähren vom 3.5. d.Js., betr. Vorgänge in der Vlajka-Bewegung,[592] wurde Herrn Gesandten Luther am 8. d.M. zur Kenntnis vorgelegt. Heute erhielt ich den Vorgang zurück. Unter e.o. Partei 84/41 g ist Doppel des Eingangs und eine Fotokopie an die Parteikanzlei übersandt worden. D II ist von der beabsichtigten Weiterleitung erst nach Abgang unterrichtet worden.

Die Berichte des VAA beim Reichsprotektor über die innere Lage des Protektorats sind jedoch nach von höchster Stelle im AA gemachter Zusicherung nur für den Herrn Reichsaußenminister bezw. die zuständigen Sachbearbeiter im Auswärtigen Amt bestimmt. Es ist keinesfalls vorgesehen, daß sie anderen Amtsstellen zur Kenntnis gebracht werden (vergl. Aufzeichnung D II 84 g Rs vom 15.11.1940).[593] Um die Einhaltung dieser ihm gemachten Zusicherung hat der VAA beim Reichsprotektor mit Bericht vom 16. November 1940 – D II g Rs –[594] nochmals ausdrücklich gebeten.

Hiermit (nebst den angezogenen Vorgängen) über Herrn Gesandten Luther Ref. Partei (Herrn LR Büttner) vorgelegt.

Berlin, den 15. Mai 1941
PICOT

[592] Siehe Dokument Nr. 372.
[593] Siehe Dokument Nr. 326.
[594] Siehe Dokument Nr. 327.

374

PA/AA, Inland II - A/B, R 99435

Bericht des Ministerialdirigenten im Reichsinnenministerium Hering an das Auswärtige Amt

I e 11 III/41 5012 Bd. 39　　　　　　　　　　　　Berlin, den 16. Mai 1941
　　　　　　　　　　　　　　　　　　　　　　　　　　　　　D III *4223*

Betrifft: Behandlung ausländischer Juden im Protektorat.
Auf das Schreiben vom 28.4.1941.

Zu der aufgeworfenen Frage habe ich bereits mit meinem Schreiben vom 27.3.1941 Stellung genommen.[595] Gleichzeitig darf ich Bezug nehmen auf die am 22.4.1941 im Hauptamt Sicherheitspolizei abgehaltene Besprechung, an der auch Ihr Vertreter teilgenommen hat. In dieser Besprechung war in Aussicht genommen worden, alle Juden, die die Staatsangehörigkeit eines europäischen Staates mit Ausnahme der Sowjet-Union, der Türkei und Irland besitzen, künftig wie inländische Juden zu behandeln. Bezüglich der außereuropäischen Juden sollte von Fall zu Fall die Stellungnahme des Auswärtigen Amtes eingeholt werden. Ihr Vertreter hatte sich jedoch vorbehalten, diese grundsätzliche Stellungnahme noch schriftlich zu bestätigen.

Die vorstehende Abmachung bezog sich selbstverständlich auch auf die Behandlung ausländischer Juden im Protektorat Böhmen und Mähren, die, wie ich bereits in meinem obengenannten Schreiben zum Ausdruck gebracht habe, im Protektorat nicht anders erfolgen kann als im Reichsgebiet. Nach dem mir abschriftlich mitgeteilten Schreiben des Chefs der Sicherheitspolizei und SD ist dieser auch derselben Auffassung.[596]

Ich darf die aufgeworfene Frage hiermit als erledigt betrachten, bitte jedoch ergebenst, mir eine Bestätigung der getroffenen Vereinbarung zukommen zu lassen.

　　　　　　　　　　　　　　　　　　　　　　　　　　　　Im Auftrag
　　　　　　　　　　　　　　　　　　　　　　　　　　　　HERING

---

[595] Siehe Dokument Nr. 366.
[596] Reinhard Heydrich. Siehe Dokument Nr. 367.

375

PA/AA, Inland II - A/B, R 99435

Bericht des Vertreters des Auswärtigen Amtes beim Reichsprotektor
Janson an das Auswärtige Amt

Nr. 5524/41 D.Pol.3 Nr.5 Prag, den 16. Mai 1941

D III *4277*

Betrifft: Behandlung ungarischer Juden im Protektorat.

Nach Auskunft des hiesigen ungarischen Kollegen sind zwischen der Reichs-
und der ungarischen Regierung Vereinbarungen über die besondere Behandlung der ungarischen Juden in Deutschland getroffen worden.

Für die Bekanntgabe dieser Vereinbarungen sowie für die Weisung wäre
ich dankbar, ob jene sich auch auf das Gebiet des Protektorats beziehen.

JANSON

376

PA/AA, Inland II (Geheim), R 101108

Bericht des Referatsleiters Verkehr zwischen dem Auswärtigen Amt und
den Dienststellen des Reichsführers SS in der Abteilung Deutschland Picot
an den ehemaligen Vertreter des Auswärtigen Amtes
beim Reichsprotektor Ziemke

D II 87/40 g Rs [Berlin,] den 21. Mai 1941

Geheime Reichssache

Unter Bezugnahme auf den Bericht vom 16. November v.Js. – Nr. 14.195/
D.Pol.2.g –[597]

Die Frage der gelegentlichen Unterrichtung anderer deutscher Dienststellen
als das Auswärtige Amt über die dortige Berichterstattung über die innere
Lage des Protektorats ist erneut zur Sprache gebracht worden. Ich wäre daher
für Bericht dankbar, aufgrund welcher Abreden die dortigen Berichte ausschl.
für die Unterrichtung des Herrn Reichsaußenministers und des Auswärtigen
Amts bestimmt sind.

Im Auftrag
PICOT

---

[597] Siehe Dokument Nr. 327.

377

PA/AA, Inland II - A/B, R 99435

Anweisung des Referatsmitarbeiters Deutschland Todenhöfer an den Vertreter des Auswärtigen Amtes beim Reichsprotektor Janson

Berlin, den 6. Juni 1941
D III 4277
D III 5531

Im Ausw. Amt ist nichts davon bekannt, daß zwischen der Reichs- und der ungarischen Regierung eine Vereinbarung über die besondere Behandlung der ungarischen Juden in Deutschland getroffen worden ist.[598] Die ungarischen Juden sind wie inländische behandelt worden, und es besteht nicht die Absicht von dieser Praxis abzugehen.

Im Auftrag
TODENHÖFER

378

PA/AA, Inland II - A/B, R 99435

Anweisung des Referatsmitarbeiters Deutschland Todenhöfer an den Vertreter des Auswärtigen Amtes beim Reichsprotektor Janson

Berlin, den 7. *Juni* 1941
D III 4223

Das AA steht auf dem Standpunkt, daß es heute nicht mehr angebracht ist, die Juden mit einer ausländischen Staatsangehörigkeit gegenüber den inländischen Juden bevorzugt zu behandeln. Eine Ausnahme bilden lediglich die vermögensrechtlichen Angelegenheiten, wo Repressalien zu erwarten sind.[599]

i.A.
TODENHÖFER

---

[598] Siehe Dokument Nr. 374.

[599] Zusatz: Analog einer Entscheidung des RAM in der Kriegsschädenverordnung, die in der Anlage beigefügt ist (A.d.Verf.: Danach wurden durch Kriegseinwirkung entstandene Sachschäden bis zu einer Höhe von 1.000 Reichsmark sofort erstattet, während dagegen Juden von dieser staatlichen Entschädigung ausgeschlossen waren.), ist es nunmehr angebracht, alle Juden gleich welcher Staatsangehörigkeit wie inländische Juden zu behandeln, mit Ausnahme der vermögensrechtlichen Fragen, wo Repressalien zu erwarten sind.

379

PA/AA, Inland II (Geheim), R 101108

Bericht des Vertreters des Auswärtigen Amtes beim Reichsprotektor Janson an das Auswärtige Amt

Nr. 106/41 g   Prag, den 18. Juni 1941

D II 84 g Rs

Geheim

Auf den Erlaß vom 21.5.1941 – zu D II 87/40 g Rs –[600]

Soweit mir bekannt ist, ist seinerzeit von meinem Vorgänger Herrn Ziemke mit den zuständigen Herren im Auswärtigen Amt vereinbart worden, daß seine vertraulichen Berichte über die hiesige Lage allein zur Unterrichtung des Auswärtigen Amtes dienen sollten.

Da die diese Abrede bedingende Sachlage inzwischen eine Änderung nicht erfahren hat, bitte ich es bei der alten Regelung zu belassen und wäre für entsprechende Weisung dankbar.

VON JANSON

380

PA/AA, Büro des Staatssekretärs, R 29773
PA/AA, Büro des Staatssekretärs, R 29840

Aufzeichnung des Staatssekretärs Weizsäcker

St.S. Nr. 401   Berlin, den 19. Juni 1941

Wegen der Behandlung des Eigentums des Malteser-Ordens im Protektorat habe ich heute dem Reichsprotektor gesagt, es müsse für den Standpunkt des Auswärtigen Amts eine Formel gefunden werden, die klar sei und die dann auch damit die Protektoratsverwaltung befriedige. Unterstaatssekretär Gaus sei im Begriff, sich die Vorgänge daraufhin anzusehen.

Wegen der bekannten Gobelins aus dem Malteser-Eigentum im Protektorat sagte ich Herrn von Neurath, diese Stücke seien gegenwärtig zur Ausbesserung und Reinigung in Berlin. Über ihren späteren Verbleib werde sich unschwer eine Einigung herstellen lassen. Entweder würden die Gobelins in Berlin verbleiben oder auch wieder in das Protektorat zurückgesandt, wobei dann allerdings die Protektoratsverwaltung die volle Gewähr für die Sicherheit dieser Gobelins übernehmen müßte. Das letztere versicherte der Herr Reichsprotektor ohne weiteres zusagen zu können.

Hiermit Herrn U.St.S. Gaus.

WEIZSÄCKER

---

[600] Siehe Dokument Nr. 376.

381

PA/AA, Büro des Staatssekretärs, R 29773
PA/AA, Büro des Staatssekretärs, R 29840

Aufzeichnung des Staatssekretärs Weizsäcker

St.S. Nr. 402 Berlin, den 19. Juni 1941

Ich habe heute mit dem Herrn Reichsprotektor die Frage des Prager Bischofstuhls besprochen. Wir waren in der Sache darüber einig, daß weder seitens des Reichsprotektors noch auch seitens des Auswärtigen Amts der Kurie gegenüber Wünsche oder Vorschläge geäußert werden sollen. Es wäre also, nachdem ich dem Nuntius gesagt habe, die Kurie möge kein fait accompli schaffen, lediglich abzuwarten, mit welchen Vorschlägen in der Sache die Kurie an uns herankommt.

WEIZSÄCKER

382

PA/AA, Inland II (Geheim), R 101109

Rundschreiben des Reichsprotektors Neurath[601]

I 1 a – 3943 Prag, den 27. Juni 1941

Betrifft: Behandlung des deutsch-tschechischen Problems.

Aus gegebener Veranlassung ordne ich an, daß in Zukunft bei Veranstaltungen und Verlautbarungen jeder Art, die sich mit dem deutsch-tschechischen Problem befassen, die Blickrichtung der gesamten Bevölkerung mehr als je auf den Krieg und seine Erfordernisse gelenkt wird und die Verpflichtung auch des tschechischen Volkes zur Leistung der ihm im Verband des Großdeutschen Reiches gestellten Kriegsaufgaben in den Vordergrund gestellt wird.[602]

Andere Fragen des deutsch-tschechischen Problems sind zur Zeit für eine öffentliche Erörterung ungeeignet. Dabei weise ich darauf hin, daß unbeschadet meiner Anordnung die verwaltungsmäßige Behandlung und Bearbeitung aller Fragen des deutsch-tschechischen Problems in keiner Weise be-

---

[601] Diese Informationen waren gerichtet an das Büro des Reichsprotektors, das Büro des Staatssekretärs, das Büro des Unterstaatssekretärs, die Zentralverwaltung, die Abteilungen I bis IV, sämtliche Gruppen, die Dienststelle für das Land Mähren in Brünn, den Wehrmachtsbevollmächtigten, den Arbeitsgauführer, den Befehlshaber der Ordnungspolizei, den Befehlshaber der Sicherheitspolizei, den Vertreter des Auswärtigen Amtes, die Parteiverbindungsstelle, die Oberlandräte in Böhmen und Mähren, den Kurator der Deutschen Wissenschaftlichen Hochschule in Prag, den Kurator der Deutschen Technischen Hochschule in Brünn, den Oberfinanzpräsidenten, den Oberlandesgerichtspräsidenten, den Generalstaatsanwalt sowie das Hauptamt der Deutschen Reichspost.
[602] Fünf Tage zuvor hatte Hitler die Sowjetunion überfallen.

rührt werden. Es werden also alle notwendigen Maßnahmen zur Stärkung des deutschen Volkstums nicht nur weitergeführt, sondern in zunehmendem Maße ausgebaut werden.

Maßgebend für meine Anordnung ist die Notwendigkeit, dafür zu sorgen, daß im Protektorat während des Krieges unbedingt Ruhe und Ordnung herrscht, und die schaffende Bevölkerung in Land und Stadt, namentlich in der Rüstungsindustrie, die ihr obliegenden kriegswichtigen Aufgaben ohne Störung erfüllt. Es geht nicht an, durch Auseinandersetzungen oder Stimmungsäußerungen in der Öffentlichkeit meine auf die Aufrechterhaltung der Ruhe und Ordnung zielenden Maßnahmen zu stören. Jede Beunruhigung der Öffentlichkeit durch völlig unzeitgemäße Erörterungen des deutsch-tschechischen Problems geben dem feindlichen Rundfunk, feindlichen Agenten und oppositionellen Kreisen die Möglichkeit zu einer Verhetzung der tschechischen Bevölkerung.

Die erforderlichen öffentlichen Erklärungen über die politischen Fragen des Protektorats, insbesondere solche Ausführungen an die Adresse der tschechischen Bevölkerung sind einzig und allein meine Angelegenheit und werden von mir zur gegebenen Zeit veranlaßt.

FRHR. V. NEURATH

383

PA/AA, Inland II - A/B, R 99435

Bericht des Vertreters des Auswärtigen Amtes beim Reichsprotektor Janson an das Auswärtige Amt

Nr. 7169/41 D.Pol.3 Nr.5   Prag, den 30. Juni 1941

D III *5531*

<u>Eilt!</u>

Betreff: Behandlung ungarischer Juden im Protektorat.
Zu den Erlassen vom 6.6.1941 – D III 4277 –,[603]
         vom 7.6.1941 – D III 4223 –[604]
    und vom 14.6.1941 – D III 4604 –

Der Kgl. Ungarische Generalkonsul[605] überreichte mir die abschriftlich beigefügte Aufzeichnung und deutete an, daß aus der schroffen Behandlung der ungarischen Juden im Protektorat sich möglicherweise irgendwie Rückwirkungen auf Protektoratsangehörige in Ungarn, besonders in den an Ungarn rückgegliederten Gebieten ergeben könnten.[606] Der Generalkonsul berief sich

---

[603] Siehe Dokument Nr. 377.
[604] Siehe Dokument Nr. 378.
[605] Marosy.
[606] Hierbei handelte es sich um eine Liste mit zwölf Personen ungarischer Nationalität und deren Vermögenswerte.

dabei auf Zusicherungen, die das Auswärtige Amt der Ungarischen Gesandtschaft in Berlin mit Verbalnote vom 8. Dezember 1938 – R 24670/38 – gegeben haben soll.[607] Der Inhalt dieser Note ist mir nicht bekannt. Ich darf daher um Übersendung einer Abschrift und um Erlaß bitten, ob ihr Inhalt noch zurecht besteht oder ob der angezogene Erlaß vom 6. Juni 1941 uneingeschränkt gültig ist.

JANSON

384

PA/AA, Inland II (Geheim), R 101108

Bericht des Referatsleiters Verkehr zwischen dem Auswärtigen Amt und den Dienststellen des Reichsführers SS in der Abteilung Deutschland Picot an den ehemaligen Vertreter des Auswärtigen Amtes beim Reichsprotektor Ziemke

Berlin, den 1. Juli 1941

D II 84 g Rs

Geheime Reichssache

Die Frage der gelegentlichen Unterrichtung anderer deutscher Dienststellen als des Auswärtigen Amts über die Berichterstattung des Vertreters des Auswärtigen Amts beim Reichsprotektor in Böhmen und Mähren über die innere Lage des Protektorats ist erneut zur Sprache gebracht worden. Auf Anfrage bei dem Vertreter des Auswärtigen Amts in Prag, auf Grund welcher Abreden diese Berichte ausschließlich für die Unterrichtung des Herrn Reichsaußenministers und das Auswärtige Amt bestimmt sind, hat dieser erwidert, daß diese Vereinbarungen seinerzeit von Herrn Gesandten Dr. Ziemke mit den zuständigen Herren im Auswärtigen Amt getroffen worden seien. Der Vertreter des Auswärtigen Amts in Prag hat gleichzeitig gebeten, es bei dieser Regelung zu belassen.

Ich wäre daher für kurze Mitteilung dankbar, auf welche Abreden die oben erwähnten Vereinbarungen zurückgehen.

Im Auftrag

PICOT

---

[607] In dieser Verbalnote ging es um das Problem der Erhebung einer Reichsfluchtsteuer für in Deutschland lebende ungarische Staatsangehörige. Das Auswärtige Amt führte dazu aus, dass eine solche Abgabe lediglich von Angehörigen des Deutschen Reiches und österreichischen Bundesbürgern zu entrichten seien. Auf die gleichzeitig gestellte Frage nach einer Abgabe bei Transfergenehmigungen erwiderte das Auswärtige Amt in einer Verbalnote vom 21.12.1938, dass bei Abgabe effektiver Devisen eine solche Abgabe sowohl von Auswanderern deutscher Staatsangehörigkeit als auch von ausländischen Staatsangehörigen entrichtet werden müsse.

385

PA/AA, Inland II - A/B, R 99435

**Bericht des Reichsprotektors Neurath
an den Vertreter des Auswärtigen Amtes beim Reichsprotektor Janson**

Nr. II/1 Jd 16772/41   Prag, den 7. Juli 1941

Betrifft: Auslegung der Verordnung über das jüdische Vermögen vom
     21. Juni 1939.

Bezug: Schreiben vom 30.6.1941, Aktz. 7169/41, D.Pol.3 Nr.5.[608]

Ich bitte, das Ihnen zur Mitzeichnung vorgelegte Schreiben an das Minister-ratspräsidium nunmehr mitzuzeichnen. Es handelt sich bei der Einbeziehung der Juden ausländischer Staatsangehörigkeit unter die Bestimmungen der Ver-ordnungen über das jüdische Vermögen und der Verordnung zur Ausschal-tung der Juden aus der Wirtschaft des Protektorats um keine Neuregelung. Im Einvernehmen mit dem Vertreter des Auswärtigen Amtes wird vielmehr bereits seit Anfang des Jahres 1940 dieser Standpunkt von unserer Behörde vertreten. Es ist seither mehrfach in der Presse darauf hingewiesen worden. Auf Wunsch des Vertreters des Auswärtigen Amts habe ich bei den Entju-dungsbehörden sichergestellt, daß vor Maßnahmen gegen Juden russischer, italienischer und amerikanischer (USA) Staatsangehörigkeit vorher mein Einverständnis eingeholt wird. Bei derartigen Anträgen wird der Vertreter des Auswärtigen Amts von mir beteiligt.

Wie aus dem Ihnen zur Mitzeichnung vorgelegten Schreiben an das Minis-terratspräsidium hervorgeht, werden bei dieser Auffassung den einzelnen Gerichten mit Rücksicht auf ein an das Ministerratspräsidium im Jahre 1939 ergangenes Schreiben Schwierigkeiten gemacht, so daß eine Klarstellung er-forderlich ist.

Falls gewünscht wird, hinsichtlich der ungarischen Staatsangehörigkeit ebenfalls eine Ausnahme zu machen, bin ich bereit, den Oberlandräten ent-sprechende Weisungen zu erteilen. Ich bitte ferner nachzuprüfen, wieweit derartige Weisungen bei amerikanischen Staatsangehörigen noch erforder-lich sind. Hinsichtlich der russischen Staatsangehörigen sind meines Erach-tens die an die Oberlandräte gegebenen ... [zweite Seite fehlt in den Akten].

---

[608] Siehe Dokument Nr. 383.

386

PA/AA, Inland II - A/B, R 99435

Bericht des Vertreters des Auswärtigen Amtes beim Reichsprotektor Janson an das Auswärtige Amt

Nr. 7955/41 D.Pol.3 Nr.5   Prag, den 14. Juli 1941

D III *6028*

Betreff: Auslegung der Verordnung über das jüdische Vermögen vom
        21. Juni 1939.

Zu den Erlassen

      vom   6.VI.1941 – D III 4277 –,[609]

      vom   7.VI.1941 – D III 4223 – ,[610]

      vom 14.VI.1941 – D III 4604 – und

      vom 30.VI.1941 – D III 5037 –.[611]

betreffend Behandlung von Juden ungarischer Staatsangehörigkeit im Protektorat.

Den in Abschrift beigefügten Vorgang der Gruppe Wirtschaft des Herrn Reichsprotektors habe ich in Hinblick auf die angezogenen Erlasse mit dem Vorbehalt mitgezeichnet, eine anderweitige Regelung für die Juden ungarischer Staatsangehörigkeit zu beantragen, falls sich das Auswärtige Amt für deren wohlwollende Behandlung aussprechen sollte. Ich bitte daher um abschließende Weisung.

Auch für Weisung über die Behandlung amerikanischer Juden wäre ich dankbar.

JANSON

[Anlage 1: Vermerk des Reichsprotektors Neurath]

Nr. II/1 Jd – 12800/41   Prag, den ... Mai 1941

Betr.: Auslegung der Verordnung über das jüdische Vermögen vom 21. Juni 1939.[612]

Dem Herrn Ministerpräsidenten ist durch Schreiben vom 14. Oktober 1939 u.a. folgendes mitgeteilt worden:

„Pkt. 3): Die Verordnung erfaßt nur Juden, die Reichsangehörige Protektoratsangehörige oder Staatenlose sind.

Pkt. 12): Inländische Zweigstellen ausländischer jüdischer Unternehmen gelten als jüdisch im Sinne des § 7 der Verordnung.

---

[609] Siehe Dokument Nr. 377.

[610] Siehe Dokument Nr. 378.

[611] Gemeint ist hier Dokument Nr. 383.

[612] In dieser Verordnung des Reichsprotektors war der Beginn von Arisierungen im Protektorat angekündigt worden. Gleichzeitig waren auf Grundlage der Nürnberger Gesetze die Merkmale des „Jüdischen" definiert worden.

Der somit ursprünglich eingenommene Standpunkt, daß die Verordnung sich auf Juden ausländischer Staatsangehörigkeit nicht bezieht, ist inzwischen im Einvernehmen mit dem Vertreter des Auswärtigen Amts fallengelassen worden. Hierauf wurde auch mehrfach in der Presse hingewiesen. Eine formelle Richtigstellung des Schreibens vom 14.10.39 ist jedoch bisher nicht erfolgt.

Mit Rücksicht darauf, daß sich, wie sich jetzt herausstellt, die Gerichte zuweilen auf das Schreiben an den Ministerpräsidenten vom 14.10.39 bei der Auslegung der Verordnung berufen, ist jedoch eine Richtigstellung dieses Schreibens erforderlich.

[Anlage 2: Weisung des Reichsprotektors Neurath an den Protektoratsministerpräsidenten Eliáš]

Betr.: Auslegung der Verordnung über das jüdische Vermögen vom 21. Juni 1939.

Ich bitte davon Kenntnis zu nehmen, daß die obengenannte Verordnung und die Verordnung zur Ausschaltung der Juden aus der Wirtschaft des Protektorats vom 26. Januar 1940[613] sowie die hierzu ergangenen Durchführungserlasse auch auf Juden ausländischer Staatsangehörigkeit angewendet werden.

Mein Schreiben vom 14. Oktober 1939, Nr. VII/3c-3587/39, ist somit in den Punkten 3) und 12) überholt.

Mit Rücksicht darauf, daß, wie ich festgestellt habe, sich zuweilen Gerichte auf mein Schreiben vom 14. Oktober 1939 berufen, bitte ich, meine Auslegung den Gerichten zur Kenntnis zu bringen.

I.A.

Vertreter des Auswärt. Amts
[JANSON]

II/1 Jd
[VON WEDELSTÄDT]

387

PA/AA, Inland II (Geheim), R 101108

Bericht der Deutschen Gesandtschaft in Zagreb an das Auswärtige Amt

Pol.Allg. – A 78/41   Zagreb, den 15. Juli 1941
                                                              D II *94 g Rs*

Betr.: Nachrichtenweitergabe an Dr. Ziemke.

Der Erlaß vom 1. d.M. – D II 84 g Rs –[614] ist dem Herrn Gesandten z.D. Dr. Ziemke zur Stellungnahme vorgelegt worden. Er hat erklärt, daß es sich

---

613 Damit war es Juden verboten, Unternehmen in bestimmten Gewerben zu leiten, darunter im Groß- und Einzelhandel, im Gaststätten-, Beherbergungs-, Versicherungs-, Schiffahrts-, Speditions-, Bank-, Makler- und sogar im Ehevermittlungsbereich.
614 Siehe Dokument Nr. 384.

bei der in dem Erlaß behandelten Frage um eine mündliche Absprache zwischen Herrn Unterstaatssekretär Woermann und ihm handele.

[*Unterschrift unleserlich*]

388

PA/AA, Inland II (Geheim), R 101108

Aufzeichnung ohne Unterschrift

D II 94 g Rs

Geheime Reichssache

Die Frage der gelegentlichen Unterrichtung anderer deutscher Dienststellen als des Auswärtigen Amts über die Berichterstattung des Vertreters des Auswärtigen Amts bei dem Reichsprotektor in Böhmen und Mähren über die innere Lage des Protektorats ist aus Anlaß eines Einzelfalls erneut aufgetaucht. Gesandter Ziemke, z.Zt. Agram[615], ist deshalb zu einer Äußerung darüber veranlaßt worden, aufgrund welcher Vereinbarung diese Berichte nur für den Herrn RAM bezw. das AA bestimmt seien. Gesandter Ziemke hat dazu erklärt, daß diese Regelung auf eine mündliche Absprache zwischen Herrn UStS Woermann und ihm zurückgehe.

Hiermit Herrn Unterstaatssekretär Woermann mit der Bitte um Stellungnahme vorgelegt, welche Gründe dafür maßgebend waren, daß diese Abrede seinerzeit getroffen wurde. Grundsätzlich würde ich begrüßen, wenn der eine oder andere der genannten Berichte innerdeutschen Dienststellen, die daran interessiert sind, übermittelt würde.

Berlin, den 21. Juli 1941

389

PA/AA, Inland II (Geheim), R 101108

Bericht des stellvertretenden Leiters der Abteilung Deutschland Büttner an den Referatsleiter Verkehr zwischen dem Auswärtigen Amt und den Dienststellen des Reichsführers SS in der Abteilung Deutschland Picot

Berlin, den 24. Juli 1941

D II 94 g Rs

Zu der anliegenden Aufzeichnung D II 94 g Rs[616] hat Herr Luther bemerkt, daß es ihm nicht verständlich erscheine, weshalb die innerdeutschen Stellen über Aufzeichnungen des Vertreters des Auswärtigen Amtes beim Reichsprotektor in Böhmen und Mähren unterrichtet werden sollten. Der Reichspro-

---

[615] Zagreb.
[616] Siehe Dokument Nr. 388.

tektor in Böhmen und Mähren unterrichtet die innerdeutschen Stellen über die in seinem Ressort auftauchenden Probleme selbst. Der Vertreter des Auswärtigen Amtes sei lediglich zur Wahrnehmung der Interessen des Auswärtigen Amtes und zur Beobachtung der Politik des Protektorats bei der Dienststelle des Reichsprotektors tätig; seine Berichte können daher auch nur für den Dienstbereich des Auswärtigen Amtes Verwendung finden.

In diesem Zusammenhang interessiert allerdings Herrn UStS Luther, weshalb sich Gesandter Ziemke z.Zt. in Agram aufhält. Er bittet, die Gründe dafür festzustellen und zu berichten.

BÜTTNER

390

PA/AA, Inland II (Geheim), R 101108

**Aufzeichnung des Referatsleiters Verkehr
zwischen dem Auswärtigen Amt und den Dienststellen des Reichsführers
SS in der Abteilung Deutschland Picot**

D II 94 g Rs

Geheime Reichssache

Die Frage der Übermittlung der Berichte des Vertreters des Auswärtigen Amts beim Reichsprotektor in Böhmen und Mähren über die innere Lage des Protektorats an innere deutsche Dienststellen ist erstmalig akut geworden dadurch, daß der Bericht des Vertreters des Auswärtigen Amts in Prag vom 3. Mai d.J. über Vorgänge in der Vlajka-Bewegung (D II 1220 g) unter e.o. Partei 84/41 g mit Schreiben vom 14. Mai d.J. der Parteikanzlei zu Händen von Parteigenossen Stengel im Durchdruck übersandt wurde.[617]

Laut Auskunft von Pers. H ist der frühere Vertreter des Auswärtigen Amts beim Reichsprotektor, Gesandter z.D. Ziemke, nicht mehr im auswärtigen Dienst tätig, er hat die Vertretung industrieller Werke des Protektorats (Witkowitz) im Südosten übernommen und sich zurzeit in Agram niedergelassen.

Hiermit Herrn Unterstaatssekretär Lu t h e r weisungsgemäß vorgelegt.

Berlin, den 26. Juli 1941
PICOT

---

[617] Siehe Dokument Nr. 372.

391

PA/AA, Politische Abteilung IV, R 103709

Telegramm des Geschäftsträgers der Deutschen Botschaft in Washington Thomsen an das Auswärtige Amt

Washington, den 30. Juli 1941   19.05 Uhr
Ankunft: " 31. "   "   12.00 "

Nr. 2506 vom 30.7.

Folgt Wortlaut der von Amerikanischem Botschafter Winant in London dem Außenminister der tschechoslowakischen Exilregierung[618] übergebenen Note:

„Secretary of State[619] has directed me to inform Your Excellency that Government of the United States, mindful of traditional friendship and special interest which has existed between people of United States and Czechoslovakia since foundation of Czechoslovak Republic has watched with admiration efforts of people of Czechoslovakia to maintain their national existence notwithstanding suppression of institutions of free government in their country. American government has not acknowledged that temporary extinguishment of their liberties has taken from people of Czechoslovakia their rights and privileges in international affairs and it has continued to recognize diplomatic and consular representatives of Czechoslovakia in United States in full exercise of their functions. In furtherance of it's support of national aspirations of people of Czechoslovakia government of United States is now prepared to enter into formal relations with provisional government established in London for Prosecution of war and restoration of freedom of Czechoslovakia people under presidency of Dr. Beneš and while continuing its relations with Czechoslovak Legation in Washington would be pleased to accredit to provisional government an envoy extraordinary and minister plenipotentiary to reside in London for conduct of relations pending reestablishment of government in Czechoslovakia. I shall later communicate with Your Excellency regarding diplomatic representative whom my government would like to designate".

THOMSEN

---

[618] Jan Masaryk.
[619] Cordell Hull.

392

PA/AA, Inland II (Geheim), R 101108

Notiz des Referatsleiters Verkehr zwischen dem Auswärtigen Amt und den Dienststellen des Reichsführers SS in der Abteilung Deutschland Picot

D II 94 g Rs

Geheime Reichssache

Laut fernmündlicher Mitteilung seitens des LS Dr. Kieser hat Herr Unterstaatssekretär Luther verfügt, daß die Berichte des Vertreters des Auswärtigen Amts beim Reichsprotektor grundsätzlich nicht an Stellen außerhalb des AA gegeben werden sollen. Damit ist der Standpunkt des Ref. D II bestätigt.

Berlin, den 1. August 1941

PICOT

393

PA/AA, Politische Abteilung IV, R 103709

Aufzeichnung des Referatsmitarbeiters Westeuropa in der Politischen Abteilung des Auswärtigen Amtes Schlitter

Pol. II 2302

Von den Scheinregierungen Polens, Norwegens, Belgiens, Jugoslawiens, Griechenlands und der Tschechoslowakei sowie von General de Gaulle sind – soweit hier bekannt wurde – folgende Verträge abgeschlossen worden.

I. Polen

1. 5.8.1940 Polnisch-englisches Militärabkommen.[620]
   Es regelt die Aufstellung der polnischen Armee auf englischem Boden. Der Text ist im einzelnen nicht bekannt. Wegen näherer Angaben siehe Anlage 1 und 2.

2. 11.11.1940 Polnisch-tschechoslowakische Erklärung[621]
   über die Gemeinsamkeit der grundlegenden Interessen und über eine politische und wirtschaftliche Zusammenarbeit nach dem Kriege. Der Wortlaut ist in Anlage 3 beigefügt.

---

[620] In Großbritannien waren die 1. Polnische Panzerdivision und die 1. Polnische Fallschirmjägerbrigade aufgestellt worden.

[621] In London hatten an diesem Tag Sikorski und Beneš verkündet, zwischen Polen und der Tschechoslowakei „eine engere politische und wirtschaftliche Assoziation" bilden zu wollen, zu der sie „andere Länder des europäischen Kontinents" einluden. Für den Wortlaut der Deklaration vgl. *Beneš*, Edvard: The Fall and Rise of a Nation. Czechoslovakia 1938-1941. Introduced and edited by Milan *Hauner*. Boulder/Colorado 2004, 108 f.

3. 5.4.1941 Polnisch-kanadische Erklärung[622]
anläßlich des Besuchs des polnischen „Premierministers" in Kanada betreffend die Mitarbeit Kanadas bei der Aufstellung polnischer Verbände in
Kanada. Der Wortlaut ist in Anlage 4 beigefügt.

4. 30.7.1941 Polnisch-sowjetische Vereinbarung[623]
über Wiederherstellung gegenseitiger Beziehungen, die Außerkraftsetzung
der sowjetisch-deutschen Verträge 1939 und über gegenseitige Hilfeleis-
tung im gegenwärtigen Krieg. Der Wortlaut ist in Anlage 5 beigefügt.

5. 30.7.1941 Polnisch-englischer Notenwechsel
aus Anlaß der Unterzeichnung des polnisch-russischen Abkommens.
Der Inhalt ergibt sich aus der Unterhaus-Erklärung Edens vom 31.7.1941[624]
(vergl. Anlage 5a). Außerdem hatte die polnische Scheinregierung noch folgende Verträge mit der französischen Regierung vor dem französischen Zusammenbruch getätigt.

a) 4.1.1940 Polnisch-französisches Abkommen[625] über die Aufstellung einer
polnischen Armee in Frankreich.

b) 17.2.1940 Ergänzungsabkommen zu a) über die Wiederaufstellung der polnischen Luftwaffe.
Hinweise über den Inhalt dieser Verträge finden sich in der Anlage 6.

II. Belgien
21.1.1941 Belgisch-englischer Kauf- und Finanzvertrag über Belgisch-Kongo.[626]
Wegen des Inhalts wird auf Anlage 7 verwiesen.

III. de Gaulle
1. 21.8.1941 Wirtschaftsabkommen zwischen de Gaulle und England über
Französisch-Kamerun.

2. Wirtschaftsabkommen zwischen de Gaulle und England über Französisch-
Äquatorialafrika.[627]

---

[622] Der polnischen Exilregierung war es damit erlaubt, militärische Verbände in Kanada
aufzustellen.

[623] Im Sikorski-Majskij-Abkommen war als Ziel während des Zweiten Weltkrieges die
gemeinsame Bekämpfung des Dritten Reiches vereinbart worden.

[624] Außenminister Eden hatte im Unterhaus erklärt, keine „territorialen Veränderungen
anzuerkennen, die ohne die freie Zustimmung und den guten Willen der beteiligten
Parteien" entstanden seien. Zitat aus der hier nicht abgedruckten Anlage.

[625] Im Frühling 1940 waren die 1. Polnische Grenadierdivision, die 10. Panzerbrigade, die
1. Polnische Infanteriedivision sowie die Podhale-Schützen/Gebirgsjäger-Brigade in
Frankreich aufgestellt.

[626] Großbritannien sicherte sich für seine Kriegswirtschaft aus Belgisch-Kongo notwendige
Rohstoffe, darunter Kupfer, Palmöl und Kautschuk.

[627] Französisch-Kamerun war 1940 dem Generalgouvernement Französisch-Äquatorialafrika unterstellt worden. Dort befinden sich an Bodenschätzen Erdöl, Aluminium und
Eisenerz sowie an erneuerbaren Rohstoffen Holz und Kautschuk.

Wegen des Inhalts des Wirtschaftsabkommens über Französisch-Kamerun wird auf Anlage 8 verwiesen. Über das Abkommen wegen Französisch-Äquatorialafrika sind Einzelheiten nicht bekannt.

IV. Norwegen
27.5.1941 Norwegisch-britisches Abkommen.[628]
betreffend die Organisation und die Verwendung der norwegischen Streit-kräfte im Vereinigten Königreich. Wegen der Einzelheiten vergl. Anlage 9.

V. Jugoslawien
25.7.1941 (?) Jugoslawisch-sowjetisches Abkommen.[629]
Abgeschlossen zwischen Milan Gavrilović, jugoslawischer Minister in Moskau und „Vertreter des freien Jugoslawiens" einerseits und Vyšinskij, Kommissaradjunkt im sowjetischen Außenamt andererseits, betreffend Anerkennung des Königreichs Jugoslawien durch Sowjetrußland. Dieses verpflichtet sich zum Wiederaufbau Jugoslawiens nach dem Kriege im Sinne des panslawischen Ideals auf dem Balkan.

VI. Griechenland
3.8.1941 (?) Griechisch-sowjetrussische Vereinbarung über die Wieder-aufnahme der diplomatischen Beziehungen.
Einzelheiten über das Abkommen sind nicht bekannt. Ein Hinweis findet sich lediglich in einer Trans-Ozeanmeldung vom 3.8.1941 (vergl. Anlage 10).

VII. Tschechoslowakei
1. Oktober 1940 Tschechoslowakisch-englisches Abkommen über die Orga-nisation der tschechischen Truppen in Großbritannien (vergl. Anlage 11).[630]
2. 11.11.1940 Tschechoslowakisch-polnische Erklärung (vergl. I.2.).
3. 18.7.1941 Endgültige Anerkennung der Tschechoslowakei durch Großbri-tannien.
   Das Wesentlichste hieran ist, daß Großbritannien den „Tschechoslowaki-schen Staat" in seinem Gebietsstand von vor dem Münchener Abkommen anerkennt. Wegen der Einzelheiten vergl. Anlage 12 u. 13.
4. 31.7.1941 Tschechoslowakisch-amerikanischer Notenwechsel über die An-erkennung der Tschechoslowakei durch die Vereinigten Staaten. (vergl. Anlage 14).

---

[628] In dieser Militärkonvention zwischen der britischen und der norwegischen Regierung war eine Vereinbarung zur Befreiung Norwegens geschlossen worden.
[629] Am Tag des deutschen Einmarsches in Jugoslawien am 6.4.1941 hatten jugoslawische und sowjetische Regierungsvertreter in Moskau einen Freundschafts- und Nichtan-griffspakt geschlossen. Aus politischen Gründen war der Vertrag einen Tag vordatiert worden.
[630] Die tschechoslowakische Exilregierung und die britische Regierung hatten unter dem Eindruck des Zusammenbruchs von Frankreich und der Luftschlacht über Großbritan-nien am 25.10.1940 einen Vertrag über die tschechoslowakische Auslandsarmee ge-schlossen.

Bei dieser Zusammenstellung fällt auf, daß es sich im wesentlichen um technische Abkommen handelt und daß im Verhältnis zu Großbritannien von den Scheinregierungen Bündnisverträge nicht abgeschlossen wurden. Zu diesem Thema wird auf eine Erklärung Edens im britischen Unterhaus vom 16.7. d.J. verwiesen, die dieser in Beantwortung der Frage abgab, ob die zwischen Großbritannien und seinen Verbündeten abgeschlossenen Bündnisverträge veröffentlicht würden. Eden erklärte, der einzige Bündnisvertrag sei das am 25.8.1939 in London unterzeichnete englisch-polnische Abkommen, das einen gegenseitigen Beistand vorsehe und bereits veröffentlicht wurde. Er erinnerte ferner daran, daß bei der am 12.6. in London abgehaltenen Zusammenkunft der „Alliierten"[631] in einer einstimmig gefaßten Entschließung bezüglich der vertretenden Regierungen davon gesprochen wurde, daß sie sich in einem gemeinsamen Kampf gegen die Aggression befänden und daß sie entschlossen seien, den Kampf gegen die deutsche oder italienische Unterdrückung bis zum Endsieg fortzusetzen und daß sie ferner sich gegenseitig bis zur äußersten Grenze ihrer Fähigkeiten Beistand leisten würden. Eden fuhr fort: „Es sind wirklich keine formellen Verträge notwendig, um die engen Bande der Freundschaft zum Ausdruck zu bringen, die die verbündeten Völker verbinden und die sich mehr in Taten als in Worten äußern."

Es wird noch darauf hingewiesen, daß diese Erklärung vor Abschluß des englisch-sowjetischen Bündnisvertrages abgegeben wurde.

Berlin, den 21. August 1941
SCHLITTER

---

[631] Mit der Deklaration der Alliierten, dem so genannten St. James Agreement „über die Zusammenarbeit, mit anderen freien Völkern, sowohl im Krieg als auch im Frieden", war zusammen mit der späteren Atlantik-Charta ein erster Schritt zur Begründung der Vereinten Nationen getan worden. Der Text der Deklaration findet sich unter URL: avalon.law.yale.edu/imt/imtjames.asp (am 9.9.2013).

394

PA/AA, Büro des Staatssekretärs, R 29773

Rundschreiben des Staatssekretärs im Protektorat Frank an die Obersten Reichsbehörden[632]

I 138/41 g   Prag, den 22. August 1941

Pers. 2851 g

Betrifft: Bezeichnung „tschechische Behörden".

Bei der Festsetzung der Bezeichnung der Protektoratsbehörden wurde bewußt die Bezeichnung „tschechisch" nur ganz ausnahmsweise dort zugelassen, wo sie zum Unterschied von einer gleichlautenden deutschen Einrichtung unbedingt notwendig war.

Im allgemeinen Sprachgebrauch, insbesondere auch im Sprachgebrauch der deutschen Dienststellen wird jedoch noch häufig für die autonomen Behörden des Protektorats Böhmen und Mähren die Bezeichnung „tschechische Behörde" verwandt. Diese Bezeichnung ist geeignet, sowohl in der deutschen wie auch in der tschechischen Bevölkerung falsche Vorstellungen über die staatsrechtliche Stellung des Protektorats Böhmen und Mähren zu wecken und zu fördern. Je stärker der deutsche Einfluß innerhalb der Protektoratsverwaltung ist und je mehr deutsche Beamte in ihren Dienst treten und Protektoratsbehörden nicht nur allgemeine Aufgaben auch für die deutsche Bevölkerung, sondern auch gewisse Reichsaufgaben durchführen, um so mehr verliert eine völkische Kennzeichnung der Protektoratseinrichtungen als tschechische Einrichtungen ihren Sinn und ihre Berechtigung. Man kann nur von einzelnen „tschechischen Beamten" in den Protektoratsdienststellen, nicht aber von tschechischen Stellen sprechen. Der Eindruck, als ob die Protektoratsbehörden völkisch-tschechische Behörden wären, darf trotz aller berechtigter Vorsicht gegenüber den Protektoratsdienststellen weder in der deutschen noch in der tschechischen Bevölkerung aufrecht erhalten bleiben.

Ich bitte deshalb, künftig nur noch die Bezeichnungen Protektoratsbehörden, Protektoratsstellen oder autonome Protektoratsbehörden und ähnliche zu gebrauchen und das Wort „tschechisch" in diesem Zusammenhang zu vermeiden.

---

[632] Diese Informationen gingen an die Abteilungen I-IV, die Zentralverwaltung, sämtliche Gruppen, die Dienststelle für das Land Mähren in Brünn und die Oberlandräte sowie nachrichtlich an das Büro des Reichsprotektors, das Büro des Staatssekretärs, das Büro des Unterstaatssekretärs, den Wehrmachtsbevollmächtigten, den Arbeitsgauführer, den Befehlshaber der Sicherheitspolizei, den Befehlshaber der Ordnungspolizei, den Kurator der Deutschen Hochschule in Prag, den Vertreter des Auswärtigen Amts, den Kurator der Technischen Hochschule in Brünn, den Oberfinanzpräsidenten, den Oberlandesgerichtspräsidenten, den Generalstaatsanwalt, das Hauptamt der Deutschen Reichspost, die Parteiverbindungsstelle in Prag, den Reichsminister des Innern.

Zusatz für die Abteilung IV im Hause.

Ich bitte durch entsprechende Zensuranweisungen im Protektoratsgebiet, aber auch im Reichsgebiet außerhalb des Protektorats Böhmen und Mähren für eine entsprechende Praxis zu sorgen.

In Vertretung
FRANK

395

BArch, Reichskanzlei, R 43 II/1326
BArch, Reichskanzlei, R 43 II/1329b

Erlass des Führers und Reichskanzlers Hitler[633]

Rk. 14204 B

Erlaß des Führers
über die vertretungsweise Führung der Geschäfte
des Reichsprotektors in Böhmen und Mähren
Vom 27. September 1941

Für die Dauer der Erkrankung des Reichsprotektors in Böhmen und Mähren, Reichsministers Freiherrn von Neurath, beauftrage ich den SS-Obergruppenführer Heydrich mit der vertretungsweisen Führung der Geschäfte des Reichsprotektors in Böhmen und Mähren.

Führer-Hauptquartier, den 27. September 1941

Der Führer
ADOLF HITLER
Der Reichsminister und Chef der Reichskanzlei
DR. LAMMERS

396

PA/AA, Inland II (Geheim), R 101109

Bericht des Geschäftsträgers der Vertretung des Auswärtigen Amtes beim Reichsprotektor Gerstberger an das Auswärtige Amt

Nr. 228/41 g   Prag, den 29. September 1941
                                                            D III *488* g

                                                                  Geheim

Betrifft: Vorgänge im Protektorat.

In der Anlage beehre ich mich einige Zeitungsausschnitte aus dem „Neuen Tag" vom 28. und 29. September 1941 vorzulegen, betreffend:

---

[633] Veröffentlicht in RGBl. 1941 I, 591.

1.) Die Bestellung des SS-Obergruppenführers Heydrich zum Stellvertretenden Reichsprotektor,[634]
2.) den feierlichen Akt des Dienstantritts des Stellvertretenden Reichsprotektors im Ehrenhof der Prager Burg,[635]
3.) Verkündung des zivilen Ausnahmezustandes in den Oberlandratsbezirken Prag, Brünn, Mährisch-Ostrau, Olmütz, Königgrätz und Kladno,[636]
4.) die Verhaftung des Ministerpräsidenten der autonomen Protektoratsregierung Ingenieur Eliáš wegen Hoch- und Landesverrats,[637]
5.) gefällte und bereits vollstreckte Todesurteile der Standgerichte.[638]

Von der Vertretung des Auswärtigen Amts war anläßlich des Empfangs des Stellvertretenden Reichsprotektors, SS-Obergruppenführer Heydrich, niemand zugegen, weil die Behörde nicht verständigt worden ist und erst nachträglich von diesem Empfang Kenntnis erlangt hat.

Die ergriffenen Maßnahmen scheinen auf die tschechische Bevölkerung einen großen Eindruck gemacht zu haben, da die Stimmung derselben sehr gedrückt ist.

Weitere Berichte über die Lage im Protektorat werden nachgereicht werden.

In Vertretung
GERSTBERGER

---

634 Es heißt dort, Reichsprotektor Neurath habe Hitler gebeten, ihm „einen längeren Urlaub zur Wiederherstellung seiner angegriffenen Gesundheit" zu gewähren und ihn für diese Zeit von „seinen Geschäften als Reichsprotektor" zu entbinden. Der Reichskanzler habe dementsprechend Heydrich mit der Wahrnehmung der Geschäfte im Protektorat Böhmen und Mähren beauftragt; vgl. Reichsprotektor Freiherr von Neurath erkrankt. SS-Obergruppenführer General Heydrich zum Stellvertretenden Reichsprotektor bestellt. In: Der Neue Tag v. 28.9.1941.

635 In ausführlicher Weise wird Heydrichs Dienstantritt auf dem Hradschin in Prag am 28.9.1941 geschildert; vgl. Feierlicher Akt im Ehrenhof der Burg. Dienstantritt des Stellvertretenden Reichsprotektors. In: Der Neue Tag v. 29.9.1941.

636 Mit seinem Dienstantritt setzte Heydrich sogleich einen besonderen Erlass in Kraft. Dieser erlaubte ihm unter § 1 jederzeit die Verhängung eines Ausnahmezustandes im ganzen Protektorat oder in dessen Teilen. Damit galt nach § 3 das Standrecht, das ein abgekürztes gerichtliches Verfahren durch Standgerichte mit sofortiger Vollziehung von Todesurteilen erlaubte. „Verordnung des Reichsprotektors in Böhmen und Mähren über die Verhängung des zivilen Ausnahmezustandes" vom 27.9.1941. In: Verordnungsblatt des Reichsprotektors in Böhmen und Mähren 47/1941 vom 30.9.1941, 527-529. Und Heydrich wendete diesen Erlass sofort an, vgl. Ziviler Ausnahmezustand in sechs Oberlandratsbezirken verkündet. In: Der Neue Tag v. 29.9.1941.

637 Noch am Tage seines Dienstantritts wurde auf Anweisung Heydrichs Ministerpräsident Eliáš wegen Hoch- und Landesverrats verhaftet und sein Fall an den deutschen Volksgerichtshof überwiesen, vgl. Ministerpräsident Eliáš verhaftet. In: Der Neue Tag v. 29.9.1941.

638 Mit der Verhängung des zivilen Ausnahmezustandes in einigen Oberlandratsbezirken wurden sofort in Prag zwei hohe Militärs wegen Vorbereitung zum Hochverrat sowie in Brünn zwei Männer wegen unerlaubten vorsätzlichen Waffenbesitzes zum Tode verurteilt und hingerichtet, vgl. Urteile der Standgerichte. In: Der Neue Tag v. 29.9.1941.

397

PA/AA, Inland II (Geheim), R 101109

Bericht des Geschäftsträgers der Vertretung des Auswärtigen Amtes beim Reichsprotektor Gerstberger an das Auswärtige Amt

Nr. 229/41 g   Prag, den 30. September 1941

D III *495* g

Geheim

Betrifft: Politische Lage im Protektorat.
Im Anschluß an den Bericht vom 29.9.1941 – Nr. 228/41 g –[639]

In der Anlage werden drei Zeitungsausschnitte aus dem „Neuen Tag" vom 30. September 1941 vorgelegt, betreffend:

1.) 20 weitere vollstreckte Todesurteile,[640]
2.) das Echo der tschechischen Presse,[641]
3.) die Festsetzung der polizeilichen Sperrstunde.[642]

Zur weiteren Unterrichtung ist noch je ein Pressebericht vom 29. und 30. September d.J. der Abteilung Kulturpolitik im Amt des Reichsprotektors in Böhmen und Mähren, enthaltend Übersetzungen von tschechischen Pressestimmen, beigefügt.

Ein ausführlicher Bericht des Befehlshabers der Sicherheitspolizei[643] über die politische Lage im Protektorat, um den ich gebeten habe, wurde mir für morgen in Aussicht gestellt.

Weiterer Bericht darf daher vorbehalten bleiben.

In Vertretung
GERSTBERGER

---

[639] Siehe Dokument Nr. 396.
[640] Wegen Vorbereitung zum Hochverrat und Sabotage wurden zwanzig Männer, darunter führende Kommunisten, durch ein Standgericht in Prag abgeurteilt und hingerichtet, vgl. Urteile der Standgerichte. In: Der Neue Tag v. 30.9.1941.
[641] Die gelenkte tschechische Presse zog eine positive Bilanz über den Besuch des Stellvertretenden Reichsprotektors beim Staatspräsidenten und die von Heydrich getroffenen Maßnahmen in dessen ersten beiden Amtstagen, vgl. Das Echo der tschechischen Presse. In: Der Neue Tag v. 30.9.1941.
[642] Zusätzlich zur Verhängung des zivilen Ausnahmezustandes verfügte Heydrich noch eine Sperrstunde ab 22 Uhr. Ausgenommen davon waren deutsche Theater- und Konzertveranstaltungen, vgl. Polizeiliche Sperrstunde 22 Uhr. In: Der Neue Tag v. 30.9.1941.
[643] SS-Standartenführer Horst Böhme.

398

PA/AA, Inland II (Geheim), R 101109

Bericht des Geschäftsträgers der Vertretung des Auswärtigen Amtes beim Reichsprotektor Gerstberger an das Auswärtige Amt

Nr. 230/41 g   Prag, den 2. Oktober 1941
                                                         D III *489* g

                                                         <u>Geheim!</u>

Betrifft: Politische Lage im Protektorat.
Im Anschluß an den Bericht vom 30.9.1941 – Nr. 229/41 g –[644]

Der Befehlshaber der Sicherheitspolizei[645] hat mir heute nachstehenden zusammenfassenden Kurzbericht des SD-Leitabschnitts Prag über die Stimmungslage im Protektorat zur Verfügung gestellt.

„Die Beurlaubung des Reichsprotektors Freiherrn von Neurath und die Ernennung des SS-Obergruppenführers Heydrich zu seinem Stellvertreter hat unter der gesamten Bevölkerung des Protektorats größte Überraschung ausgelöst, obwohl vereinzelt bereits vor Bekanntwerden dieser Nachricht Gerüchte umliefen, daß irgendein wichtiges politisches Ereignis bevorstehe. Die stimmungsmäßige Auswirkung unter Deutschen und Tschechen ist natürlich grundsätzlich verschieden.

In Prag und im übrigen Böhmen wurde die Nachricht im allgemeinen durch die Abend-Verlautbarung im Reichssender Böhmen[646] am 27. September bekannt. In Mähren erfuhren die Deutschen meist erst im Laufe des 28. September von dem Führungswechsel. So wurde auch die Verordnung über den zivilen Ausnahmezustand und der Erlaß dieses Ausnahmezustandes für sechs Oberlandratsbezirke in einem großen Teil des Protektorats erst im späteren Verlauf des 28. September bekannt, zum Teil erst infolge der nach und nach durchgeführten Formulierung dieses Erlasses. In ihrer überwiegenden Mehrheit nahm die deutsche Bevölkerung die Nachricht von dem Führungswechsel mit lebhafter Genugtuung auf. Es wurde zwar allgemein zunächst Erstaunen geäußert, daß nicht Staatssekretär K.H. Frank Stellvertreter des Reichsprotektors geworden ist, im Vordergrund stand jedoch die Erkenntnis, daß nunmehr ein grundsätzlicher Wandel hinsichtlich zahlreicher, oft beklagter Mißstände im Protektorat eintreten werde. Vor allem äußerten Volksdeutsche durchweg die Hoffnung, daß nunmehr endlich mit schärfsten Maßnahmen gegen die Tschechen vorgegangen wird. Außerdem wurden viel-

---

[644] Siehe Dokument Nr. 397.

[645] Horst Böhme.

[646] Der von der tschechoslowakischen Regierung 1938 eingerichtete deutschsprachige Sender Mělník wurde nach der Besetzung der Tschechoslowakei als Reichssender Böhmen des Großdeutschen Rundfunks betrieben. Fortan unterstand er dem Reichspropagandaministerium, sein Sendegebiet umfasste den Sudetengau und das Protektorat. Etwa 60 Mitarbeiter arbeiteten im Funkhaus des Prager Stadtteils Karlín.

fach sofort Erwartungen hinsichtlich einer Besserung der wirtschaftlichen Lage durch verschärfte Bekämpfung des Schleichhandels und anderer Maßnahmen geäußert. Ausgesprochen gegnerische Stimmen konnten in deutschen Kreisen nicht festgestellt werden. Vereinzelt wurde in Adels- und ähnlichen Gesellschaftskreisen ein Bedauern über das Scheiden des Freiherrn von Neurath ausgedrückt.

Für die Tschechen stand das vergangene Wochenende größtenteils zunächst im Zeichen des Wenzels-Feiertages,[647] der bereits am Vorabend durch erhöhten Betrieb in Gaststätten und am Sonntag durch verstärkten Kirchenbesuch zum Ausdruck kam. In diese, noch durch das schöne Wetter begünstigte Wochenendstimmung drangen erst allmählich, vielfach erst im Lauf des Sonntagnachmittags, die Nachrichten von der neuen innenpolitischen Entwicklung ein. Die Folge war in den politisch führenden Kreisen größte Bestürzung und Erschrecken. In der breiten Masse der Bevölkerung hat sich erstaunlich lange keine einheitliche Auffassung von der Lage entwickelt, offenbar u.a. mangels genügend durchschlagender Parolen der feindlichen Rundfunksender. Es kann jedoch festgehalten werden, daß die Tschechen im allgemeinen auch ohne zentrale Leitung einheitlich reagierten.

Insbesondere wurde es allgemein nicht geglaubt, daß Reichsprotektor Freiherr von Neurath krank sei. Der Krankheitsurlaub wird mehr und mehr als Tarnung oder rücksichtsvolle Vorbereitung eines endgültigen Abganges gewertet.

Von Tschechen aller Bevölkerungskreise wird immer wieder lebhaftes Mitleid „mit dem alten Herrn" geäußert und dessen Abgang mit der ausdrücklichen Begründung, daß er den Tschechen wohl gesinnt sei, lebhaft bedauert.

Die Person von SS-Obergruppenführer Heydrich war den Tschechen allergrößtenteils bisher völlig unbekannt. Es tauchte daher überall zunächst die Frage auf, warum SS-Gruppenführer K.H. Frank nicht Stellvertreter des Reichsprotektors geworden sei. Häufig wurde die Ansicht vertreten, es sei eine diplomatische Geste des Führers, daß er nicht den von den Tschechen besonders gehaßten Sudetendeutschen K.H. Frank, sondern einen altreichsdeutschen SS-Führer eingesetzt habe.

Erst allmählich beginnt sich die Erkenntnis durchzusetzen, daß zwischen dem Stellvertretenden Reichsprotektor SS-Obergruppenführer Heydrich und Staatssekretär SS-Gruppenführer Frank volle Übereinstimmung bezüglich des Vorgehens gegen die Tschechen bestehe. Man spricht von einem SS-Regime und erwähnte besonders häufig, daß SS-Obergruppenführer Heydrich bereits in Norwegen ein Blutregime eingeführt habe (letzteres offenbar

---

647 Fürst Václav I./Wenzel I. (um 903 - 28. September 929) war nach seinem gewaltsamen Tod für die von ihm forcierte Christianisierung Böhmens vom Papst heiliggesprochen worden und galt fortan als Landespatron Böhmens. Sein Todestag wird als Feiertag begangen.

Auswirkung einer Londoner Rundfunkmeldung).[648] Überall dort, wo diese Ansicht sich durchsetzte, ist starke Angst der Tschechen vor der nächsten Zukunft zu bemerken. Die Bestürzung verstärkte sich überall dort, wo der zivile Ausnahmezustand verhängt wurde sowie bei Bekanntwerden der ersten Standgerichtsurteile.

Trotzdem bemüht sich die tschechische Flüsterpropaganda, die vor allem von Intelligenzkreisen ausgeht, die neue politische Lage im Protektorat dahin zu deuten, daß es sich um ein Symptom der inneren Zersetzung des Großdeutschen Reiches handle. Die Beurlaubung des Freiherrn von Neurath sei ein Beweis für die Richtigkeit der Gerüchte über Zwistigkeiten innerhalb der deutschen Regierung. Die Verhängung des Standrechtes sei immer das letzte verzweifelte Mittel eines zusammenbrechenden Staates."

Abschließend muß gesagt werden, daß, soweit man die Lage zur Zeit übersehen kann, die getroffenen Maßnahmen eine volle Wirkung hatten. Streikversuche sind seit der Verkündung des Standrechts nicht mehr vorgekommen. Auch Sabotageakte (Brandstiftungen) sind nur vereinzelt festgestellt worden.

Das Standrecht ist inzwischen mit dem Zweiten Erlaß des Stellvertretenden Reichsprotektors mit Wirkung vom 1. Oktober 1941 auf die politischen Bezirke Göding, Ungarisch Hradisch und Ungarisch Brod des Oberlandratbezirks Zlin ausgedehnt worden.[649]

Weitere Ausschnitte aus dem „Neuen Tag" vom 1. und 2. Oktober 1941, betreffend:

1.) den Besuch des Staatspräsidenten Hácha beim Stellvertretenden Reichsprotektor,[650]

2.) die am 30. September 1941 gefällten und vollstreckten Urteile der Standgerichte,[651]

3.) Maßnahmen zur Bekämpfung des Schleichhandels,[652]

---

[648] In den norwegischen Sicherheitspolizei-Dienststellen wurden im Herbst 1941 Verhörmethoden eingeführt, die bis dahin vermieden worden waren. In so genannten verschärften Verhören sollte damit der dort wachsenden Widerstandsbewegung begegnet werden. Diese Methoden wurden auf ausdrückliche Anweisung von Heydrich als Chef des Reichssicherheitshauptamtes angewandt.

[649] Dieses Standrecht ging einher mit der Verhängung des Ausnahmezustandes über die genannten Gebiete.

[650] Staatspräsident Hácha begab sich einen Tag nach dem Besuch des Stellvertretenden Reichsprotektors Heydrich zum Gegenbesuch. Dabei versuchte Heydrich Hácha von der Notwendigkeit seiner Verfügungen zu überzeugen, vgl. Staatspräsident Hácha beim Stellvertretenden Reichsprotektor. In: Der Neue Tag v. 1.10.1941.

[651] Von den Standgerichten in Prag und Brünn wurden 58 Personen wegen Vorbereitung zum Hochverrat und Sabotage verurteilt und hingerichtet, vgl. Urteile der Standgerichte. In: Der Neue Tag v. 1.10.1941.

[652] Ein neu eingerichtetes Wirtschaftskommando bei der deutschen Kriminalpolizei sollte zukünftig „Schleichhandel, Schwarzschlachtungen, Preistreiberei, Anhäufung von Waren, Nichtanmeldung von anmeldepflichtigen Waren, Ablieferung von Waren" verfol-

4.) Namensverzeichnis der am 29. September 1941 verurteilten Hochverräter und Saboteure,[653]

5.) die am 1. Oktober 1941 gefällten und vollstreckten Urteile der Standgerichte,[654]

6.) das Todesurteil gegen den Ministerpräsidenten Ing. Eliáš,[655]

7.) Namensverzeichnis der am 30. September 1941 verurteilten Hochverräter und Saboteure,[656]

8.) tschechische Pressestimmen zu einer Sendung des Londoner Emigrantenfunks,[657]

9.) den Zweiten Erlaß des Reichsprotektors in Böhmen und Mähren über die Verhängung des zivilen Ausnahmezustandes vom 1. Oktober 1941[658] sowie der Pressebericht vom 1. Oktober 1941 der Kulturpolitischen Abteilung im Amt des Reichsprotektors, enthaltend Übersetzungen tschechischer Pressestimmen, sind in der Anlage beigefügt.

Zum Schluß darf ich um Weisung hinsichtlich des hier gestern eingelangten Ziffer-Telegramms Multex 790 vom 30. September der Informationsabteilung des Auswärtigen Amts bzw. um Informierung dieser Abteilung auf Grund der im Gegenstande erstatteten Berichte bitten. Die Beantwortung dieses Telegramms wird bis zum Eingang eines Drahterlasses hier zurückgestellt.

Über die weitere Entwicklung der Lage im Protektorat werde ich fortlaufend berichten.

In Vertretung
GERSTBERGER

---

gen, vgl. Sonderkommandos gegen Preistreiber und Schleichhändler. In: Der Neue Tag v. 1.10.1941.

[653] Das vermeintliche Täterprofil der vom Standgericht in Prag verurteilten und bereits hingerichteten Tschechen wurden noch einmal präzisiert, vgl. Kommunistische Saboteure und Hochverräter. In: Der Neue Tag v. 1.10.1941.

[654] Mit der Begründung der Vorbereitung zum Hochverrat, Wirtschaftsspionage und unerlaubten vorsätzlichen Waffenbesitz wurden neben zwei hochrangigen Militärs auch 36 weitere Personen hingerichtet, vgl. Urteile der Standgerichte. In: Der Neue Tag v. 2.10.1941.

[655] Der deutsche Volksgerichtshof verurteilte den ehemaligen Ministerpräsidenten Eliáš wegen Feindbegünstigung und Vorbereitung zum Hochverrat zum Tode. Es wurde dabei berichtet, dass er sich für schuldig bekannt habe und die Zukunft des tschechischen Volkes nur in der Zusammenarbeit auf allen Gebieten mit dem Deutschen Reich sehe, vgl. Todesurteil gegen Eliáš. In: Der Neue Tag v. 2.10.1941.

[656] Das vermeintliche Täterprofil der vom Standgericht in Prag verurteilten und bereits hingerichteten Tschechen wurden noch einmal präzisiert, vgl. Hochverräter und Saboteure. In: Der Neue Tag v. 2.10.1941.

[657] Ein Aufruf des britischen Rundfunks, der die Tschechen an ihre Staatsverantwortung erinnerte, rief in der gelenkten Protektoratspresse heftige Reaktionen hervor, vgl. Flucht vor der Verantwortung. In: Der Neue Tag v. 2.10.1941.

[658] In einem zweiten Erlass wurde der Ausnahmezustand auf weitere Bezirke im Protektorat ausgeweitet, vgl. Zweiter Erlaß. In: Der Neue Tag v. 2.10.1941.

399

PA/AA, Inland II (Geheim), R 101109

Bericht des Geschäftsträgers der Vertretung des Auswärtigen Amtes beim Reichsprotektor Gerstberger an das Auswärtige Amt

Nr. 231/41 g   Prag, den 3. Oktober 1941

D III *490* g

Geheim!

Betrifft: Politische Lage im Protektorat.

Im Anschluß an den Bericht vom 2.10.1941 – Nr. 230/41 g –[659]

Weitere Ausschnitte aus dem „Neuen Tag" und dem „Prager Abend" vom 3. d.M. werden in der Anlage vorgelegt. Die Ausschnitte betreffen:

1.) einen Leitartikel über den Fall Eliáš,[660]
2.) Einzelheiten über die am 1. Oktober 1941 vom Standgericht in Prag gefällten Todesurteile,[661]
3.) weitere Urteile der Standgerichte[662] vom 2. Oktober 1941,[663]
4.) Einzelheiten über die Verhandlung vor dem Volksgerichtshof gegen Eliáš,[664]
5.) das Todesurteil gegen den früheren Primator[665] der Stadt Prag, Dr. Klapka.[666]

Ein weiterer ausführlicher Bericht über die Stimmung im Protektorat folgt morgen.

In Vertretung

GERSTBERGER

---

[659] Siehe Dokument Nr. 398.

[660] Die erhobenen Anschuldigungen gegen Eliáš wurden hier zusammengefasst; vgl. Der Fall Eliáš. In: Der Neue Tag v. 3.10.1941.

[661] Etliche hochrangige tschechische Militärs wurden von den Standgerichten verurteilt und hingerichtet, vgl. Hochverräter, Saboteure und Gewaltverbrecher. In: Der Neue Tag v. 3.10.1941.

[662] Sofort nach der Übernahme der Geschäfte am 27.9.1941 hatte Heydrich den zivilen Ausnahmezustand ausgerufen und Standgerichte eingerichtet. Diese setzten sich entgegen der allgemeinen Rechtstradition überwiegend aus Gestapo-Beamten, also Vertretern der Exekutive, zusammen.

[663] Von den Standgerichten in Prag und Brünn wurden 18 Personen verurteilt und hingerichtet, vgl. Urteile der Standgerichte. In: Der Neue Tag v. 3.10.1941.

[664] Darstellung des Prozesses gegen den ehemaligen Ministerpräsidenten des Protektorats Eliáš, vgl. Die Verhandlung vor dem Volksgerichtshof. Das Hochverratsverfahren gegen Eliáš. In: Prager Abend v. 3.10.1941.

[665] Bürgermeister.

[666] Genauso wie den ehemaligen Ministerpräsidenten Eliáš verurteilte der deutsche Volksgerichtshof den ehemaligen Primator von Prag, Klapka, wegen Feindbegünstigung und Vorbereitung zum Hochverrat zum Tode, vgl. Todesurteil gegen Dr. Klapka. In: Prager Abend v. 3.10.1941.

400

PA/AA, Inland II (Geheim), R 101109

Bericht des Geschäftsträgers der Vertretung des Auswärtigen Amtes beim Reichsprotektor Gerstberger an das Auswärtige Amt

Nr. 232/41 g   Prag, den 4. Oktober 1941

D III *500 g*

<u>Geheim</u>

Betrifft: Politische Lage im Protektorat.

Im Anschluß an den Bericht vom 3.10.1941 – Nr. 231/41 g –[667]

Der „Neue Tag" vom 4. Oktober 1941 bringt weitere Nachrichten über die Vorkommnisse im Protektorat, die im Ausschnitt ergebenst beigeschlossen sind. Sie betreffen im einzelnen:

1.) weitere Urteile der Standgerichte, die am 3. Oktober gefällt und vollstreckt worden sind,

2.) Einzelheiten über die am 2. Oktober 1941 vom Standgericht in Prag vollstreckten Todesurteile,

3.) tschechische Pressestimmen über das Hochverratsverfahren gegen Eliáš.

Ferner füge ich die Presseberichte vom 2., 3. und 4. Oktober d.J. der Kulturpolitischen Abteilung im Amt des Reichsprotektors, enthaltend Übersetzungen tschechischer Pressestimmen, ergebenst bei.

In Vertretung

GERSTBERGER

401

PA/AA, Inland II (Geheim), R 101109

Bericht des Geschäftsträgers der Vertretung des Auswärtigen Amtes beim Reichsprotektor Gerstberger an das Auswärtige Amt

Nr. 249/41 g   Prag, den 6. Oktober 1941

D III *501* g

<u>Geheim</u>

Betrifft: Politische Lage im Protektorat.

Im Anschluß an den Bericht vom 4.10.1941 – Nr. 232/41 g –[668]

Die Ausgabe des „Neuen Tag" vom 5. und 6. Oktober 1941 bringt folgende Nachrichten:

1.) Die Vollstreckung des Todesurteils gegen den früheren Primator von Prag, Dr. Klapka,[669]

---

[667] Siehe Dokument Nr. 399.
[668] Siehe Dokument Nr. 399.

2.) weitere Urteile der Standgerichte in Prag und Brünn,[670]

3.) Einzelheiten zu den am 3. Oktober 1941 gefällten und vollstreckten Todesurteilen,[671]

4.) tschechische Pressestimmen zu den deutscherseits ergriffenen Maßnahmen zur Beseitigung aller Unzukömmlichkeiten in der Lebensmittelversorgung,[672]

5.) Appell des Leiters des „Národní souručenství" (Nationale Gemeinschaft), Jan Fousek, an das tschechische Volk,[673]

6.) Luftalarm im Protektorat,[674]

7.) verschärfte Maßnahmen gegen Juden im Protektorat,[675]

8.) Einzelheiten zu den am 4. Oktober 1941 gefällten und vollstreckten Todesurteilen,[676]

9.) eine Faksimile-Wiedergabe der Erklärung, die der frühere Vorsitzende der Protektoratsregierung, Eliáš, in der Hauptverhandlung des Ersten Senates des Deutschen Volksgerichtshofes am 1. Oktober 1941 abgab.[677]

Zu Punkt 6.) bemerke ich ergebenst, daß der Luftalarm 2 Stunden dauerte. Er begann um 1.16 Uhr und endete um 3.15 Uhr. Über Prag wurden lediglich 4 Brandbomben abgeworfen. Es dürfte sich um einen Demonstrationsflug

---

[669] Kurze Information über die Hinrichtung des ehemaligen Primators von Prag, Klapka einen Tag zuvor, vgl. Todesurteil gegen Klapka vollstreckt. In: Der Neue Tag v. 5.10.1941.

[670] Von den Standgerichten in Prag und Brünn wurden sieben Personen wegen Vorbereitung zum Hochverrat, Wirtschaftssabotage und unerlaubten Waffenbesitzes verurteilt und hingerichtet, vgl. Urteile der Standgerichte. In: Der Neue Tag v. 5.10.1941.

[671] Von den Hingerichteten sollen einige der Führung einer tschechischen Widerstandsbewegung angehört, die meisten jedoch Waren unterschlagen haben, vgl. Hochverräter, Saboteure und Schieber. In: Der Neue Tag v. 5.10.1941.

[672] Im Zuge der deutschen Maßnahmen gegen Wirtschaftssabotage wurde der Sektionschef im Landwirtschaftsministerium, Frankenberger, verhaftet, vgl. Spekulation mit dem Hunger. In: Der Neue Tag v. 5.10.1941.

[673] In einer Rundfunkrede wendete sich Fousek gegen die Aufrufe des britischen Rundfunks zum Widerstand; vgl. Appell Fouseks an das tschechische Volk. In: Der Neue Tag v. 5.10.1941.

[674] Britische Flugzeuge drangen in der vergangenen Nacht zwar in den Luftraum des Protektorats ein, konnten allerdings nur wenige Brandbomben abwerfen, vgl. Luftalarm im Protektorat. In: Der Neue Tag v. 5.10.1941.

[675] Durch Verordnung des Stellvertretenden Reichsprotektors unterlag die jüdische Bevölkerung zukünftig der Kennzeichnungspflicht, vgl. Verschärfte Maßnahmen gegen Juden im Protektorat. In: Der Neue Tag v. 6.10.1941.

[676] Von den Standgerichten in Prag und Brünn wurden 14 Personen wegen Vorbereitung zum Hochverrat, Wirtschaftssabotage und unerlaubten Waffenbesitzes verurteilt und hingerichtet, vgl. Urteile der Standgerichte. In: Der Neue Tag v. 4.10.1941.

[677] In Eliáš' handschriftlicher Erklärung rechtfertigte dieser sein politisches Verhalten und rief seine tschechischen Mitbürger zur aufrechten Zusammenarbeit mit Deutschland auf, vgl. den entsprechenden nicht überschriebenen Text in: Der Neue Tag v. 6.10.1941. Die Erklärung soll von deutscher Seite durch Drohungen mit verschärften Repressalien erzwungen worden sein.

von den Engländern handeln, der zur Hebung der Stimmung der Tschechen bestimmt war. Tatsächlich wurde bereits die Beobachtung gemacht, daß seit dem Einflug der Engländer die Tschechen nicht mehr so gedrückt sind als vorher.[678]

Es verlautet, daß im Laufe dieser Woche eine weitere Abnahme der Urteile der Standgerichte zu erwarten ist.

In Vertretung
GERSTBERGER

402

PA/AA, Inland II (Geheim), R 101109

Bericht des Geschäftsträgers der Vertretung des Auswärtigen Amtes beim Reichsprotektor Gerstberger an das Auswärtige Amt

Nr. 250/41 g   Prag, den 7. Oktober 1941

D III *504* g

Geheime Reichssache

Betrifft: Politische Lage im Protektorat.
Im Anschluß an den Bericht vom 6.10.1941 – Nr. 249/41 g –[679]

Zu der derzeitigen politischen Lage im Protektorat darf ich auf Grund der hierzu gemachten Beobachtungen folgendes berichten:

Durch den vom Reichsprotektor verhängten zivilen Ausnahmezustand sowie die damit verbundenen Maßnahmen sind schlagartig Ruhe und Ordnung im Protektorat wieder hergestellt. Streiks und sonstige Sabotageakte haben vollkommen aufgehört. Bei der tschechischen Arbeiterschaft ist verschiedentlich, insbesondere im Mährisch-Ostrauer Kohlenrevier, die Ansicht zu hören, daß es gar nicht schadet, wenn einmal energisch durchgegriffen wird, und dieses Mal nicht der kleine Mann, sondern die verantwortliche Führung daran glauben müsse. Stellenweise verlauten auch aus diesen Kreisen Stimmen, daß endgültig Ruhe und Ordnung geschaffen werden müßte, auch wenn das ganze Protektorat dabei zu Grunde ginge. Aus der Neuordnung verspricht man sich auch eine Verbesserung der wirtschaftlichen Lage im Hinblick auf die getroffenen drakonischen Maßnahmen gegen Schwarz- und Schleichhandel.

Der Luftalarm vom 4. d.M. sowie die noch nicht durchgeführte Hinrichtung des Ministerpräsidenten Eliáš haben die Stimmung der Tschechen wieder gehoben und der Flüsterpropaganda neue Nahrung zugeführt. Die Veröf-

---

[678] In Prag gab es im Verlauf des Krieges nur wenige Bombardements; neben diesem Luftangriff gab es noch drei weitere; die letzten Luftangriffe erfolgten am 15.11.1944 sowie 14.2. und 25.3.1945.
[679] Siehe Dokument Nr. 401.

fentlichung in der heutigen Nummer des „Neuen Tag", betreffend Eliáš, hat allerdings diese Hoffnung wieder zunichte gemacht. Die Zeitungsnotiz ist ergebenst beigefügt (Anlage 1).[680]

Im gleichen Sinne wirkte die Rede des Führers anläßlich der Eröffnung des Dritten Kriegswinterhilfswerks.[681]

Besondere Bestürzung herrscht ferner in den Kreisen der Funktionäre der Nationalen Gemeinschaft. In diesen Kreisen wird allgemein erwartet, daß die Organisation aufgelöst wird. Die Funktionäre fürchten ihre Verhaftung. Ferner wird bei diesen mit der baldigen Aufhebung des Protektorats gerechnet.

Im Großen und Ganzen kann man die Aktion des Stellvertretenden Reichsprotektors SS-Obergruppenführer und General der Polizei Heydrich als gelungen betrachten.

Nicht uninteressant ist es festzustellen, daß die Tschechen, sowohl Beamte als auch Arbeiter, neuerdings einen ungewöhnlichen Arbeitseifer zeigen. Es kann wiederum daraus gefolgert werden, daß sich die Ansicht bestätigt, daß der Tscheche sofort nachgibt, wenn er einen energischen Herrenwillen spürt.

Wie aus der Anlage 2 ersichtlich ist, sind weitere Todesurteile gegen 5 Personen vom Standgericht in Brünn gefällt und vollstreckt worden.[682]

Aus den als Anlage 3 und 4 beigeschlossenen Ausschnitten aus dem „Neuen Tag" vom 7. Oktober 1941 ist zu ersehen, daß sich führende Persönlichkeiten des öffentlichen tschechischen Lebens – die schon früher für eine deutsch-tschechische Zusammenarbeit eingetreten waren – bemühen, den Eindruck von einem verführten, unschuldigen tschechischen Volk zu erwecken. Alle Schuld wird hierbei den Juden und der Londoner Beneš-Propaganda zugeschoben. Die Bereitwilligkeit zu einer aufrichtigen Mitarbeit wird zu stark und zu schnell hervorgehoben, um überzeugend zu wirken und dürfte wohl kaum mit der inneren Überzeugung des größeren Teiles der Tschechen übereinstimmen.[683]

---

680 In der kurzen Notiz heißt es, dass Hitler die Vollstreckung des Todesurteils ausgesetzt habe, weil Eliáš' Aussagen in anderen Gerichtsverfahren notwendig seien, vgl. Entscheidung über Vollstreckung des Urteiles an Eliáš ausgesetzt. In: Der Neue Tag v. 7.10.1941.

681 In dieser Rede am 3.10.1941 im Berliner Sportpalast hatte Hitler den Krieg gegen Großbritannien und die Sowjetunion gerechtfertigt und zu Spenden für die kämpfenden Soldaten aufgerufen. *Domarus* (Hg.): Hitler. Band 2, 1758-1764. Unter erheblichem Druck erbrachten die Sammlungen im Protektorat trotzdem nur prozentual ein Viertel von dem Ergebnis im Deutschen Reich.

682 Wegen Vorbereitung zum Hochverrat und unerlaubten vorsätzlichen Waffenbesitzes wurden die fünf Männer in Brünn verurteilt und am 6.10.1941 hingerichtet, vgl. Standgerichtsurteile. In: Der Neue Tag v. 7.10.1941.

683 In dem Artikel wurde ein Rundfunkvortrag des ehemaligen tschechoslowakischen Generalstabsobersten Emanuel Moravec wiedergegeben. Er führte aus, dass die Opposition im Lande gegen das Volk handele, die Politik Beneš' versagt habe und eine Verständigung mit Deutschland für ein neues Europa die alleinige Option für das tschechische Volk sei, vgl. „... nicht für England sterben". In: Der Neue Tag v. 7.10.1941. In dem an-

Wie ich weiter vertraulich erfahre, hat das ehemalige Kabinett des Reichsprotektors Herrn von Neurath die Tätigkeit eingestellt. Der Kabinettschef Gesandter Dr. Völckers und Legationsrat von Holleben wurden bis auf weiteres beurlaubt.[684]

Der Wehrmachtsbevollmächtigte General Friderici wurde durch den seinerzeitigen Militärattaché der ehem. Deutschen Gesandtschaft in Prag, General Toussaint, ersetzt.

Wie verlautet, sollen im Amt des Herrn Reichsprotektors und bei anderen deutschen Dienststellen noch weitere Personaländerungen bevorstehen.

Schließlich füge ich noch den Pressebericht der Kulturpolitischen Abteilung im Amt des Reichsprotektors vom 6. Dezember 1941 ergebenst bei, der weitere Übersetzungen tschechischer Pressestimmen zu den Vorkommnissen im Protektorat enthält.

Weiteren Bericht darf ich mir gegebenenfalls vorbehalten.

In Vertretung
GERSTBERGER

403

PA/AA, Inland II (Geheim), R 101109

Bericht des Geschäftsträgers der Vertretung des Auswärtigen Amtes beim Reichsprotektor Gerstberger an das Auswärtige Amt

Nr. 251/41 g   Prag, den 9. Oktober 1941

D III *512* g

<u>Geheime Reichssache</u>

Betrifft: Politische Lage im Protektorat.
Im Anschluß an den Bericht vom 7.10.1941 – Nr. 250/41 g –[685]

Wie ich aus Anlage 1 und 2 zu entnehmen bitte, wurden am 7. Oktober sechs und am 8. Oktober vierzehn standgerichtliche Todesurteile gefällt und vollstreckt.[686]

Ferner füge ich folgende Ausschnitte aus dem „Neuen Tag" vom 8. und 9. Oktober 1941 ergebenst bei:

---

deren Beitrag ging es um eine umfangreiche Rechtfertigung der deutschen Judengesetze im Protektorat, vgl. Isolierte Bazillenträger. In: Der Neue Tag v. 7.10.1941.

[684] Hans Hermann Völckers und Werner von Holleben setzten daraufhin ihre diplomatische Tätigkeit fort.

[685] Siehe Dokument Nr. 402.

[686] Immer wieder ging es bei den Urteilen um die Vorbereitung zum Hochverrat, Wirtschaftssabotage und unerlaubten vorsätzlichen Waffenbesitzes, vgl. Urteile der Standgerichte. In: Der Neue Tag v. 8.10.1941 sowie Urteile der Standgerichte. In: Der Neue Tag v. 9.10.1941.

als Anlage 3: Übersetzungen aus der tschechischen Presse, die sich u.a.
auch mit der Frage der Evakuierung der Juden aus den größeren Städten des Protektorats befaßt und zu Meldungen des
Emigrantenrundfunks in London Stellung nimmt,[687] und

als Anlage 4: Einzelheiten zu den am 6. und 7. Oktober 1941 von den Standgerichten Prag und Brünn gefällten Todesurteilen.[688]

Den Pressebericht der Kulturpolitischen Abteilung im Amt des Reichsprotektors vom 7. Oktober d.J., enthaltend Übersetzungen tschechischer Pressestimmen, beehre ich mich gleichfalls in der Anlage vorzulegen.

In Vertretung

GERSTBERGER

404

PA/AA, Inland II (Geheim), R 101110

Notiz des Abteilungsleiters Deutschland Luther

D III 489 g
490 g
495 g

Geheim

Nach den anliegenden Berichten des Vertreters des Auswärtigen Amts beim
Reichsprotektor in Böhmen und Mähren waren die Vorgänge, die zur Verhaftung und Hinrichtung zahlreicher Tschechen führten, kurz zusammengefaßt folgende:

Unter den Generalen Ingr und Neumann war eine Verschwörung auf dem
Gebiete des Protektorats organisiert. General Ingr leitete in dieser Organisation die Flucht von Tschechen über die Grenze, während General Neumann
der Chef einer Terrororganisation war, die alle diejenigen beseitigen sollte,
die für eine Verständigung mit den Deutschen arbeiteten.

Weiter hatte der Vorstand des Pressedepartements des Ministerpräsidiums
Schmoranz eine Spionageorganisation errichtet. Diese war als sogenannter
Presseaufsichtsdienst aufgezogen, der bereits unmittelbar nach Gründung des
Protektorats als ein dichtes Netz über Böhmen und Mähren ausgebreitet
wurde. In diesen Dienst wurden alle früheren Nachrichtenoffiziere der tsche-
choslowakischen Armee berufen, die sich unter dem Vorwand, daß sie über

---

687 Hierbei wurden die deutschen Maßnahmen gegen die Juden gepriesen und die Meldungen der Londoner Exilregierung verdammt, vgl. Evakuierung der Juden gefordert.
In: Der Neue Tag v. 8.10.1941.

688 Dieses Mal wurden sehr detailliert Anschuldigungen wie Mitgliedschaft in der illegalen
kommunistischen Partei, Waffenbesitz, Schwarzhandel, Abstammungstäuschung, schwerer Diebstahl und Wirtschaftssabotage dargelegt, vgl. Kommunistische Agitatoren und
Wucherer. In: Der Neue Tag v. 9.10.1941.

die Stimmung der Bevölkerung zu berichten hätten, vor allem für militärische Angelegenheiten interessierten.

Schließlich hatte der Primator der Hauptstadt Prag Klapka einen Geheimfonds von 2 Millionen Kronen errichtet. Aus diesem Fonds wurden die Familien der ins Ausland geflüchteten Tschechen, die sich Beneš in London anschließen wollten, und Familien von Deutschen verhafteter Tschechen unterstützt. Außerdem wurden von diesem Geld Mittel für die Flucht ins Ausland (vor allem Reisekosten) zur Verfügung gestellt.

Von allen diesen Dingen hatte der ehemalige Ministerpräsident Eliáš, wie die Anklage ihm vorwarf, Kenntnis. Er hat weiterhin die einzelnen Aktionen unterstützt und gefördert. Auf die Frage, ob er sich schuldig bekenne, erklärte Eliáš vor dem Volksgerichtshof: „Teilweise." Als Eliáš dem ehemaligen Primator Klapka, den er zu seinem hoch- und landesverräterischen Treiben veranlaßt hatte, gegenübergestellt wurde, brach seine Verteidigungskonstruktion zusammen. Eliáš wurde zum Tode verurteilt.

Bis zum 3. Oktober 1941 wurden zirka 150-200 Personen zum Tode verurteilt und hingerichtet. Unter ihnen befand sich eine Gruppe höherer Offiziere, die der Zentralleitung der Verschwörung angehörten, Kommunisten, die Terrorakte vorbereiteten, Tschechen und Juden, die Spionage trieben, einzelne Personen, die Waffen versteckten und hochverräterische Flugblätter verbreiteten und schließlich gemeine Verbrecher, die für Sabotagehandlungen vorgesehen waren.

Berlin, den 10. Oktober 1941

LUTHER

405

PA/AA, Inland II (Geheim), R 101110

Bericht des Geschäftsträgers der Vertretung des Auswärtigen Amtes beim Reichsprotektor Gerstberger an das Auswärtige Amt

Nr. 256/41 g   Prag, den 11. Oktober 1941

D III *521 g*

Geheime Reichssache

Betrifft: Politische Lage im Protektorat.
Im Anschluß an den Bericht vom 9.10.1941 – Nr. 251/41 g –[689]

In der Anlage werden weitere Zeitungsausschnitte aus dem „Neuen Tag" vom 10. und 11. Oktober 1941 ergebenst vorgelegt. Sie betreffen im einzelnen:

---

[689] Siehe Dokument Nr. 403.

1.) die Vollstreckung der Todesurteile gegen 12 Personen am 12. Oktober,[690]
2.) Einzelheiten zu den am 8. Oktober 1941 vollstreckten 14 Todesurteilen,[691]
3.) die Verfügung des Stellvertretenden Reichsprotektors über die versuchs-weise Aufhebung der Sperrstundenbeschränkung,[692]
4.) die behördliche Verfügung wegen Aberkennung der Begünstigungen für ehem. tschechoslowakische Legionäre des Weltkrieges. (Hierbei darf ich auf meine Vorberichte vom 10., 15. und 17.1.1941 – Nr. 326, 530 und 624/41-D.Pol.2.geh. –[693] ergebenst Bezug nehmen.),[694]
5.) einen Artikel über die Stimmung gegen die Schleichhändler im Protekto-rat,[695]
6.) die am 10. Oktober 1941 vollstreckten Todesurteile der Standgerichte ge-gen 25 Personen,[696]
7.) nähere Einzelheiten zu dem Fall Frankenberger, Sektionschef im Land-wirtschaftsministerium,[697]
8.) Einzelheiten zu den am 9. Oktober 1941 von den Standgerichten Prag und Brünn gefällten Todesurteilen,[698]
9.) eine Meldung betreffend die Schließung von 2 Schulen in Kladno wegen reichsfeindlicher Betätigung,[699]

---

690 Von den Standgerichten in Prag und Brünn waren diese zwölf Personen wegen Wirt-schaftsspionage, Vorbereitung zum Hochverrat und vorsätzlichen unerlaubten Waffen-besitzes zum Tode verurteilt worden, vgl. Urteile der Standgerichte. In: Der Neue Tag v. 10.10.1941.

691 Siehe 14 Schleichhändler aufgehängt. In: Der Neue Tag v. 10.10.1941.

692 Die von Heydrich erlassene Verlautbarung beinhaltete: „Daß besonnene Verhalten des überwiegenden Teils der tschechischen Bevölkerung in den vom zivilen Ausnahmezu-stand betroffenen Bezirken veranlassen mich, vorläufig die polizeiliche Sperrstunde mit Wirkung vom 9. November 1941 versuchsweise aufzuheben. Ich erwarte, daß die Be-völkerung diese Maßnahme entsprechend zu würdigen weiß, in Ruhe der Arbeit und dem Berufe nachgeht und mich nicht zu erneuten verschärften Maßnahmen zwingt." Vgl. Versuchsweise Aufhebung der Sperrstunden-Beschränkung. In: Der Neue Tag v. 10.10.1941.

693 Siehe Dokumente Nr. 347 und Nr. 349.

694 Eine nähere Information zu den Legionärsbegünstigungen gab es nicht, vgl. Aberken-nung der Legionärsbegünstigungen. In: Der Neue Tag v. 10.10.1941.

695 Siehe Hyänen der inneren Front. In: Der Neue Tag v. 10.10.1941.

696 Wegen Wirtschafssabotage und vorsätzlichen unerlaubten Waffenbesitzes waren diese 25 Personen in Prag zum Tode verurteilt worden, vgl. Urteile der Standgerichte. In: Der Neue Tag v. 11.10.1941.

697 Otakar Frankenberger wurde in seiner Eigenschaft als Sektionschef des Landwirtschafts-ministeriums vorgeworfen, zu wenig gegen den so genannten Schleichhandel mit Le-bensmitteln unternommen zu haben, vgl. Der Fall Frankenberger. In: Der Neue Tag v. 11.10.1941.

698 Siehe Schleichhändler und Juden Hand in Hand. In: Der Neue Tag v. 11.10.1941.

699 Zahlreiche „Schmähbriefe an deutsche Behörden und Einzelpersonen" aus der Schüler-schaft der Gewerbeschule und der Lehrerbildungsanstalt sollen der Grund für diese

10.) Beschlagnahme von Rundfunkgeräten in vorläufig 5 tschechischen Ortschaften.[700]

Ferner füge ich die Presseberichte vom 8., 9. und 10. Oktober 1941 der Kulturpolitischen Abteilung im Amt des Reichsprotektors, enthaltend tschechische Pressestimmen zur politischen Lage im Protektorat, ergebenst bei.

In Vertretung
GERSTBERGER

406

PA/AA, Inland II (Geheim), R 101111

**Anweisung des Staatssekretärs im Protektorat Frank
an den stellvertretenden Protektoratsministerpräsidenten Krejčí**

Nr. 1 1 e – 5550   Prag, den 13. Oktober 1941

Betrifft: Aberkennung der Legionärsvorrechte.

Nach der derzeitigen Praxis wird den öffentlichen Bediensteten, welche in den ehemaligen tschecho-slowakischen Legionen Dienst geleistet haben, die Legionärszeit für die Bestimmung des Dienstranges, für die Vorrückung, für die Erreichung von Alterszulagen und für die Begründung von Pensionsansprüchen sowie für die Bemessung von Pensionsbezügen 3fach angerechnet. Diese Begünstigungen von Personen, die im Weltkrieg in die Reihen der Feinde Deutschlands und Österreichs übergetreten sind und aktiv am Kampf gegen die Mittelmächte teilgenommen haben, sind heute untragbar.

Auf Grund meiner Verordnung vom 2.10.1941 über die Aberkennung und Abänderung von Legionärsbegünstigungen beauftrage ich Sie deshalb umgehend die entsprechenden Verfügungen zu treffen, daß die in den Legionen zurückgelegte Dienstzeit bei der Vorrückung, bei der Gewährung von Alterszulagen und Begründung von Pensionsansprüchen sowie bei der Bemessung von Pensionsbezügen und zwar sowohl bei Personen die sich schon im Ruhestand befinden als auch bei solchen, die erst in den Ruhestand treten und zwar auch als Kriegsjahre unberücksichtigt bleibt. Sämtliche Dienst-, Ruhe- und Versorgungsgenüsse und Zulagen sind demnach ohne Einrechnung der Legionärszeit neu zu berechnen. Ich kann auch nicht zustimmen, daß, wie es zum Teil bisher erfolgt ist, die Legionärszeit als Kriegsjahre anerkannt und bei der Pensionsbemessung einfach eingerechnet werden.

Schließungen gewesen sein, vgl. Schulschließungen in Kladno wegen reichsfeindlicher Betätigung. In: Der Neue Tag v. 11.10.1941.

[700] Als Begründung zur Beschlagnahme diente die Verbreitung von Propaganda nach abgehörten ausländischen Rundfunksendungen, vgl. Beschlagnahmte Rundfunkgeräte. In: Der Neue Tag v. 11.10.1941.

Im weiteren Verfolg dieses Grundsatzes kann heute auch die Bestimmung des § 26 Absatz 2 der Regierungsverordnung 139/39 womit den ehemaligen Berufsmilitärgagisten[701] sowie deren Hinterbliebenen die Legionärszeit bei Bemessung der Ruhegenüsse einfach angerechnet wird, nicht weiter aufrechterhalten bleiben und ist außer Kraft zu setzen. Den Entwurf einer entsprechenden Regierungsverordnung bitte ich mir unverzüglich, spätestens binnen 8 Tagen, vorzulegen.

In Vertretung

K.H. FRANK

407

PA/AA, Inland II (Geheim), R 101110

Bericht des Geschäftsträgers der Vertretung des Auswärtigen Amtes beim Reichsprotektor Gerstberger an das Auswärtige Amt

Nr. 261/41 g Rs   Prag, den 15. Oktober 1941

D III *541* g

Geheime Reichssache

Betr.: Politische Lage im Protektorat.

Im Anschluß an den Bericht vom 11.10.1941 – Nr. 256/41 g –[702]

Zur gegenwärtigen Lage im Protektorat beehre ich mich auf Grund meiner Fühlungnahme mit hiesigen Reichsdienststellen nachstehendes zu berichten:

Die allgemeine Stimmung der deutschen und der tschechischen Bevölkerung hat sich seit den Vortagen nicht geändert. Im Vordergrunde steht der Giftmord an Hauptschriftleiter Lažnovský[703] (vgl. Anlagen 7-11) und die Auflösung des Sokol-Verbandes[704] (s. Anlagen 12 und 13). Im übrigen wur-

---

[701] Gagisten waren Berufssoldaten im österreichisch-ungarischen Militärwesen, die ihren Sold als monatliche Gage erhielten.

[702] Siehe Dokument Nr. 405.

[703] Ministerpräsident Eliáš hatte am 18.9.1941 alle wichtigen tschechischen Journalisten, die eine aktive Zusammenarbeit mit den Nationalsozialisten betrieben, zu einem Pressetermin in sein Büro geladen. Dabei wurden von ihm wohl vergiftete Sandwichs gereicht, durch die der Hauptschriftleiter des „České Slovo", Karel Lažnovský, gestorben und die anderen Journalisten stark erkrankt waren. Im Mittelpunkt des anschließenden Prozesses gegen Eliáš stand weniger der Giftanschlag als seine Zusammenarbeit mit der tschechischen Widerstandsbewegung.

[704] Der Sokol ist eine national geprägte Turnbewegung im slawisch geprägten Mittel- und Osteuropa. Im Vordergrund standen in der Vergangenheit neben körperlicher Ertüchtigung auch das nationale Gemeinschaftserlebnis. Nachdem bereits 1939 die Turnbewegung Sokol im Reichsgau Sudetenland verboten worden war, war am 12.4.1941 auch dem Sokol im Protektorat jedwede Aktivität verboten worden. Die Mitglieder wurden verfolgt, die Führung verhaftet und teilweise hingerichtet.

den auch die von der Gewerkschaftszentrale begonnenen Betriebsappelle stark beachtet.

Zum Fall Lažnovský geht die Meinung der tschechischen Intelligenzkreise überwiegend dahin, daß ihm, als „Verräter der tschechischen Nation" ganz recht geschehen sei. Teilweise wird geäußert, der Tod von Lažnovský sei wenigstens eine kleine „Rückzahlung" auf die deutscherseits vollstreckten Todesurteile. In tschechischen Regierungskreisen hat man im Zusammenhang mit dem Tode Lažnovskýs vielfach die Hoffnung, daß Eliáš doch noch begnadigt werde, aufgegeben. Von der tschechischen Flüsterpropaganda in Prag wird Eliáš teilweise glorifiziert, weil er den Verräter Lažnovský erledigt habe. In der Provinz ist nur in rechtsoppositionellen Kreisen die Ansicht verbreitet, daß Eliáš mit dem Giftattentat etwas zu tun habe. Die breite Masse der Bevölkerung, die im übrigen das Giftattentat vorwiegend verurteilt, ist neugierig zu erfahren, welches die in Presse und Rundfunk erwähnte „hochgestellte" Persönlichkeit ist und auf wessen Veranlassung der Mord durchgeführt wurde. Stellenweise nennt man den Staatspräsidenten Hácha in diesem Zusammenhang. Die Meldung, daß die Redakteure in ein deutsches Lazarett überführt und nicht von tschechischen Ärzten behandelt wurden, wird von den Tschechen so gedeutet, als ob die ganze Sache von den Deutschen künstlich aufgezogen worden sei. Die Anordnung des Stellvertretenden Reichsprotektors über die Versorgung der Witwe von Lažnovský hat vielfach Befriedigung ausgelöst. In Prager Regierungskreisen bezeichnet man die Anordnung eines Staatsbegräbnisses als demütigend.

Die Auflösung des Sokol-Verbandes wird in der tschechischen Intelligenz und in anderen chauvinistischen Kreisen als weiterer schwerer Schlag gegen das Tschechentum empfunden. Allerdings sucht man sich vielfach damit zu trösten, daß man erklärt, der Sokol habe in seiner Geschichte schon öfter solche schweren Schläge erlitten und werde auch diesen überdauern. In breiten Bevölkerungsschichten war man über die Sokol-Auflösung nur insofern überrascht, als man geglaubt hatte, der Sokol sei bereits mit dem seinerzeitigen Betätigungsverbot aufgelöst worden. Arbeiterkreise nehmen zur Sokol-Auflösung eine gleichgültige Haltung ein, da sie den Sokol als einen „Bourgeois-Verein" betrachten. Im Gegensatz dazu konnte festgestellt werden, daß sich im Jitschiner Gebiet auch Arbeiter und bäuerliche Kreise von der Sokol-Auflösung betroffen fühlen und darüber niedergeschlagen sind. Unter der deutschen Bevölkerung hat die Sokol-Auflösung naturgemäß überall größte Befriedigung hervorgerufen, im besonderen Maße dort, wo der Sokol als Hauptfaktor der Tschechisierung aus dem Volkstumskampf in Erinnerung ist.

Über die Auswirkung der von der Gewerkschaftszentrale veranstalteten Betriebsappelle ergibt sich bisher keine einheitliche stimmungsmäßige Auswirkung. Darüber darf in einem späteren Zeitpunkt berichtet werden.

Die versuchsweise angeordnete Aufhebung der Sperrstunde wurde in den vom Ausnahmezustand betroffenen Gebieten durchwegs mit Befriedigung aufgenommen und führte stellenweise zu einem besonders angeregten Treiben in Gaststätten.[705]

Die Rundfunkübertragung der Erklärung von Eliáš vor dem Volksgerichtshof wurde vielfach mit größter Spannung erwartet und mit starkem Interesse abgehört. Es knüpfen sich daran jetzt verschiedene Kombinationen über Motive und Haltung des Eliáš.

Vor allem zeichnet sich aber immer stärker die Zustimmung der minderbemittelten Schichten des tschechischen Volkes zu der vom Stellvertretenden Reichsprotektor angeordneten scharfen Bekämpfung der Mißstände auf dem Gebiet der Wirtschaft ab. Man erhofft allgemein eine wesentliche Verbesserung der Versorgungslage und stellt fest, daß bestimmte Besserungen bereits eingetreten sind. Von Deutschen wird vielfach mit Befriedigung festgestellt, daß sich tschechische Geschäftsleute wieder größerer Zuvorkommenheit befleißigen. Die Hinrichtungen von Wucherern und Schiebern werden nur von einem kleinen Teil der Tschechen verurteilt.

An positiven Beobachtungen ist zu erwähnen, daß die verschärften Maßnahmen gegen Juden stellenweise unter der tschechischen Bevölkerung zunehmendes Verständnis finden, wozu offenbar die Pressepropaganda wesentlich beiträgt. Viele Tschechen, die früher eng mit Juden verkehrten, bemühen sich jetzt ängstlich, keinem ihrer jüdischen Freunde zu begegnen.

Von der Arbeiterbevölkerung werden vielfach gewisse Verbesserungen der Versorgungslage anerkennend erwähnt. So fiel es verschiedentlich auf, daß auf den Wochenmärkten plötzlich eine größere Menge Gemüse zu sehen ist und daß die Viehmärkte regelmäßig beschickt werden. Verschiedentlich wunderte sich die Bevölkerung auch, daß in den Fleischergeschäften mit einem Male mehr Fleisch zu haben ist. Allerdings scheinen die bisher am Schleich- und Schwarzhandel führend beteiligten Personen teilweise der Ansicht zu sein, daß die drakonischen Maßnahmen nur eine zeitlang andauern würden und man sich daher nur hüten müsse, in der nächsten Zeit aufzufallen.

Die tschechische Bevölkerung verhält sich weiterhin äußerst zurückhaltend und vermeidet in der Öffentlichkeit fast alle Äußerungen über die letzten Ereignisse. Dabei ist unverkennbar, daß diese Zurückhaltung beim größten Teil der Tschechen nur der Angst und lediglich nur bei einer Minderheit einer besseren politischen Einsicht entspringt.

In der Anlage werden Ausschnitte aus dem „Neuen Tag" vom 12., 14. und 15. Oktober 1941 ergebenst vorgelegt, die im einzelnen betreffen:

---

705 Eine Sperrstunde von 22 Uhr bis zum Morgengrauen hatte es lediglich im Frühjahr 1941, beim Antritt Heydrichs als Stellvertretender Reichsprotektor im Herbst 1941 sowie nach dem Attentat auf diesen im Frühjahr 1942 gegeben.

1.) die am 11. Oktober 1941 vollstreckten Todesurteile der Standgerichte gegen 15 Personen,[706]

2.) die am 13. Oktober 1941 vollstreckten Todesurteile der Standgerichte gegen 8 Personen,[707]

3.) die am 14. Oktober 1941 vollstreckten Todesurteile der Standgerichte gegen 12 Personen,[708]

4.) Einzelheiten zu den am 10. Oktober 1941 von den Standgerichten in Prag und Brünn gefällten Todesurteilen,[709]

5.) Einzelheiten zu den am 11. Oktober 1941 von den Standgerichten in Prag und Brünn gefällten Todesurteilen,[710]

6.) Einzelheiten zu den am 13. Oktober 1941 von den Standgerichten in Prag und Brünn gefällten Todesurteilen,[711]

7.) Ermordung des Hauptschriftleiters des „České Slovo"[712], Lažnovský; Giftattentat gegen eine Gruppe hervorragender tschechischer Schriftleiter,[713]

---

[706] Diese Personen waren wegen Wirtschaftssabotage sowie unerlaubten vorsätzlichen Waffenbesitzes von den Standgerichten Brünn und Prag zum Tode verurteilt worden, vgl. Standgerichtsurteile. In: Der Neue Tag v. 12.10.1941.

[707] Wegen Wirtschaftssabotage, unerlaubtem vorsätzlichen Waffenbesitz sowie Vorbereitung zum Hochverrat, vgl. Urteile des Standgerichtes. In: Der Neue Tag v. 14.10.1941.

[708] Wirtschaftssabotage und unerlaubter vorsätzlicher Waffenbesitz lautete auch hier die Anklage der Standgerichte Brünn und Prag. vgl. Urteile der Standgerichte. In: Der Neue Tag v. 15.10.1941.

[709] In diesem Zusammenhang wurden dem Sektionschef des Landwirtschaftsministeriums, Otakar Frankenberger, noch einmal erhebliche Versäumnisse bei der Bekämpfung des „Schleichhandels" mit Lebensmitteln vorgeworfen, vgl. Saboteure und Schieber. In: Der Neue Tag v. 13.10.1941.

[710] Insbesondere ging es um den illegalen Kauf und die Schlachtung von Schweinen und Rindern, den Schwarzhandel mit Spinnstoffwaren, den Betrug beim Verkauf von Staatsbaulosen sowie so genannte Rasseschändung, vgl. Hochverräter, Schleichhändler und Schieber. In: Der Neue Tag v. 14.10.1941.

[711] In diesen Fällen handelte es sich um den illegalen Handel mit Kleiderkarten sowie das Anlegen eines Waffenlagers, vgl. Schieber und Saboteure. In: Der Neue Tag v. 15.10.1941.

[712] Das „České Slovo" war eine Tageszeitung der tschechischen National-Sozialisten, die ab 1907 erschien. Seit der deutschen Besetzung unterstand sie dem Propagandaministerium.

[713] Ohne Nennung des Namens der „ehemals führenden tschechischen Persönlichkeit", in dessen Haus die Vergiftung stattgefunden hatte, wurde dieses Attentat als „gemeiner Mord" verurteilt und Lažnovský als einer der „hervorragendsten tschechischen Schriftleiter" gewürdigt; Tschechischer Publizist von Tschechen ermordet. In: Der Neue Tag v. 12.10.1941.

8.))
9.)) weitere Meldungen zum Fall Lažnovský,[714]
10.))
11.))
12.) Auflösung des Sokol,
13.) Verfügung des Stellvertretenden Reichsprotektors über die Auflösung des Sokol,[715]
14.) Anklagen der tschechischen Presse,[716]
15.) Anordnung des Stellvertretenden Reichsprotektors über die Abberufung des bisherigen Regierungskommissars von Pilsen, Peter Nemetz, und Bestellung des Dr. Walter Sturm zum Regierungskommissar.[717]

Ferner füge ich die Presseberichte vom 11., 13. und 14. Oktober der Kulturpolitischen Abteilung im Amt des Reichsprotektors, die Übersetzungen tschechischer Pressestimmen enthalten, ergebenst bei.

In Vertretung
GERSTBERGER

---

[714] In den Artikeln wurde Lažnovskýs politisches Engagement hervorgehoben, der sich verstärkt für die Bekämpfung der Flüsterpropaganda sowie illegaler Aktivitäten beim Schmuggel und Schwarzhandel eingesetzt hatte. Aus diesem Grund habe er sich in einem Schreiben vom 4.2.1941 an „eine hochgestellte öffentliche Persönlichkeit" gewandt, da er sich einer Kampagne ausgesetzt sah, die ihn beleidige, demütige und lächerlich mache. Vgl. u. a. Lažnovský bat vergeblich um Schutz bei tschechischen Stellen. In: Der Neue Tag v. 14.10.1941 sowie Verfolgungen, denen Lažnovský ausgesetzt war. In: Der Neue Tag v. 15.10.1941.

[715] Die Verfügung des Reichsprotektors vom 11.10.1941 sah die Auflösung der Tschechischen Sokol-Gemeinde, ihrer Mitgliedervereine, Zweigvereine und angegliederten Organisationen vor. Als Grund dafür wurden genannt: Widerstand gegen das Deutsche Reich sowie illegale Beziehungen zum ausländischen Sokol und zur Exilregierung in London. Auflösung des Sokol. In: Der Neue Tag v. 12.10.1941 sowie Verfügung. In: Der Neue Tag v. 12.10.1941.

[716] In so genannten Anklagen von České Slovo, Nedělní list und Národní politika wurde eine Generalabrechnung mit der Londoner Exilregierung vollzogen, deren Propaganda die gelenkte Presse als die Ursache der angespannten politischen, wirtschaftlichen und sozialen Verhältnisse im Protektorat herausstellte. Anklagen der tschechischen Presse. In: Der Neue Tag v. 12.10.1941.

[717] Gründe für die Ersetzung von Peter Nemetz als Regierungskommissar in Pilsen durch Walter Sturm wurden nicht genannt. Neuer Regierungskommissar in Pilsen. In: Der Neue Tag v. 14.10.1941.

408

PA/AA, Inland II (Geheim), R 101110

**Bericht des Geschäftsträgers der Vertretung des Auswärtigen Amtes
beim Reichsprotektor Gerstberger an das Auswärtige Amt**

Nr. 262/41 g Rs   Prag, den 21. Oktober 1941

D III 542 g

<u>Geheime Reichssache</u>

Betrifft: Politische Lage im Protektorat.
Im Anschluß an den Bericht v. 15.X.1941 – Nr. 261/41 g Rs –[718]

In der Anlage werden weitere Ausschnitte aus dem „Neuen Tag" und dem „Prager Abend" vom 16. bis 21. Oktober 1941 ergebenst vorgelegt. Die Zeitungsausschnitte betreffen im einzelnen:

1.) die Vollstreckung von Todesurteilen an 8 Personen am 15.X.1941,
an 17 Personen am 17.X.1941
und an 12 Personen am 18.X.1941,[719]

2.) Einzelheiten zu den am 14., 15., 17. und 18. Oktober 1941 vollstreckten Todesurteilen,[720]

3.) Pressestimmen zum Fall Frolík,[721]

4.) Beschlagnahme von Rundfunkgeräten in den Prager Stadtteilen Werschowitz und Ninowitz,[722]

---

[718] Siehe Dokument Nr. 407.

[719] Von den Standgerichten Brünn und Prag wurden diese Personen wegen Abhören ausländischer Sender, Wirtschaftssabotage, unerlaubten vorsätzlichen Waffenbesitzes und Vorbereitung zum Hochverrat zum Tode durch Erhängen oder Erschießen verurteilt. Urteile der Standgerichte. In: Der Neue Tag v. 16.10.1941; Standgerichtsurteile. In: Der Neue Tag v. 18.10.1941; Urteile der Standgerichte. In: Der Neue Tag v. 19.10.1941.

[720] Siehe dazu Saboteure und Schieber. In: Der Neue Tag v. 16.10.1941; Hochverräter, Schieber und Saboteure. In: Der Neue Tag v. 17.10.1941; Kommunistische Terroristen und Schieber. In: Der Neue Tag v. 19.10.1941; Schieber und Schleichhändler. In: Der Neue Tag v. 21.10.1941.

[721] Frolík war vorgeworfen worden, Milch, Getreide und Vieh von seinem 84 Hektar großen Gut bei Kladno nicht ordnungsgemäß abgeliefert und so zu den Versorgungsschwierigkeiten im Protektorat beigetragen zu haben. Dafür war er am 18.10.1941 zum Tode durch Erschießen verurteilt und noch am gleichen Tage hingerichtet worden. Von der Presse wurde er als „Volksschädling schlimmster Sorte" geschmäht: Der Fall Frolik. In: Der Neue Tag v. 19.10.1941 sowie Artikel ohne Titel. In: Der Neue Tag v. 21.10.1941.

[722] Wegen angeblich vermehrter „reichsfeindlicher Tätigkeit und Flüsterpropaganda" sollten in den Prager Stadtteilen Werschowitz (Vršovice) und Ninowitz (Jinonice) die Rundfunkempfänger abgegeben werden, um das Abhören des Londoner Rundfunks zu unterbinden. Ablieferungspflicht für Rundfunkgeräte in Werschowitz und Ninowitz. In: Der Neue Tag v. 16.10.1941; Hartköpfige Schafe. In: Der Neue Tag v. 17.10.1941; Grenzenlos dumme und unvernünftige Dinge. In: Der Neue Tag v. 18.10.1941.

5.) eine Meldung über Schließung weiterer tschechischer Volksschulen in Prager Stadtteilen,[723]

6.) Notiz über die Trauerfeier für Karl Lažnovský,[724]

7.) Kommentar zur Auflösung des Sokol,[725]

8.) tschechische Pressestimmen zu den Ereignissen der letzten Wochen,[726]

9.) Meldung über den feierlichen Staatsakt im Rudolfinum.[727]

Zur Vervollständigung des Bildes über die politische Lage füge ich außerdem noch Übersetzungen tschechischer Pressestimmen vom 15., 16., 17., 18. und 20. Oktober 1941 der Abteilung Kulturpolitik im Amt des Reichsprotektors ergebenst bei.

Einen weiteren ausführlichen Bericht über die Stimmung und die politische Lage im Protektorat darf ich in den nächsten Tagen in Vorlage bringen.

In Vertretung
GERSTBERGER

[723] Zwei tschechische Volksschulen wurden in Prag geschlossen, weil sich der Lehrkörper „reichsfeindlich" betätigt haben soll. Einige Lehrer wurden sogar dem „Standgericht vorgeführt". Schulschließungen wegen reichsfeindlicher Betätigung. In: Der Neue Tag v. 16.10.1941.

[724] An dem Staatsbegräbnis nahm der Abteilungsleiter Kulturpolitik der Protektoratsverwaltung, Karl Alexander Freiherr von Gregory, als Vertreter des Stellvertretenden Reichsprotektors teil. Darüber hinaus fand sich unter Führung des stellvertretenden Ministerpräsidenten Jaroslav Krejčí auch die gesamte Protektoratsregierung ein. In seiner Trauerrede forderte der ehemalige tschechoslowakische Generalstabsoberst Emanuel Moravec ein stärkeres tschechisches Engagement: „Es wäre ein Irrtum, wenn wir uns darauf verließen, daß uns hier die Ämter des Reiches helfen werden. Die kümmern sich um die Ordnung im Staate, aber um die Ordnung im eigenen Volke müssen wir uns selbst kümmern." Die Trauerfeier für Karl Lažnovský. In: Der Neue Tag v. 16.10.1941.

[725] Der Sokol wurde als deutschfeindlich, jüdisch und widerständig dargestellt, vgl. Die Auflösung des Sokols. In: Der Neue Tag v. 16.10.1941.

[726] Diese Pressestimmen aus „Nedělní list", „A-Zet" und „Národní politika" sprachen von großer Zustimmung im tschechischen Volke zu den Veränderungen in Europa und taten die Widerstandbewegung als kleine Gruppe von „Einfaltspinseln und leeren Schwätzern" ab, vgl. Niedrigkeiten in großer Zeit. In: Prager Abend v. 18.10.1941 sowie Artikel ohne Überschrift. In: Der Neue Tag v. 19.10.1941.

[727] Beim „Staatsakt zur baulichen Erneuerung des Rudolfinums" geißelte Heydrich in seiner Rede den „Missbrauch" des Gebäudes als tschechoslowakisches Parlamentsgebäude in den Jahren 1920 bis 1938. Dabei begrüßte er die Anordnung Neuraths vom 11.4.1940, das Rudolfinum wieder seiner Zweckbestimmung zuzuführen. Entsprechend diesem Anlass wurde deutsches Liedgut gegeben und deutsche Dichtung deklamiert. Feierlicher Staatsakt im Rudolfinum. In: Der Neue Tag v. 17.10.1941.

409

PA/AA, Büro des Staatssekretärs, R 29773

Telegramm des Stellvertretenden Reichsprotektors Heydrich an Reichsaußenminister Ribbentrop

Prag-Burg, den 21. Oktober 1941   20.55 Uhr
Ankunft: " 21.   "   "   22.10 Uhr

Nr. 283/41 vom 21.10.

Sehr verehrter Herr Reichsminister!

In Prag befindet sich an einem bevorzugten Platz noch heute ein Wilson-Denkmal.[728] Es dürfte dies wohl das letzte äußere Zeichen in Prag sein, das demonstrativ an den Verrat der Tschechen während des Weltkrieges und die Schmach von Versailles erinnert. Bisher wurde es mit Rücksicht auf die außenpolitische Lage nicht beseitigt.

Ich halte den Zeitpunkt nunmehr für gekommen, daß dieses Denkmal entfernt wird und darf um Ihre Zustimmung bitten.

Der Reichsprotektor in Böhmen und Mähren
Heil Hitler!
Ihr sehr ergebener M.d.F.d.G.b.
HEYDRICH

410

PA/AA, Inland II (Geheim), R 101111

Bericht des Geschäftsträgers der Vertretung des Auswärtigen Amtes beim Reichsprotektor Gerstberger an das Auswärtige Amt

Nr. 266/41 g Rs   Prag, den 29. Oktober 1941

D III *556* g
Geheime Reichssache!

Betrifft: Politische Lage im Protektorat.
Im Anschluß an den Bericht vom 21.X.1941 – Nr. 262/41 g Rs –[729]

Der „Neue Tag" bringt weitere Artikel über die Lage im Protektorat. Wie ich aus der Anlage 1.) und 2.) zu ersehen bitte, wurden am 25. Oktober d.J. weitere sechs Todesurteile gefällt und vollstreckt.[730]

---

[728] Das Denkmal von Woodrow Wilson, der als Präsident der USA 1918 maßgeblichen Anteil an der Gründung der Tschechoslowakei hatte, wurde auf Anordnung Heydrichs erst am 12.12.1941 aus dem Stadtpark vor dem Hauptbahnhof (zuvor Wilson-Bahnhof) in Prag entfernt. Besonderer Grund dafür war die Reaktion der Vlajka auf die Rede Hitlers anlässlich der Kriegserklärung an die USA einen Tag zuvor, als Vlajkisten vergeblich versucht hatten, eigenmächtig das Denkmal zu stürzen.

[729] Siehe Dokument Nr. 408.

Anlage 3.) und 4.) bringen die Nachricht über den Empfang von tschechischen Arbeitern beim Stellvertretenden Reichsprotektor.[731]
Anlage 5.) betrifft die Pressestimmung zur Verfügung des Stellvertretenden Reichsprotektors über die Verteilung der beschlagnahmten Lebensmittel an die Arbeiter.[732]
Anlage 6.) Pressestimmung zur Auflösung des tschechischen Sokol-Verbandes und Beziehungen zwischen Sokol und Judentum.[733]

Im ganzen verlief im Protektorat die vergangene Woche ruhig und ohne größere Zwischenfälle. Häufig waren lediglich noch kleinere Sabotageakte bei der Bahn (Durchschneiden von Bremsenschläuchen).

Bezüglich der Arbeiterschaft ist der Ablauf der von der Gewerkschaftszentrale veranstalteten Betriebsappelle zu erwähnen, welche in den meisten größeren Fabriken abgehalten wurden. Es ergab sich, daß die Arbeiter durchaus aufmerksam zuhörten, soweit nicht technische Mängel der Übertragung oder Ungewandtheit der Redner sich störend bemerkbar machten. Der als Abschluß der Betriebsappelle gedachte Arbeiterempfang beim Stellvertretenden Reichsprotektor am 24. Oktober hat im Zusammenhang mit der Ankündigung erhöhter Lebensmittel- und Kleiderzuteilungen auf die Arbeiter größten Eindruck gemacht.[734]

Das Ausbleiben von Standgerichtsurteilen in den meisten Tagen der vergangenen Woche hat allgemein auch zur Beruhigung beigetragen und läßt die Tschechen vielfach hoffen, daß der Ausnahmezustand bald beendet sein werde. Die Urteile gegen Schieber und Wucherer werden von der breiten Masse

---

730 In Brünn wurden wegen Vorbereitung zum Hochverrat bzw. Sabotage sechs Menschen hingerichtet; vgl. Urteile des Standgerichtes. In: Der Neue Tag v. 26.10.1941. Die näheren Umstände wurden einen Tag später erläutert; Saboteure unschädlich gemacht. In: Der Neue Tag v. 27.10.1941.

731 Von einem gelungenen Empfang berichtete die deutsche Tageszeitung in Prag, vgl. Tschechische Arbeiter beim Stellvertretenden Reichsprotektor. In: Der Neue Tag v. 25.10.1941 sowie Tschechische Arbeiter werden [die Ausstellung] das ‚Sowjetparadies‘ sehen. In: Der Neue Tag v. 26.10.1941.

732 Heydrich ließ beschlagnahmte Lebensmittel an Werkskantinen ausliefern; vgl. Beschlagnahmte Lebensmittel kommen Arbeitern zugute. In: Der Neue Tag v. 26.10.1941.

733 Die Schließung des Sokols wurde mit dem negativen Einfluss jüdischer Funktionäre begründet, vgl. Sokol und Judentum. In: Der Neue Tag v. 26.10.1941.

734 Heydrich hatte sich am 2.10.1941 in seiner Antrittsrede vor Mitarbeitern der Protektoratsverwaltung für höhere Lebensmittelzuwendungen für die tschechischen Arbeiter ausgesprochen, um Ruhe und eine höhere Arbeitsleistung in den kriegswichtigen Betrieben im Protektorat zu erreichen. Wörtlich hatte er ausgeführt: „Ich brauche also Ruhe im Raum, damit der Arbeiter, der tschechische Arbeiter, für die deutsche Kriegsleistung hier vollgültig seine Arbeitskraft einsetzt und damit wir bei dem riesigen Vorhandensein von Rüstungsindustrien hier den Nachschub und die rüstungsmäßige Weiterentwicklung nicht aufhalten. Dazu gehört, daß man den tschechischen Arbeitern natürlich das an Fressen geben muß – wenn ich es so deutlich sagen darf –, daß er seine Aufgabe erfüllen kann." Heydrichs Rede ist abgedruckt in *Kárný/Milotová/Kárná* (Hg.): Deutsche Politik, 107-112, hier 115.

der Bevölkerung nach wie vor günstig besprochen. Die politischen Urteile haben dazu geführt, daß sich die deutschfeindlichen Kreise, besonders die Intelligenz, äußerste Zurückhaltung auferlegen.

Die Sokol-Auflösung wurde in der breiten Öffentlichkeit ohne nennenswerte Erregung aufgenommen; dem tschechischen Arbeiter gilt der Sokol sowieso als Bourgeois-Verein. Meistens interessiert nur das Schicksal des Sokol-Vermögens in weiteren Kreisen.

Auf wirtschaftlichem Gebiet ist vielfach eine gewisse Besserung der Lebensmittelversorgung als Folge des scharfen Durchgreifens zu verzeichnen. Es ist interessant, daß in manchen Oberlandratsbezirken noch nachträglich eine große Anzahl von Schweinen zur Anmeldung gebracht wurde. In vielen Dörfern hat sich der Schweinebestand so plötzlich auf über das Doppelte erhöht.

Bezüglich des 28. Oktobers, des Nationalfeiertags der ehem. tschecho-slowakischen Republik,[735] wurde keinerlei ernst zu nehmende Propaganda vorher entfaltet. (Nur Parolen wie zuhause feiern oder ähnliches). Soweit bisher zu übersehen ist, ist der diesjährige 28. Oktober tatsächlich auch völlig ruhig und ohne Zwischenfälle im gesamten Protektorat verlaufen.

Neben der Angst vor deutschen Strafmaßnahmen wirkt sich hier offenbar auch die ständige Mahnung des Londoner Rundfunks an die Tschechen, sich ruhig zu verhalten und abzuwarten, positiv aus. Es ist im übrigen festzustellen, daß der feindliche Rundfunk seit Einsetzung von Obergruppenführer Heydrich noch keine wirksame Parole für die Tschechen wieder gefunden hat. Dementsprechend ist auch die tschechische Flüsterpropaganda erheblich zurückgegangen. Das Abhören ausländischer Sender dürfte im übrigen infolge der vielerorts durchgeführten Strafmaßnahmen (Beschlagnahme der Rundfunkgeräte) nennenswert zurückgegangen sein.

Schließlich darf ich noch melden, daß der Stellvertretende Reichsprotektor SS-Obergruppenführer und General der Polizei Heydrich am 28. Oktober dem anläßlich des Mozart-Festes[736] veranstalteten Kammermusikabende im Rudolfinum beiwohnte und bei dieser Gelegenheit die Vorstellung der Angehörigen des Prager Konsularkorps erfolgte.

Weitere Presseberichte der kulturpolitischen Abteilung im Amt des Reichsprotektors sowie Bulletins der Central European Press darf ich in der Anlage zur näheren Unterrichtung beifügen.

In Vertretung
GERSTBERGER

---

[735] Der 28.10.1918 ist der Gründungstag der Tschechoslowakei.

[736] 1941 wurde als Mozart-Jahr begangen, da sich am 5.12. der 150. Todestag des Komponisten jährte. In Prag hatte Mozart im Oktober 1787 seine Oper „Don Giovanni" vollendet und mit großem Erfolg uraufgeführt.

411

PA/AA, Inland II (Geheim), R 101111

Bericht des Geschäftsträgers der Vertretung des Auswärtigen Amtes beim Reichsprotektor Gerstberger an das Auswärtige Amt

Nr. 285/41 g Rs   Prag, den 15. November 1941

D III *657* g

Geheime Reichsache!

Betr.: Politische Lage im Protektorat.

Im Anschluß an den Bericht vom 29.10.1941 – Nr. 266/41 g Rs –[737]

Die allgemeine Lage im Protektorat steht, wie bereits im letzten Bericht gesagt, im Zeichen der fortschreitenden Beruhigung. Sabotageakte, wie Kleinbrände und Störungsversuche im Verkehrswesen, sind fast zur Gänze ausgeblieben. Auch die Flüsterpropaganda hat nachgelassen, insbesondere infolge der teilweisen Wegnahme der Rundfunkgeräte.

Die einschneidenden Maßnahmen gegen den Schleichhandel haben sich gleichfalls sehr günstig ausgewirkt. Die Ernährungslage im Protektorat zeigt eine auffallende Besserung, was wiederum eine Befriedigung bei der Arbeiterschaft herbeigeführt hat. Der Arbeiter hat das Gefühl, daß zur Zeit streng, aber gerecht verwaltet wird. Insbesondere hat der Empfang der tschechischen Arbeiter-Abordnung durch den Stellvertretenden Reichsprotektor SS-Obergruppenführer und General der Polizei Heydrich (s. Anlage 1) einen ungeheuren Eindruck auf die Bevölkerung gemacht.[738] Es war ein allgemeines Gesprächsthema, daß ein so hochgestellter Herr dem einfachen Arbeiter die Hand reichte und sich über die persönlichen Angelegenheiten mit dem Einzelnen unterhielt. Von nicht geringerem Eindruck war die tatsächliche Durchführung der Versprechungen (Beteilung von 2 Millionen Arbeitern mit Fett-, Kleider- und Schuh-Sonderzuweisungen). Auch die Werkkantinen erhielten weitere beschlagnahmte Lebensmittel (s. Anlage 2).[739] Interessant ist die Reaktion der tschechischen Intellektuellenkreise, die mit einer gewissen Bitterkeit und Angst davon sprechen, daß es den Deutschen gelungen wäre, den tschechischen Arbeiter zu kaufen und daß dieser kein echter, sondern nur ein „Magen"-Patriot ist.

---

[737] Siehe Dokument Nr. 410.

[738] Es wurde die positive Resonanz der Maßnahmen Heydrichs hervorgehoben; vgl. Tschechische Arbeiter danken dem Stellvertretenden Reichsprotektor. In: Der Neue Tag v. 30.10.1941.

[739] Profitiert von dieser Maßnahme hatten die Kladnoer Industriewerke und die Prager Eisenwerke, vgl. Werkkantinen erhielten weitere beschlagnahmte Lebensmittel. In: Der neue Tag v. 1.11.1941.

Günstig hat sich ferner die Wiedereröffnung des Nationaltheaters[740] ausgewirkt, von welchem die tschechische Flüsterpropaganda behauptete, daß es
zu einem deutschen Operettentheater umgebaut werden solle (vgl. Anlagen 3
und 4).[741]

Des weiteren muß die Rede des Staatssekretärs SS-Gruppenführer Frank
anläßlich der Eröffnung der Deutschen Buchausstellung hervorgehoben werden (s. Anlage 5).[742] In dieser Rede wurde zum erstenmal klar der Anspruch
des Deutschen Reiches auf eine Reinhaltung der autonom geführten tschechischen Kultur und Literatur ausgesprochen. Staatssekretär Frank führte im
besonderen aus, daß es nicht tragbar wäre, weiterhin die reichsfeindlichen
tschechischen Literatur-Fälschungen (Königinhofer Handschrift)[743] zu dulden. Auch das Thema Palacký[744] wurde gestreift.

Nicht zuletzt muß die von Schulminister Kapras von der autonomen Regierung verfaßte und in den tschechischen Schulen verlesene Rede erwähnt
werden. In dieser Rede fordert Kapras die tschechischen Lehrer und Schüler
zum letztenmal eindringlichst auf, sich jeder politischen reichsfeindlichen
Betätigung zu enthalten, widrigenfalls das tschechische Volk mit der Schließung sämtlicher höherer Fachschulen zu rechnen hätte. Diese Rede, die in
Zeitungen und Rundfunk nicht veröffentlicht wurde, hat einen ungeheuren
Eindruck innerhalb der tschechischen Bevölkerung hervorgerufen.

Aus den Anlagen 6 und 7 bitte ich ferner zu entnehmen, daß sowohl die
autonome Regierung als auch Präsident Hácha eine ernste Mahnung an das
tschechische Volk gerichtet haben, sich positiv zum Reich einzustellen, denn
nur so könne die Zukunft des tschechischen Volkes gesichert werden.[745]

---

[740] Wahrscheinlich ist hier die Wiedereröffnung des Rudolfinums am 16.11.1941 gemeint,
dessen Sanierung Neurath am 11.4.1940 angeordnet hatte.

[741] In zwei kurzen Mitteilungen wurde davon berichtet; vgl. Meldung ohne Überschrift. In:
Der Neue Tag v. 2.11.1941 sowie Bekanntmachung. In: Der Neue Tag v. 4.11.1941.

[742] Frank hob bei der Eröffnung der Buchausstellung die hohe Wertigkeit der deutschen
Sprache und Kultur hervor, die anderen Kulturen weit überlegen sei, vgl. Der Geist Pa-
lackys im neuen Europa fehl am Platze. In: Der Neue Tag v. 4.11.1941.

[743] Bei der Königinhofer Handschrift handelt es sich um ein Falsifikat einer mittelalterlichen Liedersammlung mit 14 Gedichten und Gedichtfragmenten in tschechischer Sprache. Diese und die ebenfalls gefälschte Grünberger Handschrift sollten als Beweis für
ein frühes slawisches Kulturniveau dienen, das tatsächlich erst später erreicht wurde.
Zweifel an der Echtheit waren in den 1860er und 1880er Jahren von der tschechischen
Öffentlichkeit als nationaler Verrat aufgefasst worden. Trotzdem hatten Tomáš Garrigue Masaryk und andere Gelehrte den Nachweis erbracht, dass beide Handschriften
unecht waren.

[744] František Palacký hatte sich als tschechischer Historiker und Politiker im 19. Jahrhundert führend in der tschechischen Nationalbewegung engagiert. Wegen seiner Verdienste um die tschechische Geschichte und Nation erhielt er die Bezeichnung „Otec
národa" (Vater der Nation).

[745] Die Protektoratsregierung und der Staatspräsident versicherten dem Deutschen Reich
die tschechische Loyalität und riefen zur Erfüllung der Pflichten gegenüber Deutschland

Die Säuberungsaktion in der Nationalen Gemeinschaft schreitet fort. Wie aus der Anlage 8 zu ersehen ist, wurden bis Ende Oktober d.J. 1.302 Mitglieder ausgeschlossen und gegen weitere 271 Mitglieder ein Verfahren eingeleitet.[746]

In der Zeit vom 29. Oktober bis 13. November d.J. sind von den Standgerichten in Prag und Brünn insgesamt 43 Personen und vom Reichsführer SS und Chef der Deutschen Polizei[747] in Wien 20 Tschechen, die mit den Ereignissen im Protektorat in Verbindung standen, zum Tode verurteilt und hingerichtet worden (vgl. Anlagen 9-22).[748]

Weiterer Bericht bleibt ergebenst vorbehalten.

In Vertretung
GERSTBERGER

412

PA/AA, Inland II (Geheim), R 101111

Bericht des Geschäftsträgers der Vertretung des Auswärtigen Amtes beim Reichsprotektor Gerstberger an das Auswärtige Amt

Nr. 323 g Rs   Prag, den 8. Dezember 1941
                                                              D III *684* g

<u>Geheime Reichssache!</u>

Betr.: Politische Lage im Protektorat.
Im Anschluß an den Bericht vom 15.11.1941 – Nr. 285/41 g Rs –[749]

Wie aus den anliegenden Zeitungsausschnitten 1-10 zu ersehen ist, wurden seit dem letzten nebenbezeichneten Bericht bis zum heutigen Tage weitere 24 Personen von den Standgerichten in Prag und Brünn zum Tode verurteilt und hingerichtet. Ferner haben die Sondergerichte in Prag und Brünn in der letzten Zeit von 26 Volksschädlingen 8 zum Tode, die übrigen zu längeren Kerkerstrafen verurteilt (vgl. Anlagen 11-13).[750]

Über die weiteren Ereignisse im Protektorat in den letzten Wochen wäre folgendes zu berichten:

Aus den beigefügten Anlagen 14-17 bitte ich nähere Einzelheiten über den symbolischen Akt auf der Prager Burg, betreffend die Besichtigung und Über-

---

auf, vgl. Eine Kundgebung der Protektoratsregierung. In: Der Neue Tag v. 6.11.1941 sowie Rundfunkappell Dr. Háchas an das tschechische Volk. In: Der Neue Tag v. 9.11.1941.

[746] Siehe dazu Säuberungsaktion im Národní souručenství. In: Der Neue Tag v. 1.11.1941.

[747] Heinrich Himmler.

[748] In diesen Artikeln wurden die verurteilten Personen und die ihnen vorgeworfenen Vergehen genannt.

[749] Siehe Dokument Nr. 411.

[750] Alle diese Anlagen sind Zeitungsartikel aus „Der Neue Tag" mit Namen und Vergehen der Hingerichteten.

gabe der böhmischen Krönungskleinodien an den Stellvertretenden Reichsprotektor, entnehmen zu wollen.[751]

Der zivile Ausnahmezustand wurde im Hinblick auf die fortschreitende
Befriedung im Protektorat durch Erlaß des Stellvertretenden Reichsprotektors in fünf Oberlandratsbezirken und zwar Mährisch-Ostrau, Kladno, Königgrätz, Olmütz und Zlin mit Wirkung vom 1. Dezember 1941 aufgehoben.
Der zivile Ausnahmezustand besteht somit nur noch in Prag und Brünn.[752]
Nähere Einzelheiten sind aus den beigefügten Zeitungsausschnitten (vgl. Anlage 18-21) zu entnehmen.[753]

Anlage 22 enthält tschechische Pressestimmen zur dreijährigen Präsident-
schaft des Staatspräsidenten Dr. Hácha.

Am 5. Dezember 1941 empfing der Stellvertretende Reichsprotektor eine
Abordnung der tschechischen Bauernschaft Böhmens und Mährens, die ihren Willen zur Mitarbeit zum Ausdruck brachte (vgl. Anlagen 23 und 24).[754]

Über die Aufnahme der vom Staatspräsidenten Dr. Hácha dem tschechischen Pressebüro zugeleiteten Erklärung gegen Beneš und seine Propaganda
(Anlage 25) beim tschechischen Volke liegen noch keine Pressestimmen
vor.[755]

---

[751] Im St-Veits-Dom in Prag werden die böhmischen Kronjuwelen aufbewahrt und nur zu
ganz besonderen Anlässen der Öffentlichkeit präsentiert. Sie bestehen hauptsächlich
aus Wenzelskrone, Königszepter, Reichsapfel, Königshermelin, Reliquienkreuz und Ze-
remonienschwert. Heydrich hatte sich nach seinem Amtsantritt die sieben Schlüssel, die
sieben Vertreter von Staat und Kirche (Staatspräsident, Ministerpräsident, Vorsitzender
von Senat, Vorsitzender vom Abgeordnetenhaus, Prager Bürgermeister sowie Probst
von St. Veit) besaßen, aushändigen lassen. In diesem Zusammenhang wird auch gerne
die nicht belegte Geschichte kolportiert, wonach sich Heydrich bei der Besichtigung am
19.11.1941 die Krone aufgesetzt und damit einen Fluch heraufbeschworen habe. Dieser
besagt, dass derjenige, der die Krone unberechtigterweise trage, in Jahresfrist sterbe.
Heydrich starb am 4.6.1942 an den Folgen eines Attentats.
In der Presse wurde die Besichtung und Schlüsselübergabe an Heydrich in großer Aufmachung berichtet; vgl. u. a. Symbolischer Akt auf der Prager Burg. In: Der Neue Tag v.
20.11.1941 sowie Die böhmischen Krönungskleinodien. In: Der Neue Tag v. 21.11.1941.

[752] Heydrich hatte gleich nach seinem Amtsantritt am 27.9.1941 in diesen Oberlandratsbezirken den Ausnahmezustand verhängt. Die Aufhebung in Prag und Brünn erfolgte erst
im Januar 1942.

[753] Es wurde von der Aufhebung des Ausnahmezustandes berichtet, doch fanden sich in
allen Artikeln auch unterschwellige Warnungen, dass Ruhe und Ordnung in diesen Oberlandratsbezirken erwartet werde, vgl. u. a. Der zivile Ausnahmezustand in 5 Oberland-
ratbezirken aufgehoben. In: Der Neue Tag v. 30.11.1941 sowie Ruhe und Ordnung wieder hergestellt. In: Der Neue Tag v. 1.12.1941.

[754] Es war bis dato unüblich, solche Abordnungen auf dem Hradschin zu empfangen.
Heydrich wollte die Arbeiter und Bauern vordergründig „gesellschaftsfähig" machen.
Tatsächlich versprach er sich durch deren Organisation eine höhere Produktivität, die
er mit seiner Geste fördern wollte.

[755] In seiner Erklärung sprach Hácha der Exilregierung die Legitimation ab, für das tschechische Volk zu sprechen, da Beneš vor den eigenen Fehlern ins Ausland geflüchtet sei,

In Ergänzung des 7. Absatzes des Vorberichts beehre ich mich zu melden, daß aus der Nationalen Gemeinschaft (Národní souručenství) bisher insgesamt 1.885 Personen ausgeschlossen und 501 Personen die Mitgliedsrechte entzogen worden sind (vgl. Anlage 26).[756]

In Vertretung
GERSTBERGER

413

PA/AA, Inland II (Geheim), R 101112

**Bericht des Geschäftsträgers der Vertretung des Auswärtigen Amtes
beim Reichsprotektor Gerstberger an das Auswärtige Amt**

Nr. 1/42 g   Prag, den 7. Januar 1942
D III *20* g

Geheim!

Betreff: Neuordnung der Protektoratsministerien.

Wie ich aus gewöhnlich gut unterrichteter Quelle vertraulich erfahren habe, werden auf Veranlassung des Stellvertreters des Reichsprotektors in allernächster Zeit die autonomen Ministerien für soziale und Gesundheitsverwaltung und für öffentliche Arbeiten aufgelöst werden. Gleichzeitig wird das Ministerium für Handel und Industrie in ein Ministerium für Wirtschaft und Arbeit, das Landwirtschaftsministerium in ein Ministerium für Landwirtschaft und Forste und das Verkehrsministerium in ein Ministerium für Verkehr und öffentliche Bauten umgewandelt werden. Ferner wird die Pressesektion des Ministerratspräsidenten aufgelöst; ihr Geschäftsbereich wird auf das neu zu errichtende Amt für Volksaufklärung übergehen, das unmittelbar dem Vorsitzenden der Regierung unterstellt werden und außer dem Pressewesen und dem Rundfunk noch einige Sektoren des Ministeriums für Schulwesen und Volkskultur (Kunst, Theaterwesen) und des bisherigen Handelsministeriums (Film, Fremdenverkehr) übernehmen wird. Die Agenden des Ministeriums für soziale und Gesundheitsverwaltung werden einerseits dem neuen Ministerium für Wirtschaft und Arbeit, andererseits (Gesundheitswesen) dem Ministerium des Innern angegliedert werden. Ersteres übernimmt auch einen Teil des Geschäftsbereiches des Ministeriums für öffentliche Arbeiten, das ansonsten in dem neuen Ministerium für Verkehr und öffentliche Bauten aufgehen wird.

---

vgl. Eine Erklärung Dr. Emil Háchas gegen Benesch und seine Propaganda. In: Der Neue Tag v. 7.12.1941.

[756] Siehe dazu: 1885 Personen aus dem Národní souručenství ausgeschlossen. In: Der Neue Tag v. 7.12.1941.

Aus der autonomen Regierung scheiden damit in erster Reihe aus: Der
Minister für soziale und Gesundheitswesen Klumpar und der Minister für
öffentliche Arbeiten Čipera. Gleichzeitig werden jedoch auch der Handelsminister Dr. Kratochvíl und der Landwirtschaftsminister Graf v. Bubna-
Litic, trotz des Vertrauens, das sie auf Seiten des Reichsprotektors genossen,
aus dem Kabinett ausscheiden. Ferner soll maßgebenden Orts die Ausbootung des Schulministers Dr. Kapras erwogen werden. Dieser stand, wie
in tschechischen Kreisen gemunkelt wird, den Freimaurern nahe.

Als kommissarischer Leiter des Ministeriums für Wirtschaft und Arbeit ist
der Leiter der Abteilung II (Wirtschaft und Finanzen) der Behörde des
Reichsprotektors, Ministerialdirigent Dr. Bertsch, ausersehen. Reichsdeutsche als kommissarische Leiter dürften ferner im Ministerium für Landwirtschaft und Forste und, sofern Dr. Kapras zurücktreten würde, auch im Ministerium für Schulwesen und Volkskultur eingesetzt werden.
Ich werde zu gegebener Zeit weiter berichten.

In Vertretung
GERSTBERGER

414

PA/AA, Inland II (Geheim), R 101112

**Bericht des Geschäftsträgers der Vertretung des Auswärtigen Amtes
beim Reichsprotektor Gerstberger an das Auswärtige Amt**

Nr. 7/42 g　　　　　　　　　　　　　　　　　Prag, den 20. Januar 1942
　　　　　　　　　　　　　　　　　　　　　　　D III 84 g

Geheim

Im Anschluß an den Bericht vom 7.1.1942 – Nr. 1/42 g –[757]
Betr.: Ernennung der neuen Protektoratsregierung; Aufhebung des zivilen
　　　Ausnahmezustandes in den Oberlandratsbezirken Prag und Brünn.

Am 19. Januar d.J. hat Dr. Hácha die Gesamtdemission des Kabinetts angenommen und den amtierenden Vorsitzenden der Regierung, Dr. Krejčí, mit
der Bildung einer neuen Regierung betraut.[758] Auf Grund der bereits in den
Nachmittagsstunden des gestrigen Tages vorgelegten Liste der neuen Regie-

---

[757] Siehe Dokument Nr. 413.
[758] Seit Heydrichs Ankunft am 27.9.1941 in Prag war die bisherige Regierung nicht mehr
　　geschäftstätig gewesen, da er kein Vertrauen in deren Arbeit hatte. Das neu gebildete
　　Kabinett entsprach dagegen ganz seinen Vorstellungen. So war die Anzahl der Ministe-
　　rien auf sieben verringert, die Stellung des Ministerpräsidenten durch die eines Regie-
　　rungsvorsitzenden unter Krejčí ersetzt, das bedeutende Ministerium für Wirtschaft und
　　Arbeit mit dem Deutschen Bertsch besetzt, und ein Propagandaministerium unter Mo-
　　ravec eingerichtet worden.

rungsmitglieder ernannte der Staatspräsident folgende Herren zu Ministern des neuen Kabinetts:

Dr. Jaroslav Krejčí, Vorsitzender der Regierung und Justizminister,

Landespräsident Richard Bienert, Innenminister,

Dr. Walter Bertsch, Minister für Wirtschaft und Arbeit,

Oberst a.D. Emanuel Moravec, Erziehungsminister, gleichzeitig mit der Führung des Amtes für Volksaufklärung betraut,

Adolf Hrubý, Minister für Land- und Forstwirtschaft,

Dr. Heinrich [Jindřich] Kamenický, Minister für Verkehr und Technik,

Dr. Josef Kalfus, Finanzminister.

Die Ernennung der Minister erfolgte mit Zustimmung des Stellvertretenden Reichsprotektors, der ihnen anläßlich des gestern abends erfolgten Empfangs sein Vertrauen aussprach und ihnen grundsätzliche Richtlinien für ihre zukünftige Arbeit gab.

Nähere Einzelheiten über die Persönlichkeiten der neuen Kabinettsmitglieder sowie über den Verwaltungsaufbau im Protektorat Böhmen und Mähren, die Ansprache des Staatspräsidenten Dr. Hácha an die neue Regierung, die Regierungserklärung und die Ansprache des Stellvertretenden Reichsprotektors bitte ich den anliegenden Zeitungsausschnitten aus dem „Neuen Tag" vom 16., 17. und 20. d.M. zu entnehmen (Anlagen 1-5).[759]

Durch den vierten Erlaß des Reichsprotektors in Böhmen und Mähren über die Verhängung des zivilen Ausnahmezustandes vom 19. Januar 1942 ist der zivile Ausnahmezustand für die Bereiche der Oberlandratsbezirke Prag und Brünn mit Wirkung vom 20. Januar 1942, 12 Uhr, aufgehoben worden (vgl. Anlage 6).[760]

In Vertretung
GERSTBERGER

---

[759] Im Zusammenhang mit der Neuorganisation wurde lediglich von „Vereinfachung und Modernisierung des Verwaltungsapparates" gesprochen, die dringend „notwendig" waren, vgl. Umgruppierung der Ministerialbereiche in der Protektoratsregierung. In: Der Neue Tag v. 16.1.1942 sowie Neubildung der Protektorats-Regierung. In: Der Neue Tag v. 20.1.1942. Hierin der Wortlaut der Regierungserklärung.

[760] Siehe dazu Der zivile Ausnahmezustand aufgehoben. In: Der Neue Tag v. 20.1.1942.

415

PA/AA, Inland II (Geheim), R 101112

**Bericht des Vertreters des Auswärtigen Amtes beim Reichsprotektor
Gerlach an das Auswärtige Amt**

Nr. 73/42 g   Prag, den 23. Februar 1942

D III *206* g

Geheim

Im Anschluß an den Bericht vom 20.1.1942 – Nr. 7/42 g –[761]
Betr.: Wirkung der Regierungsneubildung im Protektorat,
       Frage der Arbeitsdienstpflicht.

Nach Einsetzung der neuen Protektoratsregierung hat sich die Flüsterpropaganda unter Einwirkung des englischen Senders erheblich verstärkt. So wird allgemein betont, daß es sich um die letzte Regierung des Protektorats handele und die Einsetzung eines deutschen Ministers[762] als Schritt zur Germanisierung, ja als Eingriff in die Autonomie bezeichnet.

Ganz besonders angegriffen wurde der Erziehungsminister Moravec, gegen den stärkste Haßeinstellung besteht. Seine Ernennung ist schlimmer, als wenn ein deutscher Erziehungsminister ernannt worden wäre.[763] Im Zusammenhang damit taucht auch die Frage der tschechischen Universitäten, deren dreijährige Schließungsperiode im Herbst 1942 abläuft, wieder auf.[764] Wie mir bekannt ist, wurde Minister Moravec bereits ganz klar gesagt, daß eine Wiedereröffnung der tschechischen Universitäten nicht mehr in Frage kommt. Er soll eingesehen haben, daß diese Frage durch die Entwicklung bereits über-

---

[761] Siehe Dokument Nr. 414.

[762] Es geht hier um Walter Bertsch.

[763] Als ehemaliger Legionär und Professor für Kriegsgeschichte und Strategien der Militärhochschule in Prag war Moravec bis zum Münchener Abkommen ein Anhänger Benešʼ und ein entschiedener Gegner des nationalsozialistischen Deutschen Reiches gewesen. Nach der Okkupation kollaborierte er jedoch mit den neuen Machthabern. Besonders unvereinbar empfanden die Tschechen seine Doppelfunktion als Erziehungsminister und Propagandaminister, in der er erheblichen negativen Einfluss auf die Jugend besaß. Dies brachte die Tschechen gegen ihn auf.

[764] Nachdem es am 28.10. und am 15.11.1939 in Prag zu Auseinandersetzungen zwischen tschechischen Studierenden und deutschen Sicherheitskräften gekommen war, hatte Hitler die Schließung der tschechischen Universitäten und Hochschulen für drei Jahre angeordnet. Staatssekretär Frank hatte sofort danach die Hinrichtung einiger Studentenfunktionäre sowie die Gefangennahme von knapp zweitausend Studierenden angeordnet, von denen die meisten in das KZ Sachsenhausen verbracht wurden; die Mehrheit wurde zwischen Januar 1942 und Januar 1943 entlassen, der Rest erst im April 1945. Von dieser Verhaftungs- und Hinrichtungswelle waren auch etliche Hochschullehrer betroffen. Die Universitäten und Hochschulen wurden nicht nach der dreijährigen Schließungsfrist im Jahre 1942, sondern erst nach Kriegsende 1945 wieder geöffnet.

holt ist. Trotzdem ist zu erwarten, daß die Auslandspropaganda die Universitätsfrage zu gegebener Zeit wieder aufgreift.

Ebenso dürfte der bevorstehende Einsatz der älteren Jugendlichen zum Pflichtarbeitsdienst in Deutschland starke Beachtung im Ausland finden.[765] Die Flüsterpropaganda hat sich dieses Punktes bereits bemächtigt und vielfach Unruhe in die Beamten- und Arbeiterschaft getragen. Es wird von Zwangsverschickung ins Reich gesprochen. Dabei ist hervorzuheben, daß die Regierungserklärung der neuen Protektoratsregierung zwischen den Zeilen die Möglichkeit der Einführung der Arbeitsdienstpflicht enthält.[766] Es mag hier darauf hingewiesen werden, daß man sogar erwartet hatte, daß der Führer in seiner Rede am 30. Januar die Einziehung der Tschechen zum Wehrdienst bekanntgeben werde.[767]

GERLACH

---

765 Im „Reichsarbeitsdienstgesetz" vom 26.6.1935 war bestimmt, dass der Reichsarbeitsdienst „Ehrendienst am deutschen Volke" sei, dem alle jungen Deutschen beiderlei Geschlechts verpflichtet seien. Jugendliche ab 18 Jahren waren demnach zu einem sechs Monate dauernden Arbeitseinsatz und zum Lagerleben mit militärischer Disziplin gezwungen; vgl. RGBl. 1935 I, 769-771. Während des Krieges wurde der Reichsarbeitsdienst immer mehr zu kriegswichtigen Bauaufgaben im Umfeld der kämpfenden Truppen herangezogen. Ab 1942 setzte man den Reichsarbeitsdienst beim Ostfeldzug unmittelbar hinter der Front ein, wobei es auch zu Feindberührungen mit Verlusten kam. Dagegen wurde der Reichsarbeitsdienst ein Jahr später vorwiegend in Flak-Batterien, im Bunkerbau am Mittelmeer und am Atlantik sowie zur Beseitigung von Schäden nach Luftangriffen im Reichsgebiet eingesetzt.

766 In der Regierungserklärung heißt es dazu lediglich: „Die Protektoratregierung ist entschlossen, die ihr anvertraute Aufgabe der Führung und Erziehung der Menschen dieses Raumes, besonders der Jugend, des Einsatzes aller Kräfte für den großdeutschen und europäischen Endsieg, der harten Abwehr aller in- und ausländischen Zersetzungs- und Zerstörungsversuche bis zum letzten zu erfüllen." Vgl. Neubildung der Protektoratsregierung. In: Der Neue Tag v. 20.1.1942.

767 Tatsächlich hatte Hitler in seiner Rede am 30.1.1942 im Sportpalast in Berlin von seinen innen- und außenpolitischen Errungenschaften gesprochen: Von Deutschlands Lage nach dem Ersten Weltkrieg, seinem politischen Kampf gegen die Weimarer Republik, seiner Machtübernahme, der Schaffung von Ordnung im Innern und dem Krieg im Osten, in dem er „wieder ein Jahr großer Siege" ankündigte. Dazu dienten ihm die Verbündeten: „Ich bin glücklich, dass zu unseren Soldaten nun so viele Verbündete gestoßen sind: Im Süden Italien, ganz im Norden Finnland und dazwischen nun all die anderen Nationen, die auch ihre Söhne hier nach dem Osten schicken: Ob das nun Rumänen sind oder Ungarn, Slowaken oder Kroaten, Spanier, Belgier, ja selbst Franzosen beteiligen sich an diesem Kampf, und dazu die Freiwilligen unserer germanischen Staaten aus dem Norden und aus dem Westen." *Domarus* (Hg.): Hitler. Band 2, 1826-1834, hier 1833 und 1830 f. Von den Tschechen oder gar einer Einführung des Wehrdienstes im Protektorat sprach er dagegen nicht.

416

PA/AA, Inland II (Geheim), R 101112

Bericht des Vertreters des Auswärtigen Amtes beim Reichsprotektor Gerlach an das Auswärtige Amt

Nr. 85/42 g   Prag, den 7. März 1942

D III *252* g
Geheim

Betrifft: Politische Lage im Protektorat.

Der Stellvertretende Reichsprotektor hat angeordnet, daß bei der Stadtverwaltung in Prag ab heute die innere und äußere Amtssprache ausschließlich deutsch ist. Die heutige Primatorenversammlung[768] hat bereits zum ersten Mal in rein deutscher Sprache stattgefunden. Diese außerordentlich einschneidende Maßnahme wird zweifellos von der Feindpropaganda aufgegriffen werden, da sie in der Stadt allergrößtes Aufsehen erregen wird. Die Anordnung betrifft etwa 25-30.000 tschechische Beamte.

Im übrigen hat sich in letzter Zeit die Flüsterpropaganda und Gerüchtebildung deutlich vermehrt. Unter den Gerüchten beschäftigen sich viele mit der Türkei. So wird zum Teil behauptet, daß das Attentat auf den Deutschen Botschafter von Papen von einem Türken verübt wurde,[769] da in der Türkei fast alles gegen Deutschland eingestellt sei. Auf der anderen Seite wird das Gerücht verbreitet, der Attentäter sei von der deutschen Regierung gedungen, um Papen – als Gegner des Nationalsozialismus – zu beseitigen. Es heißt weiter, daß Deutschland demnächst die Türkei überfallen werde, weil sie sich weigere, sich der Achse anzuschließen und den deutschen Truppen den Durchmarsch durch die Türkei zu erlauben.

Immer noch beschäftigt sich die tschechische Bevölkerung mit dem in einigen Bezirken bereits durchgeführten Arbeitseinsatz lediger Tschechen im Altreich. So sollen tschechische Arbeiterinnen gezwungen sein, mit polnischen Arbeiterinnen und Zigeunerinnen zusammen zu arbeiten. Sie seien auch mit diesen gemeinsam in Arbeitslagern untergebracht worden.

Die tschechische Presse hat in letzter Zeit eine sehr scharfe Haltung gegen die politische Emigration in London eingenommen. So erklärte der Minister für Landwirtschaft und Forstwesen Adolf Hrubý: „Für unsere Arbeit in die-

---

[768] Stadtrat.

[769] Am 24.2.1942 überlebte von Papen ein von zwei sowjetischen Geheimagenten verübtes Attentat. Daran beteiligt sollen ein Jugoslawe und ein Mitglied des Sowjetischen Generalkonsulats in Istanbul gewesen sein. Sie wurden verhaftet und verurteilt. Als Hintergrund vermutete man in Berlin, dass Moskau damit den Abbruch der politischen Beziehungen zwischen Deutschland und der Türkei herbeiführen wollte. Die Türkei wahrte jedoch im Zweiten Weltkrieg ihre außenpolitische Neutralität. Erst am 23.2.1945 erklärte sie Deutschland und Japan symbolisch den Krieg.

sem Kriege werden wir nicht irgendeiner Emigration Rechnung abzulegen haben, sondern einzig und allein unserer künftigen Generation."

Vor allem Beneš wird auf Grund der kürzlich einem Vertreter der „Sunday Times" gegenüber abgegebenen Erklärungen angegriffen. Es heißt in diesem Zusammenhang, daß im neuen Europa kein Platz mehr für außenpolitische Brunnenvergifter, Kriegshetzer und Handlanger des Moskowitertums sei.

Die kürzlich eröffnete Ausstellung „Das Sowjet-Paradies" hat eine ungewöhnlich große Zahl tschechischer Besucher aufzuweisen, wie überhaupt die tschechische Bevölkerung mit Bezug auf die antibolschewistische Propaganda sehr aufgeschlossen ist.[770]

Die Verordnung des Stellvertretenden Reichsprotektors über die vollkommene Isolierung der Juden des Protektorats in einer abgeschlossenen Siedlung findet sehr große Beachtung.[771]

GERLACH

417

PA/AA, Inland II - A/B, R 99435

Bericht des Vertreters des Auswärtigen Amtes beim Reichsprotektor Gerlach an das Auswärtige Amt

Nr. 1692/42 D.Pol.3 Nr.5   Prag, den 7. März 1942
                                                           D III *488*

Betreff: Maßnahmen zur Unterbringung der Juden in geschlossenen Siedlungen.

Im Verordnungsblatt Nr. 7 erschien eine Verordnung des Herrn Reichsprotektors in Böhmen und Mähren betreffend Maßnahmen zur Unterbringung der Juden in geschlossenen Siedlungen.

Es liegen jetzt die ersten Pressestimmen der tschechischen Presse zu der Verordnung vor, nach der die Zusammenfassung der im Protektorat lebenden Juden in geschlossenen Siedlungen geregelt wird. Diese Maßnahme habe sich, wie die Zeitungen betonen, als notwendig erwiesen, da das freie Zusammenleben des jüdischen Elements mit der arischen Bevölkerung die Bildung

---

[770] Es handelt sich dabei um eine vom Reichspropagandaministerium bereits 1934 konzipierte Ausstellung, die dem deutschen Volk die unmenschlichen Lebensbedingungen in der Sowjetunion offenbaren sollte. Sie wurde allerdings erst nach dem Überfall auf die Sowjetunion der Öffentlichkeit in Berlin, Wien und auf Heydrichs Veranlassung Ende Februar 1942 auch in Prag zugänglich gemacht. Durch die Organisation massenhafter Besuche stieg die Eintrittszahl innerhalb von vier Wochen auf eine halbe Million an, doch bewerteten die Tschechen die Ausstellung als deutsche Propaganda.

[771] „Verordnung des Reichsprotektors in Böhmen und Mähren betreffend Maßnahmen zur Unterbringung der Juden in geschlossenen Siedlungen vom 16. Februar"; Text in: Das Neue Recht in Böhmen und Mähren. Teil I, 1057-1060.

und das Bestehen von Zersetzungsherden begünstigte und die Verbreitung übelster Flüsterpropaganda förderte.

Es schreiben:

„Ceské Slovo:

„Die Ansiedlung der Juden an einem Ort."

Im Verordnungsblatt des Reichsprotektors ist soeben eine wichtige und bedeutungsvolle Verordnung über die Ansiedlung der Juden an einem Ort im Protektorat erschienen. Mit dieser Verordnung wird nunmehr das zersetzende jüdische Element definitiv von der übrigen arischen Bevölkerung isoliert. Die Maßnahme ist im öffentlichen Interesse und im Interesse der friedlichen und arbeitenden tschechischen Bevölkerung nur auf das wärmste zu begrüßen. Die Juden haben sich in ihrer Frechheit nicht gemäßigt und bei ihnen lag ständig die Hauptquelle beunruhigender und erfundener Nachrichten, die die ruhige Arbeit des tschechischen Volkes störten. Das hört jetzt auf. Auf der anderen Seite hören allerdings auch alle Ausreden auf die Juden auf. Der Stellvertretende Reichsprotektor hat also auf den i-Punkt erfüllt, was er in der Judenfrage seinerzeit als Lösung bekanntgegeben hat. Der Ort, an dem die Juden aus dem Protektorat konzentriert werden, wird von der dort ansässigen arischen Bevölkerung natürlich verlassen werden müssen. Die Verordnung des Reichsprotektors befaßt sich eingehend mit diesem Problem und bestimmt klar, daß niemandem der arischen Umsiedler materieller Schaden zugefügt werden wird. Es ist verständlich, daß auch bei dieser Vorkehrung diejenigen, die umgesiedelt werden, ein gewisses Opfer für das Allgemeininteresse bringen. Aber dieses Opfer wird vielfältig durch die riesigen Vorteile aufgewogen, die die Säuberung des Protektorats von den Juden der gesamten arischen tschechischen Bevölkerung bringt.

Lidové Noviny:

„Geschlossene Ansiedlung der Juden."

Die bisherigen Maßnahmen, die auf die Isolierung der Juden von der übrigen Bevölkerung des Protektorats abzielten, waren einstweiliger Natur und reichten an sich nicht aus, ihren Zweck voll zu erfüllen. Es hatte sich wiederholt gezeigt, daß das Zusammenleben der Juden mit der tschechischen Bevölkerung eine starke Unterstützung der Flüsterpropaganda aller Art und des Schleichhandels darstellte und das Entstehen verschiedener Unruheherde ermöglichte. Deshalb wurde an den zuständigen Stellen beschlossen, zu energischeren Maßnahmen zu greifen, nämlich den Juden aus dem Protektorat ein geschlossenes Siedlungsgebiet anzuweisen. Die nichtjüdische Bevölkerung, die von dort ausgesiedelt werden wird, wird entsprechenden Ersatz erhalten. Mit der Durchführung dieser Verordnung wird die vollkommene Scheidung des jüdischen Elements von der arischen Bevölkerung zur Ausschaltung aller der schädlichen Einflüsse erreicht, die durch die bisherigen Vorkehrungen nicht ganz unterdrückt worden waren.

A-Zet:

„Ein jüdisches Ghetto im Protektorat."

Das tschechische Volk wird endlich definitiv von seinen ärgsten Feinden befreit werden. Es ist dies die einzige mögliche Lösung! Alle vernünftigen Angehörigen des tschechischen Volkes werden dafür dankbar sein, denn das tschechische Volk wird von dem schädlichen und zersetzenden Einfluß der Juden befreit werden. In ihrem Ghetto mögen die Juden untereinander flüstern, was sie wollen. Sie werden dort niemanden bestechen können, er möge ihnen bei ihren unsauberen Geschäften helfen, aber es wird auch niemand durch ihre Lockungen bedroht sein. Damit die Isolierung der Juden vollkommen sei, wird es notwendig sein, die Bevölkerung der als jüdisches Ghetto bestimmten Stadt anderswohin zu übersiedeln. Es ist sicher, daß viele von denen, die umgesiedelt werden, sich schwer von dem Orte trennen werden, wo sie aufgewachsen sind, wo sie gearbeitet und gelebt haben. Das Interesse des eigenen Volkes muß aber für einen jeden einzelnen derart heilig sein, daß ihm ein jeder gerne das Opfer des Abschiedes von seiner Heimatgemeinde bringen wird. Es wird ihn dabei das Bewußtsein stärken, daß er zur Gesundung des eigenen Volkes beiträgt, das – von der jüdischen Hetze befreit – ruhiger, entschlossener und fester einem glücklichen Morgen entgegenschreiten wird."

In der Öffentlichkeit hat die Verordnung selbstverständlich größtes Aufsehen erregt.

Ich verweise auf meinen Bericht an das Auswärtige Amt vom 7.III.1942 – Nr. 326/4 D.Pol.3 Nr.5 (Betreff: Judengesetze. Regelung der Rechtsstellung der Juden im Protektorat. Hier: Evakuierung der Juden nach Theresienstadt).

GERLACH

418

PA/AA, Inland II (Geheim), R 101112

Bericht des Vertreters des Auswärtigen Amtes beim Reichsprotektor Gerlach an das Auswärtige Amt

Nr. 85/42 g[772]   Prag, den 18. März 1942
                                                                            D III *307* g

                                                                            Geheim!

Betreff: Politische Lage im Protektorat.

Der Ausstellung „Das Sowjet-Paradies" wird in tschechischen Kreisen zweifellos ein sehr großes Interesse entgegengebracht. Die Zahl der Besucher ist eine ungewöhnlich hohe, bis jetzt wurde die Zahl von 150.000 Besuchern be-

---

[772] Diese Nummer ist im Original nicht korrekt, da sie bereits für ein Schreiben vom 7.3.1942 verwendet wurde.

reits überschritten. Die Ausstellung und Verkaufsstelle von antibolschewistischer Literatur des Orbis-Verlags erfreut sich gleichfalls großen Zuspruchs. So wurde in der ersten Woche nach Eröffnung der Ausstellung für über 25.000 Kronen antibolschewistische Literatur verkauft.

Am 13.III.42 habe ich das gesamte Konsularkorps zu einem Besuch der Ausstellung eingeladen und es waren etwa 25-30 Herren erschienen. Zur Führung stellten sich Oberregierungsrat Zankl von der Kulturpolitischen Abteilung beim Reichsprotektor und Major Menschik von der Wehrmacht zur Verfügung. Die Ausstellung hat zweifellos einen nachhaltigen Eindruck hinterlassen und es wurde mir von verschiedenen Herren zum Ausdruck gebracht, daß insbesondere das Nebeneinander von Rüstung und sozialem Elend außerordentlich eindrucksvoll sei.

Der angebliche Selbstmord des tschechischen Geigers Vaša Příhoda hat sich für die antienglische Propaganda gut ausgewirkt. Um so mehr als Příhoda 2 oder 3 Tage vorher hier ein ausverkauftes Konzert gab.[773]

Zum Jahrestag der Errichtung des Protektorats hat die Presse eine große Anzahl von Artikeln veröffentlicht, in denen immer wieder hervorgehoben wird, daß das tschechische Volk für den seinerzeitigen Schritt des Staatspräsidenten Hácha dankbar sein und im tschechischen Volk die Treue zum Reich zur Tat werden muß. Während die Presse sich im ausgedehnten Maße damit beschäftigt, wird dem dritten Jahrestag der Protektorats-Errichtung von der großen Masse der Tschechen nur geringe Beachtung geschenkt. Gelegentlich tauchte die Vermutung auf, daß deutscherseits aus Anlaß des 15.III. eine Amnestie erlassen würde.

Die deutschfeindliche Flüsterpropaganda ist in der letzten Zeit erneut stark aufgeflackert. Während sich eine gewisse Enttäuschung bemerkbar macht, daß die Versprechungen, die man von dem russischen Winter erwartet hatte, nicht in Erfüllung gingen, häufen sich jetzt Gerüchte über weitere ungeheure deutsche Verluste an der Ostfront[774] sowie englische oder USA-Invasionspläne.[775] Es hängt dies zusammen mit der Entsendung von Cripps nach Indi-

---

[773] Tatsächlich starb Vaša Příhoda erst am 26.7.1960 in Wien.

[774] Nach Eröffnung der Ostfront mit dem Einmarsch in die Sowjetunion am 22.6.1941 hatte die deutsche Wehrmacht einige erfolgreiche Kesselschlachten bestritten. Wegen Vergrößerung des militärischen Aktionsraumes, des heftigen Partisanenkampfes und der unzureichenden Ausrüstung, die sich besonders im Winter 1941/42 bemerkbar gemacht hatte, waren die Verluste erheblich gestiegen. Bis Ende März 1942 betrugen diese über eine Million, bis Kriegsende sogar über fünf Millionen Soldaten. Diese deutschen militärischen Verluste an der Ostfront beinhalten Tote, Vermisste und in Gefangenschaft Geratene sowie diejenigen, die wegen der Schwere ihrer Verletzungen vom Kriegsschauplatz evakuiert worden waren. 62 Prozent dieser Soldaten waren verwundet, 20 Prozent tot und 18 Prozent vermisst. Vgl. *Overmans*, Rüdiger: Deutsche militärische Verluste im Zweiten Weltkrieg. München 1999, 13-28.

[775] Erst auf der Konferenz in Teheran am 28.11. bis 1.12.1943 wurden konkrete Invasionspläne für den europäischen Kriegsschauplatz erörtert. Dazu zählten die Operationen „Overlord", die am 6.6.1944 startete, und „Anvil", die am 15.8.1944 stattfand.

en, da man erwartet, daß Cripps Großbritannien zu entscheidenden Taten emporreißen und von Indien aus den Umschwung der militärischen Lage herbeiführen werde.[776] Auch Gerüchte über Aufstände in den besetzten Gebieten werden erneut verbreitet.

Eine große Rolle spielt immer noch die Frage der weiteren Einziehung von Tschechen zur Arbeit im Altreich. Es kommen gehäufte Meldungen, daß sich junge Tschechen bemühen durch überstürzte Verheiratung der Verschickung zur Arbeit im Altreich zu entgehen.[777]

GERLACH

419

PA/AA, Handakten Hencke, R 27451

Aufzeichnung des Leiters der Deutschen Informationsstelle III Hencke

R 5794

Geheim!

Der ehemalige Ministerpräsident der früheren Tschechoslowakei und später der Protektoratsregierung von Böhmen und Mähren, Rudolf B e r a n , war schon vor seinem Eintritt in den Staatsdienst als Führer der Agrarpartei ein offener Gegner Beneš' und eifriger Befürworter einer Umorientierung der tschechoslowakischen Politik im Sinne eines Zusammengehens mit dem Reich. Als Regierungschef war er von Dezember 1938 bis zur Errichtung des Protektorats bemüht, enge und freundschaftliche Beziehungen zwischen seinem Lande und dem deutschen Reich herzustellen. Zu diesem Zweck war er bestrebt, den deutscherseits geäußerten Forderungen und Wünschen Rechnung zu tragen. Wegen seines deutschfreundlichen Kurses und seiner propagandistischen Versuche, das tschechische Volk für die von ihm im Interesse seiner Nation für richtig gehaltene Politik zu gewinnen, war er seitens der tschechischen Öffentlichkeit vielen Anfeindungen ausgesetzt und wurde als Verräter am Tschechentum verleumdet. In wieweit es auf den Einfluß Berans zurückzuführen ist, daß sich im März 1939 der Staatspräsident Dr. H á c h a dazu entschloß, den Führer um eine Unterredung zu bitten, vermag ich nicht mit Bestimmtheit zu sagen. In jedem Falle trug er aber als Ministerpräsident für die

---

[776] Cripps war nach Indien entsandt worden, um die Vorschläge des britischen Kriegskabinetts bezüglich einer indischen Verfassung zu diskutieren. Diese wurden jedoch von allen maßgeblichen indischen Parteien und Gruppierungen zurückgewiesen.

[777] Ab Juni 1939 war jeder Erwerbslose im Protektorat verpflichtet, sich in deutschen Werbebüros für den Arbeitseinsatz im Deutschen Reich zu melden. Tat er dies nicht, verlor er seinen Anspruch auf Arbeitslosenunterstützung. Zwischen 1939 und 1945 wurden unterschiedlichen Schätzungen der Forschung zufolge insgesamt zwischen 340.000 und 420.000 tschechische Arbeiter bevorzugt in der kriegswichtigen Industrie im Reich eingesetzt. *Balcar/Kučera*: Rüstkammer, 331.

Handlungen Dr. Háchas, die zur Errichtung des Protektorats führten, die Mitverantwortung.

Bei dem Einmarsch der deutschen Truppen am 15. März 1939 hat sich Beran dafür eingesetzt, daß nutzloser Widerstand und sonstige Sabotageaktionen unterblieben.

Über die politische Haltung Berans in der Folgezeit habe ich kein zuverlässiges Urteil, ebenso bin ich über die genauen Gründe seines Rücktritts als Ministerpräsident nicht im Bilde. Soweit ich mich entsinne, gelang es ihm – abgesehen von seinen schlechten deutschen Sprachkenntnissen – nicht, die vorbehaltlose vertrauensvolle Zusammenarbeit zwischen Protektoratsregierung und dem Reichsprotektor herzustellen, wie sie von letzterem gewünscht wurde.[778]

H[ENCKE]
26.V.[1942]

420

PA/AA, Büro des Staatssekretärs, R 29773

Telegramm des Vertreters des Auswärtigen Amtes beim Reichsprotektor Gerlach an das Auswärtige Amt

Prag, den 27. Mai 1942
Ankunft: 27. " 1942   15.45 Uhr

Citissime!

Nr. 65 vom 27.5.

Obergruppenführer Heydrich heute früh durch Bombenwurf in Lieben [Libeň] bei Prag schwer verletzt.[779]

Der Reichsprotektor in Böhmen und Mähren,
der Vertreter des Auswärtigen Amtes
GERLACH

---

[778] Als Ministerpräsident hatte Rudolf Beran versucht, die Implementierung der nationalsozialistischen Gesetze im Protektorat zu verzögern, weswegen er im April 1939 von Alois Eliáš abgelöst worden war. Wegen seiner Kontakte zum Widerstand war Beran 1941 von der Gestapo verhaftet worden, doch auf Betreiben Staatssekretär Franks 1943 entlassen worden.

[779] In der Klein-Holeschowitz-Straße (V Holešovičkách) im Prager Vorort Lieben (Libeň) war Heydrich am 27.5.1942 um 10.29 Uhr durch eine Bombe von zwei tschechischen Attentätern verletzt worden. Im Krankenhaus „Na Bulovce" starb er an den Folgen am 4.6.1942 um 9.24 Uhr.

421

BArch, Reichskanzlei, R 43 II/1329a

Aufzeichnung ohne Unterschrift

Berlin, den 28. Mai 1942

1.) Vermerk:

Auf seine gestern abend fernmündlich ausgesprochene Bitte habe ich heute den Vertreter des Protektorats, Gesandten Chvalkovský, empfangen. Der Gesandte kam sofort auf das Attentat gegen SS-Obergruppenführer Heydrich zu sprechen. Er betonte, daß es ihm ein Bedürfnis sei, umgehend sein tiefes Bedauern über den Vorgang und seine besten Wünsche für die Genesung des Vertreters des Reichsprotektors zum Ausdruck zu bringen. Er bäte, hiervon auch den Herrn Reichsminister und Chef der Reichskanzlei[780] zu unterrichten und der Behörde des Reichsprotektors Kenntnis zu geben.

Im weiteren Verlauf der Unterhaltung führte Herr Chvalkovský aus, daß die Tschechen in ihrer Mehrheit durchaus bereit seien, die neue Lage anzuerkennen und mitzuarbeiten. Er und alle, die besonders für eine Zusammenarbeit mit Deutschland eingetreten seien, hätten sich der Hoffnung hingegeben, daß die Verhältnisse sich jetzt weiterhin günstig entwickeln würden. Umso schwerer wären sie durch das in Prag begangene Verbrechen betroffen, das alles Erreichte wieder in Frage stelle.

2.) Herrn Reichsminister gehorsamst mit der Bitte um Kenntnisnahme.

422

PA/AA, Büro des Staatssekretärs, R 29773

Rundtelegramm des Leiters der Parteikanzlei Bormann[781]

Parteikanzlei, München, den 4. Juni 1942   10.50 Uhr
Ankunft: " 4. "   "   13.00 Uhr

<u>Eilt sehr!</u>
<u>Sofort auf den Tisch!</u>

Nr. 1840 vom 4.6.42

Ich muß Ihnen leider die traurige Mitteilung machen, daß unser lieber Kamerad, Pg. SS-Obergruppenführer Ernst-Reinhard H e y d r i c h, heute vormittag an den Folgen des Attentats gestorben ist.

Näheres über die Beisetzung wird noch mitgeteilt werden.

Heil Hitler!
M. BORMANN

---

[780] Hans Heinrich Lammers.
[781] Diese Information ging an alle Reichsleiter, Gauleiter und Verbändeführer.

423

PA/AA, Inland II - A/B, R 99564

**Telegramm des Vertreters des Auswärtigen Amtes beim Reichsprotektor
Gerlach an den Leiter der Politischen Abteilung Woermann**

Prag,   den 4. Juni 1942   D II *2818*
Ankunft: " 4. "   "   13.00 Uhr

<u>Citissime</u>
Nr. 71 vom 4.6.42

Für Unterstaatssekretär Woermann.
Obergruppenführer Heydrich ist heute früh 9 Uhr 24 Minuten gestorben.[782]

GERLACH

424

PA/AA, Rechtsabteilung, R 42805

Vertrag zwischen dem Deutschen Reich und der Slowakischen Republik

Abrede
zwischen dem Deutschen Reich und der Slowakischen Republik
über die Zuteilung gewisser Immobilien und Einrichtungen der Missionsgebäude der früheren Tschechoslowakischen Republik.

Die deutsche Regierung, vertreten durch den Ministerialdirigenten im Aus-
wärtigen Amt Herrn Gesandten Dr. Erich Albrecht, und die Regierung der
Slowakischen Republik, vertreten durch den Gesandten Herrn Dr. Štefan
Polyák, haben in Verfolg des Schreibens des Vorsitzenden der Deutschen
Delegation vom 13. April 1940, Punkt 5, folgende Abrede getroffen:
I. Die deutsche Regierung beabsichtigt, der Slowakischen Republik in Berlin
ein Gebäude zur Verfügung zu stellen, das Zwecken der Slowakischen Gesandtschaft daselbst dienen soll. Da das Gesandtschaftsgebäude der ehemaligen
Tschechoslowakischen Republik hierzu nicht zur Verfügung gestellt werden
kann, wird sie der Slowakischen Republik das Haus Berlin R a u c h s t r a ß e 9,
das von der Slowakischen Gesandtschaft bereits benutzt wird, alsbald über-
eignen.
II. Die Regierung der Slowakischen Republik hat ferner folgende Wünsche
hinsichtlich der Zuteilung von Immobilien und Einrichtungen der Missionsgebäude der früheren Tschechoslowakischen Republik:
  1.   Wien, für Konsulatszwecke, ca. 10 Büroräume und 8 Wohnräume,
  2.   Prag, für Konsulatszwecke, ca. 15-20 Büroräume und 8 Wohn-
       räume,

---

[782] Zusatz: U.St.S. Woermann ist nicht zu erreichen. St.S. Frh. v. Weizsäcker ist verständigt
worden.

3. Bukarest, ehem. tschechoslowakisches Gesandtschaftsgebäude,
4. Sofia, ehem. tschechoslowakisches Gesandtschaftsgebäude,
5. Bern, ehem. tschechoslowakisches Gesandtschaftsgebäude,
6. Madrid, ehem. tschechoslowakisches Gesandtschaftsgebäude,
7. Paris, ehem. tschechoslowakisches Gesandtschaftsgebäude,
8. Rom, ehem. tschechoslowakisches Gesandtschaftsgebäude,
9. Stockholm, ehem. tschechoslowakisches Gesandtschaftsgebäude,
10. Ankara, ehem. tschechoslowakisches Gesandtschaftsgebäude,
11. Tokio, ehem. tschechoslowakisches Gesandtschaftsgebäude,
12. Agram,[783] ehem. tschechoslowakisches Konsulatsgebäude.

Außerdem hat die slowakische Regierung ein bedingtes Interesse an Gebäuden in Staaten, die zur Zeit militärisch besetzt sind und zwar Belgrad, Warschau, Den Haag bzw. an Gebäuden in Feindstaaten, und zwar London und Washington, ferner Buenos Aires, insofern sich in der Zukunft die Errichtung von Slowakischen Vertretungsbehörden als erforderlich herausstellen wird.

Im allgemeinen würde die slowakische Regierung begrüßen, wenn es möglich wäre, die Gebäude der Vertretungsbehörden der ehemaligen Tschechoslowakischen Republik zuzuteilen. Inwiefern dies nicht der Fall sein könnte aus dem Grund, daß das Deutsche Reich diese Gebäude im einzelnen Fall für sich benötigt oder deswegen, daß die Ausmaße des Gebäudes nicht den Bedürfnissen des slowakischen Außendienstes entsprechen würden, stimmt die slowakische Regierung mit der Zuteilung anderer entsprechender Gebäude statt der angeführten überein.

Da das Gebäude auf Via Reno 9 in Rom, das durch das Deutsche Reich der slowakischen Regierung für die Zwecke der Slowakischen Gesandtschaft beim Quirinal zur Verfügung gestellt worden war, nicht den Bedürfnissen, die für diese Gesandtschaft gestellt werden, entspricht, sieht sich die slowakische Regierung genötigt, an das Auswärtige Amt die Bitte zu stellen, dieses Gebäude zur Verfügung für die Zwecke der Gesandtschaft beim Vatikan zu stellen und für die Zwecke der Gesandtschaft beim Quirinal das Gebäude der ehemaligen Tschechoslowakischen Gesandtschaft in Rom oder ein anderes entsprechendes Gebäude zuteilen zu wollen.

Die slowakische Regierung hätte ein besonderes Interesse für die mobile Einrichtung der Slowakischen Gesandtschaft in Budapest und zwar: Ein Speisesaal für 24 Personen, 2 Salons und ein Arbeitszimmer für den Gesandten.

Zugleich muß der Wunsch der Regierung der Slowakischen Republik zum Ausdruck gebracht werden, ihr von der Einrichtung der ehemaligen tschechoslowakischen Vertretungsbehörden eine gewisse Menge von Silber, Porzellan, Glas und Ölgemälden (besonders von slowakischen Malern), weiter diejenigen Bücher, die sich in mehreren Exemplaren in der Bibliothek der ehemaligen tschechoslowakischen Vertretungsbehörden und des ehemaligen

---

783 Zagreb.

tschechoslowakischen Außenministeriums befinden, insbesondere: Sammlungen der Gesetze und Verordnungen, Kommentare zu Gesetzen, verschiedene Handbücher, Werke aus dem Gebiete des Völkerrechts usw. überlassen zu wollen.

Da die obenerwähnten Gegenstände sich größtenteils an einer Stelle in Prag befinden, wird gebeten, den Vertretern des Ministeriums des Äußern Gelegenheit zur Besichtigung und zur Auswahl an Ort und Stelle geben zu wollen.

III. Weitergehende Wünsche werden nicht geltend gemacht.

IV. Die deutsche Regierung wird die von der Slowakischen Republik vorgebrachten Wünsche zu gegebener Zeit prüfen. Hierüber werden weitere Abreden vorbehalten.

Geschehen in doppelter Urschrift, in deutscher und slowakischer Sprache, in Preßburg, am 6. Juni 1942.

Für die deutsche Regierung: Für die slowakische Regierung:
                                               POLYÁK

425

PA/AA, Büro des Staatssekretärs, R 29773

Telegramm des Nachrichtenoffiziers des Reichssicherheitshauptamtes Scheffler an Staatssekretär Weizsäcker

7.6., 3³⁰

Im Namen des Führers ladet Sie der Reichsminister für Volksaufklärung und Propaganda[784] zum Staatsbegräbnis des verstorbenen Stellvertretenden Reichsprotektors SS-Obergruppenführer und General der Polizei Reinhard Heydrich in den Mosaiksaal der Neuen Reichskanzlei zu Dienstag, den 9. Juni 1942, 15.00 Uhr, ein. Umgehende Rückantwort telefonisch unter 110014, Apparate 3005 und 2045 und 2796 oder telegrafisch am Montag, den 8. Juni 1942, bis 16.00 Uhr erbeten. Bei Zusage liegt die Einlaßkarte am Dienstag, den 9. Juni 1942, ab 9.00 Uhr im Propagandaministerium, Haupteingang Wilhelmplatz, zur Abholung bereit. Etwaige Kranzspenden sind am Dienstag von 9.00 bis 12.00 Uhr im Ehrenhof der Neuen Reichskanzlei abzugeben.[785]

i.A.
SCHEFFLER

---

[784] Joseph Goebbels.

[785] Nach einem pompösen Trauerakt in Prag war der Sarg mit Heydrichs Leiche in einem Sonderzug nach Berlin überführt worden. In der Neuen Reichskanzlei zelebrierte die Reichsregierung dann einen weiteren Festakt, an dem u. a. Hitler, Himmler, Daluege, Frank und die Protektoratsregierung teilnahmen.

426

PA/AA, Inland II - A/B, R 99636

Bericht des Deutschen Gesandten in Bukarest Killinger
an das Auswärtige Amt

K/Juden   Bukarest, den 2. Juli 1942
                                                        D III *4212*

Mit Bezug auf den Drahterlaß Multex Nr. 1081 vom 17. Dezember 1941.
Inhalt: Frage des Verlustes der Staatsangehörigkeit der Protektoratsjuden.

In dem nebenbezeichneten Drahterlaß betreffend den Verlust der Staatsangehörigkeit der im Ausland lebenden ehemals reichsdeutschen Juden heißt es:
„die Verordnung gilt auch im Protektorat." Dieser Satz dürfte sich nach dem
Wortlaut des Erlasses vom 11. April d.J. – D III 1852 – nur auf die ehemals
reichsdeutschen Juden im Protektorat, nicht aber auf die Protektoratsjuden
beziehen (vgl. die Anlage des Erlasses vom 11. April d.J., Schreiben des Reichssicherheitshauptamtes vom 9. Dezember 1941 – II A 5 Nr. 230 V/41 –212–).

Der Wortlaut des Drahterlasses Multex 1081 ist jedoch von der Mehrzahl
der Konsulate dahin verstanden worden, daß auch die Protektoratsjuden ihre
Staatsbürgerschaft verloren hätten und dementsprechend sind von diesen
Konsulaten auch die Pässe der Protektoratsjuden eingezogen worden.
Ich beabsichtige, es bei der Abnahme der Pässe zu belassen.

                                                        V. KILLINGER

427

BArch, Reichskanzlei, R 43 II/1328

Schreiben des Führers und Reichskanzlers Hitler
an Staatspräsident Hácha

                                  Führerhauptquartier, den 12.7.1942

Herr Staatspräsident!
Es ist Ihnen vergönnt, heute Ihr 70. Lebensjahr zu vollenden. Ich kann diesen
Tag nicht vorübergehen lassen, ohne dem Gefühl aufrichtiger Wertschätzung
Ausdruck zu geben, das ich Ihrer Person sowohl wie Ihrem staatsmännischen
Wirken entgegenbringe. Zugleich übermittle ich Ihnen meine besten Wün-
sche für Ihr weiteres persönliches Wohlergehen.

Von der Vorsehung in der Schicksalsstunde Ihres Volkes zu dessen Führer
berufen, haben Sie in klarer Erkenntnis der großen Zeitenwende nicht gezö-
gert, Ihrem Volk in letzter Stunde den Weg zu weisen, der es allein vor dem
drohenden Verderben bewahren konnte und ihm die Möglichkeit gab, im
Verbande des Großdeutschen Reiches einer glücklichen Zukunft entgegenzu-

gehen. Mit Zähigkeit und Treue sind Sie Ihrem Volke auf diesem Wege vorangeschritten, unbeirrt auch in den Stunden schwerer Prüfungen.[786]

Daß die Vorsehung es Ihnen trotz vorgeschrittenen Alters gestatten möchte, sich selbst und Ihr Volk am Ziel und Ihr eigenes Lebenswerk durch die Rettung und die endgültige Sicherung einer glücklichen Zukunft des tschechischen Volkes gekrönt zu sehen, das ist der aufrichtige Wunsch, mit dem ich am heutigen Tage Ihrer gedenke.

ADOLF HITLER

428

BArch, Reichskanzlei, R 43 II/1328

Telegramm des Staatspräsidenten Hácha
an den Führer und Reichskanzler Hitler

Eure Exzellenz!

Für die gütigen Glückwünsche zu meinem siebzigsten Geburtstag,[787] welche mir in Ihrem Auftrage Herr Reichsminister Dr. Lammers überbracht hat, und für die außerordentliche Auszeichnung, die Sie mir durch die Entsendung des Herrn Ministers nach Prag erwiesen haben, bitte ich meinen herzlichsten Dank entgegennehmen zu wollen. Desgleichen danke ich ergebenst für die mir in Ihrem Glückwunschschreiben gezollten, mich hoch ehrenden Worte der Anerkennung. Eine ganz besondere Freude haben Sie mir durch das Geschenk des prachtvollen Mercedes-Benz-Wagens bereitet.[788] Ich erblicke in dieser kostbaren Gabe, die für mich auch eine nicht geringe praktische Bedeutung besitzt, ein greifbares Unterpfand Ihres für mich so überaus wertvollen Wohlwollens und Vertrauens. Umso glücklicher macht mich das Geschenk und umso herzlicher ist der Dank, den ich auch hierfür zum Ausdruck zu bringen mir gestatte.

Nach wie vor will ich im Dienste des Reiches und meines Volkes alle meine Kräfte einsetzen. Ich bin überzeugt, daß mein Volk auf dem Wege, den ich ihm gewiesen habe, weiter folgen wird, und hoffe auch, daß mir die Vorsehung nach den Stunden schwerer Prüfung, die ich durchleben mußte, vergönnen wird, die Früchte dieses meines Mühens zu sehen. Mit Freuden nehme ich wahr, daß die erste Voraussetzung dafür, der Sieg der deutschen Waffen, dank den glanzvollen Leistungen der Wehrmacht und vor allem dank Ihrer genialen Führung bereits nahegerückt ist. Möge sie ungesäumt in Erfül-

---

[786] In diesem von Lammers korrigierten Entwurf wurde die folgende Passage gestrichen: „in denen die Söldlinge der landesverräterischen Beneš-Regierung mit ruchloser Mörderhand das tschechische Volk wieder an den Rand des Abgrundes zu bringen versuchten", vgl. BArch, Bestand Reichskanzlei, R 43 II/1328.

[787] Siehe Dokument Nr. 427.

[788] Zu Hitlers 53. Geburtstag am 20.4.1942 hatte Hácha diesem einen Lazarettzug als Geschenk aller Bewohner des Protektorats überreicht.

lung gehen und damit den schweren Kampf, den Sie um Ihres Volkes willen auf sich genommen haben, zu einem restlos glücklichen Abschluß bringen.

Ich gestatte mir, Eure Exzellenz auch bei dieser Gelegenheit meiner treuen Ergebenheit und steten Dienstbereitschaft zu versichern.

Prag, am 13. Juli 1942

DR. E. HACHA

429

PA/AA, Inland II - A/B, R 99636

Aufzeichnung

D III 4804

Gegen den Entwurf der Verordnung über den Verlust der Protektoratsange-hörigkeit[789] sind seitens D III keine Einwendungen zu erheben. Die Maß-nahme wird zwar einen Vermögensverlust für das Reich mit sich bringen. Denn soweit wir mit verschiedenen Staaten wegen einer territorialen Rege-lung verhandeln, sind deren Juden im Protektorat bereits einbezogen, wäh-rend sie ihrerseits nach der neuen Verordnung erst in die Lage versetzt wer-den, das Vermögen der ausgebürgerten Protektoratsjuden einzukassieren.

Trotzdem kann dem Entwurf zugestimmt werden, da dieser Verlust zu-rücktritt gegenüber der zu schaffenden Grundlage für die Vermögenseinzie-hung innerhalb des Protektorats. Auf der anderen Seite wird diese Regelung für alle diejenigen Staaten einen gewissen Anreiz bedeuten, die sich bisher bei einer Regelung nach dem Territorialprinzip benachteiligt glaubten.

Hiermit zunächst bei Abt. D, Pol. IV, Ha Pol. IVa mit der Bitte um Stel-lungnahme vorgelegt.

Berlin, den 17. August 1942

[*Unterschrift unleserlich*]

---

[789] Im Entwurf wurde unter § 1 festgelegt, dass ein Jude, der seinen Aufenthalt im Ausland hat, nicht Angehöriger des Protektorats sein kann. Es wurde in § 2 auch bestimmt, dass Juden, die das Protektorat verlassen, um ihren Aufenthalt im Ausland zu nehmen, ihre Protektoratsangehörigkeit verlieren. Mit dem Verlust der Protektoratsangehörigkeit verlieren diese Juden genauso wie alle staatenlosen Juden ihr Vermögen. Es verfällt nach § 3 dem Deutschen Reich. Die §§ 4 bis 8 befassen sich mit Details der jüdischen Vermögen. Am 2. November 1942 trat diese Verordnung dann in Kraft; vgl. RGBl. 1942 I, 637 f.

430

PA/AA, Politischer Verschluss (Geheim), R 101359

Telegramm des Deutschen Gesandten in Dublin Hempel
über den Deutschen Gesandten in Bern Köcher an das Auswärtige Amt

Dublin, den 10. Oktober 1942   Pol. *IV 4048* g
über Bern, 15.   „   „   11.25 Uhr
Ankunft: 15.   „   „   12.50 Uhr[790]

Dublin   Nr. 522 vom 10.10.
Bern   Nr. 1788 vom 15.10.

<u>Geheime Reichssache!</u>

Jüdisch-irischer Parlamentarier mit guten Verbindungen erzählte hier, daß bei kürzlichem Besuch in England Beneš sich ihm gegenüber bitter über Wertlosigkeit britischer Versprechungen beklagte. Entgegen früheren Zusagen an die Tschechoslowakei hätten sie jetzt Polen einen Teil der früheren Tschechoslowakei als Ersatz für an Rußland zu gebende Teile polnischen Gebiets zugesagt.[791]

HEMPEL, KÖCHER

431

PA/AA, Rechtsabteilung, R 42805

Bericht des Vertreters des Auswärtigen Amtes beim Reichsprotektor
Gerlach an das Auswärtige Amt

Nr. Archiv 486/42   Prag, den 4. November 1942
                                     R *28038*

Betr.: Verhandlungen mit der Slowakei über die Aufteilung der Missionsgebäude der ehemaligen tschecho-slowakischen Republik.
Auf die Erlässe vom 31.8. und 27.10.1942 – Nr. R 18749 –

Auf die obenerwähnten Erlässe darf mitgeteilt werden, daß von den Einrichtungsgegenständen der ehemaligen tschecho-slowakischen Vertretungsbehörden in erster Linie Bücher für eine Abtretung an die Slowakei in Frage kommen. Da die von den ehemaligen tschecho-slowakischen Vertretungsbehörden übernommenen Doppelstücke vor einigen Monaten sämtlich an die bei der hiesigen Landes- und Universitätsbibliothek eingerichtete Tauschstelle abgegeben wurden, ist bereits das hiesige Slowakische Generalkonsulat auf meine Anregung an die genannte Bibliothek wegen Überlassung von Büchern

---

[790] Zusatz der Telegrammkontrolle: Infolge Verstümmelung verspätet vorgelegt.
[791] Tatsächlich wurde nach dem Krieg nur die Karpatho-Ukraine an die Sowjetunion abgetreten, während Polen kein tschechoslowakisches Gebiet erhielt.

herangetreten. Es ist anzunehmen, daß auf diese Weise der Slowakei eine größere Anzahl von Büchern zur Verfügung gestellt werden wird.

Glas und Porzellan wurden bisher überhaupt nicht übernommen. Die wenigen übernommenen Ölgemälde wurden zur Ausschmückung der hiesigen Diensträume verwendet. Bilder slowakischer Maler dürften sich kaum darunter befinden.

Es bestünde lediglich die Möglichkeit, eine gewisse Menge von Tafelsilber der ehemaligen Vertretungsbehörden abzugeben. Dieses Tafelsilber wurde jedoch, wie aus dem abschriftlich übersandten Schreiben des Herrn Reichsprotektors vom 13.2.1941 hervorgeht,[792] in die Verwaltung der Behörde des Reichsprotektors übernommen und befindet sich derzeit lediglich in Verwahrung des hiesigen Politischen Archivs. Der von der slowakischen Regierung ausgesprochene Wunsch wurde jedoch bereits am 15.9.1942 der Gruppe Finanz der Behörde des Reichsprotektors mitgeteilt und um Stellungnahme gebeten. (Siehe Anlage).[793] Eine solche Stellungnahme ist bisher noch nicht eingegangen. Es ist jedoch bekannt, daß seitens der Behörde des Reichsprotektors die Absicht besteht, das Silber, soweit es nicht zu dienstlichen Zwecken benötigt wird, in nächster Zeit zugunsten der Reichskasse zu verkaufen. Immerhin wäre denkbar, daß der slowakischen Regierung das Tafelsilber von ein oder zwei ehemaligen tschecho-slowakischen Vertretungsbehörden zur Verfügung gestellt würde.

GERLACH

432

PA/AA, Rechtsabteilung, R 42805

**Aufzeichnung des Referatmitarbeiters Abwicklung der ehemaligen
tschechoslowakischen Vertretungsbehörden im Reich
in der Rechtsabteilung Pannwitz**

R 28038

Soweit für notwendig erachtet wird, die slowakischen Wünsche hinsichtlich Belieferung mit ehemals tschechoslowakischen Silbergerätschaften zu befriedigen, bestehen diesseits keine Bedenken ehemals tschechoslowakisches Amtssilber dafür zu verwenden. Hinsichtlich der für diesen Zweck nicht benötigten Silbergerätschaften wird jedoch dringend gebeten, von einem Verkauf abzusehen. Diese Silbergerätschaften werden dringend von Pers. D benötigt, um entweder nach Beseitigung des tschechoslowakischen Wappens

---

[792] Siehe Dokument Nr. 357.

[793] In dieser Mitteilung an die Gruppe II/7 der Behörde des Reichsprotektors vom 15.9.1942 (Nr. Archiv 394/42) ging es um den Wunsch der slowakischen Regierung nach Überlassung von einigen in Verwahrung des Politischen Archivs des Auswärtigen Amtes in Prag befindlichen Gegenständen aus dem Besitz ehemaliger tschechoslowakischer Auslandsmissionen, insbesondere Tafelsilber und Bücher.

oder Monogramms für Zwecke des Auswärtigen Amts nutzbar gemacht oder um eingeschmolzen zu werden, damit dann aus diesem Silber das „Auswärtige-Amt-Silber" hergestellt werden kann. *(Erlaßentwurf liegt anbei)*
Hiermit R IX (Herrn Geheimrat Schiffner) ergebenst vorgelegt.

Berlin, den 14. November 1942
PA[NNWITZ]

433

PA/AA, Rechtsabteilung, R 42805

Bericht des Vertreters des Auswärtigen Amtes beim Reichsprotektor Gerlach an den Referatsleiter Abwicklung der ehemaligen tschecho-slowakischen Vertretungsbehörden im Reich in der Rechtsabteilung Schiffner

Nr. Archiv 537/42   Prag, den 4. Dezember 1942
R *31431*

Betr.: Verhandlungen mit der Slowakei über die Aufteilung der Missionsgebäude der ehem. tschecho-slowakischen Republik.
Auf den Erlaß vom 23.11.1942 – Nr. 28.038 –

In der Anlage darf ein Verzeichnis des hier befindlichen Tafelsilbers des ehemaligen tschecho-slowakischen Außenministeriums übersandt werden. In dem Verzeichnis ist jeweils angegeben, welche Gegenstände ausgeliehen sind. Zur Abgabe an die Slowakei dürfte sich am besten die unter 2. genannte Kassette von der ehemaligen Tschecho-Slowakischen Gesandtschaft beim Vatikan eignen.

GERLACH

[Anlage: Verzeichnis der im Tresorraum des Politischen Archivs Prag des Auswärtigen Amtes befindlichen und sonstigen Inventargegenstände der ehemaligen tschechoslowakischen Vertretungsbehörden]

I. Besteckkästen

1. Gesandtschaft beim Vatikan
   In Kassette Inv. Nr. 418 befindet sich Tafelbesteck für 12 Personen, Alpaka mit Staatswappen, im ganzen 242 Stück, es fehlt: 1 Obstgabel.
2. Gesandtschaft beim Vatikan
   In Kassette Inv. Nr. 418a befindet sich Tafelbesteck für 12 Personen, Alpaka mit Staatswappen, im ganzen 243 Stück.
3. Gesandtschaft in Stockholm
   In Kassette Inv. Nr. 601 befindet sich Tafelbesteck für 12 Personen, Alpaka ohne Staatswappen, im ganzen 209 Stück, es fehlen: 1 großer Löffel, 2 lange Stecher.

4. <u>Gesandtschaft in Stockholm</u>
In Kassette Inv. Nr. 602 befindet sich Tafelbesteck für 12 Personen, Alpaka ohne Staatswappen, im ganzen 241 Stück, es fehlen: 1 Fischmesser und 1 Kaffeelöffel.

5. <u>Gesandtschaft in Ankara</u>
In Kassette Inv. Nr. 48 befindet sich Tafelbesteck für 12 Personen, Alpaka ohne Staatswappen, im ganzen 211 Stück, es fehlt: 1 Salzlöffelchen.

6. <u>Gesandtschaft in Ankara</u>
In Kassette Inv. Nr. 51 befindet sich Tafelbesteck für 12 Personen, Alpaka ohne Staatswappen, im ganzen 242 Stück, es fehlen: 3 geschliffene Glaseinlagen für Salznäpfchen.

7. <u>Gesandtschaft in Kopenhagen</u>
In heller Holzkassette befindet sich Tafelbesteck für 12 Personen, Alpaka ohne Staatswappen, im ganzen 243 Stück, es fehlt: 1 Glaseinlage für Salznäpfchen.

8. <u>Gesandtschaft in Haag</u>
In Kassette Inv. Nr. R 607 befindet sich Tafelbesteck für 12 Personen, Alpaka ohne Staatswappen, im ganzen 200 Stück, es fehlen:
In Lade I: 3 Kaffeelöffel, 2 Löffel für Eis, 1 Salzlöffel, 3 Glaseinlagen für Salznäpfchen, 2 Glaseinlagen sind beschädigt.
In Lade II: 4 Dessertgabeln, 2 Kaffeelöffel.
In Lade IV: 2 Dessertmesser, 1 Dessertgabel, 1 Dessertmesser ist beschädigt.

9. <u>Gesandtschaft in Sofia</u>
In Kassette Inv. Nr. II/1494 befindet sich Tafelbesteck für 12 Personen, Alpaka ohne Staatswappen, im ganzen 223 Stück.

10. <u>Gesandtschaft in Sofia</u>
In Kassette Inv. Nr. II/1495 befindet sich Tafelbesteck für 12 Personen, Alpaka ohne Staatswappen, im ganzen 253 Stück, es fehlt: 1 Salzlöffel.

11. <u>Gesandtschaft in Kopenhagen</u>
In dunkler Holzkassette ohne Inv. Nr. befindet sich Tafelbesteck für 12 Personen, Alpaka ohne Staatswappen, im ganzen 212 Stück, es fehlen: 1 Löffel für Eis, 1 Dessertgabel, 4 Glaseinlagen für Salznäpfchen, Tortenmesser stark abgenützt.

12. <u>Generalkonsulat in Triest</u>
In Kassette Inv. Nr. 8364 befindet sich Tafelbesteck für 12 Personen, Alpaka ohne Staatswappen, im ganzen 229 Stück.

13. <u>Generalkonsulat in Wien</u>
In Kassette Inv. Nr. 4735 befinden sich 24 Kaffeelöffel, Alpaka ohne Staatswappen.

14. <u>Gesandtschaft in Teheran</u>
In Kassette Inv. Nr. 157 befindet sich Tafelbesteck für 12 Personen, möglicherweise Silber mit Staatswappen, im ganzen 159 Stück.

15. <u>Gesandtschaft in Kovno</u>
In dunkler Holzkassette ohne Inv. Nr. befindet sich Tafelbesteck für 12 Personen, Metallart nicht feststellbar, ohne Staatswappen, im ganzen 110 Stück.

In Papier eingepackt sind folgende Gegenstände: 12 Dessertgabeln, 12 Dessert-messer, 12 vierzähnige Gabeln, 12 Fischmesser, im ganzen 48 Stück mit Staats-wappen.

16. Gesandtschaft in Brüssel
   In Kassette Inv. Nr. 773 befindet sich Tafelbesteck für 12 Personen, Alpaka ohne Staatswappen, im ganzen 221 Stück.

17. Gesandtschaft in Helsinki
   In Kistchen Inv. Nr. 6/3936 befindet sich Tafelbesteck ohne Staatswappen, Al-paka, im ganzen 99 Stück.

18. Gesandtschaft in Bern
   Tafelbesteck für 18 Personen, Silber in losen Paketen, ohne Staatswappen, im ganzen 275 Stück.

19. Gesandtschaft in Sofia

12 Dessertlöffel, Alpaka	Inv. Nr. o h n e
5 Fischbestecke Silber	Inv. Nr. o h n e
2 große Fischmesser Silber	Inv. Nr. o h n e
2 große Fischgabeln	Inv. Nr. o h n e

20. Generalkonsulat in Harbin
   In Kassette ohne Inv. Nr. befindet sich Tafelbesteck für 12 Personen aus Silber mit Staatswappen, im ganzen 245 Stück.
   Ausgeliehen an: Herrn Generalkonsul Gerlach.

21. Konsulat in Singapore
   In Kassette ohne Inv. Nr. befindet sich Tafelbesteck für 12 Personen aus Silber mit Staatswappen, im ganzen 245 Stück, es fehlt: 1 Salzschalen-Glaseinlage, 3 Salzschalen-Glaseinlagen sind beschädigt.
   Ausgeliehen an: Herrn Stellvertretenden Reichsprotektor[794].

22. Gesandtschaft in Brüssel
   In Kassette Inv. Nr. 826 befindet sich Tafelbesteck für 12 Personen aus Silber mit Staatswappen, im ganzen 245 Stück.
   Ausgeliehen an: Herrn Staatssekretär K.H. Frank.

23. Gesandtschaft in Helsinki
   In Kassette Inv. Nr. 428a befindet sich Tafelbesteck für 12 Personen aus Silber, im ganzen 245 Stück.
   Ausgeliehen an: Herrn Minister Dr. Ziemke.

24. Gesandtschaft in Riga
   In Kassette ohne Inv. Nr. befindet sich Tafelbesteck für 12 Personen aus Sil-ber, im ganzen 245 Stück.
   Ausgeliehen an: Herrn Minister Dr. Ziemke.

25. Gesandtschaft in Lima
   In Kassette ohne Inv. Nr. befindet sich Tafelbesteck für 12 Personen aus Silber mit Staatswappen, im ganzen 245 Stück, es fehlen: 3 Glaseinlagen für Salzge-fäße, 1 Glaseinlage ist beschädigt.

---

[794] Kurt Daluege.

Ausgeliehen an: Herrn Oberregierungsrat Dr. Gies.

II. Tafelgerät

Gesandtschaft in Haag

1 ovale Tasse mit Staatswappen, wahrscheinlich Alpaka, 53x35 cm	Inv. Nr. 647
1 dasselbe	Inv. Nr. 648
1 runde Tasse, Alpaka, 37 cm	Inv. Nr. 649
1 dasselbe	Inv. Nr. 650
1 rechteckiges Körbchen, wahrscheinlich Alpaka, 28x19,5x11,5 cm	Inv. Nr. 651
1 ovales Körbchen, Alpaka, 25x16,5x9,5 cm	Inv. Nr. 652
1 Tasse mit 2 Henkeln, Initialen der ČSR, 60x43 cm, Alpaka	Inv. Nr. 653
1 Tasse mit 2 Henkeln und Initialen der ČSR, 45x33 cm, Alpaka	Inv. Nr. 654
1 dasselbe	Inv. Nr. 655
1 Tasse mit 2 Henkeln und Initialen der ČSR, 50x25 cm, Alpaka	Inv. Nr. 656
1 dasselbe	Inv. Nr. 657
1 dasselbe	Inv. Nr. 658

Gesandtschaft beim Vatikan

1 ovale Schüssel mit 2 Henkeln, wahrscheinlich Alpaka, 63x50 cm	Inv. Nr. ohne
3 Silberschüsseln, oval mit Staatswappen, 54x34 cm	Inv. Nr. ohne
2 rechteckige Silberschüsseln mit Staatswappen und Henkeln, 52x20 cm mit 12 geschliffenen Glaseinlagen	Inv. Nr. ohne

Gesandtschaft in Stockholm

2 längliche Tassen ohne Staatswappen, Alpaka, 64x28 cm	Inv. Nr. ohne
2 ovale Schüsseln ohne Staatswappen, Alpaka, 48x32 cm	Inv. Nr. ohne
2 runde Schüsseln, Silber, 24 cm	Inv. Nr. ohne
Ausgeliehen an: Herrn Minister Dr. Ziemke	
1 rechteckige Tasse, Silber, 35x25 cm	Inv. Nr. ohne
Ausgeliehen an: Herrn Minister Dr. Ziemke	
2 viereckige Schüsseln, Silber mit Glasboden, 24x24 cm	Inv. Nr. ohne
Ausgeliehen an: Herrn Minister Dr. Ziemke	
12 silberne Suppenlöffel	Inv. Nr. ohne
1 großer Löffel aus Silber	Inv. Nr. ohne
1 Teelöffel Alpaka	Inv. Nr. ohne

Gesandtschaft in Ankara

1 ovale Schüssel ohne Staatswappen, Alpaka, 71x31 cm	Inv. Nr. ohne
1 längliche Schüssel ohne Staatswappen, Alpaka, 53x35 cm	Inv. Nr. ohne
2 ovale Schüsseln mit Staatswappen, Alpaka, 60x25 cm	Inv. Nr. ohne
1 ovale Schüssel mit Staatswappen, Alpaka, 52x33,5 cm	Inv. Nr. ohne
2 runde Schüsseln mit Staatswappen, Alpaka, 35 cm	Inv. Nr. ohne

Gesandtschaft in Athen

2 Tassen, Alpaka, 60x45 cm	Inv. Nr. 183
1 Tasse, Alpaka, 42x32 cm	Inv. Nr. 84
1 Silbertasse, oval, 58x35 cm, Glaseinlage	Inv. Nr. 78

1 Silbertasse, oval, 58x35 cm, ohne Glaseinlage	Inv. Nr. 185
1 Tasse, oval mit Glaseinlage, Alpaka, versilbert, 66x30 cm	Inv. Nr. 78
1 Tasse, oval mit Glaseinlage, Alpaka, versilbert, 66x30 cm	Inv. Nr. 185
2 Silbertassen, oval, ohne Glaseinlage, 40x22 cm	Inv. Nr. 222
1 Tasse, rund, Alpaka mit Glaseinlage, 36 cm	Inv. Nr. 78
1 Tasse, rund, Alpaka mit Glaseinlage, 36 cm	Inv. Nr. 185
1 Tasse, rund für Teeservice, Alpaka, 50x38 cm	Inv. Nr. 77
2 Gefäße für Tunke, Alpaka	Inv. Nr. 185
2 Schaufeln mit Besen, Silber	Inv. Nr. 223
1 Tasse für Visitenkarten, Alpaka, 20x15 cm	Inv. Nr. 195
3 Tortenheber, Silber	Inv. Nr. 122
3 Gabeln für Zuspeisen, Alpaka	Inv. Nr. 122
3 Salatbestecke, Gabel und Löffel, Alpaka	Inv. Nr. 122
2 Tunkenlöffel, Alpaka	Inv. Nr. 182
2 Nußknacker, Silber	Inv. Nr. 224
2 Weintraubenscheren, Alpaka	Inv. Nr. 225
5 Eiskübel, Alpaka	Inv. Nr. 82
4 Brotkörbchen, Alpaka, 25x30 cm	Inv. Nr. 82
3 Behälter für Zucker, Alpaka mit Glaseinlage, 10 cm	Inv. Nr. 82
4 Ständer für Essig und Öl, Alpaka	Inv. Nr. 82
1 Teekanne aus Silber	Inv. Nr. 77
Ausgeliehen an: Herrn Staatssekretär K.H. F r a n k	
1 Kaffeekanne aus Silber	Inv. Nr. 77
Ausgeliehen an: Herrn Staatssekretär K.H. F r a n k	
1 Kanne für Sahne aus Silber	Inv. Nr. 122
Ausgeliehen an: Herrn Staatssekretär K.H. F r a n k	
1 Behälter für Zucker, Alpaka mit Glaseinlage,10 cm	Inv. Nr. 82
Ausgeliehen an: Herrn Dr. U r b a n	

Gesandtschaft in Reval

1 Schüssel mit Henkel, Alpaka, 65x40 cm	Inv. Nr. ohne
1 Schüssel mit Henkel, Alpaka, 65x40 cm	Inv. Nr. ohne
3 Schüsseln, oval, Metallart nicht feststellbar	Inv. Nr. ohne
2 Schüsseln mit Halter, Alpaka, 53x34 cm	Inv. Nr. ohne
2 Schüsseln mit Glaseinlage, Alpaka, 45x23 cm	Inv. Nr. ohne
3 Schüsseln, rund, Alpaka mit Glaseinlage, 32 cm	Inv. Nr. ohne
3 Gefäße für Tunke, Alpaka	Inv. Nr. ohne
2 Schüsseln, rund, Alpaka, 28 cm ohne Glaseinlage	Inv. Nr. ohne
Ausgeliehen an: Herrn Dr. U r b a n	

Gesandtschaft in Budapest

2 Schüsseln, oval, Alpaka, mit Glaseinlage, 58x35 cm	Inv. Nr. ohne
2 Schüsseln, oval, Silber, mit Glaseinlage, 66x31 cm	Inv. Nr. ohne
Ausgeliehen an: Herrn Staatssekretär K.H. F r a n k	
2 Schüsseln, oval, Silber, mit Glaseinlage, 47x30 cm	Inv. Nr. ohne

Ausgeliehen an: Herrn Staatssekretär K.H. F r a n k
2 Schüsseln, oval, Silber, mit Glaseinlage, 60x26 cm   Inv. Nr. ohne
Ausgeliehen an: Herrn Staatssekretär K.H. F r a n k
2 Schüsseln, rund, Silber, mit Glaseinlage, 37 cm   Inv. Nr. ohne
Ausgeliehen an: Herrn Staatssekretär K.H. F r a n k
2 Schüsseln, rund, Silber, mit Glaseinlage, 31 cm   Inv. Nr. ohne
Ausgeliehen an: Herrn Staatssekretär K.H. F r a n k
1 Schaufelchen aus Silber, 19x22 cm   Inv. Nr. ohne
Ausgeliehen an: Herrn Staatssekretär K.H. F r a n k
1 Tischbesen aus Silber   Inv. Nr. ohne
Ausgeliehen an: Herrn Staatssekretär K.H. F r a n k

Gesandtschaft in Riga
2 Schüsseln, länglich, oval, Alpaka, 67x30,5 cm   Inv. Nr. ohne
2 Schüsseln, länglich, oval, Alpaka, 58x36 cm   Inv. Nr. ohne
22 Schüsseln, rund, Alpaka, 36 cm   Inv. Nr. ohne

Gesandtschaft in Buenos Aires
1 Tasse mit 2 Griffen, 54x42 cm   Inv. Nr. ohne
1 Tasse mit 2 Griffen, 43x34 cm   Inv. Nr. ohne
1 Schüssel, oval, Alpaka, 63x41 cm   Inv. Nr. ohne
1 Schüssel, oval, Alpaka, 52x32 cm   Inv. Nr. ohne
1 Schüssel, oval, Alpaka, 42,5x28,5 cm   Inv. Nr. ohne

Gesandtschaft in Kopenhagen
2 Schüsseln, länglich oval, Alpaka, 65x28 cm   Inv. Nr. ohne
2 Schüsseln, länglich oval, Alpaka, 54x35 cm   Inv. Nr. ohne
2 Schüsseln, rund, Alpaka, 37,5 cm   Inv. Nr. ohne
1 Gefäß für Tunke, Silber?   Inv. Nr. ohne
1 Gefäß für Tunke, Silber?   Inv. Nr. ohne
Ausgeliehen an: Herrn Staatssekretär K.H. F r a n k

Gesandtschaft in Kovno
2 Tassen, Alpaka, 58x35 cm   Inv. Nr. ohne

Gesandtschaft in Sofia
2 Pokale aus Alpaka   Inv. Nr. ohne

Gesandtschaft in Bern
1 Obstkörbchen, rechteckig, Silber mit Halter, 30x24x13 cm   Inv. Nr. ohne
Ausgeliehen an: Herrn Minister Dr. Z i e m k e
1 Obstkörbchen, oval, Silber, mit 2 Griffen, 28x21x9 cm   Inv. Nr. ohne
Ausgeliehen an: Herrn Minister Dr. Z i e m k e
1 Tasse, oval, unregelmäßig, Silber, 46x41x3 cm   Inv. Nr. ohne

Ausgeliehen an: Herrn Minister Dr. Ziemke
1 Kaffeekanne mit Deckel, Metallart nicht angegeben, 20 cm hoch   Inv. Nr. ohne
Ausgeliehen an: Herrn Minister Dr. Ziemke
1 Teekanne mit Deckel, Metallart nicht angegeben, 17 cm hoch   Inv. Nr. ohne
Ausgeliehen an: Herrn Minister Dr. Ziemke
1 Kanne für Sahne ohne Deckel, Metallart nicht angegeben, 8,5 cm hoch Inv. Nr. ohne
Ausgeliehen an: Herrn Minister Dr. Ziemke
1 Zuckerdose, Metallart nicht angegeben, 7,5 cm hoch   Inv. Nr. ohne
Ausgeliehen an: Herrn Minister Dr. Ziemke
4 Schüsseln, oval, für Fleisch, Silber, 46,5x29 cm   Inv. Nr. ohne
Ausgeliehen an: Herrn Minister Dr. Ziemke

Gesandtschaft in Brüssel
1 Schüssel, rund, aus Silber, 36 cm   Inv. Nr. ohne
Ausgeliehen an: Herrn Minister Dr. Ziemke
1 Schüssel, rund, aus Silber, 36 cm, mit Glaseinlage, 25 cm   Inv. Nr. ohne
Ausgeliehen an: Herrn Minister Dr. Ziemke
1 Schüssel, oval, aus Silber, 58x35 cm, mit Glaseinlage 44x23 cm   Inv. Nr. ohne
Ausgeliehen an: Herrn Minister Dr. Ziemke
1 Schüssel, oval, aus Silber, 58x35 cm, mit Glaseinlage 44x23 cm   Inv. Nr. ohne
Ausgeliehen an: Herrn Minister Dr. Ziemke
1 Schüssel, oval, aus Silber, 66x31 cm, mit Glaseinlage 53x19 cm   Inv. Nr. ohne
1 Silbertasse, 79x49 cm, mit zwei Öffnungen   Inv. Nr. ohne
11 Silbertassen 40x32 cm, mit Henkel   Inv. Nr. ohne
1 Schüssel, oval, aus Silber für Fische, 66x31 cm. mit Glaseinlage 53x19 cm   „
Ausgeliehen an: Herrn Minister Dr. Ziemke
1 Silbertasse, 79x49 cm, mit 2 Öffnungen   Inv. Nr. ohne
Ausgeliehen an: Herrn Minister Dr. Ziemke
1 Silbertasse, 40x32 cm, mit Henkel   Inv. Nr. ohne
Ausgeliehen an: Herrn Minister Dr. Ziemke
1 Silbertasse für Visitenkarten, 27x18 cm   Inv. Nr. ohne
Ausgeliehen an: Herrn Minister Dr. Ziemke
1 Silbertasse zum Teeservice, 50x41 cm   Inv. Nr. ohne
Ausgeliehen an: Herrn Minister Dr. Ziemke
1 Kaffeekanne, Metallart nicht angegeben   Inv. Nr. ohne
Ausgeliehen an: Herrn Minister Dr. Ziemke
1 Teekanne, Metallart nicht angegeben   Inv. Nr. ohne
Ausgeliehen an: Herrn Minister Dr. Ziemke
1 Wasserkrug, Metallart nicht angegeben   Inv. Nr. ohne
Ausgeliehen an: Herrn Minister Dr. Ziemke
1 Zuckerdose ohne Deckel, Metallart nicht angegeben   Inv. Nr. ohne
Ausgeliehen an: Herrn Minister Dr. Ziemke
1 Milchkrug, Metallart nicht angegeben   Inv. Nr. ohne
Ausgeliehen an: Herrn Minister Dr. Ziemke
2 Gefäße für Tunke, Metallart nicht angegeben   Inv. Nr. ohne

Ausgeliehen an: Herrn Minister Dr. Z i e m k e	
1 Sektkübel, Alpaka, 19 cm, 20 cm hoch	Inv. Nr. ohne
Ausgeliehen an: Herrn Minister Dr. Z i e m k e	
1 Samovar mit Deckel, Ständer und Brenner	Inv. Nr. ohne
1 Zuckerzange, Alpaka, zerbrochen	Inv. Nr. ohne
1 großer Löffel, Silber	Inv. Nr. ohne
1 Weintraubenschere, Alpaka	Inv. Nr. ohne
1 Nußknacker, Alpaka	Inv. Nr. ohne
1 Teesieb, Alpaka	Inv. Nr. ohne
1 Cocktail-Shaker, Alpaka	Inv. Nr. ohne

III. Sonstige Inventargegenstände

Generalkonsulat in Zürich

1 elektrische Heizsonne in dienstlichem Gebrauch	Inv. Nr. 171
1 Eichwaage	

Gesandtschaft in Kopenhagen

1 Perserteppich 252x326 cm in dienstlichem Gebrauch	Inv. Nr. ohne
1 Perserteppich 210x460 cm in dienstlichem Gebrauch	Inv. Nr. ohne
1 Perserteppich 345x460 cm in dienstlichem Gebrauch	Inv. Nr. ohne

Gesandtschaft in Sofia

1 Bouclé-Teppich 199x226 cm in dienstlichem Gebrauch	Inv. Nr. ohne

Unbekannter Herkunft

1 Seal-Türvorhang 355x130 cm	Inv. Nr. 12215
Ausgeliehen an: Expedient L i n k e	
1 Seal-Türvorhang 355x130 cm	Inv. Nr. 12213
Ausgeliehen an: Herrn Dr. U r b a n	

Gesandtschaft in Paris

1 Schrank, mit Glastür, reparaturbedürftig	Inv. Nr. ohne
1 gerahmtes Bild: Böhmisch/Mährische Hochebene	Inv. Nr. ohne
1 gerahmtes Bild: Badende Mädchen	Inv. Nr. 157
1 gerahmtes Bild: Schäfer an der Burgruine	Inv. Nr. ohne
1 gerahmtes Bild: Landschaft an der Sasau	Inv. Nr. ohne
1 gerahmtes Bild: Bauerngehöft	Inv. Nr. ohne
1 gerahmtes Bild: Landschaft mit Gartenmauer	Inv. Nr. ohne
1 gerahmtes Bild: Burggarten	Inv. Nr. ohne
1 gerahmtes Bild: Alt Prag	Inv. Nr. 11241
1 gerahmtes Bild: Altstädter Ring	Inv. Nr. ohne
1 gerahmtes Bild: Moldau mit Kähnen	Inv. Nr. ohne
1 gerahmtes Bild: Waldweg	Inv. Nr. ohne

Ferner 2 Bilder Masaryks, 2 gerahmte Wappen der Tschechoslowakei, 2 Aufnahmen vom Sokolfest 1936.

Der größte Teil dieser Bilder wurde zur Ausschmückung der Diensträume der Behörde des Vertreters des Auswärtigen Amtes beim Herrn Reichsprotektor in Böhmen und Mähren, in Prag III, Thungasse 16 verwandt.

<u>Konsulat in Chemnitz</u>
3 Bilder:

Melka, Sommerlandschaft, patinierter Holzrahmen mit schwarzem Rand	Inv. Nr. 278
Choděra, die Prager Burg, in mit Gold patiniertem Holzrahmen	Inv. Nr. 280
Choděra, Schloß Neu Benatek, in geschnitztem Holzrahmen	Inv. Nr. 284

Diese Bilder befinden sich in den Diensträumen des Archivs.

434

PA/AA, Rechtsabteilung, R 42805

Bericht des Referatsleiters Abwicklung der ehemaligen tschechoslowakischen Vertretungsbehörden im Reich in der Rechtsabteilung Schiffner an den Vertreter des Auswärtigen Amtes beim Reichsprotektor Gerlach und an die Deutsche Gesandtschaft in Pressburg

Berlin, den *12.* März 1943   R 3129

1. An den Vertreter des AA beim Reichsprotektor in Böhmen und Mähren

Auf den Bericht vom 4.12.1942 – Archiv 537/42 –[795]
Betr.: Verhandlungen mit der Slowakei über die Aufteilung der Missionsgebäude der ehemaligen Tschecho-Slowakischen Republik.

Im Einvernehmen mit dem Reichsminister der Finanzen[796] ist beschlossen worden, der slowakischen Regierung aus den vorhandenen Beständen an versilberten Gegenständen Tafelsilber für 48 Personen zu überlassen, die von der slowakischen Regierung dazu benutzt werden könnten, entweder 4 kleinere oder 2 größere Slowakische Gesandtschaften mit dem erforderlichen Silber auszustatten.

Es wird infolgedessen gebeten, sich mit dem dortigen Slowakischen Generalkonsul[797] wegen der Auswahl des Silbers ins Benehmen zu setzen. Es wird hierbei darauf zu achten sein, daß – wenn möglich – ein einheitliches Muster ausgewählt wird. Sollte dies nicht möglich sein, so wäre danach zu trachten, daß nicht mehr als 2 Muster ausgewählt werden, um für den Fall, daß das Silber zur Ausstattung von 2 Slowakischen Gesandtschaften benutzt werden soll, die Einheitlichkeit des Musters bei jeder der beiden Gesandtschaften zu *gewährleisten*.

---

[795] Siehe Dokument Nr. 433.
[796] Lutz Graf Schwerin von Krosigk.
[797] Bečka.

Die slowakische Regierung wird überdies von Vorstehendem durch die Deutsche Gesandtschaft in Preßburg unterrichtet.

Um seinerzeitigen Bericht über die Durchführung der Angelegenheit wird gebeten.

i.A.
[SCHIFFNER]

2. die Deutsche Gesandtschaft Preßburg

Auf den Bericht vom 27.10.1942 – Pol. 4 N. 5a Nr. 6463 –

Betr.: wie zu 1)

Anläßlich der Besprechungen über die Zuteilung gewisser Immobilien und Einrichtungen der Missionsgebäude der früheren Tschecho-Slowakischen Republik, die seinerzeit mit Herrn Gesandten Polyák geführt wurden, hat die slowakische Regierung den Wunsch ausgesprochen, ihr von der Einrichtung der ehemaligen tschecho-slowakischen Vertretungsbehörde eine gewisse Menge von Silber, Porzellan, Glas und Ölgemälden (insbesondere von slowakischen Malern) zu überlassen. Diesbezüglich wurde festgestellt, daß bisher von den liquidierenden Stellen in Prag weder Glas noch Porzellan übernommen wurden. *Die* Einrichtungsgegenstände sind offenbar an Ort und Stelle verblieben. Unter den wenigen übernommenen Gemälden befinden sich keine, die von slowakischen Malern herrühren und die für eine Übergabe an die slowakische Regierung in Betracht kämen. Hingegen ist die deutsche Regierung gern bereit, der slowakischen Regierung aus den vorhandenen Silberbeständen Tafelsilber für insgesamt 48 Personen zu überlassen. Der Vertreter des AA beim Reichsprotektor in Böhmen und Mähren ist angewiesen worden, sich wegen der Auswahl des Silbers mit dem Slowakischen Generalkonsul in Prag ins Benehmen zu setzen. Es wird gebeten, die dortige Regierung von Vorstehendem in Kenntnis zu setzen und sie zu bitten, das Slowakische Generalkonsulat in Prag auch ihrerseits entsprechend anzuweisen.

Gleichzeitig wird mitgeteilt, daß bisher noch kein slowakischer Vertreter im AA vorgesprochen hat, um die angebotene Auswahl von in tschechischer Sprache abgefaßten Büchern der Reichstauschstelle vorzunehmen. Das AA nimmt infolgedessen an, daß der Bedarf der slowakischen Regierung an tschechischen Büchern durch die Bücher, die dem Slowakischen Generalkonsul in Prag durch die Prager Stellen unmittelbar zur Verfügung gestellt wurden, hinreichend gedeckt ist, und daß auf die Bücher der Reichstauschstelle kein Anspruch mehr erhoben wird. Die bisher beim AA aufbewahrten Buchzettel der Reichstauschstelle werden daher mit Ende März d.J. an diese mit der Mitteilung zurückgereicht, daß sie über die Bücher anderweitig verfügen kann.

i.A.
[SCHIFFNER]

435

PA/AA, Rechtsabteilung, R 42805

Bericht des Vertreters des Auswärtigen Amtes beim Reichsprotektor Gerlach an das Auswärtige Amt

Nr. Archiv 111/43   Prag, den 30. März 1943

R 8525

Auf den Erlaß vom 12.III.1943, No. R 3129[798]

Betr.: Verhandlungen mit der Slowakei über die Aufteilung der Missionsgebäude der ehemaligen Tschechoslowakischen Republik.

Auf den obenzitierten Erlaß wurde das hiesige Slowakische Generalkonsulat gebeten, einen Vertreter zur Besichtigung des für die slowakischen Auslandsvertretungen in Frage kommenden Tafelsilbers zu schicken. Herr Generalkonsul Bečka erklärte zwar, noch keine Anweisung dazu aus Preßburg zu haben, versprach jedoch, einen seiner Herren zu schicken. Am 25.III. erschien dann ein Vertreter des Slowakischen Generalkonsulats, dem zunächst das für die Ausfolgung in Frage kommende Tafelsilber gezeigt wurde. Da auf Grund des obenzitierten Erlasses Tafelsilber für 48 Personen überlassen werden sollte, wurden insgesamt 4 Besteckkästen mit Tafelsilber für je 12 Personen ausgewählt, von denen je zwei schon früher bei einer Gesandtschaft in Gebrauch waren und daher auch das gleiche Muster aufweisen. Im einzelnen wurden folgende 4 Besteckkästen ausgewählt:

1.) Gesandtschaft beim Vatikan. Kassette Inv. No 418, Tafelbesteck für 12 Personen, Alpaka mit Staatswappen, im ganzen 242 Stück; es fehlt 1 Obstgabel.

2.) Gesandtschaft beim Vatikan. Kassette Inv. No 418a, Tafelbesteck für 12 Personen, Alpaka mit Staatswappen, im ganzen 243 Stück.

3.) Gesandtschaft in Ankara. Kassette Inv. No 48, Tafelbesteck für 12 Personen, Alpaka ohne Staatswappen, im ganzen 211 Stück; es fehlt: 1 Salzlöffelchen.

4.) Gesandtschaft in Ankara. Kassette Inv. No 51, Tafelbesteck für 12 Personen, Alpaka ohne Staatswappen, im ganzen 242 Stück; es fehlen: 3 geschliffene Glaseinlagen für Salznäpfchen.

Am 27.III.1943 erschienen dann 2 Herren vom Slowakischen Generalkonsulat in Prag, um die angeführten 4 Besteckkästen zu übernehmen.

GERLACH

---

[798] Siehe Dokument Nr. 434

436

PA/AA, Inland II (Geheim), R 100673
Aufzeichnung des Leiters der Gruppe Inland II Wagner

Geheim

Am Dienstag, dem 29. Juni 1943, stattete ich Staatssekretär Frank auf der Prager Burg einen Besuch ab. Generaloberst Daluege ist seit längerer Zeit schwer herzleidend und nicht imstande, die Geschäfte des Protektors zu führen.[799]

Auf Weisung des Reichsführers SS hat mich St.S. Frank über die wichtigsten Probleme des Protektorats informiert.

Im allgemeinen haben die Tschechen das Gefühl, daß sie außenpolitisch augenblicklich von besonderer Bedeutung sind.

Die Feindpropaganda beschäftigt sich natürlich sehr mit den Vorgängen im Protektorat, vor allen Dingen versucht sie, wie aus dem Beneš-Brief ersichtlich ist, durch Drohungen und Versprechungen die Tschechen zur Sabotage aufzuwiegeln. Es ist jedoch festzustellen, daß dies nicht gelingt; die Arbeitsleistungen der Protektoratsangehörigen sind immer noch außerordentlich gut.

Von besonderer Wichtigkeit für das Protektorat ist der Tag der Unterzeichnung des Münchener Abkommens.[800] Der Reichsprotektor beabsichtigt, diesen Tag besonders hervorzuheben, da er glaubt, daß auch an diesem Tage die Gegenseite darauf hinweisen wird, daß sie die Beschlüsse von München nicht anerkennt. Es wäre zu überlegen, unseren Auslandsinformationsdienst dahingehend zu informieren, daß sie diese Tatsache nicht in positivem Sinne aufgreifen sollte.

Allgemein wird die Lage im Protektorat optimistisch betrachtet. Man glaubt, die Regierungsgeschäfte in Ruhe weiterführen zu können.

Von besonderem Interesse ist der Schriftwechsel zwischen Roosevelt und Beneš, aus dessen freundlicher Form zu ersehen ist, wie Beneš von den Feindgroßmächten als außenpolitischer Faktor behandelt wird; man nimmt sogar an, daß er zu Stalin reisen soll. Beneš selbst findet in einem Teil der tschechischen Bevölkerung natürlich noch starke Beachtung. Hinzu kommt, daß versucht wird, die panslawischen Ideen in den böhmischen Raum hineinzutragen.

Berlin, den ... Juli 1943
[WAGNER]

---

[799] Kurt Daluege hatte nach langer Herzkrankheit im Mai 1943 einen schweren Infarkt erlitten. Hitler entband ihn daraufhin im August 1943 aus gesundheitlichen Gründen von seinem Amt als Stellvertretender Reichsprotektor. Gleichzeitig gab Daluege, der im Juni 1943 einen zweiten Infarkt erlitten hatte, auch sein Amt als Chef der Deutschen Ordnungspolizei auf und zog sich ins Privatleben zurück.

[800] 29.9.1938.

437

PA/AA, Büro des Staatssekretärs, R 29773

Aufzeichnung des Leiters der Politischen Abteilung Hencke

U.St.S. Pol. Nr. 412   Berlin, den 21. Juli 1943

Der Italienische Botschaftsrat Graf Cossato teilte mir heute folgendes mit:
Nach einem Bericht des Italienischen Gesandten in Lissabon lägen Nachrichten aus London vor, wonach Beneš nach London zurückgekehrt sei und beabsichtige, demnächst nach der Sowjetunion zu reisen.[801] Beneš soll auch an den in Washington abgehaltenen amerikanisch-sowjetischen Besprechungen teilgenommen haben.

HENCKE

438

PA/AA, Inland II - A/B, R 99435

Rundschreiben des Leiters der Gruppe Inland II Wagner[802]

Berlin, den 12. August 1943
Inland II 1947 g

Geheim

Den hiesigen diplomatischen Vertretungen von Italien, der Schweiz, Spanien, Portugal, Dänemark, Schweden, Finnland, Ungarn, Rumänien und der Türkei ist mitgeteilt worden, für die Heimschaffung von Juden ihrer Staatsangehörigkeit *in dem gesamten deutschen Machtbereich* sei ihnen wiederholt eine Fristverlängerung gewährt worden. Nunmehr sei nach diesseitiger Auffas-

---

[801] Beneš reiste erst im Winter nach Moskau. Bei den dort stattfindenden Gesprächen stimmte Stalin der vorgesehenen Vertreibung der Deutschen aus der Tschechoslowakei zu, erreichte aber von Beneš selbst sein Zugeständnis zu den geplanten Grenzrevisionen in Mitteleuropa und sein Einverständnis hinsichtlich der Veränderung der zukünftigen politischen Verhältnisse in Prag. Dies bedeutete innenpolitisch die Beteiligung der tschechoslowakischen Kommunisten an der Regierung in Prag sowie außenpolitisch eine über den Krieg hinausgehende enge sowjetisch-tschechoslowakische Kooperation. Am 12.12.1943 unterzeichnete Beneš in Moskau den sowjetisch-tschechoslowakischen Freundschafts-, Beistands- und Kooperationsvertrag.

[802] Dieses Rundschreiben war gerichtet an die Deutsche Botschaft in Paris, den Bevollmächtigten des Reiches in Griechenland sowie die Vertreter des Auswärtigen Amtes in Brüssel, Den Haag, Belgrad, Prag, Krakau und beim Reichskommissar für das Ostland in Riga. Eine Abschrift erhielten die Deutsche Botschaft in Rom und die Deutschen Gesandtschaften in Bern, Lissabon, Stockholm, Helsinki, Budapest und Bukarest, der Bevollmächtigte des Reiches in Dänemark, der Reichskommissar für die besetzten norwegischen Gebiete in Oslo sowie der Referatsleiter für Judenangelegenheiten im Amt IV des Reichssicherheitshauptamtes, Adolf Eichmann.

sung ausreichend Zeit verstrichen, sodaß ein Abschluß der Heimschaffungs-
aktion angezeigt sei. Es werde daher gebeten:

1. die Heimschaffung ausländischer Juden 4 Wochen nach Erhalt dieser Mitteilung abzuschließen;
2. dem Auswärtigen Amt alle Fälle, in denen eine Heimschaffung beabsichtigt, aber aus schwerwiegenden Gründen, z.B. mangelnder Transportfä-
higkeit wegen schwerer Erkrankung, nicht durchführbar ist, unter genauer
Mitteilung der Personalien und der Gründe vor Ablauf dieser Frist mitzuteilen;
3. Nach Ablauf dieser Frist noch im deutschen Machtbereich befindliche ausländische Juden würden mit Ausnahme der zu 2. Genannten hinsichtlich
der allgemeinen Judenmaßnahmen wie deutsche Juden behandelt werden.

Der Schlußtermin konnte aus besonderen Gründen nicht für alle Staaten
gleichmäßig gesetzt werden und läuft für die Schweiz, Spanien, Dänemark,
Schweden, Finnland, Ungarn und Rumänien am 26. August ab, während er
für Italien und die Türkei bis zum 10. September geht und für Portugal erst in
diesen Tagen festgesetzt werden wird. Insoweit bleibt weiterer Erlaß vorbehalten. Es darf gebeten werden, dafür Sorge zu tragen, daß die zuständigen
deutschen Polizeibehörden nicht sofort nach Fristablauf, sondern erst nach
einer gewissen Karenzzeit die Einbeziehung der noch Zurückgebliebenen und
dem Auswärtigen Amt nicht unter Angabe der Gründe gemeldeten ausländischen Juden in die allgemeinen Judenmaßnahmen durchführen.

Im Auftrag
WAGNER

439

BArch, Reichskanzlei, R 43 II/1329b

**Schreiben des Führers und Reichskanzlers Hitler
an Reichsprotektor Neurath[803]**

Rk. 9732 D Führer-Hauptquartier, den 22. August 1943

Sehr geehrter Freiherr von Neurath!
In Genehmigung Ihres Antrages habe ich Sie von dem Amte des Reichsprotektors in Böhmen und Mähren entbunden. Es ist mir ein Bedürfnis, Ihnen in
diesem Augenblicke zu danken für die langjährigen treuen Dienste, die Sie
dem deutschen Volke *und mir* geleistet haben. Als Reichsminister des Auswärtigen *führten Sie erfolgreich fünf* Jahre nach der Machtübernahme die
auswärtige Politik des Reiches. Auf meinen besonderen Wunsch haben Sie
nach der Errichtung des Protektorats Böhmen und Mähren das Amt des

---

803 Dieses Schreiben existiert in verschiedenen Versionen. Bis zuletzt wurde an der Formulierung gearbeitet, da Hitler mit den vorgelegten Entwürfen unzufrieden war.

Reichsprotektors übernommen und auch in diesem Amt Ihre *Persönlichkeit und Erfahrungen* zum Besten des Großdeutschen Reichs *eingesetzt und* verwandt. Ihre großen Leistungen auf diesen *verschiedenen* verantwortungsvollen Posten wird das deutsche Volk nicht vergessen. Da Sie Mitglied des Reichskabinetts sind, werden Sie auch in Zukunft in unserer Gemeinschaft bleiben.

Ihren ferneren Wohlergehen gelten meine besonderen Wünsche. Es wird mir eine Freude sein, wenn ich mich *einst wieder* persönlich *davon* überzeugen kann.

Mit herzlichen Grüßen
Ihr
[A. HITLER]

440

PA/AA, Politischer Verschluss (Geheim), R 101359

Bericht des Referatsleiters Protektorat in der Politischen Abteilung Feine an den Vertreter des Auswärtigen Amtes beim Reichsprotektor Luckwald

Pol. IV 5264 g   Berlin, den 12. November 1943

Wie die Deutsche Botschaft in Buenos Aires berichtet, hat die dortige Tschechoslowakische Gesandtschaft ein Rundschreiben der tschechoslowakischen Emigrantenregierung in London erhalten, nach dem der Innenminister Dr. Slávik etwa Folgendes im tschechischen Staatsrat erklärt haben soll:

Die in England ansässigen Deutsch-Böhmen hätten sich in zwei Parteien gespalten, von denen die eine loyal sei, (sie soll hauptsächlich aus Juden und Kommunisten bestehen) während die andere, die von W. Jaksch geführt werde, dies nicht sei. Der letztere fordere von der Exilregierung den Abschluß eines Paktes mit der deutschen Minderheit, der dieser Autonomie verspreche. Der Innenminister hat dieses Ersuchen scharf abgelehnt, wobei er es mit den Zielen der Henlein-Bewegung gleichgestellt hat. Minister Slávik schloß seine Ausführungen mit folgenden Worten: „Alle Deutschen müssen gestraft werden, ohne Unterschied zwischen Nazis im Sudetenland und im Reich, ohne Unterschied zwischen Nazis und Nichtnazis. Sobald die deutsche Bestie fällt, wird der elementare Haß der Tschechen gegen alle Deutschen wirken und ein Gottesgericht durchführen. Dieser elementare Volkswille kann durch keinerlei Zeitungskampagne und Autonomieversprechungen an Herrn Jaksch gewandelt werden.“

Im Auftrag
FEINE

441

PA/AA, Politischer Verschluss (Geheim), R 101359

**Bericht des stellvertretenden Leiters der Verbindungsstelle
des Beauftragten für das Informationswesen in Berlin Stolzmann
an den Leiter der Politischen Abteilung Hencke**

Geheim

Der Herr RAM hat der aus der Anlage ersichtlichen Geheimanregung XXVIII der Politischen Abteilung für den Auslandsinformationsdienst zugestimmt.

Der BfI[804] bittet Sie daher, der Gesandtschaft in Stockholm eine dem Vorschlag der Abt. Pol. entsprechende Weisung zukommen zu lassen. Da es sich bei Jaksch um einen auch im Ausland bekannten Sozialdemokraten handelt, ist es vielleicht trotz der bekannten Schwierigkeiten möglich, die Angelegenheit in einer sozialdemokratischen Zeitung Schwedens unterzubringen. Ich stelle anheim, gegebenenfalls die schwedischen Veröffentlichungen im Rückzitat wieder im A.I.D.[805] zu verwerten und das Material auch Abteilung Ru[806] zur Verfügung zu stellen.

Berlin, den 14. Dezember 1943

STOLZMANN

[Anlage: Geheimanregung Nr. XXVIII für den Auslandsinformationsdienst]

Berlin, den 20. November 1943

Wie die Deutsche Botschaft Buenos Aires berichtet, hat die tschechoslowakische Exilregierung ihre dortige Gesandtschaft in einem Rundschreiben auf Ausführungen zur sudetendeutschen Frage hingewiesen, die der tschechische Innenminister Dr. Slávik im tschechischen Staatsrat gemacht hat. Slávik wendet sich hierin gegen den Führer der sudetendeutschen sozialdemokratischen Emigration, Jaksch, der von der tschechoslowakischen Exilregierung gefordert hat, vor Wiedereingliederung des Sudetenlandes in die Tschechoslowakische Republik mit den Sudetendeutschen einen Pakt abzuschließen durch den dem Sudetenland Autonomie zugesagt wird. Aus anderer Quelle ist bekannt, daß Jaksch überdies erklärt hat, nach Kriegsende müsse das Sudetenland zunächst durch alliierte nichttschechische Truppen besetzt werden, um ein Hinschlachten der sudetendeutschen Bevölkerung durch die Tschechen zu verhindern. Erst nach einer gewissen Beruhigungsperiode könne dann die Wiedereingliederung des Sudetenlandes in die Tschechoslowakei erfolgen. Slávik hat dem Rundschreiben zufolge im tschechischen Staatsrat die Forderung auf Autonomie scharf abgelehnt und dieselbe mit dem Ziel der Henlein-Bewegung gleichgestellt. Seine Rede schloß mit folgenden Worten: „Alle Deutschen müßten gestraft

---

[804] Beauftragte für das Informationswesen.
[805] Auslandsinformationsdienst der Nachrichten- und Presseabteilung.
[806] Rundfunkpolitische Abteilung.

werden ohne Unterschied zwischen Nazis und Nichtnazis. Sobald deutsche Bestie falle, werde elementarer Haß der Tschechen gegen alle Deutschen wirken und Gottesgericht durchführen. Dieser elementare Volkswille könne durch keinerlei Zeitungskampagne und Autonomieversprechungen an Herrn Jaksch gewandelt werden."

Es wird vorgeschlagen, die Gesandtschaft in Stockholm zu beauftragen, eine führende schwedische Zeitung auf diese Polemik gegen Jaksch und die Aufforderung zum Massenmord an allen Deutschen des Sudetenlandes aufmerksam zu machen. Es ist nicht ausgeschlossen, daß auch solche schwedischen Blätter, die dem nationalsozialistischen Deutschland ablehnend gegenüberstehen, eine derartige Information polemisch aufgreifen werden. Jaksch, der bekanntlich im Jahre 1938 bis zuletzt gegen den Anschluß des Sudetenlandes gekämpft hat und für seine Überzeugung ins Exil gegangen ist, dürfte im besonderen der Sympathien seiner sozialdemokratischen Parteigenossen in Schweden sicher sein. Daß nun auch ein so erprobter Tschechenfreund es für notwendig hält, das Sudetendeutschtum durch besondere Sicherungsmaßnahmen vor dem tschechischen Haß zu schützen, daß dieser Wunsch aber schroffste Ablehnung durch die tschechische Exilregierung findet, kann nur geeignet sein, die neutrale Öffentlichkeit von der Maßlosigkeit der feindlichen Kriegsziele zu überzeugen.[807] Eine solche Informierung schwedischer Blätter erscheint auch deshalb erfolgversprechend, weil sich führende schwedische Zeitungen bereits wiederholt gegen ähnliche Rache- und Haßausbrüche im Feindlager gewandt haben.

442

BArch, Reichskanzlei, R 43 II/1328b

Telegramm des Staatspräsidenten Hácha
an den Führer und Reichskanzler Hitler

Rk. 21 D   Lány, 31.12.43

Beim Anbruch des neuen Jahres bitte ich Eure Exzellenz im eigenen Namen und in dem der Protektoratsregierung, unsere wärmsten und ergebensten Glückwünsche entgegennehmen zu wollen. Hinter uns liegt ein Jahr, das durch das Ansteigen der bolschewistischen Gefahr die schicksalhafte Bedeutung des Heldenkampfes Ihrer Truppen auch für das gesamte tschechische Volk betont und unsere tiefe Überzeugung noch mehr gefestigt hat, daß wir der dauernden Erfüllung unserer nationalen und europäischen Ideale nur in treuer Verbindung mit dem Reiche teilhaftig werden können. Dieser Glaube wird uns auch im nächsten Jahre des gegenwärtigen welthistorischen Geschehens ein Rückhalt sein. Wir wünschen Eurer Exzellenz für Ihre weiteren

---

[807] Als sudetendeutscher Sozialdemokrat wandte sich Wenzel Jaksch gegen die Pläne der Londoner Exilregierung, die deutschstämmige Bevölkerung nach dem Krieg aus der Tschechoslowakei zu vertreiben.

Aufgaben auf dem Wege zum endgültigen Siege des Reiches stete, feste Gesundheit und unermüdliche Schaffenskraft.

Staatspräsident DR. EMIL HÁCHA

443

BArch, Reichskanzlei, R 43 II/1328b

Erlass des Führers und Reichskanzlers Hitler[808]

Erlaß des Führers über die Ausübung des Gnadenrechts
durch den Reichsprotektor in Böhmen und Mähren
Vom 25. Januar 1944

Die dem Reichsprotektor in Böhmen und Mähren[809] nach meiner Anordnung vom 20. August 1943 in Strafsachen,[810] die nicht zur Zuständigkeit der Militär- sowie der SS- und Polizeigerichtsbarkeit gehören, obliegende Ausübung des Gnaden- und Niederschlagungsrechts vollzieht sich in Gemäßheit der nachstehenden Bestimmungen.

1.

Der Reichsprotektor in Böhmen und Mähren übt das Gnaden- und Niederschlagungsrecht in allen Strafsachen aus, für die im ersten Rechtszuge ein deutsches Gericht mit Sitz im Protektorat zuständig ist.

2.

In Strafsachen, für die in Ausübung der deutschen Gerichtsbarkeit im Protektorat das Reichsgericht im ersten Rechtszuge, der Volksgerichtshof oder an dessen Stelle ein Oberlandesgericht zuständig ist, wird das Gnaden- und Niederschlagungsrecht vom Reichsprotektor in Böhmen und Mähren im Einvernehmen mit dem Reichsminister der Justiz[811] ausgeübt.

Ist dieses Einvernehmen nicht zu erzielen, so ist durch den Reichsminister und Chef der Reichskanzlei meine Entscheidung herbeizuführen.

3.

Ich behalte mir vor, in einzelnen Fällen selbst zu entscheiden.

Führer-Hauptquartier, den 25. Januar 1944

Der Führer
A. HITLER
Der Reichsminister und Chef der Reichskanzlei
DR. LAMMERS

---

808 Veröffentlicht in RGBl. 1944 I, 39.

809 Wilhelm Frick.

810 Im „Erlass des Führers über den ‚Deutschen Staatsminister für Böhmen und Mähren'" (RGBl. 1943 I, 527) war lediglich geregelt worden, dass der Staatssekretär beim Reichsprotektor in Böhmen und Mähren fortan die Amtsbezeichnung Deutscher Staatsminister für Böhmen und Mähren führt.

811 Otto Georg Thierack.

444

BArch, Reichskanzlei, R 43 II/1327b

Aufzeichnung des Staatsministers für Böhmen und Mähren Frank

<u>Geheime Reichssache</u>
Auszugsweise Abschrift

Protokoll des deutschen Staatsministers für Böhmen und Mähren
SS-Obergruppenführer Karl Hermann Frank
Vortrag beim Führer
Am 26. Januar 1944, 21.15-24.00 Uhr

<u>V. Verwendung von Tschechen im öffentlichen Dienst außerhalb des Protektorats</u>

Ich machte den Führer darauf aufmerksam, daß schon vor der Zeit und zur Zeit seiner Entscheidung, – „daß Tschechen im öffentlichen Dienst des Reiches keine Verwendung finden sollen!" –, im übrigen Reichsgebiet bei der Reichsbahn 12.000, bei der Reichspost 2.891 und innerhalb der Reichsforstverwaltung 126 Tschechen abgeordnet bzw. arbeitsverpflichtet Dienst tun, allerdings zum weitaus größten Teil in niederen Kategorien als Arbeiter und Angestellte und nur zu einem kleinen Bruchteil in mittleren und höheren Posten. Eine plötzliche Zurückführung dieser Kräfte würde unabsehbare Folgen haben. Der Führer entschied daraufhin, daß diese Kräfte zunächst im übrigen Reichsgebiet verbleiben können, daß jedoch künftig keinerlei Beamtenstellen mit Tschechen besetzt werden dürfen.

[FRANK]

445

BArch, Reichskanzlei, R 43 II/1327b

Aufzeichnung ohne Unterschrift

Rk. 358 C   FQ., den 8. Februar 1944

Betrifft: Verwendung von Tschechen im öffentlichen Dienst außerhalb des Protektorats.

1.) Vermerk:

Der Führer hat bei dem Vortrag des Herrn Reichsministers und Chefs der Reichskanzlei und des Reichsleiters Bormann vom 11. Oktober 1943 jede Verwendung von Tschechen im öffentlichen Dienst außerhalb des Protektorats abgelehnt.[812] Der Reichsminister des Innern[813] hat mit Rundschreiben

---

[812] Hitler änderte nach einer Unterredung mit Staatssekretär Frank diese Position, da dieser die Größenordnung und die Notwenigkeit der Tätigkeit von Tschechen bei Reichspost und Reichsbahn verdeutlichte.

[813] Heinrich Himmler.

vom 4. Dezember 1943 die Obersten Reichsbehörden von dieser Führer-Entscheidung unterrichtet.

Der Reichsforstmeister[814] hat mit Schreiben vom 10. Januar 1944 eine Ausnahme von dem Verwendungsverbot für die Reichsforstverwaltung erbeten. Der Führer hat daraufhin bei dem Vortrag des Herrn Reichsministers vom 25. Januar 1944 entschieden, daß Ausnahmen von seinem Verbot, Tschechen im öffentlichen Dienst zu verwenden, nicht gemacht werden dürfen, auch nicht im Bereich der Reichsforstverwaltung. Der Reichsforstmeister ist hiervon noch nicht verständigt worden.

Bei dem Vortrag des Staatsministers Frank beim Führer am 26. Januar 1944 kam die Angelegenheit erneut zur Sprache. Nach dem Protokoll des Staatsministers Frank soll der Führer entschieden haben, daß die bei der Reichsbahn, Reichspost und Reichsforstverwaltung außerhalb des Protektorats verwendeten Tschechen zunächst im übrigen Reichsgebiet verbleiben können, daß jedoch künftig keine Beamtenstellen mit Tschechen besetzt werden dürfen.[815] Dagegen hat der Führer nach der Niederschrift des Reichsleiters Bormann entschieden, daß zwar die bei der Reichsbahn und Reichspost verwendeten Tschechen dort verbleiben können (mit Ausnahme des höheren Dienstes), daß es aber bezüglich des Forstdienstes bei der Reichsminister Dr. Lammers am 25. Januar 1944 mitgeteilten Entscheidung verbleibe.

Inzwischen übersandte der Reichsminister des Innern mit Schreiben vom 24. Januar 1944 mit der Bitte um Stellungnahme Abschrift eines Schreibens des Reichsverkehrsministers[816] vom 28. Dezember 1943 und des Reichspostministers[817] vom 4. Januar 1944. Der Reichsverkehrsminister glaubt annehmen zu können, daß die bei der Deutschen Reichsbahn beschäftigten und dort unentbehrlichen 12.000 tschechischen Eisenbahner von dem Verbot der Beschäftigung von Protektoratsangehörigen im öffentlichen Dienst außerhalb des Protektorats nicht betroffen werden, da diese Eisenbahner nur im Eisenbahnbetrieb, nicht aber im Verwaltungsdienst mit Hoheitsbefugnissen beschäftigt seien. Der Reichspostminister führt aus, daß die von der Böhmisch-Mährischen Postverwaltung zur Deutschen Reichspost abgeordneten rund 3.000 Beamten, Angestellten und Arbeiter ohne Ersatz nicht entbehrt werden können, und bittet, ihre Weiterverwendung solange zu genehmigen, bis die Ersatzfrage gelöst ist.

Die dem Herrn Reichsminister gegenüber gegebene Entscheidung des Führers vom 25. Januar, daß Ausnahmen von seinem Verbot, Tschechen im öffentlichen Dienst zu verwenden, überhaupt nicht gemacht werden dürfen, steht im Gegensatz zu der bei dem Vortrag des Staatsministers Frank am 26. Januar vom Führer gegebenen Weisung. Nach dem Protokoll des Staats-

---

814 Hermann Göring.
815 Siehe Dokument Nr. 444.
816 Julius Dorpmüller.
817 Wilhelm Ohnesorge.

ministers Frank können die bei der Reichsbahn, Reichspost und Reichsforstverwaltung beschäftigten Tschechen zunächst im übrigen Reichsgebiet verbleiben, nach der Niederschrift des Reichsleiters Bormann gilt dies nur für die Reichsbahn und Reichspost, während es bei der Reichsforstverwaltung bei dem Verbot verbleiben solle.

Der Herr Reichsminister beabsichtigt, die Angelegenheit zunächst mit Reichsleiter Bormann zu besprechen.

Wenn der Reichsbahn und Reichspost eine Ausnahme eingeräumt wird, könnte dies wohl auch für die Reichsforstverwaltung bewilligt werden.

Der Reichsforstmeister und der Reichsminister des Innern, letzterer zur Verständigung des Reichsverkehrsministers und des Reichspostministers, sind von der Entscheidung über diese Angelegenheit zu unterrichten.

2.) Herrn Reichsminister mit der Bitte um vorläufige Kenntnisnahme geh[orsamst] vorgelegt.

3.) In Mappe Bormann.

446

BArch, Reichskanzlei, R 43 II/1327b

Rundschreiben des Reichsinnenministers Himmler[818]

I 66/44 g – 2020 BM   Berlin, den 18. Juli 1944

Im Nachgang zu meinem Rundschreiben vom 4. Dezember 1943 – I 5338/43 – 2020 BM.

Betrifft: Verwendung von Tschechen im öffentlichen Dienst außerhalb des Protektorats.

Der Führer hat entschieden, daß die bisher im öffentlichen Dienst außerhalb des Protektorats beschäftigten Tschechen nicht entlassen zu werden brauchen, sofern sie nicht hoheitliche Befugnisse ausüben oder Vorgesetztenstellen bekleiden. Neueinstellungen von Tschechen müssen jedoch unterbleiben.

Unter „Tschechen" sind dabei die Angehörigen des tschechischen Volkstums zu verstehen.

Ich bitte, das hiernach Erforderliche zu veranlassen.

Die von verschiedenen Seiten an mich in der Sache gerichteten Anfragen betrachte ich hierdurch als erledigt.

In Vertretung des Staatssekretärs
[Unterschrift unleserlich]

---

[818] Diese Informationen gingen an die Obersten Reichsbehörden, Reichsstatthalter, Landesregierungen, Oberpräsidenten, Regierungspräsidenten sowie die dem Reichsministerium des Innern unmittelbar nachgeordneten Reichsdienststellen und preußischen Dienststellen.

ABKÜRZUNGSVERZEICHNIS

a.a.O.	am angegebenen Ort
a.D.	außer Dienst
A.d.Verf.	Anmerkung des Verfassers
A.I.D.	Auslandsinformationsdienst der Nachrichten- und Presse- abteilung des AA
a.Rh.	am Rhein
AA	Auswärtiges Amt
Abs.	Absatz
Abt.	Abteilung
ADAP	Akten zur deutschen auswärtigen Politik
AG	Aktiengesellschaft
Aktz.	Aktenzeichen
amerik.	amerikanisch
Anl.	Anlage/n
Anm.	Anmerkung
Art.	Artikel
Ausw.	Auswärtiges
Az.	Aktenzeichen
B.	Berlin
BA	Bundesarchiv
BBC	British Broadcasting Corporation
betr.	betreffend
Bez.	Bezirk
BIZ	Bank für Internationalen Zahlungsausgleich
bzw./bezw.	beziehungsweise
ca.	cirka
CDU	Christlich Demokratische Union Deutschlands
Ceps	Centropress
cm	Zentimeter

ČNS	České Národní souručenství (Tschechische nationale Gemeinschaft)
ČNST	Český národní sociální tábor (Tschechisches nationalsozialistisches Lager)
Co.	Compagnie
ČSR	Česko-Slovenská Republika (Tschecho-slowakische Republik)
ČSSR	Československá socialistická republika (Tschechoslowakische sozialistische Republik)
CSU	Christlich Soziale Union in Bayern
D	Abteilung Deutschland des AA
d.	den
d.h.	das heißt
d.i.	das ist
d.J.	der Jüngere
d.J./d.Js.	dieses Jahres
d.M./d.Mts.	dieses Monats
DAF	Deutsche Arbeitsfront
D.C.	District Columbia
dergl:	dergleichen
Dg.	Dirigent
DGO	Deutsche Gemeindeordnung
Dir.	Direktor
DNB	Deutsches Nachrichtenbüro
Do.	Donnerstag
Dr.	Doktor
DSAP	Deutsche Sozialdemokratische Arbeiterpartei
dzt.	derzeit
e.V.	eingetragener Verein
ehem.	ehemalig
erg.	ergebenst
Erl.	Erlass
etc.	et cetera
f./ff.	folgende Seite/folgende Seiten
Fe. Abwicklungsst.	Abwicklungsstelle des AA
F.A	Abwicklungsstelle des AA
FDP	Freie Demokratische Partei

FQ	Führerhauptquartier
Fr.	Freitag
Frhr.	Freiherr
Frl.	Fräulein
Frs.	Francs
g	geheim
geh.	gehorsamst
Ges.	Gesandter
Ges.Rat	Gesandtschaftsrat
Gestapa	Geheimes Staatspolizeiamt
Gestapo	Geheime Staatspolizei
gez.	gezeichnet
GmbH	Gesellschaft mit beschränkter Haftung
Gr.	Groß
Gr. verst.	Gruppe verstümmelt
h	Uhr
H./Hn.	Herr/en
HaPol	Handelspolitische Abteilung des AA
HJ	Hitlerjugend
Hl.	Heiliger
Hrsg.	Herausgeber
i.A.	im Auftrag
i.L./i.Liqu.	in Liquidation
i.R.	im Ruhestand
i.V.	in Vertretung
IG	Interessengemeinschaft
Ing.	Ingenieur
Inv.	Inventar
jun.	junior
k.u.k.	kaiserlich und königlich
Kč	koruna česká
KdF	Kraft durch Freude
kgl./königl.	königliche/königlich
Kl.	Klasse
km	Kilometer
KPdSU	Kommunistische Partei der Sowjetunion
Kult.	Kulturpolitische Abteilung des AA

KZ	Konzentrationslager
lfdr.	laufender
LR/Leg.Rat	Legationsrat
LS	Legationssekretär
LT	Light Tank
m	Meter
m.E.	meines Erachtens
m.p.	manu propria
Mähr.	Mährisch
Md.F.d.G.b.	Mit der Führung der Geschäfte beauftragt
MD/Min.Dir.	Ministerialdirektor
Mg.	Maschinengewehr
Mi.	Mittwoch
MI6	Military Intelligence Section 6
Mill.	Million/en
Min.Rat	Ministerialrat
Mr.	Mister
Mrd.	Milliarden
Mrs.	Mistress
Msg./Monsig.	Monsignore
NA	Národní archiv (Nationalarchiv)
NAK	Národní akční komité (Nationales Aktionskomitee)
NG	Nationale Gemeinschaft
NO	Národní odboj (Nationaler Widerstand)
No./Nr.	Numero/Nummer
Nov.	November
NS	Národní souručenství (Nationale Gemeinschaft)
NSDAP	Nationalsozialistische Deutsche Arbeiterpartei
NSV	Nationalsozialistische Volkswohlfahrt
Oberreg.Rat	Oberregierungsrat
O.S.	Oberschlesien
ObdH	Oberbefehlshaber des Heeres
OKW	Oberkommando der Wehrmacht
ORR	Oberregierungsrat
österr.	österreichisch
PA/AA	Politisches Archiv des Auswärtigen Amtes
Pak.	Panzerabwehrkanone

Pers.	Personal- und Verwaltungsabteilung des AA
Pg.	Parteigenosse
Pl.	Platz
Pol.	Politische Abteilung des AA
Prof.	Professor
Promi.	Propagandaministerium
Prot.	Protokoll/Protektorat
Qui	Quirinal
R	Rechtsabteilung des AA
R.K.	Reichskonkordat
R.M.f.Ern.u.Ldw.	Reichsministerium für Ernährung und Landwirtschaft
RA	Rechtsanwalt
RAM	Reichsaußenminister
Rb-Dir.	Reichsbankdirektor
rd.	rund
Ref.	Referat
RFM/RFinMin	Reichsfinanzministerium
RGBl.	Reichsgesetzblatt
Rk	Reichskanzlei
RM	Reichsmark
RR/Reg.Rat	Regierungsrat
Rs	Reichssache
RStGB	Reichsstrafgesetzbuch
Ru	Rundfunkpolitische Abteilung des AA
RWM	Reichswirtschaftsministerium
s	Sekunde
S.	Seite
s.	siehe
S.Ges.	Sondergesandter
S.d.G.u.V.	Sammlung der Gesetze und Verordnungen
Slg.d.G.u.Vdg.	Sammlung der Gesetze und Verordnungen
s.Zt.	seinerzeit
SA	Sturmabteilung
SD	Sicherheitsdienst
SFR	Schweizer Franken
sog.	so genannte
SPD	Sozialdemokratische Partei Deutschlands

SS	Schutzstaffel
St.	Sankt
st./stv.	stellvertretender
Stapo	Staatspolizei
Str.	Straße
StS	Staatssekretär
Sv.	svatý
Tel.	Telegramm
telegs.	telegrammschriftlich
u.	und
u.ä.	und ähnliche/s
u.a.	unter anderem/und andere
u.dgl.	und dergleichen
u.zw.	und zwar
UdSSR	Union der Sozialistischen Sowjetrepubliken
UN	United Nations
UP	United Press
US/USA	United States/United States of America
UStS	Unterstaatssekretär
usw.	und so weiter
v.	von/vom
v.d.	von der
v.Mts.	vorigen Monats
V.St.	Vereinigte Staaten
VAA	Vertreter des Auswärtigen Amtes
Vat	Vatikan
VBlRProt.	Verordnungsblatt des Reichsprotektors in Böhmen und Mähren
vgl./vergl.	vergleiche
VLR	Vortragender Legationsrat
VO	Verordnung
vorl.	vorläufig
W	Wirtschaftspolitische Abteilung des AA
YMCA	Young Men's Christian Association
Z.A.V.	Zollabfertigungsvorschriften
z.B.	zum Beispiel
z.b.V.	zur besonderen Verwendung

z.d.	zu den
z.D.	zur Dienststellung
z.g.K.	zur gelegentlichen Kenntnisnahme
z.T.	zum Teil
z.Zt.	zur Zeit
Ziff.	Ziffer
Zł.	złoty

QUELLEN- UND LITERATURVERZEICHNIS

Unveröffentlichte Quellen

Bundesarchiv Berlin (BArch)
Reichskanzlei (R 43/II)
Büro des Reichsaußenministers (R 901)
Handakten

Národní archiv Praha (Nationalarchiv Prag, NA)
Úřad říšského protektora – Zástupce říšského ministerstva zahraničních věcí
  u říšského protektora (Amt des Reichsprotektors – Vertreter des Reichs-
  außenministeriums beim Reichsprotektor) (fond 1005/1)
Ziemke Kurt, Dr., 1897–1944 (fond AMV 102-3/1)

Politisches Archiv des Auswärtigen Amtes Berlin (PA/AA)
Büro des Staatssekretärs
Dienststelle Ribbentrop
Politischer Verschluss (Geheim)
Politische Abteilung IV (Tschechoslowakei)
Politische Abteilung IV (Protektorat)
Nachlass Andor Hencke
Inland II (Geheim)
Inland II - A/B
Handakten Botschafter Ritter
Handakten Hencke
Handakten Ministerialdirektor Wiehl
Handelspolitische Abteilung
Rechtsabteilung
Personalabteilung

Veröffentlichte Quellen

Akten zur deutschen auswärtigen Politik 1918–1945. Serie D (1937–1941) und Serie E (1941–1945). Baden-Baden, Göttingen 1950–1979.

Alexander, Manfred (Hg.): Quellen zu den deutsch-tschechischen Beziehungen 1848 bis heute. Darmstadt 2005.

Bahr, Egon: Zu meiner Zeit. München 1996.

Beneš, Edvard: Aufstand der Nationen. Der Weltkrieg und die tschechoslowakische Revolution. Berlin 1928.

— Memoirs of Dr. Eduard Benes: From Munich to New War and New Victory. Translation by Godfrey Lias. London 1954.

— The Fall and Rise of a Nation. Czechoslovakia 1938–1941. Introduced and ed. by Milan *Hauner.* Boulder/Colorado u. a. 2004.

— Šest let exilu a druhé světové války. Řeči, projevy a dokumenty z r. 1938–1945 [Sechs Jahre Exil und Zweiter Weltkrieg. Reden, Kundgebungen und Dokumente aus den Jahren 1938–1945]. 3. Aufl. Praha 1946.

Bundesgesetzblatt. Teil II. Bonn 1974.

Čapek, Karel: Gespräche mit Masaryk. Stuttgart, München 2001.

Deutsche Gesandtschaftsberichte aus Prag. Innenpolitik und Minderheitenprobleme in der Ersten Tschechoslowakischen Republik.

Teil I: Von der Staatsgründung bis zum ersten Kabinett Beneš (1918–1921). Berichte des Generalkonsuls von Gebsattel, des Konsuls König und des Gesandten Professor Saenger. Ausgewählt, eingeleitet und kommentiert von Manfred *Alexander.* 2. Aufl. München 2003.

Teil II: Vom Kabinett Beneš bis zur ersten übernationalen Regierung unter Švehla (1921–1926). Berichte des Gesandten Dr. Walter Koch. Ausgewählt, eingeleitet und kommentiert von Manfred *Alexander.* München 2004.

Teil III: Von der Regierung unter Švehla bis zum Vorabend der nationalsozialistischen Machtergreifung in Deutschland (1926–1932). Ausgewählt, eingeleitet und kommentiert von Manfred *Alexander.* München 2009.

Teil IV: Vom Vorabend der Machtergreifung in Deutschland bis zum Rücktritt von Präsident Masaryk (1933–1935). Ausgewählt, eingeleitet und kommentiert von Heidrun und Stephan *Dolezel.* München 1991.

Teil V: 1935–1938. Ausgewählt, eingeleitet und kommentiert von Heidrun und Stephan Dolezel (in Vorbereitung).

Domarus, Max (Hg.): Hitler. Reden und Proklamationen 1932–1945. Kommentiert von einem deutschen Zeitgenossen. 2 Bände, Würzburg 1962 und 1963.

Fröhlich, Elke (Hg.): Die Tagebücher von Joseph Goebbels. Sämtliche Fragmente. Teil I. Aufzeichnungen 1924–1941. 9 Bände, München u. a. 1997–2006.

Genscher, Hans-Dietrich: Erinnerungen. Berlin 1995.

Hencke, Andor: Augenzeuge einer Tragödie. Diplomatenjahre in Prag 1936–1939. München 1977.

Hitler, Adolf: Mein Kampf. 67. Aufl. München 1933.

Hohlfeld, Johannes (Hg.): Die Zeit der nationalsozialistischen Diktatur 1933–1945. Deutschland im Zweiten Weltkrieg 1939–1945. Berlin 1951.

Kárný, Miroslav/*Milotová,* Jaroslava/*Moravcová,* Dagmar (Hg.): Anatomie okupační politiky hitlerovského Německa v „Protektorátu Čechy a Morava". Dokumenty z období říšského protektora Konstantina von Neuratha [Die Anatomie der Okkupationspolitik Hitlerdeutschlands im „Protektorat Böhmen und Mähren". Dokumente aus der Ära des Reichsprotektors Konstantin von Neurath]. Prag 1987.

Kárný, Miroslav/*Milotová,* Jaroslava/*Kárná,* Margita (Hg.): Deutsche Politik im „Protektorat Böhmen und Mähren" unter Reinhard Heydrich 1941–1942. Eine Dokumentation. Berlin 1997.

Kennan, George F.: Diplomat in Prag. 1938–1940. Berichte, Briefe, Aufzeichnungen. Frankfurt am Main, 1972.

Kießling, Friedrich (Hg.): Quellen zur deutschen Außenpolitik 1933–1939. Darmstadt 2000.

Král, Václav (Hg.): Das Abkommen von München 1938. Tschechoslowakische diplomatische Dokumente 1937–1939. Prag 1968.

— (Hg.): Die Deutschen in der Tschechoslowakei 1933–1947. Dokumentensammlung. Prag 1964.

Král, Václav/*Fremund,* Karel (Hg.): Die Vergangenheit warnt. Dokumente über die Germanisierungs- und Austilgungspolitik der Naziokkupanten in der Tschechoslowakei. Prag 1960.

Parliamentary Debates. House of Commons, Official Report. London 1938–1939.

Parliamentary Debates. House of Lords, Official Report. London 1939.

Peace and War: United States Foreign Policy 1931–1941. Hg. v. *United States Government Printing Office.* Washington 1943.

Der Prozeß gegen die Hauptkriegsverbrecher vor dem Internationalen Militärgerichtshof. Nürnberg, 14.11.1945–1.10.1946. 42 Bände. Hg. v. *Internationalen Militärgerichtshof.* Nürnberg 1947–1949.

Reichsgesetzblatt. Teil I und II. Berlin 1920-1944.

Sammlung der Gesetze und Verordnungen des Čechoslowakischen Staates. Prag 1940.

Schmidt, Paul: Statist auf diplomatischer Bühne 1923–45. Erlebnisse des Chefdolmetschers im Auswärtigen Amt mit den Staatsmännern Europas. Bonn 1949.

Schumann, Wolfgang/*Nestler,* Ludwig (Hg.): Die Okkupationspolitik des deutschen Faschismus (1938–1945). Die faschistische Okkupationspolitik in Österreich und der Tschechoslowakei. 1938–1945. Dokumentenauswahl und Einleitung von Helma *Kaden.* Unter Mitarbeit von Ludwig Nestler & Wolfgang Schumann. Berlin [Ost], Köln 1988.

Statistisches Jahrbuch für das Protektorat Böhmen und Mähren 1 (1941). Hg. v. *Statistischen Zentralamt in Prag.* Prag 1941.

Thurich, Eckart: Schwierige Nachbarschaften. Deutsche und Polen – Deutsche und Tschechen im 20. Jahrhundert. Eine Darstellung in Dokumenten. Stuttgart u. a. 1990.

Die kämpfende Tschechoslowakei. Dokumente über die Widerstandsbewegung des tschechoslowakischen Volkes in den Jahren 1938–1945. Hg. v. *Komitee für die Geschichte der Tschechoslowakischen Widerstandsbewegung.* Bearbeitet von Jiří Doležal und Jan Křen. Prag 1964.

Sammelwerke

Akten zur deutschen auswärtigen Politik. Serie A bis E Ergänzungsband. Bonn, 1995.

Allgemeine Deutsche Biographie. Hg. v. d. *Historischen Commission bei der Königlichen Akademie der Wissenschaften.* 56 Bände. Neudruck der 1. Auflage von 1875–1912. Berlin, 1967–1971.

Altpreußische Biographie.
1. Band: Hg. v. Christian *Krollmann.* Königsberg 1941;
2. und 3. Band: Hg. v. Kurt *Forstreuter* und Fritz *Gause.* Marburg 1967, 1975;
4. Band: Hg. v. Ernst *Bahr* und Gerd *Brausch.* Marburg 1995.

Benz, Wolfgang/*Graml,* Hermann (Hg.): Biographisches Lexikon zur Weimarer Republik. München 1988.

Benz, Wolfgang/*Graml,* Hermann/*Weiß,* Hermann (Hg.): Enzyklopädie des Nationalsozialismus. München 1997.

Biographisches Handbuch des Auswärtigen Dienstes. 1871–1945. Hg. v. *Auswärtigen Amt.* Band 1 (A-F), Paderborn u. a. 2000, Band 2 (G-K), Paderborn u. a. 2005, Band 3 (L-R), Paderborn u. a. 2008, Band 4 (S), Paderborn u. a. 2012, Band 5 (T-Z) Paderborn u. a. 2013.

Bringmann, Tobias C.: Handbuch der Diplomatie 1815–1963. Auswärtige Missionschefs in Deutschland und deutsche Missionschefs im Ausland von Metternich bis Adenauer. München 2001.

A Catalogue of Files and Microfilms of the German Foreign Ministry Archives 1867–1920. Edited by the *American Historical Association Committee for the Study of War Documents.* Oxford 1959.

A Catalog of Files and Microfilms of the German Foreign Ministry Archives 1920–1945. Compiled and edited by George O. *Kent.* Volume 1–4. Stanford/California 1962–1972.

Cron, Hermann: Geschichte des Deutschen Heeres im Weltkriege 1914–1918. Neudruck der Ausgabe Berlin 1937, Band 5. Osnabrück 1990.

Das deutsche Führerlexikon 1934/35. Berlin 1934.

Genealogisches Handbuch des Adels. Gräfliche Häuser A. Bearbeitet unter Aufsicht des Ausschusses für adelsrechtliche Fragen der deutschen Adelsverbände in Gemeinschaft mit dem Deutschen Adelsarchiv. Glücksburg/Ostsee 1952 ff.

Genealogisches Handbuch des Adels. Gräfliche Häuser B. Bearbeitet unter Aufsicht des Ausschusses für adelsrechtliche Fragen der deutschen Adelsverbände in Gemeinschaft mit dem Deutschen Adelsarchiv. Glücksburg/Ostsee 1953 ff.

Horkenbach, Cuno (Hg.): Das Deutsche Reich von 1918 bis heute. Berlin 1935.

Klee, Ernst: Das Personenlexikon zum Dritten Reich. Wer war was vor und nach 1945? Frankfurt am Main 2003.

Mommsen, Wolfgang A.: Verzeichnis der schriftlichen Nachlässe in deutschen Archiven und Bibliotheken. 3 Bände. Boppard am Rhein 1977–1983.

Neue Deutsche Biographie. Hg. v. d. *Historischen Kommission bei der Bayerischen Akademie der Wissenschaften.* 19 Bände. Berlin 1953–1999.

Reichshandbuch der deutschen Gesellschaft. 2 Bände. Berlin 1931.

Seele, Götz von: Ostdeutsche Biographien: 365 Lebensläufe in Kurzdarstellungen. Nürnberg 1955.

Stockhorst, Erich: Fünftausend Köpfe. Wer war was im 3. Reich. 2. Aufl. Kiel 1985.

Weiß, Hermann: Biographisches Lexikon zum Dritten Reich. 2. Aufl. Frankfurt am Main 1998.

Wer ist's? Hg. v. Walter *Habel.* 12. Aufl. Berlin 1955.

Wistrich, Robert: Wer war wer im Dritten Reich? München 1983.

Zentner, Christian/*Bedürftig,* Friedemann: Das große Lexikon des Dritten Reiches. München 1985.

Darstellungen

N.N.: Die deutsche Frage und die Tschechoslowakei: 1938–1961. München 1962.

Balcar, Jaromír/*Kučera*, Jaroslav: Von der Rüstkammer des Reiches zum Maschinenwerk des Sozialismus. Wirtschaftslenkung in Böhmen und Mähren 1938 bis 1953. Göttingen 2013.

Benoist-Méchin, Jaques: Geschichte der deutschen Militärmacht 1918–1946. Bd. 7. Preußisch-Oldendorf 1971.

Blasius, Rainer A.: Für Großdeutschland gegen den großen Krieg. Staatssekretär Ernst Frhr. von Weizsäcker in den Krisen um die Tschechoslowakei und Polen 1938/39. Köln u. a. 1981.

Bloch, Charles: Das Dritte Reich und die Welt. Die deutsche Außenpolitik 1933–1945. Paderborn u. a. 1993.

Brandes, Detlef: Die Tschechen unter deutschem Protektorat. 2 Bände. München, Wien 1969 und 1975.

— Großbritannien und seine osteuropäischen Alliierten 1939–1943. München 1988.

Brandes, Detlef/*Míšková*, Alena: Vom Osteuropa-Lehrstuhl ins Prager Rathaus: Josef Pfitzner 1901–1945. Essen, Praha 2013.

Brügel, Johann Wolfgang: Tschechen und Deutsche 1939–1946. München 1974.

Burleigh, Michael: Germany turns eastwards. A study of Ostforschung in the Third Reich. Cambridge u. a. 1988.

Craig, Gordon A.: Krieg, Politik und Diplomatie. Wien 2001.

Dederichs, Mario R.: Heydrich. Das Gesicht des Bösen. München u. a. 2006.

Deist, Wilhelm/*Messerschmidt*, Manfred/*Volkmann*, Hans-Erich/*Wette*, Wolfram: Ursachen und Voraussetzungen der deutschen Kriegspolitik. Stuttgart 1979.

Gajan, Koloman (Hg.): Deutschland und die Tschechoslowakei. 1918–1945. Prag 1965.

Gebel, Ralf: „Heim ins Reich!" Konrad Henlein und der Reichsgau Sudetenland (1938–1945). 2. Aufl. München 2000.

Glotz, Peter: Die Vertreibung. Böhmen als Lehrstück. Berlin 2004.

Graml, Hermann: Europas Weg in den Krieg. Hitler und die Mächte 1939. München 1990.

Haasis, Hellmut G.: Tod in Prag. Das Attentat auf Reinhard Heydrich. Reinbek 2002.

Habel, Fritz Peter: Eine politische Legende. Die Massenvertreibung von Tschechen aus dem Sudetengebiet 1938/39. München 1996.

Hacke, Christian: Die Ost- und Deutschlandpolitik der CDU/CSU. Wege und Irrwege der Opposition seit 1969. Köln 1975.

Hein, Bernd: Braune Bischöfe für's Reich? Das Verhältnis von katholischer Kirche und totalitärem Staat dargestellt anhand der Bischofsernennungen im nationalsozialistischen Deutschland. Bamberg 2007.

Hildebrand, Klaus: Das vergangene Reich. Deutsche Außenpolitik von Bismarck bis Hitler. 1871–1945. Stuttgart 1995.

Hoensch, Jörg K./*Kováč,* Dušan (Hg.): Das Scheitern der Verständigung. Tschechen, Deutsche und Slowaken in der Ersten Republik (1918–1938). Essen 1994.

Hoensch, Jörg K./*Lemberg,* Hans (Hg.): Begegnung und Konflikt. Schlaglichter auf das Verhältnis von Tschechen, Slowaken und Deutschen 1815–1989. Beiträge aus den Veröffentlichungen der Deutsch-Tschechischen und Deutsch-Slowakischen Historikerkommission. Essen 2001.

Hoensch, Jörg K.: Geschichte der Tschechoslowakei. 3. Aufl. Stuttgart u. a. 1992.

Ivanov, Miroslav: Der Henker von Prag. Das Attentat auf Heydrich. Berlin 1993.

Kaiser, Johann: Die Politik des Dritten Reiches gegenüber der Slowakei 1939–1945. Ein Beitrag zur Erforschung der nationalsozialistischen Satellitenpolitik in Südosteuropa. Bochum 1970.

Kracik, Jörg: Die Politik des deutschen Aktivismus in der Tschechoslowakei 1920–1938. Frankfurt am Main u. a. 1999.

Launay, Jacques de: Geheimdiplomatie 1939–1945. Wien u. a. 1963.

Leniger, Markus: Nationalsozialistische „Volkstumsarbeit" und Umsiedlerpolitik 1933–1945: Von der Minderheitenbetreuung zur Siedlerauslese. Berlin 2006.

Leske, Franz/*Loewenfeld,* William (Hg.): Die Rechtsverfolgung im internationalen Verkehr. Das Recht der Staatsangehörigkeit der europäischen und der außereuropäischen Staaten. Band 7. Berlin 1934.

Lukeš, Igor: Czechoslovakia between Stalin and Hitler. The Diplomacy of Edvard Beneš in the 1930s. New York u. a. 1996.

Lukeš, Igor/*Goldstein,* Erik: The Munich crisis, 1938. Prelude to World War II. London u. a. 1999.

MacDonald, Callum: Heydrich – Anatomie eines Attentats. München 1990.

MacDonald, Callum/*Kaplan,* Jan: Prague in the Shadow of the Swastika. A History of the German occupation 1939–1945. London, Praha 1995.

Merz, Karl: Deutsch-Tschechische Tragödie. Das Münchener Abkommen des Jahres 1938. Ursachen, Zustandekommen, Folgen, völkerrechtliche Aspekte und Kritik. Hamburg 1972.

Michaelis, Klaus: 1938 – Krieg gegen die Tschechoslowakei. Der Fall „Grün". Berlin 2004.

Mund, Gerald: Herbert von Dirksen (1882–1955): Ein deutscher Diplomat in Kaiserreich, Weimarer Republik und Drittem Reich. Eine Biografie. Berlin 2003.

— Ostasien im Spiegel der deutschen Diplomatie. Die privatdienstliche Korrespondenz des Diplomaten Herbert v. Dirksen von 1933 bis 1938. Stuttgart 2006.

Naumann, Uwe (Hg.): Lidice – ein böhmisches Dorf. Frankfurt am Main 1983.

Overmans, Rüdiger: Deutsche militärische Verluste im Zweiten Weltkrieg. München 1999.

Prinz, Friedrich (Hg.): Deutsche Geschichte im Osten Europas. Böhmen und Mähren. Berlin 1993.

Richter, Oskar: Die deutsche Ostpolitik zwischen München und Prag. Kiel 1967.

Rönnefarth, Hellmuth K.G.: Die Sudetenkrise in der internationalen Politik. Entstehung, Verlauf, Auswirkung. 2 Bände. Wiesbaden 1961.

Schaller, Helmut: Der Nationalsozialismus und die slawische Welt. Regensburg 2002.

Schmid, Daniel C.: Dreiecksgeschichten. Die Schweizer Diplomatie, das „Dritte Reich" und die böhmischen Länder 1938–1945. Zürich 2004.

Schulz, Gerhard: Geschichte im Zeitalter der Globalisierung. Berlin 2004.

Smelser, Ronald M.: The Sudeten problem, 1933–1938. Volkstumpolitik and the formulation of Nazi foreign policy. Middletown 1975.

Spengler, Erhard: Zur Frage des völkerrechtlich gültigen Zustandekommens der deutsch-tschechoslowakischen Grenzneuregelung von 1938. Berlin 1967.

Stuhlpfarrer, Karl: Umsiedlung Südtirol. Zur Außenpolitik und Volkstumspolitik des deutschen Faschismus 1939–1945. Wien 1983.

Taborský, Edward: President Edvard Benes. Between East and West, 1938–1948. Stanford 1981.

Toppe, Andreas: Militär und Kriegsvölkerrecht. Rechtsnorm, Fachdiskurs und Kriegspraxis in Deutschland 1899–1940. München 2008.

Umbreit, Hans: Deutsche Militärverwaltungen 1938/39. Die militärische Besetzung der Tschechoslowakei und Polens. Stuttgart 1977.

Ursachen und Voraussetzungen der deutschen Kriegspolitik. Hg. v. *Militärischen Forschungsamt*. Stuttgart 1979.

Vyšný, Paul: The Runciman Mission to Czechoslovakia, 1938. Prelude to Munich. Basingstoke u. a. 2003.

Ziegler, Wilhelm: Was wird mit Frankreich? Ein weltgeschichtliches Bild. Berlin 1939.

Zimmermann, Volker: Die Sudetendeutschen im NS-Staat. Politik und Stimmung der Bevölkerung im Reichsgau Sudetenland (1938–1945). Essen 1999.

Zückert, Martin: Zwischen Nationsidee und staatlicher Realität. Die tschechoslowakische Armee und ihre Nationalitätenpolitik 1918–1938. München 2006.

Aufsätze

Alexander, Manfred: Die Tschechoslowakei und das Deutsche Reich zwischen Versailles und München. In: *Suppan,* Arnold/*Vyslonzil,* Elisabeth (Hg.): Edvard Beneš und die tschechoslowakische Außenpolitik 1918–1948. Frankfurt am Main u. a. 2002, 99–120.

Brandes, Detlef: Nationalsozialistische Tschechenpolitik im Protektorat Böhmen und Mähren. In: *Brandes,* Detlef/*Kural,* Václav (Hg.): Der Weg in die Katastrophe. Deutsch-tschechoslowakische Beziehungen 1938–1947. Essen 1994, 39–56.

— Nationalsozialistische Siedlungspolitik in den böhmischen Ländern. In: *Brunnbauer,* Ulf/*Helmedach,* Andreas/*Troebst,* Stefan (Hg.): Schnittstellen. Gesellschaft, Nation, Konflikt und Erinnerung in Südosteuropa. Festschrift für Holm Sundhaussen zum 65. Geburtstag. München 2007, 301–322.

Küpper, René: Karl Hermann Frank als Deutscher Staatsminister für Böhmen und Mähren. In: *Glettler,* Monika/*Lipták,* Ľubomír/*Míšková,* Alena (Hg.): Geteilt, besetzt, beherrscht. Die Tschechoslowakei 1938–1945: Reichsgau Sudetenland, Protektorat Böhmen und Mähren, Slowakei. Essen 2004, 31–52.

Rhode, Gotthold: Das Protektorat Böhmen und Mähren 1939–1945. In: *Mamatey,* Victor S./ *Lůža,* Radomír (Hg.): Geschichte der Tschechoslowakischen Republik 1918–1948. Wien u. a. 1980, 314–340.

Romsics, Ignác: Ungarn und der Erste Wiener Schiedsspruch. In: *Zarusky,* Jürgen/*Zückert,* Martin (Hg.): Das Münchener Abkommen von 1938 in europäischer Perspektive. München 2013, 341–348.

Vormeier, Barbara: Frankreich. In: *Krohn,* Claus-Dieter u. a. (Hg.): Handbuch der deutschsprachigen Emigration 1933–1945. Darmstadt 1998, 213–250.

PERSONENREGISTER

Dieses Personenregister dient dem Auffinden von Personen in der Quellenedition. Dabei bezeichnen die normalen Ziffern die <u>Dokumentennummern, während fett gedruckte Ziffern sich auf die Seitenzahl der Einleitung beziehen</u>. Hinzugefügte Informationen zu den Personen beschränken sich vorwiegend auf den Zeitraum 1938 bis 1945. Korrigiert wurde die unterschiedliche, bisweilen auch fehlerhafte Schreibweise der Namen in den Dokumenten. Nicht immer gelang es, die richtige Schreibweise zu eruieren.

1945 bis zu seinem Tod am 31. Juli 1945 in sowjetischer Internierung) 8

Asmis, Rudolf (1879–1945; Juni 1932 bis April 1939 Deutscher Generalkonsul in Sydney, ab September 1939 diverse diplomatische Aufgaben, verstorben am 13. November 1945 in sowjetischer Haft) 83

Attolico, Bernardo (1880–1942; 1935 bis 1940 Italienischer Botschafter in Berlin) 52, 61, 100

Bachmann, Friedrich (1884–1960; Regierungspräsident, im März 1939 dem Chef der Zivilverwaltung in Prag zugeteilt) 80

Balfour, Arthur James (1848–1930; 1916 bis 1918 britischer Außenminister) 190

Bancke (1940 Attaché des Auswärtigen Amtes) 346

Barasetti (Flüchtling in der Britischen Gesandtschaft in Prag) 26, 28

Bárta, Šimon (1864–1940; bis zu seinem Tod am 2. Mai 1940 Bischof von Budweis) 303, 361

Bayer, Viktor (1894–?; bis März 1939 Mitarbeiter der Abteilung Osteuropa des tschechoslowakischen Außenministeriums) 87

Beck, Józef (1894–1944; Oberst, 1932 bis September 1939 polnischer Außenminister) 30

Bečka (Slowakischer Generalkonsul in Prag) 434, 435

Beecham, Sir Thomas (1879–1961; Leiter der Covent Garden Opera in London) 79, 95, 99

Beethoven, Ludwig van (1770–1827) 318

Belcredi, Karl Graf von (1893–1972; ab 1940 stellvertretender Vorsitzender des Tschechischen Verbandes für die Zusammenarbeit mit den Deuschen) 251, 316

Bender, André (Autor) 200

Bene, Otto (1884–1973; ab Mai 1940 Vertreter des Auswärtigen Amtes beim Reichskommissar für die besetzten niederländischen Gebiete, Mai 1945 bis Februar 1948 Inhaftierung in den Niederlanden) 438

Beneš, Bohuš (1901–1977; Neffe von Edvard Beneš) 118

Beneš, Edvard (1884–1948; November 1918 bis Dezember 1935 tschechoslowakischer Außenminister, ab 1935 Staatspräsident der Tschechoslowakei, 5. Oktober 1938 Rücktritt infolge des Münchener Abkommens, anschließend bis 1945 Exil in London mit Leitung der dortigen tschechoslowakischen Exilregierung) 20, 34, 88, 106, 111, 118, 128, 130, 135, 153, 156, 169, 187, 189, 190, 200, 204, 206, 207, 209, 221, 224, 232, 236, 246, 249, 251, 259, 262, 273, 274, 292, 293, 295, 328, 347, 361, 391, 392, 402, 404, 412, 415, 416, 419, 425, 427, 430, 436, 437

Beran, Rudolf (1887–1954; Vorsitzender der Tschechoslowakischen Agrarier-Partei, Dezember 1938 bis März 1939 Ministerpräsident der Tschechoslowakei, März bis April 1939 Ministerpräsident im Protektorat) 232, 246, 257, 328, 419

Berber, Friedrich (1898–1984; 1936 bis 1944 Leiter des Deutschen Instituts für Außenpolitische Forschung in Berlin sowie Völkerrechtsexperte

die Zusammenarbeit mit den Deutschen) 251, 257, 289, 401

Fragner, Karel (bis März 1939 Mitarbeiter der Abteilung Verkehr des tschechoslowakischen Außenministeriums) 87

Frank, Carola (1913–?; Ehefrau von Karl Hermann Frank) 318

Frank, Hans (1900–1946; 1939 bis 1945 Generalgouverneur in Polen) 336

Frank, Karl Hermann (1898–1946; ab 1936 stellvertretender Vorsitzender der Sudetendeutschen Partei, 1939 Staatssekretär im Protektorat, SS-Gruppenführer, Juni 1943 SS-Obergruppenführer, August 1943 Staatsminister für Böhmen und Mähren, Juli 1944 General der Waffen-SS, 22. Mai 1946 Hinrichtung in Prag) **5**, **8**, 67, 85, 134, 157, 169, 194, 207, 212, 213, 215, 219, 226, 231, 236, 250, 269, 283, 285, 286, 290, 297, 300, 301, 302, 303, 304, 306, 310, 312, 318, 339, 340, 341, 347, 349, 351, 353, 357, 371, 372, 382, 394, 398, 406, 411, 415, 419, 425, 433, 436, 443, 444, 445

Frankenberger, Otakar (1884–1941; Sektionschef des Landwirtschaftsministeriums im Protektorat, am 10. Oktober 1941 hingerichtet) 401, 405, 407

Franz Joseph I. (1830–1916; 1848 bis 1916 Kaiser von Österreich und König von Ungarn) 127

Fraser, Sir Ian (1897–1974, britischer konservativer Politiker) 116

Fribourg, André (Autor) 200

Frick, Wilhelm (1877–1946; Januar 1933 bis August 1943 Reichsin-

nenminister, August 1943 bis April 1945 Reichsprotektor) **5**, 1, 85, 101, 115, 126, 139, 141, 154, 176, 228, 248, 332, 343, 367, 443

Friderici, Erich (1885–1964; General, bis Oktober 1941 Wehrmachtsbevollmächtigter in Prag) **5**, 72, 402

Friedrich von der Pfalz (1596–1632; 1619 bis 1620 König von Böhmen) 201

Frielitz, Karl (1940 Presseattaché der Deutschen Gesandtschaft in Kopenhagen) 268

Frohwein, Hans (1887–1956; März 1936 bis zur Schließung der Gesandtschaft im August 1940 Deutscher Gesandter in Reval, bis Anfang 1944 diverse diplomatische Aufgaben, anschließend im Krankenurlaub, nach Kriegsende Wirtschaftsjurist und Außenhandelsexperte) 76

Frolík, František (1891–1941; Obersektionschef im Landwirtschaftsministerium im Protektorat, am 18. Oktober 1941 hingerichtet) 408

Funk, Walther (1890–1960; 1938 bis 1945 Reichswirtschaftsminister) 14, 85, 100

Furtwängler, Wilhelm (1886–1954; deutscher Dirigent und Komponist) 318

Gajda, Radola (1892–1948; eigentlich Rudolf Geidl; tschechischer General, Begründer der Gajda-Faschisten/Národní akční komité, 1948 im Gefängnis gestorben) 232, 246

Gallus (Pseudonym; französischer Journalist) 30

ber 1944 Versetzung in den einstweiligen Ruhestand) 33, 104

Mackenzie King, William Lyon (1874-1950; 1935 bis 1948 kanadischer Premierminister) 62, 77

Madeley, Walter Bailey (1873-1947; südafrikanischer Abgeordneter) 116

Magistrati, Massimo Graf (1899-1970; 1936 bis 1940 mehrfach Geschäftsträger der Italienischen Botschaft in Berlin) 73, 224

Majskij, Ivan (1884-1975; 1932 bis 1943 Sowjetischer Botschafter in London) 393

Malan, Daniel (1874-1953; südafrikanischer Abgeordneter, Vorsitzender der Nationalisten) 116

Malý, Jaroslav (Stabskapitän, bis März 1939 Luftattaché der Tschechoslowakischen Gesandtschaft in Berlin) 145

Malypetr, Jan (1873-1947; Politiker der Agrarier-Partei, zeitweise Ministerpräsident bzw. Minister) 328

Manion, Robert James (1881-1943; 1938 bis 1940 Vorsitzender der Konservativen Partei Kanadas und Oppositionsführer im kanadischen Parlament) 62, 77

Mann, Heinrich (1871-1950; deutscher Schriftsteller) 111, 135

Marosy, von (ab Mai 1939 Ungarischer Generalkonsul in Prag) 163, 313, 375, 383

Maršíková, Marie (bis März 1939 Mitarbeiterin der Tschechoslowakischen Gesandtschaft in Berlin) 94, 145, 149

Martinek, Joseph (1889-1980; tschechischer Journalist) 118

Martius, Georg (1884-1951; ab April 1938 Referatsleiter Allgemeine Verkehrsangelegenheiten der Wirtschaftspolitischen Abteilung des Auswärtigen Amtes) 133

Masaryk, Jan (1886-1948; 1925 bis März 1939 Tschechoslowakischer Gesandter in London, Juli 1940 bis April 1945 Außenminister der tschechoslowakischen Exilregierung in London, April 1945 bis zu seinem mysteriösen Tod im März 1948 tschechoslowakischer Außenminister) 22, 16, 118, 128, 190, 200, 217, 233, 273, 391

Masaryk, Tomáš Garrigue (1850-1937; 1918 bis 1935 Staatspräsident der Tschechoslowakei) 64, 111, 190, 208, 215, 221, 236, 273, 293, 295, 328, 411, 433

Masaryková, Alice (1879-1966; Tochter des ehemaligen Staatspräsidenten Masaryk) 295

Mašek (bis März 1939 Kanzleiverwalter der Tschechoslowakischen Gesandtschaft in Berlin) 94, 145

Mastný, Vojtěch (1874-1954; bis März 1939 Tschechoslowakischer Gesandter in Berlin) 11, 48, 94, 106, 229

Mativet (Französischer General) 204

Matouš, V. (bis März 1939 Mitarbeiter der Tschechoslowakischen Gesandtschaft in Berlin) 94

Meier (1939 Leiter der Abwicklungsstelle des Auswärtigen Amtes) 137, 149

Meißner, Otto (1919 bis 1934 Staatssekretär im Büro des Reichspräsidenten, 1934 bis 1945 Leiter der Präsidialkanzlei Hitlers) 3

196, 201, 207, 209, 212, 213, 216,
218, 219, 220, 221, 223, 226, 227,
229, 230, 231, 237, 239, 241, 244,
246, 248, 249, 250, 252, 254, 256,
257, 260, 263, 266, 272, 276, 277,
280, 281, 283, 290, 291, 292, 294,
295, 296, 301, 302, 303, 304, 306,
308, 310, 311, 312, 313, 315, 318,
320, 330, 331, 333, 335, 337, 338,
339, 340, 341, 342, 345, 346, 347,
348, 349, 350, 351, 352, 353, 354,
355, 356, 357, 358, 359, 361, 363,
364, 365, 368, 369, 370, 371, 380,
381, 382, 385, 386, 389, 395, 396,
398, 402, 408, 411, 413, 419, 431,
439

Neurath, Marie Auguste von (1875–1960; Ehefrau von Konstantin von Neurath) 318

Newton, Sir Basil (1889–1965; bis März 1939 Britischer Gesandter in Prag) 26, 28, 58, 59, 66

Niederle, Miloslav (1890–?; bis März 1939 Leiter der Abteilung Südeuropa des tschechoslowakischen Außenministeriums) 87

Niemczyk, Jakub (1898–1973; Anführer der Niemczyk-Faschisten) 221

Nieto, Galvarino Gallardo (1877–1957; chilenischer Politiker und Diplomat) 64

Nöldeke, Wilhelm (1899–1971; Mai 1934 bis zum Abbruch der Beziehungen im September 1939 Deutscher Generalkonsul in Kattowitz, ab Oktober 1939 diverse diplomatische Aufgaben, März 1946 bis März 1950 juristische Aufgaben bei diversen Gerichten in Hamburg, Dezember 1950 bis April 1958 im deutschen auswärtigen Dienst) 136

Nölle, Wilhelm (1904–?; Leiter der Geheimen Staatspolizei-Leitstelle in Brünn) 367

Nostitz, Gottfried von (1902–1976; November 1938 bis Mai 1940 Referatsmitarbeiter für Völkerbund, Militär- und Rüstungsfragen der Politischen Abteilung des Auswärtigen Amtes, ab Mai 1940 diverse diplomatische Aufgaben, Januar 1947 bis Juni 1950 Referent im Zentralbüro des Hilfswerks der Evangelischen Kirchen in Stuttgart, Juli 1950 bis Juli 1967 im deutschen auswärtigen Dienst) 114

Novotný, Antonín (bis März 1939 Tschechoslowakischer Konsul in Breslau) 145

Nový, Josef (bis März 1939 Mitarbeiter der Tschechoslowakischen Gesandtschaft in Berlin) 94, 145, 149

Očenášková, Vlasta (bis März 1939 Mitarbeiterin der Tschechoslowakischen Gesandtschaft in Berlin) 94

Odemar, Fritz (1890–1955; deutscher Schauspieler) 318

Ogilvie-Forbes, Sir George (1891–1954; bis September 1939 Botschaftsrat der Britischen Botschaft in Berlin) 27, 28, 55, 56, 66, 112

Ohnesorge, Wilhelm (1872–1962; 1937 bis 1945 Reichspostminister) 445

Opletal, Jan (1915–1939; tschechischer Student) 199

Oppenheimer, Joseph Süß (ca. 1698–1738; deutscher Jude, Vorlage für den antisemitischen Film „Jud Süß") 329

Procope, Hjalmar J. (1889–1954; Finnischer Gesandter in Washington) 273

Prüfer, Curt (1881–1959; ab April 1936 Leiter der Personal- und Verwaltungsabteilung des Auswärtigen Amtes, Juni 1939 bis März 1943 diverse diplomatische Aufgaben, ab September 1943 Aufenthalt in der Schweiz, November 1944 Versetzung in den einstweiligen Ruhestand, Verbleib in der Schweiz, Oktober 1948 bis Februar 1951 Professor für Internationale Studien an der Universität in Delhi, anschließend Berater des Auswärtigen Amtes in Nahostfragen) 5, 82, 89, 98, 101, 105, 115

Puk, Joachim (estnischer Großindustrieller und Vorsitzender der Industrie- und Handelskammer) 76

Pusek/Poušek (Vorsitzender des Tschechischen Verbandes für die Zusammenarbeit mit den Deutschen) 215, 316

Quiring, Franz (1892–1957; April 1936 bis Juli 1939 Gesandtschaftsrat der Deutschen Botschaft in Paris, ab Juli 1939 diverse diplomatische Aufgaben, August 1945 bis Februar 1946 in französischer Haft, August 1946 bis September 1954 Sprachlehrer, Redakteur und Referent bei der Bundesstelle für Außenhandelsinformation in Köln, Oktober 1954 bis zu seinem Tod am 19. Februar 1957 im deutschen auswärtigen Dienst) 34

Raczkiewicz, Władysław (1885–1947; 1939 Staatspräsident der polnischen Exilregierung) 200

Rademacher, Franz (1906–1973; ab Mai 1940 Referatsleiter Judenfrage, Rassenpolitik in der Abteilung Deutschland des Auswärtigen Amtes, ab Juni 1943 Militärdienst, nach Kriegsende diverse Gerichtsverhandlungen und Inhaftierungen) 271

Rahn, Rudolf (1900–1975; August 1939 bis August 1940 stellvertretender Leiter der Informationsabteilung des Auswärtigen Amtes, ab August 1940 diverse diplomatische Aufgaben, ab Mai 1945 amerikanische Internierung, später Geschäftsführer der Coca-Cola-Abfüllbetriebe in Düsseldorf) 336

Rasch, Otto (1891–1948; SS-Standartenführer, Einsatzgruppenführer, 1939 erster Befehlshaber der Sicherheitspolizei und des SD in Prag) 126

Rašín, Alois (1867–1923; tschechischer nationaldemokratischer Politiker, mehrfach Finanzminister) 293

Rašín, Ladislav (1900–1945; Sohn von Alois Rašín, Politiker, Anwalt und Protagonist des Zweiten Widerstandes, am 20. März 1945 im Gefängniskrankenhaus Frankfurt am Main gestorben) 293

Reed, Douglas (1895–1976; Journalist des „News Chronicle") 26, 28

Rehwald, Franz (1903–1981; sudetendeutscher Sozialdemokrat, 1939 Flüchtling in der Britischen Gesandtschaft in Prag) 26, 28

Reinhardt (Ministerialrat) 129

Reisser, Jan (1891–1975; bis März 1939 Leiter der Abteilung Verkehr des tschechoslowakischen Außenministeriums) 87

Robinson (Leiterin des Britischen Komitees für die Flüchtlinge aus der Tschechoslowakei am Britischen Konsulat in Kattowitz) 136

Roediger, Conrad (1887–1973; ab April 1938 Referatsleiter Grenzverträge, Verhandlung von Grenzfragen der Politischen Abteilung des Auswärtigen Amtes, ab Juli 1940 Referatsleiter Völkerrecht in der Rechtsabteilung, ab März 1946 Lehrbeauftragter der Universität Tübingen, Februar bis August 1951 stellvertretender Leiter der deutschen Delegation bei den Verhandlungen zur Europäischen Verteidigungsgemeinschaft in Paris, September 1951 bis September 1956 Richter am Bundesverfassungsgericht) 255

Roello, B.M. (Buchautor) 252

Rohde, Hans-Werner (ab November 1936 Referatsleiter Aufbau des auswärtigen Dienstes im Ausland, Personalien der höheren Beamten der Personal- und Haushaltsabteilung des Auswärtigen Amtes, Februar 1940 Versetzung in den einstweiligen Ruhestand, Dezember 1941 bis September 1944 diverse diplomatische Aufgaben, September 1944 Versetzung in den Ruhestand) 145, 148

Rolek, Bohumil (1903–1961; zweiter stellvertretender Vorsitzender des Tschechischen Verbandes für die Zusammenarbeit mit den Deutschen) 316

Rommel, Erwin (1891–1944; deutscher Generalfeldmarschall) 349

Roosevelt, Franklin D. (1882–1945; März 1933 bis April 1945 amerikanischer Präsident) 37, 51, 61, 70, 118, 135, 175, 316, 318, 349, 353, 436

Rosenberg, Alfred (1893–1946; ab 1933 Reichsleiter und Führer des Außenpolitischen Amtes der NSDAP, 1941 bis 1945 Reichsminister für die besetzten Ostgebiete) 118, 245, 267

Rothschild, Édouard de (1868–1949; 1905 bis 1945 Leiter der Rothschild-Bank in Paris) 169

Rozsévač, Josef (1901–1946; Pseudonym: Jan Rys, Führer der Vlajka, am 27. Juni 1946 in Prag hingerichtet) 209, 221, 235, 246, 249, 250, 253, 292, 372

Rozsocha, Stefan (Herausgeber und Chefredakteur von „Probojem" und „Nastup") 325

Rudl, Friedrich (1902–?; Generaldirektor der Orbis-AG, Mitarbeiter der Abteilung Kulturpolitik des Reichsprotektors sowie der NSDAP-Parteiverbindungsstelle) 252

Rüstner (Mitarbeiter der Sicherheitspolizei und des Sicherheitsdienstes) 308

Runciman of Doxford, Walter Lord (1870–1949; Juli bis September 1938 Leiter der nach ihm benannten britischen Regierungskommission zur Lage der Sudetendeutschen in der Tschechoslowakei) 100, 293

Ružička, Augustin (bis März 1939 Mitarbeiter der Tschechoslowakischen Gesandtschaft in Berlin) 94, 145, 149

Ryneveld, Pierre van (1891–1972; südafrikanischer Generalstabschef) 116

Rys, Jan (siehe Josef Rozsévač)

Finanzdienst des Landes Kärnten, ab Januar 1950 im österreichischen auswärtigen Dienst) 113

Schliep, Martin (1939 Referatsleiter Osteuropa in der Politischen Abteilung des Auswärtigen Amtes) 203, 205

Schlitter, Oskar (1904-1970; 1941 Referatsmitarbeiter Westeuropa in der Politischen Abteilung des Auswärtigen Amtes) 393

Schmoranz, Zdeněk (1896-1942; Journalist und Schriftsteller, Leiter des Pressedepartments des tschechischen Ministerpräsidiums, als Leiter einer Widerstandsgruppe am 19. August 1942 in Berlin hingerichtet) 404

Schoen, Wilhelm Freiherr von (1886-1960; April 1935 bis März 1936 Deutscher Gesandter und von März 1936 bis zum Abbruch der Beziehungen im Januar 1944 Deutscher Botschafter in Santiago, Juni bis September 1944 Tätigkeit in der Zentrale des Auswärtigen Amtes, September 1944 Versetzung in den Ruhestand) 64

Schroeder, Hans (1899-1965; bis Februar 1941 Referatsleiter Organisation und Vereinfachung des Geschäftsganges des Amtes in der Personal- und Haushaltsabteilung des Auswärtigen Amtes, ab Februar 1941 Leiter der Verwaltungsabteilung) 11f, 137, 142, 229

Schroetter, Erich von (1906-1958; Mitglied des Deutsch-Amerikanischen Kulturverbandes in den USA) 118

Schubert, Conrad von (1901-1973; 1939 Mitarbeiter des Referates D in

der Personalabteilung des Auswärtigen Amtes) 11, 94, 123, 138

Schubert, Miroslav (1895-1991; bis März 1939 Gesandtschaftsrat der Tschechoslowakischen Gesandtschaft in Berlin) 94, 97, 145, 148

Schulenburg, Werner Graf von der (1875-1944; 1934 bis Juni 1941 Deutscher Botschafter in Moskau, diverse diplomatische Aufgaben, Oktober 1944 Entlassung aus dem diplomatischen Dienst, am 10. November 1944 hingerichtet) 61

Schuster (Abwehrbeauftragter des Reichspostministeriums) 154

Schwager, Joseph (1939 Referatsmitarbeiter für die Abwicklung der ehemaligen tschechoslowakischen Vertretungsbehörden im Reich in der Rechtsabteilung des Auswärtigen Amtes) 84

Schwandt, Johannes (1888-1968; Ministerialdirigent im Reichsfinanzministerium) 211

Schwarzenberg, Karel Fürst von (1911-1986) 263, 372

Schweinitz, Hellmuth von (1939 Legationssekretär der Deutschen Gesandtschaft in Prag) 4

Sedláček, Josef (bis März 1939 Mitarbeiter der Abteilung Osteuropa des tschechoslowakischen Außenministeriums) 87

Sedlák, Prokop (ab Juni 1939 Finnischer Generalwahlkonsul in Prag) 163

Sedmík, Jiří (1893-1942; bis März 1939 Mitarbeiter der Abteilung Romanische Länder des tschechoslowakischen Außenministeriums, am 18. Dezember 1942 in Berlin-Plötzensee hingerichtet) 87

ORTSREGISTER
Mit deutsch-tschechischer Konkordanz
(im Register wurden Berlin und Prag nicht berücksichtigt)

Die normalen Ziffern bezeichnen die Dokumentennummern und betreffen jeweils Text und Anmerkungen. Fett gedruckte Ziffern beziehen sich auf die Seitenzahlen der Einleitung.